Guide
de la route
Canada

Guide
de la route
Canada

publié par
Sélection du Reader's Digest
Montréal – Paris – Bruxelles – Zurich
en collaboration avec
l'Association canadienne des automobilistes

Remerciements

L'éditeur tient à remercier de leur collaboration les personnes et les organismes suivants :

Ministère de l'Energie, des Mines et des Ressources

Département de la promotion économique et du tourisme des Territoires du Nord-Ouest
Département du tourisme, de la conservation et de l'information du Yukon
Ministère du Développement de l'entreprise et du Tourisme de l'Alberta
Ministère de l'Industrie et du Tourisme de l'Ontario
Ministère de l'Industrie touristique de la Colombie-Britannique
Ministère du Tourisme, de la Chasse et de la Pêche du Québec
Ministère du Tourisme, des Loisirs et des Affaires culturelles du Manitoba
Ministère du Tourisme, des Parcs et de la Conservation, province de l'Ile-du-Prince-Edouard
Ministère du Tourisme, province de la Nouvelle-Ecosse
Ministère du Tourisme, province de Terre-Neuve
Ministère du Tourisme et de l'Environnement du Nouveau-Brunswick
Ministère du Tourisme et des Ressources renouvelables de la Saskatchewan

Alberta Automobile Association
British Columbia Automobile Association
Manitoba Motor League
Ontario Motor League
Saskatchewan Motor Club

J. A. Carman et l'Office du tourisme du Canada
F. Gerald Brander et l'Association de l'industrie touristique du Canada

A. A. Bailey
Pierre Beaupré
Robert Benn
Richard Boileau
John Bugden
Charlotte Cormier
Bruce Garrity
Hazen T. Gorman
Russ D. Graham
G. David Hall
Jill Hames
Marc Hary

Jérémie Hébert
Barbara Hladysh
Harold Hollett
John Howse
Derek R. Johnston
Elaine Johnston
Michael Joy
Angela Kelly
Rob Kensel
Jack Kerr
Irvin Kroeker
Prof. E. H. Lange

Sheila K. Larmer
Daryll McCallum
John MacCormack
Grant McCrae
Wyn McIntyre
Rhea MacLaughlan
Sharon Martin
Nolan Matthies
Elinor Miller
Gina Mrklas
Wendy Nordvik-Carr
R. Barry Redfern

Mary Richaud
Harvey Sawler
Matthew Scott
Bruce Sutherland
Brian Thompson
Keltie Voutier
Peter Walls
Doug Wheeler
Douglas White
Don Wickett

Nous tenons également à remercier les administrations provinciales chargées des autoroutes et des parcs, les associations touristiques régionales et municipales, les bibliothèques de l'université McGill, le Département de géographie de l'université de Montréal et la bibliothèque municipale de la ville de Westmount.

RÉDACTEUR : Pierre Anglade
TRADUCTEUR : Jean-Pierre Quijano
GRAPHISTE : Jean-Marc Poirier
RECHERCHE RÉDACTIONNELLE : Johanne Boutin
PRÉPARATION DE COPIE : Joseph Marchetti
FABRICATION : David Ruttenberg
INDEX : Geneviève Laforge

Cet ouvrage est l'adaptation française de *Canadian Book of the Road*
RÉDACTEUR : A. R. Byers
DIRECTEUR ARTISTIQUE : Lucie Martineau
DIRECTEUR ARTISTIQUE (cartes) : Pierre Léveillé
RÉDACTEURS ADJOINTS : David L. Dunbar, Douglas R. Long, Peter Madely, Philomena Rutherford, Ian Walker, Ken Winchester
CONCEPTION GRAPHIQUE : Johanne Martel, Diane Mitrofanow, Michel Rousseau, Odette Sévigny, Lyne Young
CONCEPTION GRAPHIQUE (cartes) : Mary Ashley, Hélène Caza, Céline Larivière, Alex Wallach
RECHERCHE RÉDACTIONNELLE : Patricia Derrick, Horst D. Dornbusch, Barbara Peck, Alice Farnsworth, Marie-Claire Lachapelle, Allan Reznik, Deena A. Soicher
RECHERCHE CARTOGRAPHIQUE : Richard Copeland
RECHERCHE PHOTOGRAPHIQUE : Guylaine Mongeau, Rachel Irwin, Susan Wong
CARTOGRAPHIE : Aéro Photo Inc., Québec

Avant-propos

En ma qualité de président de l'Association canadienne des automobilistes, il me fait plaisir de préfacer le *Guide de la route/Canada* de Sélection du Reader's Digest. Cet ouvrage unique en son genre offre au touriste une variété infinie d'itinéraires, certains bien connus, d'autres pratiquement oubliés si ce n'est des gens de la région, qui vous feront découvrir de splendides paysages et d'innombrables curiosités.

La CAA est fière d'avoir collaboré avec Sélection du Reader's Digest à la publication de ce livre remarquable. Alors qu'il existe déjà des guides semblables pour les pays d'Europe, c'est le premier du genre à être consacré au Canada, pourtant plus étendu à lui seul que tout le vieux continent.

Avec ses cartes routières et ses plans de villes détaillés, ce guide de la route est une mine de renseignements, une invitation au voyage et à l'aventure dans ce splendide pays qu'est le Canada.

Depuis 1913, l'Association canadienne des automobilistes s'intéresse activement au tourisme. Ses membres, au nombre d'un million et demi, attendent d'elle des cartes de haute qualité et des renseignements touristiques complets. Ce guide répond à leur désir et je le leur recommande sans hésitation, à eux et à tous les Canadiens qui désirent mieux connaître notre beau pays.

Cyril Shaw
Président de l'Association
canadienne des automobilistes (1977-1979)

Numéro de l'itinéraire.

Début et fin de l'itinéraire.

Distance en kilomètres entre le début et la fin de l'itinéraire, y compris la distance aller et retour sur les petits circuits secondaires.

Comment consulter le guide

Le *Guide de la route/Canada* vous fera découvrir pratiquement toutes les régions du Canada qu'il est possible de visiter en automobile. Cet ouvrage de 408 pages vous mènera en effet sur plus de 48 000 km (30 000 milles) de routes et d'autoroutes, d'un océan à l'autre. Il vous fera découvrir les grands centres touristiques, les merveilles de la nature, les sites témoins de la marche de notre histoire, les innombrables villages pittoresques où survivent traditions et artisanats d'autrefois, sans oublier nos grandes villes, débordantes de vie et d'activité.

Procurez-vous de plus amples renseignements sur les lieux que vous voulez visiter avant de partir. Les heures d'ouverture, par exemple, peuvent varier.

Le *Guide de la route/Canada* est composé de 180 itinéraires ; 168 d'entre eux décrivent des circuits routiers et les 12 autres sont consacrés à autant de grandes villes. Numérotés de 1 à 180, ils couvrent tous deux pages, sauf ceux de Vancouver, Toronto, Ottawa et Montréal qui en occupent quatre. (Le guide n'est pas paginé.)

En guise d'introduction, un atlas de 14 pages situe les 180 itinéraires sur une série de cartes générales du Canada. L'atlas vous permet donc de choisir facilement les itinéraires des régions qui vous intéressent.

Nom de la région.

Une petite carte, tirée de l'atlas, situe l'itinéraire (en rouge) dans la région. Reportez-vous à l'atlas pour identifier les itinéraires adjacents.

Carte détaillée de l'itinéraire. Le trajet proposé est indiqué en rouge. La longueur des itinéraires varie de 50 à plus de 500 km.

Rose des vents.

Echelle en kilomètres et en milles.

Symboles d'identification des points d'intérêt. Les symboles qui se rapportent à une région sont regroupés près du nom de la ville, de la localité ou du parc le plus proche. La signification des 45 symboles utilisés est donnée sur un dépliant, à la fin du livre.

Les chiffres en noir indiquent la distance entre deux points noirs.

Les chiffres en rouge indiquent la distance totale entre deux points rouges.

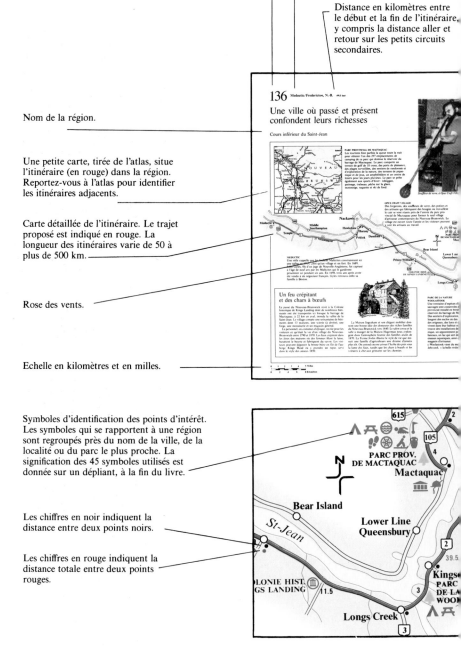

Grande ville

Descriptions des principaux points d'intérêt.

Description générale de la région.

Numéro de l'itinéraire.

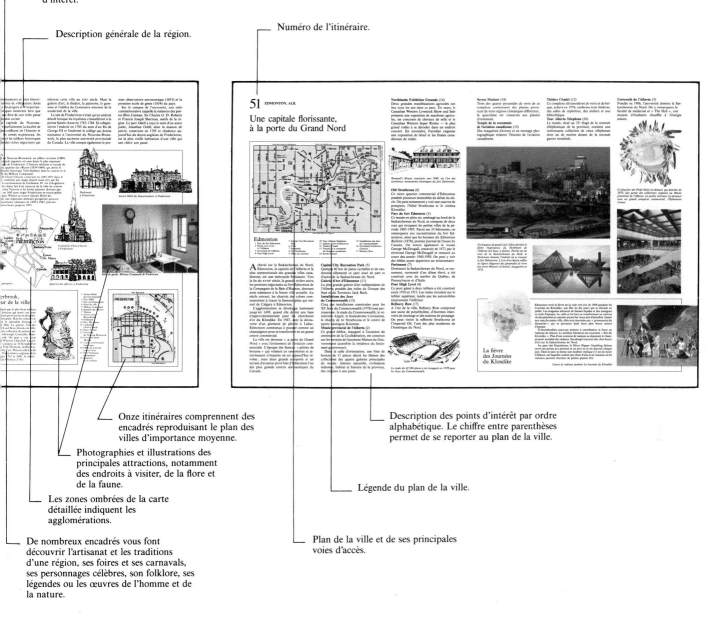

Onze itinéraires comprennent des encadrés reproduisant le plan des villes d'importance moyenne.

Photographies et illustrations des principales attractions, notamment des endroits à visiter, de la flore et de la faune.

Les zones ombrées de la carte détaillée indiquent les agglomérations.

De nombreux encadrés vous font découvrir l'artisanat et les traditions d'une région, ses foires et ses carnavals, ses personnages célèbres, son folklore, ses légendes ou les œuvres de l'homme et de la nature.

Description des points d'intérêt par ordre alphabétique. Le chiffre entre parenthèses permet de se reporter au plan de la ville.

Légende du plan de la ville.

Plan de la ville et de ses principales voies d'accès.

Légende des cartes

La légende qui donne la signification des symboles apparaissant sur les cartes des itinéraires figure sur un dépliant, à la fin du livre. Lorsque vous consultez une carte, laissez-le ouvert afin de faciliter votre lecture. Vous y trouverez également un tableau de distances en kilomètres qui séparent les grandes villes les unes des autres.

Atlas routier

Les sept cartes routières de l'atlas couvrent l'ensemble du Canada. La première permet de situer les grandes zones géographiques qui sont présentées dans les six cartes régionales suivantes. Les 180 itinéraires décrits dans le livre apparaissent également sur ces dernières, tracés en rouge et numérotés. Vous trouverez ci-dessous, classée par région, la liste des itinéraires et des villes ou des sites qu'ils relient, sauf pour le Grand Nord.

I. CARTE DU CANADA

II. L'OUEST

1. Port Renfrew/Victoria, C.-B.
2. Victoria, C.-B.
3. Victoria/Swartz Bay/Victoria, C.-B.
4. Parc provincial de Goldstream/Nanaimo, C.-B.
5. Port Alberni/Parc provincial Rathtrevor Beach, C.-B.
6. Tofino/Port Alberni, C.-B.
7. Cumberland/Kelsey Bay, C.-B.
8. Campbell River/Gold River, C.-B.
9. Langdale/Lund, C.-B.
10. Horseshoe Bay/Mount Currie, C.-B.
11. Vancouver, C.-B.
12. Haney/Harrison Hot Springs, C.-B.
13. White Rock/Parc provincial Bridal Veil Falls, C.-B.
14. Hope/Kamloops, C.-B.
15. Tashme/Osoyoos, C.-B.
16. Enderby/Penticton, C.-B.
17. Greenwood/Kimberley, C.-B.
18. Nakusp/Howser, C.-B.
19. Invermere/Crowsnest, C.-B.
20. Squilax/Parc national du Mont-Revelstoke, C.-B.
21. Parc national Glacier/Parc national Yoho, C.-B.
22. Col du Vermilion/Fairmont Hot Springs, C.-B.
23. Masset/Sandspit, C.-B.
24. Prince-Rupert/Hazelton, C.-B.
25. Moricetown/Prince George, C.-B.
26. Williams Lake/Bella Coola, C.-B.
27. Williams Lake/Parc provincial Bowron Lake, C.-B.
28. Lillooet/Williams Lake, C.-B.
29. Kamloops/Col de Yellowhead, C.-B.
30. Col de Yellowhead/Roche à Perdrix, Alb.
31. Parc Willmore Wilderness/Edson, Alb.
32. Jasper/Col du Sunwapta, Alb.
33. Saskatchewan River Crossing/Lac Moraine, Alb.
34. Lake Louise/Banff, Alb.
35. Canmore/Calgary, Alb.
36. Calgary, Alb.
37. Coleman/Okotoks, Alb.
38. Crowsnest, C.-B./Pincher Creek, Alb.
39. Parc national des Lacs-Waterton/Barrage de la Sainte-Marie, Alb.
40. Fort Macleod/Lac Keho, Alb.
41. Drumheller/Brooks, Alb.
42. (Voir III. La Prairie)
43. Parc national de Banff/Rocky Mountain House, Alb.
44. Mission Beach/Sundre, Alb.
45. Red Deer/Parc provincial Dry Island Buffalo Jump, Alb.
46. Devon/Ponoka, Alb.
47. Stettler/Castor, Alb.
48. Parc provincial Vermilion/Coronation, Alb.
49. High Prairie/Slave Lake, Alb.
50. Evansburg/Saint-Albert, Alb.
51. Edmonton, Alb.
52. Fort Saskatchewan/Cooking Lake, Alb.
53. Pakan/Mundare, Alb.
54. Athabasca/Owl River, Alb.
55. St. Paul/Parc Wolf Lake, Alb.

III. LA PRAIRIE

42. Medicine Hat/Parc provincial Cypress Hills, Alb.
56. Battleford/Parc provincial de Meadow Lake, Sask.
57. Saskatoon/Parc historique de Fort Carlton, Sask.
58. Prince-Albert/Rapides Otter, Sask.
59. Hudson Bay, Sask./Flin Flon, Man./Hudson Bay, Sask.
60. Maple Creek/Swift Current, Sask.
61. Parc historique de Wood Mountain/Minton, Sask.
62. Cutbank/Moose Jaw, Sask.
63. Manitou Beach/Regina, Sask.
64. Parc historique de Cannington Manor/Oxbow, Sask.
65. Parc provincial Echo Valley/Esterhazy, Sask.
66. Parc provincial de Greenwater Lake/Yorkton, Sask.
67. Parc provincial Asessippi/Gladstone, Man.
68. Virden/Manitou, Man.
69. Shilo/Saint-François-Xavier, Man.
70. Carman/Sainte-Anne, Man.
71. Winnipeg, Man.
72. Lower Fort Garry/Parc provincial d'Hecla, Man.
73. St. Andrews/Parc provincial de Grand Beach, Man.
74. Sainte-Anne/Seven Sisters Falls, Man.

IV. LE BOUCLIER CANADIEN ET LES GRANDS LACS

75. Kenora/Kakabeka Falls, Ont.
76. Thunder Bay/Parc provincial Rainbow Falls, Ont.
77. Hawk Junction/Thessalon, Ont.
78. Espanola/South Baymouth/Little Current, Ont.
79. Sudbury/Parry Sound, Ont.
80. Penetanguishene/Owen Sound, Ont.
81. Tobermory/Wiarton, Ont.
82. Kapuskasing/Kirkland Lake, Ont.
83. Englehard/North Bay, Ont.
84. North Bay/Renfrew, Ont.
85. Grand Bend/Parc provincial de Rondeau, Ont.
86. Windsor/Wheatley, Ont.
87. Port Stanley/Shakespeare, Ont.
88. Doon/Guelph, Ont.
89. Parc provincial de Long Point/Blair, Ont.
90. Hamilton/St. Catharines, Ont.
91. Niagara-on-the-Lake/Thorold, Ont.
92. Dundas/Réserve de Black Creek, Ont.
93. Toronto, Ont.
94. Barrie/Dwight, Ont.
95. Dorset/Burleigh Falls, Ont.
96. Haliburton/Lakefield, Ont.
97. Warsaw Caves/Trenton, Ont.
98. Belleville/Amherstview, Ont.
99. Kingston/Smiths Falls, Ont.

V. LA VALLÉE DU SAINT-LAURENT ET LES MARITIMES

100. Moulin de Kintail/Manotick, Ont.
101. Ottawa, Ont.
102. Aylmer/La Pêche, Qué.
103. Gananoque/Johnstown, Ont.
104. Iroquois/South Lancaster, Ont.
105. Williamstown/L'Orignal, Ont.
106. Coteau-du-Lac/Lachine, Qué.
107. Papineauville/Saint-Eustache, Qué.
108. Montréal, Qué.
109. Sainte-Rose/Parc du Mont-Tremblant, Qué.
110. Terrebonne/Pointe-aux-Trembles, Qué.
111. La Prairie/Hemmingford, Qué.
112. Lacolle/Saint-Ours, Qué.
113. Rougemont/Stanbridge East, Qué.
114. Magog/Georgeville, Qué.
115. Sherbrooke/Victoriaville, Qué.
116. Sainte-Marie/Lac-Mégantic, Qué.
117. Boucherville/Sainte-Croix, Qué.
118. Trois-Rivières/Saint-Tite, Qué.
119. Cap-de-la-Madeleine/Neuville, Qué.
120. Québec, Qué.
121. Bois de Coulonge/Parc historique national Cartier-Brébeuf, Qué.
122. Sainte-Pétronille/Saint-François/Sainte-Pétronille, Qué.
123. Beauport/Cap-Tourmente, Qué.
124. Baie-Saint-Paul/Baie-Sainte-Catherine, Qué.
125. Lévis/Rimouski, Qué.
126. Hébertville/Alma, Qué.
127. Larouche/Petit-Saguenay, Qué.
128. Tadoussac/Moisie, Qué.
129. Sainte-Flavie/Saint-Joachim-de-Tourelle, Qué.
130. Anse-Pleureuse/Penouille, Qué.
131. Matapédia/Gaspé, Qué.
132. Parc provincial Mount Carleton/New Mills, N.-B.
133. Rivière-Jacquet/Burnt Church, N.-B.
134. Saint-François-de-Madawaska/Grand Sault, N.-B.
135. Drummond/Woodstock, N.-B.
136. Meductic/Fredericton, N.-B.
137. Marysville/Nelson-Miramichi, N.-B.
138. Baie-Sainte-Anne/Moncton, N.-B.
139. St. Stephen/Letete, N.-B.
140. St. George/Chance Harbour, N.-B.
141. Saint-Jean, N.-B.
142. Oromocto/Saint-Jean, N.-B.
143. Kingston/Hillsborough, N.-B.
144. Alberton/Parc provincial de Bloomfield, I.-P.-E.
145. Summerside/Portage/Summerside, I.-P.-E.
146. Kensington/Parkdale, I.-P.-E.
147. Parc provincial de Scales Pond/Charlottetown, I.-P.-E.
148. Southport/Georgetown, I.-P.-E.
149. Mount Stewart/Cardigan, I.-P.-E.
150. Yarmouth/Digby, N.-E.
151. Deep Brook/Bridgetown, N.-E.
152. Bridgetown/New Ross, N.-E.
153. Port Williams/Mount Uniacke, N.-E.
154. East Medway/Pubnico Beach, N.-E.
155. Voglers Cove/Prospect, N.-E.
156. Halifax, N.-E.
157. Advocate Harbour/Bible Hill, N.-E.
158. Joggins/Balmoral Mills, N.-E.
159. Pictou/Port Hastings, N.-E.
160. Minasville/Eastern Passage, N.-E.
161. Lawrencetown/Auld Cove, N.-E.
162. Margaree Valley/Englishtown, N.-E.
163. Port Hastings/North Sydney/Port Hastings, N.-E.
164. Sydney/Louisbourg/Sydney, N.-E.

VI. TERRE-NEUVE

165. Channel-Port-aux-Basques/Deer Lake, T.-N.
166. Wiltondale/L'Anse-aux-Meadows, T.-N.
167. Badger/Gambo, T.-N.
168. Glovertown/Bonavista, T.-N.
169. Goobies/Heart's Content, T.-N.
170. Bay de Verde/Outer Cove, T.-N.
171. Saint-Jean, T.-N.
172. Donovans/Petty Harbour, T.-N.

VII. LE GRAND NORD

173 à 180 (ces itinéraires sont décrits dans la page qui précède la carte régionale VII)

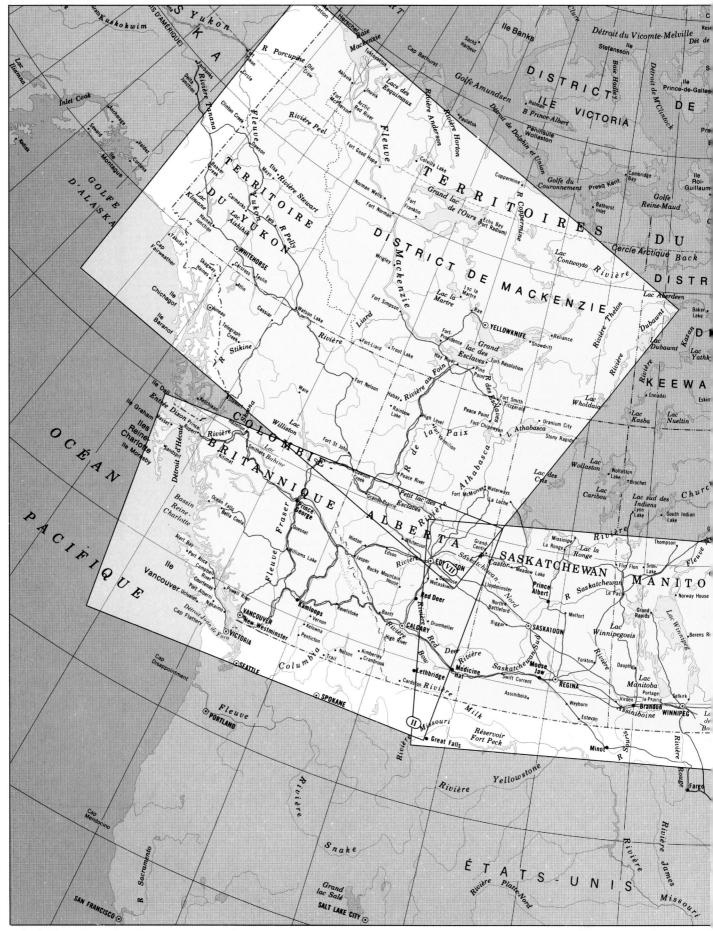

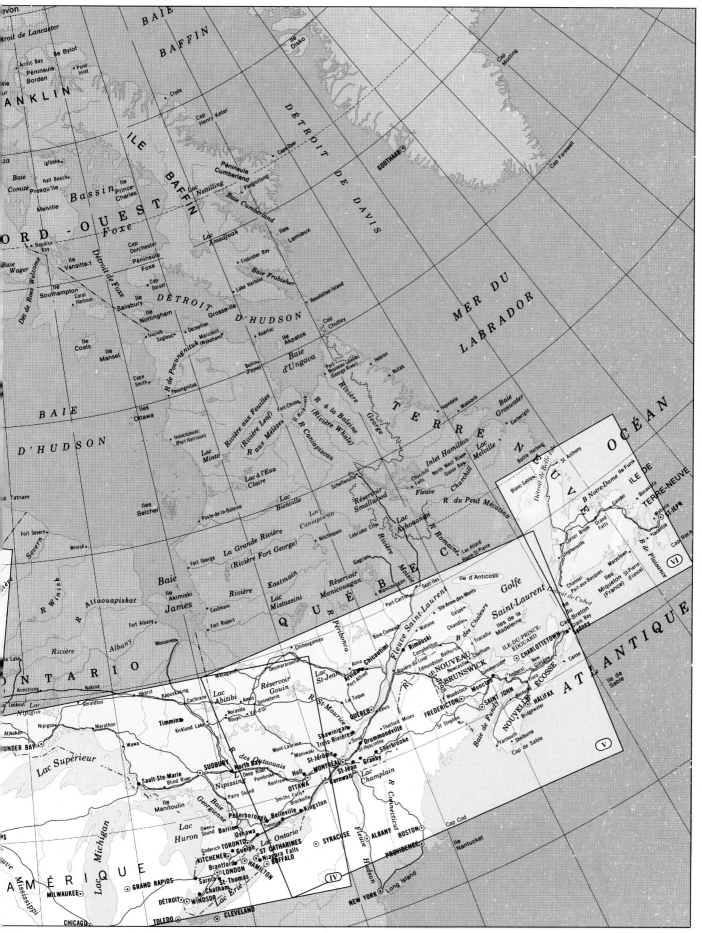

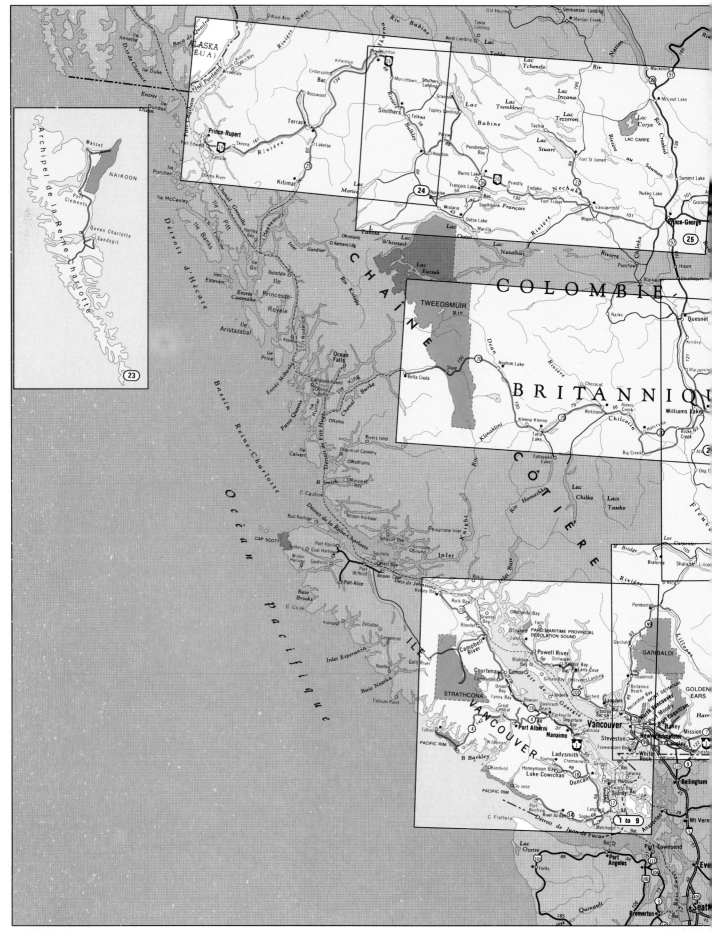

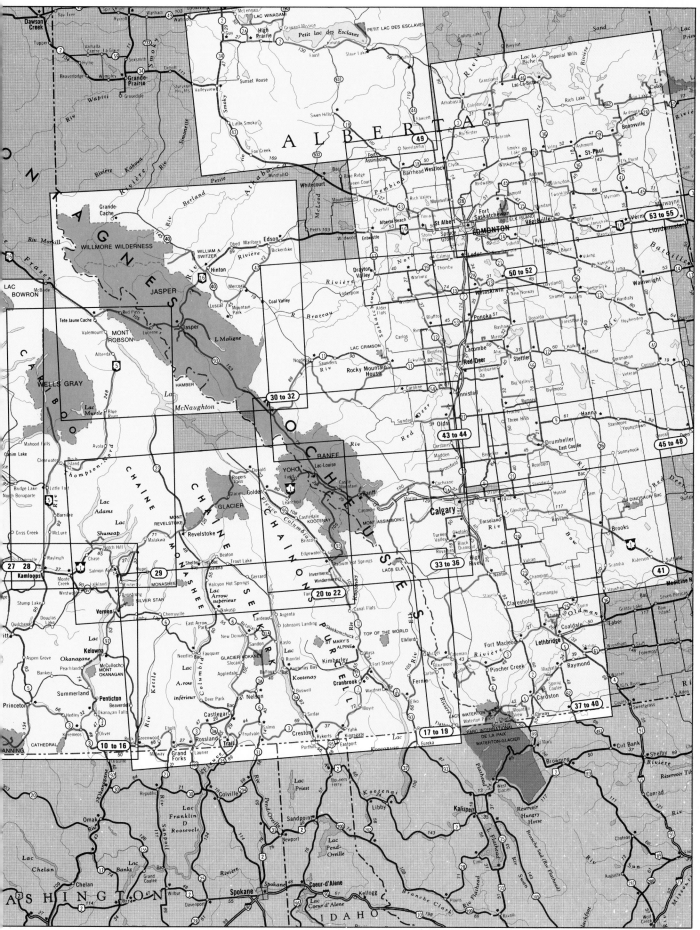

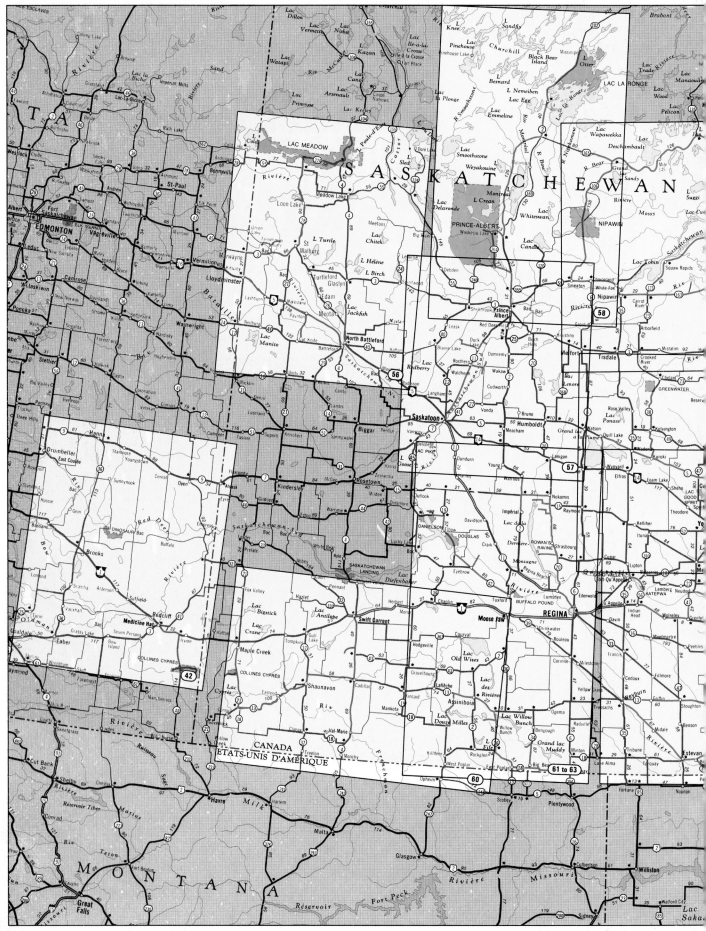

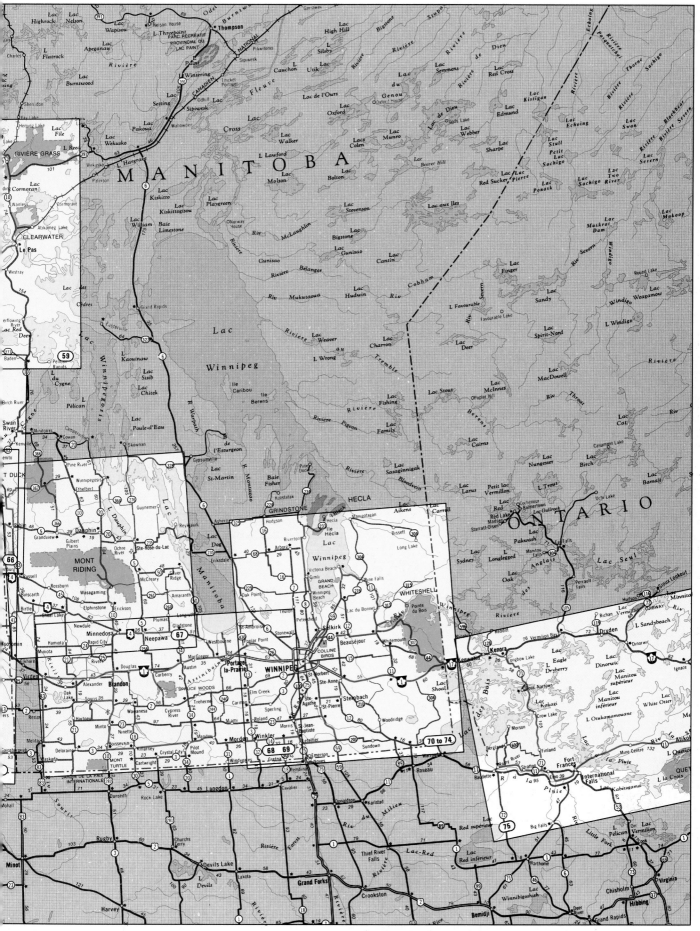

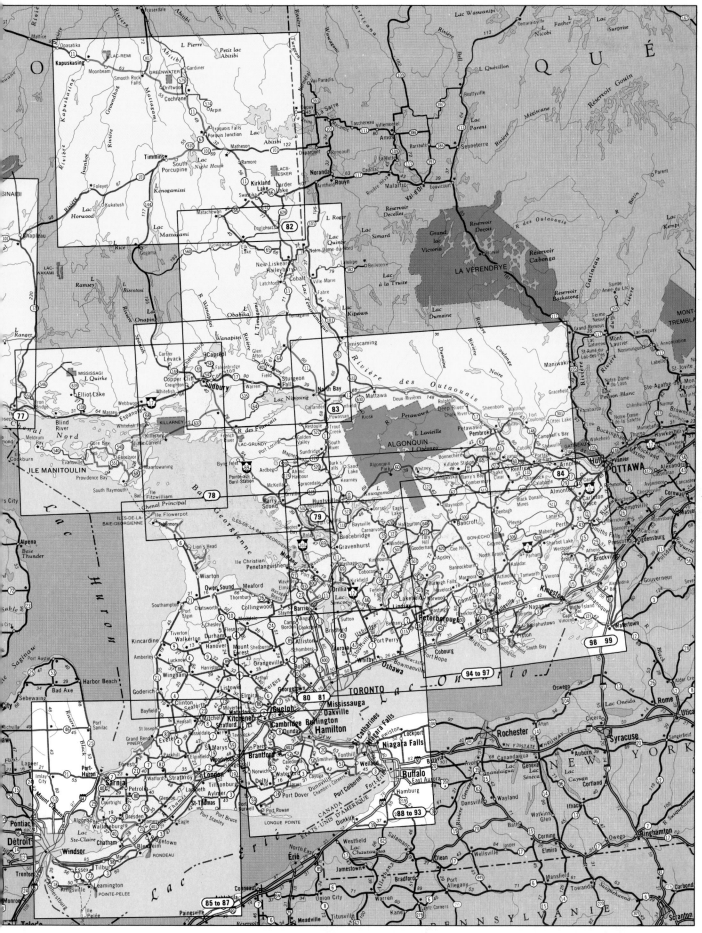

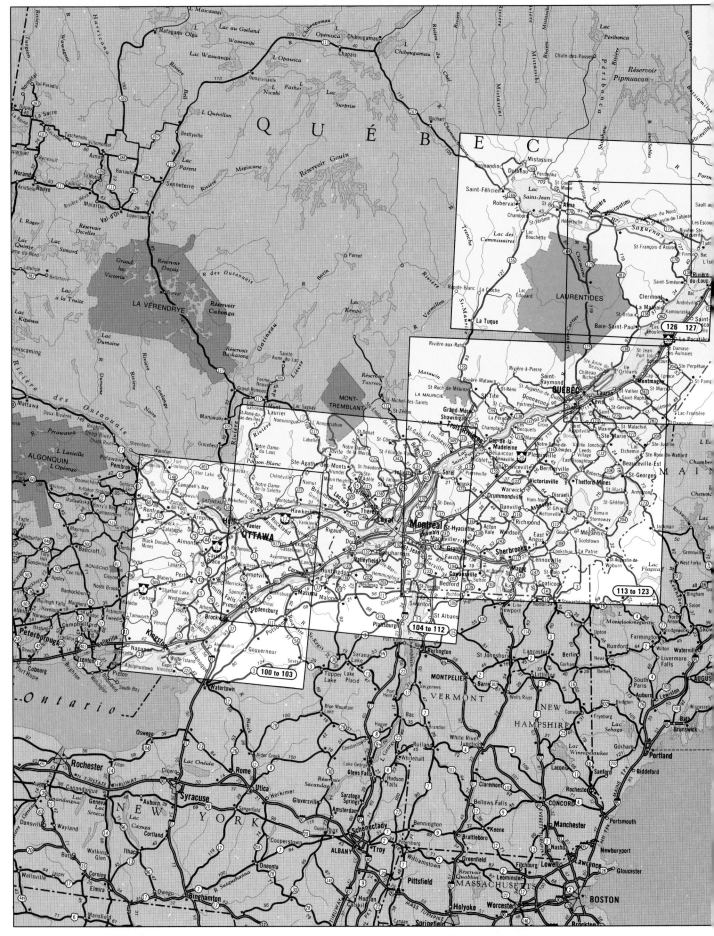

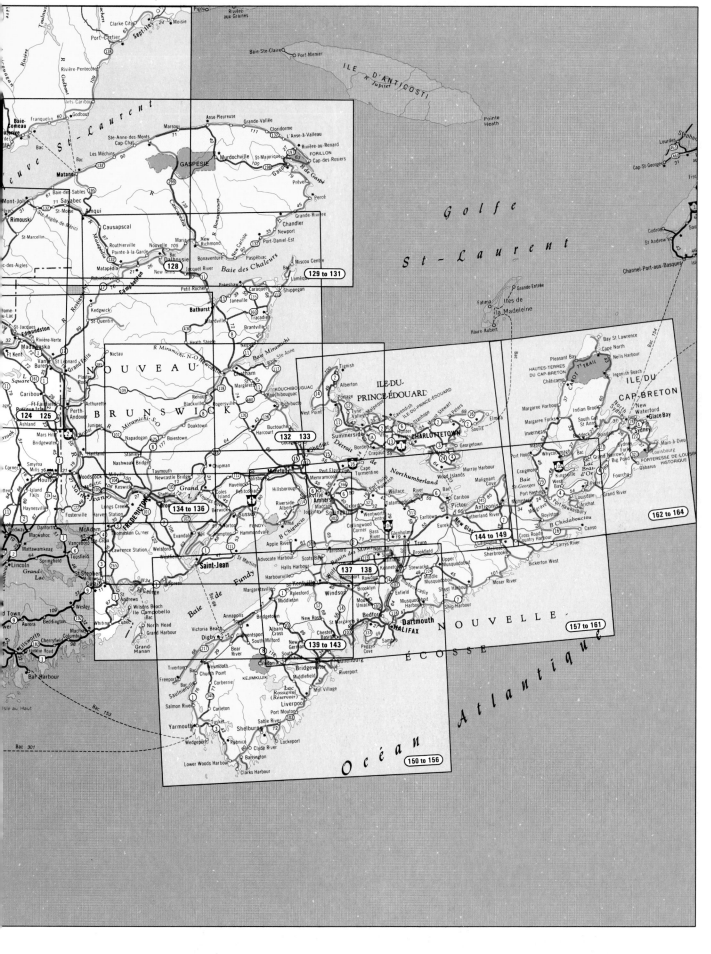

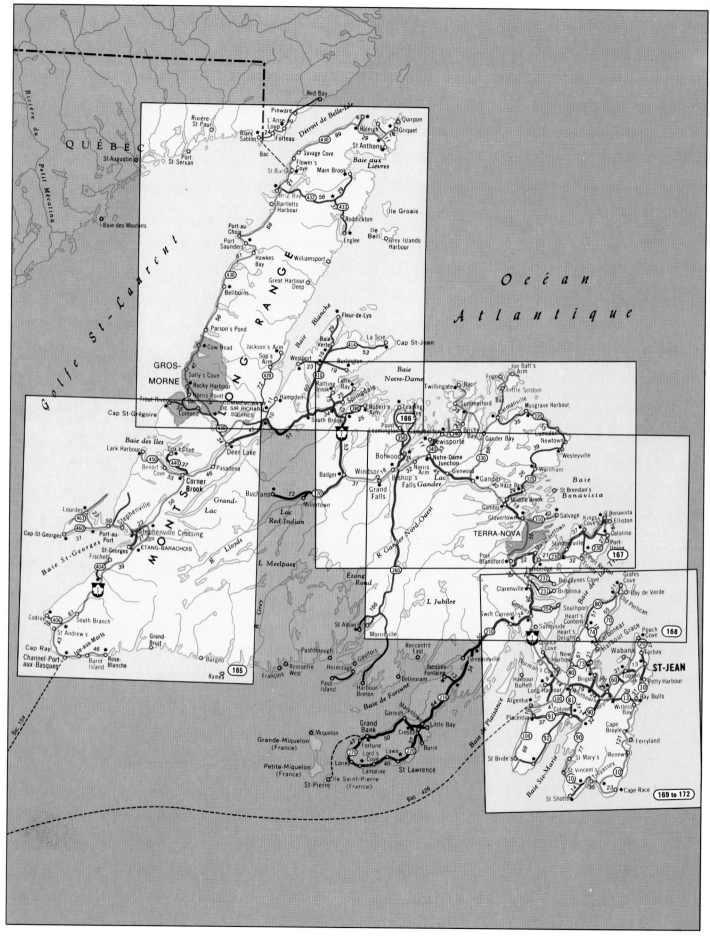

A la découverte du Grand Nord

Les itinéraires proposés dans cette section sillonnent un pays sauvage et majestueux, autrefois fermé à la plupart des voyageurs. Les automobilistes en quête d'aventure disposent aujourd'hui d'un réseau routier praticable par tous les temps, qui compte d'ailleurs quelques-unes des routes les plus célèbres du Canada : la route de l'Alaska, celle du Klondike ou encore la route du Mackenzie. Ces itinéraires sont illustrés sur la carte VII de l'atlas.

Les routes du Nord

Les routes de terre qui sillonnent le nord-ouest du Canada étant bien construites et convenablement entretenues, il suffira de prendre quelques précautions pour faire face aux difficultés qu'elles peuvent présenter.

Dans le Nord, les garages et les stations-service sont souvent très éloignés les uns des autres. Informez-vous auprès d'un office de tourisme avant de prendre la route. Faites vos réservations suffisamment tôt, car les possibilités d'hébergement sont limitées. Si vous comptez prendre vos vacances en hiver, renseignez-vous sur l'état des routes auprès des autorités compétentes.

En été, les automobilistes qui empruntent les routes de terre du Nord sont invités à s'adresser à un garage de la région qui se chargera de protéger leur véhicule contre la poussière et les projections de gravier en installant des couvercles de plastique transparent sur les phares, un grillage à l'avant pour protéger la calandre et le radiateur et un épais tapis de caoutchouc entre le réservoir et ses brides de fixation. On peut également remplacer par une tubulure de caoutchouc la canalisation d'essence montée sous le châssis.

La poussière est particulièrement gênante aux abords des chantiers de construction et lorsque la pluie a détérioré la surface de la route (les routes sont parfois impraticables après une longue averse ; informez-vous de leur état auprès de la Gendarmerie, du service d'entretien des routes ou du bureau de tourisme de la localité). Pour vous protéger de la poussière, fermez les vitres et mettez le ventilateur en marche. Faites monter des filtres sur les canalisations de chauffage et de climatisation, ainsi qu'une moustiquaire sur l'admission d'air du moteur.

Ne roulez pas trop vite sur les routes de terre. Un véhicule lancé à toute allure soulève un nuage de poussière qui est dangereux pour les autres automobilistes. A haute vitesse, vous risquez aussi de déraper sur le gravier ou à cause d'un nid de poules. Vos pneus s'useront également très vite et peuvent même éclater. Evitez de conduire au milieu de la route, vous risqueriez de vous trouver nez à nez avec un autre véhicule.

Munissez-vous également d'une roue de secours supplémentaire, d'une chaîne ou d'une corde pour remorquer votre véhicule d'outils et de pièces de rechange, d'une trousse de premiers soins et de quelques provisions. Si vous tombez en panne, restez près de votre voiture et signalez aux autres automobilistes que vous avez besoin d'aide. Ne vous écartez pas de plus d'une centaine de mètres de la route ; vous risqueriez de vous égarer.

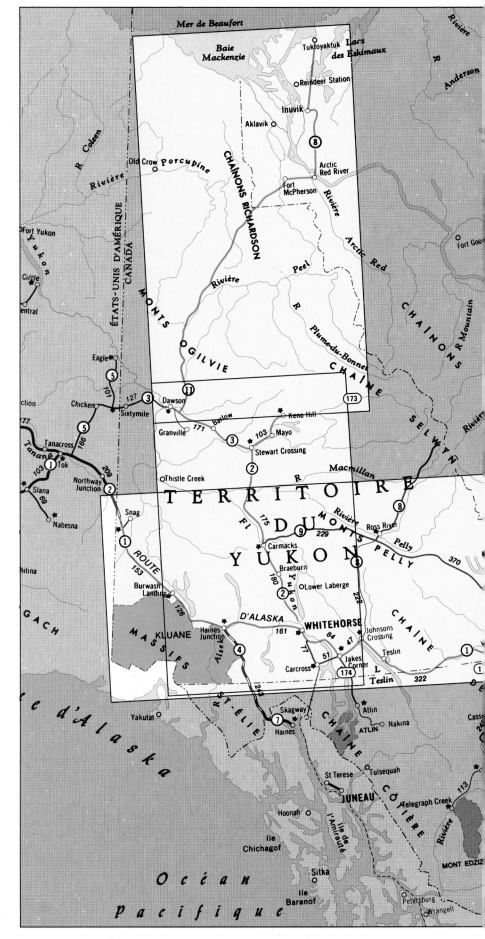

Adossée à d'épaisses forêts,
une côte noyée de brume

Ile de Vancouver

La route 14 qui épouse la côte sud de l'île de Vancouver est l'une des plus pittoresques du Canada. Anciens relais de poste, forts, phares, églises et monuments jalonnent un paysage d'une étonnante variété. Plages et caps s'enchaînent ici, entrecoupés de champs ou de forêts vierges, avec pour toile de fond les montagnes, souvent nimbées de brume, de la péninsule Olympic, de l'autre côté du détroit de Juan de Fuca.

Au XVIIIᵉ siècle, les Espagnols, attirés par l'or qu'ils espéraient trouver dans la région,

De précaires abris contre la furie des marées

Près de Port Renfrew, les flaques d'eau, les rochers couverts de goémon et les véritables aquariums naturels que les vagues ont creusés dans les récifs de grès de Botanical Beach abritent contre la violence des marées presque toutes les espèces animales et végétales qui vivent sur le littoral de la côte ouest.

Les « palmes de mer » — une algue brun-olive — poussent en abondance sur les rochers que battent les vagues les plus fortes. Des tiges flexibles et de solides pieds semblables à des racines qui s'accrochent aux rochers donnent à ces plantes leur force et leur beauté. La ruppie maritime tapisse le fond des flaques d'eau dont les parois sont couvertes de bernacles, de moules et d'ormeaux. Les coquilles aplaties des bernacles sont pourvues de pieds flexibles qui suivent le mouvement des vagues. A marée descendante, la bernacle ferme sa coquille qui reste remplie d'eau. A marée haute, elle s'ouvre et l'animal balaie l'eau de ses pattes garnies de cils pour attraper le plancton.

Bernacle

Grotte de Sombrio Beach, près de Port Renfrew

PORT RENFREW
Les forêts de la région sont exploitées par la British Columbia Forest Products Company.
□A Sombrio Beach, on peut voir de profondes grottes creusées par les vagues, une chute et un haut-fond de grès où la mer a creusé des bassins.
□Port Renfrew se trouve à l'extrémité méridionale du sentier West Coast qui était autrefois utilisé par les marins naufragés. Ce sentier difficile part de l'autre rive de la rivière Gordon, dans le parc national Pacific Rim, et s'enfonce au nord jusqu'à Bamfield, à une semaine de marche environ.

RIVER JORDAN
Au siècle dernier, River Jordan était un camp de bûcherons. Sa centrale hydro-électrique, construite en 1911, alimente encore aux heures de pointe la majeure partie du sud de l'île de Vancouver.
□Le pont de bois qui enjambe la rivière Jordan offre une belle vue sur les brisants de la côte.
□Aux environs, des pistes de randonnée et une plage sont aménagées dans le parc provincial China Beach.

POINT NO POINT
Selon l'angle où on la découvre, cette partie de la côte semble former un cap proéminent ou, au contraire, ne pas présenter d'avancée de terre. En 1895, des arpenteurs donnèrent le nom de « Glacier Point » à l'endroit, mais les habitants lui préférèrent une appellation plus fantasque : « Point No Point ». En 1957, le Comité canadien des noms géographiques entérina leur choix. « Point No Point » devenait désormais le terme consacré.

Quamassie

0 1 2 3 4 5 Milles
0 2 4 6 8 Kilomètres

connaissaient bien les anses abritées de cette côte où ils mouillaient leur navire. Plus tard, les colons s'attaquèrent à la forêt touffue, mais ils durent renoncer à la défricher. Même si les rêves de mines d'or et de fermes prospères étaient écartés, la construction de la route 14 en 1957 permit enfin d'exploiter les véritables richesses de la région : les forêts et la pêche.

Environ 200 espèces d'oiseaux et 20 de mammifères habitent la mer et le littoral. Certains mènent une vie secrète au cœur de la forêt souvent impénétrable, ou ne sortent de leur abri que la nuit. A Botanical Beach, près de Port Renfrew, les flaques d'eau laissées par la marée fourmillent d'animaux marins.

La côte, un incroyable labyrinthe de goulets, d'îles, d'anses, de baies et de falaises vertigineuses, s'adosse à une épaisse forêt qui laisse entrevoir de splendides vues du détroit de Juan de Fuca, l'ouverture de l'immense océan Pacifique.

Port de Sooke

COLLÈGE MILITAIRE ROYAL ROADS
James Dunsmuir, Premier ministre de la Colombie-Britannique, puis lieutenant-gouverneur de cette province, consacra une bonne partie de sa fortune à l'embellissement de sa résidence, Hatley Castle. Ce château, que couronnent des parapets de grès et de granit, est entouré d'écuries, de terrains de jeux, de petits pavillons réservés aux invités et de jardins japonais, italiens et français ouverts au public. A la mort de Dunsmuir, en 1920, le gouvernement fédéral acheta le château et y établit le collège militaire Royal Roads.

Hatley Castle,
collège militaire Royal Roads

SOOKE
Cet important centre d'exploitation forestière, d'agriculture et de pêche possède le port le plus méridional du Canada sur le Pacifique.
▢ Le premier colon de la région fut le capitaine Walter Grant qui y fonda une ferme en 1849, en vertu d'un contrat passé avec la Compagnie de la Baie d'Hudson. Grant et plusieurs de ses fermiers partirent bientôt pour les champs aurifères de la Californie, mais Grant laissa une marque durable sur l'île de Vancouver. C'est lui, en effet, qui planta les premières graines des genêts que l'on voit maintenant pousser un peu partout dans l'île.
▢ Le Concours des bûcherons, qui a lieu en juillet, comprend des démonstrations de roulage de billes, d'abattage, de sciage et de lancement de la hache. Les repas qu'on sert à cette occasion sont préparés à la façon des prospecteurs du temps de la ruée vers l'or de 1864 : bœuf rôti à la braise et saumon grillé à la flamme.

METCHOSIN
Au printemps, d'innombrables érythrines d'Amérique déroulent un manteau blanc entre les pierres tombales des pionniers enterrés près de l'église St. Mary the Virgin (1879), « l'église des lys blancs ».

Huîtrier noir

Cerf à queue noire

Phare Fisgard, parc historique national Fort Rodd Hill

PARC HISTORIQUE NATIONAL FORT RODD HILL
Fortifié en 1895, le fort Rodd Hill fut pendant longtemps une importante batterie côtière dont les canons de six pouces protégeaient le port de Victoria et les chantiers de la Royal Navy à Esquimalt. Le fort n'a été abandonné par l'armée qu'en 1956. Les canons ont disparu, mais leurs casemates — d'énormes fers à cheval de ciment sur une butte herbeuse qui domine l'océan — subsistent encore. On peut visiter le poste de commandement, le quartier des sous-officiers, la forge, la cantine et le poste de garde.
▢ A côté du fort s'élève le phare Fisgard, une tour de 14 m, qui guide les navires au travers du détroit de Juan de Fuca depuis 1860. Son phare est visible à 16 km à la ronde par beau temps.
▢ Une harde de cerfs à queue noire domestiqués sillonne le parc de 18 ha qui entoure le fort et le phare.

La douceur de vivre au pays de l'éternel printemps

Victoria, qui fut d'abord un poste de traite, devint une grosse bourgade à l'époque de la ruée vers l'or. Avec ses rues paisibles où il fait bon flâner et ses jardins enchanteurs qui fleurissent toute l'année, Victoria est sans doute aujourd'hui l'une des plus charmantes villes du Canada.

La capitale de la Colombie-Britannique ne dément pas son nom et conserve jalousement son cachet « vieil empire », même dans le cadre sauvage de la côte du Pacifique. Fière de ses origines britanniques, la ville cultive volontiers son air d'outre-Atlantique : autobus à impériale, luxueux étalages de tweeds et de fine porcelaine, cérémonial du thé à l'hôtel Empress et tradition du jeu de criquet en costume blanc dans le vaste et magnifique parc Beacon Hill.

Elégante et moderne, Victoria chérit aussi son passé dans ses nombreux musées, ses galeries d'art et ses maisons historiques. Elle n'oublie pas non plus de rendre hommage aux riches cultures indiennes de la côte du Pacifique en conservant une forêt de mâts totémiques dans le parc Thunderbird, près du majestueux Parlement.

Les passants, dans cette ville baignée de douceur et qui ne connaît pas l'agitation des grandes métropoles, savent encore s'attarder dans un jardin, à l'ombre d'un vieil arbre, et prendre le temps de vivre.

Bastion Square (4)
La première prison de la ville et son premier tribunal (1889) se trouvent dans ce quartier, ancien refuge des vagabonds et des prospecteurs malchanceux.

Les promeneurs flânent dans les allées ombragées du parc Beacon Hill (à droite) où se dresse un mât totémique de 38 m (détail ci-dessous). Le musée et les archives de la province (ci-dessous, à droite).

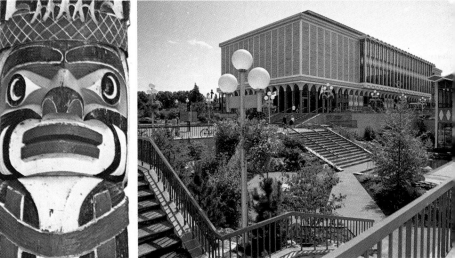

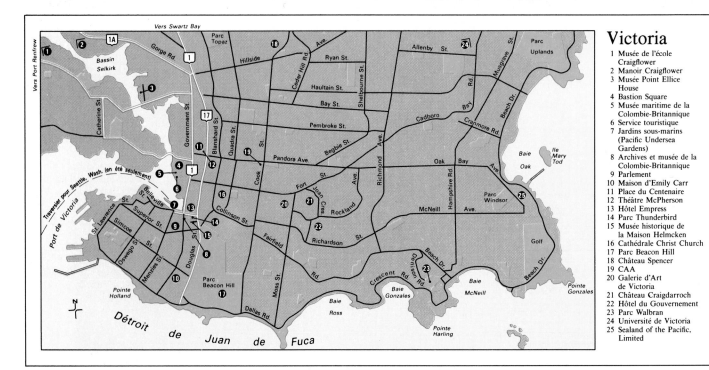

Victoria

1 Musée de l'école Craigflower
2 Manoir Craigflower
3 Musée Point Ellice House
4 Bastion Square
5 Musée maritime de la Colombie-Britannique
6 Service touristique
7 Jardins sous-marins (Pacific Undersea Gardens)
8 Archives et musée de la Colombie-Britannique
9 Parlement
10 Maison d'Emily Carr
11 Place du Centenaire
12 Théâtre McPherson
13 Hôtel Empress
14 Parc Thunderbird
15 Musée historique de la Maison Helmcken
16 Cathédrale Christ Church
17 Parc Beacon Hill
18 Château Spencer
19 CAA
20 Galerie d'Art de Victoria
21 Château Craigdarroch
22 Hôtel du Gouvernement
23 Parc Walbran
24 Université de Victoria
25 Sealand of the Pacific, Limited

Le Parlement (ci-dessus), construit en pierre de la région et recouvert d'ardoise, date de 1898. Mât totémique, dans le parc Thunderbird (à droite).

Château Craigdarroch (21)
Robert Dunsmuir, « le roi du charbon de l'île de Vancouver », fit construire cet important édifice pour son épouse.

Château Spencer (18)
Ce manoir de style Tudor date du début du siècle. Il est couronné d'une tourelle de quatre étages.

École Craigflower (1)
La plus vieille école de l'ouest du Canada qui subsiste encore (1855) abrite un musée historique consacré aux pionniers.

Galerie d'Art de Victoria (20)
On peut admirer ici des toiles de A. Y. Jackson, David Milne, Homer Watson et Emily Carr, ainsi qu'un bronze d'Auguste Rodin, *Mercure descendu d'un nuage*, la *Vierge à l'Enfant avec saint Jean* de Pier Fiorentino et une remarquable collection de statues de porcelaine et de pièces de jade orientales.

Hôtel Empress (13)
Pendant longtemps, centre de la vie sociale de la ville, l'hôtel fut construit par le CP en 1905, face à la mer.

Jardins sous-marins (7)
A l'abri de baies vitrées, les visiteurs observent la faune du port : requins, pieuvres et holothuries.

Maison Helmcken (15)
Construite en 1852 par J. S. Helmcken, qui contribua à l'admission de la Colombie-Britannique dans la Confédération, la maison abrite aujourd'hui un musée provincial.

Manoir Craigflower (2)
Cette ancienne ferme, fondée en 1853 par Kenneth McKenzie, a été transformée en musée. Elle contient des meubles et divers objets du siècle dernier.

Musée maritime (5)
Les collections du musée relatent l'histoire maritime de Victoria. On peut y voir des maquettes, des figures de proue, des outils, des cloches, des uniformes de marins, des garcettes et le *Tilikum* (1860), un canot de 11 m transformé en goélette à trois mâts qui fit le voyage de Victoria jusqu'en Angleterre.

Musée Point Ellice House (3)
La maison de Peter O'Reilly, l'un des fondateurs de la Colombie-Britannique, abrite une collection de meubles victoriens.

Parc Beacon Hill (17)
Ce parc, offert à la municipalité par la Compagnie de la Baie d'Hudson en 1882, comporte de vastes pelouses, des roseraies, une volière, un terrain de cricket et un théâtre en plein air. On peut y voir une cloche chinoise fondue en 1627, un mât totémique de 38 m de haut et le point d'origine de la route transcanadienne.

Parc Thunderbird (14)
Une collection de mâts totémiques, la plupart sculptés entre 1850 et 1890, illustre les cultes des différentes tribus de la côte du Pacifique. On peut également voir dans le parc plusieurs pirogues de cèdre et la réplique d'une maison kwakiutl du XIXᵉ siècle.

L'imposant château Craigdarroch, achevé en 1898, abrite le conservatoire de musique de Victoria.

Parlement (9)
Une statue de George Vancouver couronne le dôme de cuivre de l'aile principale (1898) des édifices qui abritent le gouvernement de la province. En face du Parlement se trouvent le musée et les archives de la Colombie-Britannique (8), ainsi qu'un carillon de 62 cloches offert par des Canadiens d'origine néerlandaise. Une pirogue décorée de sculptures représentant des chasseurs de baleines nootkas est l'une des pièces maîtresses du musée où l'on peut voir des tableaux d'Emily Carr ainsi qu'une réplique du *Discovery* du capitaine Cook.

Place du Centenaire (11)
Cette place est entourée d'une élégante galerie de boutiques, ainsi que d'anciens édifices restaurés, l'hôtel de ville de 1878 et le théâtre McPherson de 1912.

Sealand of the Pacific (25)
D'une galerie vitrée, les visiteurs peuvent observer des phoques, des otaries, des anguilles et des gorgones dans leur élément naturel.

Klee Wyck, l'excentrique artiste de Victoria

1871-1945 EMILY CARR painter peintre
Canada /6

Les Indiens de l'île de Vancouver l'appelaient *Klee Wyck*, « celle qui rit ». Les habitants de Victoria surnommèrent affectueusement « Crazy Old Millie Carr » ce peintre excentrique qui promenait parfois son singe dans une voiture d'enfant.

Influencée par les impressionnistes et le Groupe des Sept, Emily Carr s'inspira également du mystère des villages indiens abandonnés et de la grandeur sauvage de la côte du Pacifique. Sous son pinceau, les forêts se transforment en masses sculpturales qu'écrasent des cieux débordant de lumière.

Emily Carr nous a laissé environ un millier de tableaux et de dessins. Son livre, *Klee Wyck*, reçut le prix de Littérature du gouverneur général en 1941. Un timbre, qui commémore le centenaire de sa naissance (1871), reproduit un de ses tableaux, *Big Raven* (à gauche). La maison d'Emily Carr (10) abrite aujourd'hui un musée et une galerie d'art.

Le chant de l'alouette
et d'anciens chemins de diligence

Ile de Vancouver

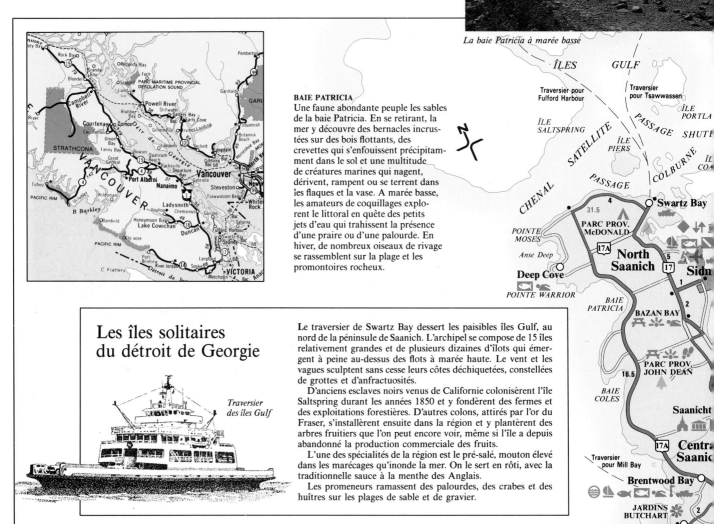

La baie Patricia à marée basse

BAIE PATRICIA

Une faune abondante peuple les sables de la baie Patricia. En se retirant, la mer y découvre des bernacles incrustées sur des bois flottants, des crevettes qui s'enfouissent précipitamment dans le sol et une multitude de créatures marines qui nagent, dérivent, rampent ou se terrent dans les flaques et la vase. A marée basse, les amateurs de coquillages explorent le littoral en quête des petits jets d'eau qui trahissent la présence d'une praire ou d'une palourde. En hiver, de nombreux oiseaux de rivage se rassemblent sur la plage et les promontoires rocheux.

Les îles solitaires
du détroit de Georgie

Traversier
des îles Gulf

Le traversier de Swartz Bay dessert les paisibles îles Gulf, au nord de la péninsule de Saanich. L'archipel se compose de 15 îles relativement grandes et de plusieurs dizaines d'îlots qui émergent à peine au-dessus des flots à marée haute. Le vent et les vagues sculptent sans cesse leurs côtes déchiquetées, constellées de grottes et d'anfractuosités.

D'anciens esclaves noirs venus de Californie colonisèrent l'île Saltspring durant les années 1850 et y fondèrent des fermes et des exploitations forestières. D'autres colons, attirés par l'or du Fraser, s'installèrent ensuite dans la région et y plantèrent des arbres fruitiers que l'on peut encore voir, même si l'île a depuis abandonné la production commerciale des fruits.

L'une des spécialités de la région est le pré-salé, mouton élevé dans les marécages qu'inonde la mer. On le sert en rôti, avec la traditionnelle sauce à la menthe des Anglais.

Les promeneurs ramassent des palourdes, des crabes et des huîtres sur les plages de sable et de gravier.

JARDINS BUTCHART

Dans le grand amphithéâtre de rochers que forme une ancienne carrière, des milliers de fleurs, d'arbres et d'arbustes créent une féerie de couleurs chatoyantes. Des sentiers traversent les pelouses au gazon vert cru, plantées de grands thuyas, pour mener à un lac ceinturé d'un tapis de marguerites. Du haut de la carrière, une chute d'eau festonnée de lierre plonge dans un bassin. Les différentes sections du jardin sont plantées de manière à fleurir toute l'année. Le jardin italien est orné d'arbres et d'arbustes soigneusement taillés, d'arches et de statues florentines, et d'un étang en forme d'étoile couvert de nénuphars. Le jardin japonais est un enchantement pour l'œil avec ses arbres nains, ses rhododendrons, sa petite chute secrète, ses ponts laqués et ses kiosques sur pilotis éclairés par des lanternes. La roseraie anglaise est sillonnée d'allées qu'enjambent des arceaux fleuris. La route qui mène aux jardins est bordée de plus d'un demi-millier de cerisiers. A la nuit tombée, des lampes, soigneusement dissimulées, éclairent doucement les jardins.

Jardins Butchart

0   5   1   1.5   2   2.5 Milles

0   1   2   3   4 Kilomètres

L'aimable et paisible péninsule de Saanich, sur l'île de Vancouver, est le lieu des plaisirs simples de la campagne, des jeux sur la plage, des promenades sur de charmantes routes sinueuses, le pays des vieilles églises, des auberges accueillantes et de l'hospitalité d'antan.

Un grand nombre des routes de la péninsule, bordées d'épaisses haies derrière lesquelles se cachent de charmants cottages de style Tudor, suivent le tracé des anciens chemins de diligence. Passé l'ancien cimetière de l'église de la Sainte-Trinité (1885), des hiboux des marais et des alouettes s'élèvent gracieusement au-dessus des champs qui entourent l'aéroport de Victoria. A peine plus grosse qu'un moineau, l'alouette au plumage brun-chamois est difficile à voir, mais les champs résonnent sans cesse de son incomparable chant mélodieux.

Les jardins Butchart, à l'extrémité d'une route qui se déroule entre des cerisiers en fleur, occupent une ancienne carrière de calcaire aujourd'hui transformée en un immense parterre de fleurs. Sur une falaise voisine, le dôme de l'observatoire astrophysique Dominion et les chênes de Garry tout rabougris qu'il domine composent un univers étrange, digne d'un paysage imaginé par quelque auteur de science-fiction.

Les îles Gulf s'étendent au beau milieu du détroit de Georgie, au large de l'extrémité nord de la péninsule de Saanich. Ces îles, oublieuses du monde extérieur, vivent au rythme tranquille des champs, de la forêt et de la mer.

SIDNEY
Un ancien poste de douane (1912) abrite le musée de la Société historique de Sidney qui se consacre à l'histoire de la péninsule de Saanich. On peut y voir en particulier l'une des premières éditions des journaux de bord du capitaine George Vancouver (1801).
Le parc provincial Sidney Spit, dans l'île Sidney, comporte des terrains de camping et de pique-nique.

Houx

Chêne de Garry

SAANICHTON
C'est ici que, depuis 1871, se déroule en septembre la plus ancienne foire agricole de l'ouest du Canada. Le champ de foire compte deux musées consacrés à l'histoire locale, le musée des Pionniers, aménagé dans une maison de rondins (1932), et le musée du Centenaire.

Une des paisibles routes de la péninsule de Saanich

OBSERVATOIRE ASTROPHYSIQUE DOMINION
Administré par le Conseil national de recherches du Canada, l'observatoire est équipé depuis 1918 d'un télescope de 182 cm. Son miroir d'origine, utilisé jusqu'en 1974, est exposé dans une salle. C'est un énorme morceau de verre de 2 t, poli au dixième de micromètre près. Le samedi soir, les visiteurs peuvent voir l'observatoire en pleine action alors que le dôme s'ouvre et que l'énorme télescope tourne lentement en direction d'une étoile perdue dans le ciel.

Erythrone

Du houx et des alouettes, uniques au Canada

Les alouettes des champs font entendre leur mélodie dans le ciel de la péninsule de Saanich, seul endroit d'Amérique du Nord où vit cette espèce. Au début du siècle, des colons anglais en mal de pays firent venir plus d'une centaine de couples d'alouettes dans la péninsule. Les oiseaux proliférèrent dans la campagne dont le doux climat est semblable à celui de l'Angleterre.

Le nom Saanich vient d'un mot indien qui signifie « sol fertile ». Dès février, les cerisiers du Japon et les pruniers fleurissent, puis, en avril, les narcisses (à elle seule, la bourgade de Saanichton en expédie 13 millions tous les ans). Dans cette région, la seule du Canada où pousse le houx des décorations de Noël, de nombreux maraîchers se consacrent à la culture des baies, notamment à celle de la ronce-framboise.

De nombreuses fleurs des champs, par exemple l'érythrone et le trille, émaillent le bord des routes et les bosquets d'ormes, de cèdres, d'arbousiers et de sapins.

Alouette des champs

Le pays des bois, de l'élevage et des fameux chandails cowichans

Ile de Vancouver

Cette région de l'île de Vancouver est réputée pour ses splendides chandails tricotés à la main, ses troupeaux de vaches laitières et ses routes forestières.

Tricotés en laine vierge chargée de lanoline, les chandails cowichans ont des motifs inspirés de ceux qu'utilisaient les Salishs de la côte pour leurs couvertures d'écorce de cèdre et de laine de chèvres.

Sous le doux climat de la vallée de la Cowichan — en indien « réchauffé par le

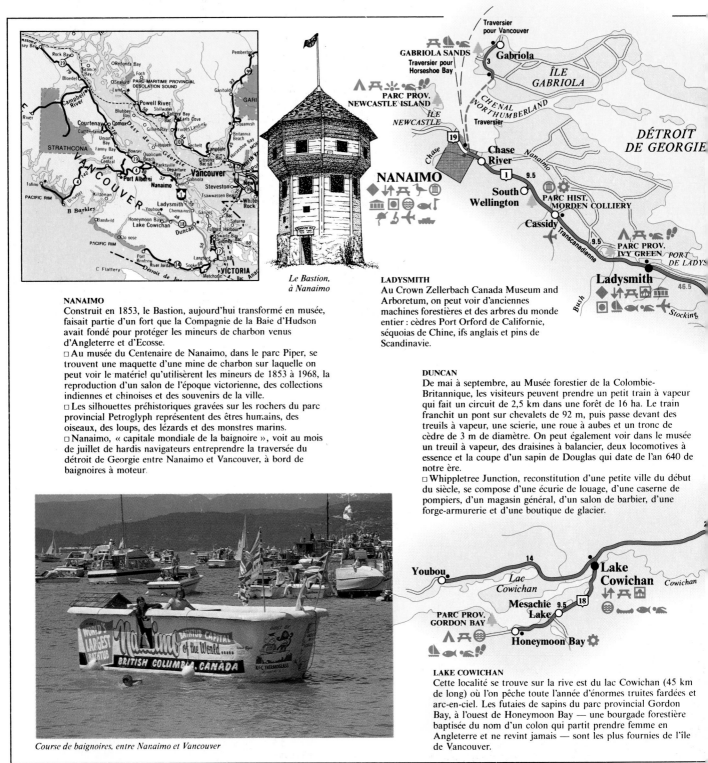

Le Bastion, à Nanaimo

NANAIMO

Construit en 1853, le Bastion, aujourd'hui transformé en musée, faisait partie d'un fort que la Compagnie de la Baie d'Hudson avait fondé pour protéger les mineurs de charbon venus d'Angleterre et d'Écosse.

□ Au musée du Centenaire de Nanaimo, dans le parc Piper, se trouvent une maquette d'une mine de charbon sur laquelle on peut voir le matériel qu'utilisèrent les mineurs de 1853 à 1968, la reproduction d'un salon de l'époque victorienne, des collections indiennes et chinoises et des souvenirs de la ville.

□ Les silhouettes préhistoriques gravées sur les rochers du parc provincial Petroglyph représentent des êtres humains, des oiseaux, des loups, des lézards et des monstres marins.

□ Nanaimo, « capitale mondiale de la baignoire », voit au mois de juillet de hardis navigateurs entreprendre la traversée du détroit de Georgie entre Nanaimo et Vancouver, à bord de baignoires à moteur.

LADYSMITH

Au Crown Zellerbach Canada Museum and Arboretum, on peut voir d'anciennes machines forestières et des arbres du monde entier : cèdres Port Orford de Californie, séquoias de Chine, ifs anglais et pins de Scandinavie.

DUNCAN

De mai à septembre, au Musée forestier de la Colombie-Britannique, les visiteurs peuvent prendre un petit train à vapeur qui fait un circuit de 2,5 km dans une forêt de 16 ha. Le train franchit un pont sur chevalets de 92 m, puis passe devant des treuils à vapeur, une scierie, une roue à aubes et un tronc de cèdre de 3 m de diamètre. On peut également voir dans le musée un treuil à vapeur, des draisines à balancier, deux locomotives à essence et la coupe d'un sapin de Douglas qui date de l'an 640 de notre ère.

□ Whippletree Junction, reconstitution d'une petite ville du début du siècle, se compose d'une écurie de louage, d'une caserne de pompiers, d'un magasin général, d'un salon de barbier, d'une forge-armurerie et d'une boutique de glacier.

LAKE COWICHAN

Cette localité se trouve sur la rive est du lac Cowichan (45 km de long) où l'on pêche toute l'année d'énormes truites fardées et arc-en-ciel. Les futaies de sapins du parc provincial Gordon Bay, à l'ouest de Honeymoon Bay — une bourgade forestière baptisée du nom d'un colon qui partit prendre femme en Angleterre et ne revint jamais — sont les plus fournies de l'île de Vancouver.

Course de baignoires, entre Nanaimo et Vancouver

oleil » — les pionniers firent d'abondantes récoltes de foin sur les terrains qu'ils avaient défrichés dans la forêt. Les fermiers se tournèrent donc vers l'élevage, si bien qu'aujourd'hui une importante partie de la production laitière de la Colombie-Britannique provient des troupeaux de Holstein de la vallée de la Cowichan.

L'industrie forestière est elle aussi florissante dans la région. Des chemins forestiers mènent au cœur des bois où le Service des forêts de la Colombie-Britannique et l'indus-

trie privée ont aménagé des terrains de camping et de pique-nique. Certaines routes forestières sont cependant interdites au public pendant la journée. Les visiteurs doivent donc s'informer auprès du Service des forêts avant

d'entreprendre une randonnée dans l'arrière-pays ou de s'enfoncer dans les bois. Il est bon de savoir également que les convois de camions qui transportent le bois roulent très vite et ont la priorité.

Grotte Galiano, dans l'île Gabriola

ÎLE GABRIOLA
Cette île de 50 km², paradis des chercheurs d'épaves et de coquillages, possède l'un des plus doux climats de l'Amérique du Nord. Verte, même en hiver, elle devient un véritable parterre de fleurs des champs au printemps. L'île est également réputée pour ses étranges formations rocheuses, notamment la grotte Galiano. Longue de 90 m, elle a été sculptée par les vents et les vagues dans le grès de la pointe Malaspina, au parc provincial Gabriola Sands. Au sud de la grotte, des stalactites pendent d'une falaise haute de 30 m.

COWICHAN BAY
Un missionnaire, le père Rondeault, gardait des vaches et vendait du beurre pour se procurer l'argent dont il avait besoin pour construire son « église du beurre » en 1870. Le grès du monument provient d'une carrière voisine de la colline Comiaken. L'église, qui se trouve sur une réserve cowichan, a été restaurée en 1958.
□ Cowichan Bay est bien connue des pêcheurs de saumons coho et des plaisanciers puisqu'elle possède cinq ports de plaisance.

« L'église du beurre », à Cowichan Bay

MILL BAY
Située à l'extrémité nord de la promenade de Malahat, une route côtière construite en 1911, Mill Bay jouirait du climat le plus tempéré de tout le Canada. Cette petite ville est reliée par un traversier à Brentwood Bay, au sud-ouest de la péninsule de Saanich. On peut y pratiquer la pêche en mer et en eau douce, la chasse, le golf, le tennis et la navigation de plaisance.

PARC PROVINCIAL DE GOLDSTREAM
Les prospecteurs découvrirent de l'or en 1855 dans cette région où l'on peut encore voir les puits et les tunnels des anciennes mines. Les sapins de Douglas de près de six siècles sont nombreux dans le parc. L'arbousier de Menzies, seul feuillu à feuilles persistantes du Canada, pousse à côté de cornouillers à grandes fleurs, le long des 3 km du sentier Arbutus Ridge. Le sous-bois est tapissé de buissons de houx, de gaylussacias et de ronces, ainsi que d'une grande variété de fleurs sauvages : trilles, calypsos bulbeux et linnées boréales.
□ En novembre, des milliers de saumon kéta et coho remontent la rivière Goldstream.

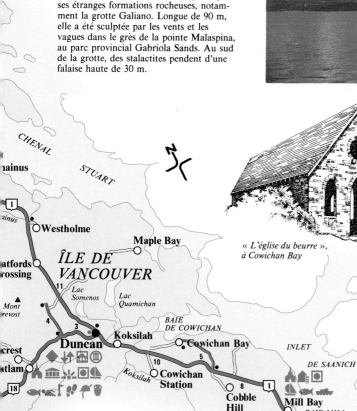

Cornouiller à grandes fleurs

Vue panoramique de la promenade de Malahat

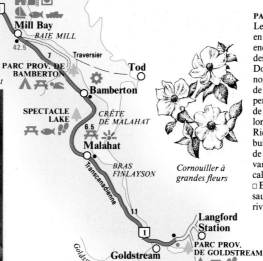

A l'ombre du mont Arrowsmith, des futaies de sapins de Douglas

Ile de Vancouver

L'inlet Alberni, qui s'enfonce jusqu'au milieu de l'île de Vancouver, est l'une des principales voies navigables de la côte ouest du Canada. C'est par cet étroit chenal, dont les eaux regorgent de saumons à l'époque de la montaison, que la production forestière de l'île est expédiée dans les pays du bassin du Pacifique.

Entre Port Alberni, une ville de 20 000 habitants située à l'entrée du bras de mer, et Parksville, la route serpente à l'ombre du mont Arrowsmith. Elle escalade ensuite les

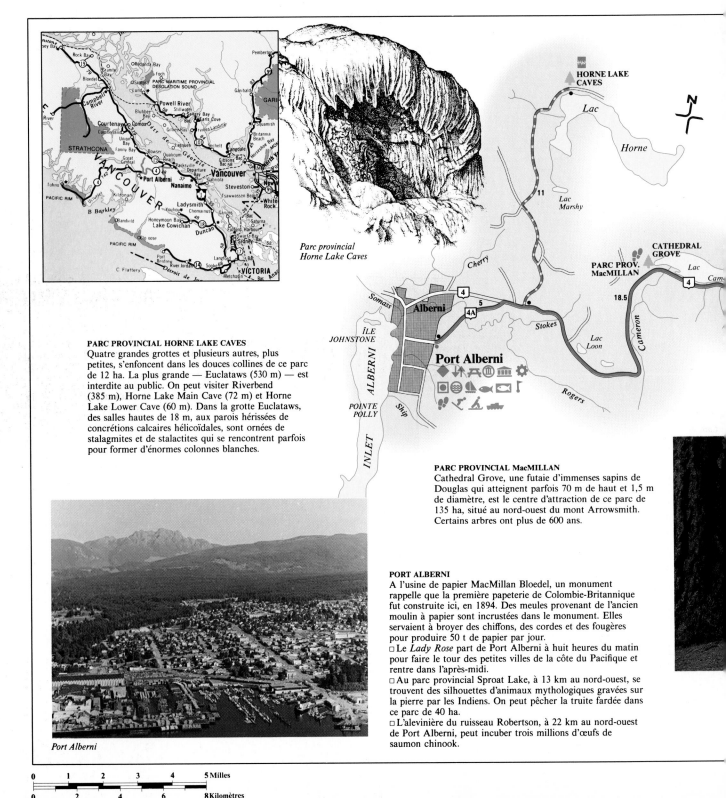

Parc provincial Horne Lake Caves

PARC PROVINCIAL HORNE LAKE CAVES
Quatre grandes grottes et plusieurs autres, plus petites, s'enfoncent dans les douces collines de ce parc de 12 ha. La plus grande — Euclataws (530 m) — est interdite au public. On peut visiter Riverbend (385 m), Horne Lake Main Cave (72 m) et Horne Lake Lower Cave (60 m). Dans la grotte Euclataws, des salles hautes de 18 m, aux parois hérissées de concrétions calcaires hélicoïdales, sont ornées de stalagmites et de stalactites qui se rencontrent parfois pour former d'énormes colonnes blanches.

Port Alberni

PARC PROVINCIAL MacMILLAN
Cathedral Grove, une futaie d'immenses sapins de Douglas qui atteignent parfois 70 m de haut et 1,5 m de diamètre, est le centre d'attraction de ce parc de 135 ha, situé au nord-ouest du mont Arrowsmith. Certains arbres ont plus de 600 ans.

PORT ALBERNI
A l'usine de papier MacMillan Bloedel, un monument rappelle que la première papeterie de Colombie-Britannique fut construite ici, en 1894. Des meules provenant de l'ancien moulin à papier sont incrustées dans le monument. Elles servaient à broyer des chiffons, des cordes et des fougères pour produire 50 t de papier par jour.
□ Le *Lady Rose* part de Port Alberni à huit heures du matin pour faire le tour des petites villes de la côte du Pacifique et rentre dans l'après-midi.
□ Au parc provincial Sproat Lake, à 13 km au nord-ouest, se trouvent des silhouettes d'animaux mythologiques gravées sur la pierre par les Indiens. On peut pêcher la truite fardée dans ce parc de 40 ha.
□ L'alevinière du ruisseau Robertson, à 22 km au nord-ouest de Port Alberni, peut incuber trois millions d'œufs de saumon chinook.

| 0 | 1 | 2 | 3 | 4 | 5 Milles |
| 0 | | 2 | | 4 | 6 | 8 Kilomètres |

Chute Little Qualicum

PROVINCIAL LITTLE QUALICUM FALLS

ittoresque chute de la Little Qualicum, un bond
m en trois ressauts spectaculaires, se trouve
ce parc de 4 km² où sont aménagés des terrains
que-nique et de camping. La pêche à la truite
xcellente dans la Little Qualicum où l'on peut
ment se baigner. Des sentiers pittoresques
nt au mont Arrowsmith.

pentes boisées du plus haut col de l'île de
Vancouver (370 m).

Dans le parc provincial MacMillan, Cathedral Grove est une futaie d'immenses sapins de Douglas qui n'étaient encore que des
arbrisseaux lorsque Cabot partit pour l'Amérique du Nord en 1497. Les forêts des environs abritent une faune abondante de cerfs,
d'ours, de loups et de couguars. C'est d'ailleurs dans l'île de Vancouver que se trouve le
plus grand nombre de couguars en Amérique
du Nord.

Parksville, centre touristique de la région,
est située sur la rive d'une magnifique baie.
La ville, déjà réputée pour ses plages, ses
parcs et ses lieux de pêche, organise en outre
un concours hippique en mai, une grande fête
populaire en juillet et un concours de pêche
au saumon à la mi-août.

PARKSVILLE
Parksville est réputée pour sa grande plage, ses lieux
de pêche au saumon et à la truite, et ses deux parcs
qui bordent les rivières Englishman et Little
Qualicum.
□ Aux environs, l'église St. Ann, de French Creek,
date du début du siècle.

Eglise St. Ann, à French Creek

PARC PROVINCIAL RATHTREVOR BEACH
Une plage de sable de 1,5 km de long borde la
rive est de ce parc de 350 ha. La marée
descendante découvre près de 200 ha de vasières.
Parmi les 42 espèces d'oiseaux qui fréquentent
l'endroit, on remarquera surtout la bernache
noire, une sous-espèce menacée de la famille
des outardes.

DÉTROIT DE GEORGIE

PARC PROV. LITTLE QUALICUM FALLS

PARC PROV. CAMERON LAKE

Coombs

Parksville

BAIE DE PARKSVILLE

PARC PROV. RATHTREVOR BEACH

Errington

Mont Little

PARC PROV. ENGLISHMAN RIVER FALLS

CHUTES DE L'ENGLISHMAN

Arrowsmith

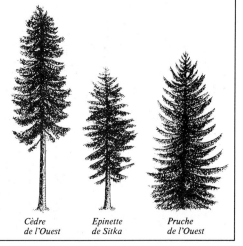

Bernaches noires

PARC PROVINCIAL ENGLISHMAN RIVER FALLS
Ce parc de 100 ha est doté d'une centaine
d'emplacements de camping et de 37 terrains
de pique-nique. Les eaux poissonneuses de l'Englishman
regorgent de truites Kamloops, fardées et arc-en-ciel.
De la passerelle de bois qui enjambe la rivière, les
visiteurs découvrent une vue spectaculaire d'une chute
de 40 m.

Cathedral Grove, parc provincial Macmillan

Une forêt d'arbres géants

Les plus grands arbres du monde poussent dans les anciennes forêts pluviales de la côte du Pacifique. Les
précipitations abondantes, la durée de la belle saison et
la rusticité des conifères de la côte du Pacifique leur permettent d'atteindre ici des hauteurs exceptionnelles.

Dans la plupart des régions du monde, les grands arbres
ont une trentaine de mètres de haut. Dans les forêts pluviales du Pacifique, ils mesurent en moyenne 60 m et
atteignent parfois 90 m.

L'industrie du bois a détruit la plupart des forêts pluviales. Cathedral Grove, dans le parc provincial Macmillan,
est la plus belle de celles qui subsistent en Colombie-
Britannique et la plus accessible. D'énormes sapins de
Douglas mêlés à quelques cèdres de l'Ouest et épinettes de
Sitka y poussent en épaisses futaies sur un tapis de mousse
humide. Seule la pruche de l'Ouest se développe dans
l'ombre du sous-bois touffu et finira par remplacer les
grands sapins dans quelques siècles.

Cèdre de l'Ouest   *Epinette de Sitka*   *Pruche de l'Ouest*

Baleines et otaries, au large d'une côte ciselée par les vagues

Ile de Vancouver

Perché sur les rochers de la côte ouest de l'île de Vancouver, le parc national Pacific Rim recèle une longue suite de plages battues par le ressac, de pointes rocheuses et d'îles rocailleuses où se brisent les vagues du Pacifique.

Au bord de l'immense océan, à Long Beach, les *surfers* chevauchent la crête des vagues et les pêcheurs lancent leurs lignes dans les eaux écumantes, tandis que les promeneurs fouillent le sable blanc en quête de coquillages, de palourdes géantes ou de

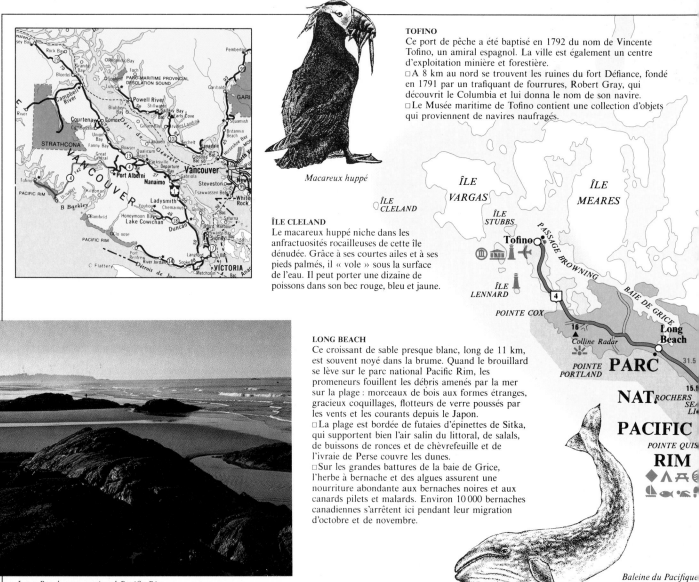

Macareux huppé

TOFINO

Ce port de pêche a été baptisé en 1792 du nom de Vincente Tofino, un amiral espagnol. La ville est également un centre d'exploitation minière et forestière.
□ A 8 km au nord se trouvent les ruines du fort Défiance, fondé en 1791 par un trafiquant de fourrures, Robert Gray, qui découvrit le Columbia et lui donna le nom de son navire.
□ Le Musée maritime de Tofino contient une collection d'objets qui proviennent de navires naufragés.

ÎLE CLELAND

Le macareux huppé niche dans les anfractuosités rocailleuses de cette île dénudée. Grâce à ses courtes ailes et à ses pieds palmés, il « vole » sous la surface de l'eau. Il peut porter une dizaine de poissons dans son bec rouge, bleu et jaune.

Long Beach, parc national Pacific Rim

LONG BEACH

Ce croissant de sable presque blanc, long de 11 km, est souvent noyé dans la brume. Quand le brouillard se lève sur le parc national Pacific Rim, les promeneurs fouillent les débris amenés par la mer sur la plage : morceaux de bois aux formes étranges, gracieux coquillages, flotteurs de verre poussés par les vents et les courants depuis le Japon.
□ La plage est bordée de futaies d'épinettes de Sitka, qui supportent bien l'air salin du littoral, de salals, de buissons de ronces et de chèvrefeuille et de l'ivraie de Perse couvre les dunes.
□ Sur les grandes battures de la baie de Grice, l'herbe à bernache et des algues assurent une nourriture abondante aux bernaches noires et aux canards pilets et malards. Environ 10 000 bernaches canadiennes s'arrêtent ici pendant leur migration d'octobre et de novembre.

Baleine du Pacifique

PARC NATIONAL PACIFIC RIM

Le parc se compose de trois sections, Long Beach, l'archipel Broken Islands et le sentier West Coast. De Long Beach, on peut prendre le bateau pour visiter les Sea Lion Rocks où des otaries de Steller prennent souvent le soleil. De Radar Hill, près de la route 4, à l'extrémité nord de Long Beach, on découvre une splendide vue du parc. L'archipel Broken Islands — 100 îles éparpillées dans la baie de Barkley — est un des hauts lieux de la pêche au saumon. Le sentier West Coast traverse une région sauvage, entre Bamfield et Port Renfrew. Tantôt, il longe le littoral, tantôt il passe au milieu de futaies d'épinettes de Sitka ou de luxuriants ravins.

Otaries de Steller, rochers Sea Lion

```
0   1   2   3   4   5 Milles
0    2    4    6   8 Kilomètres
```

couteaux, parmi les débris que la mer apporte inlassablement.

Dans l'archipel Broken Islands, le « cimetière du Pacifique », les plongeurs explorent les épaves incrustées de berniques des 50 navires qui y ont sombré.

Un des sentiers du parc menait autrefois les marins naufragés en lieu sûr. D'autres conduisent à des grottes en bordure de l'eau, à des ponts de pierre sculptés par les intempéries, à des cavités où s'engouffrent les vagues et aux flaques d'eau laissées par la marée où l'on trouve des berniques, des moules et des patelles.

Dans les ports voisins du parc, Tofino et Ucluelet, les visiteurs dégustent des fruits de mer à peine sortis de l'eau, poissons, crabes, huîtres et crevettes.

Près de Port Alberni, le lac Sproat et la rivière Taylor regorgent de truites et de saumons. Au loin, les gigantesques sapins de Douglas et les cèdres de l'Ouest poussent en futaies denses sur les croupes bleutées du chaînon Mackenzie.

Port de pêche de Tofino

ÎLE DE VANCOUVER

RIVIÈRE TAYLOR
La truite fardée et la truite steelhead viennent frayer dans ce cours d'eau. Au printemps, chaque femelle pond quelque 6 000 œufs. Au bout de sept semaines, les œufs éclosent et les alevins commencent à se nourrir de plancton et d'insectes. La truite fardée reste toujours en eau douce, alors que la steelhead part en mer avant de revenir frayer.

Le saumon coho et le kokani fréquentent aussi la rivière.

LAC KENNEDY
La forêt pluviale qui ceinture le plus grand lac de l'île de Vancouver abrite de nombreuses espèces d'oiseaux. Les plus remarquables sont la fauvette de Townsend qui niche dans les grands sapins de Douglas et le pigeon du Pacifique.

UCLUELET
En bordure des eaux poissonneuses de la baie d'Ucluelet, ce port est l'un des plus actifs de la province. On y prend le saumon du Pacifique au filet lorsqu'il remonte vers ses frayères.
□ Les arbres abattus près de la baie sont remorqués jusqu'aux scieries de Port Alberni, à 80 km de là.
□ Le phare date de 1912.

PARC PROVINCIAL SPROAT LAKE
Des truites fardées de 7 kg, les plus grosses de toute la côte de la Colombie-Britannique, ainsi que des truites arc-en-ciel peuplent le lac Sproat.
□ Un sentier mène à cinq silhouettes de crustacés, de poissons et de créatures mythologiques gravées par les Indiens sur un rocher de calcaire de 24 m de haut.

Truite fardée

Port Alberni

Traversier pour Albion et Bamfield

ARCHIPEL BROKEN ISLANDS
Les baleines grises du Pacifique fréquentent les eaux de Long Beach ainsi que les abords de ces îles qui font tous deux partie du parc national Pacific Rim. Des cormorans pélagiques et plus de 170 couples d'aigles à tête blanche nichent sur l'archipel.

Cormorans pélagiques

La riche faune du littoral

La faune de la côte ouest du Canada est la plus riche de toutes les mers tempérées. Les meilleurs endroits pour l'observer sont les amoncellements de rochers et les plages découvertes par les marées.

L'un des plus beaux spécimens que l'on puisse y voir est l'anémone de mer. Ses tentacules, qui la font davantage ressembler à une plante qu'à un animal, sont pourvus d'aiguillons venimeux dont elle se sert pour capturer ses proies. L'anémone de mer s'accroche aux rochers, parmi les moules bleues, les huîtres, la laitue de mer et le varech. Le crabe commun et le dormeur qui se nourrissent de palourdes et de petits poissons abondent également dans cette zone.

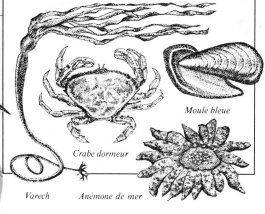

Moule bleue

Crabe dormeur

Varech   *Anémone de mer*

BAIE DE BARKLEY

Ucluelet ◆
POINTE AMPHITRITE
Traversier pour Port Alberni

CHENAL LOUNDOÛN
CHENAL SECHART
ARCHIPEL BROKEN ISLANDS

CHENAL IMPERIAL EAGLE

Bamfield

SENTIER WEST COAST
Lac Kichha

CAP BEALE

BAIE DE KEEHA   BAIE DE PACHENA

Riches terres agricoles, rivières à saumons et pétroglyphes

Ile de Vancouver

Jusque vers les années 1890, seule une piste menait au nord de la vallée de Comox. On construisit bien un mauvais chemin pour les chariots dès 1904, mais il fallut cependant attendre la seconde guerre mondiale pour qu'une route bitumée aille jusqu'à Kelsey Bay.

Au sortir de Cumberland, la route 19 s'engage dans les riches terres agricoles de la vallée qui entoure Comox, où les cultivateurs vendent des fruits, des légumes frais et du miel aux automobilistes de passage.

SAYWARD
Le musée Link and Pin possède la seule chèvre à vapeur de la Colombie-Britannique. Cet appareil de levage, qui est toujours en état de marche, servait à charger les troncs d'arbres sur les wagons de chemin de fer.
□ Plus de 1 000 visages de chefs indiens sont peints sur des troncs de cèdres dans la vallée des Mille Visages.

CAMPBELL RIVER
La « capitale mondiale du saumon » est le siège du Tyee Club. En sont membres les pêcheurs qui ramènent un « tyee », c'est-à-dire un saumon chinook d'au moins 14 kg. En juillet, le Festival du saumon comporte un défilé, un concours de pêche et des courses en canots de guerre.
□ La ville est un centre d'exploitation forestière. On peut visiter la fabrique de papier de Duncan Bay, à 5 km au nord.
□ Un mât totémique de 5 m de haut qui représente des ours se dresse devant le musée du Centenaire de Campbell River. Dans la rotonde, on peut voir un énorme oiseau-tonnerre. La plupart des objets indiens du musée proviennent des tribus kwakiutl et nootka, quelques-uns des Salishs. Le musée renferme aussi des collections d'armes à feu, des outils utilisés par les mineurs et les bûcherons, et des objets domestiques de l'époque des pionniers.

Port de Campbell River

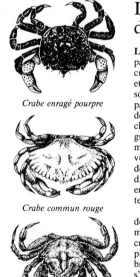

Crabe enragé pourpre

Crabe commun rouge

Crabe poilu

Les carapaces bigarrées des crabes du Pacifique

Les plages du Pacifique sont jonchées de carapaces colorées, abandonnées par les crabes. Le crabe fend sa carapace deux ou trois fois par an et en sort revêtu d'une autre, molle. Il remplit son corps d'eau jusqu'à ce que sa nouvelle carapace ait une taille suffisante et durcisse. Le crabe de varech qui fréquente les tapis d'herbe à bernaches recouvre sa carapace d'un camouflage d'algues et de berniques qu'il conserve après chaque mue. Le bernard-l'ermite, à l'abdomen tendre et vulnérable, élit domicile dans des coquilles vides de buccins et change d'abri à mesure qu'il grandit. Le pinnothère est un crabe minuscule qui vit en commensal à l'intérieur de la cavité du manteau de certaines palourdes.

Les deux espèces les plus connues sont sans doute le crabe enragé pourpre et le crabe commun vert que l'on trouve sur les rochers. Les crabes communs rouges, qui vivent sur les plages de gravier, ont une coquille rouge brique et des pinces noires. Le tourteau, qui s'enfouit habituellement dans le sable, est chamois clair ou brun rougeâtre. Le crabe kégani, couvert de poils durs d'un brun rouille, est jaune orangé.

| 0 | 2 | 4 | 6 | 8 | 10 Milles |
| 0 | 4 | 8 | 12 | 16 Kilomètres |

A Comox, les voyageurs peuvent prendre toute l'année le traversier pour Powell River, de l'autre côté du détroit de Georgie. La route traverse ensuite Courtenay, une agglomération située à 24 km au sud-est du plateau Forbidden, un centre de villégiature fréquenté par les skieurs et les excursionnistes. Plus au nord, le parc provincial Miracle Beach, qui s'étend en bordure d'une mer peuplée à cet endroit d'une faune très riche, offre une vue spectaculaire sur la majestueuse chaîne Côtière.

A l'endroit où la Campbell se jette dans l'étroit chenal du passage Discovery se dresse la jolie petite ville de Campbell River, célèbre pour les arbres majestueux des forêts qui l'entourent et pour les énormes saumons qui fréquentent les rivières du voisinage. Les touristes, dans ce site pittoresque, peuvent pêcher, faire du camping, partir en randonnée ou prendre le traversier pour l'île Quadra dans laquelle ils pourront voir, au cap Mudge, des pétroglyphes indiens qui datent de plusieurs siècles.

Ile Quadra

ÎLE QUADRA
De Campbell River, un traversier mène dans cette île de 24 km de long, la plus grande du passage Discovery.
□ Quadra possède un village indien et d'authentiques mâts totémiques. Au cap Mudge, on peut voir les plus importants pétroglyphes indiens de la côte du Pacifique. Ces silhouettes, gravées sur 26 grosses pierres, représentent notamment des masques et des créatures mythologiques.
□ Un phare, construit sur le cap en 1898, guide les navires dans l'étroit goulet du passage Discovery.
□ Le parc provincial Rebecca Spit est doté de terrains de camping et de pique-nique, ainsi que d'installations pour les bateaux de plaisance. A l'extrémité nord de l'île, des routes de terre mènent à des lacs, au vieux village finnois de Granite Bay et à la mine d'or et de cuivre « Lucky Jim », découverte par des ouvriers qui construisaient un chemin de fer forestier.

PERTUIS DE SEYMOUR
Les parois rocheuses à pic qui encaissent les eaux bleues du pertuis de Seymour atteignent 60 m de haut par endroits.
□ Le rocher Ripple était le cimetière des navires qui s'attaquaient aux courants et aux tourbillons de la passe jusqu'à ce qu'on le fasse sauter en 1958. Le dynamitage du rocher fut la plus importante opération du genre jamais réalisée au Canada.

Goéland à ailes glauques

PARC PROVINCIAL MIRACLE BEACH
Des marsouins et des phoques fréquentent l'embouchure de la rivière Black, tandis que des épaulards passent souvent dans le détroit de Georgie. On dénombre 195 espèces de plantes dans ce parc qui abrite des cerfs à queue noire, des ratons laveurs et des ours noirs.
□ On peut visiter un herbarium et un aquarium d'eau de mer où vivent plusieurs espèces représentatives de la faune marine de la région.
□ Des sentiers d'exploration de la nature serpentent au travers de forêts de pruches et de sapins de Douglas.

Pétroglyphes indiens, cap Mudge, île Quadra

PARC PROVINCIAL MITLENATCH ISLAND
Mitlenatch est une île dont le nom signifie en salish « des eaux calmes tout autour ». Les phoques communs y sont nombreux et l'on y voit parfois des otaries. Des colonies d'oursins rouges tapissent les rochers du littoral où abondent les étoiles de mer pourpres et orange, tandis que des serpents jarretières fréquentent les flaques d'eau laissées par la marée. Des milliers d'oiseaux de mer, huîtriers noirs, goélands à ailes glauques et cormorans pélagiques, nichent sur les rochers. La raquette, seul cactus de la côte, fleurit ici en juin.

CUMBERLAND
Le quartier chinois, presque désert aujourd'hui, et ses bâtiments à l'allure exotique rappellent les jours où Cumberland était un centre minier prospère. Durant les années 1890, il avait la réputation d'être plus grand que celui de San Fancisco. On verra au musée municipal des objets provenant du quartier chinois. Parmi les édifices les plus anciens, on remarquera un bureau de poste (1907) de briques jaunes qui est toujours utilisé.

COURTENAY
Au musée de la Société historique de Courtenay sont exposés des objets provenant du quartier chinois de Cumberland, une cuisine et une laiterie de l'époque des pionniers, une forge et des collections d'objets indiens. La pièce maîtresse de la collection de fossiles est une empreinte de fougère vieille de 70 millions d'années.
1-Spot, une locomotive amenée ici en 1909 par la Comox Logging and Railway Company, est exposée devant la chambre de commerce de Courtenay-Comox.

ÎLE QUADRA

Heriot Bay

PARC PROV. REBECCA SPIT

ncan y

RC PROV. K FALLS r l'itinéraire 8)

19

CAP MUDGE

23

BAIE OYSTER

ÎLE DE NCOUVER

Campbell River

PARC PROV. MITLENATCH ISLAND

ÎLE MITLENATCH

DÉTROIT DE GEORGIE

Oyster River

PARC PROV. MIRACLE BEACH

Black Creek

58

Merville

11.5

KITTY COLEMAN BEACH

Tsolum

12

KIN BEACH

Comox

Traversier pour Powell River

Courtenay

PORT DE COMOX

5.5

Royston

6

19

Cumberland

Trent

Sur une rive sauvage,
le souvenir du capitaine Cook

Ile de Vancouver

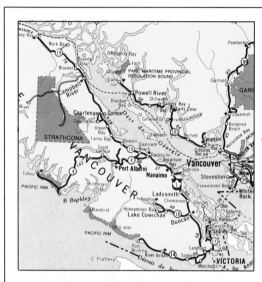

Quelques instants avant la grande aventure :
la descente de la Campbell

Cerf
à queue
noire

GOLD RIVER
Première ville canadienne entièrement électrifiée, Gold River a été construite en six mois en 1965 au confluent des rivières Heber et Gold. Elle abrite le personnel de l'usine à papier de la Compagnie Tahsis.
□ *Uchuck III*, un ancien dragueur de mines de la seconde guerre mondiale, parcourt trois fois par semaine les 56 km qui séparent Gold River de Zeballos. Il fait escale aux agglomérations de la côte et s'arrête notamment à Friendly Cove où le capitaine Cook débarqua en 1778.

Une île baptisée du nom de deux rivaux

George Vancouver, un jeune aspirant de marine de 20 ans qui faisait partie de l'expédition de James Cook en 1778, découvrit l'île qui porte aujourd'hui son nom.
En 1789, les Espagnols s'emparèrent de navires marchands anglais et d'une petite batterie de la baie Nootka. La Grande-Bretagne menaçant de recourir aux armes, l'Espagne capitula. En 1792, Vancouver fut chargé de prendre possession du territoire et il rencontra l'émissaire espagnol, le capitaine Juan Bodega y Quadra. Les deux hommes se lièrent d'amitié et l'Anglais baptisa l'île du nom de « Vancouver's and Quadra's Island ». Le nom de Quadra fut plus tard donné à une île plus petite, située dans le détroit de Georgie. Un vitrail (à gauche) de l'église de Friendly Cove rappelle leur première rencontre.

BAIE NOOTKA
Le capitaine James Cook, premier Européen à débarquer sur la côte ouest du Canada, baptisa King George's la baie où il jeta l'ancre en 1778. Par la suite, il rebaptisa l'endroit Nootka, croyant, à tort, qu'il s'agissait d'un nom indien. Onze ans plus tard, l'Espagne s'empara de la baie, ce qui amena presque la guerre entre l'Angleterre et l'Espagne. En 1792, une expédition navale britannique commandée par George Vancouver rencontra les Espagnols à Friendly Cove pour reprendre possession du territoire.

ÎLE
NOOTKA

Friendly
Cove

BAIE NOOTKA

OCÉAN
PACIFIQUE

Muchalat

Inlet

RÉSERVE
BIG DEN

Mont
Crown ▲

Mont
Big Den ▲

Mont
Elkhorn ▲

Gold River

Gold

Ucona

Salmon

Heber

Elk

36

28

Randonnée dans le
parc Strathcona

Moyena

Mont
Mariner

0 1 2 3 4 5 Milles
0 2 4 6 8 Kilomètres

Noyée dans le brouillard, l'île de Vancouver a peu changé depuis que le capitaine James Cook jeta l'ancre à Friendly Cove, en 1778. De nos jours, les touristes peuvent visiter l'endroit où il accosta en prenant un ancien dragueur de mines, *Uchuck III*, qui approvisionne les villages de la côte et peut aussi bien leur apporter des engins forestiers que du bétail.

Le parc provincial Strathcona (2 240 km²) abrite une vaste étendue de ces terres sauvages qu'admira Cook. A mi-chemin entre Campbell River et Gold River, une route longe la rive est du lac Buttle et mène au parc. Des cèdres de l'Ouest et des sapins de Douglas dominent les vallées, cédant la place à des parterres de fleurs sauvages sur les hauteurs. A l'ouest du lac Buttle se dresse le mont Golden Hinde (2 200 m), point culminant de l'île. Des carcajous, des cerfs à queue noire et une des dernières hardes de wapitis de l'île de Vancouver fréquentent le parc. Du Grand Lac Central, une piste de 16 km mène à la chute Della, une cascade de 440 m de haut.

La taille et la combativité des saumons chinook de la rivière Campbell font le bonheur des pêcheurs qui viennent du monde entier. On y a pris des pièces de 36 kg et la pêche est aussi importante pour la région aujourd'hui qu'elle pouvait l'être pour ses premiers habitants indiens.

Les visiteurs, dans ce coin de pays, peuvent ramasser des palourdes sur les plages, partir en randonnée sur des sentiers escarpés, ou tout simplement admirer les splendides paysages de l'île de Vancouver.

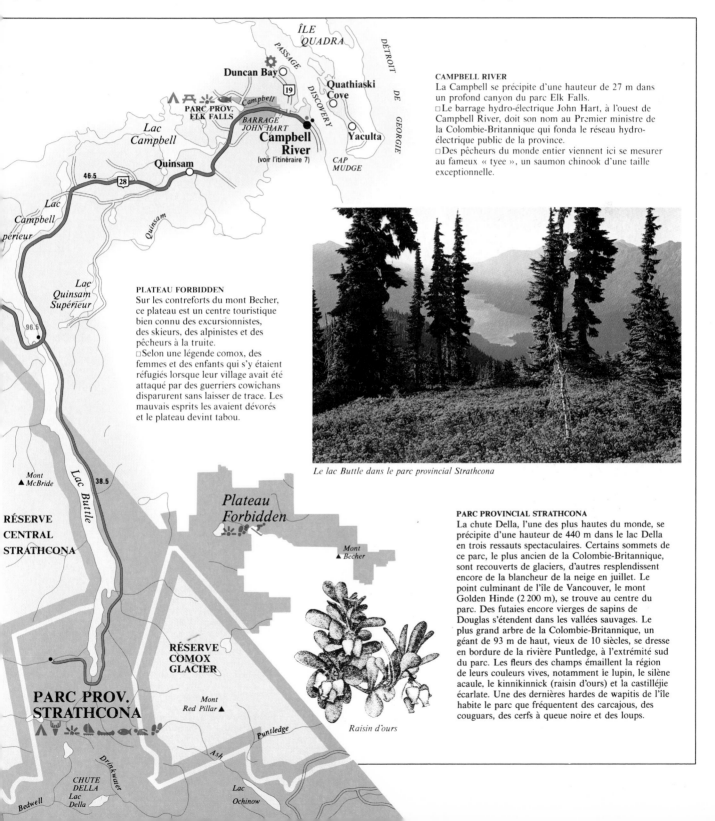

CAMPBELL RIVER
La Campbell se précipite d'une hauteur de 27 m dans un profond canyon du parc Elk Falls.
□ Le barrage hydro-électrique John Hart, à l'ouest de Campbell River, doit son nom au Premier ministre de la Colombie-Britannique qui fonda le réseau hydro-électrique public de la province.
□ Des pêcheurs du monde entier viennent ici se mesurer au fameux « tyee », un saumon chinook d'une taille exceptionnelle.

Le lac Buttle dans le parc provincial Strathcona

PLATEAU FORBIDDEN
Sur les contreforts du mont Becher, ce plateau est un centre touristique bien connu des excursionnistes, des skieurs, des alpinistes et des pêcheurs à la truite.
□ Selon une légende comox, des femmes et des enfants qui s'y étaient réfugiés lorsque leur village avait été attaqué par des guerriers cowichans disparurent sans laisser de trace. Les mauvais esprits les avaient dévorés et le plateau devint tabou.

PARC PROVINCIAL STRATHCONA
La chute Della, l'une des plus hautes du monde, se précipite d'une hauteur de 440 m dans le lac Della en trois ressauts spectaculaires. Certains sommets de ce parc, le plus ancien de la Colombie-Britannique, sont recouverts de glaciers, d'autres resplendissent encore de la blancheur de la neige en juillet. Le point culminant de l'île de Vancouver, le mont Golden Hinde (2 200 m), se trouve au centre du parc. Des futaies encore vierges de sapins de Douglas s'étendent dans les vallées sauvages. Le plus grand arbre de la Colombie-Britannique, un géant de 93 m de haut, vieux de 10 siècles, se dresse en bordure de la rivière Puntledge, à l'extrémité sud du parc. Les fleurs des champs émaillent la région de leurs couleurs vives, notamment ie lupin, le silène acaule, le kinnikinnick (raisin d'ours) et le castilléjie écarlate. Une des dernières hardes de wapitis de l'île habite le parc que fréquentent des carcajous, des couguars, des cerfs à queue noire et des loups.

Raisin d'ours

Map labels:
ÎLE QUADRA
PASSAGE
DISCOVERY
DÉTROIT DE GEORGIE
Duncan Bay
Quathiaski Cove
19
Campbell
PARC PROV. ELK FALLS
BARRAGE JOHN HART
Campbell River (voir l'itinéraire 7)
Yaculta
CAP MUDGE
Lac Campbell
Quinsam
46.5
28
Lac Campbell périeur
Quinsam
Lac Quinsam Supérieur
96.5
Mont McBride
38.5
Lac Buttle
RÉSERVE CENTRAL STRATHCONA
Plateau Forbidden
Mont Becher
RÉSERVE COMOX GLACIER
PARC PROV. STRATHCONA
Mont Red Pillar
Puntledge
Ash
Bedwell
CHUTE DELLA Lac Della
Drinkwater
Lac Ochinow

Le littoral montagneux du pays du soleil

La Côte du Soleil

Entre Langdale et Lund, la route 101 suit la « Côte du Soleil », une région de la Colombie-Britannique aux étés chauds et aux hivers très doux.

La Côte du Soleil borde le continent, mais elle n'est pourtant reliée par aucune route au reste de la Colombie-Britannique. On ne peut y accéder qu'en prenant un traversier pour franchir la baie de Howe, entre Horseshoe Bay et Langdale, ou le détroit de Georgie, entre Comox, sur l'île de Vancouver, et Powell River.

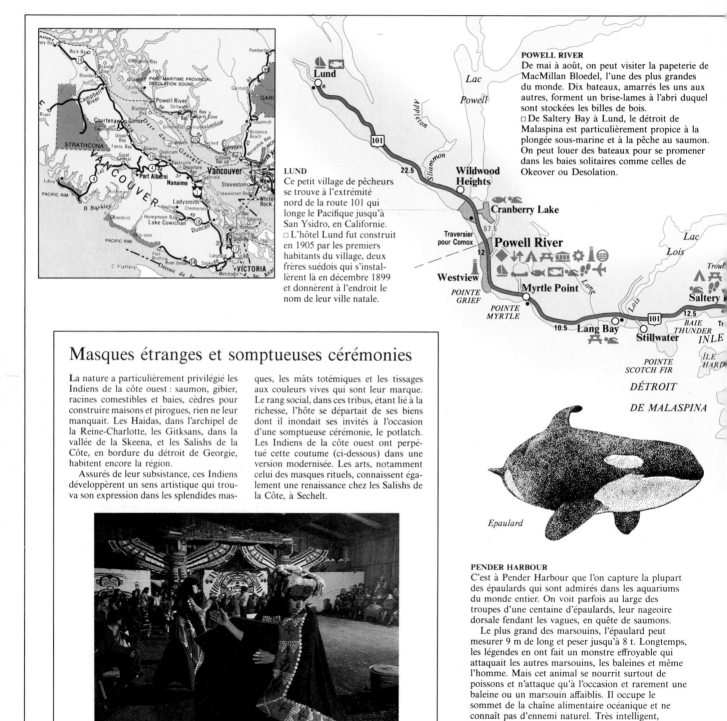

POWELL RIVER
De mai à août, on peut visiter la papeterie de MacMillan Bloedel, l'une des plus grandes du monde. Dix bateaux, amarrés les uns aux autres, forment un brise-lames à l'abri duquel sont stockées les billes de bois.
□ De Saltery Bay à Lund, le détroit de Malaspina est particulièrement propice à la plongée sous-marine et à la pêche au saumon. On peut louer des bateaux pour se promener dans les baies solitaires comme celles de Okeover ou Desolation.

LUND
Ce petit village de pêcheurs se trouve à l'extrémité nord de la route 101 qui longe le Pacifique jusqu'à San Ysidro, en Californie.
□ L'hôtel Lund fut construit en 1905 par les premiers habitants du village, deux frères suédois qui s'installèrent là en décembre 1899 et donnèrent à l'endroit le nom de leur ville natale.

Epaulard

Masques étranges et somptueuses cérémonies

La nature a particulièrement privilégié les Indiens de la côte ouest : saumon, gibier, racines comestibles et baies, cèdres pour construire maisons et pirogues, rien ne leur manquait. Les Haidas, dans l'archipel de la Reine-Charlotte, les Gitksans, dans la vallée de la Skeena, et les Salishs de la Côte, en bordure du détroit de Georgie, habitent encore la région.

Assurés de leur subsistance, ces Indiens développèrent un sens artistique qui trouva son expression dans les splendides masques, les mâts totémiques et les tissages aux couleurs vives qui sont leur marque. Le rang social, dans ces tribus, étant lié à la richesse, l'hôte se départait de ses biens dont il inondait ses invités à l'occasion d'une somptueuse cérémonie, le potlatch. Les Indiens de la côte ouest ont perpétué cette coutume (ci-dessous) dans une version modernisée. Les arts, notamment celui des masques rituels, connaissent également une renaissance chez les Salishs de la Côte, à Sechelt.

PENDER HARBOUR
C'est à Pender Harbour que l'on capture la plupart des épaulards qui sont admirés dans les aquariums du monde entier. On voit parfois au large des troupes d'une centaine d'épaulards, leur nageoire dorsale fendant les vagues, en quête de saumons.

Le plus grand des marsouins, l'épaulard peut mesurer 9 m de long et peser jusqu'à 8 t. Longtemps, les légendes en ont fait un monstre effroyable qui attaquait les autres marsouins, les baleines et même l'homme. Mais cet animal se nourrit surtout de poissons et n'attaque qu'à l'occasion et rarement une baleine ou un marsouin affaiblis. Il occupe le sommet de la chaîne alimentaire océanique et ne connaît pas d'ennemi naturel. Très intelligent, curieux et extrêmement social, même à l'état sauvage, il se montre amical à l'égard de l'homme.

| 0 | 2 | 4 | 6 | 8 | 10 Milles |
| 0 | 4 | 8 | | 12 | 16 Kilomètres |

La Côte du Soleil enchaîne sa longue suite de vastes plages, de promontoires tourmentés, de lagunes paisibles et de lacs, ceinturés de forêts touffues, sur le fond majestueux de la chaîne Côtière. La sérénité du paysage et la vie paisible de ses habitants font de cette région privilégiée un lieu de villégiature inoubliable.

Les amateurs de pêche sportive pratiquent ici toute l'année la pêche au saumon et à la morue. Quant aux touristes, ils peuvent se baigner dans les eaux tempérées de la baie de Howe ou de l'inlet de Sechelt et camper dans quatre parcs provinciaux très bien aménagés et dotés d'appontements.

La route 101 passe par Gibsons, la ville où est tournée la célèbre émission de télévision *Sur la côte du Pacifique*. Elle continue au nord vers Sechelt, situé sur l'isthme qui sépare l'inlet de Sechelt du détroit de Georgie, puis elle suit les rives abritées de la baie de Pender Harbour jusqu'à Earls Cove, où il faudra prendre un traversier pour terminer la visite de la fameuse Côte du Soleil.

Brise-lames de navires, à Powell River

EGMONT

Le pertuis de Skookumchuck, à 4 km au sud-est d'Egmont, est un étroit chenal de 400 m de large, jonché de rochers, entre les inlets de Jervis et de Sechelt. Skookumchuck signifie « les eaux turbulentes » en chinook, un dialecte des Salishs de la Côte. Quatre fois par jour — deux fois à marée haute et autant à marée basse — les eaux du Pacifique s'engouffrent dans le passage où elles tourbillonnent sur les rochers. Les grandes marées, surtout celles de printemps, peuvent atteindre 5 m de hauteur et une vitesse de 20 km/h. On peut admirer ce spectacle impressionnant de Roland et Narrows, deux belvédères aménagés sur la rive ouest du détroit.

La Côte du Soleil, paradis des pêcheurs

Kokani

Keta

Rose

Coho

Chinook

Cinq espèces indigènes de saumons ont fait des eaux de la Côte du Soleil, où le poisson est particulièrement abondant entre juin et août, le paradis des pêcheurs.

Le kokani est le plus fin de tous. Bleu argenté, il pèse jusqu'à 3,5 kg.

Le saumon keta ressemble au kokani, mais ses flancs argentés sont rayés de barres légères et de mouchetures noires. Son poids peut atteindre 5 kg.

Le saumon rose est le plus petit des cinq espèces et ne dépasse pas 2,5 kg. Son dos est fortement moucheté.

Le saumon coho pèse parfois 10 kg. Il se distingue par son corps argenté rayé d'une bande bleu acier. Sa mâchoire inférieure est blanche.

Le chinook, qui atteint jusqu'à 55 kg, est le plus grand saumon du Pacifique. On le reconnaît à son dos bleu-vert légèrement moucheté et à sa mâchoire inférieure noire.

SECHELT

Dans une réserve située à environ 1,5 km à l'est de Sechelt, des artisans salishs font revivre les arts traditionnels de leurs ancêtres, le tissage et la sculpture du bois. On peut voir leurs œuvres au centre administratif de la réserve : paniers d'écorce de cèdre tressée, masques de bois, bijoux de coquillages et de jade, ainsi que des meubles aux couleurs vives.

Masque salish, Sechelt

GIBSONS

Près de l'entrée du port de Gibsons, Salmon Rock est l'un des hauts lieux de la pêche au saumon (chinook et coho) en Colombie-Britannique. Le musée des pionniers Elphinstone renferme une collection de 25 000 coquillages qui retracent l'évolution des mollusques et des crustacés.

□ A Gower Point, à 4 km au sud-ouest, un monument marque l'endroit où Vancouver s'arrêta en juin 1792 alors qu'il dressait la carte de la côte du Pacifique.

Polinices natice

alourde jaune

Tresus nuptalli

JERVIS

ÎLE CAPTAIN

ÎLE DE ELSON

Earls Cove

Egmont

6

Lac North

PERTUIS DE SKOOKUMCHUK

Lac Klein

101

Lac Ruby

Lac Sakinaw

22

Mont Hallowell

INLET

Irvines Landing

Garden Bay

PÉNINSULE

T DE PENDER

Madeira Park

Kleindale

DE

ÎLE BEAVER

53

DE SECHELT

SECHELT

18

Carlson

Secret Cove

Halfmoon Bay

BAIE PORPOISE

PARC PROV. MARITIME SMUGGLER COVE

BAIE HALFMOON

101

PARC PROV. PORPOISE BAY

13

Sechelt

BAIE TRAIL

Wilson Creek

DÉTROIT

14.5

PARC PROV. ROBERTS CREEK

Roberts Creek

30.5

DE

11

GEORGIE

Gibsons

ÎLE KEATS

Rainy

Gibsons

McNair

Port Mellon

Dakota

101

ÎLE GAMBIER

BAIE DE HOWE

11

Williamsons Landing

Langdale

Traversier pour Horseshoe Bay

Hopkins Landing

5

PARC PROV. MARITIME PLUMPER COVE

ÎLE BOWEN

Une route de montagne sur la rive de la baie de Howe

Baie de Howe/Parc provincial de Garibaldi

Au nord de Vancouver, la route 99 — le Seaview Highway — traverse quelques-uns des plus beaux paysages de la côte de la Colombie-Britannique. Construite sur le granite de la rive est de la baie de Howe, elle domine par endroits des parois presque verticales. En contrebas, un train tiré par la locomotive à vapeur *Royal Hudson* suit les méandres de la voie qui relie Vancouver à Squamish. Des alques marbrées, oiseaux de mer dont on ignore le territoire de nidification, fréquentent les eaux de la baie.

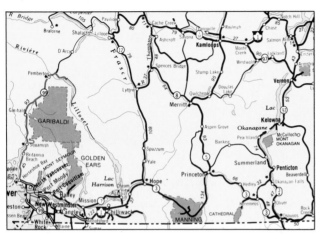

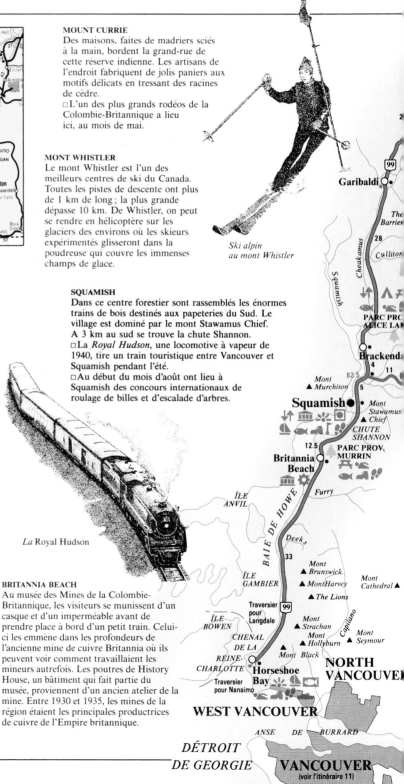

Une côte sculptée par les glaciers

Le chapelet d'îles, de fjords et de montagnes majestueuses de la côte du Pacifique forme l'un des plus beaux paysages du Canada. Ce relief accidenté date de la dernière période glaciaire, lorsque le littoral s'effondra sous l'énorme poids du manteau de glace, tandis que les glaciers creusaient de profondes vallées et sculptaient de vertigineuses falaises. Il y a 11 000 ans, la glace commença à disparaître. Avec la montée des eaux de l'océan, les terres furent inondées. Certaines vallées fluviales, élargies et creusées par les glaciers, se transformèrent en fjords, comme la baie de Howe. Par contre, les vallées des affluents que l'érosion glaciaire n'avait pas creusées se trouvèrent perchées au-dessus des parois abruptes des fjords. Les cours d'eau qui coulent dans ces « vallées suspendues » dévalent les versants des fjords ou s'y précipitent, souvent en d'impressionnantes cascades de plusieurs centaines de mètres de haut.

La route 99, au bord de la baie de Howe

MOUNT CURRIE
Des maisons, faites de madriers sciés à la main, bordent la grand-rue de cette réserve indienne. Les artisans de l'endroit fabriquent de jolis paniers aux motifs délicats en tressant des racines de cèdre.
□ L'un des plus grands rodéos de la Colombie-Britannique a lieu ici, au mois de mai.

MONT WHISTLER
Le mont Whistler est l'un des meilleurs centres de ski du Canada. Toutes les pistes de descente ont plus de 1 km de long ; la plus grande dépasse 10 km. De Whistler, on peut se rendre en hélicoptère sur les glaciers des environs où les skieurs expérimentés glisseront dans la poudreuse qui couvre les immenses champs de glace.

Ski alpin au mont Whistler

SQUAMISH
Dans ce centre forestier sont rassemblés les énormes trains de bois destinés aux papeteries du Sud. Le village est dominé par le mont Stawamus Chief. A 3 km au sud se trouve la chute Shannon.
□ La *Royal Hudson*, une locomotive à vapeur de 1940, tire un train touristique entre Vancouver et Squamish pendant l'été.
□ Au début du mois d'août ont lieu à Squamish des concours internationaux de roulage de billes et d'escalade d'arbres.

La Royal Hudson

BRITANNIA BEACH
Au musée des Mines de la Colombie-Britannique, les visiteurs se munissent d'un casque et d'un imperméable avant de prendre place à bord d'un petit train. Celui-ci les emmène dans les profondeurs de l'ancienne mine de cuivre Britannia où ils peuvent voir comment travaillaient les mineurs autrefois. Les poutres de History House, un bâtiment qui fait partie du musée, proviennent d'un ancien atelier de la mine. Entre 1930 et 1935, les mines de la région étaient les principales productrices de cuivre de l'Empire britannique.

La route 99 s'enfonce à l'intérieur des terres à Squamish, une petite ville ceinturée de forêts et de montagnes. Stawamus Chief, un mont de granite de 762 m de haut dont la forme rappelle celle d'un visage, domine la ville. Un peu plus loin, la chute Shannon plonge de près de 200 m de haut, dans un nuage d'embruns. Au nord de Squamish, une route de terre, praticable en toutes saisons, mène au sauvage parc de Garibaldi qui a été aménagé dans une région de canyons, de ravins et de pics enneigés.

A la fin de cet itinéraire, on découvre soudain les toits moussus des granges de bois équarri d'un village indien blotti entre les montagnes, Mount Currie.

C'est dans ce paysage grandiose et rude que les chercheurs d'or du Caribou se frayèrent un chemin entre 1862 et 1866. De Mount Currie à Lillooet, une route forestière — le Lillooet Shortcut — suit une partie de l'ancienne piste des chercheurs d'or, au milieu de cabanes abandonnées, d'épaisses forêts et de lacs aux eaux glacées.

Le mont Black Tusk, parc provincial de Garibaldi

ROUTE LILLOOET SHORTCUT
Sur une distance de 96 km, entre Mount Currie et Lillooet, la route Lillooet Shortcut suit le tracé d'une ancienne piste indienne au travers des montagnes. Des bancs de sable de la Birkenhead, les pêcheurs tentent de prendre du chinook, du coho, de la Dolly Varden, de la steelhead et de la truite arc-en-ciel. Au milieu d'une clairière, une bâtisse de rondins délabrée est le dernier vestige de Port Douglas, une ville minière qui fut florissante à l'époque de la ruée vers l'or du Caribou. C'est là qu'eut lieu la première pendaison publique de la Colombie-Britannique. Entre Mount Currie et le lac Lillooet, la route suit par endroits le tracé de la piste qu'empruntaient les chercheurs d'or. En 1862, on fit venir 21 chameaux d'Asie pour transporter du matériel et des vivres à l'intérieur des terres. Mais les animaux ne rendant pas les services escomptés, on les relâcha dans la nature.

PARC PROVINCIAL DE GARIBALDI
Ce parc sauvage de 1 958 km², dominé par les 2 678 m du mont Garibaldi, renferme des reliefs volcaniques. Au sommet du mont Black Tusk (2 315 m) se trouve une formation basaltique, vestige d'une ancienne cheminée volcanique rongée par l'érosion. Une coulée de lave de 1,5 km de long (The Barrier) surplombe de 457 m la rive ouest du lac Garibaldi. Un sentier, qui part de l'entrée sud du parc, mène à d'étranges rochers érodés qui rappellent des gargouilles (The Gargoyles). Le parc Garibaldi est couvert de sapins, de pruches, de cèdres de l'Ouest et de fleurs alpines qui égaient les prés que dominent de majestueux pics enneigés. Des ours bruns et noirs, des chèvres de montagne, des cerfs, des carcajous et des martres fréquentent le parc.

Alques marbrées

HORSESHOE BAY
Une plaque rappelle la mémoire du capitaine George Vancouver et des autres navigateurs qui dressèrent les premières cartes du littoral de la Colombie-Britannique.

Les Salishs de la Côte sillonnèrent pendant des siècles les eaux abritées de la région. Leurs pirogues, creusées dans des troncs de cèdre, étaient presque aussi longues que les navires européens du XVIIe siècle.

La côte du Pacifique : une région de microclimats

La côte de la Colombie-Britannique constitue ce que les météorologues appellent une région de microclimats. Si les précipitations atteignent jusqu'à 800 cm en certains endroits, elles ne sont parfois que d'à peine 50 cm ailleurs. Ces variations extrêmes résultent de la topographie accidentée et complexe de la côte.

La chaîne Côtière force l'air chaud et humide du Pacifique à s'élever. Il se refroidit alors et la vapeur d'eau se condense, provoquant les fortes pluies qui arrosent les forêts luxuriantes du versant occidental des montagnes. Les fjords peuvent causer de fortes précipitations : leurs parois abruptes jouent le rôle d'un entonnoir qui comprime les nuages chargés de pluie et les pousse vers le haut à l'extrémité du fjord.

Lorsque les masses d'air descendent les versants orientaux des montagnes, elles se réchauffent et peuvent retenir davantage d'humidité. Il en résulte souvent une très forte réduction de la pluviosité, ce qui engendre des milieux désolés et semi-désertiques.

Baignée par l'océan et enchâssée dans les montagnes

Ville aux multiples facettes, perpétuellement changeante, à la fois cosmopolite et provinciale, Vancouver est devenue en moins d'un siècle une grande métropole.

L'agglomération de baraques qui avait poussé comme un champignon autour de la scierie de l'anse de Burrard en 1862 donna officiellement naissance à la ville de Vancouver en avril 1886. La même année, en juin, un incendie ravagea la bourgade dont il ne resta qu'un tas de décombres.

Elle devait pourtant renaître de ses cendres en quelques semaines. On acheta une pompe à incendie, on dessina de nouvelles rues et l'on construisit des maisons de brique et de pierre. A la fin de 1886, Vancouver comptait déjà 5 000 habitants.

Des milliers d'immigrants européens affluèrent dans la jeune cité après la seconde guerre mondiale, transformant l'atmosphère britannique de la ville. De 1951 à 1978, la population de Vancouver et de sa banlieue passa de 530 000 habitants à plus de 1,5 million et l'agglomération s'étendit bientôt jusqu'à Burnaby, Port Coquitlam, New Westminster, Delta et Surrey.

Le charme qu'exerce Vancouver tient dans une large mesure à l'exceptionnelle beauté de son cadre. Au nord s'étendent les parcs montagneux Hollyburn, Grouse et Seymour ; au sud et à l'est se déroulent les riches terres agricoles de la vallée du Fraser ; à l'ouest... l'océan Pacifique ! Dans cet unique écrin naturel, dominant un port grouillant d'activité, se dressent de hautes tours, symboles d'une ville en pleine expansion.

Aquarium public de Vancouver (8)
On peut voir dans cet aquarium plus de 8 500 spécimens représentant 650 espèces, notamment des épaulards, des bélugas, des dauphins, des phoques du Groenland et des loutres de mer.
Cathédrale Christ Church (32)
Construite entre 1894 et 1895 et agrandie en 1909, cette église anglicane en pierre est entourée de gratte-ciel.

Au bord de l'océan que dominent les montagnes de la côte, Vancouver est un grand centre industriel, commercial et financier. Perchée au-dessus du canyon du Capilano, la plus longue passerelle pour piétons du monde (ci-dessus) fait frissonner des générations de visiteurs depuis 1899. Dans le deuxième quartier chinois d'Amérique du Nord, un dragon de papier mâché (à gauche) évoque le riche patrimoine ethnique de la ville.

Centennial Lacrosse Hall of Fame (22)
Ce temple de la renommée, consacré à la crosse, renferme des trophées, des balles autographiées et des photographies des grands joueurs d'autrefois.

Centre d'Art Richmond (11)
Située dans le parc Minoru, cette galerie d'art abrite également un musée consacré à l'histoire locale, à l'art militaire et à l'aéronautique.

Fontaine du Centenaire (33)
Cette fontaine symbolise les côtes sauvages de la Colombie-Britannique.

Galerie d'Art de Vancouver (28)
Les artistes canadiens contemporains sont bien représentés dans les collections permanentes de la galerie. Celles-ci comprennent les œuvres du Groupe des Sept et d'importants tableaux d'Emily Carr, un peintre originaire de la Colombie-Britannique.

Heritage Village (19)
Aménagé pour le Centenaire, ce musée vivant nous replonge dans l'atmosphère d'un village de la côte ouest, au tournant du siècle. Tandis que fume la cheminée de la forge et que cliquette une linotype de 1903 dans l'imprimerie du journal, au son grinçant d'un vieux phonographe Victrola, les touristes visitent un magasin général, un salon de glacier, la boutique d'un apothicaire et une petite école d'autrefois.

Jardin botanique Vandusen (10)
Créé sur un ancien terrain de golf, ce parc est agrémenté de trois petits lacs, d'un labyrinthe de haies et d'une douzaine de jardins spécialisés.

Jardin Nitobe Memorial (1)
Ce jardin japonais traditionnel comprend une montagne artificielle, un petit ruisseau et cinq ponts qui enjambent un étang peuplé de carpes dorées.

Maison Irving (23)
Construite à New Westminster entre 1862 et 1864 pour le capitaine William Irving, cette maison de deux étages est aujourd'hui un musée consacré à l'histoire de la province. La maison a gardé son papier peint d'époque, ses tapis importés d'Angleterre vers 1860 et son mobilier ancien. On peut y voir une voiture construite pour le gouverneur général Dufferin lorsqu'il visita les placers du Caribou en 1876.

Mont Grouse (6)
Le plus grand téléphérique du Canada mène les visiteurs au sommet du mont Grouse, à 1 192 m d'altitude. Du chalet Grouse Nest, ils découvriront une splendide vue panoramique de Vancouver.

Musée du Centenaire (27)
Le musée relate l'histoire de la région, depuis les temps mouvementés de la traite des fourrures jusqu'à l'atmosphère feutrée de l'époque victorienne. On peut y voir une voiture du premier train transcontinental qui arriva à Vancouver en 1887.

Musée maritime (25)
Ce musée abrite des maquettes de navires, des cartes, des photographies et des objets qui illustrent l'histoire maritime de la province.

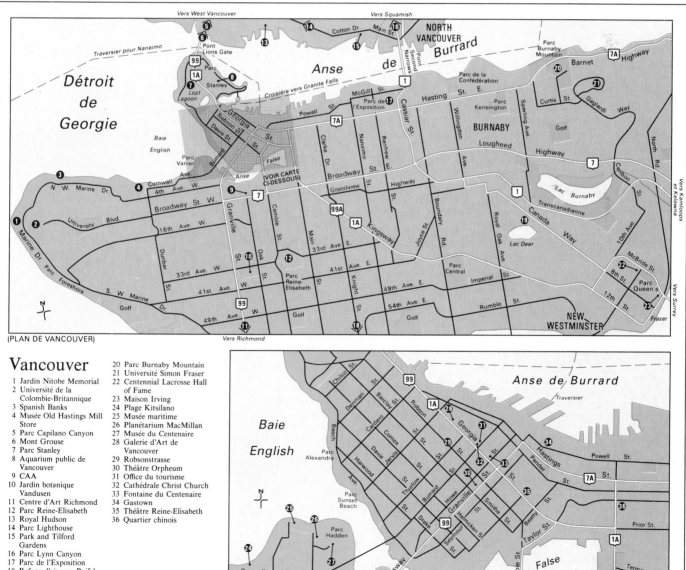

(PLAN DE VANCOUVER)

Vancouver

1 Jardin Nitobe Memorial
2 Université de la Colombie-Britannique
3 Spanish Banks
4 Musée Old Hastings Mill Store
5 Parc Capilano Canyon
6 Mont Grouse
7 Parc Stanley
8 Aquarium public de Vancouver
9 CAA
10 Jardin botanique Vandusen
11 Centre d'Art Richmond
12 Parc Reine-Elisabeth
13 Royal Hudson
14 Parc Lighthouse
15 Park and Tilford Gardens
16 Parc Lynn Canyon
17 Parc de l'Exposition
18 Refuge d'oiseaux Reifel
19 Heritage Village
20 Parc Burnaby Mountain
21 Université Simon Fraser
22 Centennial Lacrosse Hall of Fame
23 Maison Irving
24 Plage Kitsilano
25 Musée maritime
26 Planétarium MacMillan
27 Musée du Centenaire
28 Galerie d'Art de Vancouver
29 Robsonstrasse
30 Théâtre Orpheum
31 Office du tourisme
32 Cathédrale Christ Church
33 Fontaine du Centenaire
34 Gastown
35 Théâtre Reine-Elisabeth
36 Quartier chinois

(CENTRE-VILLE)

La pièce maîtresse du musée est la goélette *St. Roch,* de la Gendarmerie royale, un bateau de 30 m de long construit en 1928. Ce navire fut le premier à franchir le passage du Nord-Ouest d'ouest en est, puis il couvrit en 86 jours les 11 672 km du voyage de retour à Vancouver.

Musée Old Hastings Mill Store (4)
Construit en 1865 par le capitaine Edward Stamp, ce magasin est le plus ancien bâtiment de Vancouver et l'un des rares qui survécurent à l'incendie de 1886.

The Crab, *sculpture du planétarium MacMillan*

Vancouver compte 144 parcs, depuis le minuscule jardin de quartier jusqu'à l'immense parc Stanley (ci-dessus) qui couvre 400 ha, près du centre de la ville. Des ours polaires s'ébattent dans le zoo (à droite). Le planétarium MacMillan (en bas, à droite) est un bel exemple d'architecture moderne.

Parc Burnaby Mountain (20)
Du sommet du mont Burnaby, les visiteurs découvrent une splendide vue de l'anse Indian Arm, du détroit de Georgie, du delta du Fraser et des montagnes de l'île de Vancouver qui se dessinent au loin.

Parc Capilano Canyon (5)
Oscillant à 69 m au-dessus du Capilano, cette passerelle de 135 m de long est le plus long pont pour piétons du monde.

Parc de l'Exposition (17)
Des manifestations sportives se déroulent toute l'année sur ce terrain de 70 ha : courses de chevaux, jeux de crosse et de hockey au Pacific Coliseum, athlétisme à l'Empire Stadium. L'Exposition nationale du Pacifique, la plus grande foire de l'ouest du Canada, s'y tient au mois d'août. Le pavillon de la Colombie-Britannique abrite un temple de la renommée consacré aux grands sportifs de la province ainsi qu'une immense carte en relief de la Colombie-Britannique. Il a fallu sept ans pour assembler les 968 842 pièces de contre-plaqué qui composent cette gigantesque carte de 22 m sur 24.

Parc Lighthouse (14)
Au milieu des bois de cèdres et de sapins de Douglas, des sentiers longent les criques rocheuses de la côte et mènent au phare de la pointe Atkinson (1874).

Parc Lynn Canyon (16)
Une passerelle enjambe ici le ruisseau Lynn, à 80 m de hauteur.

Parc Reine-Elisabeth (12)
Des allées tracées sur des pelouses ondulées mènent à une roseraie, à un arboretum et à un jardin aménagé dans une ancienne carrière, Quarry Gardens. Le dôme de 42 m du Bloedel Conservatory abrite une petite plantation d'ananas, une minuscule église et un ancien moulin à eau.

Parc Stanley (7)
Inauguré en 1899, ce parc forestier, situé à l'entrée de Vancouver, a pris le nom de Lord Stanley, gouverneur général du Canada et donateur de la coupe Stanley. Près de 35 km de pistes longent les lacs Lost Lagoon et Beaver et courent sous les grands sapins de Douglas, les pruches et les cèdres. Un sentier borde les plages du parc et passe devant le rocher Siwash, qui serait une jeune Indienne pétrifiée, si l'on en croit la légende rapportée par la poétesse E. Pauline Johnson.

Du belvédère de la pointe Prospect, les visiteurs découvriront le panorama des montagnes de la rive nord et du pont Lions Gate qui traverse l'entrée du port. Près du phare de la pointe Brockton, en bordure du sentier, se trouve une réplique du dragon qui servait de figure de proue à l'*Empress of Japan,* un paquebot qui sillonna le Pacifique de 1891 à 1922. Chemin faisant, on admirera un groupe de mâts totémiques. A la pointe Hallelujah, un coup de canon est tiré tous les soirs à neuf heures, depuis 1894. Une halte au zoo permettra de voir plus de 570 espèces d'animaux.

Park and Tilford Gardens (15)
Des expositions florales permanentes sont tenues ici dans six jardins aux noms évocateurs : le Rhododendron, la Rose, la Colonnade, la Forêt, l'Oriental et la Fleur.

Plage Kitsilano (24)
La locomotive 374 qui tira le premier train de passagers entre Montréal et Vancouver en 1887 est exposée ici.

Planétarium MacMillan (26)
Un projecteur perfectionné simule le ciel nocturne sur un dôme de 19 m.

Quartier chinois (36)
Avec ses trois pâtés de maisons occupés par des restaurants, des boutiques, des salons de thé et des clubs orientaux, le quartier chinois de Vancouver est le deuxième d'Amérique du Nord en importance, juste après celui de San Francisco.

Refuge d'oiseaux Reifel (18)
On a recensé quelque 220 espèces d'oiseaux dans cet estuaire marécageux de l'île Westham. Le refuge accueille la plus grande population hivernale d'oiseaux aquatiques au Canada. Plus de 12 000 oies blanches s'y reposent lors des migrations qui les mènent de Sibérie en Californie.

Robsonstrasse (29)
Robson Street a pris ce nom de Robsonstrasse durant les années 50 en raison du grand nombre de boutiques et de restaurants allemands qui s'y sont installés, à la suite d'une arrivée massive d'immigrants.

Royal Hudson (13)
Le train à vapeur *Royal Hudson* fait un voyage aller-retour de six heures le long de la baie de Howe, entre Vancouver et Squamish. Il comprend une voiture panoramique découverte, un wagon-bar et plusieurs voitures de passagers d'époque.

Spanish Banks (3)
C'est au large de cette longue plage de sable que le capitaine George Vancouver rencontra, le 22 juin 1792, les capitaines Galiano et Valdez qui lui remirent la côte nord-ouest au nom de l'Espagne.

Théâtre Orpheum (30)
Ce théâtre richement décoré abrite l'Orchestre symphonique de Vancouver.

Gastown, un quartier en pleine renaissance

Vancouver naquit à Gastown (34). Avant que John « Gassy Jack » Deighton n'y ouvre son saloon en 1867, le bar le plus proche se trouvait à New Westminster, ce qui ne faisait guère l'affaire des bûcherons. Deighton, arrivé au Canada vers les années 1860, pratiqua mille métiers avant de tenter sa chance derrière un bar. Les bûcherons de l'endroit, stimulés par quelques bonnes rasades, lui construisirent bénévolement un saloon en 24 heures. La bourgade, bientôt, prospéra et les citoyens reconnaissants baptisèrent l'endroit Gastown. Mais, peu à peu, elle commença à péricliter. Depuis quelques années, des boutiques, des cafés et des galeries d'art s'installent dans de vieux bâtiments restaurés, donnant ainsi à Gastown une nouvelle jeunesse.

Devant une foule goguenarde, plusieurs centaines de nageurs bravent les eaux glacées de la baie English au Jour de l'An (à gauche) lors de la « nage de l'ours polaire ». Cette ancienne carrière (ci-dessous), transformée en un jardin luxuriant, est le centre d'attraction du parc Reine-Elisabeth.

Théâtre Reine-Elisabeth (35)
Le théâtre de 2 800 places s'élève au milieu d'une place aménagée en jardin. A côté, une salle plus petite abrite la troupe Playhouse Theater.

Université de la Colombie-Britannique (2)
L'université est située dans un cadre splendide, face aux montagnes et à la mer et au milieu d'un grand parc, Endowment Lands. Parmi ses 300 bâtiments, on remarquera le centre des Sciences de la santé, un hôpital moderne d'enseignement et de recherches, ainsi que la Bibliothèque principale qui renferme plus de 1 500 000 livres. Au centre de Géologie, on pourra visiter le musée M. Y. Williams qui abrite une collection de fossiles, de minéraux et de pierres gemmes. Le théâtre Frederic Wood, les étables de la ferme expérimentale et le jardin botanique sont également ouverts au public. Le musée d'Anthropologie contient une collection de sculptures et de mâts totémiques indiens.

Université Simon Fraser (21)
Perchée sur le mont Burnaby, l'université est réputée pour la beauté de son architecture moderne.

Un paysage de polders et la légende du Sasquatch

Rive nord du cours inférieur du Fraser

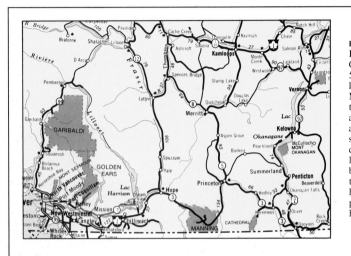

Mont Golden Ears

PARC PROVINCIAL GOLDEN EARS
Les deux sommets enneigés du mont Golden Ears (1 706 m) dominent les 5 500 km² du parc, entre le lac Pitt à l'ouest et la zone de récréation Mount Judge Howay à l'est. Deux terrains de camping, avec plage et appontements pour les bateaux, sont aménagés au lac Alouette. Des sentiers s'enfoncent dans les forêts de sapins de Douglas, de cèdres de l'Ouest, de pruches et de sapins baumiers qui couvrent les basses terres. Des futaies de sapins de l'Ouest, de cyprès jaunes et de pruches de Mertens occupent les hauteurs.

LAC PITT
Ce lac, formé par un élargissement de la Pitt, s'étend, sur environ 25 km, entre les versants à pic et les sommets couverts de glaciers de la chaîne Côtière, à son extrémité nord, et les tourbières de son extrémité sud. Près du déversoir du lac, des grues canadiennes font leur nid dans des buissons de lauriers des marais et de gueules noires. Les eaux du lac Pitt suivent le mouvement des marées du Pacifique.
□ Au cours des années 1880, Slumach, un Indien Salish, prétendit avoir découvert un ruisseau rempli de pépites d'or qui sortait d'une grotte au nord du lac. Slumach fut pendu pour meurtre en 1891 et il emporta son secret dans la tombe. Depuis, 16 personnes ont perdu la vie alors qu'elles cherchaient l'Eldorado de Slumach.

Un polder hollandais dans les montagnes

Des troupeaux de vaches laitières Holstein et Guernsey paissent dans les prés verts du polder de la rive est de la Pitt, à l'ombre de la chaîne Côtière. En néerlandais, le mot polder désigne une terre marécageuse qui a été endiguée et asséchée. A l'abri de levées de terre, coupés par un réseau régulier de canaux de drainage, ces pâturages étaient autrefois des marais fangeux que la Pitt inondait régulièrement. En 1948, des immigrants hollandais achetèrent ces terres et mirent à profit les techniques de leur pays natal pour les transformer en polder. Les promeneurs et les cyclistes peuvent emprunter les chemins aménagés au sommet des digues pour explorer la région.

Pâturage du polder Pitt

HANEY
L'église anglicane St. John the Divine, la plus ancienne de la Colombie-Britannique, fut construite en 1858 par les Royal Engineers à Derby, sur la rive sud du Fraser. En 1882, le monument fut transporté en barge de l'autre côté du fleuve à son emplacement actuel.
□ A Dyck's Dinosaur Park, on verra des modèles grandeur nature d'animaux préhistoriques.

0 1 2 3 4 5 Milles

0 2 4 6 8 Kilomètres

La route qui mène de Haney à Harrison Hot Springs suit la verdoyante vallée du Fraser, entre le fleuve lui-même et la chaîne Côtière, plus au nord. Dans cette plaine émaillée de petits lacs, d'innombrables ruisseaux et rivières viennent se jeter dans le Fraser qui roule paisiblement ses eaux boueuses vers le Pacifique.

Les fermiers de cette région agricole se consacrent principalement à la production laitière, en particulier sur les polders des rives de la Pitt, l'un des affluents du Fraser. Là, des immigrants hollandais ont construit des levées de terre pour assécher les marécages, donnant ainsi à cette région de pâturages une atmosphère qui rappelle celle de la campagne hollandaise.

Contrastant avec les pâturages fertiles de la vallée, les versants de la chaîne Côtière portent d'épaisses forêts de sapins, de cèdres et de pruches, elles-mêmes dominées par de nombreux pics de basalte ; les plus élevés, couverts de champs de neige et de glaciers, atteignent presque 1 800 m.

La légende veut qu'une étrange créature, le Sasquatch, sillonne les pentes boisées de la chaîne Côtière. Le parc provincial du Sasquatch tire son nom de ce géant qui aurait l'allure d'un singe.

On raconte que les sources thermales de Harrison Hot Springs furent découvertes par une froide journée de 1859 lorsqu'un chercheur d'or tomba de son canot dans les eaux exceptionnellement chaudes du lac Harrison. Le lac est aujourd'hui un centre touristique fort réputé.

Le Sasquatch, homme, singe ou légende ?

Des dizaines de témoins affirment avoir vu le Sasquatch en Colombie-Britannique et au nord-ouest des Etats-Unis. Cette créature, deux fois plus grande qu'un homme, semblable à un singe, au nez aplati, au front fuyant, qui marche en balançant de longs bras velus et dont les pieds laisseraient des empreintes de près de 45 cm de long, vivrait sur les versants qui entourent le lac Harrison.

La meilleure preuve de l'existence du Sasquatch est un court film en couleurs pris près de Yakima, dans l'Etat de Washington, au milieu des années 60. On y voit une sorte de grand singe qui traverse une clairière en bondissant. Les spécialistes contestent cependant l'authenticité du film.

Les visiteurs du parc provincial du Sasquatch auront sans doute plus de chance de voir des aigles à tête blanche, des grands hérons et des malards.

Lac Harrison

HARRISON MILLS
Le musée Kilby de Harrison Mills est un ancien magasin général qui servait aussi de bureau de poste (1904). Les marchandises du début du siècle que l'on peut voir dans les vitrines et sur les étagères d'époque ont été collectionnées par le premier propriétaire du magasin, Acton Kilby.

MISSION CITY
La ville doit son nom à la mission indienne de St. Mary, fondée ici par les pères oblats en 1861.
□Situé sur le mont Mary Ann, le monastère bénédictin de l'abbaye de Westminster et son grand clocher de 51 m dominent la vallée du Fraser.

Clocher du monastère, à Mission City

HARRISON HOT SPRINGS
Ce petit centre touristique, situé à l'extrémité sud du lac Harrison, possède deux sources thermales qui débitent jusqu'à 20 L par minute d'une eau riche en soufre et en potasse. La température est de 68 à 72°C à la source. Refroidie à 37°C, elle alimente les piscines et les bains de la station thermale.
□La ville est dotée d'une plage couverte de sable dragué au fond du lac Harrison. On peut explorer en canot les grottes, les plages et les goulets du lac.

AGASSIZ
Sur le mont Agassiz, au nord de la ville, un belvédère domine la vallée du Fraser. En 50 millions d'années, le fleuve a déposé une couche de limon épaisse de quelque 1 500 m au fond de la vallée.
□Les collectionneurs de pierres peuvent trouver des agates déposées par le Fraser sur des bancs de gravier, en amont.

Lac Stave

Lac Harrison

PARC PROV. DU SASQUATCH

ÎLE ÉCHO

Harrison Hot Springs

Mont ▲ Bear

Mont ▲ Agassiz

7.5

22

14.5

Agassiz

7

Harrison Mills

2

Harrison

Lac Squakum

Lake Errock

15

Fraser

Mont ▲ Nicomen

Deroche

7

ÎLE SKUMALASPH

NICOMEN

35

Pic ▲ Dewdney

Lac Hatzic

Norrish

MARÉCAGE

10.5

ÎLE NICOMEN

ÎLE YAALSTRICK

Mission City

Hatzic

Dewdney

9.5

11

Les méandres du Fraser dans le « jardin » de Vancouver

Rive sud du cour inférieur du Fraser

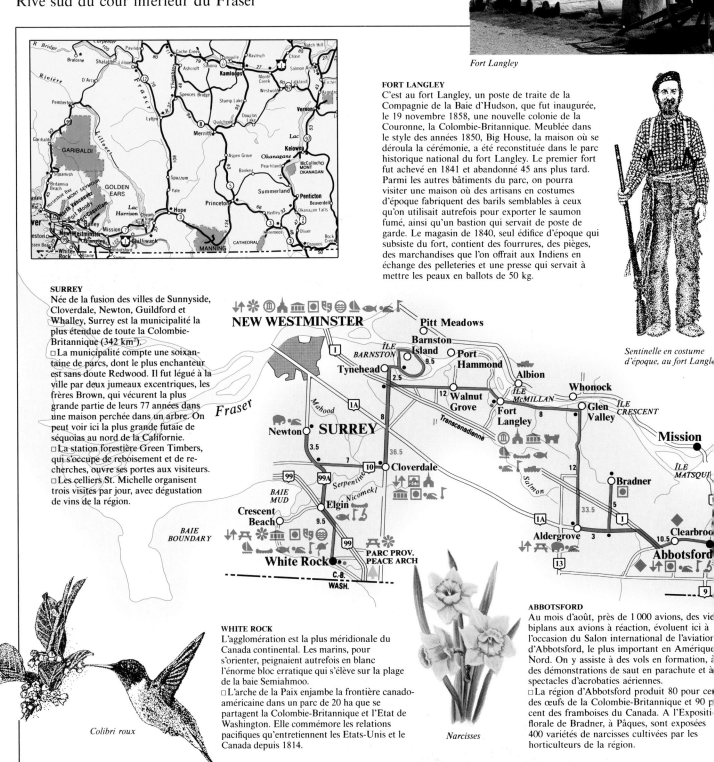

Fort Langley

FORT LANGLEY

C'est au fort Langley, un poste de traite de la Compagnie de la Baie d'Hudson, que fut inaugurée, le 19 novembre 1858, une nouvelle colonie de la Couronne, la Colombie-Britannique. Meublée dans le style des années 1850, Big House, la maison où se déroula la cérémonie, a été reconstituée dans le parc historique national du fort Langley. Le premier fort fut achevé en 1841 et abandonné 45 ans plus tard. Parmi les autres bâtiments du parc, on pourra visiter une maison où des artisans en costumes d'époque fabriquent des barils semblables à ceux qu'on utilisait autrefois pour exporter le saumon fumé, ainsi qu'un bastion qui servait de poste de garde. Le magasin de 1840, seul édifice d'époque qui subsiste du fort, contient des fourrures, des pièges, des marchandises que l'on offrait aux Indiens en échange des pelleteries et une presse qui servait à mettre les peaux en ballots de 50 kg.

Sentinelle en costume d'époque, au fort Langle...

SURREY

Née de la fusion des villes de Sunnyside, Cloverdale, Newton, Guildford et Whalley, Surrey est la municipalité la plus étendue de toute la Colombie-Britannique (342 km²).
□ La municipalité compte une soixantaine de parcs, dont le plus enchanteur est sans doute Redwood. Il fut légué à la ville par deux jumeaux excentriques, les frères Brown, qui vécurent la plus grande partie de leurs 77 années dans une maison perchée dans un arbre. On peut voir ici la plus grande futaie de séquoias au nord de la Californie.
□ La station forestière Green Timbers, qui s'occupe de reboisement et de recherches, ouvre ses portes aux visiteurs.
□ Les celliers St. Michelle organisent trois visites par jour, avec dégustation de vins de la région.

WHITE ROCK

L'agglomération est la plus méridionale du Canada continental. Les marins, pour s'orienter, peignaient autrefois en blanc l'énorme bloc erratique qui s'élève sur la plage de la baie Semiahmoo.
□ L'arche de la Paix enjambe la frontière canado-américaine dans un parc de 20 ha que se partagent la Colombie-Britannique et l'Etat de Washington. Elle commémore les relations pacifiques qu'entretiennent les Etats-Unis et le Canada depuis 1814.

Colibri roux

Narcisses

ABBOTSFORD

Au mois d'août, près de 1 000 avions, des vie... biplans aux avions à réaction, évoluent ici à l'occasion du Salon international de l'aviation d'Abbotsford, le plus important en Amérique... Nord. On y assiste à des vols en formation, à des démonstrations de saut en parachute et à ... spectacles d'acrobaties aériennes.
□ La région d'Abbotsford produit 80 pour ce... des œufs de la Colombie-Britannique et 90 p... cent des framboises du Canada. A l'Expositi... florale de Bradner, à Pâques, sont exposées 400 variétés de narcisses cultivées par les horticulteurs de la région.

Lorsqu'il arrive dans la vaste plaine qui s'étend sur une centaine de kilomètres entre Chilliwack et l'océan Pacifique, le Fraser a perdu toute l'impétuosité qui le caractérisait lorsqu'il dévalait au fond d'un canyon du plateau Intérieur de la Colombie-Britannique. Le fleuve, ici, déroule paresseusement ses méandres avant de former un vaste delta en bordure de la mer.

La vallée du Fraser est tapissée d'une couche de limon fertile, épaisse de 1 500 m, déposée par le fleuve à l'issue de sa folle course depuis sa source du mont Robson (3 954 m), point culminant des montagnes Rocheuses. Ces dépôts qui se sont accumulés au cours d'une période de 50 millions d'années, seulement interrompue par la glaciation et la formation des montagnes, ont fait de la vallée du Fraser la région la plus fertile de la Colombie-Britannique.

La production laitière et maraîchère fait la richesse des villages de la vallée. Chilliwack, Abbotsford et Surrey, principales agglomérations de la région, vivent de leurs laiteries, de leurs fromageries, de leurs conserveries, de leurs industries fourragères et de la vente des machines agricoles. De nombreuses foires, comme celles de l'Exposition d'automne de Chilliwack et de l'Exposition florale de Bradner, mettent en valeur les produits de la région.

La vallée du Fraser constitue en fait un vaste et précieux grenier où s'approvisionne la population de l'agglomération de Vancouver, aujourd'hui forte de près de 1,5 million d'habitants.

CHILLIWACK

Lors de l'Exposition d'automne de Chilliwack, à la mi-août, on peut voir du bétail de la Colombie-Britannique et de l'Alberta, les récoltes de la vallée du Fraser, les nouvelles machines agricoles et assister à un concours hippique.
□ Dans la maison des Tisserands salishs (Salish Weavers' Headquarters), des artisans indiens confectionnent des ceintures de laine, des sacs, des couvertures, des tapis et des tapisseries.
□ Le musée militaire du Corps Royal du Génie canadien, à la base de Chilliwack, contient une maquette de la bataille de Waterloo sur laquelle sont disposés 1 500 soldats de plomb. On peut y voir aussi une collection de matériel militaire.

PARC PROVINCIAL BRIDAL VEIL FALLS

La chute Bridal Veil, « le voile de la mariée », forme un rideau de 25 m de haut contre une falaise à pic. Un sentier escarpé mène à une plate-forme d'observation aménagée sous la chute d'où l'on a une belle vue du « voile ». Les alpinistes expérimentés peuvent atteindre la base de la chute, au-dessus de la plate-forme d'observation, en escaladant un pan de rocher.

Lac Chilliwack

LAC CHILLIWACK

L'extrémité nord du lac Chilliwack est dotée d'une auberge de jeunesse, d'un terrain de camping, d'une plage, de terrains de pique-nique et d'un appontement pour les bateaux. Un étroit sentier forestier borde la rive est et mène au parc Sapper, à l'extrémité sud du lac. Le parc a été aménagé à l'endroit même où des sapeurs dressèrent leurs tentes au cours des années 1850, alors qu'ils faisaient le relevé de la frontière canado-américaine.

Morille conique

Festival indien de Cultus Lake

CULTUS LAKE

Le nom du lac vient du salish *kul,* qui signifie « mauvais, sans valeur ». Mais son cadre enchanteur au pied des monts Cascade dément ce nom peu invitant. Le parc provincial Cultus Lake, doté de quatre terrains de camping, de plages et d'appontements pour les bateaux, borde la plus grande partie de la rive du lac.
□ Au cours du Festival indien de Cultus Lake, en juin, des Indiens de la Colombie-Britannique et de l'Etat de Washington font une course de 11 km en canots de guerre, d'une rive à l'autre du lac.

L'infernale et sauvage beauté de l'impétueux Fraser

Vallées du Fraser et du Thompson

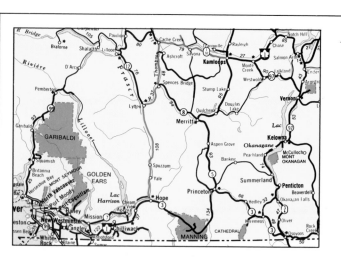

Téléphérique des portes de l'Enfer

Après s'être frayé un chemin au travers des plateaux du centre de la Colombie-Britannique, deux des plus fameux cours d'eau du Canada, le Fraser et le Thompson, se rejoignent à Lytton.

Le long des rives du Thompson, au nord de Lytton, d'immenses troupeaux de vaches, gardés par des cow-boys à cheval, errent sur des pâturages qui s'étendent jusqu'à l'horizon, dans des collines presque chauves.

Au sud de Lytton, dans un cadre plein de majesté, le Fraser s'engouffre dans les portes

LYTTON
La ville, une ancienne halte sur la route du Caribou, fut fondée pendant la ruée vers l'or de 1858. Elle reçut le nom de Sir Edward Bulwer-Lytton, le secrétaire aux Colonies britanniques de l'époque.
□ Le mont Jackass (bourrique, en anglais), au sud, fut ainsi nommé à cause des mules qui transportaient les provisions des mineurs et des fermiers. Il était si difficile à gravir que les voyageurs d'alors l'appelaient la colline du Désespoir.
□ Les collectionneurs de pierres trouveront ici de beaux jades et, peut-être, si la chance leur sourit, un peu de poussière d'or.

PORTES DE L'ENFER (HELLS GATE)
Le canyon du Fraser se rétrécit ici en un goulet d'à peine 30 m de large. La gorge est profonde de 180 m et le fleuve s'y précipite dans un bruit de tonnerre à plus de 7 m/s.
□ En 1914, un éboulement obstrua presque le chenal, empêchant les saumons de remonter vers leurs frayères. L'industrie de la pêche en souffrit beaucoup pendant plus de 30 ans. En 1945, on construisit enfin des échelles, que l'on peut voir du haut d'un pont suspendu, afin de permettre aux poissons de contourner les tourbillons.
□ Le téléphérique des portes de l'Enfer traverse la gorge et permet aux visiteurs d'admirer le grand fleuve.

PONT ALEXANDRA
Trois ponts ont été jetés sur le Fraser à Spuzzum. Le premier, édifié en 1861, porte le nom de la princesse de Galles, Alexandra, qui devint plus tard l'épouse du roi Edouard VII. Le second, de construction semblable, existe toujours en amont du pont de la Transcanadienne monté en 1962. Sur ce dernier ouvrage, une plaque rappelle l'œuvre des Royal Engineers qui tracèrent la route du Caribou.

Eboulement du pic Johnson, près de Hope

HOPE
Une semaine après la fête du Travail, la ville organise des défilés, des concours de bûcherons et des courses dans une ambiance de carnaval.
□ A environ 15 km à l'est de la ville, d'énormes blocs de pierre jonchent le fond de la vallée. C'est en janvier 1965 qu'un pan du pic Johnson s'écrasa en contrebas, enfouissant la route sous 45 m de rochers.
□ La route Hope-Princeton (130 km), qui ouvrait au public le vaste parc provincial Manning, a été inaugurée en 1949. La route monte pratiquement du niveau de la mer à Hope jusqu'à l'altitude de 1 370 m au col Allison.

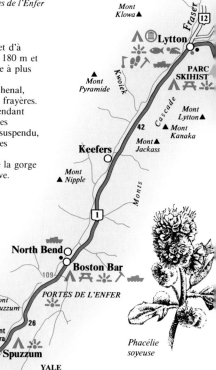

Phacélie soyeuse

YALE
L'église anglicane de St. John the Divine, le plus ancien lieu de culte de Colombie-Britannique toujours situé à son emplacement d'origine, date de 1859-1860. Elle fut construite par des mineurs qui accoururent ici en 1858 lorsqu'on découvrit de l'or à Hill's Bar, le plus riche des 25 placers qui bordaient un tronçon de 50 km du Fraser.
□ Une plaque rappelle la fondation du poste de traite qui donna naissance à la ville en 1848. En 1873, l'agglomération devenait le point de départ de la route du Caribou.

0 2 4 6 8 10 Milles

0 4 8 12 16 Kilomètres

de l'Enfer (Hells Gate). L'explorateur Simon Fraser, le premier homme blanc à franchir ce défilé, écrivait dans son journal en 1808 : « Je n'ai jamais rien vu de semblable à ce pays. Il nous a fallu passer là où aucun homme ne devrait s'aventurer... »

Aujourd'hui, les voyageurs n'ont qu'à prendre la route 1 pour admirer la majesté de ce paysage sauvage. Il leur suffit de s'arrêter dans l'un des nombreux belvédères qui bordent la route ou de monter à bord des téléphériques, aux portes de l'Enfer et à Boston Bar. Mais le canyon du Fraser n'a malgré tout guère changé depuis l'époque où l'explorateur descendit le fleuve qui porte aujourd'hui son nom.

Jusqu'en 1858 seuls les Indiens et des trafiquants de fourrures sillonnèrent la région. Puis, des milliers de prospecteurs, poussés par la soif de l'or, y accoururent. Les filons s'épuisèrent vite, mais certaines des villes qui poussèrent alors comme des champignons, Hope, Yale et Lytton, par exemple, restent encore très actives.

Le Thompson, près de Lytton

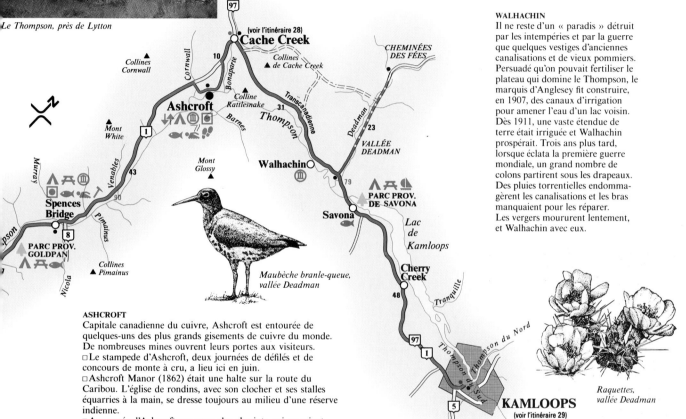

WALHACHIN

Il ne reste d'un « paradis » détruit par les intempéries et par la guerre que quelques vestiges d'anciennes canalisations et de vieux pommiers. Persuadé qu'on pouvait fertiliser le plateau qui domine le Thompson, le marquis d'Anglesey fit construire, en 1907, des canaux d'irrigation pour amener l'eau d'un lac voisin. Dès 1911, une vaste étendue de terre était irriguée et Walhachin prospérait. Trois ans plus tard, lorsque éclata la première guerre mondiale, un grand nombre de colons partirent sous les drapeaux. Des pluies torrentielles endommagèrent les canalisations et les bras manquaient pour les réparer. Les vergers moururent lentement, et Walhachin avec eux.

Maubèche branle-queue, vallée Deadman

Raquettes, vallée Deadman

ASHCROFT

Capitale canadienne du cuivre, Ashcroft est entourée de quelques-uns des plus grands gisements de cuivre du monde. De nombreuses mines ouvrent leurs portes aux visiteurs.
□ Le stampede d'Ashcroft, deux journées de défilés et de concours de monte à cru, a lieu ici en juin.
□ Ashcroft Manor (1862) était une halte sur la route du Caribou. L'église de rondins, avec son clocher et ses stalles équarries à la main, se dresse toujours au milieu d'une réserve indienne.
□ Au musée d'Ashcroft, on verra des chariots qui servaient à transporter des marchandises sur la route du Caribou.

Eglise St. John the Divine, à Yale

Falaises escarpées et cheminées des fées

La vallée Deadman, l'une des régions les plus chaudes et les plus sèches de la Colombie-Britannique, fut ainsi baptisée vers 1815, en souvenir d'un employé de la Compagnie du Nord-Ouest assassiné par son compagnon indien. La majeure partie de la région est désertique et semée de broussailles d'armoises et de raquettes.

De la Transcanadienne, une route s'enfonce au nord dans la vallée Deadman. Une formation rocheuse multicolore, Split Rock, s'élève le long de cette route, à 60 m de la rivière Deadman. D'origine volcanique, Split Rock est constellé de grottes et de fissures. Derrière se dressent cinq cheminées des fées, hautes d'une dizaine de mètres, qui semblent monter la garde à l'extrémité nord de la vallée. Ces colonnes érodées de rochers et d'argile, surmontées de chapiteaux de pierre, ressemblent un peu à des champignons géants.

Cheminées des fées, vallée Deadman

Cèdres de la forêt pluviale et figuiers de Barbarie du désert

Sud-ouest de la Colombie-Britannique

De Tashme à Osoyoos, sur une distance relativement courte, la route 3 traverse des paysages dont le couvert végétal est d'une surprenante variété. En quelques heures à peine, en effet, le voyageur passera des sombres et épaisses forêts pluviales de la côte ouest aux déserts fleuris de figuiers de Barbarie de l'arrière-pays.

Dans le parc provincial de Manning, la route, au cours de l'escalade du col d'Allison (1 350 m), se déroule entre des bosquets de sapins de l'Ouest rabougris qui poussent au

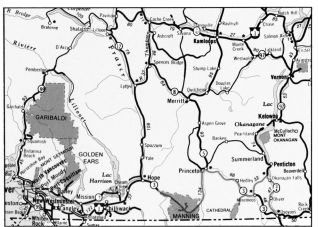

PRINCETON

Les Indiens tiraient le vermillon dont ils se servaient pour leurs peintures de guerre de Vermilion Bluffs, un affleurement rocheux situé à 3 km en amont de Princeton, sur la Tulameen. Certaines tribus venaient même de la Prairie pour troquer leurs marchandises contre le pigment rouge des Salishs de la région.

□ Au musée de Princeton, on peut voir des objets qui proviennent d'une ancienne ville de chercheurs d'or, Granite Creek. A sa belle époque qui ne dura que trois ans, vers les années 1890, Granite Creek comptait 200 maisons, 13 saloons, 10 magasins et 2 000 habitants.

□ En juillet, à l'occasion des Racing Days, de nombreux spectateurs assistent à des courses de chevaux, à des concours de bûcherons, à un défilé et à l'élection de la reine de la ville.

Lac Thunder, parc provincial de Manning

PARC PROVINCIAL DE MANNING

Des formations rocheuses de sable, de limon et de galets comprimés qui forment des conglomérats rappellent qu'une bonne partie de ce parc montagneux de 714 km² était recouverte par une mer peu profonde il y a des millions d'années. Des sentiers mènent aux principales attractions du parc, comme le mont Three Brothers et le lac Thunder.

□ Sur le pic Blackwall, accessible par la route, les prés alpins s'émaillent des vives couleurs des fleurs du vératre et du lis des glaciers pendant quelques courtes semaines en juillet et en août. Les roselins bruns qui nichent dans les anfractuosités de rochers, sur les glaciers et les champs de neige, viennent y picorer des graines.

COPPER MOUNTAIN

Il ne reste que quelques vestiges la mine de Copper Mountain, autrefois la plus importante min de cuivre de tout le Commonwealth. La mine ferma ses porte en 1957 après 37 ans d'activité. Une nouvelle mine, ouverte aux environs en 1972, produit 22 000 t de minerai par jour.

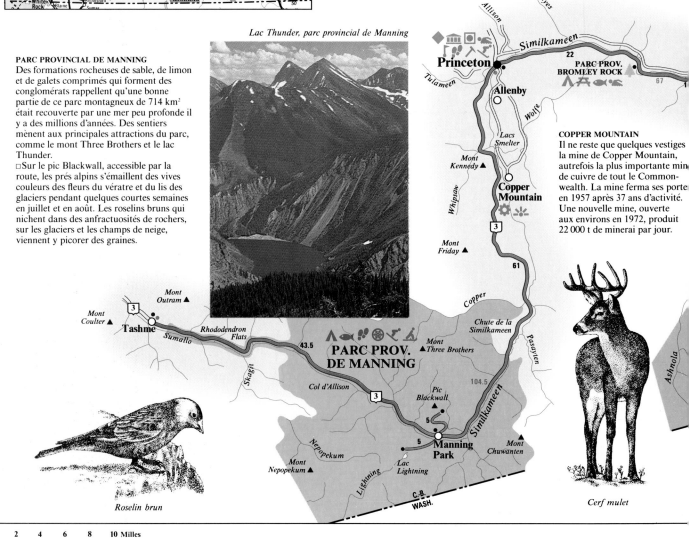

Roselin brun

Cerf mulet

0 2 4 6 8 10 Milles

0 4 8 12 16 Kilomètres

Route des mines Mascot et Nickel Plate, près de Hedley

milieu d'un tapis de rhododendrons sauvages. Sur son versant oriental, le col est recouvert d'un épais manteau d'épinettes d'Engelmann qui cèdent graduellement le pas aux trembles, aux genévriers, aux pins lodgepole et aux cèdres de l'Ouest. Entre Princeton et Keremeos, le voyageur découvrira un paysage de collines ondulées tapissées d'armoises et d'immenses pâturages à l'herbe rase. La promenade se terminera dans la région désertique mais maintenant irriguée qui entoure Osoyoos.

Entre Tashme et le parc de Manning, puis entre Princeton et Keremeos, la route suit le tracé d'un ancien chemin muletier de 468 km, Dewdney Trail, qui reliait Hope aux placers du Kootenay.

HEDLEY

Les ruines de deux puits de mines, Nickel Plate et Mascot, sont perchées sur le mont Nickel Plate qui domine Hedley. A 3 km à l'est de Hedley, une route de montagne aux virages en épingle à cheveux mène aux anciennes mines qui produisirent presque 1 million d'or, d'argent, de cuivre et d'arsenic par an pendant près d'un demi-siècle, jusqu'à leur fermeture en 1955. On peut encore voir le tracé que suivaient les bennes suspendues jusqu'à l'usine construite au pied de la montagne.

PARC PROVINCIAL VASEUX LAKE

Ce parc, situé au bord du lac Vaseux, a été aménagé dans l'un des rares déserts du Canada. Les cerfs de Virginie, les mouflons et les cerfs mulets y broutent au milieu des lis sauvages, des mahonias à feuilles de houx et des figuiers de Barbarie. Les serpents à sonnettes, les tortues peintes et les souris sauteuses y sont nombreux. Pendant les migrations de printemps et d'automne, de rares cygnes trompettes se reposent sur le lac que les bernaches fréquentent toute l'année.

LAC SPOTTED (LE LAC TACHETÉ)

Situé à 8 km à l'ouest d'Osoyoos, ce lac contient l'une des plus fortes concentrations de sels minéraux au monde : sulfates de magnésium (sel d'Epsom), de sodium, de calcium, chlorure de sodium et carbonate de sodium. Le lac est presque asséché, sauf au printemps ou après une forte pluie. L'évaporation y forme des alvéoles boueux recouverts de quelques centimètres d'eau à laquelle les rayons du soleil, réfléchis par les sels minéraux en suspension, donnent des teintes verte et bleue. Dans une station thermale voisine, on soigne l'arthrite et les rhumatismes par des bains de boue et d'eau chaude.

Carte / Map

Lac Skaha

Kaleden

6

Okanagan Falls

PARC PROV. VASEUX LAKE

Lac Vaseux

21

Vaseux

PARC PROV. INKANEEP

Lac Tugulnuit

Oliver

Mont Apex

24

3A

Keremeos

Olalla

PARC KEREMEOS COLUMNS

8

3

9

Keremeos

Fairview

3A

97

Mont Kobau ▲

21

Mont Apex ▲

▲ *Mont Nickel Plate*

dley

3

19.5

Similkameen

14

Mont Crater ▲

Ewart

PARC PROV. CATHEDRAL

Mont view ▲

C.B.
WASH.

Mont Kobau ▲

Lac Osoyoos

3

Lac Spotted

Osoyoos

PARC PROV. HAYNES POINT

Okanagan

PARC KEREMEOS COLUMNS

La seule voie d'accès à ce parc de 20 ha est une route forestière de 8 km qui rejoint la route 3 à environ 3 km au nord de Keremeos. Le parc tire son nom d'un amas de rochers hexagonaux, large de 90 m, qui domine de 30 m un escarpement de lave, à l'extérieur du parc.

OSOYOOS

Un étroit banc de sable coupe presque le lac Osoyoos en deux, formant un gué — un *sooyoos* en okanagan. Osoyoos se trouve dans le seul désert du Canada, à l'extrémité septentrionale de la région qui s'étend du Mexique jusqu'à Okanagan Falls. Cet endroit est peuplé d'une faune et d'une flore exceptionnelles : armoises, cactus, lézards, tortues peintes et coyotes.
□ Le village, fondé au XIXe siècle, s'est inspiré de l'architecture espagnole pour rénover les édifices publics et les magasins. On peut y visiter le seul authentique moulin à vent hollandais du Canada.

PARC PROVINCIAL CATHEDRAL

Le parc provincial Cathedral (73 km²) compte six lacs où l'on pêche la truite arc-en-ciel et fardée, cinq sommets couverts de glaciers qui s'élèvent à environ 2 500 m et un terrain de camping au bord de l'Ashnola. Des sentiers mènent à des rochers érodés de quartzite qui ressemblent à un pâté de maisons, ainsi qu'à une falaise de granite escarpée (2 545 m) d'où l'on domine le parc.

Lac Spotted (lac tacheté)

Régates et foires agricoles du « panier de fruits du Canada »

Vallée de l'Okanagan

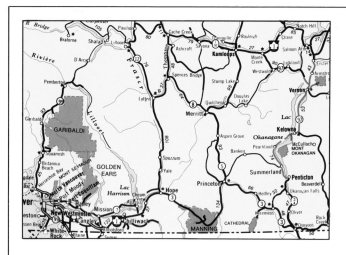

Pont flottant, à Kelowna

KELOWNA

Un tiers de la récolte de pommes du Canada provient de Kelowna.
□ Le père Charles Pandosy et des membres de son ordre se consacrèrent à la culture des arbres fruitiers et à l'élevage dans le premier établissement blanc de l'Okanagan, une mission fondée en 1859.
□ Un pont flottant de 1 400 m, construit en 1958, relie Kelowna à Westbank. C'est le plus long pont de ce type au Canada.
□ Les régates internationales de Kelowna, qui ont lieu au début du mois d'août, sont le grand événement de l'année, avec ses 150 courses et démonstrations. On peut notamment assister à un ballet aquatique, à un spectacle de ski nautique et à des courses d'hydroglisseurs.
□ En hiver, des défilés, des danses et des courses de motoneiges ont lieu au cours de la Snowfest.

Régates de Kelowna

Ogopogo, le monstre du lac Okanagan

Bien avant l'arrivée des Blancs dans la vallée de l'Okanagan, les Indiens croyaient qu'un monstre, *N'ha-a-tik*, hantait les eaux du lac et habitait une grotte de la pointe Squally, près de Kelowna. Les Indiens s'aventuraient rarement dans ces lieux. S'ils devaient le faire, ils jetaient un animal dans le lac pour apaiser le monstre.

N'ha-a-tik fut rebaptisé « Ogopogo » en 1924. Une petite statue (ci-dessous) du parc Kelowna est sans doute tout ce que la plupart des gens ont jamais vu du monstre, mais certains prétendent l'avoir aperçu en chair et en os. Selon ces témoignages, Ogopogo mesurerait entre 9 et 21 m de long. Excellent nageur, il aurait une tête semblable à celle d'un mouton, d'une chèvre ou d'un cheval.

SUMMERLAND

Une station de recherches du ministère canadien de l'Agriculture se trouve à l'entrée sud de la ville. Fondée en 1914, elle occupe 325 ha de bonnes terres. Une partie du domaine a été transformée en un beau jardin où l'on peut pique-niquer au milieu des parterres de fleurs et des grands arbres.
□ On peut visiter Summerland Trout Hatchery, une alevinière qui sert à empoissonner un grand nombre des lacs de la province.

PENTICTON

Pour les nomades salishs, *Pen-Tak-Tin* était « l'endroit où l'on reste toujours ». C'est ce que fit Thomas Ellis qui arriva ici d'Irlande en 1866 et créa le premier verger de la vallée de l'Okanagan. On peut voir une maquette de sa ferme et les outils qu'il utilisait au musée de Penticton.
□ Lancé en 1914 et retiré du service en 1951, le *Sicamous*, le dernier bateau à roue du CP sur le lac Okanagan, est amarré ici.
□ La réserve d'animaux de l'Okanagan (Okanagan Game Farm) se trouve à 8 km au sud. On peut y voir plus de 650 animaux, notamment des lions, des tigres, des girafes, des zèbres et des chameaux.
□ Penticton organise en août une fête de la pêche et un festival de la danse carrée. L'Oktoberfest a lieu en automne et le carnaval d'hiver en février.

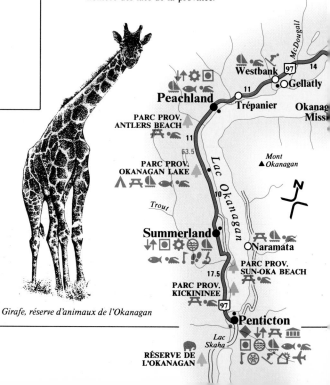

Girafe, réserve d'animaux de l'Okanagan

Blottie au milieu de montagnes majestueuses, la vallée de l'Okanagan est le pays des riches vergers regorgeants de fruits. Elle est également le siège d'une prospère production laitière et fromagère puisqu'on y fabrique plus de trois millions de tonnes de cheddar par an.

La vallée de l'Okanagan bénéficie en moyenne de 2 000 heures d'ensoleillement tous les ans et la région de Penticton se vante même d'être plus ensoleillée en juillet et en août que Hawaï.

Les foires et les fêtes sont nombreuses en été, dans la région. La Foire agricole d'Armstrong, l'une des plus importantes et des plus connues de la Colombie-Britannique, a lieu au début de septembre, depuis 1899.

Les régates de Kelowna, organisées sur le lac Okanagan où vivait un monstre légendaire, Ogopogo, attirent de nombreux spectateurs au début du mois d'août. On peut y assister à des « courses de baignoires », ainsi qu'à des concours de natation et de plongeon. Plus de 100 000 personnes visitent tous les ans une réserve d'animaux sauvages, Okanagan Game Farm, au sud de Penticton. De nombreux visiteurs se rendent aussi dans le ranch historique O'Keefe, qui fait revivre l'époque des pionniers.

L'hiver, c'est le temps du ski, de la raquette et de la motoneige. A Vernon, qui organise, en février, le plus grand carnaval d'hiver de l'ouest du Canada, on peut assister à des retraites aux flambeaux, voir des courses d'attelages de chiens et effectuer des promenades en traîneau.

ENDERBY
Les spectaculaires falaises d'Enderby dominent la ville de près de 300 m. La paisible rivière Shuswap coule à leur pied et fait le bonheur des pêcheurs à la fin de l'été, lorsque la truite et le saumon y abondent.
□ En juillet a lieu une grande fête, inspirée des réjouissances bavaroises. On y organise un défilé, des pique-niques et divers spectacles.

O'KEEFE
L'un des premiers grands établissements d'élevage de l'Okanagan fut fondé en 1867 par Cornelius O'Keefe. Le ranch O'Keefe avec ses meubles, ses bibelots et sa bibliothèque d'époque, ainsi qu'un magasin général et un bureau de poste qui abritent des objets de l'époque des pionniers, ont été conservés.
□ L'église Sainte-Anne (1899) est un des plus anciens sanctuaires catholiques de la Colombie-Britannique.

ARMSTRONG
Cette petite ville est un ancien village d'éleveurs. Fière de ses origines, c'est aujourd'hui le centre commercial d'une importante région agricole, la vallée de Spallumcheen. Elle possède d'importantes industries alimentaires de fruits et de légumes.
□ Un chemin de fer passe au milieu de la grand-rue bordée de trottoirs de bois et de vieux magasins aux façades en trompe-l'œil.
□ La petite ville organise tous les ans un rodéo et une exposition provinciale.

L'église Sainte-Anne, à O'Keefe

La récolte des pommes dans la vallée de l'Okanagan

VERNON
Une pirogue indienne, une automobile Metz de 1908, des objets salishs, des outils utilisés par les pionniers, une ancienne voiture à cheval de louage et un traîneau sont exposés au musée de Vernon.
□ Au parc Polson, on peut voir un salon de thé chinois, un jardin japonais et une horloge florale de 9 m formée de 3 500 plantes. Cette horloge est la seule du genre dans l'ouest du Canada.
□ Le Centre récréatif de Vernon, construit en 1965-1966, possède une piscine de 25 m, un auditorium, un gymnase, une piste de curling et des courts de tennis.

Jardin japonais, parc Polson, à Vernon

Le pays des fruits au cœur d'une riante vallée

Autrefois, seuls les cactus et les buissons d'armoise poussaient sur les pentes arides de la vallée de l'Okanagan. De nos jours, la vallée, où prospèrent les vergers et les vignes grâce à l'irrigation, à son sol fertile et à son doux climat, est devenue le « panier de fruits du Canada ».

Un tiers de la production de pommes du Canada provient de l'Okanagan. A Kelowna, les touristes peuvent visiter l'usine Sun-Rype où l'on transforme le fruit en jus, en concentré et en compote. On peut également visiter les chais de Kelowna et de Penticton où le raisin local est mélangé avec des cépages importés.

En bordure de la route, les étals de fruits poussent comme des champignons à la saison des cerises, en juin. Celles-ci seront ensuite remplacées, jour après jour, par les abricots, les pêches, les poires, les prunes, les brugnons, les melons et les pommes.

Enderby

Shuswap

13.5

Fortune

Armstrong

O'Keefe

Deep

35.5

97A

97

12

9

PARC PROV.
SILVER STAR

Mont
Silver Star

Colin
de Californie

Lac
Swan

10

20.5

Lac
Okanagan

Vernon

PARC PROV.
D'ELLISON

BAIE
COSENS

20.5

97

Kalamalka

Lac de
Kalamalka

Oyama

11

Okanagan Centre

5

Winfield

Vernon

KELOWNA

tland

33

on

Sur une mosaïque de vergers et de lacs, des nuées d'oiseaux

Région du Kootenay

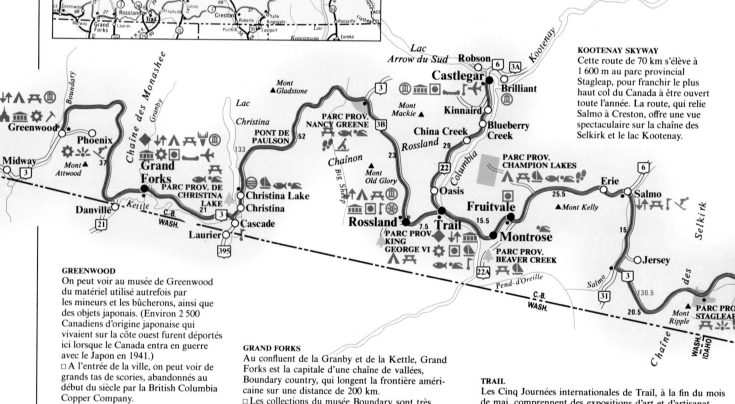

Le pont Paulson, au nord de Christina Lake

CASTLEGAR

Le musée de Castlegar abrite notamment des souvenirs des anciens camps de mineurs, une collection d'armes et une presse d'imprimerie (1893).
□ A Ootischenia, un village a été construit en 1971-1972 pour illustrer le mode de vie des doukhobors de l'ouest du Kootenay.
□ La tombe de Peter Verigin, qui mena les doukhobors de la Saskatchewan en Colombie-Britannique en 1912, se trouve à Brilliant. Elle a été endommagée plusieurs fois par des attentats à la bombe qui seraient apparemment le fait d'extrémistes membres de la secte.

KOOTENAY SKYWAY

Cette route de 70 km s'élève à 1 600 m au parc provincial Stagleap, pour franchir le plus haut col du Canada à être ouvert toute l'année. La route, qui relie Salmo à Creston, offre une vue spectaculaire sur la chaîne des Selkirk et le lac Kootenay.

GREENWOOD

On peut voir au musée de Greenwood du matériel utilisé autrefois par les mineurs et les bûcherons, ainsi que des objets japonais. (Environ 2 500 Canadiens d'origine japonaise qui vivaient sur la côte ouest furent déportés ici lorsque le Canada entra en guerre avec le Japon en 1941.)
□ A l'entrée de la ville, on peut voir de grands tas de scories, abandonnés au début du siècle par la British Columbia Copper Company.

GRAND FORKS

Au confluent de la Granby et de la Kettle, Grand Forks est la capitale d'une chaîne de vallées, Boundary country, qui longent la frontière américaine sur une distance de 200 km.
□ Les collections du musée Boundary sont très variées. On peut y voir des lanternes de corbillards, un samovar russe, un rouet doukhobor, une diligence et une vieille pompe à incendie (v. 1897).
□ L'achigan et la truite arc-en-ciel abondent dans le lac Christina, l'un des plus chauds et des plus limpides de la Colombie-Britannique.

Pompe à incendie, à Grand Forks

TRAIL

Les Cinq Journées internationales de Trail, à la fin du mois de mai, comprennent des expositions d'art et d'artisanat ainsi que des festivités ethniques. Trail contribue également au Festival des sports de la Colombie-Britannique, à la fin de mai et au début de juin, en organisant un rodéo, des compétitions d'athlétisme et une course cycliste de 140 km.
□ Une grande partie de l'argent extrait au Canada est en réalité un sous-produit des fonderies de plomb et de zinc de la Cominco, la plus grande entreprise du genre dans le monde. Une frise de George Norris, originaire de Victoria, *City of Lead and Zinc*, décore une fenêtre de l'hôtel de ville. En été, on peut visiter la centrale hydro-électrique de la Cominco, à Waneta (480 000 CV).
□ Le monument qui marque l'emplacement du fort Shepherd (1856-1870), un poste de la Compagnie de la Baie d'Hudson au confluent du Columbia et de la rivière Pend d'Oreille, a été construit avec les moellons du fort.

0   2   4   6   8   10 Milles
0   4   8   12   16 Kilomètres

Les majestueuses montagnes qui enserrent de douces vallées et des lacs aux eaux cristallines bordés de plages invitantes donnent à la région du Kootenay un charme rustique et sauvage.

Bordés par la chaîne des Selkirk et des Monashee, les lacs Arrow, qui s'étendent sur 185 km de long mais dépassent rarement 3 km de large, sont un des hauts lieux du tourisme en Colombie-Britannique. De nombreux amateurs de canot, en particulier, sillonnent leurs eaux admirables.

Le Kootenay relie les lacs Arrow au lac Kootenay et à la vallée de Creston. Nichée entre les sommets de 2 000 m des Selkirk et des Purcell, cette charmante vallée est un damier de champs de céréales et de vergers, de coquets villages, de lacs et de marécages hantés par des milliers d'oies, de cygnes et de canards sauvages.

La région produit des fruits — fraises, framboises, poires, cerises, pêches, prunes et pommes — en abondance. En mai d'ailleurs, des milliers de visiteurs célèbrent la récolte en récolte en participant à un festival à Creston et à une fête de style bavarois, à Kimberley.

La région du Kootenay a été fortement marquée par les chercheurs d'or qui l'envahirent au cours des années 1890. Leur souvenir vit encore dans les musées, les villes fantômes et les mines abandonnées dont la région est constellée.

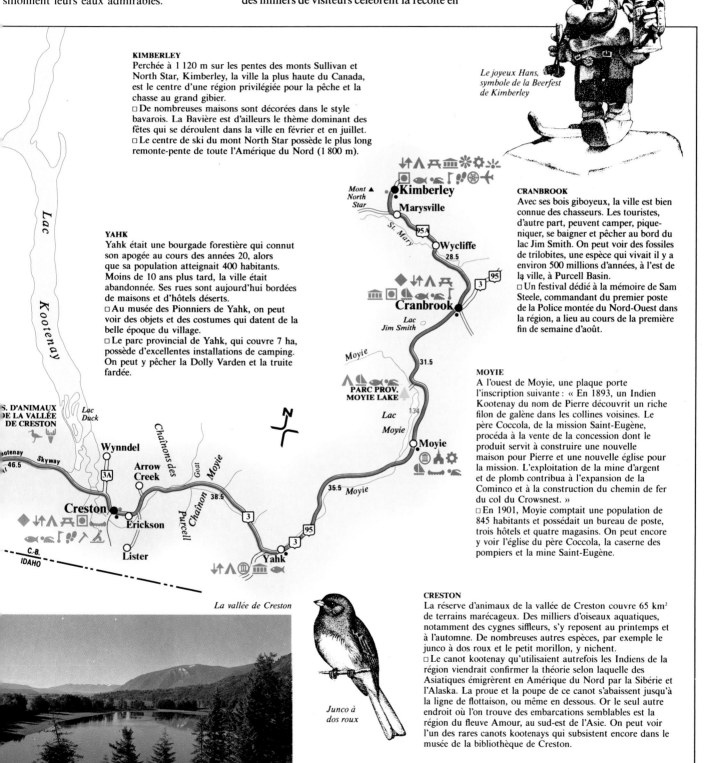

Le joyeux Hans, symbole de la Beerfest de Kimberley

KIMBERLEY
Perchée à 1 120 m sur les pentes des monts Sullivan et North Star, Kimberley, la ville la plus haute du Canada, est le centre d'une région privilégiée pour la pêche et la chasse au grand gibier.
□ De nombreuses maisons sont décorées dans le style bavarois. La Bavière est d'ailleurs le thème dominant des fêtes qui se déroulent dans la ville en février et en juillet.
□ Le centre de ski du mont North Star possède le plus long remonte-pente de toute l'Amérique du Nord (1 800 m).

CRANBROOK
Avec ses bois giboyeux, la ville est bien connue des chasseurs. Les touristes, d'autre part, peuvent camper, pique-niquer, se baigner et pêcher au bord du lac Jim Smith. On peut voir des fossiles de trilobites, une espèce qui vivait il y a environ 500 millions d'années, à l'est de la ville, à Purcell Basin.
□ Un festival dédié à la mémoire de Sam Steele, commandant du premier poste de la Police montée du Nord-Ouest dans la région, a lieu au cours de la première fin de semaine d'août.

YAHK
Yahk était une bourgade forestière qui connut son apogée au cours des années 20, alors que sa population atteignait 400 habitants. Moins de 10 ans plus tard, la ville était abandonnée. Ses rues sont aujourd'hui bordées de maisons et d'hôtels déserts.
□ Au musée des Pionniers de Yahk, on peut voir des objets et des costumes qui datent de la belle époque du village.
□ Le parc provincial de Yahk, qui couvre 7 ha, possède d'excellentes installations de camping. On peut y pêcher la Dolly Varden et la truite fardée.

MOYIE
A l'ouest de Moyie, une plaque porte l'inscription suivante : « En 1893, un Indien Kootenay du nom de Pierre découvrit un riche filon de galène dans les collines voisines. Le père Coccola, de la mission Saint-Eugène, procéda à la vente de la concession dont le produit servit à construire une nouvelle maison pour Pierre et une nouvelle église pour la mission. L'exploitation de la mine d'argent et de plomb contribua à l'expansion de la Cominco et à la construction du chemin de fer du col du Crowsnest.
□ En 1901, Moyie comptait une population de 845 habitants et possédait un bureau de poste, trois hôtels et quatre magasins. On peut encore y voir l'église du père Coccola, la caserne des pompiers et la mine Saint-Eugène.

La vallée de Creston

Junco à dos roux

CRESTON
La réserve d'animaux de la vallée de Creston couvre 65 km² de terrains marécageux. Des milliers d'oiseaux aquatiques, notamment des cygnes siffleurs, s'y reposent au printemps et à l'automne. De nombreuses autres espèces, par exemple le junco à dos roux et le petit morillon, y nichent.
□ Le canot kootenay qu'utilisaient autrefois les Indiens de la région viendrait confirmer la théorie selon laquelle des Asiatiques émigrèrent en Amérique du Nord par la Sibérie et l'Alaska. La proue et la poupe de ce canot s'abaissent jusqu'à la ligne de flottaison, ou même en dessous. Or le seul autre endroit où l'on trouve des embarcations semblables est la région du fleuve Amour, au sud-est de l'Asie. On peut voir l'un des rares canots kootenays qui subsistent encore dans le musée de la bibliothèque de Creston.

Anciennes mines d'argent et villes fantômes de la Slocan

Région du Kootenay

La plupart des visiteurs qui se rendent en été dans l'ouest de la région du Kootenay viennent admirer ses splendides paysages de montagnes et pêcher dans ses lacs des truites arc-en-ciel parmi les plus grosses du monde, ainsi que des Dolly Varden et des saumons kokani.

De New Denver, une piste de randonnée mène au sommet du pic Idaho (2 280 m). Elle passe devant des tunnels abandonnés et des piles de déblais, vestiges des riches gisements d'argent, de plomb et de zinc des années 1890

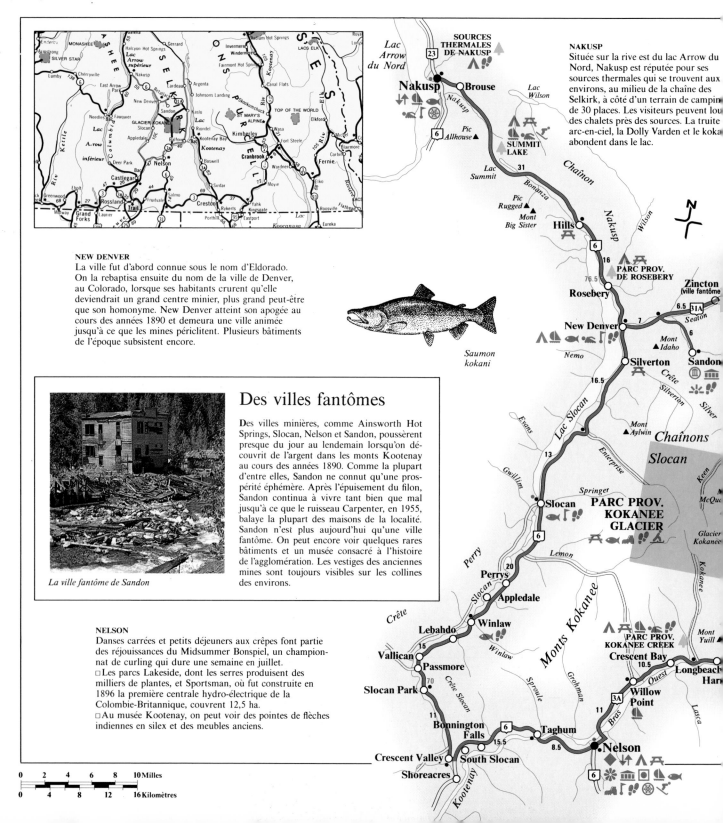

NEW DENVER

La ville fut d'abord connue sous le nom d'Eldorado. On la rebaptisa ensuite du nom de la ville de Denver, au Colorado, lorsque ses habitants crurent qu'elle deviendrait un grand centre minier, plus grand peut-être que son homonyme. New Denver atteint son apogée au cours des années 1890 et demeura une ville animée jusqu'à ce que les mines périclitent. Plusieurs bâtiments de l'époque subsistent encore.

Des villes fantômes

Des villes minières, comme Ainsworth Hot Springs, Slocan, Nelson et Sandon, poussèrent presque du jour au lendemain lorsqu'on découvrit de l'argent dans les monts Kootenay au cours des années 1890. Comme la plupart d'entre elles, Sandon ne connut qu'une prospérité éphémère. Après l'épuisement du filon, Sandon continua à vivre tant bien que mal jusqu'à ce que le ruisseau Carpenter, en 1955, balaye la plupart des maisons de la localité. Sandon n'est plus aujourd'hui qu'une ville fantôme. On peut encore voir quelques rares bâtiments et un musée consacré à l'histoire de l'agglomération. Les vestiges des anciennes mines sont toujours visibles sur les collines des environs.

La ville fantôme de Sandon

NELSON

Danses carrées et petits déjeuners aux crêpes font partie des réjouissances du Midsummer Bonspiel, un championnat de curling qui dure une semaine en juillet.
□ Les parcs Lakeside, dont les serres produisent des milliers de plantes, et Sportsman, où fut construite en 1896 la première centrale hydro-électrique de la Colombie-Britannique, couvrent 12,5 ha.
□ Au musée Kootenay, on peut voir des pointes de flèches indiennes en silex et des meubles anciens.

NAKUSP

Située sur la rive est du lac Arrow du Nord, Nakusp est réputée pour ses sources thermales qui se trouvent aux environs, au milieu de la chaîne des Selkirk, à côté d'un terrain de campin de 30 places. Les visiteurs peuvent lou des chalets près des sources. La truite arc-en-ciel, la Dolly Varden et le koka abondent dans le lac.

Saumon kokani

qui rendirent fameuse la vallée de la Slocan. Près du sommet du pic Idaho se trouvent Sandon, une ville minière autrefois prospère, et Idaho Lookout, une tour d'incendie du gouvernement provincial, qui offre une saisissante vue panoramique de la région.

A Bonnington Falls, le Kootenay s'élance d'une hauteur de 20 m au milieu d'un splendide paysage de montagnes. Aux environs, les rochers portent des peintures indiennes dont on n'a pu encore déterminer l'âge.

A Nelson, de vertigineuses crêtes déchi-

Chenal de frai de Meadow Creek, près de Howser

quetées dominent de leurs 2 750 m les murailles de glace et les lacs alpins du parc provincial Kokanee Glacier.

A Ainsworth Hot Springs, les visiteurs peuvent se baigner dans les eaux des sources thermales ou explorer les grottes de Cody. Plus au nord, à Kaslo, un ancien bateau à roue, le *Moyie*, mis en cale sèche, a été transformé en musée. Au sud de Howser se dresse l'énorme barrage Duncan qui fait partie du complexe d'aménagement hydro-électrique du Columbia.

HOWSER
Un bassin de natation et une rampe pour bateaux ont été aménagés au bord du réservoir du barrage Duncan. Le barrage n'est pas ouvert aux visiteurs, mais on peut l'observer du haut d'un belvédère.
□ A Meadow Creek, les kokanis empruntent un chenal de frai de 3 km de long. Au cours de ses sept premières années d'existence, ce chenal a vu passer plus de deux millions et demi de kokanis.

KASLO
Le *Moyie*, dernier vapeur à roue du lac Kootenay, est aujourd'hui un musée consacré à la mémoire des pionniers de Kaslo. Le navire de 50 m, construit en 1897, resta en service pendant 60 ans.
□ Les gisements d'argent découverts en 1893 firent de Kaslo une ville florissante. L'agglomération est aujourd'hui une station de villégiature.
□ Le Festival de mai comprend un défilé, des expositions d'artisanat, un concours de roulage de billes de bois et des compétitions de deltaplanes.

Au temps des vapeurs à roue

La navigation connut son apogée sur le lac Kootenay avec l'arrivée des prospecteurs qui cherchaient de l'argent, du zinc et du plomb. Vers les années 1890, une véritable flottille de bateaux à roue sillonnait le lac pour transporter passagers et marchandises aux agglomérations de la rive. Avec l'avènement du chemin de fer au début du siècle, les vapeurs perdirent beaucoup de leur importance mais on en construisit cependant jusque vers les années 1920. Le dernier bateau à roue du lac Kootenay, le *Moyie*, fut désarmé en 1957.

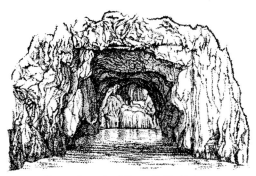

Sources thermales d'Ainsworth Hot Springs

AINSWORTH HOT SPRINGS
Découvertes au cours des années 1880 par Henry Cody, un chercheur d'or, les grottes de Cody n'attirèrent guère l'attention jusqu'en 1966, date à laquelle on les inclut dans un parc provincial. La salle du trône, la plus grande, est une galerie de 38 m² ornée de stalactites, de stalagmites et de paillettes de chaux. On peut visiter également une autre salle dans laquelle l'écho est remarquable et une grotte où un ruisseau fait un bond de 11 m en deux ressauts.
□ Non loin des grottes, les visiteurs peuvent se détendre et se baigner dans les eaux des sources thermales.

BALFOUR
Ce petit village au confluent des bras nord, sud et ouest du lac Kootenay est le terminus occidental du plus long service gratuit de traversier en Amérique du Nord. Le voyage de 45 minutes mène les visiteurs à Kootenay Bay, sur l'autre rive du lac Kootenay.
□ La natation, la pêche, la navigation de plaisance et des bateaux-maisons font de Balfour un centre de villégiature réputé.

Le lac Kootenay, près d'Ainsworth Hot Springs

Lac Duncan

Lardeau

Howser

Glacier

31

Meadow Creek — Marblehead

20

Hamill

Duncan

Cooper Creek

Argenta

Lardeau

Davis

48.5

Kootenay

Johnsons Landing

Mont Roeder

Schroeder

Fry ZONE DE RÉCR. FRY CREEK CANYON

28.5

31A

Kaslo

Mont Buchanan

31

Kaslo

Mirror Lake

20

udbury

Ainsworth Hot Springs

31

Kootenay Bay

15

Traversier pour Procter

Queens Bay

PILOT BAY

our

Lac ...otenay

L'or de la Wild Horse,
le charbon du Kootenay

Région du Kootenay

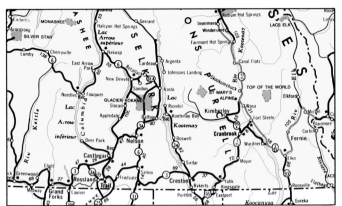

La rivière de l'or,
une batée et un peu de chance

Les vacanciers qui visitent le parc historique provincial de Fort Steele trouveront peut-être de l'or dans les sables de la rivière Wild Horse qui fut prospectée au milieu des années 1860. La traditionnelle batée, une sorte d'écuelle plate de 15 à 40 cm de diamètre, et un peu de chance leur suffiront pour découvrir une pépite ou une paillette d'or.

Remplissez aux trois quarts la batée de sable et de gravier déposé sur le lit de la rivière ou dans les anfractuosités des rochers inondés à l'époque du dégel. Ajoutez de l'eau pour remplir complètement la batée. Enlevez les pierres et les galets à la main (1). Secouez ensuite la batée pour que les corps lourds (dont l'or!) tombent au fond. Lavez les sables en inclinant un peu la batée et en la faisant tourner doucement dans le courant (2) jusqu'à ce qu'il ne reste plus au fond qu'une couche sombre et granuleuse, la « pulpe », sur laquelle on ramassera les pépites et les paillettes d'or.

L'extraction des poussières d'or présentes dans la pulpe est plus complexe. Les premiers prospecteurs utilisaient souvent la technique de l'amalgamation au mercure. Ils incorporaient de petites quantités de mercure (une douzaine de grammes pour 1 kg de pulpe) dans le mélange humide. Le mercure absorbait l'or et remontait à la surface où on le recueillait pour le presser ensuite au travers d'un linge, ce qui donnait une pâte riche en or. On faisait évaporer le reste du mercure en chauffant la pâte au feu pour obtenir de l'or pur. C'est cette technique qu'on utilise encore dans les mines, mais on la déconseille aux prospecteurs amateurs, car les vapeurs de mercure sont extrêmement toxiques.

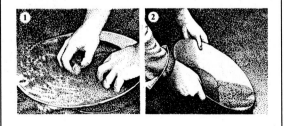

INVERMERE
A 32 km à l'ouest se trouve la réserve naturelle des Purcell (1 315 km²). Un sentier de randonnée de 61 km traverse les chaînons des Purcell pour regagner Argenta, dans l'ouest du Kootenay. Le sentier atteint son point culminant au col Earl Grey (2 256 m).
□ Le mont Panorama compte plusieurs pentes de ski alpin, ainsi que des pistes de ski de fond.

PARC PROVINCIAL PREMIER LAKE
Situé à 15 km à l'est de Skookumchuck, ce parc de 67 ha se trouve au bord du lac Premier dans lequel abondent les truites et les ombles de fontaine. Des cerfs de Virginie, des cerfs mulets et des wapitis viennent s'abreuver au bord du lac où l'on a aménagé un terrain de camping, des plages et des rampes pour les bateaux de plaisance.

PARC PROVINCIAL WASA LAKE
A la tombée du jour, ce parc, situé à l'extrémité nord du lac Wasa, résonne du cri nasillard que pousse l'engoulevent commun lorsqu'il pourchasse des insectes. Un terrain de camping doté de plages de sable et d'une rampe de mise à l'eau a été aménagé à l'orée d'une forêt mixte de pins pondérosa et lodgepole, de sapins de Douglas et de trembles.

Engoulevent commun

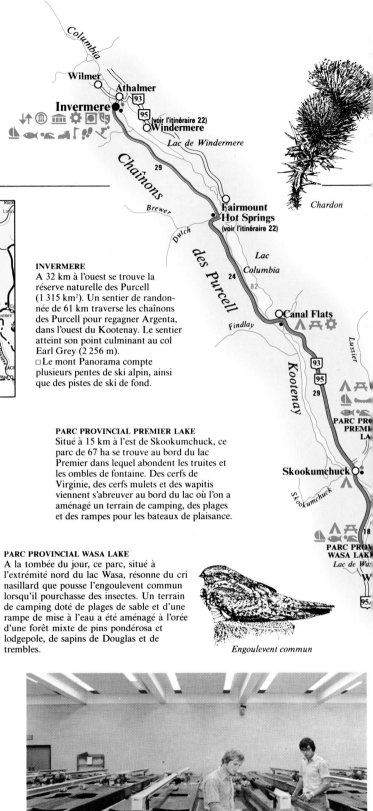

Alevinière à truites, à Wardner

La route qui relie Invermere au col du Crowsnest traverse l'est du Kootenay. Borné par les Rocheuses et la chaîne des Selkirk, le Kootenay est divisé en deux parties par les chaînons des Purcell.

Au sud d'Invermere, passé les lacs Windermere, Columbia, Premier et Wasa où l'on peut pêcher, se baigner et faire du canotage, se trouve la ville historique de Fort Steele. D'abord baptisée Galbraith's Ferry, Fort Steele se développa au cours des années 1860 lorsqu'on découvrit de l'or au voisinage, dans les sables de la Wild Horse. Au cours des années 1880, l'agglomération devint la principale ville de l'est du Kootenay, mais le chemin de fer la délaissa et la ville commença à décliner au début du siècle.

Tandis que l'or commençait à s'épuiser, on découvrit du charbon près de Fernie vers 1870. La houille devint alors la principale ressource de la région. Le CP avait, en effet, besoin du charbon du Kootenay pour alimenter ses locomotives à vapeur après l'ouverture de la ligne transcontinentale en 1885. Aujourd'hui, la région qui s'étend entre Fernie et le col du Crowsnest est l'un des principaux centres d'exploitation de la houille tendre à ciel ouvert. Sa production alimente les industries de l'Amérique du Nord mais aussi de l'Extrême-Orient.

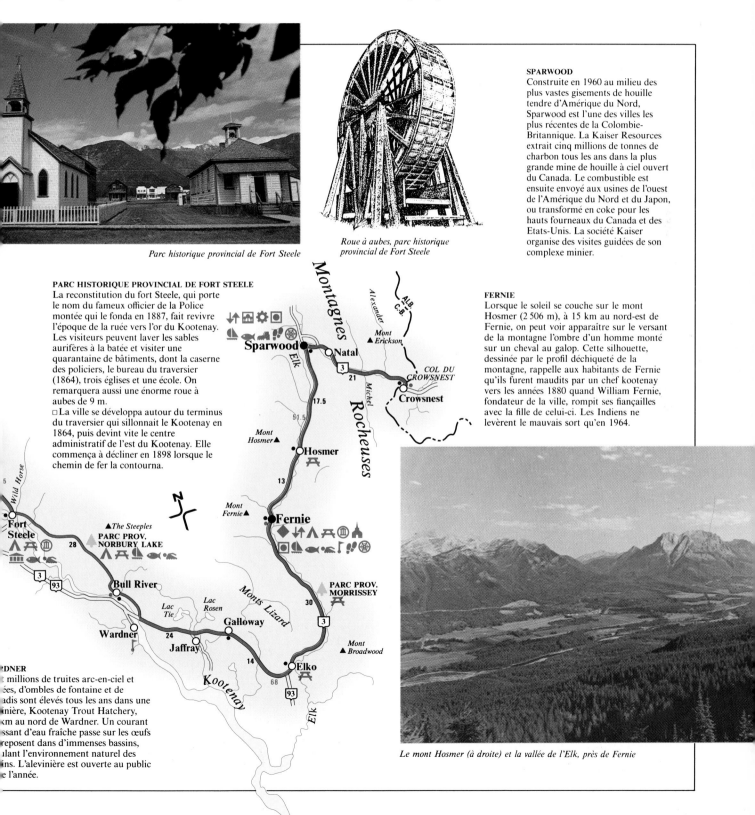

Parc historique provincial de Fort Steele

Roue à aubes, parc historique provincial de Fort Steele

SPARWOOD
Construite en 1960 au milieu des plus vastes gisements de houille tendre d'Amérique du Nord, Sparwood est l'une des villes les plus récentes de la Colombie-Britannique. La Kaiser Resources extrait cinq millions de tonnes de charbon tous les ans dans la plus grande mine de houille à ciel ouvert du Canada. Le combustible est ensuite envoyé aux usines de l'ouest de l'Amérique du Nord et du Japon, ou transformé en coke pour les hauts fourneaux du Canada et des Etats-Unis. La société Kaiser organise des visites guidées de son complexe minier.

PARC HISTORIQUE PROVINCIAL DE FORT STEELE
La reconstitution du fort Steele, qui porte le nom du fameux officier de la Police montée qui le fonda en 1887, fait revivre l'époque de la ruée vers l'or du Kootenay. Les visiteurs peuvent laver les sables aurifères à la batée et visiter une quarantaine de bâtiments, dont la caserne des policiers, le bureau du traversier (1864), trois églises et une école. On remarquera aussi une énorme roue à aubes de 9 m.
□ La ville se développa autour du terminus du traversier qui sillonnait le Kootenay en 1864, puis devint vite le centre administratif de l'est du Kootenay. Elle commença à décliner en 1898 lorsque le chemin de fer la contourna.

FERNIE
Lorsque le soleil se couche sur le mont Hosmer (2 506 m), à 15 km au nord-est de Fernie, on peut voir apparaître sur le versant de la montagne l'ombre d'un homme monté sur un cheval au galop. Cette silhouette, dessinée par le profil déchiqueté de la montagne, rappelle aux habitants de Fernie qu'ils furent maudits par un chef kootenay vers les années 1880 quand William Fernie, fondateur de la ville, rompit ses fiançailles avec la fille de celui-ci. Les Indiens ne levèrent le mauvais sort qu'en 1964.

...DNER
...millions de truites arc-en-ciel et ...ées, d'ombles de fontaine et de ...adis sont élevés tous les ans dans une ...inière, Kootenay Trout Hatchery, ...km au nord de Wardner. Un courant ...ssant d'eau fraîche passe sur les œufs ...reposent dans d'immenses bassins, ...lant l'environnement naturel des ...ins. L'alevinière est ouverte au public ...e l'année.

Le mont Hosmer (à droite) et la vallée de l'Elk, près de Fernie

Des lacs de jade...
et des eaux pourpres de kokanis

Centre-sud de la Colombie-Britannique

La traite des fourrures, puis une ruée vers l'or de courte durée et enfin la construction du chemin de fer transcontinental attirèrent successivement dans le « Shuswap » toutes sortes d'aventuriers en quête de richesse. Des milliers de vacanciers suivent aujourd'hui leurs traces dans cette région sauvage mais accueillante.

Avec ses mouillages abrités, ses plages et ses eaux tempérées et sûres, le lac Shuswap est devenu le paradis des plaisanciers. Sicamous, une des villes riveraines, offre aux

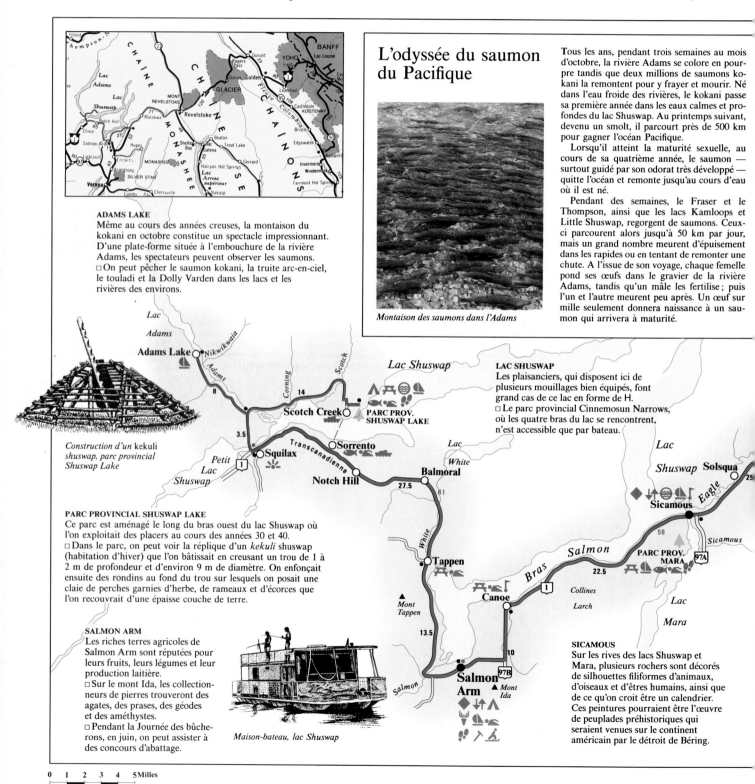

ADAMS LAKE
Même au cours des années creuses, la montaison du kokani en octobre constitue un spectacle impressionnant. D'une plate-forme située à l'embouchure de la rivière Adams, les spectateurs peuvent observer les saumons.
□ On peut pêcher le saumon kokani, la truite arc-en-ciel, le touladi et la Dolly Varden dans les lacs et les rivières des environs.

L'odyssée du saumon du Pacifique

Montaison des saumons dans l'Adams

Tous les ans, pendant trois semaines au mois d'octobre, la rivière Adams se colore en pourpre tandis que deux millions de saumons kokani la remontent pour y frayer et mourir. Né dans l'eau froide des rivières, le kokani passe sa première année dans les eaux calmes et profondes du lac Shuswap. Au printemps suivant, devenu un smolt, il parcourt près de 500 km pour gagner l'océan Pacifique.

Lorsqu'il atteint la maturité sexuelle, au cours de sa quatrième année, le saumon — surtout guidé par son odorat très développé — quitte l'océan et remonte jusqu'au cours d'eau où il est né.

Pendant des semaines, le Fraser et le Thompson, ainsi que les lacs Kamloops et Little Shuswap, regorgent de saumons. Ceux-ci parcourent alors jusqu'à 50 km par jour, mais un grand nombre meurent d'épuisement dans les rapides ou en tentant de remonter une chute. A l'issue de son voyage, chaque femelle pond ses œufs dans le gravier de la rivière Adams, tandis qu'un mâle les fertilise ; puis l'un et l'autre meurent peu après. Un œuf sur mille seulement donnera naissance à un saumon qui arrivera à maturité.

Construction d'un kekuli shuswap, parc provincial Shuswap Lake

LAC SHUSWAP
Les plaisanciers, qui disposent ici de plusieurs mouillages bien équipés, font grand cas de ce lac en forme de H.
□ Le parc provincial Cinnemosun Narrows, où les quatre bras du lac se rencontrent, n'est accessible que par bateau.

PARC PROVINCIAL SHUSWAP LAKE
Ce parc est aménagé le long du bras ouest du lac Shuswap où l'on exploitait des placers au cours des années 30 et 40.
□ Dans le parc, on peut voir la réplique d'un *kekuli* shuswap (habitation d'hiver) que l'on bâtissait en creusant un trou de 1 à 2 m de profondeur et d'environ 9 m de diamètre. On enfonçait ensuite des rondins au fond du trou sur lesquels on posait une claie de perches garnies d'herbe, de rameaux et d'écorces que l'on recouvrait d'une épaisse couche de terre.

SALMON ARM
Les riches terres agricoles de Salmon Arm sont réputées pour leurs fruits, leurs légumes et leur production laitière.
□ Sur le mont Ida, les collectionneurs de pierres trouveront des agates, des prases, des géodes et des améthystes.
□ Pendant la Journée des bûcherons, en juin, on peut assister à des concours d'abattage.

Maison-bateau, lac Shuswap

SICAMOUS
Sur les rives des lacs Shuswap et Mara, plusieurs rochers sont décorés de silhouettes filiformes d'animaux, d'oiseaux et d'êtres humains, ainsi que de ce qu'on croit être un calendrier. Ces peintures pourraient être l'œuvre de peuplades préhistoriques qui seraient venues sur le continent américain par le détroit de Béring.

```
0   1   2   3   4   5 Milles
0   2   4   6   8 Kilomètres
```

acanciers deux parcs provinciaux, aménagés n bordure du lac, et leur permet de jouir de 1 600 km de rives, semées de ports de plaiance, de terrains de camping, de rassemblenents de maisons-bateaux et de plages.

L'une des grandes attractions naturelles lu « Shuswap » est la montaison du kokani lans la rivière Adams. Pendant trois senaines, en octobre, quelque deux millions le saumons parés d'une robe pourpre se rasemblent pour enfouir leurs œufs sur un etit tronçon de la rivière.

La haute crête rocheuse du parc national du Mont-Revelstoke contraste avec les eaux placides du lac Shuswap. Les sentiers de randonnée qui sillonnent le parc permettent de découvrir ce paysage grandiose que l'érosion

et les glaciers ont sculpté sans relâche. Les pluies abondantes y ont donné naissance à d'épaisses forêts d'énormes cèdres et pruches dans les vallées, ainsi qu'à des parterres multicolores de fleurs alpines sur les sommets.

Parc national du Mont-Revelstoke

PARC NATIONAL DU MONT-REVELSTOKE
Le mont Revelstoke (1 938 m) fait partie de la haîne Columbia, une suite de montagnes crénelées t de larges vallées bordées à l'est par les Rocheuses à l'ouest par le plateau Intérieur.
Le sentier Mountain Meadows passe à côté de la « glacière », une crevasse ombragée où la glace ne ond jamais. Cette piste et les autres sentiers du parc raversent des prés alpins mouchetés de castilléjies carlates, de lupins bleus, d'arniques jaunes et de alérianes blanches.
Les eaux turquoise des deux lacs Jade contrastent vec les glaciers des montagnes voisines. Le lac Eva étale près d'une corniche qui domine de plus d'une entaine de mètres la vallée en contrebas.
Une route de 26 km, Summit Road, commencée n 1911, serpente jusqu'au sommet du mont Revelstoke.

THREE VALLEY GAP
Cette reconstitution d'une ville minière du XIXᵉ siècle comprend un hôtel de 50 chambres et un saloon orné d'un bar d'acajou sculpté. Le village compte aussi un salon de coiffeur-dentiste, une petite église, la hutte de rondins d'un trappeur, une école de bois, une forge, l'échoppe d'un charron et une prison.

REVELSTOKE
Pendant le congé de la Fête du travail, des courses de canots commémorent le voyage de l'explorateur David Thompson jusqu'à l'embouchure du Columbia en 1811.
□ Au musée de Revelstoke, consacré à l'époque des mines et de la construction du chemin de fer, on verra un fauteuil de dentiste que son propriétaire transportait de mine en mine.

Le dernier tire-fond du grand chemin de fer

Cette fameuse photo montre Donald Smith, l'un des directeurs du CP, en train d'enfoncer le dernier tire-fond du premier chemin de fer transcontinental du Canada, à l'embranchement de Craigellachie, le 7 novembre 1885. Un monument marque l'endroit où Smith enfonça un tire-fond de fer, semblable à tous les autres. Il y eut un moment de silence, puis les hommes qui s'étaient rassemblés poussèrent un hourra. « Tout ce que je puis dire, c'est que le travail a été bien fait, à tous égards », conclut sans cérémonies William Cornelius Van Horne, le vice-président du CP qui était parvenu à achever le chemin de fer en quatre ans. Non loin de là, en bordure de la Transcanadienne, on peut lire sur une plaque : « Un rêve nébuleux se transforma en réalité : un ruban d'acier traversait le Canada d'un océan à l'autre. Souvent sur les pas des premiers explorateurs, près de 3 000 milles de rails d'acier couvrirent les vastes prairies, s'accrochèrent aux flancs vertigineux des montagnes, serpentèrent dans les canyons et enjambèrent des milliers de cours d'eau. »

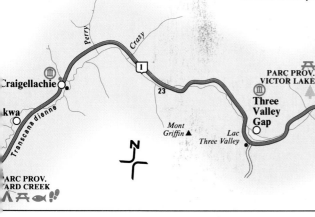

Revelstoke

Sommets lumineux et champs de glace étincelants

Région du Kootenay

Tout au long de ses 8 000 km, la Transcanadienne traverse peu de régions aussi pittoresques et spectaculaires que celle des champs de glace, des glaciers et des sources thermales des Rocheuses, des Purcell et des Selkirk. Entre les parcs nationaux Glacier et Yoho, la route suit l'Illecillewaet, le Columbia et la rivière Kicking Horse, traversant l'un des sites les plus grandioses de l'Amérique du Nord.

Les amoureux d'une nature sauvage et vierge trouveront là un vaste réseau de sen

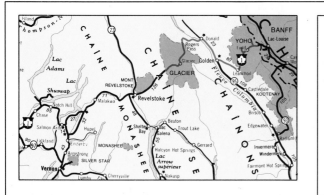

D'énormes avalanches arrachent parfois tous les arbres d'un versant de montagne et ensevelissent des tronçons entiers de routes dans le parc national Glacier. Des tunnels de béton dont le plus long atteint un demi-kilomètre protègent les endroits particulièrement exposés de la Transcanadienne. Des levées de terre et des remblais font dévier les avalanches de moindre importance. Lorsque les spécialistes décèlent un amoncellement dangereux, la route est fermée et une équipe d'artilleurs tire à l'obusier pour déséquilibrer la couche de neige instable et provoquer ainsi sans danger l'avalanche.

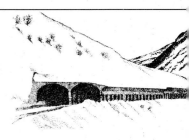

Des obusiers contre les avalanches

PARC NATIONAL GLACIER

Dans ce parc de 1 350 km², plus de 100 glaciers couvrent les vieilles montagnes de la chaîne des Selkirk qui se sont formées des millions d'années avant les Rocheuses. Du camping Illecillewaet, des pistes de randonnée mènent au glacier Illecillewaet et à la vallée Asulkan où les skieurs trouveront plus de 250 km² de glaciers et de névés. Les lents fleuves de glace donnent naissance à un chapelet étincelant de lacs, de rivières et de chutes qui s'égrènent dans les épaisses forêts de cèdres et de pruches. Au-dessus de la ligne de boisement, les prés sont couverts de fleurs des montagnes comme l'anémone alpine et le lis des glaciers.
□ Fondé en 1886, le parc ne fut accessible que par chemin de fer pendant plus de 70 ans. Aujourd'hui, le tronçon du col de Rogers de la route transcanadienne le traverse sur 43 km.

Anémones alpines

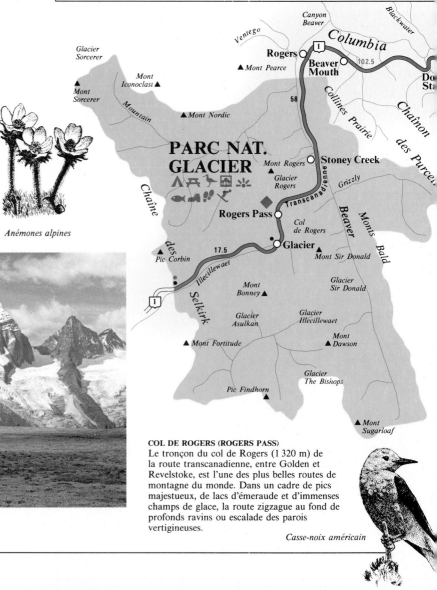

Parc national Glacier

COL DE ROGERS (ROGERS PASS)

Le tronçon du col de Rogers (1 320 m) de la route transcanadienne, entre Golden et Revelstoke, est l'une des plus belles routes de montagne du monde. Dans un cadre de pics majestueux, de lacs d'émeraude et d'immenses champs de glace, la route zigzague au fond de profonds ravins ou escalade des parois vertigineuses.

Casse-noix américain

tiers de randonnée qui leur permettront à la fois de s'enfoncer dans les forêts de conifères et d'escalader les versants rocailleux et escarpés des montagnes.

Plus de 100 glaciers recouvrent les sommets du chaînon des Purcell et de la chaîne des Selkirk dans le parc national Glacier, où l'eau de fonte a donné naissance à des centaines de lacs, de rivières et de chutes qui éclairent un paysage d'épaisses forêts et de prés couverts d'herbes drues et de fleurs multicolores.

Chute Takakkaw, parc national Yoho

Les sommets du parc national Yoho, dont 30 dépassent 3 000 m, sont eux aussi festonnés de torrents impétueux, de chutes vertigineuses, de lacs cristallins et de champs de glace aux somptueux reflets. Le lac Emerald, d'un vert profond dans son écrin de conifères et de gigantesques sommets étincelants, la laiteuse Yoho et la lumineuse Kicking Horse, la vaporeuse chute Laughing ou la chute Takakkaw, l'une des plus hautes du Canada avec ses 381 m, offrent au visiteur une véritable féerie d'eaux et de lumières.

LAC EMERALD

Le charmant lac Emerald du parc national Yoho, ainsi nommé pour sa couleur vert foncé, est entouré d'une dizaine de sommets enneigés. Des sentiers mènent au col de Burgess (2 180 m) à l'est, au lac et à la chute Hamilton à l'ouest. Une piste fait le tour du lac Emerald au bord duquel on trouvera un terrain de pique-nique et une écurie de chevaux de louage.

CHUTE TAKAKKAW

L'une des plus hautes chutes en un seul saut du Canada se précipite d'une hauteur de 381 m dans la rivière Yoho. Le cours d'eau qui l'alimente prend sa source au glacier Daly et dévale le long d'une vallée suspendue en forme d'auge. Non loin, la Yoho, chargée du limon du glacier du même nom, rencontre les eaux cristallines de la Kicking Horse au lieu-dit Meeting of the Waters.

Geai de Steller

PARC NATIONAL YOHO

Ce superbe parc de 1313 km², situé sur le versant ouest des Rocheuses, mérite bien son nom indien, une exclamation qui marque l'étonnement et l'admiration. A l'ouest de Field, la Kicking Horse a sculpté un pont naturel de 15 m de long dans une paroi de roches sédimentaires. Au sud-ouest, la rivière forme un rideau mouvant de 60 m de large, la chute Wapta. Environ 400 km de sentiers conduisent à d'autres curiosités géologiques comme les hautes (15 m) cheminées des fées, surmontées de gros blocs en équilibre instable, de la vallée Hoodoo. Les wapitis, les ours, les orignaux, les cerfs et les chèvres de montagne fréquentent le parc où l'on dénombre 180 espèces d'oiseaux. Les vallées sont tapissées d'un manteau de conifères, de pins lodgepole, de sapins de Douglas et d'épinettes blanches. Les fleurs alpines aux vives couleurs poussent au-dessus de la ligne de boisement.

Skieurs au parc national Yoho

OLDEN

n 1883, les habitants de Kicking Horse Flats, un mp de construction du CP, entendirent parler de fondation de Silver City, à 110 km à l'ouest. hauvins, ils décidèrent de donner le nom de olden à leur camp. Silver City disparut (le filon 'on croyait y avoir découvert n'était qu'une auvaise farce), mais Golden prospéra. L'église St. Paul possède une cloche qui fut robée en 1897 dans une église qu'on transportait Donald à Windermere.

COL KICKING HORSE

Cette trouée dans une muraille de montagnes déchiquetées est située à l'entrée est du parc national Yoho, à 1 625 m d'altitude. La route transcanadienne et le Canadien Pacifique l'empruntent pour franchir les Rocheuses tout en suivant les méandres de la Kicking Horse. Le col est à cheval sur la ligne de partage des eaux, une arête qui sépare les fleuves et les rivières du Pacifique, de l'Arctique et de l'Atlantique.

Cheminée des fées, parc national Yoho

Campanules et chèvres de montagne d'un parc couvert de glaciers

Parc national du Kootenay

Canyon Marble, parc national du Kootenay

CANYON MARBLE
De la route Banff-Windermere, un sentier de 1 km de long mène à cette étroite faille striée de marbre du parc national du Kootenay. Un pont naturel enjambe la gorge où le ruisseau Tokumm fait une chute de 21 m. Le cincle américain qui fréquente parfois le canyon cherche sa nourriture sous la surface de l'eau des rivières et des ruisseaux.

Cincle américain

Le sentier des Bouquets-Rouges : une forêt renaît

En juillet 1968, près du col du Vermilion, la foudre alluma un incendie qui, en quatre jours, détruisit près de 25 km² de forêt. Mais celle-ci ne tarda pas à renaître de ses cendres comme on peut le constater le long du sentier des Bouquets-Rouges (Fireweed Trail).

Les bouquets rouges furent les premiers à pousser sur les cendres. Les graines de pins lodgepole germèrent quelques jours plus tard. Les quatre-temps et les linnées boréales fleurirent ensuite sur le sol enrichi par les cendres. Cette nouvelle végétation attira de petits mammifères : la souris sauteuse de l'Ouest apparut sur les rives des lacs et des cours d'eau, tandis que les spermophiles à mante dorée s'installaient dans les souches et les troncs d'arbres tombés à terre.

Dans quelques années, une nouvelle forêt d'arbustes et de conifères finira par recouvrir les cendres de cette région dévastée.

Souris sauteuse de l'Ouest

Spermophile à mante dorée

Bouquet rouge

Quatre-temps

Linnée boréale

Faux-bleuet

PAINT POTS
Dans la partie nord-ouest du parc national du Kootenay, les Paint Pots, trois étangs que des sources chargées d'oxydes teintent en rouge, en jaune et en orange, se détachent sur le fond vert cru des joncs et des mousses. Les Indiens utilisaient l'ocre de la région qu'ils mélangeaient avec de l'huile de poisson ou de la graisse animale pour peindre leurs tentes et leurs vêtements ou s'orner le corps de peintures de guerre.

Paint Pots, parc national du Kootenay

Les 1 406 km² du parc national du Kootenay ont été découpés sur le versant occidental des Rocheuses, en bordure des parcs de Banff et Yoho. Ce parc est une étonnante mosaïque de sources thermales, de lacs aux eaux glacées, de canyons et de glaciers dominés par de splendides montagnes.

Les cours d'eau qui naissent des glaciers dévalent les pentes et se déversent dans le Vermilion, le Columbia et le Kootenay. Des murailles rocheuses à pic ceinturent des lacs perdus au milieu des montagnes. Des étangs, des marécages et de petits lacs remplissent des centaines de dépressions glaciaires, les marmites de géants. Des fleurs sauvages — lis, primevères naines et grassettes — émaillent les prés qui s'étendent en bordure des glaciers et des champs de neige.

Des tangaras à tête rouge, des chardonnerets des pins et des fauvettes d'Audubon habitent les forêts. Les chèvres de montagne, les grizzlis et les wapitis fréquentent aussi le parc, de même que les orignaux et les cerfs. Ces derniers vont souvent au bord des ruisseaux lécher des bancs d'argile qui contiennent en abondance les sels minéraux indispensables à leur métabolisme.

La route panoramique Banff-Windermere (route 93) qui traverse le parc passe par les sources thermales de Radium Hot Springs, les canyons Sinclair et Marble, les Paint Pots, le col du Vermilion (1 650 m) à l'entrée nord et la ligne de partage des eaux. A l'est de cette ligne, les cours d'eau se jettent dans l'Arctique ou la baie d'Hudson, à l'ouest ils se déversent dans le Pacifique.

PARC NATIONAL DU KOOTENAY
Ce parc a été fondé en 1920 pour préserver les canyons, les sources thermales et les chutes qui bordent la route panoramique Banff-Windermere, un parcours de 105 km au milieu d'un splendide paysage de hautes montagnes. La route passe par le canyon du Sinclair dont les parois à pic la surplombent d'une soixantaine de mètres, puis par le col du Sinclair (1 485 m) et une muraille verticale (Rock Wall) qui barre la vallée du Vermilion.
□ Des sentiers d'exploration de la nature (Fireweed, Marble Canyon et Paint Pots) partent de la route. Le sentier Fireweed, près du col du Vermilion, serpente au milieu de bosquets, de pins lodgepole et de prés couverts de bouquets rouges, de campanules et d'ancolies jaunes.
□ Le parc national du Kootenay occupe l'emplacement d'un océan dont le lit fut comprimé il y a 75 millions d'années, donnant ainsi naissance aux montagnes Rocheuses. Le canyon Marble suit le tracé d'une faille du soubassement de calcaire et de marbre que le ruisseau Tokumm a creusée jusqu'à 37 m de profondeur. A l'entrée du canyon, une chute dont les eaux, alimentées par des glaciers, ont une teinte laiteuse fait un bond de 21 m.
□ Les deux sources thermales de Radium Hot Springs sont ouvertes toute l'année.

Des sources thermales riches en sels minéraux

Les sources thermales proviennent des eaux de ruissellement (1) — pluie et fonte des neiges — qui s'infiltrent par des failles et des fissures jusqu'à la roche en fusion (2), à 5 000 m sous la surface du sol. Les températures très élevées (1 000°C et plus) transforment l'eau en vapeur qui remonte alors par des fissures. Celle-ci se condense à mesure qu'elle refroidit et sort enfin à la surface (3), encore chaude. Deux millions de litres d'eau jaillissent ainsi tous les jours du sol à Radium Hot Springs. Des centres de cure sont souvent aménagés à côté des sources thermales, car les eaux riches en sels minéraux ont la réputation de soulager l'arthrite et diverses autres maladies. Les sources de Radium Hot Springs doivent leur nom aux traces de radium qu'elles contiennent, mais leur radioactivité est plus faible que celle des chiffres phosphorescents d'un cadran de montre.

RADIUM HOT SPRINGS
Au pied du mont Redstreak, un centre touristique ouvert toute l'année s'est développé autour des sources thermales qui jaillissent du sol à 45°C. A côté des sources, que les Indiens appelaient *kootemik* (l'endroit des eaux chaudes), se trouvent deux piscines extérieures. Un sentier d'exploration de la nature mène au canyon du Sinclair.
□ Les touristes qui prennent le bateau pour explorer le Columbia peuvent souvent voir des cerfs, des ours, des aigles pêcheurs, des aigles à tête blanche et des aigles dorés sur les rives du fleuve.

Chèvres de montagne, parc national du Kootenay

PARC PROV. DRY GULCH

[FAIR]MONT HOT SPRINGS
[Le]s sources thermales se [tr]ouvent à l'extrémité nord [du] lac Columbia.
□ Des compétitions internationales de deltaplanes sont organi[sé]es en août au mont Swansea.
[L]es cheminées des fées de [D]utch Creek sont parmi les plus [im]posantes de la province.

WINDERMERE
L'église anglicane St. Peter, parfois appelée St. Peter's the Stolen, avait été construite à Donald, à 160 km au nord. Lorsque le CP contourna Donald en 1897, l'évêque offrit l'église à une agglomération voisine. Mais les paroissiens de St. Peter qui déménageaient à Windermere démantelèrent leur église et l'emportèrent avec eux par train, puis à bord d'une barge sur le Columbia.
□ Un monument rappelle que David Thompson fonda ici Kootenae House en 1807, le premier poste de traite des fourrures sur le Columbia.

L'univers sauvage
et baigné de mystère des Haidas

Archipel de la Reine-Charlotte

Perdues dans la bruine et le brouillard, les montagnes déchiquetées et les forêts luxuriantes de l'archipel de la Reine-Charlotte, autrefois le domaine des Indiens Haidas, sont empreintes d'une atmosphère étrange et mystérieuse. Çà et là, dans les forêts silencieuses, gisent les restes d'anciens mâts totémiques haidas, de pirogues délabrées et de villages désertés, tandis que sur la côte brumeuse s'étire un chapelet de ports baleiniers aujourd'hui abandonnés.

Baie de McIntyre

*Mât totémique
de Robert Davidson, à Haida*

HAIDA
Le premier mât totémique érigé dans ce village indien depuis près d'un siècle date de 1969. Il fut sculpté par Robert Davidson en l'honneur de son grand-père, un chef haida.
□ On peut voir deux autres mâts totémiques récents dans un musée consacré aux Haidas.

MASSET
C'est la plus grande agglomération de l'île Graham. La plupart de ses habitants travaillent à la conserverie de crabe ou à l'usine de poisson congelé de la localité. Le petit inlet Delkatla abrite une flottille de pêche. D'énormes épinettes de Sitka aux branches basses couvertes de mousse grandissent dans les épaisses forêts des environs. Des bernaches, des grues, des cygnes trompettes et d'autres oiseaux aquatiques s'arrêtent au refuge Delkatla pendant les migrations.

*Pipe (à gauche) et plat (ci-dessus),
ciselés dans de l'argilite*

Les artistes de la côte

Les Haidas, les premiers habitants connus de l'archipel, étaient d'habiles pêcheurs et d'excellents sculpteurs sur bois qui utilisaient le cèdre pour construire leurs pirogues et leurs maisons, ou sculpter de grands mâts totémiques.

Après l'arrivée des Européens en 1774, les Haidas furent équipés d'un matériel qui leur permit d'exterminer presque totalement les loutres de mer et les phoques en moins de 40 ans. Bientôt décimés eux-mêmes par les maladies des Blancs, ils quittèrent leurs maisons ancestrales et s'installèrent dans les villages de Skidegate Mission et d'Haida.

Depuis 1820, les Haidas cisèlent les motifs traditionnels de leur mythologie dans l'argilite du mont Slatechuck. Les magnifiques sculptures (ci-dessus) qu'effectuent aujourd'hui les artisans de Skidegate Mission et d'Haida attestent de la survie et de la vigueur de cet art unique au monde.

PORT CLEMENTS
Agglomération de bûcherons et de pêcheurs située au bord de la baie de Masset, Port Clements est l'un des plus anciens établissements de l'île. Au sud, un sentier qui longe la Yakoun s'enfonce dans une forêt pluviale où une grande épinette dorée, haute de 50 m et vieille de plus de 300 ans, se détache sur le fond vert sombre des bois. Etrangement, tous les rejetons de cet arbre mystérieux n'ont que des aiguilles vertes.
□ En poursuivant au sud-ouest, un autre sentier mène à une ébauche de pirogue haida qui remonte au moins au début du siècle. On a découvert d'autres ébauches de pirogues dans le bois, mais ce site (défriché par des bûcherons) est le seul de l'archipel de la Reine-Charlotte qui soit accessible.

L'épinette d'or, près de Port Clements

DÉTROIT DE DIXON
BAIE DE McINTYRE
26.5
POINTE ENTRY
Haida
PORT DE MASSET
ÎLE GRAHAM
INLET DELKATLA
Masset
Lac Drizzle
INLET DE MASSET
Lac Pure
41
ÎLE KUMDIS
63
Port Clements
BAIE DE MASSET

0	2	4	6	8	10 Milles

0	4	8	12	16 Kilomètres

L'archipel de la Reine-Charlotte est perché au bord de la plate-forme continentale. La côte occidentale plonge à pic dans le Pacifique jusqu'à 3 000 m de profondeur environ. La côte orientale est baignée par le détroit d'Hécate qui appartient à la plate-forme continentale et atteint à peine 15 m de fond par endroits.

Bien que situées à la même latitude que la baie de James, les îles connaissent des hivers doux car leur climat est tempéré par un grand courant chaud venu du Japon, le Kuro-shio.

Les deux îles principales, séparées par le chenal de Skidegate, sont l'île Graham au nord et l'île Moresby au sud. La plupart des visiteurs débarquent dans l'archipel de la Reine-Charlotte à l'aéroport de Sandspit qui se trouve dans l'île Moresby. Ils prennent ensuite l'autocar jusqu'à Alliford Bay où un traversier les mène à Skidegate, dans l'île Graham. On peut louer des voitures à Sandspit et, dans l'île Graham, à Masset, Queen Charlotte et Port Clements.

Des sentiers forestiers privés, ouverts au public en fin de semaine et en dehors des heures de travail, offrent d'agréables promenades dans les bois de l'archipel.

Sous-bois dans le parc provincial Naikoon

PARC PROVINCIAL NAIKOON

Naikoon, le nom haida de la pointe nord-est de l'île Graham, signifie « le grand nez ». Un parc provincial de 707 km², pourvu de près de 100 km de plages, a été aménagé dans cette région sauvage.

Du terrain de pique-nique de la baie de McIntyre, un sentier mène au sommet de la colline Tow (109 m), d'où l'on apercevra, au nord, de l'autre côté du détroit de Dixon, les îles Dall et Prince-de-Galles qui appartiennent à l'Alaska. La pointe Rose, à l'extrémité septentrionale du parc, sépare les détroits de Dixon et d'Hécate où les pêcheurs prennent des crabes dormeurs derrière les brisants.

Balance Rock, au nord de Skidegate Mission

ARCHIPEL DE LA REINE-CHARLOTTE

DÉTROIT D'HÉCATE

CAP BALL

PARC PROV. NAIKOON

Tlell

18.5

POINTE LAWN

Lawnhill — CRIQUE HALIBUT

POINTE DEAD TREE

51.5

18.5

BALANCE ROCK

BAIE DE SKIDEGATE

Skidegate Mission

Skidegate

14.5

Sandspit

ÎLE MORESBY

Queen Charlotte

5

Alliford Bay

Traversier

ÎLE LINA

ÎLE MAUDE

BAIE KAGAN

Les précieuses colonies de rapaces de l'archipel

Il y a plus de faucons pèlerins dans l'archipel de la Reine-Charlotte que partout au monde. Vif comme l'éclair, le puissant oiseau fond sur ses proies et les tue souvent en plein ciel, par une seule étreinte de ses fortes serres.

L'aigle à tête blanche (à gauche) niche dans les grands arbres de l'archipel. Le plumage blanc de la tête et de la queue contraste avec le brun presque noir du corps. Les jeunes portent un plumage brun, moucheté de blanc, jusqu'à la quatrième année. A la fin de l'été et au début de l'automne, les aigles à tête blanche se postent en grand nombre près des cours d'eau où fraient les saumons.

Certaines sous-espèces de petites nyctales, de pics chevelus et de geais de Steller n'existent que sur ces îles. C'est le cas, par exemple, de l'alque à cou blanc qui ne nidifie que dans l'archipel.

SKIDEGATE MISSION

Un mât totémique centenaire, battu par les intempéries, est dressé dans le village haida de Skidegate Mission. Un autre mât totémique plus récent, œuvre de l'artiste haida Bill Reid, fait partie de la façade de la maison du conseil des Haidas de Skidegate.

□ Les Indiens de la localité fabriquent des bagues, des bracelets, des broches et des boucles d'oreilles d'or et d'argent, ornés de motifs traditionnels. D'autres cisèlent des ornements d'argilite et des mâts totémiques miniatures.

□ Le musée de l'archipel de la Reine-Charlotte contient des objets haidas et notamment un coffre dont les côtés sont faits d'une seule pièce de bois, cintrée à la vapeur.

□ Balance Rock, un gros rocher de 4 m de haut, repose en équilibre sur la rive, au nord de Skidegate Mission.

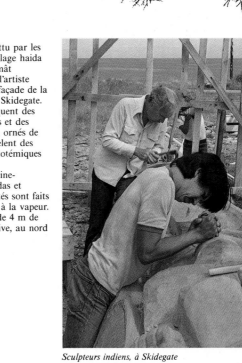

Sculpteurs indiens, à Skidegate

La « rivière de l'écume » au pays des mâts totémiques

Vallée de la Skeena

La route de Yellowhead suit le tracé de la Skeena, « la rivière de l'écume », qui dévale tumultueusement jusqu'à l'océan Pacifique entre des montagnes aux formes tourmentées et au fond de canyons jonchés de rochers.

Les petits lacs aux eaux glacées des monts Gunanoot alimentent la rivière qui irrigue ensuite une large vallée enserrée de sommets de 1 800 m de haut, avant de se grossir des eaux boueuses de la Bulkley, dans la ville d'Hazelton.

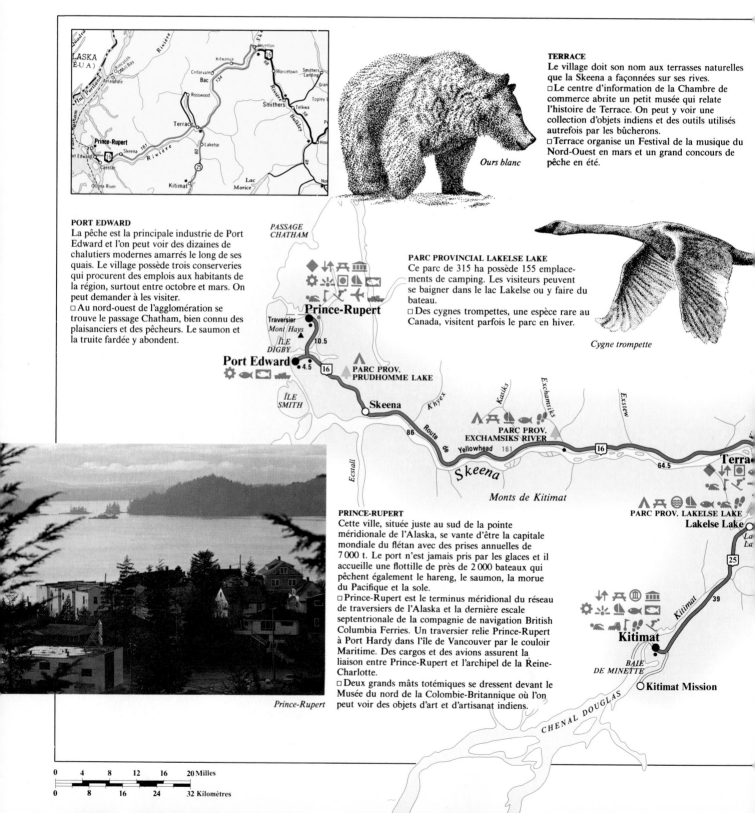

TERRACE
Le village doit son nom aux terrasses naturelles que la Skeena a façonnées sur ses rives.
□ Le centre d'information de la Chambre de commerce abrite un petit musée qui relate l'histoire de Terrace. On peut y voir une collection d'objets indiens et des outils utilisés autrefois par les bûcherons.
□ Terrace organise un Festival de la musique du Nord-Ouest en mars et un grand concours de pêche en été.

Ours blanc

PORT EDWARD
La pêche est la principale industrie de Port Edward et l'on peut voir des dizaines de chalutiers modernes amarrés le long de ses quais. Le village possède trois conserveries qui procurent des emplois aux habitants de la région, surtout entre octobre et mars. On peut demander à les visiter.
□ Au nord-ouest de l'agglomération se trouve le passage Chatham, bien connu des plaisanciers et des pêcheurs. Le saumon et la truite fardée y abondent.

PARC PROVINCIAL LAKELSE LAKE
Ce parc de 315 ha possède 155 emplacements de camping. Les visiteurs peuvent se baigner dans le lac Lakelse ou y faire du bateau.
□ Des cygnes trompettes, une espèce rare au Canada, visitent parfois le parc en hiver.

Cygne trompette

PRINCE-RUPERT
Cette ville, située juste au sud de la pointe méridionale de l'Alaska, se vante d'être la capitale mondiale du flétan avec des prises annuelles de 7 000 t. Le port n'est jamais pris par les glaces et il accueille une flottille de près de 2 000 bateaux qui pêchent également le hareng, le saumon, la morue du Pacifique et la sole.
□ Prince-Rupert est le terminus méridional du réseau de traversiers de l'Alaska et la dernière escale septentrionale de la compagnie de navigation British Columbia Ferries. Un traversier relie Prince-Rupert à Port Hardy dans l'île de Vancouver par le couloir Maritime. Des cargos et des avions assurent la liaison entre Prince-Rupert et l'archipel de la Reine-Charlotte.
□ Deux grands mâts totémiques se dressent devant le Musée du nord de la Colombie-Britannique où l'on peut voir des objets d'art et d'artisanat indiens.

Prince-Rupert

Le confluent des deux rivières est dominé par le mont Rocher Déboulé, un sommet de 2 438 m profondément entaillé par les torrents glaciaires. Les villages des environs, Kispiox, Kitwanga et Kitseguecla, recèlent le plus grand nombre de mâts totémiques du Canada.

La Skeena franchit la chaîne Côtière à Kitselas, puis se jette dans l'océan Pacifique à Prince-Rupert, deuxième port de la province après Vancouver avec sa flottille pittoresque de bateaux de pêche et de plaisance. Sur le front de mer, des conserveries traitent le flétan, le poisson le plus pêché dans la région. Fondé dans l'île Kaien au début du siècle, Prince-Rupert est le terminus occidental du Canadien National. Un énorme silo qui domine la gare sert à stocker le blé de la Prairie avant de l'expédier à l'étranger. Plus au sud, Kitimat est le paradis des amateurs de pêche sportive qui tentent leur chance au saumon dans les eaux abritées du chenal Douglas.

Maisons indiennes, au village indien 'Ksan

RIVIÈRE SKEENA
La Skeena est une magnifique rivière qui change d'aspect selon les heures du jour, noyée de brume un moment, rayonnante de soleil l'instant suivant. Elle prend sa source au nord de la Colombie-Britannique, serpente au fond d'étroits canyons et de vastes vallées, puis se jette dans l'océan Pacifique à Prince-Rupert. La marée se fait sentir dans la rivière presque jusqu'à Terrace. Au nord de cette ville, la Skeena sépare les chaînons Nass et Bulkley des monts Hazelton, alors qu'à l'ouest elle traverse la chaîne Côtière. Au nord de Kispiox, on ne trouve plus que des camps de bûcherons et de trappeurs.

HAZELTON
'Ksan, près de Hazelton, est la reconstitution d'un village indien gitksan qui s'élevait à l'embranchement de la Bulkley et de la Skeena. Avec ses six maisons de cèdre, ses mâts totémiques, ses nasses à poissons, ses fumoirs et ses pirogues, le village est le centre d'attraction d'une région où la culture indienne eut son heure de gloire. Presque tous les poteaux des maisons sont sculptés. Les linteaux de deux d'entre elles sont ornés de motifs peints. Dans la « maison de l'âge de la pierre », on peut voir une cinquantaine de mannequins qui représentent des Indiens en train de fabriquer des vêtements ou des ustensiles avec de l'écorce de cèdre. La « maison de la fête » illustre les changements apportés à la vie traditionnelle des Gitksans par l'apparition des objets manufacturés. La « maison du trésor » est un musée consacré au vêtement, à l'artisanat et à la sculpture traditionnelle. On peut acheter des objets fabriqués par les Indiens dans le village.

Pirogue indienne, au village indien 'Ksan

KITIMAT
Kitimat fut fondé au début des années 50 par l'Alcan, en plein cœur d'une région sauvage. L'emplacement fut choisi en raison de son port en eau profonde à proximité de la centrale hydro-électrique de Kemano (au sud-est de Kitimat) et du terrain nivelé qui facilitait la construction.
□ L'usine d'aluminium de l'Alcan, l'une des plus grandes du monde avec une capacité annuelle de près de 300 000 t, se trouve à 8 km du centre de Kitimat ; au-delà s'étend le port où arrive la bauxite de la Jamaïque et de l'Australie et d'où elle repartira sous forme de lingots d'aluminium à destination d'une dizaine de pays. En été, l'entreprise organise des visites de la fonderie et du port, ainsi que des projections de films.
□ Le musée de Kitimat contient des œuvres d'art et des collections d'histoire naturelle.
□ On pêche toute l'année la morue du Pacifique, le saumon et le flétan dans les eaux du chenal Douglas. La pêche au saumon, à la truite et à la Dolly Varden est également bonne presque toute l'année dans les eaux de la Kitimat et de ses affluents.

Un totem en haut-de-forme

Les Gitksans étaient des chasseurs et des pêcheurs qui vivaient bien grâce au poisson de la Skeena et au gibier de la vallée. Leur subsistance étant ainsi assurée, ils purent se consacrer aux arts : leurs chants, leurs danses et les splendides mâts totémiques qu'ils sculptaient dans le cèdre rouge attestent encore aujourd'hui de la richesse de leur civilisation.

Au milieu du XIXe siècle, les Gitksans se mirent au service des Européens nouvellement arrivés pour obtenir d'eux les marchandises qu'ils convoitaient et leur culture déclina. Ils perdirent d'abord les précieux loisirs qu'ils consacraient aux arts ; puis les missionnaires et les fonctionnaires firent abattre les mâts totémiques et interdirent les cérémonies et les danses rituelles qui leur semblaient trop « païennes ».

Après la construction du village 'Ksan en 1970, les danses et les chants traditionnels résonnèrent à nouveau et les sculpteurs retrouvèrent la pratique de leur art. L'un des cinq mâts totémiques du village est surmonté d'un personnage en haut-de-forme (à droite), symbole de l'aide que les Gitksans reçurent lorsqu'ils voulurent retrouver leur ancien mode de vie.

Truite fardée, saumon kokani et futaies d'épinettes blanches

Centre-nord de la Colombie-Britannique

La route 16 traverse un plateau doucement ondulé, bordé à l'ouest par la chaîne Côtière et à l'est par la muraille des montagnes Rocheuses. La région est constellée de lacs, d'étangs à truites aux eaux limpides et glacées, d'énormes réservoirs qui regorgent d'ombles arctiques et de rivières qui abondent en saumons.

La Bulkley est un de ces cours d'eau poissonneux qui traversent la contrée. A Telkwa, par exemple, en plein centre de la ville, on peut y prendre de magnifiques truites far-

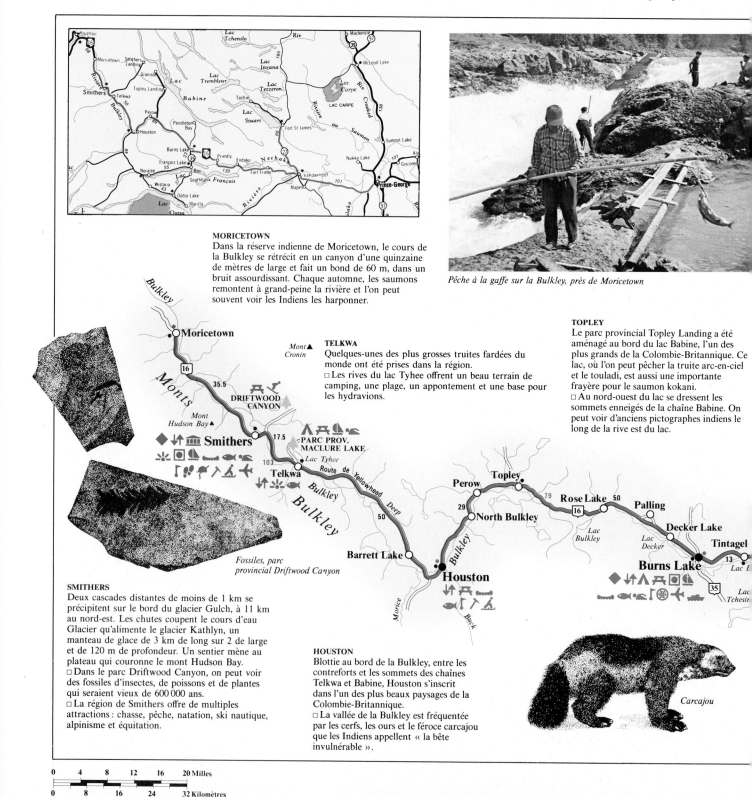

Pêche à la gaffe sur la Bulkley, près de Moricetown

MORICETOWN

Dans la réserve indienne de Moricetown, le cours de la Bulkley se rétrécit en un canyon d'une quinzaine de mètres de large et fait un bond de 60 m, dans un bruit assourdissant. Chaque automne, les saumons remontent à grand-peine la rivière et l'on peut souvent voir les Indiens les harponner.

TELKWA

Quelques-unes des plus grosses truites fardées du monde ont été prises dans la région.
□ Les rives du lac Tyhee offrent un beau terrain de camping, une plage, un appontement et une base pour les hydravions.

TOPLEY

Le parc provincial Topley Landing a été aménagé au bord du lac Babine, l'un des plus grands de la Colombie-Britannique. Ce lac, où l'on peut pêcher la truite arc-en-ciel et le touladi, est aussi une importante frayère pour le saumon kokani.
□ Au nord-ouest du lac se dressent les sommets enneigés de la chaîne Babine. On peut voir d'anciens pictographes indiens le long de la rive est du lac.

Fossiles, parc provincial Driftwood Canyon

Carcajou

SMITHERS

Deux cascades distantes de moins de 1 km se précipitent sur le bord du glacier Gulch, à 11 km au nord-est. Les chutes coupent le cours d'eau Glacier qu'alimente le glacier Kathlyn, un manteau de glace de 3 km de long sur 2 de large et de 120 m de profondeur. Un sentier mène au plateau qui couronne le mont Hudson Bay.
□ Dans le parc Driftwood Canyon, on peut voir des fossiles d'insectes, de poissons et de plantes qui seraient vieux de 600 000 ans.
□ La région de Smithers offre de multiples attractions : chasse, pêche, natation, ski nautique, alpinisme et équitation.

HOUSTON

Blottie au bord de la Bulkley, entre les contreforts et les sommets des chaînes Telkwa et Babine, Houston s'inscrit dans l'un des plus beaux paysages de la Colombie-Britannique.
□ La vallée de la Bulkley est fréquentée par les cerfs, les ours et le féroce carcajou que les Indiens appellent « la bête invulnérable ».

dées. Plus loin, la Bulkley passe dans une réserve où les Indiens prennent à la gaffe les saumons qui la remontent.

Plus au nord, toujours sur la Bulkley, la petite ville de Smithers se blottit au pied du mont Hudson Bay. Ce sommet de 2 438 m, d'où descend le ruban bleuté du glacier Kathlyn, long de 3 km, possède d'excellentes pistes de ski alpin.

Des rivières bordées de peupliers déroulent doucement leurs méandres au milieu des champs et des pâturages de la verdoyante région de Vanderhoof, tandis que la brume estompe dans le lointain les sommets découpés des hautes montagnes.

En 1807, les hommes de Simon Fraser abattirent des boqueteaux d'épinettes blanches près du confluent de la Nechako et du Fraser pour construire le fort George, à l'emplacement actuel de la ville de Prince George. Les scieries et les usines de pâte à papier ont fait de cette agglomération la capitale commerciale du centre-nord de la Colombie-Britannique.

Chute de la Sinkut, près de Vanderhoof

Fort St. James, le fort de Fraser

En 1806, Simon Fraser et John Stuart établirent à Fort St. James un poste de la Compagnie du Nord-Ouest. En 1821, cette dernière fusionna avec la Compagnie de la Baie d'Hudson qui fit de Fort St. James son principal établissement en New Caledonia, une vaste région comprise entre les Rocheuses et la chaîne Côtière. L'endroit est aujourd'hui un parc historique national où l'on peut voir un ancien entrepôt de fourrures (à gauche), la maison d'un commis de la compagnie (v. 1880), une cache à poissons et l'église catholique Notre-Dame-de-Bonne-Espérance (1870) qui est d'ailleurs toujours ouverte au culte.

Un village d'Indiens Porteurs — ainsi nommés parce que les veuves portaient toujours avec elles les cendres de leur époux — se trouve à côté de Fort St. James. On peut y voir la tombe de Kwah, un chef porteur qui sauva la vie de James Douglas (gouverneur de la Colombie-Britannique de 1858 à 1864) lors d'un soulèvement indien.

VANDERHOOF
Cette petite ville, centre géographique de la Colombie-Britannique, doit son nom à un certain Herbert Vanderhoof qui fut engagé en 1908 par le gouvernement canadien pour attirer des colons dans l'Ouest.
□ L'agglomération, construite dans la vallée de la Nechako, est située sur l'une des grandes routes migratoires des bernaches canadiennes. Le lac Fraser, au bord duquel Simon Fraser construisit un fort en 1806, se trouve un peu à l'ouest.

FORT FRASER
A 2 km à l'est du village, une plaque marque l'endroit où fut enfoncé, le 7 avril 1914, le dernier tire-fond du Grand Trunk Pacific Railway.
□ Un peu à l'ouest de Fort Fraser se trouve Fraser Lake, un village construit en bordure du lac du même nom. On peut y visiter un complexe minier. La ville organise un carnaval d'hiver en février et un concours de pêche du mois de mai au mois d'octobre.

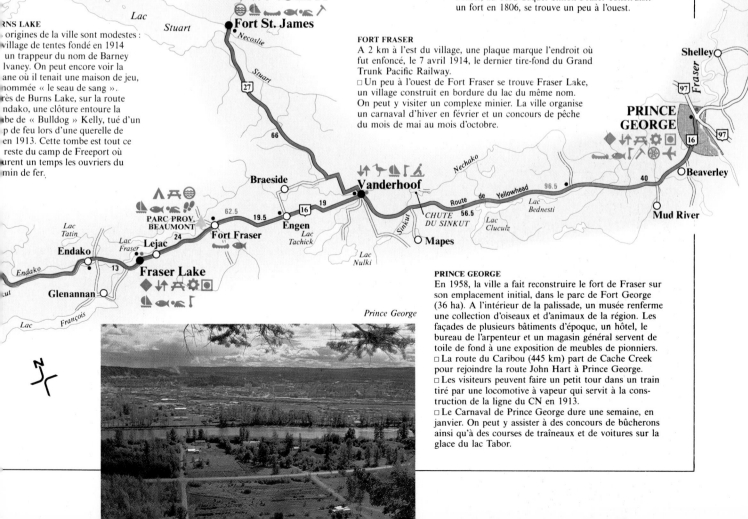

Prince George

BURNS LAKE
[...] origines de la ville sont modestes : [...] village de tentes fondé en 1914 [...] un trappeur du nom de Barney [...]lvaney. On peut encore voir la [...]ane où il tenait une maison de jeu, [...]nommée « le seau de sang ».
[...]rès de Burns Lake, sur la route [...]ndako, une clôture entoure la [...]be de « Bulldog » Kelly, tué d'un [...]p de feu lors d'une querelle en [...]en 1913. Cette tombe est tout ce [...]reste du camp de Freeport où [...]urent un temps les ouvriers du [...]min de fer.

PRINCE GEORGE
En 1958, la ville a fait reconstruire le fort de Fraser sur son emplacement initial, dans le parc de Fort George (36 ha). A l'intérieur de la palissade, un musée renferme une collection d'oiseaux et d'animaux de la région. Les façades de plusieurs bâtiments d'époque, un hôtel, le bureau de l'arpenteur et un magasin général servent de toile de fond à une exposition de meubles de pionniers.
□ La route du Caribou (445 km) part de Cache Creek pour rejoindre la route John Hart à Prince George.
□ Les visiteurs peuvent faire un petit tour dans un train tiré par une locomotive à vapeur qui sert à la construction de la ligne du CN en 1913.
□ Le Carnaval de Prince George dure une semaine, en janvier. On peut y assister à des concours de bûcherons ainsi qu'à des courses de traîneaux et de voitures sur la glace du lac Tabor.

Pâturages, canyons encaissés et forêts pluviales de la côte

Centre de la Colombie-Britannique

A l'ouest de Williams Lake, la route 20 serpente au milieu d'immenses pâturages, de vertes prairies et de bouquets de pins lodgepole. C'est le pays du Chilcotin qui s'étend sur une partie du plateau Intérieur de la Colombie-Britannique, entre le Fraser et la chaîne Côtière. Dans cette région d'élevage, l'une des plus importantes de la province, le

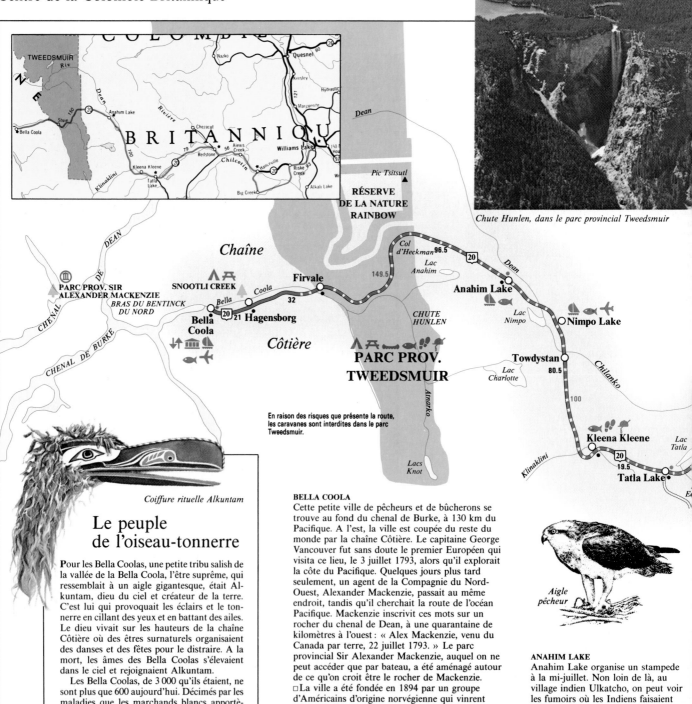

Chute Hunlen, dans le parc provincial Tweedsmuir

En raison des risques que présente la route, les caravanes sont interdites dans le parc Tweedsmuir.

Coiffure rituelle Alkuntam

Le peuple de l'oiseau-tonnerre

Pour les Bella Coolas, une petite tribu salish de la vallée de la Bella Coola, l'être suprême, qui ressemblait à un aigle gigantesque, était Alkuntam, dieu du ciel et créateur de la terre. C'est lui qui provoquait les éclairs et le tonnerre en cillant des yeux et en battant des ailes. Le dieu vivait sur les hauteurs de la chaîne Côtière où des êtres surnaturels organisaient des danses et des fêtes pour le distraire. A la mort, les âmes des Bella Coolas s'élevaient dans le ciel et rejoignaient Alkuntam.

Les Bella Coolas, de 3 000 qu'ils étaient, ne sont plus que 600 aujourd'hui. Décimés par les maladies que les marchands blancs apportèrent avec eux, ils vivent maintenant à Bella Coola où ils se livrent, en hiver, à leurs anciennes danses tribales.

BELLA COOLA

Cette petite ville de pêcheurs et de bûcherons se trouve au fond du chenal de Burke, à 130 km du Pacifique. A l'est, la ville est coupée du reste du monde par la chaîne Côtière. Le capitaine George Vancouver fut sans doute le premier Européen qui visita ce lieu, le 3 juillet 1793, alors qu'il explorait la côte du Pacifique. Quelques jours plus tard seulement, un agent de la Compagnie du Nord-Ouest, Alexander Mackenzie, passait au même endroit, tandis qu'il cherchait la route de l'océan Pacifique. Mackenzie inscrivit ces mots sur un rocher du chenal de Dean, à une quarantaine de kilomètres à l'ouest : « Alex Mackenzie, venu du Canada par terre, 22 juillet 1793. » Le parc provincial Sir Alexander Mackenzie, auquel on ne peut accéder que par bateau, a été aménagé autour de ce qu'on croit être le rocher de Mackenzie.
□ La ville a été fondée en 1894 par un groupe d'Américains d'origine norvégienne qui vinrent s'installer ici pour échapper aux conséquences d'une crise économique aux Etats-Unis.

Aigle pêcheur

ANAHIM LAKE

Anahim Lake organise un stampede à la mi-juillet. Non loin de là, au village indien Ulkatcho, on peut voir les fumoirs où les Indiens faisaient sécher les saumons qu'ils prenaient dans l'Atnarko. On pêche la truite arc-en-ciel dans le lac Anahim.

0 4 8 12 16 20 Milles

0 8 16 24 32 Kilomètres

étail erre à sa guise. Il n'est pas rare de voir une vache paître au bord de la route ou même la traverser à pas comptés. Attention ! le bétail a toujours la priorité sur les routes du Chilcotin ! Entre Hanceville et Redstone, la route suit la rivière Chilcotin qui s'enfonce dans des canyons parfois profonds de plus de 300 m, semés de piliers de grès et d'escarpements de lave.

Puis la route abandonne la rivière pour flâner le long de lacs paisibles, Puntzi, Tatla, Nimpo et Anahim, où la pêche à la truite arc-en-ciel est excellente. Les nuits sont fraîches dans la région, même en été. Au village de Kleena Kleene, par exemple, à 880 m d'altitude, il gèle toutes les nuits, sauf pendant une trentaine de jours.

A Anahim Lake, la route quitte le plateau du Chilcotin pour escalader les 1 500 m du col d'Heckman, au milieu des impressionnantes montagnes du parc provincial Tweedsmuir. Avec ses virages en épingle à cheveux et ses fortes pentes, la route est trop hasardeuse pour les caravanes qui sont donc interdites dans le parc et doivent être laissées dans la bourgade d'Anahim Lake.

A la sortie du parc, la route fait des virages vertigineux sur une vingtaine de kilomètres, tandis qu'elle descend dans la vallée de la Bella Coola, à 1 000 m en contrebas. Elle traverse là une épaisse forêt pluviale d'érables et de cèdres, tapissée de ronces et de mûriers. La route se termine à Bella Coola, au bord des vasières du bras du Bentinck du Nord, prolongement du chenal de Burke, un fjord de la côte du Pacifique.

PARC PROVINCIAL TWEEDSMUIR

Avec ses imposantes montagnes couvertes de neige, ses prés verdoyants, ses glaciers, ses rivières aux eaux vives, ses profonds canyons, ses lacs paisibles et ses chutes tonitruantes, le parc provincial Tweedsmuir est l'une des régions sauvages les plus richement diversifiées du Canada.

Ce parc de 9 600 km² est borné au nord par les lacs Ootsa et Whitesail, à l'ouest par la chaîne Côtière et à l'est par le plateau Intérieur de la Colombie-Britannique. La route 20 traverse l'extrémité sud du parc.

Un sentier de randonnée de 16 km s'enfonce au sud, entre le camping de la rivière Atnarko et la chute Hunlen, la troisième du Canada avec ses 366 m. Aux environs, le lac Lonesome accueille en hiver une colonie de 400 cygnes trompettes, ce qui représente 20 pour cent environ de la population mondiale de cette espèce menacée.

Les rivières Atnarko et Talchako de même que leurs affluents offrent une excellente pêche à la truite fardée, steelhead et arc-en-ciel, ainsi qu'au saumon coho et chinook.

A l'automne, les Indiens se réunissent au bord des rivières, comme ils le font depuis des siècles, et prennent à la gaffe ou au filet le poisson qu'ils fumeront pour l'hiver.

Stampede de Williams Lake

WILLIAMS LAKE

Williams Lake, à l'entrée des pâturages du Chilcotin, a été surnommé la « capitale des cow-boys » de la Colombie-Britannique. C'est le principal centre d'élevage de la province. Près de 40 000 têtes de bétail passent tous les ans par ses enclos.

Durant quatre jours en juillet, le stampede de Williams Lake attire de nombreux cow-boys canadiens et américains qui rivalisent d'adresse dans différents exercices : domptage de chevaux, lutte au bouvillon, travail au lasso, traite de vaches sauvages et courses de chevaux. Entre les compétitions, les spectateurs peuvent assister à des danses carrées.

[Carte]

Williams Lake
Meldrum Creek
Lac Williams
97
20
51.5
Riske Creek
Fraser
136.5
Hanceville
ZONE DE RÉCR. BULL CANYON
22.5
30
55
Big Creek
Big
Redstone
135.5
Chilcotin
Lac Puntzi
35.5
anko Forks
34
Alexis Creek
20

RISKE CREEK

Près de 400 mouflons de Californie vivent à 20 km au sud de Riske Creek, dans une réserve provinciale de 450 ha, au confluent du Chilcotin et du Fraser, où on peut les voir escalader les berges abruptes des rivières. Les mouflons de Californie sont au nombre des six espèces de moutons sauvages qui existent dans le monde.

La rivière Chilcotin, dans le canyon Farwell

Mouflon de Californie

Le pays des cow-boys

Le Chilcotin est un plateau de 5 000 km² où des dizaines de milliers de vaches paissent sur des pâturages qui s'étendent à perte de vue. La plupart sont de robustes Herefords, qui arrivent vite à maturité. Beau temps, mauvais temps, les cow-boys s'occupent des troupeaux, les rassemblent pour les vendre ou pour les nourrir en hiver, veillent sur leur déplacement et marquent les jeunes au fer rouge.

L'élevage est la principale ressource du Chilcotin depuis les débuts de la colonisation de cette région, vers 1860. Les prairies attirèrent de nombreux éleveurs qui vendaient alors leurs bêtes dans les placers du Caribou. Aujourd'hui, la vente du bétail a lieu à Williams Lake et dans les marchés de l'Alberta et de l'Ontario.

Souvenirs de la ruée vers l'or et l'Eldorado de Barkerville

Centre de la Colombie-Britannique

Entre Williams Lake et Barkerville, la nouvelle route du Caribou suit par endroits le tracé d'une ancienne piste qu'empruntaient les prospecteurs, lors de la ruée vers l'or des années 1860. Entre William Lake et Kersley, la route 97 s'enfonce au milieu du pays du Caribou, un vaste plateau au relief ondulé où poussent des bosquets de trembles et de pins lodgepole, constellé de fondrières et de petits lacs peu profonds.

A Soda Creek, la route passe devant l'entrée d'un canyon de 8 km de long. Au nord de

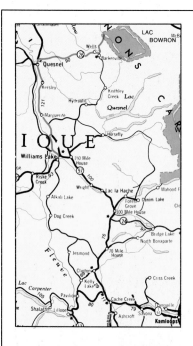

QUESNEL

Jusqu'au milieu du XIXᵉ siècle, il n'y avait à l'emplacement actuel de Quesnel que le magasin de la Compagnie de la Baie d'Hudson, aujourd'hui restauré sur Front Street. La ruée vers l'or du Caribou donna naissance à une ville où les mineurs des champs aurifères situés plus à l'est se procuraient leurs vivres. Avec plus de 8 000 habitants, l'agglomération est aujourd'hui la plus grande du Caribou.
□ Sur la rive est du Fraser, on peut encore voir une roue à aubes qui servait à pomper l'eau d'un puits de mine. Au musée de Quesnel, dans le parc Le Bourdais, sont exposées des auges et des batées.
□ Quesnel fête ses origines en juillet, pendant les quatre Journées de Billy Barker. On peut y assister à des concours de batée, à des danses, à des courses de radeaux ou participer à une tombola dont le premier prix est une parcelle d'or du Caribou.

Cottonwood House

COTTONWOOD

Cottonwood House, la seule halte qui subsiste de toutes celles qui jalonnaient les 610 km de la piste du Caribou, entre Yale et Barkerville, se trouve dans le parc historique provincial Cottonwood House. La maison, qui date de 1864, contient encore des meubles de l'époque, notamment des bureaux, des coffres, une table, deux chaises longues, un poêle et un fourneau.

Rocky Point, près d'Alexandria

ALEXANDRIA

Un monument marque l'emplacement du fort Alexandria, un poste de la Compagnie du Nord-Ouest construit en 1821 et dont le nom évoque Alexander Mackenzie, le premier homme qui traversa la partie septentrionale de l'Amérique du Nord par voie de terre d'une côte à l'autre.
□ La nouvelle route du Caribou passe à l'ouest de Rocky Point, une formation de colonnes de basalte.

SODA CREEK

L'agglomération se trouve au début d'un canyon qui s'étend sur 8 km. A l'époque de la ruée vers l'or du Caribou, on amena jusqu'ici des chaudières à vapeur et d'autres pièces pour construire des bateaux à roues. Le premier fut lancé en 1863. Par la suite, neuf vapeurs transportèrent les mineurs et leur équipement jusqu'à Quesnel, sur une distance de 90 km. De là, il fallait gagner les champs aurifères par voie de terre.
□ En 1921, l'époque des vapeurs du Fraser supérieur prit fin lorsque le dernier bateau à roues fit naufrage près de Prince George. A 18 km au nord, une plaque rappelle le rôle que jouèrent les vapeurs dans le développement du pays du Caribou.

Kersley, elle coupe au travers d'une épaisse forêt d'épinettes d'Engelmann et de sapins de l'Ouest avant d'atteindre les chaînons du Caribou d'où d'innombrables torrents dévalent au fond de ravins et de canyons encaissés. Les précipitations, ici, sont importantes. Elles atteignent généralement plus de 120 cm par an.

C'est dans cette région que la nature choisit de cacher le métal qui fascine l'homme depuis toujours : l'or. D'épais filons du précieux métal s'enfoncent au milieu des failles des chaînons du Caribou. L'érosion et les glaciers emportèrent autrefois la majeure partie du métal qui se déposa sous forme de poudre, de paillettes et de pépites dans le sable et le gravier des cours d'eau du Caribou.

Au début du XIX siècle, des Indiens vendirent des blocs d'or à la Compagnie de la Baie d'Hudson qui les échangea à l'hôtel des Monnaies de San Francisco, au cours du mois de février 1858. La nouvelle se répandit comme une traînée de poudre. Ce fut le début de la ruée vers l'or.

Presque toutes les agglomérations qui bordent la route du Caribou datent de l'époque où les chercheurs d'or accoururent en foule dans la région, construisant des haltes, des postes d'approvisionnement et des villes minières sur leur chemin. Lorsque l'or s'épuisa au cours des années 1870 et 1880, un grand nombre de ces chercheurs de fortune disparurent. D'autres restèrent pourtant. Ils avaient découvert les autres trésors que recèle le Caribou : son bois, ses pâturages et la farouche beauté de sa nature.

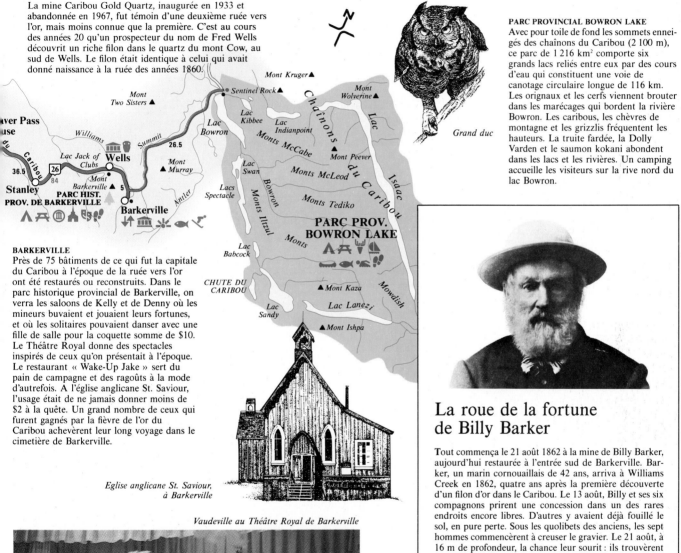

WELLS

La mine Caribou Gold Quartz, inaugurée en 1933 et abandonnée en 1967, fut témoin d'une deuxième ruée vers l'or, mais moins connue que la première. C'est au cours des années 20 qu'un prospecteur du nom de Fred Wells découvrit un riche filon dans le quartz du mont Cow, au sud de Wells. Le filon était identique à celui qui avait donné naissance à la ruée des années 1860.

Grand duc

PARC PROVINCIAL BOWRON LAKE

Avec pour toile de fond les sommets enneigés des chaînons du Caribou (2 100 m), ce parc de 1 216 km² comporte six grands lacs reliés entre eux par des cours d'eau qui constituent une voie de canotage circulaire longue de 116 km. Les orignaux et les cerfs viennent brouter dans les marécages qui bordent la rivière Bowron. Les caribous, les chèvres de montagne et les grizzlis fréquentent les hauteurs. La truite fardée, la Dolly Varden et le saumon kokani abondent dans les lacs et les rivières. Un camping accueille les visiteurs sur la rive nord du lac Bowron.

BARKERVILLE

Près de 75 bâtiments de ce qui fut la capitale du Caribou à l'époque de la ruée vers l'or ont été restaurés ou reconstruits. Dans le parc historique provincial de Barkerville, on verra les saloons de Kelly et de Denny où les mineurs buvaient et jouaient leurs fortunes, et où les solitaires pouvaient danser avec une fille de salle pour la coquette somme de $10. Le Théâtre Royal donne des spectacles inspirés de ceux qu'on présentait à l'époque. Le restaurant « Wake-Up Jake » sert du pain de campagne et des ragoûts à la mode d'autrefois. A l'église anglicane St. Saviour, l'usage était de ne jamais donner moins de $2 à la quête. Un grand nombre de ceux qui furent gagnés par la fièvre de l'or du Caribou achevèrent leur long voyage dans le cimetière de Barkerville.

Eglise anglicane St. Saviour, à Barkerville

Vaudeville au Théâtre Royal de Barkerville

La roue de la fortune de Billy Barker

Tout commença le 21 août 1862 à la mine de Billy Barker, aujourd'hui restaurée à l'entrée sud de Barkerville. Barker, un marin cornouaillais de 42 ans, arriva à Williams Creek en 1862, quatre ans après la première découverte d'un filon d'or dans le Caribou. Le 13 août, Billy et ses six compagnons prirent une concession dans un des rares endroits encore libres. D'autres y avaient déjà fouillé le sol, en pure perte. Sous les quolibets des anciens, les sept hommes commencèrent à creuser le gravier. Le 21 août, à 16 m de profondeur, la chance leur sourit : ils trouvèrent pour $1 000 d'or dans une couche d'à peine 30 cm ; en quatre ans, la concession allait produire plus de $600 000. Les mineurs accoururent alors en foule pour réserver des concessions près de la sienne. En son honneur, la petite ville de magasins, de cabanes et de saloons qui poussa autour de sa mine fut nommée Barkerville. En 1863, Billy épousa une veuve de Victoria qui lui coûta fort cher et partit chercher fortune ailleurs quand il eut les poches vides. Le pauvre Billy finit ses jours à Victoria dans un asile de vieillards, le 11 juillet 1894. On l'enterra dans la fosse commune.

Les canyons et les gorges de la route du Caribou

Centre de la Colombie-Britannique

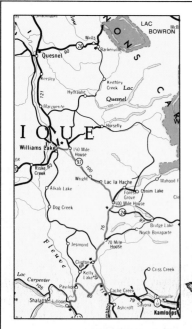

100 MILE HOUSE

Ancienne halte de la piste du Caribou, 100 Mile House est aujourd'hui une agglomération de bûcherons et d'éleveurs qui compte plus de 2 000 habitants. Un incendie détruisit l'ancienne auberge de bois en 1937. Devant l'auberge actuelle, Red Coach Inn, on peut voir une diligence datant de la ruée vers l'or. Une menuiserie de l'époque des pionniers sert de chapelle à la secte des Emissaires de la Divine Lumière.
□ Le musée de l'Automobile Jens contient 35 voitures anciennes, notamment une Cadillac de 1907 et la voiture d'Hermann Göring.
□ Le marathon de ski de fond du Caribou a lieu en janvier. La piste de 42 km commence à Lac-la-Hache et se termine à 100 Mile House.

Diligence, à 100 Mile House

Balsamorhiza sagittata

L'odyssée de Fraser : un exploit et un échec

La route 12 permet aujourd'hui aux voyageurs d'effectuer une agréable promenade le long du Fraser entre Lillooet et Pavilion. Au début du mois de juin 1808, il fallut plusieurs jours à une vingtaine d'aventuriers pour couvrir à grand-peine la même distance, agrippés à des rochers glissants qui surplombaient à pic les eaux tourbillonnantes du fleuve.

Conduite par Simon Fraser, de la Compagnie du Nord-Ouest, la troupe se rendait de Fort George (aujourd'hui Prince George) à l'océan Pacifique, croyant suivre le Columbia et pouvoir découvrir pour le compte des Britanniques une route commerciale qui les mènerait à la mer, avant les Américains.

Au bout de 35 jours, l'expédition arriva au delta du fleuve, près de l'actuelle ville de New Westminster. Fraser comprit qu'il n'avait pas descendu le cours du Columbia et que la route suivie ne pourrait jamais servir au commerce. Son expédition était donc un échec commercial, mais elle sauva pourtant de la mainmise américaine l'un des grands fleuves de l'ouest des Rocheuses.

Simon Fraser dans le canyon,
tableau de John Innis

LILLOOET

La grand-rue, qui date des années 1860, est très large. Deux wagons de 10 t attelés ensemble et tirés par 10 paires de bœufs, de mules ou de chevaux, pouvaient y faire demi-tour. Ces énormes chariots servaient à approvisionner les champs aurifères du Caribou, lorsque Lillooet se trouvait à l'extrémité sud de la piste du Caribou. Mais la ville commença à péricliter dès 1865, quand elle fut contournée par une nouvelle branche de la piste du Caribou qui commençait plus au sud, à Yale.
□ Le musée de Lillooet renferme des souvenirs de l'époque des pionniers et de la ruée vers l'or. En face du musée, un monument marque le point de départ de la première piste du Caribou.

Le Fraser, entre Lillooet et Pavilion

0 3 6 9 12 15 Milles
0 6 12 18 24 Kilomètres

La route de Lillooet à Williams Lake traverse une partie du plateau Intérieur de la Colombie-Britannique, une région burinée par les glaciers de la dernière période glaciaire, coupée de sillons de pierres et de gravier, entaillée de gorges profondes.

Au nord de Lillooet, la route s'accroche à la paroi est du canyon du Fraser pendant près de 60 km. Puis elle contourne le mont Pavilion (1 665 m) et vire au nord-est pour traverser un plateau couvert d'armoise. A Clinton, elle rejoint la route du Caribou qui s'enfonce au nord, parmi les pins lodgepole et les pâturages.

Entre Lillooet et 150 Mile House, l'itinéraire suit par endroits le tracé de la plus ancienne route continentale de la Colombie-Britannique, la piste du Caribou. Construite entre 1861 et 1863 pour relier Lillooet à Soda Creek, à 47 km au nord de 150 Mile House, elle desservait les champs aurifères du Caribou. On construisit des haltes en bordure de la route, généralement tous les 25 km, pour héberger les équipes de construction et plus tard les voyageurs. Ces haltes prenaient comme nom la distance qui les séparait de Lillooet.

Moins de 10 ans plus tard, la piste fut prolongée au sud par un embranchement qui reliait Yale à Clinton et au nord par un nouveau tronçon entre Soda Creek et Barkerville, en plein cœur du pays de l'or. Depuis plus d'un siècle, la route est empruntée par ceux qui suivent les traces des premiers chercheurs d'or : les éleveurs, les bûcherons et aujourd'hui les touristes.

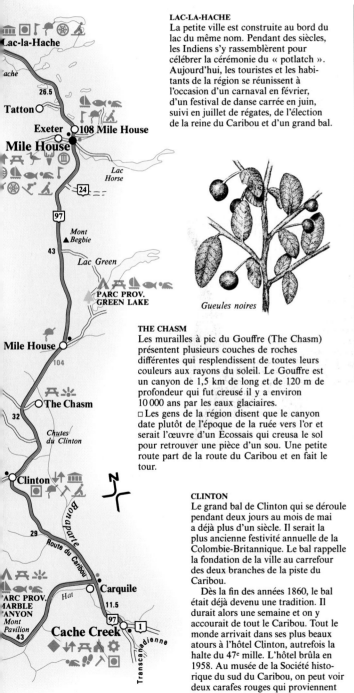

LAC-LA-HACHE
La petite ville est construite au bord du lac du même nom. Pendant des siècles, les Indiens s'y rassemblèrent pour célébrer la cérémonie du « potlatch ». Aujourd'hui, les touristes et les habitants de la région se réunissent à l'occasion d'un carnaval en février, d'un festival de danse carrée en juin, suivi en juillet de régates, de l'élection de la reine du Caribou et d'un grand bal.

Gueules noires

THE CHASM
Les murailles à pic du Gouffre (The Chasm) présentent plusieurs couches de roches différentes qui resplendissent de toutes leurs couleurs aux rayons du soleil. Le Gouffre est un canyon de 1,5 km de long et de 120 m de profondeur qui fut creusé il y a environ 10 000 ans par les eaux glaciaires.
□ Les gens de la région disent que le canyon date plutôt de l'époque de la ruée vers l'or et serait l'œuvre d'un Ecossais qui creusa le sol pour retrouver une pièce d'un sou. Une petite route part de la route du Caribou et en fait le tour.

CLINTON
Le grand bal de Clinton qui se déroule pendant deux jours au mois de mai a déjà plus d'un siècle. Il serait la plus ancienne festivité annuelle de la Colombie-Britannique. Le bal rappelle la fondation de la ville au carrefour des deux branches de la piste du Caribou.
Dès la fin des années 1860, le bal était déjà devenu une tradition. Il durait alors une semaine et on y accourait de tout le Caribou. Tout le monde arrivait dans ses plus beaux atours à l'hôtel Clinton, autrefois la halte du 47ᵉ mille. L'hôtel brûla en 1958. Au musée de la Société historique du sud du Caribou, on peut voir deux carafes rouges qui proviennent de son bar.

Les clôtures du Caribou, ni clous ni piquets

Des clôtures de bois bordent souvent la route du Caribou lorsqu'elle s'enfonce au milieu des pâturages de l'intérieur de la Colombie-Britannique. Pratiques et bon marché, elles sont construites sans piquets, trop difficiles à enfoncer dans le sol rocailleux. Entièrement faites de pin lodgepole, une essence qui abonde dans le Caribou, elles tiennent toutes seules, sans clous ni fil de fer.

La technique varie selon le terrain. Les deux types les plus courants sont la barrière en zigzag et la Russell. La première se compose de quatre ou cinq traverses horizontales, encochées à l'endroit où les sections de la ligne brisée se rencontrent. La clôture Russell (ci-dessus) est droite. Les extrémités des sections sont étayées par des perches placées en biais, comme celles d'un tipi.

Sur la route du mont Pavilion

CACHE CREEK
Fondé au cours des années 1860, Cache Creek était une halte sur l'embranchement Yale-Clinton de la piste du Caribou. En 1874, le gouvernement de la Colombie-Britannique y créa le premier pensionnat de l'arrière-pays de la province. L'école, qui accueillait une cinquantaine d'enfants, n'existe plus.
□ L'église Bonaparte, construite en 1894 et baptisée du nom de la rivière voisine, se trouve dans une réserve indienne. Ses anciens murs de rondins sont aujourd'hui recouverts de planches.

Eglise Bonaparte, à Cache Creek

Volcans éteints, chutes rugissantes et le point culminant des Rocheuses

Parcs provinciaux Wells Gray et Mount Robson

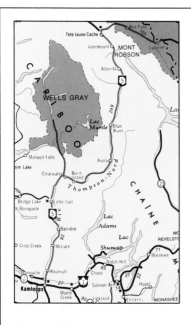

Chute Helmcken, parc provincial Wells Gray

PARC PROVINCIAL WELLS GRAY

Le parc compte une dizaine de grandes chutes, dont celles de Helmcken, 135 m de haut, de Dawson, 90 m de large et 18 m de haut, et de Rainbow, 14 m de haut, en aval de laquelle la pêche à la truite arc-en-ciel est excellente. Sur la rivière Murtle se trouve le Mush Bowl, une série de cratères creusés par les eaux tumultueuses. Un volcan éteint de 240 m de haut s'élève sur la rive nord du lac Kostal. Des sapins de Douglas, rares à cette altitude, poussent en bordure du cône, à 1 500 m au-dessus du niveau de la mer. Un circuit de canotage serpente sur 102 km entre le camping du lac Clearwater et le lac Azure. On dénombre plus de 100 sources minérales glacées dans ce parc que fréquentent parfois les aigles dorés et les colibris roux, notamment près de l'ancienne ferme de Ray. Le sentier Battle Mountain (19 km) traverse une forêt subalpine et mène au Cariboo Meadows, une grande prairie fleurie que sillonnent des torrents.

PARC PROVINCIAL SPAHATS CREEK

Le ruisseau Spahats a creusé dans la lave une gorge profonde de 120 m. Le canyon se termine par une chute où le Spahats fait un bond de 60 m dans la Clearwater. Une plate-forme d'observation domine la chute.

CLEARWATER

Au début de juillet, Clearwater célèbre les Journées des *Overlanders* par une course en radeau de 130 km sur les eaux de la Thompson du Nord, jusqu'à Kamloops. Les radeaux de rondins sont semblables à ceux qu'utilisèrent les *Overlanders* et leurs équipages portent des costumes d'époque. Les canoéistes qui empruntent ce pittoresque tronçon de la Thompson du Nord affrontent un courant très vif et de petits rapides.

Fort Kamloops

KAMLOOPS

Un ancien poste de la Compagnie de la Baie d'Hudson (1821) a été reconstruit au musée de Kamloops où sont exposés des vanneries et des sculptures salishs, des meubles de style victorien et des instruments chirurgicaux utilisés dans le premier hôpital de Kamloops.
□ Le parc de la nature British Columbia abrite plus de 120 animaux, du jaguar de l'Amérique du Sud à la chèvre des montagnes Rocheuses.
□ A 35 km à l'ouest, une plaque rappelle que les vapeurs qui sillonnaient le Thompson au cours des années 1880 contribuèrent à l'exploration et à la colonisation de l'arrière-pays de la Colombie-Britannique.
□ Au mois d'août, la ville organise des foires, des compétitions sportives et divers spectacles folkloriques.

0   4   8   12   16   20 Milles
0   8   16   24   32 Kilomètres

La grande vallée de la Thompson du Nord est l'œuvre de la lave et de l'eau. A une date relativement récente à l'échelle géologique, des volcans bouleversèrent complètement le paysage. Confinées entre des murailles de lave ou détournées de leur cours, les rivières s'élargirent en lacs, creusèrent de profondes gorges et formèrent çà et là d'énormes cascades.

Les origines volcaniques de la région sont encore visibles au parc provincial Spahats Creek où le Spahats plonge au fond d'une gorge aux parois vertigineuses taillées dans des couches de lave.

Près de l'entrée du parc provincial Wells Gray, la chute Helmcken plonge de 135 m du haut d'un escarpement de lave. Partout, ce grand parc sauvage résonne du grondement des cascades, au milieu d'un paysage de volcans éteints, de sources thermales, de lacs sereins ceinturés de montagnes et de champs de glace.

Plus à l'est s'étend le parc provincial Mount Robson où se trouve le point culminant des Rocheuses canadiennes. Les eaux claires des lacs du parc regorgent de kokanis, d'ombles de fontaine et de truites.

La route de Yellowhead, qui traverse ces parcs et les petites villes qui jalonnent la Thompson du Nord, suit le chemin qu'empruntèrent les *Overlanders* de 1862, des chercheurs d'or. Un grand nombre d'entre eux s'arrêtèrent en cours de route, défrichèrent la forêt, bâtirent des maisons de rondins et construisirent des clôtures et de petits ponts que l'on peut encore voir.

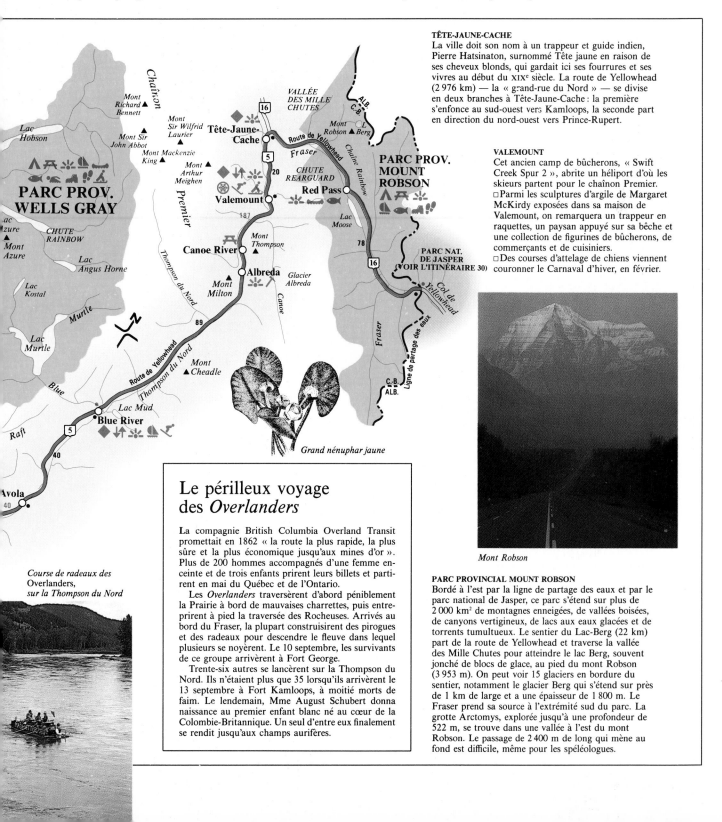

TÊTE-JAUNE-CACHE
La ville doit son nom à un trappeur et guide indien, Pierre Hatsinaton, surnommé Tête jaune en raison de ses cheveux blonds, qui gardait ici ses fourrures et ses vivres au début du XIX siècle. La route de Yellowhead (2 976 km) — la « grand-rue du Nord » — se divise en deux branches à Tête-Jaune-Cache : la première s'enfonce au sud-ouest vers Kamloops, la seconde part en direction du nord-ouest vers Prince-Rupert.

VALEMOUNT
Cet ancien camp de bûcherons, « Swift Creek Spur 2 », abrite un héliport d'où les skieurs partent pour le chaînon Premier.
□ Parmi les sculptures d'argile de Margaret McKirdy exposées dans sa maison de Valemount, on remarquera un trappeur en raquettes, un paysan appuyé sur sa bêche et une collection de figurines de bûcherons, de commerçants et de cuisiniers.
□ Des courses d'attelage de chiens viennent couronner le Carnaval d'hiver, en février.

Mont Robson

PARC PROVINCIAL MOUNT ROBSON
Bordé à l'est par la ligne de partage des eaux et par le parc national de Jasper, ce parc s'étend sur plus de 2 000 km² de montagnes enneigées, de vallées boisées, de canyons vertigineux, de lacs aux eaux glacées et de torrents tumultueux. Le sentier du Lac-Berg (22 km) part de la route de Yellowhead et traverse la vallée des Mille Chutes pour atteindre le lac Berg, souvent jonché de blocs de glace, au pied du mont Robson (3 953 m). On peut voir 15 glaciers en bordure du sentier, notamment le glacier Berg qui s'étend sur près de 1 km de large et a une épaisseur de 1 800 m. Le Fraser prend sa source à l'extrémité sud du parc. La grotte Arctomys, explorée jusqu'à une profondeur de 522 m, se trouve dans une vallée à l'est du mont Robson. Le passage de 2 400 m de long qui mène au fond est difficile, même pour les spéléologues.

Course de radeaux des Overlanders, sur la Thompson du Nord

Grand nénuphar jaune

Le périlleux voyage des *Overlanders*

La compagnie British Columbia Overland Transit promettait en 1862 « la route la plus rapide, la plus sûre et la plus économique jusqu'aux mines d'or ». Plus de 200 hommes accompagnés d'une femme enceinte et de trois enfants prirent leurs billets et partirent en mai du Québec et de l'Ontario.

Les *Overlanders* traversèrent d'abord péniblement la Prairie à bord de mauvaises charrettes, puis entreprirent à pied la traversée des Rocheuses. Arrivés au bord du Fraser, la plupart construisirent des pirogues et des radeaux pour descendre le fleuve dans lequel plusieurs se noyèrent. Le 10 septembre, les survivants de ce groupe arrivèrent à Fort George.

Trente-six autres se lancèrent sur la Thompson du Nord. Ils n'étaient plus que 35 lorsqu'ils arrivèrent le 13 septembre à Fort Kamloops, à moitié morts de faim. Le lendemain, Mme August Schubert donna naissance au premier enfant blanc né au cœur de la Colombie-Britannique. Un seul d'entre eux finalement se rendit jusqu'aux champs aurifères.

Une couronne de montagnes pour une nature triomphante

Parc national de Jasper

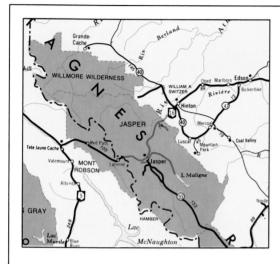

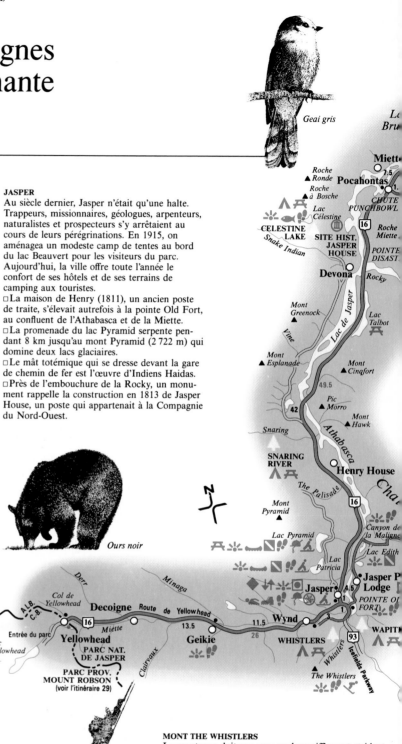

Geai gris

JASPER

Au siècle dernier, Jasper n'était qu'une halte. Trappeurs, missionnaires, géologues, arpenteurs, naturalistes et prospecteurs s'y arrêtaient au cours de leurs pérégrinations. En 1915, on aménagea un modeste camp de tentes au bord du lac Beauvert pour les visiteurs du parc. Aujourd'hui, la ville offre toute l'année le confort de ses hôtels et de ses terrains de camping aux touristes.

□La maison de Henry (1811), un ancien poste de traite, s'élevait autrefois à la pointe Old Fort, au confluent de l'Athabasca et de la Miette.

□La promenade du lac Pyramid serpente pendant 8 km jusqu'au mont Pyramid (2 722 m) qui domine deux lacs glaciaires.

□Le mât totémique qui se dresse devant la gare de chemin de fer est l'œuvre d'Indiens Haidas.

□Près de l'embouchure de la Rocky, un monument rappelle la construction en 1813 de Jasper House, un poste qui appartenait à la Compagnie du Nord-Ouest.

Ours noir

Jasper, vu du mont Whistlers

ROUTE DE YELLOWHEAD

Cette route de 2 987 km doit son nom à un trappeur et guide indien, Pierre Hatsinaton, que l'on surnommait Tête jaune à cause de ses cheveux blonds. La route va de Portage-la-Prairie, au Manitoba, jusqu'en Colombie-Britannique où elle se divise en deux branches à Tête-Jaune-Cache. La première se dirige vers le sud-ouest jusqu'à Kamloops, la seconde vers l'ouest et le nord jusqu'à Prince-Rupert.

Passé l'entrée est du parc national de Jasper, la route suit l'Athabasca au fond d'une vallée aride. Après Jasper, la route escalade l'étroite vallée boisée de la Miette, passage qu'empruntaient les trafiquants de fourrures du XIXᵉ siècle pour rejoindre la « New Caledonia ».

Le col de Yellowhead (1 131 m) est l'un des moins élevés de toute la ligne de partage des eaux. A l'est de cette ligne, les cours d'eau se jettent dans l'océan Arctique par la Miette, l'Athabasca et le Mackenzie. A l'ouest, ils alimentent le Fraser qui se jette dans le Pacifique.

MONT THE WHISTLERS

La montagne doit son nom au long sifflement strident de la marmotte des Rocheuses.

□En prenant le téléphérique qui l'amènera jusqu'à une plate-forme située à 2 250 m d'altitude, le visiteur découvrira la ville de Jasper, son diadème de montagnes et la vallée de l'Athabasca, semée d'une quarantaine de lacs, vestige du grand lac qui recouvrait autrefois toute la région. De l'autre côté de la vallée se dressent les escarpements de quartzite rougeâtre du mont Pyramid.

Téléphérique du mont The Whistlers

0 1 2 3 4 5 Milles
0 2 4 6 8 Kilomètres

Avec ses cimes altières, ses immenses glaciers diamantins, ses prés constellés de fleurs sauvages et ses lacs cristallins, le parc national de Jasper est l'un des plus purs joyaux de la nature canadienne.

Les premiers hommes blancs, en quête d'une route pour la traite des fourrures, arrivèrent dans cette région au début du XIXe siècle. Les voyageurs qui franchissaient les cols de Yellowhead et d'Athabasca s'arrêtaient alors dans un modeste hameau de trois maisons de rondins, baptisé Jasper House, du nom d'un commis de la Compagnie du Nord-Ouest, Jasper Hawes.

En 1907, avec l'arrivée du chemin de fer au col de Yellowhead, le gouvernement fédéral créa le parc national de Jasper. Aujourd'hui, celui-ci couvre plus de 10 800 km², dont à peine 800 sont en terrain plat, au fond des vallées. Des prés tapissent le bas des pentes où les précipitations sont rares. Sur les hauteurs, le climat plus humide donne naissance à une ceinture forestière. Au-dessus de la ligne de boisement, à environ 2 100 m d'altitude, le climat subarctique est si rude que même les robustes plantes alpines ont du mal à survivre.

Une faune exceptionnelle anime le parc. Les cerfs mulets broutent parmi les bosquets de peupliers et de pins gris des vallées de la Miette et de l'Athabasca. Une harde de caribous des bois hante les abords du lac Maligne. Les mouflons et les chèvres de montagne se partagent les sommets que les aigles survolent, majestueux gardiens de ce trésor de la nature.

Roche
▲ *à Perdrix*

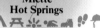

Monts Ashlar

non Miette

○
Miette
Hot Springs

⌂ ▲ ☼ 🜨 ↗ 🛶 👣 🐾

CHUTE PUNCHBOWL
Le ruisseau Mountain qui se précipite du haut d'une muraille de calcaire a creusé une étroite fente dans la pierre. En contrebas, les tourbillons de la chute ont formé un pittoresque bassin dont le fond est parsemé de galets provenant d'un torrent qui coulait ici il y a environ 130 millions d'années.

Source thermale de Miette Hot Springs

Des montagnes nées au fond des mers

Une vaste mer recouvrait la région où s'élèvent aujourd'hui les Rocheuses. Pendant 500 millions d'années, le fond de la mer s'enfonça sous le poids des couches de sédiments. Leur accumulation étant plus rapide que l'affaissement du fond, cette mer ne fut jamais très profonde. Avec le temps, la pression pétrifia les sédiments.

Un grand mouvement de l'écorce terrestre en direction de l'est plissa les couches pétrifiées qui se fracturèrent par endroits. Certaines roches plus anciennes, poussées vers le haut, recouvrirent les couches plus récentes. L'érosion poursuivit cet immense travail, tandis que les cours d'eau déposaient dans les plaines et les marécages de l'est les débris arrachés aux plateaux.

Les grandes plaines continuèrent à se soulever, accentuant la pente des cours d'eau qui burinèrent de larges vallées, laissant derrière eux de grands pics de roche dure. Les glaciers du quaternaire modelèrent ensuite des arêtes et les eaux de fonte donnèrent naissance à des lacs profonds. L'érosion se poursuivant inlassablement, les montagnes Rocheuses ne seront plus un jour que des plaines ondulées.

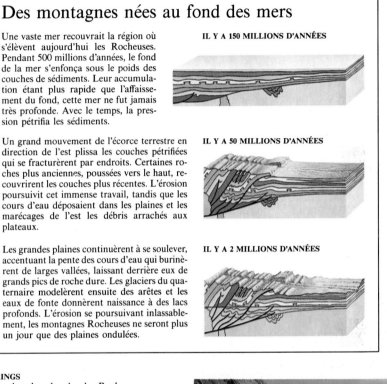

IL Y A 150 MILLIONS D'ANNÉES

IL Y A 50 MILLIONS D'ANNÉES

IL Y A 2 MILLIONS D'ANNÉES

Colin

46

Maligne

Lac Medicine

⌂ ☼ ☀ 🛶 🐟

Chaîne Reine-Élisabeth

Caribou des bois

⌂ ☼ ☀ 🛶 👣

Lac
Maligne

Mont
Maligne ▲

DÉTROIT
DE SAMSON

MIETTE HOT SPRINGS
Les eaux de source les plus chaudes des Rocheuses canadiennes (54°C) alimentent une piscine où elles sont refroidies à 39°C. L'eau de la source provient de l'infiltration des eaux de pluie et de fonte dans les fissures du soubassement. Chauffée à plusieurs milliers de mètres sous la surface, elle remonte ensuite et jaillit au rythme d'un million de litres par jour.

LAC MEDICINE
Pendant la majeure partie de l'année, le lac Medicine n'est qu'une étendue de gravier. En été, les eaux de fonte le transforment en un lac de 8 km de long qui atteint 18 m de profondeur. Lorsque ses eaux sont très hautes, le lac se vide par des rivières souterraines qui se jettent dans la rivière Maligne, en aval.

Lac Medicine

LAC MALIGNE
Ceinturées des sommets enneigés de la chaîne Front, les eaux vert émeraude du lac Maligne s'étendent sur près de 22 km. Il y a 11 000 ans, une énorme langue de glace descendit dans la vallée, creusant le profond bassin que remplit aujourd'hui le lac.
□ Au détroit de Samson (Samson Narrows), les débris apportés par un torrent qui descend du mont Maligne coupent presque le lac en deux.

SENTIER SKYLINE
Le sentier suit la rivière Maligne sur 43 km. Il traverse le « Snowbowl », un charmant pré subalpin constellé de fleurs des champs, et passe à côté du lac Wabasso, un étang désolé perdu au fond d'un cirque encaissé. The Notch (l'Entaille) laisse apercevoir une chaîne de hautes montagnes dans le lointain, dont le mont Robson (3 954 m), point culminant des montagnes Rocheuses canadiennes.

Grand gibier et mines abandonnées d'une immense réserve naturelle

Centre-ouest de l'Alberta

Cette région, située sur les contreforts des montagnes Rocheuses, est le paradis des pêcheurs, des chasseurs de grand gibier et des amoureux de la nature.

Dans le parc Willmore Wilderness, la plus grande région sauvage de l'Alberta avec ses 4 597 km², les excursionnistes peuvent marcher ou se déplacer en canot pendant des jours et même des semaines sans rencontrer âme qui vive. Seules les maisons des gardes forestiers et une poignée de tours d'incendie se dressent au milieu des arbres.

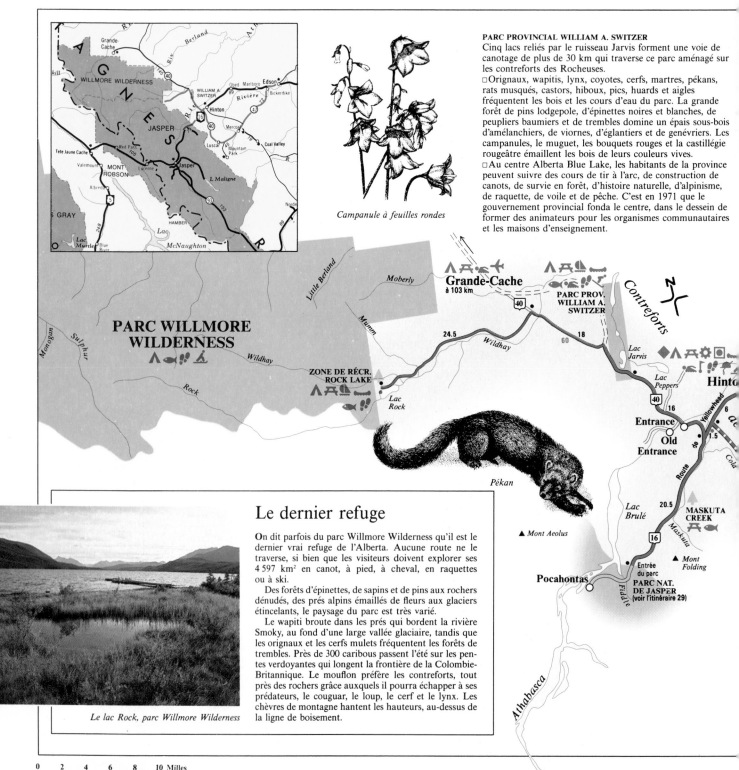

Campanule à feuilles rondes

PARC PROVINCIAL WILLIAM A. SWITZER

Cinq lacs reliés par le ruisseau Jarvis forment une voie de canotage de plus de 30 km qui traverse ce parc aménagé sur les contreforts des Rocheuses.

□ Orignaux, wapitis, lynx, coyotes, cerfs, martres, pékans, rats musqués, castors, hiboux, pics, huards et aigles fréquentent les bois et les cours d'eau du parc. La grande forêt de pins lodgepole, d'épinettes noires et blanches, de peupliers baumiers et de trembles domine un épais sous-bois d'amélanchiers, de viornes, d'églantiers et de genévriers. Les campanules, le muguet, les bouquets rouges et la castillégie rougeâtre émaillent les bois de leurs couleurs vives.

□ Au centre Alberta Blue Lake, les habitants de la province peuvent suivre des cours de tir à l'arc, de construction de canots, de survie en forêt, d'histoire naturelle, d'alpinisme, de raquette, de voile et de pêche. C'est en 1971 que le gouvernement provincial fonda le centre, dans le dessein de former des animateurs pour les organismes communautaires et les maisons d'enseignement.

Pékan

Le dernier refuge

On dit parfois du parc Willmore Wilderness qu'il est le dernier vrai refuge de l'Alberta. Aucune route ne le traverse, si bien que les visiteurs doivent explorer ses 4 597 km² en canot, à pied, à cheval, en raquettes ou à ski.

Des forêts d'épinettes, de sapins et de pins aux rochers dénudés, des prés alpins émaillés de fleurs aux glaciers étincelants, le paysage du parc est très varié.

Le wapiti broute dans les prés qui bordent la rivière Smoky, au fond d'une large vallée glaciaire, tandis que les orignaux et les cerfs mulets fréquentent les forêts de trembles. Près de 300 caribous passent l'été sur les pentes verdoyantes qui longent la frontière de la Colombie-Britannique. Le mouflon préfère les contreforts, tout près des rochers grâce auxquels il pourra échapper à ses prédateurs, le couguar, le loup, le cerf et le lynx. Les chèvres de montagne hantent les hauteurs, au-dessus de la ligne de boisement.

Le lac Rock, parc Willmore Wilderness

Des guides conduisent les visiteurs à dos de cheval sur les sentiers en été ou offrent leurs services aux chasseurs en automne. Les ours, les cerfs, les orignaux, les chèvres de montagne et les wapitis abondent partout dans ce parc que les chasseurs considèrent comme l'un des meilleurs du monde pour le grand gibier.

A peu de distance d'Edson et de Hinton, on peut voir des mines abandonnées qui rappellent la belle époque de la « Coal Branch ». Cette région de houillères prospé-ra de 1910 jusqu'aux années 30, retrouva une nouvelle vitalité pendant la seconde guerre mondiale, mais déclina de nouveau à la fin des années 40 avec l'apparition des locomotives à moteur Diesel.

Le tourisme est aujourd'hui la principale industrie de la région, mais le souvenir du passé reste vivace. Les milliers de campeurs et de pêcheurs qui viennent ici prendre leurs vacances chaque année sont souvent d'anciens habitants de ces petites villes minières, autrefois si prospères.

Voiliers du centre Alberta Blue Lake, dans le parc provincial William A. Switzer

HINTON
On peut visiter dans cette ville la seule usine de pâte à papier de l'Alberta, la North Western Pulp and Power Ltd.
□ A pied ou à cheval, les visiteurs peuvent suivre un tronçon de 20 km du sentier Bighorn, une ancienne piste muletière qui suivait sur 140 km l'arête Bighorn. Deux terrains de camping sauvage sont aménagés en bordure du sentier.
□ Un millier de chevaux sauvages, descendants des immenses troupeaux d'autrefois, galopent sur les contreforts boisés des Rocheuses, près de Hinton. Traqués par des chasseurs qui vendaient leurs carcasses à des fabricants d'aliments pour animaux domestiques, les chevaux sauvages ont pratiquement disparu de l'ouest du Canada.

MONT FOLDING
On peut voir ce sommet de la route 16, à environ 18 km à l'est de Hinton. Ses couches autrefois horizontales se plissèrent lors de la formation des Rocheuses. La couche de calcaire gris, déposée par la mer peu profonde qui recouvrait l'Amérique du Nord il y a plus de 300 millions d'années, est surmontée d'une couche brune de limon pétrifié abandonnée par une autre mer, 100 millions d'années plus tard.

RIVIÈRE McLEOD
Alimentée par les pluies et la fonte des neiges, cette rivière aux eaux limpides et froides regorge de ménominis des montagnes, de truites Dolly Varden, d'ombles de fontaine, de dorés, de grands brochets et d'ombres arctiques.

Ménomini des montagnes

EDSON
Le Grand Trunk Pacific Railway (précurseur du CN) fonda cette ville en 1910 lorsqu'il construisit une voie qui menait aux houillères, au sud. A sa belle époque, Edson était la « porte de l'Ouest ». L'agglomération demeure encore une gare importante sur la ligne du CN.
□ En été, la ville organise un rodéo et une fête dont les manifestations, danse au son des orchestres, vente aux enchères et expositions d'art et d'artisanat, durent deux jours.

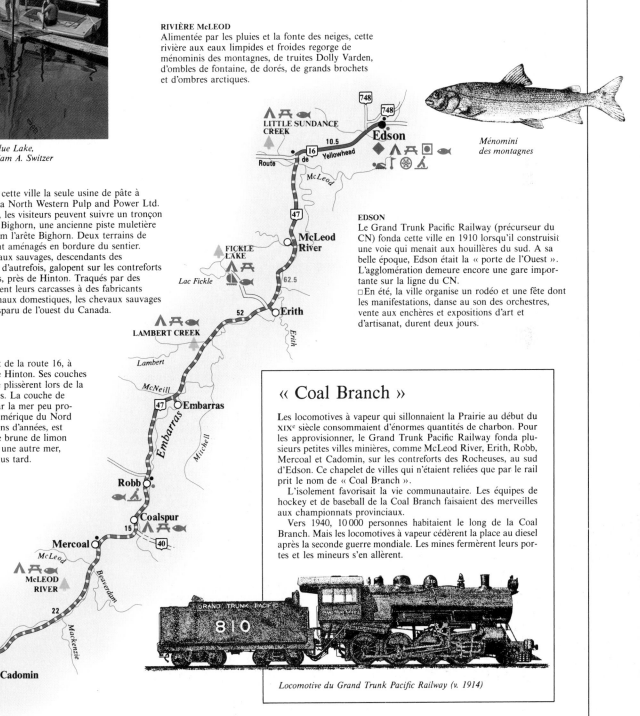

« Coal Branch »

Les locomotives à vapeur qui sillonnaient la Prairie au début du XIXe siècle consommaient d'énormes quantités de charbon. Pour les approvisionner, le Grand Trunk Pacific Railway fonda plusieurs petites villes minières, comme McLeod River, Erith, Robb, Mercoal et Cadomin, sur les contreforts des Rocheuses, au sud d'Edson. Ce chapelet de villes qui n'étaient reliées que par le rail prit le nom de « Coal Branch ».

L'isolement favorisait la vie communautaire. Les équipes de hockey et de baseball de la Coal Branch faisaient des merveilles aux championnats provinciaux.

Vers 1940, 10 000 personnes habitaient le long de la Coal Branch. Mais les locomotives à vapeur cédèrent la place au diesel après la seconde guerre mondiale. Les mines fermèrent leurs portes et les mineurs s'en allèrent.

Locomotive du Grand Trunk Pacific Railway (v. 1914)

Les champs de glace de la ligne de partage des eaux

Parc national de Jasper

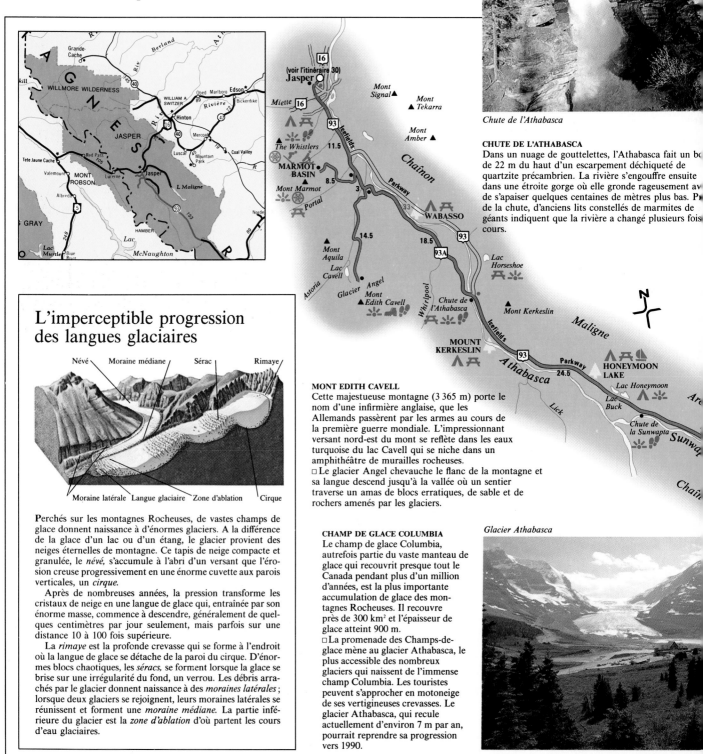

Chute de l'Athabasca

CHUTE DE L'ATHABASCA

Dans un nuage de gouttelettes, l'Athabasca fait un bo[...] de 22 m du haut d'un escarpement déchiqueté de quartzite précambrien. La rivière s'engouffre ensuite dans une étroite gorge où elle gronde rageusement av[...] de s'apaiser quelques centaines de mètres plus bas. P[...] de la chute, d'anciens lits constellés de marmites de géants indiquent que la rivière a changé plusieurs fois[...] cours.

L'imperceptible progression des langues glaciaires

Névé · Moraine médiane · Sérac · Rimaye

Moraine latérale · Langue glaciaire · Zone d'ablation · Cirque

Perchés sur les montagnes Rocheuses, de vastes champs de glace donnent naissance à d'énormes glaciers. A la différence de la glace d'un lac ou d'un étang, le glacier provient des neiges éternelles de montagne. Ce tapis de neige compacte et granulée, le *névé*, s'accumule à l'abri d'un versant que l'érosion creuse progressivement en une énorme cuvette aux parois verticales, un *cirque*.

Après de nombreuses années, la pression transforme les cristaux de neige en une langue de glace qui, entraînée par son énorme masse, commence à descendre, généralement de quelques centimètres par jour seulement, mais parfois sur une distance 10 à 100 fois supérieure.

La *rimaye* est la profonde crevasse qui se forme à l'endroit où la langue de glace se détache de la paroi du cirque. D'énormes blocs chaotiques, les *séracs,* se forment lorsque la glace se brise sur une irrégularité du fond, un verrou. Les débris arrachés par le glacier donnent naissance à des *moraines latérales* ; lorsque deux glaciers se rejoignent, leurs moraines latérales se réunissent et forment une *moraine médiane*. La partie inférieure du glacier est la *zone d'ablation* d'où partent les cours d'eau glaciaires.

MONT EDITH CAVELL

Cette majestueuse montagne (3 365 m) porte le nom d'une infirmière anglaise, que les Allemands passèrent par les armes au cours de la première guerre mondiale. L'impressionnant versant nord-est du mont se reflète dans les eaux turquoise du lac Cavell qui se niche dans un amphithéâtre de murailles rocheuses.
□ Le glacier Angel chevauche le flanc de la montagne et sa langue descend jusqu'à la vallée où un sentier traverse un amas de blocs erratiques, de sable et de rochers amenés par les glaciers.

CHAMP DE GLACE COLUMBIA

Le champ de glace Columbia, autrefois partie du vaste manteau de glace qui recouvrit presque tout le Canada pendant plus d'un million d'années, est la plus importante accumulation de glace des montagnes Rocheuses. Il recouvre près de 300 km² et l'épaisseur de glace atteint 900 m.
□ La promenade des Champs-de-glace mène au glacier Athabasca, le plus accessible des nombreux glaciers qui naissent de l'immense champ Columbia. Les touristes peuvent s'approcher en motoneige de ses vertigineuses crevasses. Le glacier Athabasca, qui recule actuellement d'environ 7 m par an, pourrait reprendre sa progression vers 1990.

Glacier Athabasca

0 · 2 · 4 · 6 · 8 · 10 Milles
0 · 4 · 8 · 12 · 16 Kilomètres

Long de quelque 200 km et s'étalant sur environ 90 km dans sa plus grande largeur, le parc national de Jasper accompagne la ligne de partage des eaux, une crête qui sépare l'Alberta de la Colombie-Britannique. Il est bordé au sud par le champ de glace Columbia qui le sépare du parc national de Banff. D'est en ouest, il est occupé par des sommets de plus en plus hauts qui se formèrent lorsque les mouvements de l'écorce terrestre provoquèrent le soulèvement du fond d'une ancienne mer.

Les trois entrées du parc sont dominées par des montagnes qui semblent monter la garde. La plus spectaculaire est celle du col du Sunwapta, sur la promenade des Champs-de-glace (Icefield Parkway), d'où l'on découvre la masse imposante du mont Athabasca (3 435 m).

La route quitte le chalet des Champs-de-glace, à 2 100 m d'altitude, et dévale au fond de la vallée de la Sunwapta, 450 m plus bas. A Summit Viewpoint, des arêtes couvertes de forêts enserrent les glaciers suspendus du

mont Kitchener (3 450 m) et le glacier Stutfield. Dans ce paysage saisissant, les visiteurs verront souvent déboucher sur la route un ours noir ou un mouflon en quête de nourriture !

Les excursionnistes peuvent s'enfoncer au cœur de la forêt, à pied ou à cheval, pour des randonnées de quelques jours ou même de plusieurs semaines. Un réseau de 900 km de pistes sillonne, en effet, ce splendide pays de montagnes, de glaciers, de lacs et de torrents impétueux.

PROMENADE DES CHAMPS-DE-GLACE
La promenade des Champs-de-glace, longue de 230 km, relie Lake Louise à Jasper. La route suit le cours de la Bow, de la Mistaya, de la Saskatchewan du Nord, de la Sunwapta et de l'Athabasca, franchit les cols du Bow et du Sunwapta, dans un extraordinaire paysage de cimes altières, de glaciers, de chutes et de canyons. La toponymie de l'endroit a des origines très diverses. Les noms proviennent des premiers explorateurs de la région, Wilcox, Stanley, Nigel, ou des Indiens, comme Sunwapta (la rivière impétueuse), ou encore décrivent un accident de terrain (Whirlpool River, « la rivière aux tourbillons »).

RIVIÈRE SUNWAPTA
La rivière prend sa source au pied du glacier Athabasca, puis s'élance dans une profonde vallée creusée par des siècles et des siècles d'érosion. Par endroits, elle se sépare en plusieurs bras qui s'enchevêtrent au milieu des bancs de limon et de gravier, marque des cours d'eau d'origine glaciaire.
□ Les eaux vertes de la Sunwapta, divisées en deux bras par une petite île couverte de pins, à 56 km au sud de Jasper, se réunissent bientôt pour se précipiter dans les deux canyons de la chute qui porte le nom de la rivière. A 1 km en aval, la rivière se jette dans la puissante Athabasca qui s'élance du haut de la chute du même nom, à 30 km en aval.

Rivière Sunwapta

LE POBOKTAN
D'énormes blocs de quartzite jonchent les deux côtés de la promenade des Champs-de-glace. Ils ont dévalé les versants des montagnes, laissant près des sommets des cicatrices roses qui marquent l'endroit d'où ils se sont détachés. Un grand nombre des bâtiments du parc national de Jasper ont été construits avec des pierres qui proviennent de cet endroit.
□ Au sud-est du Poboktan se dressent l'arête Tangle et le pic Sunwapta (3 315 m) qui font face à l'arête Endless Chain, au nord-ouest.

Fauvette d'Audubon

ARÊTE TANGLE
Lacérée et burinée par les glaciers, l'énorme masse de l'arête Tangle (2 953 m) s'élève à l'est de la promenade des Champs-de-glace. Les parois rocheuses portent des stries creusées par les débris glaciaires.
□ Le Beauty est un torrent de montagne qui prend sa source au-delà de l'arête Tangle, dévale au fond d'un profond canyon et se précipite dans la Sunwapta du haut d'une série d'escarpements de calcaire.

PIC NIGEL
Baptisé du nom d'un guide du siècle dernier, Nigel Vavasour, le sommet de 3 160 m s'élève comme un gigantesque gâteau au milieu de la vallée. Les couches alternées de calcaire et de schiste, plissées en forme de U, forment un synclinal.
□ De la route, un sentier mène au col du Nigel (2 167 m) d'où l'on découvre les montagnes voisines.

Mouflon

COL DU SUNWAPTA
Les parcs de Jasper et de Banff se rejoignent ici, le long d'une arête qui sépare les sources de la Sunwapta et de la Saskatchewan du Nord. Les cours d'eau qui se dirigent au nord à partir de cette ligne viennent grossir le Mackenzie, pour se jeter enfin dans l'océan Arctique. Ceux qui coulent au sud alimentent la Saskatchewan et traversent la Prairie en direction de la baie d'Hudson.
□ La promenade des Champs-de-glace franchit la ligne de partage des eaux à 2 035 m au-dessus du niveau de la mer. A cette altitude, la neige ne fond jamais dans les endroits abrités du soleil.

Chèvres des montagnes Rocheuses

Lacs glaciaires aux eaux irisées et parterres de fleurs sauvages

Parc national de Banff

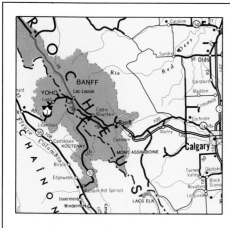

SASKATCHEWAN RIVER CROSSING

L'endroit se trouve sur la route du col de Howse qui fut découvert par l'explorateur David Thompson en 1807. Au sud, le mont Murchison (3 333 m) s'élève à plus de 1 000 m au-dessus de la vallée. Les Indiens croyaient que c'était la plus haute montagne des Rocheuses.

□ La Saskatchewan du Nord prend sa source au milieu des graviers de l'extrémité du glacier Saskatchewan, juste à côté de la promenade des Champs-de-glace (Icefields Parkway).

RIVIÈRE HOWSE

En 1807, David Thompson, pour le compte de la Compagnie du Nord-Ouest, remonta la Saskatchewan du Nord depuis Rocky Mountain House, franchit le col de Howse et ouvrit ainsi la première route commerciale à travers les Rocheuses. Le col, le pic et la rivière prirent plus tard le nom de Joseph Howse, un négociant de la Compagnie de la Baie d'Hudson qui suivit les pas de Thompson en 1810.

LACS WATERFOWL

Les deux lacs Waterfowl font partie d'un chapelet de lacs que traverse la Mistaya avant de se jeter dans la Saskatchewan du Nord. Ces lacs marécageux et peu profonds attirent de nombreux animaux, notamment des orignaux.

□ La ligne de partage des eaux prend ici l'aspect d'une muraille infranchissable de rochers, au point qu'il est difficile de distinguer les différentes montagnes qui la composent. Les deux sommets qui dominent ce paysage sont le pic Howse (3 291 m), couvert de glace, et le mont Chephren (3 266 m), qui affecte la forme d'une pyramide inclinée.

□ Du terrain de camping des lacs Waterfowl, un sentier mène aux grands cirques qui renferment les lacs Cirque et Chephren.

Lac Lower Waterfowl

Canyon de la Mistaya

RIVIÈRE MISTAYA

Alimentée par les glaciers et les cours d'eau qui bordent la ligne de partage des eaux, la Mistaya serpente dans le cadre imposant des montagnes couvertes de neige. Sa vallée fut creusée autrefois par des glaciers. Un petit sentier descend d'une halte en bordure de la route jusqu'au canyon de la Mistaya où les eaux bouillonnantes de la rivière ont entaillé le soubassement de calcaire, creusant une étroite gorge sinueuse aux parois verticales. Ballottés par les eaux, de gros rochers ont formé des marmites de géants au pied des murailles du canyon.

□ Une passerelle enjambe la gorge, tandis que des sentiers conduisent au belvédère Sarbach, à 5 km, et au col de Howse, à 27 km.

GLACIER BARBETTE

Ce glacier alpin sommeille dans un cirque profond, sur le versant sud-ouest du mont Patterson (3 197 m). Ses eaux de fonte font une chute de 300 m dans le lac Mistaya. Avec ses 3 km de long, ce lac est le plus grand de la vallée de la Mistaya, mais il est si bien caché par les forêts qui l'entourent que peu de visiteurs ont pu le voir. Situé à 1 km à peine de la route, on y accède par un sentier escarpé.

LAC PEYTO

Entre Lac-Louise et Saskatchewan Crossing, la promenade des Champs-de-glace passe en bordure de plusieurs grands lacs alimentés par des cours d'eau glaciaires. Au col du Bow, un peu à l'écart de la route, un belvédère domine le lac Peyto, baptisé du nom de Bill Peyto, un guide du début du siècle qui devint plus tard gardien du parc de Banff. Le lac reçoit les eaux de fonte du glacier Peyto, une des langues qui descendent du grand champ de glace Wapta.

0 1 2 3 4 5 Milles

0 2 4 6 8 Kilomètres

Le parc national de Banff a été créé en 1887 dans l'un des plus grandioses paysages de montagne du pays.

Il y a environ 70 millions d'années, le fond de la mer qui recouvrait la région se plissa et les montagnes naquirent de ce soulèvement. Puis, au cours des siècles, le vent, l'eau et la glace les sculptèrent pour leur donner leurs formes actuelles.

Avec ses marmites de géants, ses vallées suspendues et ses strates sédimentaires pétrifiées, visibles à flanc de montagne, la région de Banff est particulièrement intéressante pour les géologues.

Les glaciers, qui s'accrochent aux montagnes et étendent leurs longs bras jusqu'aux vallées, ont profondément modelé le paysage. Ce sont d'ailleurs les sédiments glaciaires qui donnent leurs reflets irisés à la plupart des lacs du parc.

Une végétation richement colorée — magenta des bouquets rouges, bleu des clématites, jaune des ancolies — égaie ces rudes paysages de roc et de glace.

La faune du parc de Banff est aussi riche que sa flore. Soixante espèces de mammifères et 225 espèces d'oiseaux le fréquentent. Le plus formidable de ses habitants, le grizzli, s'aventure rarement hors de son domaine, mais l'ours noir rôde souvent aux abords des terrains de camping et des dépotoirs où il vient chercher sa nourriture. Avec un peu de chance, le visiteur verra aussi des orignaux, des wapitis, des cerfs, des loutres, des marmottes, des picas et peut-être quelques chèvres des montagnes Rocheuses.

COL DU BOW

Ce sommet divise les bassins des bras nord et sud de la Saskatchewan qui se réunissent ensuite dans le centre de la Saskatchewan, d'où la rivière poursuit sa route vers la baie d'Hudson.
□ Du belvédère Bow Pass, à la fin de l'été, on découvre les prés couverts de fleurs multicolores, bruyères, dryades, trolles, anémones et myosotis. On voit parfois des marmottes des Rocheuses galoper gauchement à travers la toundra alpine ou prendre le soleil sur une pierre. Le pica, autre habitant discret des hauteurs, se reconnaît au cri aigu qu'il pousse lorsqu'il est effrayé.

LAC HECTOR

La chaîne Waputik (la chèvre blanche) domine les eaux bleu-vert du lac Hector. Celui-ci a reçu le nom de James Hector, un géologue de l'expédition de Palliser et qui fut le premier homme blanc à traverser la vallée à l'automne de 1858.
□ Le sommet Pulpit (2 724 m) domine son extrémité sud. Sur ses pentes poussent certaines des futaies les plus septentrionales de mélèzes de Lyall. Au printemps, les aiguilles vert pâle de cet arbre prennent une teinte dorée, éclaboussant les pentes de taches claires. On peut voir les cicatrices laissées par les avalanches qui dévalent du Pulpit dans la forêt en contrebas. Sur le versant nord-ouest, le petit lac Turquoise occupe le fond d'une vallée suspendue.

COL KICKING HORSE

Le col chevauche la ligne de partage des eaux, à 1 624 m d'altitude. Alors qu'il explorait le col en 1858, le géologue James Hector fut blessé par son cheval. Le croyant mort, ses guides, des Indiens Stoneys, commencèrent même à l'enterrer.
□ Les premiers trains gravissaient si lentement le col Kicking Horse que l'on installait des sièges à l'avant de la locomotive pour que les passagers puissent jouir du paysage.

Lac Hector

LAC LOUISE

Le paysage que découvrit en 1882 un ouvrier du CP, Tom Wilson, est l'un des panoramas de montagne les plus connus au monde.
□ L'impressionnant Château Lac Louise se dresse au sommet d'une moraine glaciaire géante qui barre le lac. Des sédiments en suspension donnent aux eaux du lac une coloration d'un vert laiteux.
□ En suivant le sentier de la Plaine-des-six-glaciers (6,5 km) on découvrira une splendide vue du glacier Victoria. Épais de 150 m par endroits, le glacier couvre plus de 2 km².
□ Le téléphérique Lake Louise Gondola, le plus long du Canada (3,2 km), conduit à un poste d'observation situé sur le mont Whitehorn d'où l'on domine de 400 m le lac Louise.

LAC MORAINE

Les eaux vert émeraude du lac Moraine, un peu plus petit que le lac Louise, s'étendent devant la majestueuse toile de fond des monts Wenkchemna. De grands cônes de débris glaciaires, arrachés par le gel et le dégel, bordent la rive sud-est du lac. L'énorme entassement de rochers qui emprisonne le lac aurait été formé par deux grands éboulements survenus sur le mont Tour de Babel (2 314 m).
□ Les visiteurs peuvent se loger et se restaurer dans un chalet qui est ouvert tout l'été.

Anémone de l'Ouest

VALLÉE DES DIX PICS

Les sommets glacés des monts Wenkchemna (dix en indien) enserrent le lac Moraine. Le quartzite donne une teinte rouge orangé aux pentes inférieures des montagnes que couronnent des escarpements de calcaire gris.
□ Du chalet du Lac-Moraine, un sentier de 4 km mène aux prés subalpins qui s'étendent au pied du col de la Sentinelle (2 610 m). Des petits lacs et des futaies d'épinettes d'Engelmann, de sapins de l'Ouest et de mélèzes de Lyall parsèment ces prés.

Pica

COL DU BOW
Icefields
93
Parkway
24
MOSQUITO CREEK
Glacier Crowfoot
Pic Bow
Pic St. Nicholas
Lac Hector
Mont Balfour
Chaîne
Waputik
Pic Waputik
Montagnes
Bow
Rocheuses
Mont Hector
Ligne de partage des eaux
Bath
ALB. C.-B.
Col Kicking Horse
Stephen
1,5
1
Mont St. Piran
Lac Louise
2
Pipestone
17
93
5
Lake Louise
1A
1
Transcanadienne
13
93
Mont Whyte
Mont Fairview
18
Mont Aberdeen
Paradise
Vallée des Dix Pics
Mont Temple
Col de la Sentinelle
Dix Pics
Moraine
Tour de Babel
Pic Eiffel
Mont Pinnacle
Lac Moraine
Mont Babel
ALB. C.-B.
Mont Allen

Les cimes altières
du premier parc national

Parc national de Banff

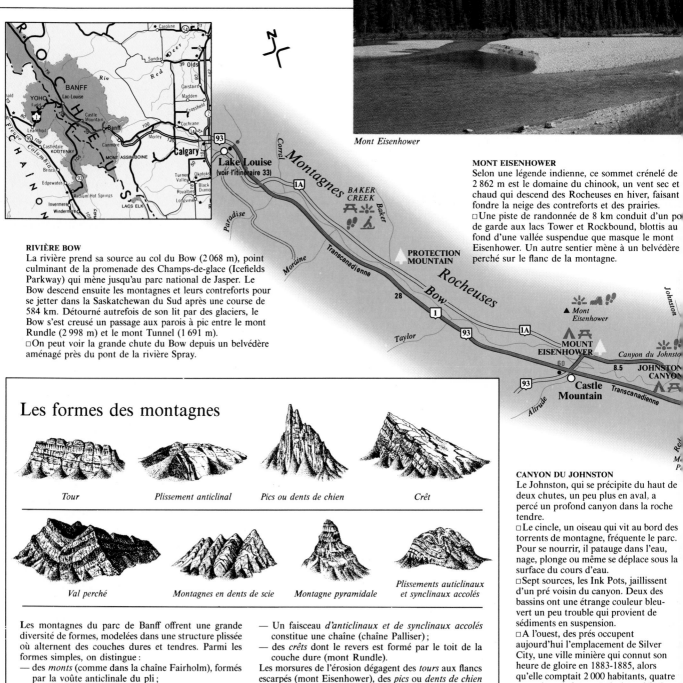

Mont Eisenhower

RIVIÈRE BOW

La rivière prend sa source au col du Bow (2 068 m), point culminant de la promenade des Champs-de-glace (Icefields Parkway) qui mène jusqu'au parc national de Jasper. Le Bow descend ensuite les montagnes et leurs contreforts pour se jeter dans la Saskatchewan du Sud après une course de 584 km. Détourné autrefois de son lit par des glaciers, le Bow s'est creusé un passage aux parois à pic entre le mont Rundle (2 998 m) et le mont Tunnel (1 691 m).
□On peut voir la grande chute du Bow depuis un belvédère aménagé près du pont de la rivière Spray.

MONT EISENHOWER

Selon une légende indienne, ce sommet crénelé de 2 862 m est le domaine du chinook, un vent sec et chaud qui descend des Rocheuses en hiver, faisant fondre la neige des contreforts et des prairies.
□Une piste de randonnée de 8 km conduit d'un po[...] de garde aux lacs Tower et Rockbound, blottis au fond d'une vallée suspendue que masque le mont Eisenhower. Un autre sentier mène à un belvédère perché sur le flanc de la montagne.

CANYON DU JOHNSTON

Le Johnston, qui se précipite du haut de deux chutes, un peu plus en aval, a percé un profond canyon dans la roche tendre.
□Le cincle, un oiseau qui vit au bord des torrents de montagne, fréquente le parc. Pour se nourrir, il patauge dans l'eau, nage, plonge ou même se déplace sous la surface du cours d'eau.
□Sept sources, les Ink Pots, jaillissent d'un pré voisin du canyon. Deux des bassins ont une étrange couleur bleu-vert un peu trouble qui provient de sédiments en suspension.
□A l'ouest, des prés occupent aujourd'hui l'emplacement de Silver City, une ville minière qui connut son heure de gloire en 1883-1885, alors qu'elle comptait 2 000 habitants, quatre magasins généraux et plusieurs hôtels. Mais les mines ne produisirent pas les résultats escomptés et une querelle entre les prospecteurs hâta le déclin de la ville.

Les formes des montagnes

Tour

Plissement anticlinal

Pics ou dents de chien

Crêt

Val perché

Montagnes en dents de scie

Montagne pyramidale

Plissements auticlinaux et synclinaux accolés

Les montagnes du parc de Banff offrent une grande diversité de formes, modelées dans une structure plissée où alternent des couches dures et tendres. Parmi les formes simples, on distingue :
— des *monts* (comme dans la chaîne Fairholm), formés par la voûte anticlinale du pli ;
— des *vals*, qui correspondent au berceau synclinal du pli. Il arrive cependant qu'une érosion très active les place en position sommitale, créant ainsi un *val perché* (comme dans le cas du mont Cirrus) ;

— Un faisceau *d'anticlinaux et de synclinaux accolés* constitue une chaîne (chaîne Palliser) ;
— des *crêts* dont le revers est formé par le toit de la couche dure (mont Rundle).
Les morsures de l'érosion dégagent des *tours* aux flancs escarpés (mont Eisenhower), des *pics* ou *dents de chien* (mont Louis) ; ces pics sont parfois associés en longues chaînes en *dents de scie* (chaîne Sawback) ou prennent une forme de *pyramide* lorsque les glaciers ont rongé leurs flancs.

Couronné de sommets superbes, couvert de prés alpins fleuris, serti de lacs limpides et de glaciers cristallins, le parc de Banff, le plus ancien des parcs nationaux, offre l'un des sites touristiques les plus grandioses de l'Amérique du Nord.

Au cours de l'hiver de 1883, des cheminots du CP remarquèrent des bouffées de vapeur qui sortaient d'une fissure, sur le versant sud de la vallée du Bow. A la lueur d'une chandelle qu'ils firent descendre dans le trou au bout d'une ficelle, ils découvrirent une grotte remplie d'eaux fumantes et sulfureuses. Quelques années plus tard, en juin 1887, le ministère de l'Intérieur ayant appris l'existence des sources et de leurs vertus thérapeutiques, le Parlement décrétait « parc des Montagnes-Rocheuses » le territoire de 673 km² qui entourait les sources.

Le parc occupe aujourd'hui 6 640 km² et chevauche la ligne de partage des eaux sur une distance de 240 km. La ville de Banff, une agglomération animée qui compte environ 3 200 habitants permanents, est l'un des grands centres touristiques de la région. Grâce à ses pentes de ski, elle accueille les touristes toute l'année. Traversée par la rivière Bow, la ville est entourée d'un superbe paysage de montagnes que sillonnent plus de 1 000 km de sentiers de randonnée.

Près du pont de la rivière Bow s'élève l'hôtel Banff Springs. En contrebas, le ruban étincelant de la rivière serpente au fond d'une vallée verdoyante, bordée par les murailles de calcaire du mont Tunnel (1 691 m) et du mont Rundle (2 998 m).

MONT NORQUAY
Une route de 5,7 km mène de Banff à un belvédère qui domine la vallée d'une hauteur de 300 m. On y découvre une splendide vue des principaux sommets et des vallées qui s'ouvrent au sud et à l'est. Le mont Rundle (2 998 m) se dresse comme un gigantesque gâteau au milieu du paysage. A côté du belvédère s'étend un pré bordé d'énormes sapins de Douglas, Green Spot.
□ Le télésiège du chalet Mount Norquay emmène les skieurs à 2 100 m d'altitude.

LAC MINNEWANKA
Ce lac de 19 km de long est le plus grand du parc et le seul où les bateaux à moteur sont autorisés. Il est bordé au nord par la chaîne Palliser et au sud par le mont Inglismaldie (2 964 m).
□ Les fondations de la petite ville touristique de Minnewanka se trouvent aujourd'hui enfouies sous les eaux glacées du lac. L'agglomération prospéra au début du siècle, mais elle fut abandonnée lors de la construction d'un barrage en 1912. Les eaux du lac montèrent de 4 m en 1912, puis de 19 m en 1941.

Le site de Banff

LACS VERMILION
Une promenade de 9 km longe les rives des trois lacs Vermilion. La flore et la faune des marécages des rives du Bow sont très riches. Castors et rats musqués se nourrissent des joncs et des prêles du bord de l'eau. Un peu plus loin poussent des saules, des cassis sauvages et des buissons de chèvrefeuille bordés de futaies d'épinettes blanches et de peupliers. Le mont Sulphur, le mont Rundle et les sommets de la chaîne Sundance encerclent les lacs.

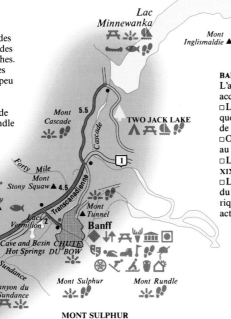

BANFF
L'agglomération, où se trouvent les services administratifs du parc, accueille toute l'année les touristes.
□ Les Archives des Rocheuses canadiennes abritent une bibliothèque communautaire et un centre de recherche sur l'histoire de la région.
□ On peut voir des spécimens de la faune du parc national de Banff au musée d'Histoire naturelle de la ville.
□ Le musée Luxton, construit dans le style d'un poste de traite du XIXᵉ siècle, évoque les mœurs et les coutumes des Indiens.
□ Le centre de Banff, une école consacrée aux beaux-arts et aux arts du spectacle, est l'une des meilleures institutions du genre en Amérique du Nord. A la fin de l'été, un festival vient couronner ses activités.

MONT SULPHUR
Le téléphérique du mont Sulphur, l'une des attractions les plus réputées de Banff, monte en huit minutes de 690 m jusqu'au sommet (2 348 m), d'où l'on découvre un splendide panorama de montagnes et de vallées.
□ La piscine extérieure (47°C) de Upper Hot Springs est ouverte toute l'année. Riche en sels minéraux, l'eau de la source est légèrement radioactive.

CAVE AND BASIN HOT SPRINGS
C'est là que naquit le parc national de Banff. Autrefois, les baigneurs descendaient dans la grotte par une échelle glissée dans un trou du plafond. On accède aujourd'hui par un tunnel à la salle souterraine. Ses parois en voûte se rejoignent au-dessus d'un bassin alimenté par une source sulfureuse dont le débit est de 675 L à la minute.

Mont Rundle

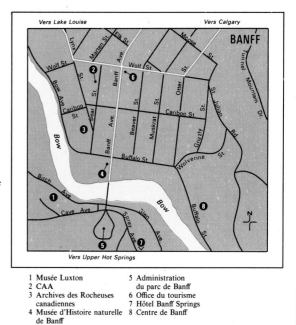

1 Musée Luxton
2 CAA
3 Archives des Rocheuses canadiennes
4 Musée d'Histoire naturelle de Banff
5 Administration du parc de Banff
6 Office du tourisme
7 Hôtel Banff Springs
8 Centre de Banff

Une vallée sauvage entre montagnes et plaines

Sud-ouest de l'Alberta

Camping équestre dans le centre Stoney Wilderness

CENTRE STONEY WILDERNESS
Les Indiens Stoneys offrent aux adolescents de toutes les provinces canadiennes un programme exceptionnel de vie en plein air. Pendant deux semaines, les jeunes gens couchent dans des tipis, font cuire le bannock sur un feu de camp et explorent les environs de Morley à dos de cheval. Des instructeurs indiens leur enseignent à camper et leur apprennent le secret des techniques indiennes traditionnelles.

Emblème Stoney

CANMORE
Les Three Sisters furent formés par des rochers en fusion qui se solidifièrent sous la surface de la terre, puis firent saillie au milieu de montagnes plus anciennes.

PARC PROVINCIAL BOW VALLEY
Le dernier glacier qui se retira des contreforts de l'Est il y a 10 000 ans laissa derrière lui un certain nombre de vestiges : des eskers et des moraines, tous deux constitués de débris glaciaires, ainsi que des marmites de géants.
□ La vallée du Bow où coexistent trois grandes zones de végétation — montagne, forêt et prairie — est peuplée d'une flore très variée.

The Three Sisters, près de Canmore

Marmotte des Rocheuses

CENTRE FORESTIER DU KANANASKIS
Fondé en 1934, le centre est un laboratoire vivant où l'on étudie la sylviculture. Il abrite aussi le centre des Sciences de l'environnement de l'université de Calgary.
□ Le premier bâtiment qui abrita l'administration du centre, la Cabane du Colonel (1936), est fait de rondins de pins lodgepole.
□ Un sentier d'exploration de la nature de 2,5 km, Resource Management Trail, serpente dans une partie de cette forêt expérimentale de plus de 60 km². Un premier itinéraire est consacré à la description de la végétation forestière, du rôle du feu dans l'écologie d'une forêt, de l'habitat de la faune et du climat de la région ; un second montre les techniques de sylviculture.

PARC PROVINCIAL DU KANANASKIS
On campe depuis au moins 5 000 ans dans cette région sauvage. Les archéologues ont découvert plusieurs anciens campements aux environs et il est probable que les premiers Indiens y chassèrent des mammouths et des bisons. Le paysage est splendide : six grands lacs, des montagnes couvertes de glace, quelques vestiges de glaciers dans les vallées, la toundra alpine, des chutes d'eau et des canyons encaissés.

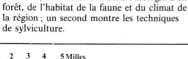

0 1 2 3 4 5 Milles
0 2 4 6 8 Kilomètres

Pays de lacs aux eaux d'un bleu de cobalt, de prairies luxuriantes, de cataractes tonitruantes et de montagnes escarpées, la vallée du Kananaskis a peu changé depuis l'époque où John Palliser l'explora en 1858.

Les rives du Kananaskis, de par son cours qui chevauche à la fois la montagne et la prairie, abritent une flore et une faune riches et diversifiées. En été, les terres basses sont constellées d'anémones des prairies, de fleurs d'églantiers, de bouquets de phlox subulé et de géraniums roses et rouges.

Des cerfs de Virginie, des couguars et des coyotes traversent parfois avec méfiance les grands prés de montagne. Sur les hauteurs, l'herbe cède le terrain à un épais tapis de lichen et de mousse, tandis que les futaies d'épinettes d'Engelmann, de sapins de l'Ouest et de mélèzes succèdent aux forêts de pins lodgepole. Au-dessus de la ligne de boisement, les marmottes, les picas et les chèvres de montagne cherchent leur nourriture parmi les plantes vivaces et les arbrisseaux rabougris.

Un grand nombre de cours d'eau peuplés d'ombles de fontaine et de truites prennent ici leur source et dévalent les versants des chaînes Kananaskis et Opal.

Un réseau de routes forestières sillonne les bois du Kananaskis et permet aux campeurs et pêcheurs d'explorer une splendide région encore vierge.

PARC PROVINCIAL BIG HILL SPRINGS
Les eaux chaudes (40°C) d'un blanc crémeux d'un ruisseau alimenté par des puits artésiens font une chute de 30 m sur une série de marches de calcaire.
□ L'érosion a mis à nu un affleurement de rochers de 60 m de long et de 2 à 4 m de haut, formé par un glacier.

MORLEY
En 1876, George et John McDougall, des missionnaires méthodistes, construisirent pour les Indiens Stoneys la première église protestante du sud de l'Alberta, l'église McDougall. Les Stoneys, ainsi baptisés par les Anglais parce qu'ils cuisaient leurs aliments sur des pierres chauffées, appartiennent à la famille des Sioux. En mai et en septembre, un chœur d'Indiens chante en langue cri le service religieux.

Le printemps du chinook

Le chinook — un vent chaud et sec qui réchauffe le sud-ouest de l'Alberta en plein cœur de l'hiver — fait parfois monter la température jusqu'à 18°C.

Ce phénomène se produit lorsqu'une masse d'air provenant de la Colombie-Britannique franchit les Rocheuses, perdant de l'humidité à mesure qu'elle prend de l'altitude. Quand cette masse redescend au-dessus de l'Alberta, la pression provoquée par sa descente rapide l'échauffe et donne naissance au chinook (du nom d'une tribu indienne de la côte du Pacifique).

L'apparition d'un coin de ciel bleu à l'ouest signale l'arrivée du chinook. La température printanière fait fondre la neige et laisse la terre nue et détrempée. Pendant quelques jours, les cerfs, les antilopes et le bétail broutent dans les champs, jusqu'à ce que l'hiver reprenne.

Deltaplane, au-dessus de Cochrane

MONT MOOSE
Le mont Moose est percé d'une impressionnante suite de salles souterraines, de corridors, de tunnels et de fissures, Ice Cave. D'énormes stalactites se soudent parfois aux stalagmites pour former des colonnes étincelantes de 6 m de haut. Ces dépôts, semblables à des aiguilles de glace, proviennent de l'évaporation de l'eau de ruissellement chargée de chaux. Eparpillés sur le sol de la grotte, des cristaux de glace brillent comme des diamants à côté d'un lac souterrain qui est presque toujours gelé. On accède à l'entrée de la grotte, à 210 m au-dessus de la vallée, par un sentier de 3,2 km.

COCHRANE
Le ranch Cochrane, fondé en 1881, abrita le premier des grands élevages de l'Alberta. Les fermiers payaient alors une redevance d'un sou l'acre par an au ranch. En 1906, la quasi-totalité du domaine fut vendue aux mormons pour la somme de $6 millions.
□ Des deltaplanes bariolés évoluent souvent au-dessus de Cochrane Hill. Les courants ascendants qui suivent l'arête de la colline permettent aux pilotes de ces énormes cerfs-volants de se maintenir dans les airs. Les novices doivent suivre un cours de 15 heures avant qu'il leur soit permis de s'élancer dans les airs.

CHUTE DE L'ELBOW
Après une série de rapides, l'Elbow se précipite du haut d'une muraille de calcaire de 10 m. Une partie de ses eaux s'engouffrent dans une grotte souterraine et resurgissent une trentaine de mètres en aval. La chute est bordée de marmites de géants.

PARC PROVINCIAL DE BRAGG CREEK
L'Elbow dont les rives s'élèvent parfois à une dizaine de mètres serpente au milieu de ce petit parc. Lorsque ses eaux sont hautes, les canoéistes expérimentés s'attaquent au puissant courant et aux nombreux rapides de la rivière.
□ A Bragg Creek, un petit musée d'histoire naturelle possède une collection consacrée à la faune locale.

Dans la ville de l'or noir, les cow-boys de l'« Ouest sauvage »

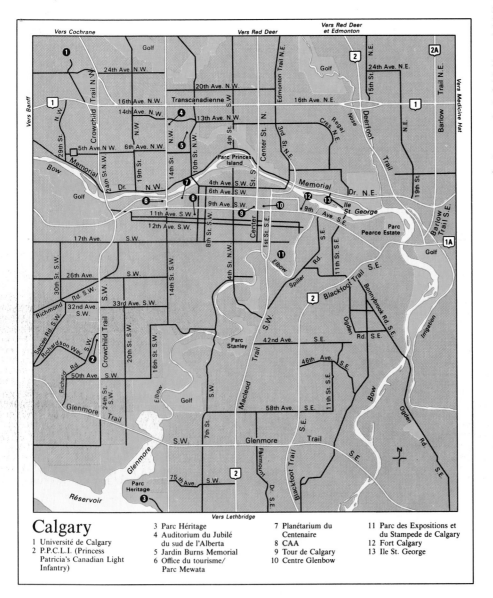

Calgary

1 Université de Calgary
2 P.P.C.L.I. (Princess Patricia's Canadian Light Infantry)
3 Parc Héritage
4 Auditorium du Jubilé du sud de l'Alberta
5 Jardin Burns Memorial
6 Office du tourisme/ Parc Mewata
7 Planétarium du Centenaire
8 CAA
9 Tour de Calgary
10 Centre Glenbow
11 Parc des Expositions et du Stampede de Calgary
12 Fort Calgary
13 Ile St. George

Auditorium du Jubilé (4)
D'une capacité de 2 750 places, l'auditorium du Jubilé du sud de l'Alberta est le frère jumeau de celui d'Edmonton. Les deux salles furent construites en 1955 pour célébrer le 50e anniversaire de fondation de la province de l'Alberta.

Centre Glenbow (10)
La bibliothèque et les archives de cet édifice de huit étages contiennent des films, des enregistrements, des microfilms de journaux locaux, 100 000 photographies et 30 000 ouvrages et brochures.

Le musée décrit la vie des Indiens des Plaines, chasseurs, nomades et commerçants. On peut y voir des objets inuit, une collection exceptionnelle de parchemins Midewiwin (Société indienne de guérisseurs), ainsi que des lettres et un fusil qui ont appartenu à Louis Riel, le chef métis.

La galerie d'art est consacrée aux artistes de la région ainsi qu'aux arts indiens et inuit. *Aurore boréale,* une sculpture en acrylique haute de quatre étages signée par James Houston, domine le grand escalier.

Fort Calgary (12)
A Central Park, on peut voir les fondations de bois du fort Calgary (1875), les vestiges

Les gratte-ciel de Calgary abritent de nombreux sièges sociaux. Le planétarium du Centenaire (à droite) est un bel exemple d'architecture moderne.

Symboles du dynamisme de Calgary, les tours de cette ville pétrolière montent à l'assaut du ciel contre la toile de fond des montagnes Rocheuses. Privilégié par son climat sec et tonifiant, réchauffé en hiver par le vent chinook, Calgary est devenu en moins d'un siècle une des plus importantes agglomérations urbaines du Canada.

Né d'un poste de la Police montée du Nord-Ouest, Fort Calgary, fondé en 1875, Calgary devint un grand centre d'élevage après l'achèvement du chemin de fer en 1885. Cette ville d'éleveurs célèbre d'ailleurs chaque année sa première vocation au cours du fameux stampede, dix folles journées pendant lesquelles les cow-boys dansent et défilent dans les rues.

Après qu'un incendie eut dévasté 14 maisons de bois en 1886, la municipalité décida d'utiliser le grès jaune des carrières de la région pour faire construire, entre autres, la Bourse des Grains, l'immeuble de la Banque de Montréal, l'hôtel Alberta et l'ancien hôtel de ville.

Le pétrole découvert en 1914, près de Turner Valley, transforma la ville. Aujourd'hui, plus de 400 sociétés se consacrent à l'industrie pétrolière et Calgary est devenu la capitale administrative et financière de cette activité économique au Canada.

des bâtiments de pierre construits par la suite et une cabane de rondins d'une seule pièce (v. 1880), la plus ancienne construction de Calgary à se trouver encore sur son emplacement d'origine. Au centre d'orientation du parc sont exposés plusieurs objets découverts sur l'emplacement de l'ancien poste de la Police montée du Nord-Ouest, notamment un blaireau à manche d'os finement ciselé, une pièce de monnaie de 1853 et des flacons de médicaments.

le St. George (13)

Dinny, un dinosaure de 10 m de haut, est une des 46 statues grandeur nature du parc

Calgary se remémore son passé de petite ville rurale au parc Héritage (ci-dessous).

Dinosaure où se trouve représentée la faune qui hantait l'Alberta il y a plusieurs millions d'années. Près du parc se trouve le zoo de Calgary où l'on pourra voir en particulier un léopard des neiges de l'Himalaya, un couple d'ours à lunette d'Amérique du Sud ainsi qu'une volière abritant des oiseaux tropicaux et une serre.

Jardin Burns Memorial (5)

Les murs et les allées de ce jardin à flanc de coteau ont été construits avec les moellons de grès de l'ancienne maison de Patrick Burns, l'un des premiers éleveurs de la région.

Musée P.P.C.L.I. (2)

Le drapeau du régiment canadien d'infanterie légère de la princesse Patricia, dessiné et brodé par la princesse elle-même, se trouve dans le musée du régiment.

Parc Héritage (3)

Un village de pionniers a été reconstitué sur une presqu'île du réservoir Glenmore. On peut y voir un hôtel (1906), un magasin général (v. 1905), un ranch (1904), un silo (1909) et une salle d'opéra construite en rondins

en 1896. Les visiteurs peuvent prendre place à bord d'un train à vapeur ou d'un bateau à roue. La boulangerie vend du pain fait de farine moulue sur des meules de pierre.

Parc Mewata (6)

On peut y voir une énorme locomotive du type Selkirk. Jusqu'au début des années 50, le CP utilisa 35 de ces locomotives entre Calgary et Revelstoke.

Planétarium du Centenaire (7)

Les planètes et les étoiles s'animent sur le dôme de cette salle qui peut accueillir 255 spectateurs. On donne également des films, des pièces de théâtre, des conférences et des concerts dans un auditorium de 265 places. Le musée des Transports et de la Science possède une intéressante collection aéronautique qui comprend notamment un bombardier Lancaster, un avion à réaction Vampire, un Hawker Hurricane et un hélicoptère Sikorsky.

Tour de Calgary (9)

Les étages supérieurs de cette tour de 190 m comprennent un observatoire et un restaurant rotatif.

Université de Calgary (1)

L'ancienne université de l'Alberta à Calgary obtint son autonomie en 1964 et prit son nom actuel en 1966.

Au centre Glenbow, on peut voir la coiffure rituelle (à gauche) du chef sioux Sitting Eagle. Family of Man, *de Mario Armengol (ci-dessus), présenté à Expo 67, se trouve au Centre éducatif de Calgary.*

Les folles journées du stampede de Calgary

Deux cow-boys se mesurent à un cheval rétif

Danse dans les rues, Indiens en costumes de fête, grondement des sabots de chevaux, grincement des roues de chariot... le stampede de Calgary (11), qui attire des visiteurs venus du monde entier, bat son plein pendant dix jours au mois de juillet.

Les cow-boys canadiens et américains se disputent des prix d'une valeur de $200 000 au cours de spectaculaires compétitions : domptage de chevaux sauvages, monte à dos de bison, courses de chevaux, lutte au bouvillon et traite de vaches capricieuses. La plus étonnante des épreuves, inventée en Alberta, est une course qui oppose quatre chariots, 20 cavaliers et 32 chevaux.

En plus des défilés auxquels participent des cow-boys, des Indiens et la Police montée, le spectacle est partout dans la ville : feux d'artifice, expositions, foire aux bestiaux, casinos décorés à la mode d'autrefois, courses de pur-sang et, même, reconstitution d'un village où se dressent des tipis d'Indiens Sarcis, Stones, Peigans, Bloods et Pieds-Noirs.

Ranchs et mines d'or oubliées des contreforts des Rocheuses

Sud-ouest de l'Alberta

C'est dans cette région de l'Alberta, a pays des collines et du chinook, que monotone prairie commence à céder la plac au doux vallonnement des collines Porcu pine, les premiers contreforts des montagne Rocheuses.

Là s'étendent certains des plus beaux et de plus riches pâturages de tout le Canada. Le hautes herbes sèchent sur pied et donnent u foin abondant que le chinook, un vent d'ouest chaud et sec descendu des Rocheuses, fa sortir de la neige en hiver.

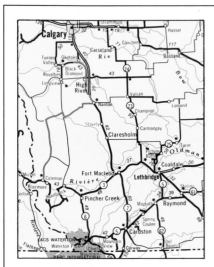

LA BOSSE (THE HUMP)

Certains cherchent encore ici une mine d'or oubliée, mais se contentent, sans grand regret d'ailleurs, du splendide panorama qu'on découvre du haut de La Bosse, un sommet de 1 996 m qui se dresse en bordure de la Route forestière principale (Forestry Trunk Road). Deux prospecteurs, Blackjack et Lemon, y auraient découvert de l'or vers 1880. Au cours d'une querelle, Lemon aurait tué Blackjack d'un coup de hache. Un chef indien, témoin du meurtre, jeta un sort sur les lieux et fit disparaître toute trace du métal précieux. Un siècle plus tard, on croit encore que la colline recèle de l'or.

Vue de La Bosse

Le pin lodgepole, l'arbre qui naît du feu

Le pin lodgepole, à l'écorce écailleuse brun clair et aux aiguilles vert vif, atteint 30 m de haut. On le rencontre souvent sur les collines de l'Alberta. Les Indiens fabriquaient les perches de leurs tipis avec son tronc très droit et se nourrissaient de son écorce intérieure qu'ils faisaient bouillir. Aujourd'hui, son bois, relativement dur, sert à faire des traverses de chemins de fer, des poteaux de mines et de la pâte à papier.

Les cônes de cet arbre ne libèrent leurs graines qu'à plus de 40°C, température qui n'est atteinte qu'à l'occasion d'un incendie de forêt. Les graines germent en quelques jours et les jeunes arbres croissent rapidement sur un sol riche en sels minéraux. Ces pins poussent fréquemment en futaies denses, parfois avec des pins gris. Le pin lodgepole est également commun sur la côte ouest, mais il y est souvent rabougri. Son écorce épaisse est creusée de profonds sillons et on ne l'utilise que pour le chauffage.

MONT LIVINGSTONE

Le pinson à couronne blanche (de 17 à 19 cm de long) est commun sur le mont Livingstone et dans toute cette région de l'Alberta. Il a une tête grise rayée de noir et de blanc. Son dos gris est strié de brun et il arbore une tache blanche sur la gorge, ainsi que deux barres blanches sur chaque aile. Son ventre est gris et sa queue brun foncé.

Contreforts du mont Livingstone

Pinson à couronne blanche

0 2 4 6 8 10 Milles
0 4 8 12 16 Kilomètres

On commença à faire de l'élevage dans la région peu après l'arrivée de la Police montée du Nord-Ouest, en 1874. Les éleveurs de bœufs et de moutons ne tardèrent pas à prospérer. L'un des premiers troupeaux fut amené par la montagne, depuis la Colombie-Britannique où l'élevage s'était développé à l'époque de la ruée vers l'or, dans les années 1860. Par la suite, les troupeaux arrivèrent du Montana et de l'est du Canada. Bon nombre de ces premiers éleveurs étaient d'anciens *Mounties* qui créèrent une société à leur image. On y appréciait beaucoup les sports : cricket, polo, parties de chasse et courses de chevaux. De grands bals et des soirées musicales ou théâtrales clôturaient souvent ces manifestations sportives.

La vie paisible de ces petits villages perdus dans les collines ne changea guère jusqu'en 1914, quand de nombreux éleveurs partirent sous les drapeaux. La région demeure aujourd'hui un pays d'élevage et certaines de ses institutions traditionnelles, les courses de chevaux par exemple, perdurent encore. Mais elle a sans doute un peu perdu du charme qui la caractérisait autrefois.

BIG ROCK
Un énorme rocher de 40 m de long sur 18 m de large et de 9 m de haut, pesant plus de 16 000 t, se détache au milieu d'un ensemble de plusieurs milliers de blocs erratiques qui forment un alignement de quelque 650 km (Foothills Erratics Train). Ces rochers se seraient éboulés sur un glacier en mouvement qui les aurait laissés sur son passage, il y a quelque 10 000 ans.

Big Rock, près de Okotoks

HIGH RIVER
Des échoppes de barbier et de forgeron de l'époque des premiers colons ont été reconstituées au musée de la Highwood. On peut y voir des outils et des vêtements de colons et d'éleveurs, ainsi que des objets préhistoriques indiens. Le musée renferme également une collection de lampes. Une salle est consacrée à l'évolution géologique de la région et présente, dans leur ordre chronologique, des pierres, des fossiles, du bois pétrifié, une dent de mammouth et les ossements d'un dinosaure.

SITE HISTORIQUE
OLD WOMAN'S BUFFALO JUMP
En 1952, on découvrit au pied d'un escarpement des ossements de bisons vieux de 1 500 ans. Les Indiens acculaient là les bisons qui, affolés, se précipitaient dans le vide. On peut encore voir des cairns et des cercles de pierres qui servaient aux rites indiens. On y a aussi mis au jour des poteries vieilles de 300 ans.

NANTON
L'eau de la fameuse source de Nanton est recueillie dans les collines Porcupine, à 11 km à l'ouest de la ville.
□ Dans le parc du Centenaire, on peut voir un Lancaster, un bombardier quadrimoteur de la seconde guerre mondiale, et une reconstitution du poste de la Police montée du Nord-Ouest qui était situé à Mosquito Creek Crossing.

Selle de l'Ouest, High River

Marques d'éleveurs sur le mur d'une échoppe de forgeron, musée de la Highwood, High River

PARC PROVINCIAL CHAIN LAKES
Bordé par les Rocheuses et les collines Porcupine, ce parc de 4 km² est réputé pour ses paysages et ses eaux poissonneuses. Le réservoir Chain Lakes, long de 11 km et bien connu des pêcheurs à la truite, est né de la réunion de trois lacs, il y a une quinzaine d'années. Il fait partie du ruisseau Willow qui se jette dans l'Oldman. Une pittoresque voie de canotage suit ces cours d'eau, au milieu des collines qu'habitent le cerf, l'orignal, l'ours noir et le coyote. Le parc compte 140 emplacements de camping.

Marques des éleveurs de l'Ouest

Les Egyptiens furent peut-être les premiers à marquer leurs bêtes au fer rouge, il y a près de 4 000 ans. Les Espagnols répandirent cette pratique dans les Amériques dès leur arrivée. Les éleveurs de l'ouest du Canada ne l'adoptèrent cependant que vers la fin des années 1870. A l'origine, la marque n'était souvent qu'une simple lettre, mais il fallut bientôt inventer d'innombrables variantes pour décourager les voleurs de bétail. Les bêtes étaient marquées au flanc ou à la hanche, parfois au garrot, à la mâchoire ou à l'encolure.

Les marques se lisent de gauche à droite et de haut en bas. La marque illustrée ici se dit barre U.

Les lettres accolées étaient dites « courantes ». Cette marque, le MP « courant », était apposée sur les chevaux de la Police montée du Nord-Ouest.

Une lettre couchée était dite « paresseuse ». Ici, le S « paresseux ».

Une lettre soulignée d'une courbe se disait « berçante ». Ici, le P « berçant ».

Une lettre aux extrémités supérieures rabattues à l'extérieur était dite « volante ». Ici, le U « volant ».

Au pays du vent, un glissement de terrain anéantit une ville

Sud-ouest de l'Alberta

En suivant les routes du sud-ouest de l'Alberta, le voyageur découvrira un paysage d'une étonnante diversité. Il cheminera tantôt entre des pâturages, tantôt entre des collines, jusqu'à ce que lui soient révélées la grandiose majesté des Rocheuses, mais, aussi, les cicatrices d'anciennes catastrophes, comme l'effroyable éboulement qui anéantit la petite ville de Frank en 1903. Soixante-dix personnes perdirent alors la vie lorsque des tonnes de rochers dévalèrent les pentes du mont Turtle. Cette agglomération est aujour-

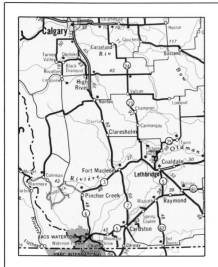

L'éboulement de Frank

L'amoncellement de rochers d'une trentaine de mètres de hauteur qui recouvre sur 3 km² le fond de la vallée de l'Oldman rappelle l'éboulement de Frank, le 29 avril 1903. A 4 h 10 du matin, un pan de rocher de 915 m de large, 640 m de haut et 150 m d'épaisseur dévala le versant du mont Turtle, en direction de la petite ville endormie. En moins de deux minutes, 80 millions de tonnes de rochers s'écrasèrent au fond de la vallée. Soixante-dix personnes perdirent la vie et toute une partie de la ville disparut, notamment une mine et une voie de chemin de fer.

Les géologues pensent que l'éboulement fut causé par une faible secousse tellurique qui secoua la région en 1901 et ouvrit une énorme chambre dans une mine, au pied du mont Turtle.

Une nouvelle ville fut construite non loin de l'ancienne. Une plaque signale l'emplacement de l'éboulement et une route traverse les débris qu'il a laissés.

Le site de l'éboulement

COL DU CROWSNEST

Le mont Crowsnest garde l'entrée nord du col. Les nids de corneilles donnèrent son nom à cette montagne que les Cris appelaient autrefois *kah-ka-ioo-wut-tshis-tun.*
□ Découvert en 1873, le col du Crowsnest constitue l'une des voies de pénétration les plus faciles au travers des Rocheuses.
□ La municipalité de Crowsnest Pass est née le 1er janvier 1979 de la fusion de toutes les agglomérations albertaines de la vallée Crowsnest. Avec une superficie de 148 km², c'est la troisième agglomération urbaine de la province par son étendue.

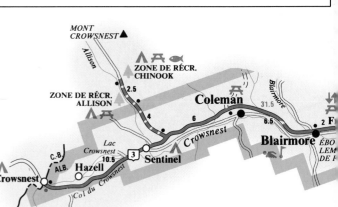

COLEMAN

Les dons de charité sont recueillis dans une vieille locomotive, *Ten Ton Toots,* qui doit sans doute être la plus grosse « tirelire » du monde. Une autre locomotive, celle-ci attelée à ses wagons, repose au fond du lac Crowsnest depuis le début du siècle. Ce train transportait illégalement du whisky à l'époque de la prohibition. Le mécanicien ayant trop goûté à sa marchandise, le convoi dérailla et tomba dans le lac. On ne récupéra jamais la précieuse cargaison.

DÉPÔTS VOLCANIQUES DE COLEMAN

Les rochers qui se trouvent à l'ouest de Coleman ont environ 100 millions d'années. Ils sont donc plus anciens que les montagnes Rocheuses. Ces cendres et ces poussières sont les seuls dépôts volcaniques d'importance qui puissent se trouver en Alberta. Les gros blocs sont semblables aux bombes de pierre ponce que lancent certains volcans encore en activité.

BLAIRMORE

L'emblème de la première agglomération du col du Crowsnest représente une corneille nichée dans un arbre. Vers 1850, le missionnaire Jean de Smet découvrit du charbon sur les versants du col. Lorsque, en 1898, le CP y construisit une ligne, Blairmore devint un grand centre minier. On peut y voir aujourd'hui la statue d'un mineur de charbon, sculptée à la hache dans un arbre vieux de 350 ans. Derrière la statue se trouve une locomotive qui, en 1914, était utilisée dans la mine de Hillcrest, à environ 7 km à l'est.
□ Hillcrest connut l'une des pires catastrophes minières de l'histoire du Canada lorsqu'un coup de grisou tua 189 hommes le 19 juin 1914. La sépulture des mineurs n'est signalée que par une simple clôture.

Mont Crowsnest

Statue de mineur, à Blairmore

d'hui devenue un site historique qui attire de nombreux touristes.

Les endroits pittoresques abondent dans cette région où coulent d'innombrables rivières encaissées : la charmante chute Lundbreck ; la grande forêt Bow-Crow ; le lac Beaver Mines qui offre une vue splendide sur le mont Whistler au sud (2 163 m) ; et les magnifiques routes panoramiques comme la route Adanac qui serpente au milieu d'une belle forêt de pins lodgepole entre le ruisseau Lynx et Hillcrest Mines.

Plusieurs villes abandonnées jalonnent la route Adanac. Certaines connurent leurs heures de gloire en 1897-1898, lorsque le CP franchit le col du Crowsnest. D'autres, comme Passburg, furent fondées pour exploiter des mines de charbon, mais durent être abandonnées lorsqu'il devint impossible de transformer le charbon en coke.

Le vent qui souffle sur le col du Crowsnest atteint parfois 160 km/h et on l'a même vu pousser des wagons sur une distance de 24 km. Un boulet d'acier suspendu à une chaîne servait autrefois à mesurer la force du vent ! Lorsque le boulet quittait la verticale, les habitants pouvaient être sûrs qu'il y avait un « bon petit vent ».

La chute Lundbreck

BELLEVUE
Haut perchée sur le col du Crowsnest d'où l'on découvre une vue magnifique, cette ville fut la première des nombreuses agglomérations minières du sud de l'Alberta qui approvisionnaient en charbon les chemins de fer. A Passburg, à 3 km à l'est, se trouve la chapelle Back to God, qui fut construite en 1961. L'oratoire ne peut accueillir que huit personnes à la fois, mais 20 000 visiteurs viennent pourtant s'y recueillir tous les ans. Police Flats, à l'est de Passburg, est un ancien poste de la Police montée du Nord-Ouest qui fut érigé en 1881 pour lutter contre les voleurs de bétail.

CHUTE LUNDBRECK
A l'extrémité est du col du Crowsnest, des terrains de camping sont situés à proximité de la chute Lundbreck où la rivière Crowsnest se précipite d'une hauteur de 18 m. La route, qui longe une partie de cette rivière, est bordée d'arbres. Tourmentés et battus par le vent, ils affectent des formes étranges qui méritent qu'on s'y arrête.
□ Des membres de la Communauté chrétienne de la fraternité universelle, venus de Colombie-Britannique en 1915, s'établirent dans la région. Ils fondèrent le premier village doukhobor de l'Alberta près de la chute Lundbreck. Nombre de leurs descendants y vivent encore.

Ancien bâtiment de mine, à Police Flats

Vol à voile, à Cowley

COWLEY
Le vent régulier venu des Rocheuses est extrêmement propice au vol à voile. Les pilotes de planeurs qui se rassemblent ici en été et en automne montent parfois à plus de 9 000 m d'altitude avec leurs appareils.
□ A la butte du Massacre, un panneau rappelle qu'en 1867 une douzaine d'immigrants furent massacrés par des Indiens Gens-du-Sang.

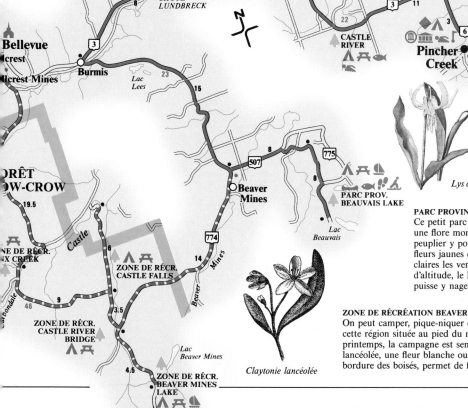

Lys des glaciers

Claytonie lancéolée

PINCHER CREEK
Le parc historique Kootenai Brown porte le nom de John George « Kootenai » Brown, un pionnier de la région qui fut le premier directeur du parc national des Lacs-Waterton. On peut y voir d'anciennes machines agricoles.
□ La maison de Timothée Lebel (1919), aujourd'hui l'hôpital Saint-Vincent, s'inspire de l'architecture canadienne-française et des belles demeures de La Nouvelle-Orléans.

PARC PROVINCIAL BEAUVAIS LAKE
Ce petit parc tapi à l'ombre des Rocheuses renferme une flore montagnarde et subalpine. L'épinette et le peuplier y poussent partout. Au début du printemps, les fleurs jaunes du lys des glaciers constellent de taches claires les versants encore enneigés. A 1 337 m d'altitude, le lac Beauvais est trop froid pour qu'on puisse y nager, mais la truite arc-en-ciel y abonde.

ZONE DE RÉCRÉATION BEAVER MINES LAKE
On peut camper, pique-niquer et faire de la voile dans cette région située au pied du mont Whistler. Au printemps, la campagne est semée de fleurs. La claytonie lancéolée, une fleur blanche ou rose qui pousse en bordure des boisés, permet de faire une délicieuse salade.

Des fiers sommets des Rocheuses au doux vallonnement de la Prairie

Sud-ouest de l'Alberta

Peu de paysages au Canada offrent un caractère aussi tranché que celui du parc national des Lacs-Waterton : à quelques centaines de mètres à peine des douces ondulations de la plaine se dressent soudain de hautes montagnes couvertes de neige. L'étonnante variété des sites naturels de ce parc où prairies et montagnes se rencontrent en un contraste saisissant donne à la région un cachet unique.

Les premiers contreforts des Rocheuses, couverts de verdoyantes prairies joliment ta-

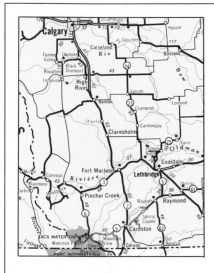

PARC NATIONAL DES LACS-WATERTON
En 1932, on jumela le parc national des Lacs-Waterton au parc national Glacier, dans le Montana, pour former le premier parc international de la Paix du monde.
□ Les trois lacs Waterton, reliés par les détroits du Bosphore et des Dardanelles, séparent les chaînons Lewis et Clark. Ils occupent le fond d'une vallée creusée par une rivière, puis élargie et sculptée par les glaciations. Le parc est réputé pour ses intéressantes formations géologiques.
□ Plus de 160 km de sentiers serpentent dans le parc et permettent de visiter ses principales curiosités, en particulier le canyon Red Rock et la chute du Cameron. Un vapeur, l'*International*, permet d'effectuer des excursions sur le lac Upper Waterton.
□ Une harde de 20 bisons pature paisiblement dans un enclos près de l'entrée nord du parc.

CANYON RED ROCK
Un sentier d'exploration du parc national des Lacs-Waterton suit le canyon du Blakiston. Les parois du défilé, hautes de 20 m, sont rayées de veines rouges, pourpres, vertes et jaunes dues à la présence d'oxydes dans la roche. Une mer recouvrait autrefois cette région, comme le montrent les rides des escarpements et les fossiles d'algues qu'on y a découverts.

Il y a environ un million d'années, des glaciers transportèrent de gros blocs erratiques des montagnes voisines jusqu'ici.

Le mont Blakiston (2 926 m), point culminant du parc, domine le canyon.

Parc national des Lacs-Waterton

LAC CAMERON
Le lac Cameron déploie ses eaux bleues au fond d'une vallée circulaire, au pied du mont Custer, en contrebas d'un sentier de randonnée qui passe en bordure de chutes, de canyons et d'impressionnantes murailles.

PUITS DE LA DÉCOUVERTE (DISCOVERY WELL)
Pendant des siècles, les Kootenays pansèrent leurs blessures avec le pétrole qui suintait des rives du Cameron. Les colons l'employèrent à leur tour pour lubrifier leurs chariots. En 1902, un éleveur, John Lineham, fora un puits — le premier dans l'ouest du Canada — qui produisit jusqu'à 300 barils de pétrole par jour. Un monument marque aujourd'hui son emplacement.

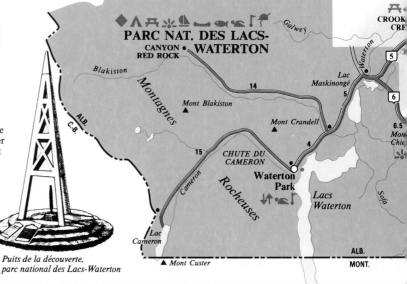

Puits de la découverte, parc national des Lacs-Waterton

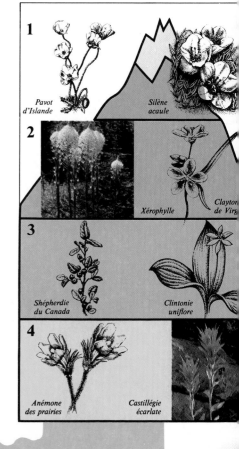

1
Pavot d'Islande — *Silène acaule*

2
Xérophylle — *Claytonie de Virg...*

3
Shépherdie du Canada — *Clintonie uniflore*

4
Anémone des prairies — *Castillégie écarlate*

0 1 2 3 4 5 Milles
0   2   4   6   8 Kilomètres

issées d'églantiers, d'asters et de géraniums
sauvages, s'étendent dans la partie nord-est
du parc.

Au-dessus de la prairie s'élèvent, étincelantes de neige, de majestueuses montagnes.
Elles se formèrent lorsque le lit d'une
ancienne mer intérieure se souleva sous la
pression des mouvements de l'écorce terrestre, puis elles furent sculptées par les glaciers.

Le mont Blakiston (2 926 m) est le point
culminant de ce parc où de nombreux sommets, souvent striés de veines rouges, vertes
et grises, dépassent 2 500 m. Certains s'enchaînent ; d'autres, tel le mont Chief, se dressent solitaires comme d'immenses châteaux
forts.

L'une des plus anciennes formations géologiques des Rocheuses (plus d'un milliard
d'années) borde le cours du Cameron, près de
Waterton Park. Là, des lacs limpides, nichés
dans des cirques glaciaires aux versants
abrupts et alimentés par les névés, rehaussent
encore la beauté de ce parc aux multiples
merveilles.

Barrage de la Sainte-Marie

La flore d'une montagne

Des sommets enneigés à la prairie d'herbes sèches,
le parc national des Lacs-Waterton abrite une flore
abondante que les botanistes classent en différentes zones, selon l'altitude à laquelle elle croît.

Zone boréale (de 2 300 m environ au sommet) :
Au-delà de la limite de boisement s'étend le domaine de la toundra où le pavot d'Islande et le
silène acaule poussent au ras du sol, à l'abri des
vents.

Zone subalpine (de 1 800 à 2 300 m) : L'air froid
et sec favorise la croissance des résineux. La claytonie de Virginie et la xérophylle fleurissent aussi
sur ces hauteurs.

Zone montagnarde (de 1 400 à 1 800 m) : C'est
le domaine des forêts d'érables nains, d'épinettes
blanches et de pins lodgepole. On y trouve aussi
des bouquets de shépherdies du Canada, de lupins
argentés et de clintonies uniflores.

Zone de la prairie (de 1 300 à 1 400 m) : La
fétuque scabre et la *Bouteloua gracilis* dominent
ici. L'anémone des prairies et la castilléjie écarlate
fleurissent au milieu des bosquets de trembles.

Fétuque scabre

BARRAGE DE LA SAINTE-MARIE
Ce barrage de terre et son réservoir de 27 km de
long ont transformé la prairie semi-aride des
environs en une prospère région agricole.

L'irrigation permet aujourd'hui la culture des
betteraves sucrières, des pommes de terre, des
pois, des fèves, du maïs, des carottes et de
nombreux autres légumes.

En 1897, des mormons de l'Utah creusèrent
plus d'une centaine de kilomètres de canaux et
détournèrent les eaux de la Sainte-Marie, réali-
sant ainsi le premier grand réseau d'irrigation au Canada. Mais les canaux s'asséchaient
souvent au milieu de l'été, au moment
même où l'eau était le plus indispensable.
Depuis 1946, un barrage coupe le cours de
la Sainte-Marie et forme un réservoir
d'irrigation.

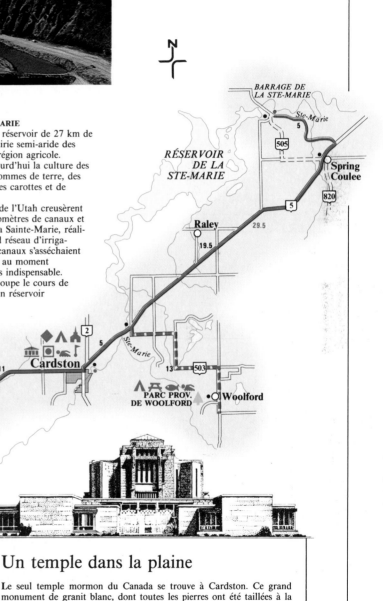

MONT CHIEF
Cette montagne en forme de
château fort est une klippe, c'est-
à-dire un pic que l'érosion a séparé
de sa chaîne montagneuse.

Sa structure géologique est
intéressante : les roches les plus
anciennes ont recouvert les plus
jeunes lors de la formation de ce
sommet.

Un temple dans la plaine

Le seul temple mormon du Canada se trouve à Cardston. Ce grand
monument de granit blanc, dont toutes les pierres ont été taillées à la
main, a été construit entre 1913 et 1923 par des mormons natifs de l'Utah
qui s'étaient installés en Alberta. Le granit provient de la vallée du Kootenay, en Colombie-Britannique.

La ville de Cardston tient son nom de Charles Ora Card, gendre de
Brigham Young et chef des 40 familles mormones qui immigrèrent ici en
1887. Card fut le premier maire de la ville ; il y fonda un moulin, une
scierie et une fromagerie. Sa cabane de rondins (1887) abrite aujourd'hui
un musée.

L'histoire violente de la paisible Prairie

Sud-ouest de l'Alberta

A la fin du XIXᵉ siècle, les trafiquants de whisky ouvrirent d'innombrables comptoirs où ils vendaient de l'alcool frelaté aux Indiens. Une tasse de cette mixture s'échangeait contre une belle pelisse de bison, une pinte contre un bon cheval!

Ces quelques mots d'une lettre d'un trafiquant illustrent bien l'atmosphère qui régnait

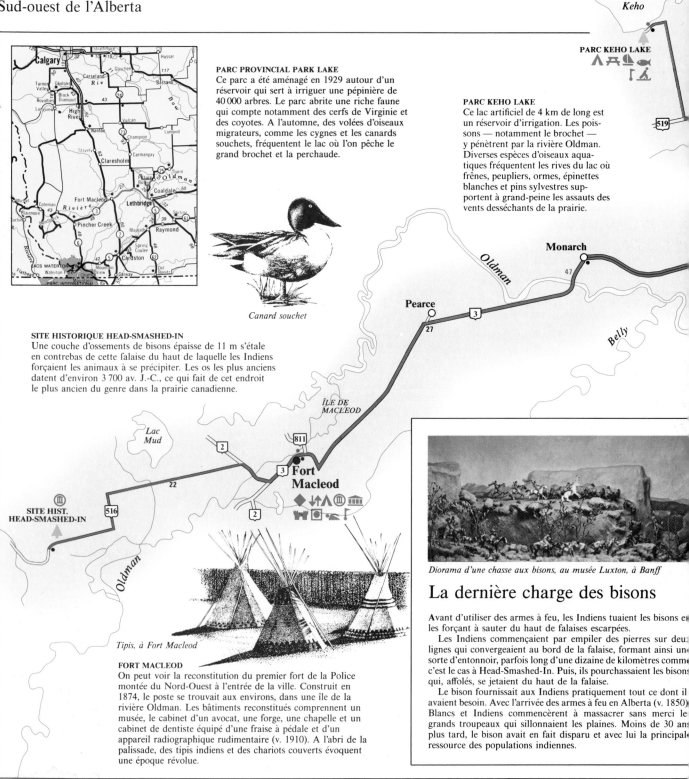

PARC PROVINCIAL PARK LAKE
Ce parc a été aménagé en 1929 autour d'un réservoir qui sert à irriguer une pépinière de 40 000 arbres. Le parc abrite une riche faune qui compte notamment des cerfs de Virginie et des coyotes. A l'automne, des volées d'oiseaux migrateurs, comme les cygnes et les canards souchets, fréquentent le lac où l'on pêche le grand brochet et la perchaude.

PARC KEHO LAKE
Ce lac artificiel de 4 km de long est un réservoir d'irrigation. Les poissons — notamment le brochet — y pénètrent par la rivière Oldman. Diverses espèces d'oiseaux aquatiques fréquentent les rives du lac où frênes, peupliers, ormes, épinettes blanches et pins sylvestres supportent à grand-peine les assauts des vents desséchants de la prairie.

Canard souchet

SITE HISTORIQUE HEAD-SMASHED-IN
Une couche d'ossements de bisons épaisse de 11 m s'étale en contrebas de cette falaise du haut de laquelle les Indiens forçaient les animaux à se précipiter. Les os les plus anciens datent d'environ 3 700 av. J.-C., ce qui fait de cet endroit le plus ancien du genre dans la prairie canadienne.

Diorama d'une chasse aux bisons, au musée Luxton, à Banff

La dernière charge des bisons

Avant d'utiliser des armes à feu, les Indiens tuaient les bisons en les forçant à sauter du haut de falaises escarpées.

Les Indiens commençaient par empiler des pierres sur deux lignes qui convergeaient au bord de la falaise, formant ainsi une sorte d'entonnoir, parfois long d'une dizaine de kilomètres comme c'est le cas à Head-Smashed-In. Puis, ils pourchassaient les bisons qui, affolés, se jetaient du haut de la falaise.

Le bison fournissait aux Indiens pratiquement tout ce dont ils avaient besoin. Avec l'arrivée des armes à feu en Alberta (v. 1850), Blancs et Indiens commencèrent à massacrer sans merci les grands troupeaux qui sillonnaient les plaines. Moins de 30 ans plus tard, le bison avait en fait disparu et avec lui la principale ressource des populations indiennes.

Tipis, à Fort Macleod

FORT MACLEOD
On peut voir la reconstitution du premier fort de la Police montée du Nord-Ouest à l'entrée de la ville. Construit en 1874, le poste se trouvait aux environs, dans une île de la rivière Oldman. Les bâtiments reconstitués comprennent un musée, le cabinet d'un avocat, une forge, une chapelle et un cabinet de dentiste équipé d'une fraise à pédale et d'un appareil radiographique rudimentaire (v. 1910). A l'abri de la palissade, des tipis indiens et des chariots couverts évoquent une époque révolue.

0 1 2 3 4 5 Milles
0 2 4 6 8 Kilomètres

dans la région : « Mon associé Will Geary s'est mis à faire des histoires. Je l'ai tué d'un coup de pistolet. La récolte des pommes de terre sera bonne... »

La Police montée du Nord-Ouest — commandée par un éclaireur légendaire, Jerry Potts, un métis aux jambes arquées qui ne dédaignait pas la bouteille et se taillait les moustaches à coups de revolver — vint finalement rétablir l'ordre au cours des années 1870. La tombe de Potts se trouve près de Fort Macleod.

Certains des plus beaux champs de céréales et de betteraves sucrières de l'Alberta se trouvent dans cette prairie devenue aujourd'hui bien paisible. Les arbres plantés par les fermiers pour couper le vent sont rares. Mais des silos solitaires se dressent au milieu de la campagne, comme des sentinelles gardant ce riche damier de champs dorés, beiges et bruns.

Lethbridge, la troisième ville de l'Alberta, est aujourd'hui un vaste marché de bétail et de céréales. A sa fondation, au cours des années 1870, la ville s'appelait Coalbanks et vivait principalement de l'exploitation des mines de charbon.

La houille a aujourd'hui cédé le pas au bétail, aux céréales et aux betteraves sucrières, ainsi qu'au pétrole et au gaz découverts aux environs. La ville se vante d'être la plus ensoleillée du Canada, mais dans ce climat semi-aride il a fallu irriguer quelque 4 000 km² à la périphérie de la ville au moyen d'un réseau de réservoirs et de canaux qui alimentent des arroseurs.

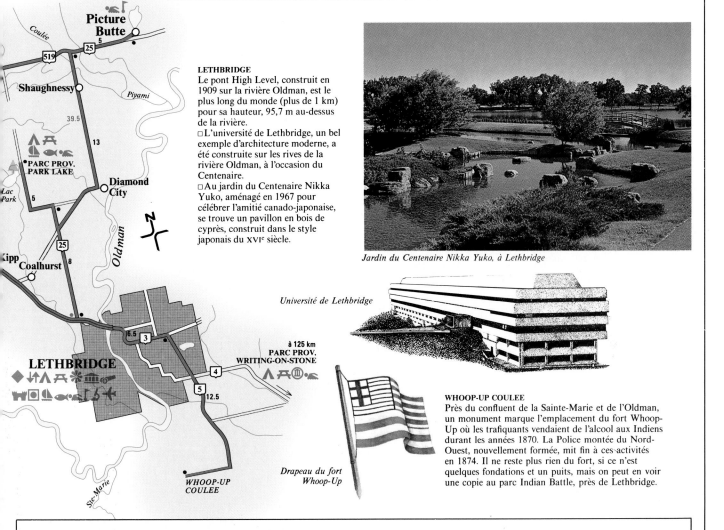

LETHBRIDGE
Le pont High Level, construit en 1909 sur la rivière Oldman, est le plus long du monde (plus de 1 km) pour sa hauteur, 95,7 m au-dessus de la rivière.
□ L'université de Lethbridge, un bel exemple d'architecture moderne, a été construite sur les rives de la rivière Oldman, à l'occasion du Centenaire.
□ Au jardin du Centenaire Nikka Yuko, aménagé en 1967 pour célébrer l'amitié canado-japonaise, se trouve un pavillon en bois de cyprès, construit dans le style japonais du XVIe siècle.

Jardin du Centenaire Nikka Yuko, à Lethbridge

Université de Lethbridge

Drapeau du fort Whoop-Up

WHOOP-UP COULEE
Près du confluent de la Sainte-Marie et de l'Oldman, un monument marque l'emplacement du fort Whoop-Up où les trafiquants vendaient de l'alcool aux Indiens durant les années 1870. La Police montée du Nord-Ouest, nouvellement formée, mit fin à ces activités en 1874. Il ne reste plus rien du fort, si ce n'est quelques fondations et un puits, mais on peut en voir une copie au parc Indian Battle, près de Lethbridge.

Des signes gravés sur la pierre

A 125 km au sud-est de Lethbridge, dans le parc provincial Writing-on-Stone, les visiteurs découvriront, gravés dans le grès, une bataille entre des guerriers à cheval (à droite), une chasse aux bisons, des chèvres de montagne, des wapitis et des cerfs. Ces pétroglyphes ont été tracés par des Indiens au cours d'une période de trois siècles.

Sous l'action des vents et de l'eau, les formations de grès du parc se sont transformées en d'étranges tours de pierre — des cheminées des fées — au bord de la rivière Milk.

En 1899, la Police montée du Nord-Ouest construisit ici un poste pour mettre un terme à la contrebande de whisky. Certains de ses bâtiments ont été reconstruits.

Parc provincial Writing-on-Stone

Des trésors préhistoriques dans un paysage fantomatique

Centre-est de l'Alberta

CANYON HORSESHOE

Le canyon Horseshoe, large de 1,5 km, s'étend sur quelque 200 ha de « mauvaises terres ». Le fond est jonché de coquillages, de bois pétrifié et d'ossements de dinosaures. On y trouve parfois des pointes de flèches taillées par les Indiens. Des bouquets d'armoises, d'amélanchiers et de cerisiers sauvages tapissent le canyon.

DRUMHELLER

En juillet, la fête bat son plein à Drumheller où se tiennent des expositions d'art et d'artisanat, des défilés, un rodéo, des courses de canots et des danses.
□ Les collections du musée Homestead Antique comprennent des tracteurs (1915-1925) remis en état de marche, un salon de coiffure (v. 1915), ainsi que des jouets des années 1890.

SENTIER DU DINOSAURE

Le sentier du Dinosaure part de Drumheller en direction de l'ouest pour atteindre une vallée de 1,6 km de large, profonde de près de 120 m, vaste cimetière préhistorique où furent découverts des squelettes entiers de dinosaures. Cette « vallée des dinosaures » fait partie des badlands de l'Alberta, une longue bande de terres arides, semées de cactus et ponctuées de cheminées des fées.
□ Le sentier passe devant la « plus grande petite église du monde », un minuscule oratoire rose et blanc où quelque 20 000 personnes se recueillent chaque année.
□ Le sentier mène à un belvédère en bordure du canyon Horse Thief, redescend, puis longe le pays du pétrole et du blé avant de revenir à Drumheller. Le traversier *Munson* fait passer les voitures sur la rive ouest du Red Deer.
□ Près de l'extrémité du sentier, on verra des reproductions grandeur nature de dinosaures, dans le parc Préhistorique.

Raquettes

ROSEDALE

Du haut d'une passerelle de bois de 115 m de long, les visiteurs ont une vue vertigineuse de la rivière Red Deer. Le pont fut construit par des mineurs de la région au cours des années 30. Un autre pont, un peu plus à l'ouest, est assez large pour laisser passer les voitures.

EAST COULEE

La première mine de charbon fut ouverte ici en 1924 par J. N. Murray. Quatre ans plus tard, la mine était desservie par le chemin de fer, ce qui stimula le développement industriel de la région. East Coulee connut son heure de gloire entre 1928 et 1955, alors que sa population atteignait 3 500 habitants et que l'extraction du charbon battait son plein. Seule la mine Atlas est toujours en activité. On peut la visiter en été.

Il y a plus de 70 millions d'années...

Les versants brûlés de soleil de la vallée du Red Deer conservent les traces de la formation géologique de cette région. Les cours d'eau qui se jetaient dans la mer de Mowry (une étendue d'eau qui couvrait autrefois les plaines d'Amérique du Nord) déposèrent ici du limon et des sables, il y a des millions d'années. Chaque couche de sédiments emprisonna les plantes, les animaux et les organismes marins de l'époque qui se fossilisèrent au fil des années.

Il y a environ 70 millions d'années, les Rocheuses se formèrent. Le Red Deer et ses affluents furent déplacés vers l'est où ils creusèrent une profonde vallée, mettant à nu les anciennes couches rocheuses où reposaient les fossiles. Les ravins tourmentés et les cheminées des fées sont le résultat de l'érosion incessante des éléments.

Cheminées des fées

CLUNY

Non loin de Cluny, une croix de métal marque la tombe de Crowfoot, chef des Pieds-Noirs. On y lit seulement cette inscription : « Père de son peuple ». Issu d'une famille de guerriers — il n'avait que 13 ans lorsqu'il participa à sa première expédition — Crowfoot livra 19 batailles et fut blessé à six reprises. Mais il comprit la vanité des combats entre tribus et entreprit de prêcher la paix à son peuple. En 1877, à Blackfoot Crossing, à 5 km au sud de Cluny, il signa le traité n° 7 par lequel les Indiens cédaient près de 130 000 km² de leur domaine à la Couronne britannique.
□ Un siècle plus tard, le 6 juillet 1977, le prince Charles et sept chefs de la tribu des Pieds-Noirs se sont prêtés à une reconstitution de la signature du traité historique de Blackfoot Crossing.
□ Non loin de l'endroit où fut signé le traité, une pierre porte l'effigie de Young Medicine Man, un Indien du Sang, tué en 1872 par un Pied-Noir qui vengeait ainsi la mort d'un des siens aux mains de la bande de Young Medicine Man.

0 2 4 6 8 10 Milles
0 4 8 12 16 Kilomètres

Région sauvage battue par les vents, ponctuée de cheminées des fées érodées aux silhouettes étranges, d'escarpements lavés par les intempéries et de ravins encaissés, les badlands du Red Deer, l'ancien royaume des dinosaures, constituent « le plus beau sujet de l'Ouest canadien », selon le peintre A. Y. Jackson.

Le parc provincial Dinosaure abrite les badlands, les « mauvaises terres », les plus spectaculaires. D'une éminence qui domine l'entrée du parc, les visiteurs découvrent d'un coup d'œil les quelque 100 km² de ce fantastique paysage de pierre où l'on se plaît à imaginer les fantômes du tyrannosaurus rex, de l'edmontosaurus ou de quelque autre monstre préhistorique.

Aux environs de Drumheller, l'ondoyante prairie étale de nouveau ses vastes étendues de blé où se dressent, çà et là, les étranges épouvantails mécaniques des pompes à pétrole. Les antilopes, les cerfs, les canards, les perdrix et les faisans qui fréquentent en grand nombre ces terres fertiles font de la région de Drumheller un des hauts lieux de la chasse au Canada.

Drumheller, baptisé du nom de celui qui ouvrit ici la première mine de charbon en 1911, est également un centre touristique très réputé. Située au cœur des badlands du Red Deer, cette ville attire tous ceux que fascine la mystérieuse préhistoire. Le sentier du Dinosaure, qui effectue une boucle d'environ 50 km à l'ouest de Drumheller, constitue d'ailleurs à cet égard une excursion riche d'enseignements.

Edmontosaurus

Les mastodontes des marécages de l'Alberta

Les formations rocheuses de la vallée du Red Deer recèlent les vestiges des créatures préhistoriques qui hantaient, il y a environ 65 millions d'années, les basses terres marécageuses et les forêts des rives d'une grande mer intérieure qui recouvrait l'Amérique du Nord.

Les hadrosaures, des herbivores à bec de canard, étaient les plus nombreux. Le squelette d'un de ces monstres qui pesaient de 3 à 4 t, l'edmontosaurus, haut de 3,5 m et long de 9 m, se trouve au musée des Fossiles de dinosaures de Drumheller.

Pour éviter des prédateurs, comme le féroce gorgosaurus, un carnivore de 6 m de haut armé de mâchoires d'acier et de dents semblables à des épées, les hadrosaures passaient le plus clair de leur temps dans les eaux peu profondes. Leurs pieds palmés et leur queue, qui faisait peut-être office de gouvernail, donnent à penser que ces grands reptiles inoffensifs étaient sans doute de bons nageurs.

Parc provincial Dinosaure

PARC PROVINCIAL DINOSAURE
Au cours de la première moitié du siècle, les visiteurs qui fouillaient sans discernement le sol en quête de restes de dinosaures endommagèrent considérablement ce site préhistorique. Si un certain nombre des ossements et des fossiles aboutirent dans des collections de musée, d'autres servirent à décorer des jardinets de banlieue ! La création du parc provincial Dinosaure, en 1955, mit fin à ces abus.

Le parc, qui occupe 90 km² de badlands et de prairies, s'étend sur près de 27 km le long de la rivière Red Deer. Il possède certains des plus importants dépôts de fossiles du monde : fossiles de plantes, de mollusques, de crocodiles, de tortues, de poissons et, bien sûr, de dinosaures. Pour mieux protéger ces richesses inestimables, une partie du parc est interdite au grand public. On peut cependant la visiter en autobus, sous la direction de guides, pendant les mois d'été.
□ La cabane de rondins de John Ware, un ancien esclave originaire de Caroline du Sud qui s'installa ici au cours des années 1880 pour faire de l'élevage, est l'une des principales attractions du parc.

PARC PROV. DINOSAURE

PARC PROVINCIAL KINBROOK ISLAND
Le lac Newell, 17 km sur 6, qui regorge de corégones, de grands brochets et de truites, est le plus grand lac artificiel de l'Alberta. Sur sa rive est, une levée de terre mène au parc provincial Kinbrook Island. L'île Kinbrook, située sur une route migratoire, est fréquentée par les bernaches canadiennes, les pélicans, les tangaras à tête rouge et les busards des marais.

Duchess
Millicent
Patricia
Lathom
Lac de Lathom
Transcanadienne
Lac Rock
Lac San Francisco
Lac Cutting
Brooks
Réservoir Onetree
TILLEBROOK TRANS-CANADA
Lac Newell
PARC PROV. KINBROOK ISLAND

ssano

Faisans à collier

BROOKS
Le Centre provincial de recherches sur la faune occupe 150 ha. On y élève cinq espèces de faisans qui sont ensuite relâchés en pleine nature.
□ A la sortie de la ville, un canal de 3 km de long irrigue plus de 400 km² de terres agricoles. L'eau est amenée aux fermes par un réseau de distribution qui passe sous la voie du CP.
□ Aux environs se trouvent une station horticole et Lakeside Farm Industries, le plus grand parc d'engraissement du bétail du Canada.

D'insolites collines au sein de la Prairie

Sud-est de l'Alberta

Douces vallées, versants boisés, prés verdoyants, la ceinture de coteaux des collines du Cyprès rompt la monotonie de l'immense prairie.

Du fait de son altitude (1 457 m au-dessus du niveau de la mer), la partie occidentale des collines échappa à la glaciation qui couvrit tout l'ouest du Canada d'un énorme manteau de glace de 1 000 m d'épaisseur il y a 10 000 ans.

Les Cris, les Pieds-Noirs et les Assiniboines se disputèrent pendant des siècles ce riche terrain de chasse.

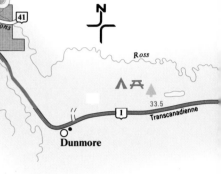

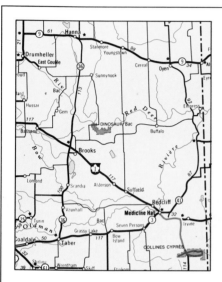

Artisan verrier des usines Altaglass, à Medicine Hat

MEDICINE HAT
En juillet, l'Exposition et le Stampede de Medicine Hat attirent des cow-boys venus de toute l'Amérique du Nord et plus de 40 000 spectateurs. On y assiste à des défilés, à des courses de chariots et à une grande exposition agricole.

☐ La collection de fossiles du Musée historique de Medicine Hat comprend des ossements de dinosaures ainsi que des vestiges de poissons et de reptiles datant de 78 millions d'années.

☐ A la verrerie Altaglass, des artisans fabriquent des ornements de verre filé devant les visiteurs.

☐ On peut visiter les nombreuses serres de Medicine Hat et de Redcliff, à 6 km au nord-ouest. Grâce à son climat sec, la région est devenue un haut lieu de l'horticulture et elle exporte des fleurs coupées dans tout l'ouest du Canada.

Un jour, un sorcier perdit sa coiffure...

Les habitants de Medicine Hat pensent que l'étrange nom que porte leur ville lui fut donné à la suite d'un féroce combat qui opposa Cris et Pieds-Noirs, au bord d'une rivière du sud de l'Alberta. Les Cris se battaient bravement lorsque leur sorcier s'enfuit en se jetant dans la rivière. Au beau milieu, il perdit sa coiffure. Devant ce qui était pour eux un mauvais présage, les Cris se relâchèrent et furent bientôt massacrés. Les Pieds-Noirs appelèrent le champ de bataille *Saamis*, « la coiffure du sorcier ». Le nom passa ensuite à l'agglomération qui naquit aux environs en 1882.

Les Sweetgrass Hills du Montana, vues du sommet Head of the Mountain, dans le parc provincial Cypress Hills

SOMMET HEAD OF THE MOUNTAIN
Cette montagne est la cote la plus élevée (1 457 m) des montagnes Rocheuses au Labrador. A la différence du reste de l'ouest du Canada, elle ne fut jamais recouverte par les glaciers. Du sommet, les visiteurs peuvent voir les collines Sweetgrass Hills du Montana qui se dessinent à l'horizon. Au sud et à l'est, la montagne descend doucement vers la prairie, tandis que ses versants nord et ouest tombent presque à pic. Les collines du Cyprès sont plus humides et plus fraîches que la prairie environnante. Le pin lodgepole, fréquent dans les Rocheuses, pousse sur les hauteurs, tandis que des forêts d'épinettes blanches et de trembles couvrent les terres basses.

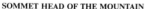

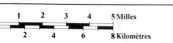

| 0 | 1 | 2 | 3 | 4 | 5 Milles |
| 0 | 2 | 4 | 6 | 8 Kilomètres |

En 1859, John Palliser conduisit une équipe d'arpenteurs britanniques dans ce territoire que possédait alors la Compagnie de la Baie d'Hudson. L'explorateur conclut que les collines n'étaient qu'une « île dans une mer d'herbes folles » et que la majeure partie de la région était désertique et impropre à la colonisation.

Pourtant les colons arrivèrent quelques années plus tard, attirés par la fertilité des collines et l'abondance de leur faune. La construction de routes et de barrages, l'élevage et le défrichage intensif des terres firent perdre peu à peu à cette région une grande partie de sa beauté naturelle.

De nos jours, la partie la plus intéressante des collines du Cyprès en Alberta est préservée dans un parc provincial de 200 km². Les visiteurs peuvent y admirer le sauvage paysage de ces collines que les Pieds-Noirs appelaient *Ketewius Netumoo* — « les collines qui ne devraient pas être ».

Bourdonnante d'activité, la ville de Medicine Hat contraste avec la tranquillité du parc et de la campagne environnante. La ville est construite sur d'énormes réserves de gaz naturel — plus de 20 milliards de mètres cubes — ce qui fit d'ailleurs dire à Rudyard Kipling, en 1907, qu'elle avait « un enfer comme sous-sol ».

PARC PROVINCIAL CYPRESS HILLS

Le parc offre des programmes d'activités qui permettent aux visiteurs de découvrir les richesses de la faune et de la flore de cette région, ainsi que sa fascinante géologie. Au lever du soleil, les amateurs d'oiseaux peuvent observer un grand nombre des 200 espèces qui fréquentent les collines du Cyprès. A la nuit tombée, les hurlements des coyotes glacent le sang des visiteurs qui s'aventurent dans le bois, conduits par des naturalistes. Des sentiers de randonnée serpentent au milieu de prés fleuris, de tranquilles vallées et de forêts ombragées d'épinettes blanches et de pins lodgepole. Plusieurs circuits permettent de visiter en voiture les principales attractions du parc et la plupart longent le plateau qui domine les collines et qui se transforme en jardin de fleurs sauvages au printemps et à l'été. Près du lac Reesor, un belvédère offre une vue panoramique de la prairie qui entoure les collines.
□ On pêche le grand brochet, la truite et l'omble de fontaine dans le réservoir de Spruce Coulee et dans les lacs Elkwater et Reesor.

RUISSEAU BATTLE (BATTLE CREEK)

C'est de la source de ce cours d'eau que l'on voit le mieux le vaste plateau rocheux qui domine les collines du Cyprès. Il y a 40 millions d'années, ce plateau était le lit d'un cours d'eau qui charriait des galets et des pierres des Rocheuses. Avec le temps, le gravier se solidifia en un conglomérat semblable à du béton qui protège ainsi les collines contre l'érosion.

LAC ELKWATER

L'un des plus anciens centres touristiques de l'Alberta se trouve au bord de ce lac alimenté par une source aux eaux limpides et fraîches. Un parc, aménagé en 1929 sur la rive sud du lac, fait aujourd'hui partie du parc provincial Cypress Hills. Une bande d'hirondelles niche sur des falaises, le long de la rive nord. Près du camping d'Elkwater, on peut voir une colonie de dindons sauvages, un gros oiseau brun qui est l'ancêtre du dindon domestique. L'espèce fut introduite dans les collines en 1962 et s'est répandue depuis dans tout le parc.

Les collines, une oasis où foisonne la vie

Benoîte à trois fleurs

Coyote

Gaillardes vivaces

Giroselle à petites fleurs

L'air frais et humide et des pluies relativement abondantes donnent naissance à une riche flore dans les collines du Cyprès.

La région est couverte de prairies de fétuque et de futaies de pins lodgepole, d'épinettes blanches et de trembles, mais aussi de fleurs alpines comme le lupin argenté et la giroselle à petites fleurs. On y dénombre, en outre, 14 espèces d'orchidées dont le calypso bulbeux, l'habénaire à fleur verte et une variété rare d'orchidée à feuille ronde. La gaillarde vivace et la benoîte à trois fleurs émaillent aussi les prés.

La sittelle à poitrine rousse, la tourterelle triste, la fauvette d'Audubon, la fauvette des buissons, le cygne trompette et quelque 200 autres espèces d'oiseaux fréquentent les collines.

Les lynx roux, les renards roux et les coyotes chassent les musaraignes, les souris, les campagnols et les spermophiles. Les wapitis et les orignaux que l'on a introduits dans la région y prospèrent aujourd'hui. Des antilopes d'Amérique, des cerfs de Virginie et des cerfs mulets sillonnent aussi les collines.

Lac Elkwater, dans le parc provincial Cypress Hills

LAC REESOR

Des grands hérons, des martins-pêcheurs, des cormorans et des grèbes jougris pêchent dans les eaux tranquilles de ce lac. Les bosquets de trembles et d'épinettes blanches qui bordent la rive sud abritent des wapitis, des cerfs mulets et des cerfs de Virginie.

Tourterelle triste

Lac Elkwater

Réservoir Spruce Coulee

Elkwater

Lac Reesor

Le Bench

PARC PROV. CYPRESS HILLS

Battle

Graburn

Nine Mile

d of the untain

4.5

9.5

48

34

48

515

88.5

40.5

Au cœur de la forêt,
un galop des chevaux sauvages

Centre-ouest de l'Alberta

Cette vaste région sauvage et pittoresque fut explorée au début du XIXᵉ siècle par l'un des plus grands géographes connus, David Thompson. Ses cartes et ses relevés se sont révélés si précis qu'on les utilise encore aujourd'hui. C'est lui, par exemple, qui dressa les cartes des Grands Lacs, du 49ᵉ parallèle, de la Saskatchewan, de l'Athabasca et du Columbia.

Cette région rude et grandiose fut profondément marquée par la traite des fourrures. Le quartier général de la Compagnie du

NORDEGG
Cette ville abandonnée porte le nom de Martin Nordegg, un immigrant allemand qui arriva au Canada en 1906. Il contribua à la création de la compagnie Canadian Northern Western Railway et à l'exploitation de la mine de charbon Brazeau. La mine se développa avec la construction du chemin de fer et, en 1914, elle produisait 544 t de charbon par jour. En 1941, une explosion causa la mort de 29 mineurs. La mine ferma ses portes en 1955 et la ville s'éteignit peu à peu.

CHUTES CRESCENT
Ces spectaculaires chutes de la Bighorn se trouvent près de la route David Thompson. Un sentier pittoresque mène à un belvédère qui domine le canyon de la Bighorn.

Lac Abraham

BARRAGE BIG HORN
Ce barrage de 91 m de haut a été construit entre 1969 et 1972 par la compagnie Calgary Power Ltd. Il retient le plus grand lac artificiel de l'Alberta, le lac Abraham, qui s'étend sur 48 km de long. Ce réservoir où abondent les Dolly Varden et les ombles de fontaine porte le nom d'une famille d'Indiens Stoneys qui vivaient dans la région. L'eau du lac arrive par un tunnel de 335 m de long à une centrale hydro-électrique qui abrite deux alternateurs, d'une puissance totale de 120 000 kW. On peut visiter la centrale.

RÉSERVE NATURELLE KOOTENAY PLAINS
Kootenay Plains, l'une des rares régions montagneuses de ce pays de prairies, a un climat modéré et la neige y tombe rarement. On peut y voir représenter la danse indienne du soleil. Autrefois, cette danse, qui avait lieu tous les étés, avant la grande chasse aux bisons, était la principale cérémonie religieuse d'une vingtaine de tribus d'Indiens des Plaines. Elle se déroulait à l'intérieur d'un cercle, le symbole du soleil, dont une hutte marquait le centre. La hutte n'était jamais démolie, mais restait en place jusqu'à ce que les intempéries l'abattent. Plusieurs huttes de construction récente se dressent aux environs.

ROUTE FORESTIÈRE PRINCIPALE (FORESTRY TRUNK ROAD)
Cette route empierrée de quelque 1 000 km est la seule route nord-sud qui traverse de part en part les forêts de l'ouest de l'Alberta. Commencée en 1948, elle fut achevée 15 ans plus tard et relie aujourd'hui Grande-Prairie au col du Crowsnest. Des stations-service, des épiceries, des terrains de camping et de petits restaurants jalonnent la route. Dans la réserve forestière Rocky-Clearwater, on peut voir des mouflons et des chèvres de montagne, des wapitis, des orignaux, des cerfs et des ours. La chute de la rivière Ram où les eaux se précipitent dans un profond ravin est une des attractions de la route. Il est recommandé de s'informer des conditions météorologiques et de l'état de la route avant de s'y engager.

RÉSERVE DU SIFFLEUR
La réserve de 412 km² ne peut être visitée qu'à pied. Les wapitis et les chèvres de montagne fréquentent cette région de montagnes accidentées et de vallées encaissées où l'on voit parfois des ours bruns.

Canyon du Siffleur, dans la réserve du Siffleur

Map labels:
ZONE DE RÉCR. UPPER SHUNDA CREEK
Nordegg
ZONE DE RÉCR. GOLDEYE LAKE
ZONE DE RÉCR. FISH LAKE
ZONE DE RÉCR. CRESCENT FALLS
Bighorn
CHUTES CRESCENT
BARRAGE BIG HORN
Lac Abraham
Coral
Cline
Cline River
ZONE DE RÉCR. NORTH RAM RIVER
Ram du Nord
KOOTENAY PLAINS
CHUTE DU SIFFLEUR
ZONE DE RÉCR. THOMPSON CREEK
Saskatchewan du Nord
Siffleur
PARC NAT. DE BANFF (voir l'itinéraire 33)
RÉS. DU SIFFLEUR

0 2 4 6 8 10 Milles
0 4 8 12 16 Kilomètres

Nord-Ouest, Rocky Mountain House, se trouvait dans un fort, en plein cœur du meilleur territoire de traite du nord-ouest du Canada. Tous les ans, on expédiait depuis le poste d'énormes ballots de peaux de loutres, de martres et de renards. Le fort fut complètement détruit à trois reprises par des Indiens au cours de son histoire tumultueuse. Inlassablement, les traiteurs le reconstruisirent jusqu'à ce qu'il soit abandonné en 1869, avec le déclin du commerce de la fourrure. En amont de Rocky Mountain House se trouve

un escarpement où les Indiens forçaient les bisons à se jeter dans le vide.

La chasse n'est plus aussi féroce qu'au temps de la traite. Les visiteurs peuvent voir, dans les réserves aménagées par le gouvernement de l'Alberta, de nombreux animaux à fourrure et de petites bandes de chevaux sauvages qui galopent dans le lointain.

De nombreux sentiers permettent aux visiteurs de découvrir les Rocheuses à dos de cheval. Cette région est l'une des plus poissonneuses de l'ouest du Canada. La truite, la

perchaude, le brochet, la laquaiche aux yeux d'or et la Dolly Varden y abondent. De splendides chutes, comme celle de la rivière Ram, rehaussent encore la beauté du paysage.

Cette partie encore peu peuplée de l'Alberta fut colonisée vers 1900. Les arrivants utilisèrent le bois du pays pour fabriquer des poteaux de mines, des traverses de chemin de fer, des piquets de clôture et des poteaux télégraphiques. Le pétrole, les mines et l'agriculture mixte contribuent aussi à l'économie de ce riche coin de pays.

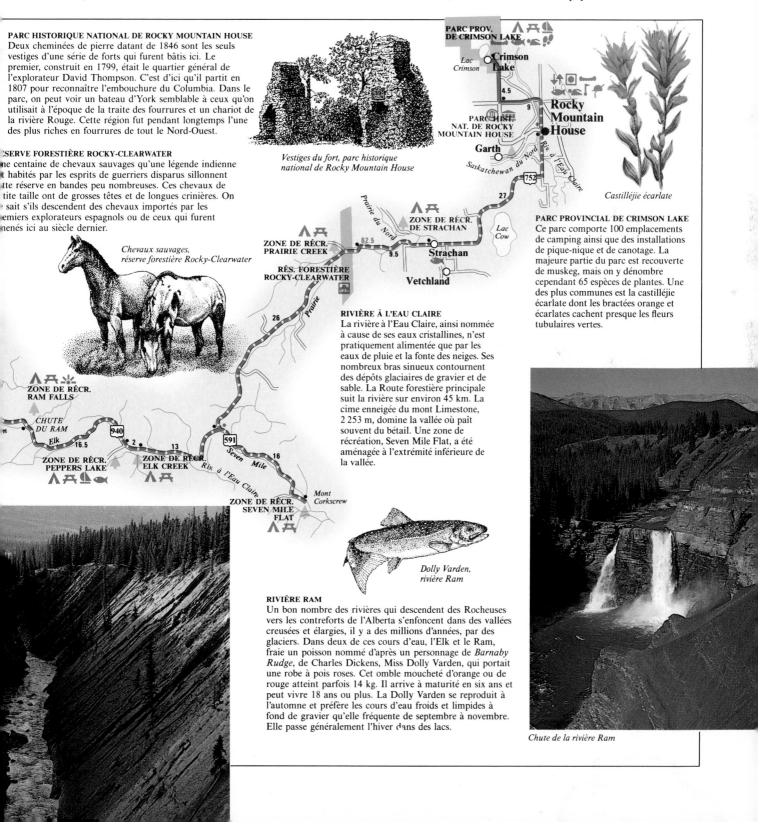

PARC HISTORIQUE NATIONAL DE ROCKY MOUNTAIN HOUSE
Deux cheminées de pierre datant de 1846 sont les seuls vestiges d'une série de forts qui furent bâtis ici. Le premier, construit en 1799, était le quartier général de l'explorateur David Thompson. C'est d'ici qu'il partit en 1807 pour reconnaître l'embouchure du Columbia. Dans le parc, on peut voir un bateau d'York semblable à ceux qu'on utilisait à l'époque de la traite des fourrures et un chariot de la rivière Rouge. Cette région fut pendant longtemps l'une des plus riches en fourrures de tout le Nord-Ouest.

Vestiges du fort, parc historique national de Rocky Mountain House

RÉSERVE FORESTIÈRE ROCKY-CLEARWATER
Une centaine de chevaux sauvages qu'une légende indienne dit habités par les esprits de guerriers disparus sillonnent cette réserve en bandes peu nombreuses. Ces chevaux de petite taille ont de grosses têtes et de longues crinières. On ne sait s'ils descendent des chevaux importés par les premiers explorateurs espagnols ou de ceux qui furent menés ici au siècle dernier.

Chevaux sauvages, réserve forestière Rocky-Clearwater

PARC PROV. DE CRIMSON LAKE

Lac Crimson

Crimson Lake

4.5

9

PARC HIST. NAT. DE ROCKY MOUNTAIN HOUSE

Rocky Mountain House

Garth

Saskatchewan du Nord

752

27

Castilléjie écarlate

PARC PROVINCIAL DE CRIMSON LAKE
Ce parc comporte 100 emplacements de camping ainsi que des installations de pique-nique et de canotage. La majeure partie du parc est recouverte de muskeg, mais on y dénombre cependant 65 espèces de plantes. Une des plus communes est la castilléjie écarlate dont les bractées orange et écarlates cachent presque les fleurs tubulaires vertes.

Prairie du Nord

ZONE DE RÉCR. DE STRACHAN

Lac Cow

ZONE DE RÉCR. PRAIRIE CREEK

62.5

9.5

Strachan

RÉS. FORESTIÈRE ROCKY-CLEARWATER

Vetchland

Prairie

26

RIVIÈRE À L'EAU CLAIRE
La rivière à l'Eau Claire, ainsi nommée à cause de ses eaux cristallines, n'est pratiquement alimentée que par les eaux de pluie et la fonte des neiges. Ses nombreux bras sinueux contournent des dépôts glaciaires de gravier et de sable. La Route forestière principale suit la rivière sur environ 45 km. La cime enneigée du mont Limestone, 2 253 m, domine la vallée où paît souvent du bétail. Une zone de récréation, Seven Mile Flat, a été aménagée à l'extrémité inférieure de la vallée.

ZONE DE RÉCR. RAM FALLS

CHUTE DU RAM

Elk

16.5

940

2

13

591

16

ZONE DE RÉCR. PEPPERS LAKE

ZONE DE RÉCR. ELK CREEK

Riv. à l'Eau Claire

Seven Mile

Mont Corkscrew

ZONE DE RÉCR. SEVEN MILE FLAT

Dolly Varden, rivière Ram

RIVIÈRE RAM
Un bon nombre des rivières qui descendent des Rocheuses vers les contreforts de l'Alberta s'enfoncent dans des vallées creusées et élargies, il y a des millions d'années, par des glaciers. Dans deux de ces cours d'eau, l'Elk et le Ram, fraie un poisson nommé d'après un personnage de *Barnaby Rudge*, de Charles Dickens, Miss Dolly Varden, qui portait une robe à pois roses. Cet omble moucheté d'orange ou de rouge atteint parfois 14 kg. Il arrive à maturité en six ans et peut vivre 18 ans ou plus. La Dolly Varden se reproduit à l'automne et préfère les cours d'eau froids et limpides à fond de gravier qu'elle fréquente de septembre à novembre. Elle passe généralement l'hiver dans des lacs.

Chute de la rivière Ram

De riches terres agricoles et les Rocheuses à l'horizon

Centre de l'Alberta

Entre les lacs Pigeon et Buck, la route 13 escalade et dévale des collines ondulées, semées çà et là de bosquets de trembles. A l'ouest de Buck Lake, les énormes pompes du champ pétrolifère de la Pembina, l'un des plus grands du monde, battent inlassablement la mesure.

Le paysage change lorsqu'on s'enfonce au sud. Parée de part et d'autre en été de haies d'églantiers, la route 12 longe la rivière Blindman et traverse les fertiles terres agricoles de sa vallée. La moitié du bétail de l'Al-

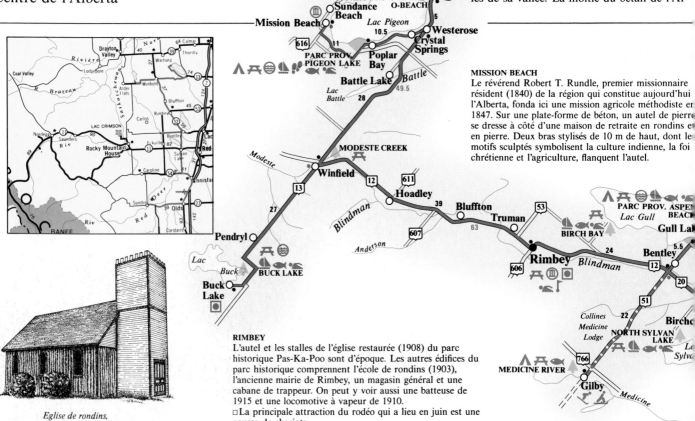

MISSION BEACH
Le révérend Robert T. Rundle, premier missionnaire résident (1840) de la région qui constitue aujourd'hui l'Alberta, fonda ici une mission agricole méthodiste en 1847. Sur une plate-forme de béton, un autel de pierre se dresse à côté d'une maison de retraite en rondins et en pierre. Deux bras stylisés de 10 m de haut, dont les motifs sculptés symbolisent la culture indienne, la foi chrétienne et l'agriculture, flanquent l'autel.

Eglise de rondins, parc historique Pas-Ka-Poo, à Rimbey

RIMBEY
L'autel et les stalles de l'église restaurée (1908) du parc historique Pas-Ka-Poo sont d'époque. Les autres édifices du parc historique comprennent l'école de rondins (1903), l'ancienne mairie de Rimbey, un magasin général et une cabane de trappeur. On peut y voir aussi une batteuse de 1915 et une locomotive à vapeur de 1910.
□La principale attraction du rodéo qui a lieu en juin est une course de chariots.

COLLINES MEDICINE LODGE
Les Indiens célébraient autrefois l'arrivée du printemps sur ces collines situées à 22 km au sud de Rimbey. De nos jours, des pistes de ski et de motoneige serpentent au milieu des forêts de trembles et d'épinettes blanches que fréquentent des cerfs mulets et des cerfs de Virginie.
□A l'est des collines, la belle plage du parc provincial Aspen Beach s'étend en bordure des eaux tempérées du lac Gull.

SUNDRE
Une cabane de rondins (1913), meublée avec des objets de l'époque des pionniers, se trouve sur un terrain de camping, en bordure de la Red Deer. Des animaux empaillés sont exposés au deuxième étage.
□Entre Mountain Aire Lodge et Sundre, le Red Deer est coupé de rapides et de chutes. Ce tronçon de 60 km est réservé aux canoéistes expérimentés.

Sous la terre fertile, un des plus grands champs pétrolifères du monde

Bien que les pétroliers parlent de nappes ou de champs, le pétrole n'est pas enfermé dans d'énormes cavernes souterraines, mais il imprègne des roches poreuses comme le calcaire ou le grès.

Le champ de la Pembina, à l'ouest de Buck Lake, dans le centre de l'Alberta, couvre 3 200 km². Les réserves pourraient s'élever à 7,5 milliards de barils, dont 2 milliards seulement sont exploitables. Certains puits atteignent déjà plus de 1 500 m de profondeur.

Le pétrole de la Pembina est pris dans un piège stratigraphique : une couche de roches poreuses imprégnées de pétrole, recouverte par des roches imperméables. D'autres gisements de l'Alberta se trouvent dans des pièges de failles : des réservoirs scellés par des couches sédimentaires qui se sont déplacées.

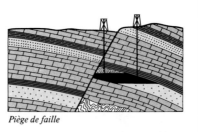

Piège de faille

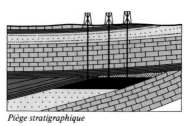

Piège stratigraphique

Aujourd'hui, l'immense réserve rassemble près de 2 000 animaux sauvages qui vivent en liberté. En effet, selon les théories d'Oeming, il faut laisser l'animal libre pour qu'il se développe pleinement. C'est pourquoi on a pu dire que l'Alberta Game Farm est un zoo à l'envers : les animaux y circulent librement, tandis que les visiteurs sont parqués derrière des clôtures. Ils se pressent surtout à l'heure du repas des animaux pour regarder les oursons téter leurs biberons ou pour donner à manger aux majestueux orignaux.

Le parc national Elk Island, dont le nom évoque les grandes hardes de wapitis qui sillonnaient autrefois la région, est aménagé dans la partie nord des collines Beaver. Les trappeurs, les chasseurs et les colons avaient pratiquement anéanti les wapitis en 1906 lorsque le gouvernement fédéral ouvrit cette réserve. Transformé en parc national en 1930, Elk Island est entouré d'une clôture de 2 m de haut pour protéger sa faune. Le parc abrite le plus grand et le plus petit des mammifères d'Amérique du Nord, le bison des plaines et la musaraigne pygmée. On peut aussi y voir des orignaux, des cerfs mulets, des castors et quelque 250 espèces d'oiseaux dont de nombreux migrateurs. Tous ces animaux vivent sous un couvert de trembles, de bouleaux, de peupliers et d'épinettes et dans une nature prodigue où poussent encore des plantes comme le souci d'eau et la salsepareille qui ont disparu ailleurs.

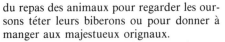

Eglise paroissiale, à Star

PARC NATIONAL ELK ISLAND
Les lacs, les étangs, les forêts et les prés de ce parc qui couvre quelque 195 km² sont entourés de petites villes et de nombreuses fermes.
□ Le parc offre des visites guidées par des naturalistes ainsi que des projections de films documentaires. Les visiteurs peuvent également suivre des sentiers d'exploration de la nature.
□ Sandy Beach, sur la rive est du lac Astotin, comporte de nombreuses attractions touristiques : installations de pique-nique et de camping, cottages, golf de neuf trous, plage surveillée et appontement pour les bateaux. Vingt et une îles jalonnent les 4 km de ce lac, profond de 6 m, le plus grand du parc.

STAR
La plus vieille paroisse catholique ukrainienne du Canada fut fondée ici par des colons ukrainiens en 1892-1894. L'église actuelle, la troisième depuis la fondation de la paroisse en 1897, fut construite en 1926-1927. On y voit des émaux du Christ, de la Vierge et des quatre évangélistes, sauvés de l'incendie qui ravagea la seconde église en 1922.

COLLINES BEAVER
Les collines Beaver, une série de crêtes, de tourbières et de lacs peu profonds formés par la récession des glaciers, s'élèvent à une quarantaine de mètres au-dessus de la prairie. C'est dans ce territoire que l'on a découpé le parc national Elk Island.
□ L'assise rocheuse des collines fut formée il y a 100 millions d'années quand un glacier en récession déposa du sable, du gravier et de la boue au fond d'une ancienne mer. Le paysage vallonné fut créé plus tard par un glacier qui déposa d'énormes blocs erratiques du Bouclier canadien. Des tourbières, des lacs et des étangs se formèrent ensuite dans les dépressions.

Un refuge pour des espèces menacées

L'un des plus grands troupeaux de bisons des bois du monde, une espèce rare qui faillit disparaître, sillonne la partie sud du parc national Elk Island. Les naturalistes estiment aujourd'hui que le bison des bois n'a plus besoin d'être protégé et ils libèrent ces grands animaux dans les territoires qu'ils habitaient autrefois.

Les 194 km² du parc offrent un refuge à plusieurs autres espèces menacées. Des wapitis, des bisons des plaines et environ 2 500 castors y vivent à l'abri d'une haute clôture qui les protège contre les loups et les autres prédateurs. Mais les populations de mammifères doivent être soigneusement contrôlées dans ce milieu fermé. Ainsi, les cerfs épuisent leurs sources de nourriture, s'ils se reproduisent trop rapidement, et les barrages que construisent les castors peuvent causer d'importantes inondations.

On a recensé plus de 200 espèces d'oiseaux dans le parc, notamment le grand duc, la mésange à tête noire (ci-dessus), le huard à collier, le canard roux et la maquereuse à ailes blanches.

Lac Astotin, parc national Elk Island

Dômes, *boordays* et *pysankas,* un coin d'Ukraine dans la Prairie

Centre de l'Alberta

Les pionniers d'origine ukrainienne qui ont donné naissance au principal groupe ethnique de cette région arrivèrent ici entre 1898 et 1910. Durs à la tâche, ils défrichaient de 2 à 4 ha de terre tous les ans, tout en travaillant dans les mines, les camps de bûcherons ou à la construction du chemin de fer pour s'acheter du bétail et de l'équipement agricole.

Leurs premières habitations, les *boordays,* étaient d'humbles masures creusées dans le sol et couvertes d'une toiture de branchages

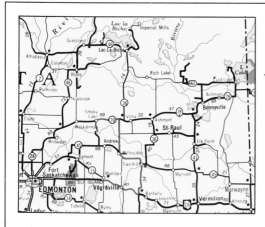

Eglantier

PISTE DE VICTORIA
La piste de Victoria, qui date des années 1870, faisait partie de la route qu'empruntaient les convois de chariots qui transportaient des marchandises entre Winnipeg et Edmonton. De nos jours, la piste de 30 km qui s'étend à l'ouest de Pakan offre le splendide paysage d'une vallée luxuriante où coule la grande Saskatchewan du Nord.

Les chaumières des colons ukrainiens

Le *boorday,* la première habitation des colons ukrainiens, était un simple trou de 1 m de profondeur creusé dans le sol, garni de rondins et couvert d'une toiture de branchages de trembles et de terre, et qui abritait souvent plusieurs familles.

Plus tard, les Ukrainiens construisirent de grosses cabanes de deux pièces, faites généralement de rondins de peupliers ou de trembles revêtus d'un enduit de boue. Les murs étaient ensuite passés à la chaux pour les protéger contre la pluie. Ces cabanes s'inspiraient du modèle ukrainien traditionnel : toit de chaume, décorations de couleurs vives — bleu et jaune — sur les portes et les fenêtres, avant-toit délicatement orné. Dès que leurs maisons étaient prêtes, les colons construisaient une église — une simple construction de bois rond, mais toujours coiffée du traditionnel dôme en forme de poire.

Chaumière ukrainienne, village historique de Shandro

Un boorday, tableau de William Kurelek

Eglise orthodoxe ukrainienne, village historique de Shandro

PAKAN
Le musée du Fort-Victoria comprend de nombreux objets de l'époque des pionniers, notamment une batteuse à sarrasin, un rouet et un violon.
□ Une maisonnette de deux étages (1864) qui se dresse au bord de la Saskatchewan du Nord, la plus ancienne construction de l'Alberta à se trouver toujours sur son emplacement d'origine, était la demeure d'un commis du fort Victoria.

Icône, musée du Monastère, à Mundare

0 1 2 3 4 5 Milles

0 2 4 6 8 Kilomètres

et de terre. Quand leurs fermes commencèrent à prospérer, les colons construisirent des cabanes de rondins dont le style rappelle l'architecture de leur patrie d'origine. On peut voir au village historique de Shandro des exemples, jalousement conservés, de ces deux types d'habitations.

Profondément religieux, les Ukrainiens construisirent aussi des églises dont les dômes brillants dominent leurs villages comme autant de témoignages émouvants de la foi de ces pionniers et de leur courage.

Chants et danses folkloriques, broderies, décoration des œufs de Pâques, spécialités culinaires, autant de traditions ukrainiennes qui restent vivaces. Vegreville organise au début de juillet un grand festival ukrainien qui témoigne de la vigueur de ce patrimoine culturel. La ville possède aussi un énorme *pysanka* (œuf de Pâques) qui commémore les premiers pionniers. Ses motifs symbolisent la prospérité, l'abondance des récoltes et la sécurité — tout ce que les premiers colons ont su trouver dans leur nouvelle patrie.

La Saskatchewan du Nord, près de Wasel

SHANDRO
Le Village historique et le musée des Pionniers de Shandro évoquent la vie des premiers immigrants ukrainiens. Parmi les 18 bâtiments du village, on peut voir la chaumière de rondins construite en 1902 par le premier colon, Nikon Shandro, l'une des plus anciennes églises orthodoxes de la province (édifiée près de Chipman par des missionnaires russes en 1904), une forge, un moulin à vent et la réplique d'un *boorday*.

BOIAN
Attirés par les terres fertiles de la région, des Roumains s'installèrent ici en 1899 et donnèrent à leur village le nom d'une localité de leur province natale, la Bucovine. Perchée sur une colline, l'église orthodoxe roumaine St. Mary (1903) est sans doute la plus ancienne église roumaine encore ouverte au culte en Amérique du Nord. Les murs de rondins sont recouverts de planches de bois. Aux environs, on peut voir une vieille école de pierre qui abrite aujourd'hui une salle communautaire, et un cimetière, seuls vestiges de l'ancienne communauté. De nombreuses familles ont récemment quitté la région pour s'installer dans les centres industriels de l'Ontario et du Québec.

Eglise orthodoxe roumaine St. Mary, à Boian

HAIRY HILL
Le village porte le nom d'une colline où les bisons se défaisaient de leur toison d'hiver au printemps. On construit ici des canots constitués d'une carcasse d'épinette de Sitka, de chêne et d'érable de 5 m de long recouverte de toile, semblables à ceux que l'on fabriquait dans l'est du Canada vers 1880.

TWO HILLS
Le village, qui se trouve à l'est du grand gazoduc Alberta Gas Trunk Line, est entouré d'un réseau d'installations d'épuration du gaz naturel.
□ La petite ville organise un tournoi de baseball, un rodéo et une exposition agricole en août.

VEGREVILLE
Un énorme *pysanka*, un œuf de Pâques décoré de 8 m sur 6 et qui pèse 2 270 kg, se dresse au milieu du parc Héritage. L'œuf d'aluminium, qui tourne sur une base d'acier et de béton, honore la mémoire des pionniers de la région, ainsi que celle de la Police montée qui assura leur protection. Ses motifs de bronze, d'or et d'argent, étoiles, triangles équilatéraux, ailes de moulins et dents de loups, symbolisent la prospérité, l'abondance des récoltes et la sécurité.
□ Au début de juillet, la fête bat son plein pendant les trois journées du festival ukrainien. A la fin du mois, la ville organise une foire agricole de trois jours.
□ A l'est de la ville, on peut voir une statue de 2 m de haut de la Vierge Marie, sculptée en Italie dans un bloc de marbre de Carrare.

MUNDARE
Le musée du Monastère des pères basiliens possède une collection exceptionnelle d'art d'Europe orientale, de reliques religieuses et d'objets ukrainiens. On peut y voir un évangile du XIIe siècle calligraphié en slavon, quatre icônes du XIVe siècle, des exemplaires de la première bible imprimée en latin en 1520, ainsi que la première bible imprimée en français en 1558. Les collections comprennent également une nappe d'autel du XVIIe siècle brodée d'argent et un violon italien de 1723.
□ Les vitraux de l'église Saint-Pierre-et-Saint-Paul du monastère, un édifice octogonal de brique coiffé d'un dôme de bois, relatent la vie du Christ ainsi que l'histoire de Mundare et du peuple ukrainien. Dans une niche du narthex se trouve la reproduction d'une icône représentant une Vierge. L'original, auquel sont attribués 539 miracles, est à Pochayev, en Ukraine occidentale.

Oeuf de Pâques géant, à Vegreville

Une constellation de lacs sous un frais couvert forestier

Centre-est de l'Alberta

Au nord du parc provincial Long Lake, les grandes terres agricoles cèdent la place à un paysage de collines boisées. Cette région que l'homme a peu marquée de son empreinte abrite de nombreuses espèces d'oiseaux, pélicans blancs, grands hérons, grèbes de l'Ouest, huarts, aigles à tête blanche, aigles pêcheurs, buses, grues canadiennes et hiboux, qui tous trouvent ici un refuge sûr et une abondante nourriture.

Les routes qui s'enfoncent dans ce pays encore sauvage sont bordées de buissons de

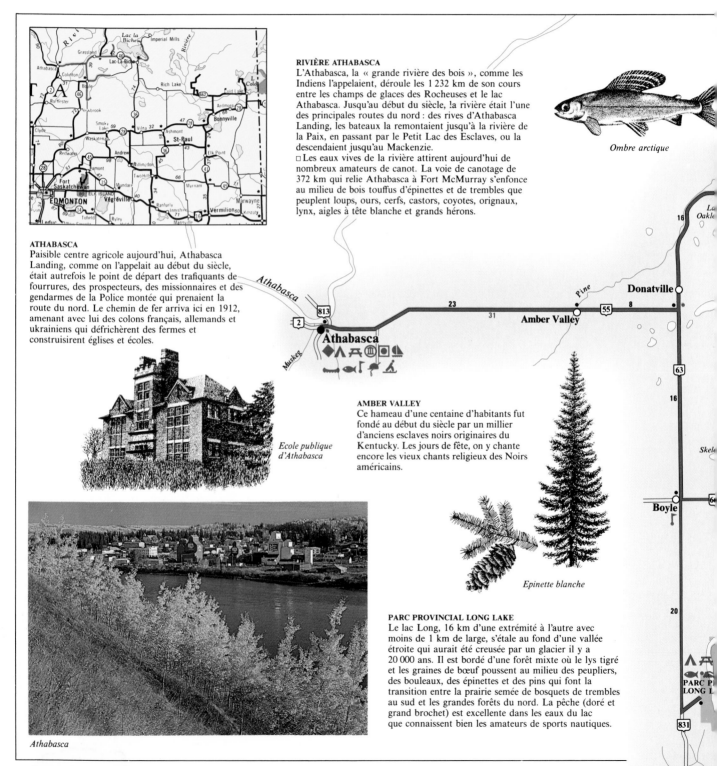

RIVIÈRE ATHABASCA
L'Athabasca, la « grande rivière des bois », comme les Indiens l'appelaient, déroule les 1 232 km de son cours entre les champs de glaces des Rocheuses et le lac Athabasca. Jusqu'au début du siècle, la rivière était l'une des principales routes du nord : des rives d'Athabasca Landing, les bateaux la remontaient jusqu'à la rivière de la Paix, en passant par le Petit Lac des Esclaves, ou la descendaient jusqu'au Mackenzie.
□ Les eaux vives de la rivière attirent aujourd'hui de nombreux amateurs de canot. La voie de canotage de 372 km qui relie Athabasca à Fort McMurray s'enfonce au milieu de bois touffus d'épinettes et de trembles que peuplent loups, ours, cerfs, castors, coyotes, orignaux, lynx, aigles à tête blanche et grands hérons.

Ombre arctique

ATHABASCA
Paisible centre agricole aujourd'hui, Athabasca Landing, comme on l'appelait au début du siècle, était autrefois le point de départ des trafiquants de fourrures, des prospecteurs, des missionnaires et des gendarmes de la Police montée qui prenaient la route du nord. Le chemin de fer arriva ici en 1912, amenant avec lui des colons français, allemands et ukrainiens qui défrichèrent des fermes et construisirent églises et écoles.

Ecole publique d'Athabasca

AMBER VALLEY
Ce hameau d'une centaine d'habitants fut fondé au début du siècle par un millier d'anciens esclaves noirs originaires du Kentucky. Les jours de fête, on y chante encore les vieux chants religieux des Noirs américains.

Epinette blanche

PARC PROVINCIAL LONG LAKE
Le lac Long, 16 km d'une extrémité à l'autre avec moins de 1 km de large, s'étale au fond d'une vallée étroite qui aurait été creusée par un glacier il y a 20 000 ans. Il est bordé d'une forêt mixte où le lys tigré et les graines de bœuf poussent au milieu des peupliers, des bouleaux, des épinettes et des pins qui font la transition entre la prairie semée de bosquets de trembles au sud et les grandes forêts du nord. La pêche (doré et grand brochet) est excellente dans les eaux du lac que connaissent bien les amateurs de sports nautiques.

Athabasca

0 1 2 3 4 5 Milles
0 2 4 6 8 Kilomètres

baies sauvages, bleuets, canneberges, framboisiers et saskatoons, que les premiers colons faisaient sécher au soleil afin de les conserver pour l'hiver.

Les forêts sont parsemées d'innombrables lacs d'une éclatante limpidité. On en compte plus d'une cinquantaine dans un rayon de 100 km autour du lac La Biche et la plupart sont typiques des régions septentrionales : bordées de splendides plages sablonneuses, leurs eaux cristallines sont constellées de petits îlots boisés et regorgent de poissons.

Les environs du lac La Biche constituent sans doute l'un des meilleurs lieux de pêche à l'ombre arctique de tout le Canada. La pêche au doré, à la perchaude et au grand brochet y est aussi excellente. Ce dernier non seulement abonde mais atteint parfois une taille exceptionnelle et il n'est pas rare de voir des pêcheurs effectuer des prises d'une bonne dizaine de kilos.

La région connut une brève flambée de tourisme en 1916, lorsque les habitants d'Edmonton accouraient en foule à l'imposante

auberge du Lac-La-Biche. Mais plusieurs touristes qui s'étaient aventurés par mauvais temps sur le lac, malgré les avertissements des pêcheurs indiens, s'y noyèrent. Cette tragédie mit un terme au tourisme et l'auberge resta longtemps déserte avant d'être transformée en hôpital en 1937.

Une nature aussi triomphante ne pouvait longtemps laisser l'homme indifférent ; et, depuis quelque temps, les touristes redécouvrent la beauté de ces collines, de ces bois giboyeux et de ces lacs poissonneux.

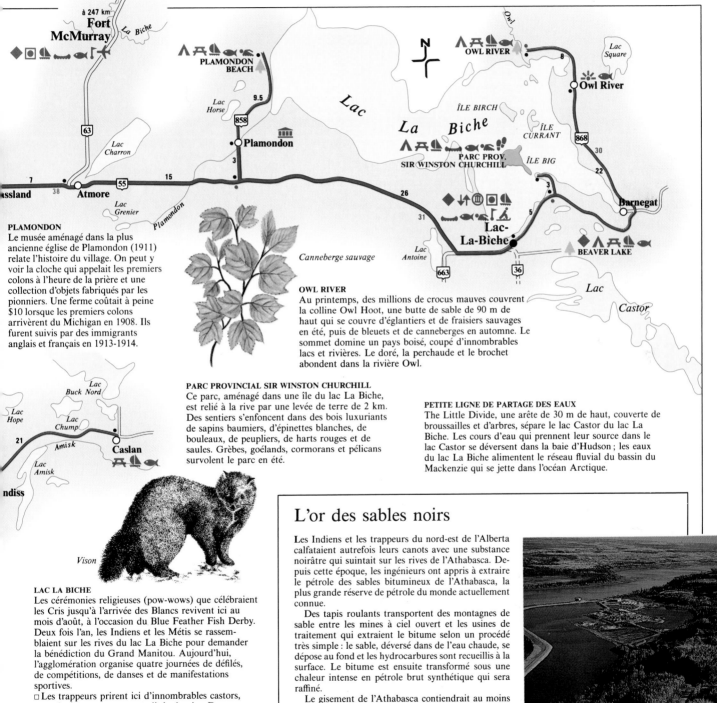

PLAMONDON
Le musée aménagé dans la plus ancienne église de Plamondon (1911) relate l'histoire du village. On peut y voir la cloche qui appelait les premiers colons à l'heure de la prière et une collection d'objets fabriqués par les pionniers. Une ferme coûtait à peine $10 lorsque les premiers colons arrivèrent du Michigan en 1908. Ils furent suivis par des immigrants anglais et français en 1913-1914.

Canneberge sauvage

OWL RIVER
Au printemps, des millions de crocus mauves couvrent la colline Owl Hoot, une butte de sable de 90 m de haut qui se couvre d'églantiers et de fraisiers sauvages en été, puis de bleuets et de canneberges en automne. Le sommet domine un pays boisé, coupé d'innombrables lacs et rivières. Le doré, la perchaude et le brochet abondent dans la rivière Owl.

PARC PROVINCIAL SIR WINSTON CHURCHILL
Ce parc, aménagé dans une île du lac La Biche, est relié à la rive par une levée de terre de 2 km. Des sentiers s'enfoncent dans des bois luxuriants de sapins baumiers, d'épinettes blanches, de bouleaux, de peupliers, de harts rouges et de saules. Grèbes, goélands, cormorans et pélicans survolent le parc en été.

PETITE LIGNE DE PARTAGE DES EAUX
The Little Divide, une arête de 30 m de haut, couverte de broussailles et d'arbres, sépare le lac Castor du lac La Biche. Les cours d'eau qui prennent leur source dans le lac Castor se déversent dans la baie d'Hudson ; les eaux du lac La Biche alimentent le réseau fluvial du bassin du Mackenzie qui se jette dans l'océan Arctique.

Vison

LAC LA BICHE
Les cérémonies religieuses (pow-wows) que célébraient les Cris jusqu'à l'arrivée des Blancs revivent ici au mois d'août, à l'occasion du Blue Feather Fish Derby. Deux fois l'an, les Indiens et les Métis se rassemblaient sur les rives du lac La Biche pour demander la bénédiction du Grand Manitou. Aujourd'hui, l'agglomération organise quatre journées de défilés, de compétitions, de danses et de manifestations sportives.
□ Les trappeurs prirent ici d'innombrables castors, renards, lynx et coyotes au siècle dernier. De nombreux élevages de visons furent créés dans les années 40, mais il n'en reste plus qu'un petit nombre aujourd'hui.

L'or des sables noirs

Les Indiens et les trappeurs du nord-est de l'Alberta calfataient autrefois leurs canots avec une substance noirâtre qui suintait sur les rives de l'Athabasca. Depuis cette époque, les ingénieurs ont appris à extraire le pétrole des sables bitumineux de l'Athabasca, la plus grande réserve de pétrole du monde actuellement connue.

Des tapis roulants transportent des montagnes de sable entre les mines à ciel ouvert et les usines de traitement qui extraient le bitume selon un procédé très simple : le sable, déversé dans de l'eau chaude, se dépose au fond et les hydrocarbures sont recueillis à la surface. Le bitume est ensuite transformé sous une chaleur intense en pétrole brut synthétique qui sera raffiné.

Le gisement de l'Athabasca contiendrait au moins deux fois plus de pétrole que les réserves récupérables d'Arabie saoudite.

Mine à ciel ouvert, près de Fort McMurray

L'ancien territoire des Pieds-Noirs et des Cris

Centre-est de l'Alberta

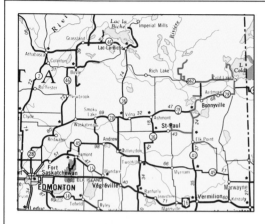

PARC PROVINCIAL MOOSE LAKE

La région aujourd'hui occupée par le parc s'appelait autrefois « Anshaw », du nom d'Angus Shaw, un négociant de la Compagnie du Nord-Ouest qui fonda le premier poste de traite de la région en 1789.
□ Un sentier de randonnée conduit à un bois d'épinettes blanches où s'enchevêtrent des monotropes uniflores, du thé des bois et des hypnes plumeuses, seule partie de l'ancienne forêt à avoir survécu aux incendies de 1927 et de 1942. Aujourd'hui, tout le reste de ce parc aménagé sur la rive nord du lac Moose est pratiquement recouvert par le pin gris.
□ Des sternes, des grives solitaires, des maubèches branle-queue, des aigles pêcheurs, des petites buses et des pélicans fréquentent le parc.

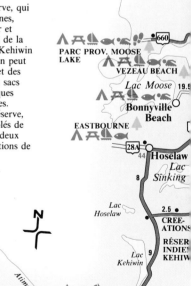

Pin gris

Tissage, réserve indienne Kehiwin

RÉSERVE INDIENNE KEHIWIN

Plusieurs des 500 Indiens de cette réserve, qui porte le nom d'un guerrier cri des Plaines, sont les descendants des chefs Big Bear et Poundmaker. On peut visiter les usines de la Kehiwin Steel Industries Ltd. et de la Kehiwin Cree-ations Ltd. Dans cette dernière, on peut se procurer des couvertures, des tapis et des tapisseries, des châles, des vestes et des sacs ornés des symboles et motifs géométriques qu'affectionnaient les Indiens des Plaines.
□ Le lac Kehiwin, au sud-ouest de la réserve, et le lac Muriel, au nord-est, sont peuplés de perches, de dorés et de brochets. Tous deux sont dotés d'appontements et d'installations de pique-nique et de camping.

Plate-forme pour ovnis, à St. Paul

ST. PAUL

Avant l'arrivée des Blancs, les Cris des Bois sillonnaient la région du nord de la Saskatchewan du Nord, loin des féroces Pieds-Noirs installés plus au sud. Les lacs Thérien — autrefois le paradis des oiseaux aquatiques — s'appelaient Manawan, « l'endroit où l'on ramasse les œufs ».
□ La seule plate-forme d'atterrissage pour soucoupes volantes du monde a été construite ici en 1967, à l'occasion du Centenaire. Les drapeaux des provinces et des territoires du Canada flottent au-dessus de cette structure de 12 m de diamètre, qui renferme des lettres devant être ouvertes le 3 juin 2067.

ELK POINT

Au musée du Fort George, on peut voir des cercles de tonneaux de rhum, des boucles de ceinture, des serrures, des charnières et des outils forgés dans les années 1790, à l'époque où les compagnies du Nord-Ouest et de la Baie d'Hudson possédaient des postes de traite dans la région. Les collections du musée comprennent aussi des armes anciennes, des bijoux et des pointes de flèches en métal que les traiteurs troquaient contre des fourrures.

Objets indiens, musée du Fort George, à Elk Point

Les eaux claires et tempérées des lacs du centre-est de l'Alberta, qui abondent en truites, brochets, perchaudes, dorés et corégones, sont un véritable paradis de pêcheurs. La région est également un haut lieu de villégiature avec ses plages sablonneuses et ses nombreuses installations de camping.

Il y a deux siècles, Elk Point était le principal centre de la traite des fourrures sur la Saskatchewan du Nord. Près de cette agglomération, des monticules de terre, des madriers noircis et des fouilles archéologiques indiquent d'ailleurs les endroits où furent construits, en 1792, Buckingham House pour la Compagnie de la Baie d'Hudson et Fort George pour la Compagnie du Nord-Ouest. Les canots et les bateaux d'York s'alignaient alors le long de la rive et les prés se couvraient de tipis lorsque les Cris et les Pieds-Noirs venaient vendre leurs fourrures ou troquer de la viande de bison séchée. Les deux postes furent abandonnés quand les animaux à fourrure se firent rares. La région resta isolée jusqu'à ce qu'au début du XXe siècle les Européens reviennent s'y installer pour pêcher, chasser et défricher.

Aujourd'hui, les routes serpentent au milieu des bois et des champs de céréales. Au nord du lac Moose, la campagne, semée de fondrières où nichent toutes sortes d'oiseaux, est propice à la chasse. Quant au lac Moose et au lac Cold, 352 km², l'un des plus grands de l'Alberta, leurs plages de sable fin et leurs eaux cristallines attirent les touristes qui peuvent s'adonner à la voile, au ski nautique et à la pêche.

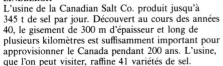

Truite de lac

Lac Cold

Pélican blanc

COLD LAKE

Pendant bien des années, aucun Indien n'aurait osé traverser le lac Cold que tous croyaient hanté par un monstre du nom de Kinosoo. Selon la légende, un jeune guerrier cri était parti en canot sur le lac pour rendre visite à sa fiancée. Près de la baie French, à l'extrémité sud du lac, un animal blanc, aussi grand qu'une baleine et avec une bosse sur le dos, saisit dans ses puissantes mâchoires le canot dont on ne retrouva que des débris ; la jeune Indienne ne revit jamais plus son guerrier.

□ Le lac Cold est un lieu de pêche recherché. On y prend des truites qui pèsent jusqu'à 18 kg et qui sont parmi les meilleures du monde. Le grand brochet et le doré y abondent.

□ La base aérienne de Cold Lake est l'une des principales bases d'avions à réaction des forces canadiennes. C'est là que sont formés tous les pilotes de chasse du Canada. Son unité de poursuite des satellites et sa station de radar font partie du réseau NORAD. La base organise tous les ans une Journée des forces armées (ordinairement en juin) à laquelle le public est invité : on peut y voir une importante collection d'avions canadiens et américains, ainsi que du matériel de sauvetage et de lutte contre l'incendie.

BONNYVILLE

Depuis sa colonisation par des Canadiens français, en 1907, cette région d'agriculture mixte a donné naissance à une communauté multiculturelle. La construction récente de plusieurs raffineries de pétrole à moins de 40 km a donné un nouvel essor économique à la cité.

□ La région possède un terrain d'aviation, un golf de neuf trous et des installations modernes pour les sports d'hiver et d'été. Amateurs de bateau et de pêche y viennent également nombreux. Plusieurs autres manifestations attirent les visiteurs: carnaval en mars, foire commerciale et concours de pêche en juin, rodéo et foire agricole en août.

LINDBERGH

L'usine de la Canadian Salt Co. produit jusqu'à 345 t de sel par jour. Découvert au cours des années 40, le gisement de 300 m d'épaisseur et long de plusieurs kilomètres est suffisamment important pour approvisionner le Canada pendant 200 ans. L'usine, que l'on peut visiter, raffine 41 variétés de sel.

Lac Cold

La rébellion de 1885 et les révoltes indiennes

Nord-ouest de la Saskatchewan

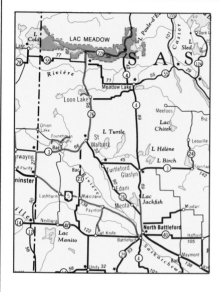

LAC FLOTTEN
De grandes colonies de goélands de Californie, de sternes communes, de goélands à bec cerclé et de grèbes de l'Ouest fréquentent le lac dont la rive orientale est bordée de kames — des amas de sable et de gravier déposés par les eaux d'anciens glaciers.

PARC PROVINCIAL DE MEADOW LAKE
La rivière Poule-d'Eau relie la bonne vingtaine de lacs qui émaillent le parc. Les visiteurs peuvent emprunter gratuitement des canots pour suivre la voie de canotage de la Poule-d'Eau et de la rivière Castor, 112 km de rapides, d'îles et de bras d'eau tourmentés. Des routes ou des sentiers mènent à 15 grands lacs. Un circuit automobile de 172 km commence au lac Mustus.

Grèbe de l'Ouest

PARC HISTORIQUE STEELE NARROWS
C'est là qu'eut lieu la dernière bataille de la rébellion du Nord-Ouest, le 3 juin 1885, entre les Cris de Big Bear et un détachement de la milice commandé par le major Sam Steele, de la Police montée du Nord-Ouest. Big Bear se rendit par la suite, fut jeté en prison et mourut le 17 janvier 1888.

PARC HISTORIQUE DE FORT PITT
Un détachement de la Police montée du Nord-Ouest, commandé par l'inspecteur Francis Dickens, fils de l'écrivain Charles Dickens, prit position au fort Pitt en 1883 pour contenir l'agitation indienne. Les Cris de Big Bear assiégèrent le fort en mai 1885 et les *Mounties* durent se replier sur Battleford.

Après avoir incendié Fort Pitt, Big Bear mena plusieurs centaines de ses partisans jusqu'à Frenchman Butte, à l'est. A la suite d'une escarmouche le 28 mai, la milice se retira et les Indiens s'enfuirent au nord, emmenant avec eux des otages de Fort Pitt. La colline où se déroula la bataille est aujourd'hui un site historique national. Des panneaux indiquent les positions des Indiens et de la milice, ainsi que l'emplacement des pièces d'artillerie.

Plaque d'orientation, parc historique Steele Narrows

LLOYDMINSTER
Cette ville qui chevauche la frontière de l'Alberta et de la Saskatchewan fut fondée en 1903 par des immigrants anglais recrutés par un pasteur anglican, Isaac M. Barr. La moitié des 2 000 colons abandonnèrent avant d'arriver à Saskatoon où Barr, à cause de son incompétence, fut relevé de ses fonctions. Menés par le pasteur George Exton Lloyd, les autres s'installèrent à Lloydminster.
☐ Dans le parc Weaver, on peut voir une petite église de bois construite par les colons en 1904. Près de là, le musée de la colonie de Barr renferme des meubles et des vêtements de l'époque.
☐ La collection Fuchs Wildlife Display renferme un millier d'animaux recueillis et conservés par Nicholas Fuchs (1885-1975). On peut notamment y voir des couguars, des wapitis, des lynx, des cerfs mulets et des cerfs roux, des loups, des grues blanches et des grands hérons. Non loin de là, une galerie contient plus de 70 tableaux du comte Berthold von Imhoff.

Eglise St. John, à Lloydminster

CUT KNIFE
Des perches de tipis, dressées sur une colline isolée, marquent la tombe de Poundmaker qui signa le traité n° 6 de 1876 au nom des Cris dont il était le ch[...] Neuf ans plus tard, au cours de la réb[...] lion du Nord-Ouest, les Cris menés par Poundmaker repoussèrent quelque 300 gendarmes et soldats. Après la bataille, le chef cri empêcha ses guerriers de ma[...]sacrer les Blancs. Une stèle indique l'e[...] placement de la bataille. Poundmaker [...] rendit à la fin de la rébellion et fut condamné à un an de prison. Il mouru[...] en 1886.

Le souvenir des chefs indiens Big Bear et Poundmaker qui se virent réduits à faire la guerre pour sauver leur peuple de la famine hante encore cette région du nord-ouest de la Saskatchewan où eurent lieu un grand nombre des affrontements de la rébellion du Nord-Ouest en 1885.

En 1880 déjà, la plupart des Indiens de la Prairie vivaient dans des réserves. Certains se livraient à l'agriculture, mais la plupart dépendaient du gouvernement pour leur subsistance. En 1883, les rations furent supprimées

et de nombreux Indiens moururent de faim. En mars 1885, après que les Métis eurent attaqué un poste de la Police montée du Nord-Ouest, les Cris de Poundmaker marchèrent sur Battleford et brûlèrent la petite ville. Un mois plus tard, non loin de Cut Knife, ils battirent une troupe de 300 soldats et gendarmes. Les Cris de Big Bear massacrèrent neuf Blancs à Frog Lake, en Alberta, et pillèrent Fort Pitt, près de Lloydminster. Un détachement de la milice engagea le combat avec les guerriers de Big Bear à Frenchman

Butte et les poursuivit jusqu'à Loon Lake. Mais les Indiens se faufilèrent par le défilé de Steele et s'enfoncèrent dans la forêt de ce qui est aujourd'hui le parc provincial de Meadow Lake.

Le rêve d'une nation métisse-indienne fut anéanti le 12 mai avec la défaite de Louis Riel à Batoche. Peu après, dans ce qui est aujourd'hui Goodsoil, Big Bear libéra ses prisonniers blancs. Poundmaker et lui furent jetés en prison et moururent peu de temps après leur libération.

Fresque de Von Imhoff,
église catholique de Paradise Hill

ST. WALBURG
La galerie Imhoff contient quelque 200 œuvres du comte Berthold von Imhoff (1866-1939), peintre allemand qui vécut dans cette localité de 1913 jusqu'à sa mort. On peut y voir notamment une *Gloire de l'empereur Frédéric,* qui lui valut la médaille de l'Académie des Arts de Berlin à l'âge de 16 ans, et une *Crucifixion.* Von Imhoff a décoré environ 90 églises aux Etats-Unis et au Canada. Une église de Paradise Hill contient 18 de ses œuvres.

Fort Battleford, le refuge des colons au temps de la rébellion

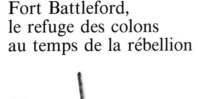

Le fort, construit en 1876, servit de refuge à 400 colons quand les Cris commencèrent à piller les villages du voisinage en 1885. C'est là que le chef cri Poundmaker se rendit après la défaite des Métis à Batoche et qu'eut lieu la dernière exécution publique au Canada lorsque huit Indiens, reconnus coupables de meurtre lors du massacre de Frog Lake, furent pendus.

Le salon de la maison du commandant (1877) est meublé dans le style de l'époque. Dans le quartier des officiers (1886), on peut voir le fauteuil du président de l'Assemblée législative territoriale (1883-1905) de Regina. Le casse-tête de Poundmaker, une carabine Winchester et une mitrailleuse Gatling à 10 canons, utilisée durant la rébellion, sont exposés dans un petit musée.

Mitrailleuse Gatling,
parc historique national de Battleford

COCHIN
Le village a pris le nom du père Louis Cochin, un missionnaire qui apaisa les Indiens de Poundmaker pendant la rébellion du Nord-Ouest.
□ Une plaque marque l'emplacement d'un sentier qui reliait la mission de Cochin au poste de la Compagnie de la Baie d'Hudson à Green Lake, 110 km au nord. Les troupes qui poursuivirent Big Bear en 1885 empruntèrent cette voie.

NORTH BATTLEFORD
Au Western Development Museum, on peut voir des maisons de ferme, la caserne de la Battleford Rifle Company (1879), le poste Jackfish Lake de la Police montée (v. 1890), quatre églises, une boutique d'apothicaire, une forge, une caserne de pompiers, un cabinet d'avocat, une banque, une bourrellerie, une échoppe de barbier et la gare Prince-Albert (1913) où se trouve une locomotive (1906) attelée à un tender et à une voiture de passagers de 1883.

BATTLEFORD
Au Musée historique de Battleford, on peut voir des vanneries indiennes du XVIIIᵉ siècle et une très belle collection de 250 armes à feu.
□ Le bureau de poste, le tribunal et le bureau du cadastre, construits en 1911, ainsi que l'église Gardiner de 1886 et la mairie de 1912 ont été conservés.
□ Government House, la chambre du conseil des Territoires du Nord-Ouest de 1878 à 1883, est aujourd'hui un séminaire des oblats.

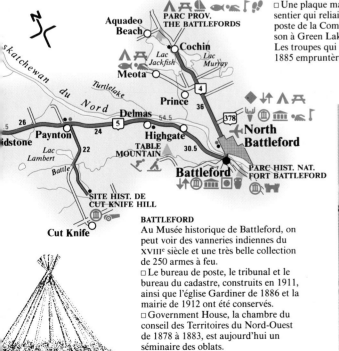

...mbe de Poundmaker, à Cut Knife

Western Development Museum, à North Battleford

Une ville fondée
sous les auspices de la tempérance

Centre de la Saskatchewan

Le seul souvenir des origines austères de Saskatoon est la rue de la Tempérance. C'est en 1882 qu'un certain John Lake fut envoyé dans les Territoires du Nord-Ouest (dont la Saskatchewan faisait alors partie) par une société de tempérance de l'Ontario afin d'y fonder une colonie. Il choisit un emplacement qui dominait la Saskatchewan du Sud et le baptisa Saskatoon — mot cri qui désigne une baie pourpre de la région.

Un an plus tard, 35 compagnons tout aussi sobres que John Lake arrivèrent d'Ontario.

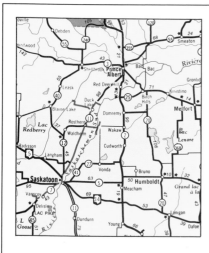

SASKATOON

En juillet, de nombreux habitants de la ville s'habillent en costumes du début du siècle pour l'exposition Saskachimo, une foire d'une semaine qui évoque l'époque des pionniers. L'une des journées est consacrée à Louis Riel.

☐ Le musée du Développement de l'Ouest a aménagé un village de pionniers qui réunit 26 maisons. On peut y voir aussi une collection de machines agricoles et d'automobiles anciennes, dont une Derby 1926 montée à Saskatoon. La galerie d'art Mendel, dont la collection permanente comprend des œuvres de Lawren Harris et de A. Y. Jackson, se trouve au cœur d'un jardin botanique.

☐ Le musée d'Art et d'Artisanat ukrainien renferme des costumes traditionnels, des tapisseries et des bibelots de marqueterie.

☐ Au musée de la Culture ukrainienne, on peut voir une collection de céramiques, de tapisseries et d'outils de l'époque des pionniers.

☐ L'université de la Saskatchewan est dotée d'un observatoire ouvert au public. On peut y voir aussi l'école Victoria (1887) qui a été restaurée.

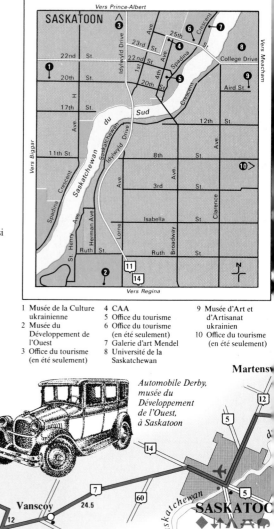

1 Musée de la Culture ukrainienne
2 Musée du Développement de l'Ouest
3 Office du tourisme (en été seulement)
4 CAA
5 Office du tourisme
6 Office du tourisme (en été seulement)
7 Galerie d'art Mendel
8 Université de la Saskatchewan
9 Musée d'Art et d'Artisanat ukrainien
10 Office du tourisme (en été seulement)

Vue de Saskatoon, au bord de la Saskatchewan du Sud

Objets de marqueterie, musée d'Art et d'Artisanat ukrainien, à Saskatoon

Automobile Derby, musée du Développement de l'Ouest, à Saskatoon

VANSCOY

On peut demander à visiter la mine de potasse de la Cominco, à 12 km de Vanscoy. Les galeries de cette mine de potasse, la plus grande du monde, s'étendent sur plusieurs kilomètres de long, à 1 000 m sous terre. La région était autrefois couverte de mers qui laissèrent, en s'évaporant, une large bande de potasse épaisse de 180 m dans le centre de la Saskatchewan.

Le minerai, qui sert à fabriquer des engrais, est concassé dans la mine, puis remonté à la surface. La potasse est ensuite plongée dans une solution saline et séparée de sa gangue. On la met alors à sécher avant de la trier et de la stocker.

Mine de potasse, à Vanscoy

0 2 4 6 8 10 Milles
0 4 8 12 16 Kilomètres

La société de tempérance qui leur avait vendu des terres pour la somme de $320 s'était bien gardée de leur dire que la vente de l'alcool était de toute manière prohibée dans la région et que le gouvernement offrait des fermes aux colons pour la modique somme de $10!

Aujourd'hui, avec ses 140 000 habitants, Saskatoon est la seconde ville de la province. C'est un centre industriel important qui abrite également l'université de la Saskatchewan. Près d'un monument qui marque l'emplacement du camp de John Lake, sur la rive est, on découvre une vue pittoresque de la ville dont les clochers, les six ponts et le massif hôtel Bessborough se reflètent dans la rivière, de part et d'autre de laquelle s'étendent de grandes avenues ombragées et de vastes parcs.

La plus haute colline artificielle du Canada, le mont Blackstrap, 91 m, se trouve à 40 km au sud. Aménagée pour les Jeux d'hiver canadiens de 1971, tous les skieurs, novices et chevronnés, peuvent aujourd'hui jouir de ses installations.

Fort Carlton

PARC HISTORIQUE DU FORT CARLTON
On a reconstruit ici le principal fort des trafiquants de fourrures entre la rivière Rouge et les Rocheuses. Bâti en 1810, le fort Carlton était le quartier général du conseil du nord de la Compagnie de la Baie d'Hudson. A l'intérieur de la palissade, on peut voir le mess des officiers, un magasin, un poste de garde et un dispensaire.
A 6 km à l'est, un monument marque l'endroit où les Cris signèrent, en août 1876, le traité n° 6 par lequel ils cédaient de vastes territoires.

DUCK LAKE
En 1895, un Cri, du nom d'Almighty Voice, tua une vache égarée pour le festin de ses noces. La Police montée du Nord-Ouest le mit en prison à Duck Lake, mais il s'échappa et tua un sergent une semaine plus tard. Après une chasse à l'homme de 19 mois, l'Indien fut abattu au nord-est de Batoche. La prison restaurée se trouve au Musée historique de Duck Lake. On peut y voir aussi la canne et la montre en or de Gabriel Dumont, ainsi que le fusil de Louis Riel.

ROSTHERN
A 6 km à l'est de Rosthern se trouve la ferme où Seager Wheeler cultiva le blé 10-B Marquis qui lui fit remporter cinq championnats du monde entre 1910 et 1918. Cette variété fut longtemps la plus cultivée dans la Prairie.

FISH CREEK
La route qui longe la Saskatchewan du Sud mène à un paisible pré où la milice affronta les métis le 24 avril 1885, durant la rébellion du Nord-Ouest. Un monument marque ce site historique national. Une pierre tombale indique l'endroit où plusieurs miliciens furent enterrés.
Une troupe de 850 hommes, commandée par le major général Frederick Middleton, s'avançait dans le ravin de Fish Creek lorsque Gabriel Dumont et 150 Métis les attaquèrent des hauteurs (on peut encore voir les trous où s'embusquaient les tireurs). L'artillerie ne put venir à bout des Métis qui perdirent quatre hommes seulement contre 10 pour les forces de l'ordre. Les Métis s'esquivèrent avant l'arrivée des renforts.

SITE HISTORIQUE NATIONAL DE BATOCHE
C'est ici que la milice canadienne mit fin à la rébellion du Nord-Ouest. On peut encore voir les trous d'où tiraient les combattants.
L'église Saint-Antoine-de-Padoue (1884) et son presbytère sont les seuls vestiges de la « capitale » des Métis. Le presbytère est aujourd'hui un musée où sont exposés des objets ayant appartenu à Louis Riel ainsi que le revolver et la bride de Gabriel Dumont. Celui-ci est enterré dans le cimetière de l'église.

Eglise Saint-Antoine-de-Padoue, Batoche

Louis Riel

Gabriel Dumont

Le chef des rebelles
et le « Prince des Plaines »

C'est le 12 mai 1885, avec la bataille de Batoche, que s'évanouit le rêve d'un Etat métis dans la Prairie. Les Métis — nés de mères indiennes et de pères blancs — chassaient le bison et faisaient de l'agriculture dans la vallée de la Saskatchewan du Sud. Batoche devint leur capitale. En 1884, leur chef, Louis Riel, demanda des terres à Ottawa. Sa requête ayant été repoussée, Riel forma alors un gouvernement provisoire et fit de Gabriel Dumont son commandant en chef.

Dumont parvint à remporter plusieurs brillantes victoires sur les 850 miliciens que commandait le major général Frederick Middleton. Mais celui-ci finit par s'emparer de Batoche au bout d'un siège de quatre jours.

Riel fut accusé de trahison et pendu à Regina. Dumont prit la fuite et se produisit avec le Wild West Show de William « Buffalo Bill » Cody, sous le nom de « Prince des Plaines ». Amnistié, il rentra à Batoche où il mourut en 1906.

Lacs et rivières sauvages de l'immuable Nord

Centre-nord de la Saskatchewan

Près du lac Montréal, un monument mar que le centre géographique de la Saskat chewan. A l'ouest, dans le parc national d Prince-Albert, la forêt boréale cède le pas au boisés de trembles, puis à la prairie. Au nord s'étend la moitié inconnue du territoire de l Saskatchewan, une vaste région sauvage e majestueuse qui n'a pratiquement pas chang depuis l'époque des trafiquants de fourrure au XVIIIe siècle. Seuls la route et les terrain de camping qui bordent les lacs témoignen ici de la présence de l'homme.

Lac Waskesiu, parc national du Prince-Albert

Thé du Labrador

SENTIER BOUNDARY BOG
Ce sentier du parc national du Prince-Albert longe une tourbière où poussent la canneberge, le thé d Labrador, qui donne une infusion riche en vitamine C, et des plantes insectivores comme le rossolis à feuilles rondes et la sarracénie pourpre.

WASKESIU LAKE
La seule agglomération du parc national du Prince-Albert est dotée d'un terrain de golf et d'un centre d'interprétation de la nature qui décrit la flore, la faune et les formations géologiques de la région. On peut y louer des chevaux et faire des excursions en bateau.

LAC KINGSMERE
La voie de canotage Bagwa traverse le lac Kingsmere dont les berges foisonnent de vie : ours, orignaux, wapitis, cerfs, aigles pêcheurs, martins-pêcheurs, grands hérons et pélicans blancs.

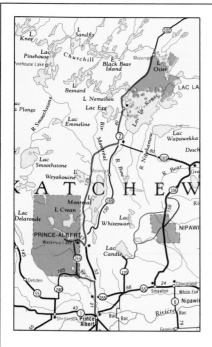

La tombe solitaire de Grey Owl

Au cœur du parc national du Prince-Albert, un sentier mène à la cabane et à la tombe de Grey Owl, un écrivain solitaire que l'on a longtemps pris pour un Indien. Ce n'est qu'après sa mort, en 1938, qu'on découvrit qu'il s'agissait d'un Anglais du nom de Archibald Stansfeld Belaney. Il arriva au Canada en 1906, à l'âge de 17 ans, et apprit la langue et les mœurs des Ojibways du nord de l'Ontario. Mince et basané, vêtu de peau de daim et chaussé de mocassins, il consacra toute sa vie à s'élever contre le massacre inutile des animaux sauvages. Il donna de nombreuses conférences qui l'emmenèrent aux Etats-Unis et en Grande-Bretagne, où il prit même la parole devant George VI au palais de Buckingham. Il créa enfin une colonie de castors dans le parc national du Prince-Albert où il passa les sept dernières années de sa vie. Certaines de ses œuvres, notamment *The Adventures of Sajo and Her Beaver People* et *Tales of an Empty Cabin*, sont aujourd'hui devenues des classiques.

Courses de traîneaux, à Prince-Albert

PRINCE-ALBERT
Le clou du Festival d'hiver, en février, est une course de traîneaux de trois jours. Les attelages de huit chiens parcourent une quarantaine de kilomètres par jour. On procède aussi au couronnement du « roi des trappeurs ».
□ L'église presbytérienne, construite en bois rond par le révérend James Nisbet lorsqu'il fonda Prince-Albert, en 1866, se trouve dans le parc Bryant.

PARC NAT. DU PRINCE-ALBERT

Beartrap

Lac Halkett

240

Lac Emma

Tweedsmuir 5.5
263 Neis/Be
8
Christopher Lake
17.5
355
North
33.5
Spruce Hom
16
Green Acres

Saskatchewan

2

PRINCE-ALBERT

Saskatchewan du Sud

0 4 8 12 16 20 Milles
0 8 16 24 32 Kilomètres

Excursion de pêche au lac Otter

Les pourvoyeurs du parc provincial du Lac-La-Ronge, le plus grand de la province, guident les visiteurs en mal d'aventures sur les voies de canotage et les lacs poissonneux qui émaillent le parc.

Le Churchill, un labyrinthe de lacs reliés par de dangereux rapides, traverse l'extrémité nord du parc. C'est la seule grande rivière sauvage du Canada qui soit d'accès facile pour les touristes.

De grandes masses de granite rouge, de basalte noir et de roches métamorphiques grises, formées il y a deux milliards d'années, bordent la rivière dont les abords sont peuplés de goélands, de sternes, de malards et de pélicans blancs.

Les rapides Otter, seul endroit où un pont franchit le cours principal du Churchill, offrent l'un des plus beaux paysages du Bouclier canadien. C'est ici que la rivière, qui irrigue des milliers de kilomètres carrés dans le nord de la Saskatchewan, se déverse par une gorge encaissée dans les eaux placides du lac Otter.

PARC PROVINCIAL DU LAC-LA-RONGE

Ce parc sauvage, semé de lacs qui occupent près d'un tiers de sa superficie, est réputé pour sa pêche au doré, au brochet et à la truite. Les pourvoyeurs de La Ronge emmènent les pêcheurs en avion.

□ Le lac La Ronge se déverse dans la rivière Rapide qui se précipite d'une hauteur de 12 m dans le Churchill à la chute Nistowiak. Huit itinéraires de canotage, de 35 à 203 km de long, commencent et se terminent dans le parc. Deux sont à la portée des novices. Le parc comprend aussi des sentiers d'exploration de la nature, des pistes de ski de fond et on peut y faire du camping sauvage.

Mocassins de la coopérative indienne de La Ronge

RAPIDES OTTER

Du pont, les visiteurs peuvent contempler la puissante et sauvage beauté de la rivière Churchill qui se déverse dans le lac Otter.

□ La première église anglicane de la Saskatchewan (1856) se trouve à Stanley Mission, à 29 km au sud-est.

Aigle à tête blanche

Pélican blanc

PARC NATIONAL DU PRINCE-ALBERT

Ce parc comprend trois zones de végétation. Les blaireaux vivent dans la prairie. Les wapitis sillonnent les boisés de trembles, tandis que le caribou des bois fréquente la forêt boréale. On a recensé 200 espèces d'oiseaux dans le parc, notamment des pélicans blancs (4 500 au lac Lavallée) et le rare aigle à tête blanche. Un petit troupeau de bisons vit aussi dans le parc.

□ Une route panoramique qui suit la rive sud du lac Waskesiu longe des formations glaciaires et un étang où vivent des castors (une jetée mène jusqu'à leurs huttes). Le parc comprend 140 km de sentiers qui sont parfois balisés par des arbres dont les branches inférieures sont émondées à la manière des Indiens et des trappeurs d'autrefois.

Carte

Lac Nemeiben · Missinipe · 6 · RAPIDES OTTER · Churchill · Lac Otter · 53 · 2 · Lac Egg · 32 · 47 · Sucker River · PARC PROV. DU LAC-LA-RONGE · La Ronge · 88.5 · Lac La Ronge · Rapide · CHUTES NISTOWIAK · Twojorks · Weyakwin · 2 · Montreal · 56.5 · 169 · 165 · Bow · MONTREAL RIVER · Lac Weyakwin · 121 · 66 · MacLENNAN RIVER · Lac Montréal · WASKESIU RIVER · Montreal Lake

Une récolte tous les 80 ans

Plus de la moitié de la Saskatchewan est boisée. Tout son centre en particulier, des terres agricoles du sud au Bouclier canadien au nord, est couvert d'une vaste forêt commerciale qui appartient à la province.

Les bois tendres représentent 60 pour cent de la production : le pin gris et l'épinette noire servent à fabriquer des traverses de chemin de fer, des piquets de clôture, du contre-plaqué et de la pâte à papier. L'épinette blanche donne du bois de construction. Le tremble, l'essence la plus commune de la province, est un bois dur qui sert surtout à faire de la pâte à papier.

Plus de trois millions de jeunes arbres sont plantés tous les ans dans les régions de coupe. Ils atteindront leur taille adulte au bout de 80 ans.

En été, les touristes peuvent visiter une usine de pâte à papier près de Prince-Albert.

Exploitation d'une forêt commerciale de la Saskatchewan

Dons d'une nature inviolée,
des truites et des brochets fabuleux

Nord de la Saskatchewan et du Manitoba

Les forêts inviolées du nord de la Saskatche-wan et du Manitoba sont pratiquement restées semblables à celles que découvr Henry Kelsey en 1690, le premier Europée qui les explora.

Des routes panoramiques, comme celles Kelsey et du lac Hanson, invitent aujour d'hui les touristes à visiter cette régio sauvage.

Le paysage le plus saisissant du nord de l Saskatchewan est peut-être celui qu'on dé couvre au carrefour de la route de Kelsey, qu

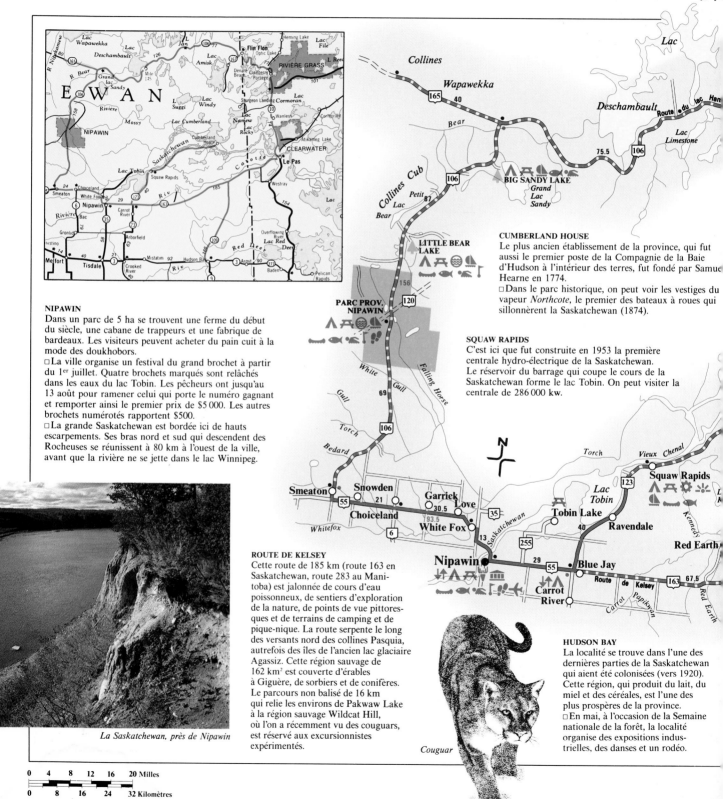

NIPAWIN

Dans un parc de 5 ha se trouvent une ferme du début du siècle, une cabane de trappeurs et une fabrique de bardeaux. Les visiteurs peuvent acheter du pain cuit à la mode des doukhobors.

□La ville organise un festival du grand brochet à partir du 1er juillet. Quatre brochets marqués sont relâchés dans les eaux du lac Tobin. Les pêcheurs ont jusqu'au 13 août pour ramener celui qui porte le numéro gagnant et remporter ainsi le premier prix de $5 000. Les autres brochets numérotés rapportent $500.

□La grande Saskatchewan est bordée ici de hauts escarpements. Ses bras nord et sud qui descendent des Rocheuses se réunissent à 80 km à l'ouest de la ville, avant que la rivière ne se jette dans le lac Winnipeg.

CUMBERLAND HOUSE

Le plus ancien établissement de la province, qui fut aussi le premier poste de la Compagnie de la Baie d'Hudson à l'intérieur des terres, fut fondé par Samuel Hearne en 1774.

□Dans le parc historique, on peut voir les vestiges du vapeur *Northcote*, le premier des bateaux à roues qui sillonnèrent la Saskatchewan (1874).

SQUAW RAPIDS

C'est ici que fut construite en 1953 la première centrale hydro-électrique de la Saskatchewan.

Le réservoir du barrage qui coupe le cours de la Saskatchewan forme le lac Tobin. On peut visiter la centrale de 286 000 kw.

ROUTE DE KELSEY

Cette route de 185 km (route 163 en Saskatchewan, route 283 au Mani-toba) est jalonnée de cours d'eau poissonneux, de sentiers d'exploration de la nature, de points de vue pittores-ques et de terrains de camping et de pique-nique. La route serpente le long des versants nord des collines Pasquia, autrefois des îles de l'ancien lac glaciaire Agassiz. Cette région sauvage de 162 km² est couverte d'érables à Giguère, de sorbiers et de conifères. Le parcours non balisé de 16 km qui relie les environs de Pakwaw Lake à la région sauvage Wildcat Hill, où l'on a récemment vu des couguars, est réservé aux excursionnistes expérimentés.

La Saskatchewan, près de Nipawin

HUDSON BAY

La localité se trouve dans l'une des dernières parties de la Saskatchewan qui aient été colonisées (vers 1920). Cette région, qui produit du lait, du miel et des céréales, est l'une des plus prospères de la province.

□En mai, à l'occasion de la Semaine nationale de la forêt, la localité organise des expositions indus-trielles, des danses et un rodéo.

Couguar

0   4   8   12   16   20 Milles

0   8   16   24   32 Kilomètres

longe le relief accidenté des collines Pasquia, et de la route 9. D'un belvédère situé sur le côté est des collines Pasquia, les touristes voient s'étaler devant eux le delta Cumberland, une vaste étendue de marécages verdoyants qui abritent d'innombrables oies et canards.

La route du lac Hanson s'enfonce dans d'épaisses forêts de conifères et longe, entre autres, les lacs Deschambault, Jan et Little Bear, qui sont tous bien connus des pêcheurs de la région. Au nord-ouest du parc provin-

cial Nipawin et du lac Big Sandy, la route contourne les croupes bleutées des collines Wapawekka.

La plupart des villages organisent d'innombrables concours de pêche, au cours desquels les pêcheurs ramènent des prises d'une taille exceptionnelle. Les vainqueurs du concours de pêche du Festival de la truite de Flin Flon, en juin, arborent d'ailleurs d'énormes prises qui atteignent parfois 18 kg et il n'est pas rare de prendre des brochets de 4 kg dans le parc provincial Clearwater Lake.

Festival de la truite de Flin Flon

FLIN FLON

Une statue de fibre de verre de 6 m de haut, œuvre du caricaturiste Al Capp, immortalise l'homonyme de cette ville minière. Dans le roman de J. E. Preston-Muddock, *The Sunless City* (1905), Josiah Flintabbatey Flonatin arrive dans une ville pavée d'or au centre de la terre, en passant par un lac sans fond. Un beau jour de 1908, un prospecteur du nom de Tom Creighton trouva un exemplaire du roman le long d'un portage du Churchill. Six ans plus tard, il découvrait un gisement de minerai et décida que c'était là l'endroit où « Flin Flon » avait découvert sa ville aux richesses fabuleuses.
□ On peut visiter l'Hudson Bay Mining and Smelting Co., qui produit de l'or, de l'argent, du cuivre, du cadmium et du zinc.
□ Une grande partie de Flin Flon est construite sur le roc. La canalisation du service d'eau est donc installée en surface, dans des conduits de bois qui font aussi office de trottoirs.

PARC PROVINCIAL GRASS RIVER

Un tronçon de 130 km de la voie de canotage Grass River, coupé de rapides et de chutes, relie 24 des 154 lacs du parc. Les rives sont creusées de marmites de géants formées par des pierres emportées dans le tourbillon des eaux. La voie de canotage s'enfonce dans « le pays du rat », une région où abondaient autrefois les rats musqués.

Josiah Flintabbatey Flonatin, statue d'Al Capp

PARC PROVINCIAL CLEARWATER LAKE

Le lac Clearwater, alimenté par une source, est réputé pour le bleu limpide de ses eaux où la végétation aquatique est rare. Les particules de calcaire dissoutes dans l'eau reflètent la lumière du soleil. Un sentier de randonnée mène à un escarpement de calcaire de 15 m de haut sur la rive sud du lac.
□ Une petite harde de caribous hiverne dans la partie septentrionale de la forêt provinciale Cormorant qui abrite des orignaux, des loups et des ours noirs.

ROUTE DU LAC HANSON
La route du lac Hanson (360 km) permet de visiter des centaines de lacs et de rivières auxquels on ne pouvait accéder autrefois qu'en avion ou en canot. A partir de Smeaton, en Saskatchewan, la route s'enfonce au nord puis vire à l'est, en direction de Flin Flon, au Manitoba. La route 165 mène à des piliers de glaces et de sable, au bord de la Nipekamew.

LE PAS
Au cours du Festival des trappeurs, en février, on assiste à une course de chiens de 240 km, à des concours d'écorchement de rats musqués et d'appel à l'orignal.
□ En août, les Indiens de la tribu Opasquia donnent un spectacle de danses traditionnelles.
□ L'église Christ Church (1896) est décorée d'ornements sculptés en 1848 par un groupe de sauveteurs partis à la recherche de l'expédition de Sir John Franklin.
□ Le Petit Musée du Nord présente une collection d'objets ciselés dans l'ivoire par les Inuit.

Ornements façonnés du bout des dents

Quelques Indiennes de la tribu des Cris du nord du Manitoba et de la Saskatchewan pratiquent encore un art ancien et fort peu connu. Les femmes plient en coin de fines pellicules d'écorce de bouleau, puis dessinent avec leurs dents de délicats motifs de fleurs, d'insectes, d'oiseaux et de flocons de neige qui servaient autrefois de modèles aux traditionnelles broderies de perles.

Les touristes peuvent acheter ces décorations au musée de Denare Beach.

Au sein d'une étendue aride, de hautes collines verdoyantes

Sud-ouest de la Saskatchewan

Soudain, au cœur d'une mer d'herbes rases et clairsemées, dans la sécheresse et la poussière de la plaine, le voyageur découvre une oasis de forêts, de lacs et de pâturages verdoyants, les fascinantes collines du Cyprès.

Elles se dressent comme une sorte de coin effilé dont la pointe, à 1 067 m d'altitude, se trouve à l'est. Vers l'ouest, les collines étendent leur vallonnement sur une centaine de kilomètres et s'élèvent à 1 463 m dans le sud-est de l'Alberta.

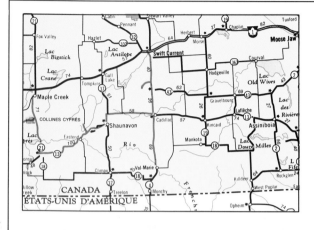

MAPLE CREEK
Cette petite ville, qui se trouve au cœur des terres d'élevage de la province, a été surnommée à juste titre « Old Cow Town ». Sur la route 1, au nord-ouest, une plaque rappelle le « Ranch 76 ». Fondé en 1888, c'était l'un des plus grands alors que la Prairie n'était pas encore clôturée. Il fut démantelé en 1921. Le bureau du ranch se trouve aujourd'hui à Frontier Village, au sud de Maple Creek.
□ Le musée des Old Timers renferme une collection de fusils anciens et d'objets indiens, ainsi qu'une pompe à incendie de 1890.

Pompe à incendie (1890), musée de Maple Creek

PARC PROVINCIAL DES COLLINES-DU-CYPRÈS
Une vallée large de 16 km, The Gap, sépare les deux sections du parc provincial des Collines-du-Cyprès. Les 57 km² de la section est comprennent le Loch Leven, un lac artificiel où l'on pêche l'omble de fontaine, la truite brune et la truite arc-en-ciel. Les 148 km² de la section ouest sont occupés par une forêt provinciale et une réserve.
□ De Bald Butte, une colline située près du lac Loch Leven, on découvre The Gap, une vallée semée de tertres déposés par les glaciers et de marmites formées par les eaux de fonte glaciaire. Près du lac Adams, se dressent des escarpements de graviers agglomérés au cours des âges.

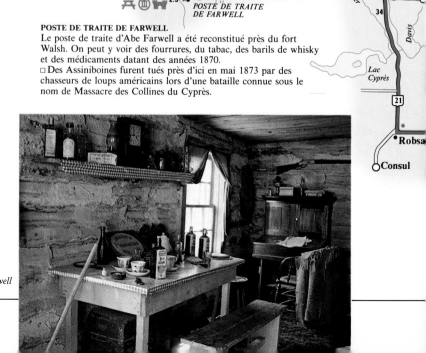

POSTE DE TRAITE DE FARWELL
Le poste de traite d'Abe Farwell a été reconstitué près du fort Walsh. On peut y voir des fourrures, du tabac, des barils de whisky et des médicaments datant des années 1870.
□ Des Assiniboines furent tués près d'ici en mai 1873 par des chasseurs de loups américains lors d'une bataille connue sous le nom de Massacre des Collines du Cyprès.

Fort Walsh

PARC HISTORIQUE NATIONAL DU FORT WALSH
Deux ans après le massacre des collines du Cyprès en 1873, la Police montée du Nord-Ouest construisit le fort Walsh pour mettre fin aux activités des trafiquants de whisky qui offraient aux Indiens de l'alcool frelaté en échange de leurs fourrures.

Baptisé en l'honneur de l'inspecteur James Walsh, de la Police montée, le fort servit aussi à cantonner les troupes chargées de surveiller les Sioux de Sitting Bull. Près de 4 000 Sioux s'étaient réfugiés dans les collines du Cyprès en 1876-1877, après avoir été battus par la cavalerie américaine lors de la bataille du Little Big Horn, au Montana.

Abandonné en 1883, puis brûlé, Fort Walsh fut reconstruit en 1944. La Gendarmerie royale y éleva des chevaux pendant quelques années.
□ Les bâtiments reconstruits du parc historique national du fort Walsh comprennent des ateliers, une caserne, une écurie, la maison du commandant, une poudrière, une salle de garde et un petit musée.

Poste de traite de Farwell

| 0 | 3 | 6 | 9 | 12 | 15 Milles |
| 0 | 6 | 12 | 18 | 24 Kilomètres |

Sur le vaste plateau qui surmonte les collines pousse une dense prairie de fétuque scabre, de pâturin et de chiendent de l'Ouest. En juillet, le plateau se colore, du jaune de la potentille frutescente, du violet argenté des lupins et du bleu doux du penstémon. Le pin lodgepole, qui pousse sur les hauteurs, fut pris pour un cyprès par les explorateurs français, d'où le nom de *montagne du Cyprès* qu'ils donnèrent à la région.

Il y a 40 millions d'années, le plateau était le lit d'un cours d'eau jonché de galets et de blocs de quartz qui se sont depuis agglomérés en une couche dure, résistante à l'érosion. D'étroites vallées orientées nord-sud entaillèrent le plateau et formèrent un chapelet de collines. Les glaciers achevèrent de modeler la région en donnant une forte pente à la paroi nord du plateau, les petites collines du versant sud se confondant progressivement avec la plaine.

Près du lac Loch Leven, un belvédère offre une vaste vue sur les basses terres arides des environs et les Grandes Collines de Sable qui s'étendent au nord de Maple Creek. Ces dunes ondulées sont le domaine de l'antilope d'Amérique, du rat kangourou et d'un crapaud cornu, le phrynosome.

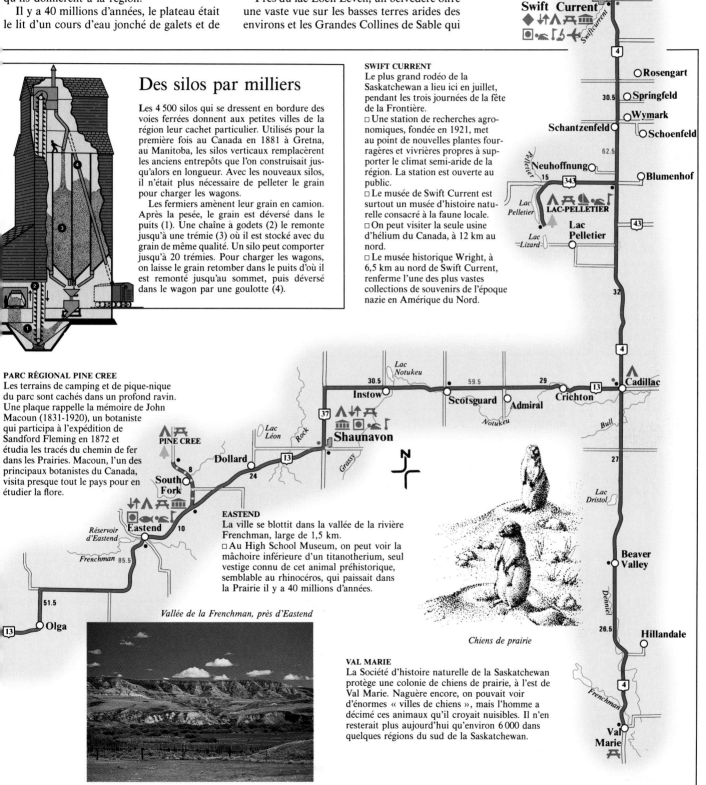

Des silos par milliers

Les 4 500 silos qui se dressent en bordure des voies ferrées donnent aux petites villes de la région leur cachet particulier. Utilisés pour la première fois au Canada en 1881 à Gretna, au Manitoba, les silos verticaux remplacèrent les anciens entrepôts que l'on construisait jusqu'alors en longueur. Avec les nouveaux silos, il n'était plus nécessaire de pelleter le grain pour charger les wagons.

Les fermiers amènent leur grain en camion. Après la pesée, le grain est déversé dans le puits (1). Une chaîne à godets (2) le remonte jusqu'à une trémie (3) où il est stocké avec du grain de même qualité. Un silo peut comporter jusqu'à 20 trémies. Pour charger les wagons, on laisse le grain retomber dans le puits d'où il est remonté jusqu'au sommet, puis déversé dans le wagon par une goulotte (4).

SWIFT CURRENT
Le plus grand rodéo de la Saskatchewan a lieu ici en juillet, pendant les trois journées de la fête de la Frontière.
□ Une station de recherches agronomiques, fondée en 1921, met au point de nouvelles plantes fourragères et vivrières propres à supporter le climat semi-aride de la région. La station est ouverte au public.
□ Le musée de Swift Current est surtout un musée d'histoire naturelle consacré à la faune locale.
□ On peut visiter la seule usine d'hélium du Canada, à 12 km au nord.
□ Le musée historique Wright, à 6,5 km au nord de Swift Current, renferme l'une des plus vastes collections de souvenirs de l'époque nazie en Amérique du Nord.

PARC RÉGIONAL PINE CREE
Les terrains de camping et de pique-nique du parc sont cachés dans un profond ravin. Une plaque rappelle la mémoire de John Macoun (1831-1920), un botaniste qui participa à l'expédition de Sandford Fleming en 1872 et étudia les tracés du chemin de fer dans les Prairies. Macoun, l'un des principaux botanistes du Canada, visita presque tout le pays pour en étudier la flore.

EASTEND
La ville se blottit dans la vallée de la rivière Frenchman, large de 1,5 km.
□ Au High School Museum, on peut voir la mâchoire inférieure d'un titanotherium, seul vestige connu de cet animal préhistorique, semblable au rhinocéros, qui paissait dans la Prairie il y a 40 millions d'années.

Vallée de la Frenchman, près d'Eastend

Chiens de prairie

VAL MARIE
La Société d'histoire naturelle de la Saskatchewan protège une colonie de chiens de prairie, à l'est de Val Marie. Naguère encore, on pouvait voir d'énormes « villes de chiens », mais l'homme a décimé ces animaux qu'il croyait nuisibles. Il n'en resterait plus aujourd'hui qu'environ 6 000 dans quelques régions du sud de la Saskatchewan.

Les badlands du Big Muddy, repaire de bandits de grand chemin

Centre-sud de la Saskatchewan

Au début du siècle, les badlands du Big Muddy servirent de repaire à des bandits de grand chemin. Les cheminées des fées de la vallée du Big Muddy, ses buttes et ses ravins impénétrables permettaient de semer facilement les poursuivants ou de cacher le bétail volé.

En 1883, une grande sécheresse ruina les éleveurs de bétail et certains de leurs hommes de peine formèrent des bandes de hors-la-loi. Dutch Henry, contrebandier et voleur de chevaux, fut chassé de Dodge City, au Kan-

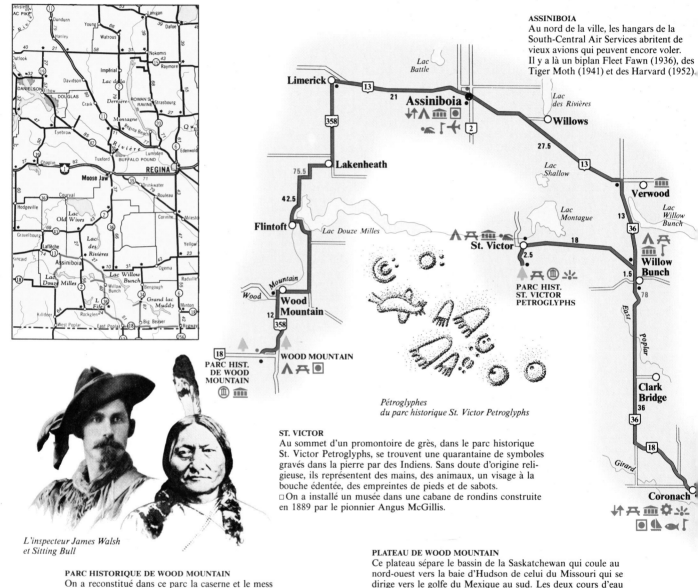

L'inspecteur James Walsh
et Sitting Bull

ASSINIBOIA
Au nord de la ville, les hangars de la South-Central Air Services abritent de vieux avions qui peuvent encore voler. Il y a là un biplan Fleet Fawn (1936), des Tiger Moth (1941) et des Harvard (1952).

Pétroglyphes
du parc historique St. Victor Petroglyphs

ST. VICTOR
Au sommet d'un promontoire de grès, dans le parc historique St. Victor Petroglyphs, se trouvent une quarantaine de symboles gravés dans la pierre par des Indiens. Sans doute d'origine religieuse, ils représentent des mains, des animaux, un visage à la bouche édentée, des empreintes de pieds et de sabots.
□ On a installé un musée dans une cabane de rondins construite en 1889 par le pionnier Angus McGillis.

PARC HISTORIQUE DE WOOD MOUNTAIN
On a reconstitué dans ce parc la caserne et le mess du poste de la Police montée du Nord-Ouest, construit pour surveiller les Sioux de Sitting Bull. Après la bataille de Little Big Horn en 1876, quelque 4 000 Sioux se réfugièrent dans le sud-ouest de la Saskatchewan et l'inspecteur James Walsh, commandant du fort Walsh dans les collines du Cyprès et de l'avant-poste de Wood Mountain, fut chargé de maintenir l'ordre. Walsh disait de Sitting Bull qu'il était le plus « rusé et le plus intelligent de tous les Indiens ». En 1881, les Sioux se rendirent aux autorités américaines.

Dans les différents bâtiments, on peut voir des objets qui rappellent la vie des Sioux et de la Police montée à Wood Mountain, notamment la selle de Sitting Bull.

PLATEAU DE WOOD MOUNTAIN
Ce plateau sépare le bassin de la Saskatchewan qui coule au nord-ouest vers la baie d'Hudson de celui du Missouri qui se dirige vers le golfe du Mexique au sud. Les deux cours d'eau ont creusé de profonds ravins sur les versants du plateau. Boisées de trembles et de saules à chatons, ces ravines sont fréquentées par la gélinotte des armoises qui se nourrit de graines et de baies. Au printemps, des antilopes d'Amérique et des cerfs mulets paissent l'avoine sauvage sur les prairies du plateau.
□ Dans les badlands de Killdeer, à 32 km au sud-ouest, s'élèvent des collines argileuses, rongées par l'érosion, qui atteignent parfois 90 m de haut. Aucune végétation n'y pousse.
□ Le stampede de Wood Mountain, le plus ancien rodéo annuel de la Saskatchewan — il date de 1912 —, a lieu tous les ans en juillet au parc régional de Wood Mountain.

0   2   4   6   8   10 Milles

0   4   8   12   16 Kilomètres

sas, vers la fin des années 1880. Il prit la route du Montana et, entre ses équipées, il venait se réfugier dans la sauvage région du Big Muddy, à quelques lieues seulement de la frontière. Aidé de son complice, Tom Owens, il creusa près d'une source deux cavernes, l'une pour les hommes, l'autre, plus grande, pour les chevaux. Leur repaire était presque inexpugnable car, du haut de Peaked Butte, les voleurs pouvaient aussi surveiller tout le pays, tant du côté canadien que du côté américain. Plusieurs bandits notoires vinrent se joindre à Henry et Owens, notamment Bloody Knife et Pigeon Toed Kid.

En 1903, Henry et ses hommes entrèrent dans la bande Nelson-Jones, elle-même partie de la Horde Sauvage qui faisait régner la terreur dans tout l'Ouest, des deux côtés de la frontière. Au cours d'une de leurs équipées, les voleurs s'emparèrent de 200 chevaux qu'ils emmenèrent au Canada. Ils les vendirent, les volèrent de nouveau et les revendirent au Montana. A la suite d'un vol de 140 bêtes à la Diamond Ranch Company, une prime de $1 200 fut offerte pour la capture des chefs de la bande.

En 1906, Dutch Henry fut abattu à Roseau, au Minnesota. Bloody Knife trouva la mort dans une querelle d'ivrognes. Pigeon Toed Kid fut tué par une bande de cavaliers qui le poursuivaient et Jones par un shérif américain. Quant à Nelson (alias Sam Kelly), un tribunal l'acquitta d'une accusation de meurtre. Il mourut dans son lit en 1954 à North Battleford, en Saskatchewan, les bottes encore aux pieds.

WILLOW BUNCH
Une statue grandeur nature en papier mâché d'Edouard Beaupré, géant de 2,52 m qui naquit ici en 1881, est exposée au musée de Willow Bunch, de même que des vêtements, une bague et un lit qui lui ont appartenu.
□ Dans un parc régional au sud-ouest de Willow Bunch se trouve une stèle qui rappelle le souvenir de Légaré, éleveur et négociant qui approvisionna les Sioux de Sitting Bull pendant leur exil au Canada (1876-1881).

CASTLE BUTTE
Dressée comme un château fort au milieu de la prairie, cette éminence d'argile de 60 m de haut marque l'extrémité nord des badlands du Big Muddy. Il y a des milliers d'années, les eaux de fonte des glaciers érodèrent le schiste qui entourait la butte, laissant une colline aux parois presque verticales.

Les badlands du Big Muddy

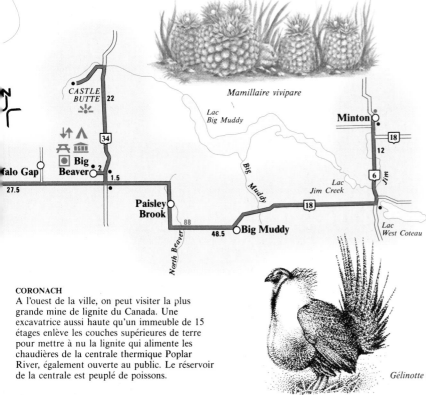

CORONACH
A l'ouest de la ville, on peut visiter la plus grande mine de lignite du Canada. Une excavatrice aussi haute qu'un immeuble de 15 étages enlève les couches supérieures de terre pour mettre à nu la lignite qui alimente les chaudières de la centrale thermique Poplar River, également ouverte au public. Le réservoir de la centrale est peuplé de poissons.

Mamillaire vivipare

Gélinotte des armoises

BADLANDS DU BIG MUDDY
Cette vallée de 3 km de large serpente en direction du sud-est, entre Willow Bunch et le lac Big Muddy. Deux excursions guidées en automobile sont organisées en juillet (départ de Big Beaver). La route passe devant des cheminées des fées (colonnes de terres isolées, coiffées d'une pierre), des buttes (collines à sommet plat et à versants verticaux) et des coulées (ravins creusés par des cours d'eau). On peut également voir les cavernes du bandit Sam Kelly, l'emplacement d'un poste de la Police montée du Nord-Ouest datant de 1902 et des silhouettes de bisons et de tortues esquissées par des Indiens de la préhistoire.

Il y a un million d'années, cette région n'était qu'une légère dépression. Par la suite, les glaciers creusèrent la vallée et les cours d'eau auxquels ils donnaient naissance sculptèrent d'étranges formations rocheuses.

Le printemps pare les badlands de couleurs chatoyantes. Sur les versants exposés au sud s'ouvrent, entre les taches blanches du phlox subulé, les fleurs jaunes et pourpres de la raquette et du mamillaire vivipare. La prairie mixte des pentes ouest et nord s'émaille des fleurs rouges du lys des prairies et des épis jaunes de l'oxytrope.

Des buses rouilleuses et des aigles dorés planent dans le silence de la vallée. Au printemps, des malards, des foulques américaines et des sarcelles à ailes bleues font leurs nids sur le lac Big Muddy.

Au musée d'Histoire naturelle de Big Beaver, on peut voir des collections de roches, du bois pétrifié et divers spécimens d'animaux de la région.

Un barrage géant et Nisk'u, le refuge des outardes

Centre de la Saskatchewan

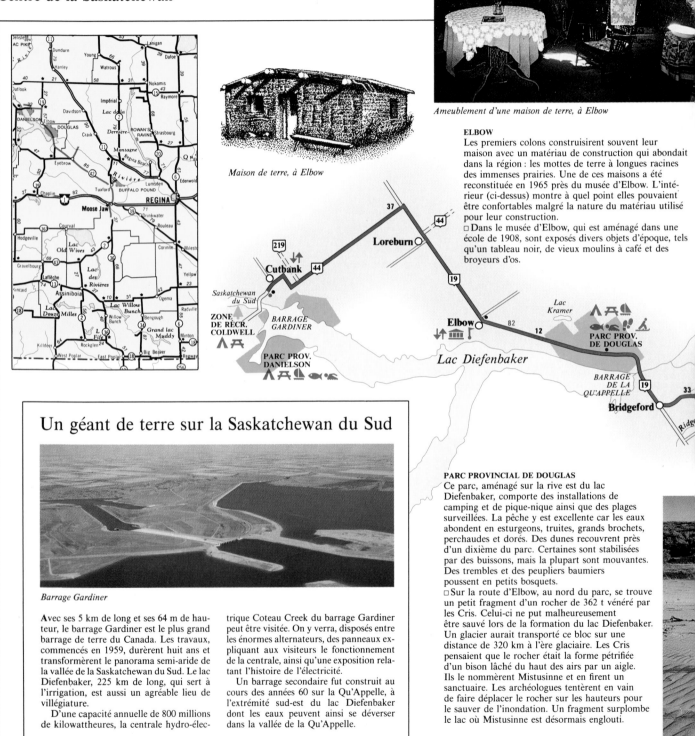

Ameublement d'une maison de terre, à Elbow

Maison de terre, à Elbow

ELBOW
Les premiers colons construisirent souvent leur maison avec un matériau de construction qui abondait dans la région : les mottes de terre à longues racines des immenses prairies. Une de ces maisons a été reconstituée en 1965 près du musée d'Elbow. L'intérieur (ci-dessus) montre à quel point elles pouvaient être confortables malgré la nature du matériau utilisé pour leur construction.
□ Dans le musée d'Elbow, qui est aménagé dans une école de 1908, sont exposés divers objets d'époque, tels qu'un tableau noir, de vieux moulins à café et des broyeurs d'os.

Un géant de terre sur la Saskatchewan du Sud

Barrage Gardiner

Avec ses 5 km de long et ses 64 m de hauteur, le barrage Gardiner est le plus grand barrage de terre du Canada. Les travaux, commencés en 1959, durèrent huit ans et transformèrent le panorama semi-aride de la vallée de la Saskatchewan du Sud. Le lac Diefenbaker, 225 km de long, qui sert à l'irrigation, est aussi un agréable lieu de villégiature.

D'une capacité annuelle de 800 millions de kilowattheures, la centrale hydro-électrique Coteau Creek du barrage Gardiner peut être visitée. On y verra, disposés entre les énormes alternateurs, des panneaux expliquant aux visiteurs le fonctionnement de la centrale, ainsi qu'une exposition relatant l'histoire de l'électricité.

Un barrage secondaire fut construit au cours des années 60 sur la Qu'Appelle, à l'extrémité sud-est du lac Diefenbaker dont les eaux peuvent ainsi se déverser dans la vallée de la Qu'Appelle.

PARC PROVINCIAL DE DOUGLAS
Ce parc, aménagé sur la rive est du lac Diefenbaker, comporte des installations de camping et de pique-nique ainsi que des plages surveillées. La pêche y est excellente car les eaux abondent en esturgeons, truites, grands brochets, perchaudes et dorés. Des dunes recouvrent près d'un dixième du parc. Certaines sont stabilisées par des buissons, mais la plupart sont mouvantes. Des trembles et des peupliers baumiers poussent en petits bosquets.
□ Sur la route d'Elbow, au nord du parc, se trouve un petit fragment d'un rocher de 362 t vénéré par les Cris. Celui-ci ne put malheureusement être sauvé lors de la formation du lac Diefenbaker. Un glacier aurait transporté ce bloc sur une distance de 320 km à l'ère glaciaire. Les Cris pensaient que le rocher était la forme pétrifiée d'un bison lâché du haut des airs par un aigle. Ils le nommèrent Mistusinne et en firent un sanctuaire. Les archéologues tentèrent en vain de faire déplacer le rocher sur les hauteurs pour le sauver de l'inondation. Un fragment surplombe le lac où Mistusinne est désormais englouti.

Bien des siècles avant l'arrivée de l'homme blanc, les Indiens suivaient le cours de la Saskatchewan du Sud pour traverser la Prairie dans leurs frêles canots d'écorce de bouleau. Ils l'appelaient Kisiskatchewan, « la rivière aux eaux rapides ».

Les trafiquants de fourrures empruntèrent eux aussi la rivière et ses nombreux affluents pour expédier leurs pelleteries vers l'est. Ils sillonnèrent d'abord en canot ces cours d'eau, puis à bord des barques du fort York et de vapeurs à roues.

Dès 1858, une équipe d'arpenteurs conçut le projet de jeter un barrage sur la Saskatchewan du Sud pour détourner une partie de ses eaux et ouvrir ainsi une voie navigable entre les rivières Qu'Appelle et Assiniboine. Mais celle-ci devint inutile avec l'avènement du chemin de fer en 1885.

Au cours des grandes sécheresses des années 30, le gouvernement de la Saskatchewan créa un service destiné à conserver les ressources agricoles et hydrauliques de la province. Ce premier volet de sauvegarde du territoire précéda le plan d'aménagement de la Saskatchewan du Sud qui permet d'utiliser les eaux de la rivière pour produire de l'électricité et irriguer les terres.

L'aménagement de la Saskatchewan du Sud a pris fin en 1967 avec l'inauguration du barrage Gardiner. Au bord du lac Diefenbaker qui sert de réservoir au barrage, se trouvent le parc provincial de Douglas, la zone de récréation Coldwell et le parc provincial Danielson, trois oasis de fraîcheur dans une région semi-aride.

NISK'U
Le gouvernement de la Saskatchewan et Ducks Unlimited, un organisme privé qui se consacre à la conservation des oiseaux aquatiques d'Amérique du Nord, protègent une volée de 900 bernaches canadiennes destinées à faire souche. Fondé en 1969, Nisk'u (grandes oies, en langue cri) se trouve à l'extrémité est du lac Eyebrow. En 1985, près de 15 000 oisons auront été élevés sur les 90 km² de la réserve. Nisk'u est un habitat idéal pour des oiseaux aquatiques. Ils s'y nourrissent de grain planté et nichent sur des îles artificielles. En outre, les naturalistes baguent et relâchent ici de nombreux canards pour mieux connaître leurs migrations.

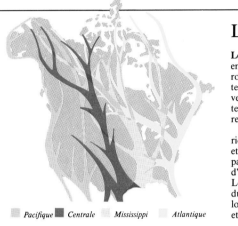

Les routes migratoires

Les milliers d'oiseaux qui viennent se reposer à Nisk'u empruntent la route centrale, l'une des quatre grandes routes migratoires d'Amérique du Nord. Au printemps, quelque deux millions de canards et d'oies suivent cette route pour regagner les régions septentrionales où ils nichent. A l'automne, les oiseaux repartent vers le sud-est du Texas.

Les trois grandes autres routes migratoires d'Amérique du Nord sont celles du Pacifique, du Mississippi et de l'Atlantique. Les oiseaux de la route du Pacifique passent généralement l'hiver en Californie. Les plaines d'inondation du Mississippi et les marécages de la Louisiane accueillent en hiver les oiseaux de la route du Mississippi. Quant aux oiseaux qui se déplacent le long de la côte de l'Atlantique, ils hivernent en Floride et dans les Antilles.

▨ *Pacifique* ▮ *Centrale* ▨ *Mississippi* ▨ *Atlantique*

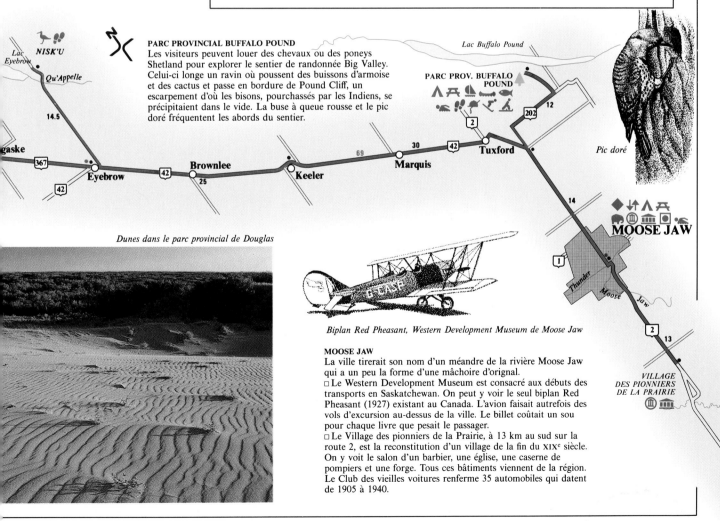

PARC PROVINCIAL BUFFALO POUND
Les visiteurs peuvent louer des chevaux ou des poneys Shetland pour explorer le sentier de randonnée Big Valley. Celui-ci longe un ravin où poussent des buissons d'armoise et des cactus et passe en bordure de Pound Cliff, un escarpement d'où les bisons, pourchassés par les Indiens, se précipitaient dans le vide. La buse à queue rousse et le pic doré fréquentent les abords du sentier.

Dunes dans le parc provincial de Douglas

Biplan Red Pheasant, Western Development Museum de Moose Jaw

MOOSE JAW
La ville tirerait son nom d'un méandre de la rivière Moose Jaw qui a un peu la forme d'une mâchoire d'orignal.
□ Le Western Development Museum est consacré aux débuts des transports en Saskatchewan. On peut y voir le seul biplan Red Pheasant (1927) existant au Canada. L'avion faisait autrefois des vols d'excursion au-dessus de la ville. Le billet coûtait un sou pour chaque livre que pesait le passager.
□ Le Village des pionniers de la Prairie, à 13 km au sud sur la route 2, est la reconstitution d'un village de la fin du XIXᵉ siècle. On y voit le salon d'un barbier, une église, une caserne de pompiers et une forge. Tous ces bâtiments viennent de la région. Le Club des vieilles voitures renferme 35 automobiles qui datent de 1905 à 1940.

La ville-reine des Plaines, un jardin dans la Prairie

Centre de la Saskatchewan

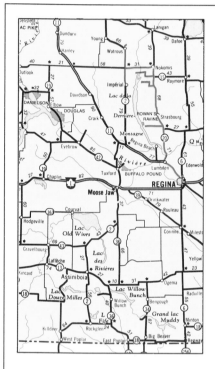

MANITOU BEACH

Personne ne s'est jamais noyé dans le Petit Lac Manitou, car il est impossible de couler dans ses eaux chargées de sel. Ce lac de 19 km de long, alimenté par une source riche en minéraux, ne possède pas de déversoir, si bien que l'évaporation ne cesse d'accroître la concentration du sel. Les Indiens prêtaient des vertus curatives à ce « lac du Grand Esprit ».

□ A Manitou Beach, on peut se baigner dans une piscine intérieure alimentée par les eaux du lac qui contiennent du sulfate de sodium, de calcium, de potassium et de magnésium, ainsi que d'autres sels minéraux.

□ On peut faire du ski de fond et de descente dans un parc des environs.

□ Environ 400 artistes amateurs et professionnels présentent leurs œuvres à l'exposition annuelle de Watrous, en juillet.

Lin de Lewis

REFUGE D'OISEAUX LAST MOUNTAIN LAKE

Fondée en 1887, cette réserve de 10 km², située à l'extrémité nord du lac de la Dernière Montagne, est le plus ancien refuge d'oiseaux d'Amérique du Nord. A la mi-septembre, jusqu'à 10 000 cormorans à aigrettes et 20 000 grues canadiennes viennent s'y reposer, de même que des oies de Ross et des grues blanches d'Amérique. Des pélicans blancs et des macreuses à ailes blanches font leur nid sur les îles du lac.

□ En juin et en juillet, un tapis d'asters, de verges d'or et de campanules couvre les prairies bordées de trembles et de saules.

□ En été, des cours d'artisanat sont donnés au refuge.

PARC PROVINCIAL ROWAN'S RAVINE

Le parc doit son nom à un ravin de 7 m de profondeur et de plus de 1 km de long. Pendant les migrations d'automne et de printemps, les oiseaux aquatiques qui font leur nid au refuge Last Mountain Lake, dont la grue canadienne, le pélican blanc et la rare grue blanche d'Amérique, viennent parfois dans le parc. Le lac de la Dernière Montagne (97 km de long) offre une excellente pêche au grand brochet, à la perchaude et au doré.

Pendant des générations, les chasseurs indiens entassèrent des os de bisons près d'un ruisseau qu'ils appelaient *oskunah-kasas-take*, « le tas d'os ». Par la suite, le nom indien fut changé en Wascana par le capitaine Palliser.

En 1882, cet endroit fut choisi comme capitale de ce qui était alors les Territoires du

Maison du chef de poste, parc historique Last Mountain House

PARC HISTORIQUE LAST MOUNTAIN HOUSE

Ce poste de la Compagnie de la Baie d'Hudson où l'on faisait le commerce de la viande et des peaux de bison a été fondé en 1869. Les bâtiments reconstitués comprennent la maison du chef de poste, les quartiers des hommes et une cave qui servait de chambre froide.

Refuge d'oiseaux Last Mountain Lake

| 0 | 2 | 4 | 6 | 8 | 10 Milles |
| 0 | 4 | 8 | 12 | 16 Kilomètres |

Nord-Ouest et rebaptisé Regina, en l'honneur de la reine Victoria.

Les fondateurs de la ville écoutèrent son conseil : lorsque Regina devint la capitale de la nouvelle province de la Saskatchewan en 1905, ils décidèrent de faire un jardin de cette prairie désolée. On jeta donc un barrage sur le cours d'eau Wascana pour créer un lac qui fut bientôt bordé d'un parc.

Le Wascana Center est aujourd'hui un véritable terrain de jeux verdoyant en plein cœur de la cité. Des pistes cyclables et des routes de promenade enserrent un lac où navigue languissamment une véritable armada de bateaux de plaisance. Des pelouses plantées d'arbres, un refuge d'oiseaux et des terrains de pique-nique s'étendent entre l'université de Regina, le musée d'Histoire naturelle et le Parlement qu'entourent de beaux jardins ornés de fontaines.

Regina, la principale ville de la Saskatchewan avec ses 156 000 habitants, ne vivait autrefois que de l'agriculture. La potasse et d'autres industries y ont pris depuis une place importante.

L'histoire de la ville est liée à celle de la Gendarmerie royale. Autrefois quartier général de ce corps d'élite (1882-1920), Regina abrite de nos jours un centre important de recrutement et de formation.

La nature n'avait pourtant pas gâté la « ville-reine des Plaines » : « S'il y avait un peu plus d'arbres, un peu plus d'eau, une colline ici et là, je pense que la perspective serait meilleure », dit Sir John A. Macdonald en 1886.

Fontaine de Trafalgar Square et édifice du Parlement, à Regina

WASCANA CENTER

Le centre d'attraction de ce parc de 930 ha est le lac Wascana où l'on peut se baigner, faire de la voile ou du canot.
□ Des trottoirs de bois traversent les marécages du refuge d'oiseaux Wascana Waterfowl Park.
□ Le Parlement (1912) possède trois galeries ornées de portraits des lieutenants-gouverneurs, des premiers ministres, des chefs indiens et des notables de la Saskatchewan. L'édifice se dresse au milieu d'un beau jardin décoré de fontaines dont une provient de Trafalgar Square, à Londres.
□ La maison d'enfance (1906) de John G. Diefenbaker, qui se trouvait à Borden, en Saskatchewan, a été transportée ici en 1967.
□ En été, on peut visiter le splendide centre des Arts de la Saskatchewan.
□ La galerie d'art Norman Mackenzie de l'université de Regina possède des œuvres de la Renaissance italienne et des sculptures égyptiennes.
□ Des autobus à deux étages font visiter le Wascana Center en été.

CENTRE DE FORMATION DE LA GENDARMERIE ROYALE

Près de 800 recrues sont formées chaque année dans ce centre.
□ Les collections d'armes anciennes, d'uniformes et de documents du musée évoquent l'histoire de ce corps d'élite.
□ Les fonts baptismaux de la chapelle, le plus ancien édifice de Regina (1883), sont consacrés à la mémoire d'un gendarme tué lors de la rébellion du Nord-Ouest en 1885.
□ A Sleigh Square, des monuments commémorent le centième anniversaire de la Gendarmerie royale (1973), les gendarmes morts en service et la première traversée de l'Arctique par un patrouilleur de la Gendarmerie royale, le *St. Roch*.

REFUGE CONDIE

Dans le refuge d'oiseaux du réservoir Condie, des silhouettes d'animaux et d'êtres humains que les Indiens dessinaient sur le sol avec des pierres ont été reproduites. Un sentier traverse la reconstitution d'un camp indien, une colonie de chiens des prairies et un centre d'initiation à la nature.

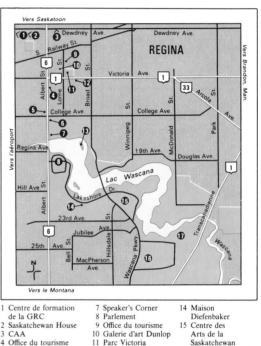

Insigne de la GRC

1 Centre de formation de la GRC	7 Speaker's Corner	14 Maison Diefenbaker
2 Saskatchewan House	8 Parlement	15 Centre des Arts de la Saskatchewan
3 CAA	9 Office du tourisme	
4 Office du tourisme	10 Galerie d'art Dunlop	16 Université de Regina
5 Télorama	11 Parc Victoria	17 Administration du Wascana Center
6 Musée d'Histoire naturelle de la Saskatchewan	12 Saskatchewan Power Building	
	13 Wascana Waterfowl Park	

REGINA

En juillet, la ville s'anime avec les « Buffalo Days », dix journées de courses de chevaux, de rodéo et de spectacles divers. En novembre, un autre rodéo se déroule à l'occasion d'une grande foire agricole.
□ La galerie d'art Dunlop de la bibliothèque publique de Regina expose des œuvres d'artistes de la région. Sa collection permanente comprend des paysages et des croquis de scènes militaires de l'artiste anglais Inglis Sheldon-Williams.
□ De juin à août, le procès de Louis Riel, condamné pour trahison, est reconstitué trois fois par semaine à Saskatchewan House, l'ancienne résidence des lieutenants-gouverneurs de la province.
□ Au musée d'Histoire naturelle de la Saskatchewan, on peut voir des fossiles de dinosaures et des objets indiens préhistoriques.
□ Le treizième étage du Saskatchewan Power Building abrite une galerie d'art.
□ Au Saskatchewan Telecommunications Building, l'exposition Télorama décrit le développement du téléphone depuis l'époque d'Alexander Graham Bell.
□ Dans le parc Victoria, un monument se dresse à l'endroit où se déroula la cérémonie d'inauguration de la province de la Saskatchewan, le 4 septembre 1905.
□ A Wascana Center, les orateurs les plus divers trouvent un auditoire à Speaker's Corner qu'éclairent des becs de gaz londoniens, à l'ombre de bouleaux originaires de Runnymede (Angleterre) où fut signée la Grande Charte, en 1215.

Centre des Arts de la Saskatchewan

Au pays du charbon, l'épopée de deux villages de pionniers

Sud-est de la Saskatchewan

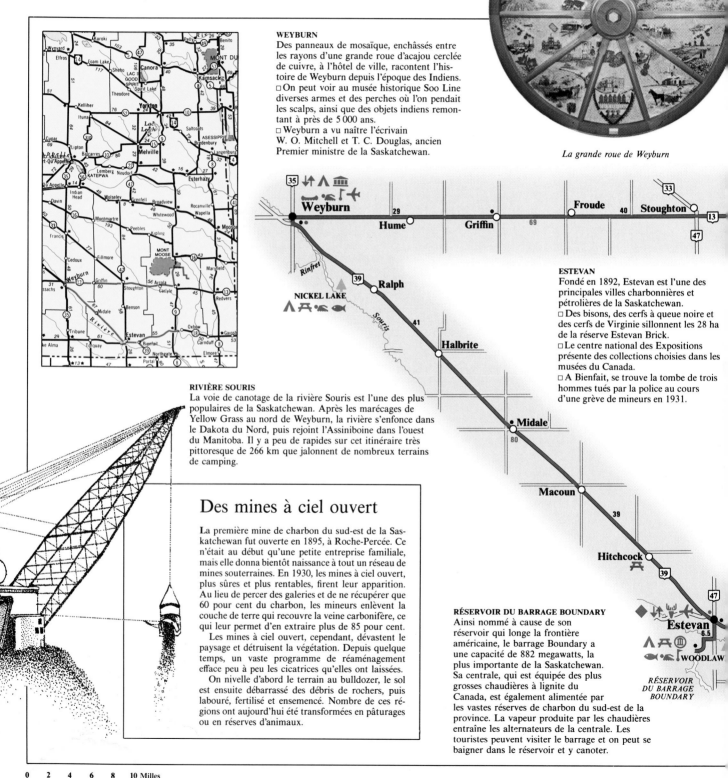

WEYBURN

Des panneaux de mosaïque, enchâssés entre les rayons d'une grande roue d'acajou cerclée de cuivre, à l'hôtel de ville, racontent l'histoire de Weyburn depuis l'époque des Indiens.
□ On peut voir au musée historique Soo Line diverses armes et des perches où l'on pendait les scalps, ainsi que des objets indiens remontant à près de 5 000 ans.
□ Weyburn a vu naître l'écrivain W. O. Mitchell et T. C. Douglas, ancien Premier ministre de la Saskatchewan.

La grande roue de Weyburn

ESTEVAN

Fondé en 1892, Estevan est l'une des principales villes charbonnières et pétrolières de la Saskatchewan.
□ Des bisons, des cerfs à queue noire et des cerfs de Virginie sillonnent les 28 ha de la réserve Estevan Brick.
□ Le centre national des Expositions présente des collections choisies dans les musées du Canada.
□ A Bienfait, se trouve la tombe de trois hommes tués par la police au cours d'une grève de mineurs en 1931.

RIVIÈRE SOURIS

La voie de canotage de la rivière Souris est l'une des plus populaires de la Saskatchewan. Après les marécages de Yellow Grass au nord de Weyburn, la rivière s'enfonce dans le Dakota du Nord, puis rejoint l'Assiniboine dans l'ouest du Manitoba. Il y a peu de rapides sur cet itinéraire très pittoresque de 266 km que jalonnent de nombreux terrains de camping.

Des mines à ciel ouvert

La première mine de charbon du sud-est de la Saskatchewan fut ouverte en 1895, à Roche-Percée. Ce n'était au début qu'une petite entreprise familiale, mais elle donna bientôt naissance à tout un réseau de mines souterraines. En 1930, les mines à ciel ouvert, plus sûres et plus rentables, firent leur apparition. Au lieu de percer des galeries et de ne récupérer que 60 pour cent du charbon, les mineurs enlèvent la couche de terre qui recouvre la veine carbonifère, ce qui leur permet d'en extraire plus de 85 pour cent.

Les mines à ciel ouvert, cependant, dévastent le paysage et détruisent la végétation. Depuis quelque temps, un vaste programme de réaménagement efface peu à peu les cicatrices qu'elles ont laissées.

On nivelle d'abord le terrain au bulldozer, le sol est ensuite débarrassé des débris de rochers, puis labouré, fertilisé et ensemencé. Nombre de ces régions ont aujourd'hui été transformées en pâturages ou en réserves d'animaux.

RÉSERVOIR DU BARRAGE BOUNDARY

Ainsi nommé à cause de son réservoir qui longe la frontière américaine, le barrage Boundary a une capacité de 882 megawatts, la plus importante de la Saskatchewan. Sa centrale, qui est équipée des plus grosses chaudières à lignite du Canada, est également alimentée par les vastes réserves de charbon du sud-est de la province. La vapeur produite par les chaudières entraîne les alternateurs de la centrale. Les touristes peuvent visiter le barrage et on peut se baigner dans le réservoir et y canoter.

Deux villages de pionniers — Cannington Manor et Hirsch — connurent, pour des raisons différentes, des destins malheureux. A Cannington Manor s'installèrent des aristocrates anglais qui tentèrent de s'acclimater à la rude vie de la Prairie, alors que ce sont des Juifs chassés d'Europe qui fondèrent Hirsch en 1892.

La rigueur des hivers et la sécheresse des étés amenèrent la ruine du village juif. En 1894, il ne restait plus que sept des 47 familles qui s'y étaient installées.

La colonie de Cannington Manor, une « petite Angleterre dans la Prairie », fut fondée en 1882 par Edward Michell Pierce, capitaine en retraite de l'armée britannique. Les colons y vivaient comme des gentlemen, dans le grand style de l'Angleterre victorienne. Mais leur rêve ne dura même pas le temps d'une génération. Vers la fin des années 1890, la plupart étaient partis pour les champs aurifères du Klondike ou les champs de bataille de l'Afrique du Sud pour lutter contre les Boers. Le coup de grâce vint en 1900, quand

les ingénieurs du CP décidèrent de contourner Cannington Manor.

Le chemin de fer donna naissance à de nouvelles villes et à de jeunes industries, alimentées par le charbon du sous-sol. Vers 1920, la concurrence des autres régions charbonnières se fit cruellement sentir. L'introduction, en 1930, de techniques d'extraction du charbon à ciel ouvert, d'une plus grande rentabilité que l'exploitation souterraine, donna cependant un nouvel élan à l'économie du sud-est de la Saskatchewan.

Petit garrot

PARC PROVINCIAL MOOSE MOUNTAIN
Perché sur un plateau au milieu des prairies, ce parc de 400 km² est couvert d'une forêt de trembles. Ses nombreux lacs et marécages attirent la sarcelle à ailes bleues, le petit garrot, le vautour à tête rouge, le cerf de Virginie et le castor. Des sentiers de randonnée et d'exploration de la nature mènent à certains des plus beaux endroits du parc. On peut y pratiquer la natation, l'équitation et la pêche au brochet et à la perchaude.

LAC KENOSEE
Ce lac est l'un des plus populaires du parc provincial Moose Mountain car les visiteurs peuvent y camper et se consacrer à la pêche, à la natation et au canotage.
□ Le lys de la prairie, emblème floral de la Saskatchewan, est l'une des nombreuses plantes que l'on trouve dans la région. Ses fleurs d'un rouge orangé, mouchetées de noir, constellent les prés en juin et juillet. Chaque plante donne jusqu'à cinq fleurs, si belles que ce lys a beaucoup souffert d'une cueillette excessive.

Lys de la prairie

Roche Percée

ROCHE-PERCÉE
Les affleurements de grès situés près de cette ville ont été sculptés par les intempéries, mais ils ont aussi été mutilés par ceux qui y gravèrent leur nom. Haute de 7,5 m, la Roche Percée fut vénérée par les Indiens qui la couvrirent de pétroglyphes. En juillet 1874, les hommes d'un détachement de la Police montée ont gravé leurs initiales sur le rocher. Une stèle rappelle qu'ils y tinrent un service religieux.

PARC HISTORIQUE DE CANNINGTON MANOR
A la fin du XIXe siècle, des aristocrates anglais tentèrent de recréer ici la vie de leur pays d'origine : chasse à courre, cricket, parties de tennis et de billard, courses de chevaux, rien n'y manquait. Aujourd'hui, il ne reste plus rien de la colonie, si ce n'est les maisons Maltby et Hewlett, une menuiserie et une maisonnette de célibataire.
□ Une petite église de bois, All Saints (1884), a été restaurée. On peut y voir un calice d'argent qui fut autrefois un trophée sportif.
□ Le musée renferme également des aquarelles de 1870, une canne-fusil pour le tir au pigeon et une maquette de Cannington Manor à son heure de gloire.

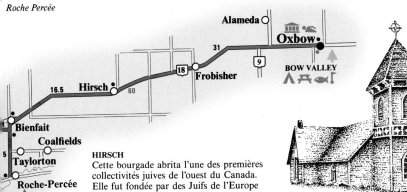

HIRSCH
Cette bourgade abrita l'une des premières collectivités juives de l'ouest du Canada. Elle fut fondée par des Juifs de l'Europe orientale qui s'établirent au Canada au cours des années 1890 grâce à un philanthrope allemand, le baron de Hirsch. A 3 km à l'ouest de la petite ville, une plaque marque l'emplacement du cimetière des colons.

Eglise anglicane All Saints, parc historique de Cannington Manor

Maison Maltby, parc historique de Cannington Manor

Dans la vallée de la Qu'Appelle, l'écho d'une légende indienne

Vallée de la Qu'Appelle

Centre de poterie Hansen-Ross, à Fort-Qu'Appelle

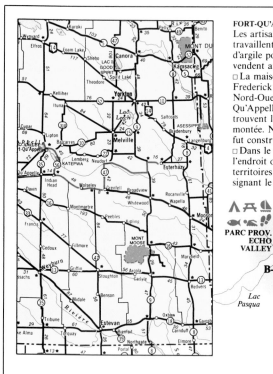

FORT-QU'APPELLE

Les artisans du centre de poterie Hansen-Ross travaillent tous les ans une dizaine de tonnes d'argile pour façonner les objets d'art qu'ils vendent aux touristes.

☐ La maisonnette qu'habita le major général Frederick Middleton au cours de la rébellion du Nord-Ouest en 1885 fait partie du musée de Fort-Qu'Appelle. Sur le terrain de golf de la ville se trouvent les caves d'un ancien poste de la Police montée. Non loin, une plaque rappelle que le fort fut construit en 1875 pour protéger les colons.

☐ Dans le parc municipal, une colonne marque l'endroit où les Indiens cédèrent de vastes territoires dans le sud de la Saskatchewan en signant le traité n° 4 (1874).

LEBRET

Un chemin de croix mène à l'église du Sacré-Cœur qui domine la ville et le lac Mission. Une croix lumineuse se dresse à l'endroit où des missionnaires catholiques plantèrent une croix de bois en 1865. Devant une école technique indienne, une statue rappelle la mémoire de Joseph Hugonard, premier directeur de l'un des plus anciens pensionnats indiens du Canada.

Eglise du Sacré-Cœur, à Le...

PARC PROVINCIAL ECHO VALLEY

Deux sentiers d'exploration de la nature traversent ce parc qui s'étend entre les lacs Pasqua et Echo.

☐ Le parc provincial Katepwa offre des activités sportives et des cours d'artisanat.

Les riches récoltes de la prairie

De nouvelles variétés de semences à grand rendement ont été mises au point dans des fermes expérimentales comme celle d'Indian Head.

Le blé à amandes vitreuses, principale céréale de la Saskatchewan, donne une farine idéale pour le pain. Les fermiers en tirent la majeure partie de leurs revenus.

Le blé dur, second en importance dans la province, sert à la fabrication des pâtes alimentaires. Il pousse généralement dans le centre et le sud de la Saskatchewan.

Le lin, qui donne une huile utilisée dans la fabrication des peintures, est également une source importante de fibres commerciales. Ses dérivés servent à l'alimentation du bétail.

Le seigle d'automne freine l'érosion. Il permet de nourrir les animaux, de faire de la farine et du whisky.

Blé dur   Blé vitreux roux   Lin   Seigle d'automne

INDIAN HEAD

L'agglomération compte une pépinière du gouvernement fédéral où les visiteurs peuvent pique-niquer au milieu de belles pelouses et de parterres de fleurs. Fondé en 1902, cet établissement a distribué des millions de plants d'arbres aux fermiers de la région. Les groupes peuvent demander à visiter les serres et l'arboretum.

☐ A 3 km au nord, une écurie ronde de pierre, datant de 1882, est le dernier vestige de la ferme Bell où travaillaient quelque 100 métayers. Elle était administrée par le major W. R. Bell pour le compte de la Qu'Appelle Valley Farming Company.

☐ En 1887, une partie des terres de la compagnie fut vendue à la ferme expérimentale d'Indian Head. Dans cet établissement ouvert au public, on étudie la rotation des cultures, la lutte contre les mauvaises herbes et l'emploi des engrais.

☐ Un monument commémore la fondation en 1902 de la Territorial Grain Growers' Association, la première coopérative de transport et de commercialisation des céréales organisée par des agriculteurs.

```
0   2    4    6    8    10 Milles
0    4     8     12    16 Kilomètres
```

La Qu'Appelle traverse les deux tiers du sud de la Saskatchewan, déroulant ses méandres à l'est du lac Diefenbaker avant de rejoindre l'Assiniboine au Manitoba. Sa paisible vallée, le pays des champs verdoyants, est un des hauts lieux du tourisme en Saskatchewan.

La rivière s'élargit à Fort-Qu'Appelle pour donner naissance à une chaîne de lacs cristallins bordés de parcs provinciaux où les visiteurs peuvent se baigner et faire du bateau. De nombreux chalets se dressent au bord des eaux poissonneuses des lacs Pasqua, Echo, Mission et Katepwa.

La vallée de la Qu'Appelle tire son nom d'une touchante légende indienne que relate une plaque commémorative, près du village de Lebret. Un Indien, parti à la rencontre de sa fiancée, traversait un lac de la vallée lorsqu'il entendit quelqu'un crier son nom. « Qu'appelle ? » lança-t-il, mais seule la vallée répercuta l'écho de sa voix. Quand il arriva au camp de sa bien-aimée, on lui apprit qu'elle était tombée malade et qu'elle venait à peine de mourir. C'est alors qu'il comprit que c'était sa voix qu'il avait entendue, à l'instant de sa mort.

« Lorsque la lune s'élève au-dessus des collines », écrit Pauline Johnson dans *The Legend of Qu'appelle Valley*, on croit entendre l'écho de la voix du jeune guerrier confiant sa peine :

J'écoute, l'âme brisée, le chasseur qui
[*rappelle*
Pourquoi la vallée porte le nom Qu'Appelle

CAMPING PROVINCIAL GREEN SPOT
Une plaque honore la mémoire d'un célèbre coureur indien du XIXe siècle, Acoose, immortalisé par le poète Duncan Campbell Scott :
Acoose aux pieds légers
Pourchassait sans trêve les troupeaux
[*d'antilopes*
Sitôt levé le soleil, pendant des lieux et
[*des lieux*
Fendant de sa foulée l'herbe drue
[*de la prairie*
□ A 1 km à l'est, un belvédère offre une vue panoramique des lacs Crooked et Round.

ESTERHAZY
Le sous-sol renferme le plus vaste dépôt de potasse du monde. Le gisement, enfoui à 1 000 m au-dessous de la surface, traverse le centre de la Saskatchewan. □ On peut visiter les raffineries et les mines de l'International Mining Corporation, à l'est de la ville qui doit son nom au comte Paul Esterhazy, un noble hongrois venu s'installer ici avec quelques compatriotes en 1886. Un monument à la mémoire de ces pionniers se dresse en face de l'église catholique Kaposvar, au nord de la ville.

Buse de Swainson

LAC CROOKED
Il y a près de 1 000 ans, des Indiens élevèrent un tertre funéraire à flanc de coteau, au-dessus du lac Crooked. Des archéologues y ont découvert 12 squelettes (dont 9 d'adolescents), des poinçons, des grattoirs de pierre et des pipes.

Les morts, enveloppés de peaux de bison, étaient placés sur des estrades de bois avec des vivres et des outils. Plus tard, les Indiens enduisaient d'ocre les ossements et les déposaient avec leurs outils dans une fosse circulaire au-dessus de laquelle ils édifiaient une tente basse qu'ils recouvraient de terre.

Amélanchier à feuilles d'aulnes

VALLÉE DE LA QU'APPELLE
La vallée de la Qu'Appelle est réputée pour les fruits, baies d'amélanchier, cerises de Virginie, merises, cassis et groseilles, qui mûrissent sur les terres humides des versants exposés au nord. Les ravins plus secs des versants exposés au sud sont tapissés de violettes rugueuses, de lys des prairies, d'asters et de verges d'or. Six espèces de rapaces, dont la buse de Swainson, fréquentent la vallée. Le pélican blanc, le grand héron, des canards et des oies sauvages nichent dans les marécages.

Vallée de la Qu'Appelle

Les riches terres agricoles des « lutteurs de l'esprit »

Centre-est de la Saskatchewan

La colonisation de cette région de la Saskatchewan débuta à la fin du XIXᵉ siècle. Chaque communauté a tissé son fil dans la tapisserie ethnique de la province : les Russes à Veregin, les Allemands à Gorlitz et les Ecossais à Kylemore où le souvenir de ces premiers colons reste toujours vivace. A Kamsack et à Yorkton, les dômes argentés des églises ukrainiennes scintillent au soleil. En juillet, des troupes de danseurs et de chanteurs en costumes ethniques se produisent

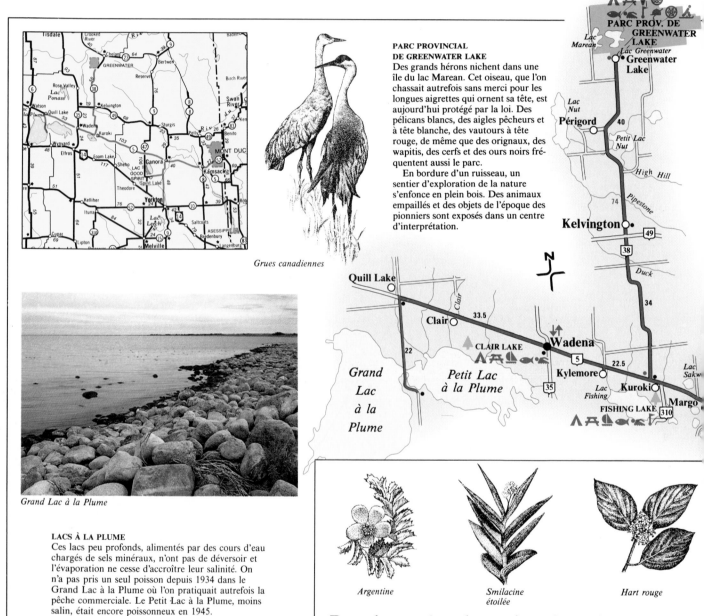

Grues canadiennes

PARC PROVINCIAL DE GREENWATER LAKE

Des grands hérons nichent dans une île du lac Marean. Cet oiseau, que l'on chassait autrefois sans merci pour les longues aigrettes qui ornent sa tête, est aujourd'hui protégé par la loi. Des pélicans blancs, des aigles pêcheurs et à tête blanche, des vautours à tête rouge, de même que des orignaux, des wapitis, des cerfs et des ours noirs fréquentent aussi le parc.

En bordure d'un ruisseau, un sentier d'exploration de la nature s'enfonce en plein bois. Des animaux empaillés et des objets de l'époque des pionniers sont exposés dans un centre d'interprétation.

Grand Lac à la Plume

LACS À LA PLUME

Ces lacs peu profonds, alimentés par des cours d'eau chargés de sels minéraux, n'ont pas de déversoir et l'évaporation ne cesse d'accroître leur salinité. On n'a pas pris un seul poisson depuis 1934 dans le Grand Lac à la Plume où l'on pratiquait autrefois la pêche commerciale. Le Petit Lac à la Plume, moins salin, était encore poissonneux en 1945.

En été, une bonne partie des eaux de ces lacs s'évapore, laissant une croûte de sel d'un blanc étincelant. La végétation est rare sur ce sol stérile où ne poussent que des joncs, des laîches et quelques bouquets de trembles.

Des grues canadiennes et des milliers de canards et d'oies s'arrêtent ici à l'époque des migrations. Les Indiens ramassaient autrefois des plumes d'oies sur les rives des lacs et les échangeaient aux comptoirs de la Compagnie de la Baie d'Hudson. Ces grandes plumes que l'on utilisait pour écrire ont donné leur nom aux lacs.

Argentine

Smilacine étoilée

Hart rouge

Des plantes dont les racines fixent les dunes

Peu de plantes survivent sur l'étroite plage battue par les vagues de la rive sud du lac Good Spirit. Des saules, des peupliers et des herbes à croissance rapide s'enracinent dans le sable des dunes qui bordent la plage, tandis que des argentines à fleurs jaunes fleurissent sur ce sol humide mais pauvre.

Sur les terres qui s'étendent derrière les plages se dressent quelques rares harts rouges au milieu des sumacs vénéneux. La smilacine étoilée préfère les profondes cuvettes où s'accumulent l'humidité et les sels minéraux. Un tapis de mousse protège le sable contre l'érosion du vent.

Les épais fourrés des versants abrités des dunes cèdent le terrain à des futaies de trembles et de peupliers baumiers ou à des prés marécageux.

0   4   8   12   16   20 Milles

0   8   16   24   32 Kilomètres

ors de la Foire de Yorkton. Plusieurs salles du Western Development Museum de cette ville sont meublées dans les styles auxquels étaient attachés les pionniers : salon de style anglais, salle à manger allemande, chambre à coucher suédoise.

Au nord de Yorkton, près de l'endroit où s'élevait York City, une plaque rappelle qu'une compagnie de colonisation acheta d'immenses terrains en 1882 pour $1 l'acre, puis les vendit à 200 colons venus de l'Ontario. York City devint alors leur comptoir d'approvisionnements. En 1890, lorsqu'on fit passer le chemin de fer à 5 km au sud, les habitants déplacèrent leur bourgade et la rebaptisèrent Yorkton. Les meules qui se trouvent près de la plaque proviennent du moulin de la colonie.

Les doukhobors — membres d'une secte religieuse russe dont le nom signifie « les lutteurs de l'esprit » — sont peut-être ceux qui ont le plus lutté pour préserver leur héritage. En 1899, près de 7 400 doukhobors quittèrent leur patrie, avec l'appui financier du grand écrivain russe Léon Tolstoï, pour s'installer au Canada où on leur avait promis la liberté religieuse et l'exemption du service militaire. Décidés à vivre là selon leurs coutumes, ils supportaient mal qu'on se mêlât de leurs affaires et, dès 1903, ils protestèrent à Yorkton contre des règlements qui les forçaient à démembrer leurs fermes communautaires. Certains membres de la secte finirent par se plier aux exigences des pouvoirs publics. D'autres partirent pour la Colombie-Britannique, en quête d'une plus grande liberté.

Des femmes farouches et pathétiques

Les doukhobors qui arrivèrent au Canada en 1899 n'avaient pas un sou vaillant. Les hommes travaillèrent à la construction du chemin de fer alors que les femmes, faute de bêtes de trait, s'attelèrent aux charrues. Un dramaturge russe, Léopold Soulerzhitsky, a laissé cet émouvant témoignage : « Il y avait quelque chose de solennel et de poignant dans ces silhouettes de femmes attelées à la lourde charrue. Les gros bâtons attachés à la corde leur entaillaient le ventre, tandis que leurs mains brûlées par le soleil cherchaient désespérément à atténuer cette douleur lancinante. » Près de 60 communautés se développèrent autour de Yorkton, mais elles disparurent quand les doukhobors s'installèrent dans des fermes.

A Veregin, un temple doukhobor (à gauche) sert toujours aux services religieux. Le musée aménagé à l'étage supérieur contient la maquette d'un village doukhobor.

PARC PROVINCIAL DUCK MOUNTAIN
Ce plateau ondulé, semé de lacs, marque la limite septentrionale de la forêt mixte en Saskatchewan. Des trembles et des peupliers baumiers poussent sur le sol sablonneux, des bouleaux blancs sur les rives des lacs et des cours d'eau, des épinettes noires et des tamaracs en bordure des marécages.
□ Des vautours à tête rouge planent souvent au-dessus du lac Madge. Des pélicans blancs, des aigles à tête blanche et des grands ducs fréquentent aussi le parc.
□ Au centre d'interprétation, on peut voir des objets qui proviennent du fort Pelly, un poste de la Compagnie de la Baie d'Hudson, construit en 1824 sur l'Assiniboine. Le centre possède aussi une collection de champignons, notamment une énorme vesse-de-loup de 7 kg.
□ Le parc est doté de pistes de ski alpin. Environ 80 km de routes panoramiques longent le lac Madge et mènent à de belles plages.

KAMSACK
On peut y voir les coupoles en forme de bulbe d'oignon des églises ukrainiennes orthodoxes et catholiques, ainsi qu'un temple de style russe. A 5 km de Kamsack s'élevait autrefois un village communautaire de doukhobors, Voskrissenie.
□ Un monument rappelle les postes de traite qui furent construits au Coude de l'Assiniboine, un endroit où la rivière fait une courbe prononcée, à environ 24 km au nord-ouest de Kamsack. Le premier poste fut construit en 1793 et le dernier resta en activité jusqu'en 1912. Le fort Livingstone, quartier général de la Police montée du Nord-Ouest en 1874-1875, se trouvait au nord.

Vautour à tête rouge

Fresque du dôme de l'église catholique ukrainienne Sainte-Marie, à Yorkton

---

ermay
79.5
Rama
29
Buchanan
25.5
5
Canora
47
Spirit
Crooked Hill
37.5
Veregin
20
57
Kamsack
Mikado
16
Lac Good Spirit
Donwell
8
5
9
PARC PROV. GOOD SPIRIT LAKE
17
229
Gorlitz
Whitesand
Hamton
Wallace
PARC PROV. DUCK MOUNTAIN
Lac Madge
Assiniboine
MAN. SASK.
Kamsack

C PROVINCIAL GOOD SPIRIT LAKE
200 ha de dunes de la rive sud du Good Spirit abritent d'innombra- oiseaux. On y voit notamment maubèches branle-queue avancer eur démarche chancelante es pluviers kildirs chercher des ctes et des petits crustacés le de la rive. L'hirondelle des sables aussi son nid sur les dunes. La ette jaune et le jaseur des res fréquentent les fourrés. bécassines ordinaires que l'on souvent s'envoler en zigzag ent dans un pré de laîches, à i des dunes.

48
Ebenezer
309
32
Yorkton
14
52
10
York Lake
Lac Rousay
Lac York

YORKTON
La fresque du dôme de l'église catholique ukrainienne Sainte-Marie (1914) représente le couronnement de la Vierge Marie. Cette peinture, d'un diamètre de 19 m, a été exécutée par Stephen Meush en 1939-1941.
□ L'annexe de Yorkton du Western Development Museum possède une collection d'instruments aratoires et de voitures anciennes. On peut y voir aussi des pièces meublées dans le style des pionniers, notamment une cuisine ukrainienne ornée de beaux coffres de cèdre.
□ En juillet, le musée organise une fête des moissonneurs où l'on peut voir fonctionner de vieilles moissonneuses-batteuses. La ville organise également un rodéo et une foire industrielle et agricole qui a lieu tous les ans, en juillet, depuis les années 1890.

Eglise catholique ukrainienne Sainte-Marie, à Yorkton

Deux escarpements, sentinelles de la Prairie

Centre-ouest du Manitoba

Grands hérons

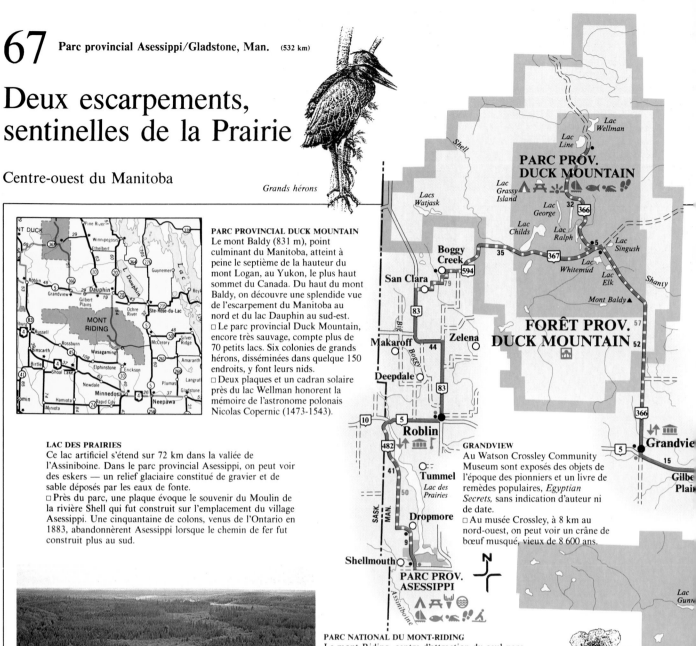

PARC PROVINCIAL DUCK MOUNTAIN

Le mont Baldy (831 m), point culminant du Manitoba, atteint à peine le septième de la hauteur du mont Logan, au Yukon, le plus haut sommet du Canada. Du haut du mont Baldy, on découvre une splendide vue de l'escarpement du Manitoba au nord et du lac Dauphin au sud-est.
□ Le parc provincial Duck Mountain, encore très sauvage, compte plus de 70 petits lacs. Six colonies de grands hérons, disséminées dans quelque 150 endroits, y font leurs nids.
□ Deux plaques et un cadran solaire près du lac Wellman honorent la mémoire de l'astronome polonais Nicolas Copernic (1473-1543).

LAC DES PRAIRIES

Ce lac artificiel s'étend sur 72 km dans la valiée de l'Assiniboine. Dans le parc provincial Asessippi, on peut voir des eskers — un relief glaciaire constitué de gravier et de sable déposés par les eaux de fonte.
□ Près du parc, une plaque évoque le souvenir du Moulin de la rivière Shell qui fut construit sur l'emplacement du village Asessippi. Une cinquantaine de colons, venus de l'Ontario en 1883, abandonnèrent Asessippi lorsque le chemin de fer fut construit plus au sud.

Parc national du Mont-Riding

GRANDVIEW

Au Watson Crossley Community Museum sont exposés des objets de l'époque des pionniers et un livre de remèdes populaires, *Egyptian Secrets,* sans indication d'auteur ni de date.
□ Au musée Crossley, à 8 km au nord-ouest, on peut voir un crâne de bœuf musqué, vieux de 8 600 ans.

PARC NATIONAL DU MONT-RIDING

Le mont Riding, centre d'attraction du seul parc national du Manitoba, fait partie de l'escarpement du Manitoba. Au nord et à l'est, le parc surplombe de près de 450 m les terres agricoles des environs.
□ Près du lac Audy, une trentaine de bisons paissent dans un enclos. Un centre d'interprétation de la nature rappelle le rôle du bison dans la culture des Indiens des Plaines.
□ Un sentier mène au lac Beaver Lodge et à la maison où vécut Grey Owl, un écrivain solitaire qui contribua à protéger les castors du parc, à une époque où l'espèce était menacée par une chasse excessive.

Boutons-d'or des Prairies

ERICKSON

La Prairie est semée d'innombrables mares formées par des glaciers, il y a près de 10 000 ans. Jusqu'à la fin des années 60, ces mares ne servaient qu'à abreuver les animaux, car les poissons ne pouvaient y survivre en raison de la rareté en oxygène de leurs eaux peu profondes pendant les mois d'hiver. On découvrit alors que la truite arc-en-ciel pouvait vivre dans certaines de ces mares et les agriculteurs de la région alevinent maintenant les plus grandes mares au printemps. Les jeunes poissons se nourrissent tout l'été de crustacés d'eau douce, de larves d'insectes et de plancton microscopique. A la fin de l'automne, les pêcheurs prennent le poisson au filet et le vendent aux restaurants de la région. Environ 1 500 agriculteurs élèvent ainsi des truites arc-en-ciel dans cette région qui était déjà le grenier du monde.

Pêche à la truite, à Erickson

0   3   6   9   12   15 Milles
0   6   12   18   24 Kilomètres

Soudain, la croupe bleutée du mont Riding et la crête tourmentée du mont Duck, au nord, rompent l'uniforme déroulement de la Prairie. Ces accidents de terrain font partie de l'escarpement du Manitoba, une série de plateaux qui naissent dans le Dakota du Nord, jalonnent le Manitoba et s'enfoncent au nord-ouest, jusqu'en Saskatchewan.

On doit à la diversité des terrains du parc national du Mont-Riding la flore abondante qui y prolifère. En effet, quelque 500 essences différentes croissent ici.

Le mont Riding est sans doute l'endroit où se rejoignent les deux territoires du satyridé, un papillon dont le comportement curieux demeure inexpliqué. En effet, cet insecte ne fréquente que la partie est du parc les années paires, et on ne le retrouve que dans celle de l'ouest les années impaires.

Plus de 160 km de sentiers de randonnée sillonnent le parc. Des naturalistes organisent des visites guidées et emmènent les visiteurs « hurler avec les loups » qui condescendent parfois à leur répondre.

De grandes hardes de wapitis et de cerfs mulets vivent dans le parc provincial Duck Mountain où nichent de nombreux grands hérons, une des rares populations du Canada de vautours à tête rouge et des pélicans blancs.

Le point culminant du Manitoba, le mont Baldy (831 m), s'élève dans l'angle sud-est du parc Duck Mountain. De son sommet, le visiteur découvrira le vaste damier des champs de blé et de tournesol de la grande vallée qui s'étend vers le sud.

Costumes ukrainiens, à Dauphin

Panier de Pâques ukrainien

Le plus grand lac du monde couvrait autrefois la Prairie

Le lac Agassiz, plus étendu que les Grands Lacs, a aujourd'hui disparu, mais il nous a laissé les lacs Winnipeg, Manitoba, Winnipegosis, Dauphin et le lac des Bois.

En 13 500 ans, le lac Agassiz s'est formé à quatre reprises, selon que les glaciers avançaient ou reculaient. Les deux premiers lacs alimentaient le Mississippi ; le troisième déversait ses eaux dans le lac Nipigon ; le quatrième s'écoulait dans la baie d'Hudson. Le lac Agassiz s'est asséché il y a 8 000 ans, laissant derrière lui une épaisse couche de limon et d'argile qui forme aujourd'hui les terres fertiles de la Prairie.

DAUPHIN
La petite ville s'enivre de couleurs pendant les quatre journées du Festival national ukrainien, au mois d'août, alors que les cavaliers cosaques et les descendants de pionniers, vêtus de costumes traditionnels ukrainiens, défilent dans les rues. Les visiteurs pourront voir les fameux paniers de Pâques remplis de *paska* et de *babka* (pains de Pâques), de jambon, de fromage et de *pysanky* — des œufs de Pâques délicatement décorés de dessins de plantes et d'animaux ou de motifs géométriques.
□ Le musée du fort Dauphin est entouré d'une palissade de bois, comme l'étaient les anciens postes de traite. On peut y voir des objets qui proviennent du fort, un poste de la Compagnie du Nord-Ouest établi sur la rive ouest du lac Dauphin.

Limites maximales de l'ancien lac Agassiz

Bison du lac Audy

MINNEDOSA
Nichée au creux d'une vallée paisible, Minnedosa a souvent été considérée comme la plus belle ville du Manitoba. Le lac, formé par le barrage sur la Minnedosa, est propice aux activités aquatiques.
□ Tanner's Crossing, le gué où la route de la Saskatchewan traversait la Minnedosa, tient son nom de John Tanner, le Métis manchot qui fonda la ville.

NEEPAWA
Poterie, peinture, photographie, théâtre, dessin, danse, tissage, belles-lettres, sculpture et musique sont enseignés par des artistes et des artisans professionnels durant les deux semaines du Festival des arts, en juillet. Les œuvres des étudiants et de leurs professeurs sont ensuite présentées au public.
□ Le parc Rotary, un refuge pour les bernaches canadiennes, est doté d'installations de camping. Le lac artificiel Irwin sur lequel on peut se livrer à la natation, au canotage et au ski nautique fait aussi le bonheur des pêcheurs de truite arc-en-ciel.

GLADSTONE
Une plaque évoque l'ancienne route de la Saskatchewan qu'empruntaient les pionniers. Des plaques jalonnent également son tracé à Neepawa et Minnedosa. Les Indiens, les trafiquants de fourrures, les arpenteurs et les colons utilisèrent jusqu'au début du XXe siècle ce réseau de pistes qui sillonnaient la Prairie.
□ Le parc Williams, sur les rives ombragées de la paisible rivière Whitemud, offre des installations de camping et de pique-nique.

Sertis dans la Prairie, des rivières et des lacs cristallins

Sud-ouest du Manitoba

Les touristes qui visitent le sud-ouest du Manitoba s'attendent à parcourir un paysage de prairies infinies bornées par l'horizon. Cette région cache pourtant de vastes étendues de champs ondulés, de charmant coteaux boisés et de gracieuses vallées profondément encaissées.

Le voyageur découvrira ainsi avec ravissement les pentes abruptes, couvertes de chê...

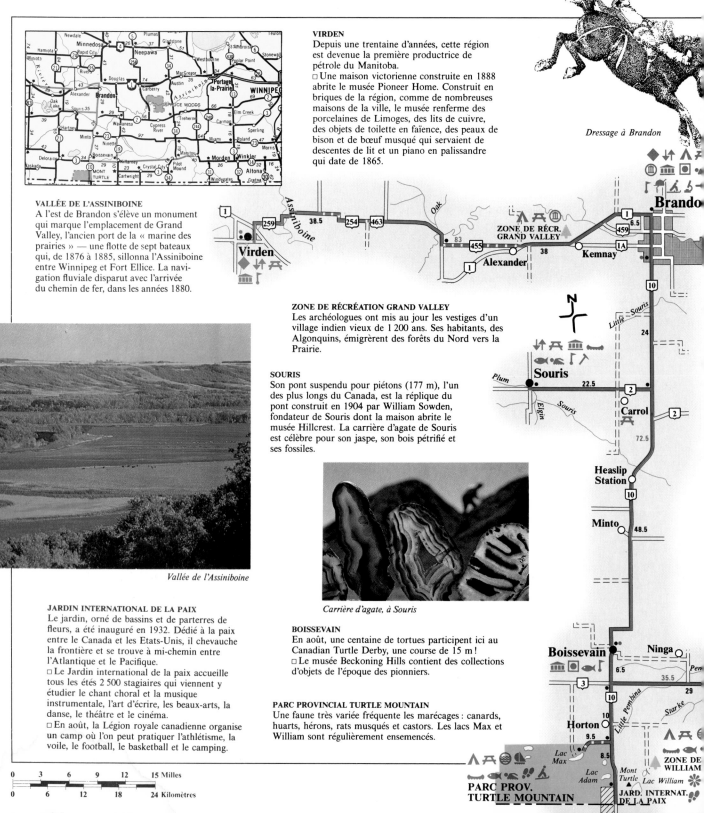

Dressage à Brandon

VIRDEN

Depuis une trentaine d'années, cette région est devenue la première productrice de pétrole du Manitoba.
□ Une maison victorienne construite en 1888 abrite le musée Pioneer Home. Construit en briques de la région, comme de nombreuses maisons de la ville, le musée renferme des porcelaines de Limoges, des lits de cuivre, des objets de toilette en faïence, des peaux de bison et de bœuf musqué qui servaient de descentes de lit et un piano en palissandre qui date de 1865.

VALLÉE DE L'ASSINIBOINE

A l'est de Brandon s'élève un monument qui marque l'emplacement de Grand Valley, l'ancien port de la « marine des prairies » — une flotte de sept bateaux qui, de 1876 à 1885, sillonna l'Assiniboine entre Winnipeg et Fort Ellice. La navigation fluviale disparut avec l'arrivée du chemin de fer, dans les années 1880.

Vallée de l'Assiniboine

ZONE DE RÉCRÉATION GRAND VALLEY

Les archéologues ont mis au jour les vestiges d'un village indien vieux de 1 200 ans. Ses habitants, des Algonquins, émigrèrent des forêts du Nord vers la Prairie.

SOURIS

Son pont suspendu pour piétons (177 m), l'un des plus longs du Canada, est la réplique du pont construit en 1904 par William Sowden, fondateur de Souris dont la maison abrite le musée Hillcrest. La carrière d'agate de Souris est célèbre pour son jaspe, son bois pétrifié et ses fossiles.

Carrière d'agate, à Souris

JARDIN INTERNATIONAL DE LA PAIX

Le jardin, orné de bassins et de parterres de fleurs, a été inauguré en 1932. Dédié à la paix entre le Canada et les Etats-Unis, il chevauche la frontière et se trouve à mi-chemin entre l'Atlantique et le Pacifique.
□ Le Jardin international de la paix accueille tous les étés 2 500 stagiaires qui viennent y étudier le chant choral et la musique instrumentale, l'art d'écrire, les beaux-arts, la danse, le théâtre et le cinéma.
□ En août, la Légion royale canadienne organise un camp où l'on peut pratiquer l'athlétisme, la voile, le football, le basketball et le camping.

BOISSEVAIN

En août, une centaine de tortues participent ici au Canadian Turtle Derby, une course de 15 m !
□ Le musée Beckoning Hills contient des collections d'objets de l'époque des pionniers.

PARC PROVINCIAL TURTLE MOUNTAIN

Une faune très variée fréquente les marécages : canards, huarts, hérons, rats musqués et castors. Les lacs Max et William sont régulièrement ensemencés.

0 3 6 9 12 15 Milles
0 6 12 18 24 Kilomètres

nes, de la vallée de la Pambina, qui fut creusée dans le roc par les eaux de fonte glaciaire. Plusieurs lacs, Pélican, Lorne, Louise et Rock, fréquentés par de grandes colonies de pélicans en été, jalonnent le cours de cette rivière qui serpente au milieu du damier bigarré des champs cultivés.

La vallée, longue de 160 km, se fraie un chemin au travers des collines de la Pembina. Celles-ci appartiennent aux plateaux de l'escarpement du Manitoba qui s'étendent du Dakota du Nord à la Saskatchewan.

Les champs d'avoine, de blé et d'orge des collines de la Pembina sont jonchés de pierres, vestiges d'une ancienne plage datant de l'époque glaciaire, et le roc affleure même par endroits pour former des tertres, comme celui de Pilot Mound. Les collines se transforment graduellement en plateaux à l'ouest de la vallée. Au sud-est, dominant les plateaux, se dresse le mont Turtle dont le sommet, à près de 250 m d'altitude, est un labyrinthe de lacs, de marécages et de petites buttes laissés par la dernière glaciation.

Au nord du mont Turtle s'étend la vallée de l'Assiniboine, la plus large de toutes celles qui entaillent l'escarpement du Manitoba. A l'est de Brandon, elle s'étale sur plus de 100 km de large, mais elle est coupée de petites collines qui rompent la monotonie des vastes plaines où l'on cultive le blé et le seigle. Les champs, ici, sont semés de marmites de géants (des dépressions circulaires remplies d'eau) au bord desquelles poussent des roseaux, des quenouilles, des saules et des trembles.

BRANDON
La plus vieille ville de la Prairie à l'ouest de Winnipeg est également la seconde ville du Manitoba. Elle a été fondée en 1882, lorsque le CP franchit l'Assiniboine.

□ En juin, l'Exposition provinciale du Manitoba comprend une foire aux bestiaux, un concours horticole, une fête foraine et un rodéo. En avril, la Foire d'hiver du Manitoba est l'occasion d'un concours hippique, ainsi que d'une exposition de produits commerciaux et de bétail.

□ Le musée d'histoire naturelle B.J. Hales de l'université de Brandon contient des collections d'oiseaux et de mammifères, des objets indiens et des instruments agricoles de l'époque des premiers colons.

□ Le Brandon Allied Arts Centre a été aménagé dans une maison du début du siècle. On peut y voir des expositions de tableaux et y suivre des cours de peinture, de poterie, de photographie, de yoga et de ballet.

NINETTE
La ville s'élève au bord du lac Pélican, l'un des maillons de la chaîne des lacs qui jalonnent le cours de la Pembina. La zone de récréation Pelican Lake comporte une plage et des terrains de camping. On y pêche le doré et le grand brochet.

KILLARNEY
Le lac de Killarney, « une perle sertie de jade », se blottit au pied d'une colline qu'ombragent les érables et les chênes. Au parc Erin, on peut voir une réplique de la pierre de Blarney (pierre d'un château d'Irlande qui aurait la vertu de donner l'éloquence à ceux qui parviennent tête en bas à l'embrasser) et une fontaine en forme de trèfle dont la figure centrale est un farfadet à califourchon sur une tortue.

□ Le musée J.A. Victor David renferme des objets de l'époque des pionniers, divers spécimens de la faune locale et une galerie.

PILOT MOUND
Le tertre auquel la ville doit son nom est un affleurement de rochers de 35 m de haut en forme de dos de baleine. Une plaque rappelle que des fouilles, entreprises en 1908, mirent au jour un tertre funéraire indien au sommet de l'affleurement. Les Sioux et les chasseurs de bisons métis se battirent au cours des années 1850 en cet endroit qui servit autrefois à des cérémonies indiennes.

Les potiers préhistoriques du Manitoba

Les Indiens qui fabriquèrent, il y a 1 200 ans, les poteries de type Blackduck mises au jour dans la zone de récréation Grand Valley participaient à un réseau d'échanges commerciaux qui s'étendait sur toute l'Amérique du Nord. (On a découvert dans le sud-ouest du Manitoba des coquillages provenant du Pacifique et du golfe du Mexique.) L'influence des diverses tribus de ce réseau est manifeste dans les poteries des Indiens préhistoriques du Manitoba.

Les récipients de type Blackduck, les plus courants, étaient de grands pots coniques ou sphériques à parois minces qui servaient à cuisiner et à conserver les aliments. Les Indiens mêlaient du sable, des pierres concassées ou des coquillages à de l'argile pour que les pièces ne se fendillent pas au séchage et à la cuisson. De nombreux pots de type Blackduck étaient mis en forme au moyen de moules de toile. Les impressions laissées par les moules nous ont d'ailleurs beaucoup appris sur les techniques préhistoriques de tissage. On décorait ensuite l'argile molle, puis la pièce était mise à cuire sur un foyer de charbons.

Poterie de type Blackduck

Pointes de flèches préhistoriques de la zone de récréation Grand Valley

MUSÉE HISTORIQUE ARCHIBALD
La maisonnette de bois construite en 1878 où vivait la suffragette Nellie McClung se trouve au musée historique Archibald, au nord-ouest de Manitou.

McClung eut pour devise : « Ne jamais se rétracter, ne jamais s'expliquer, ne jamais s'excuser, aller droit au but et laisser les gens protester. » En 1916, le Manitoba devint la première province à donner le droit de vote aux femmes, dans une large mesure grâce à ses efforts. Fondatrice de la Ligue de l'égalité politique, elle fut la première femme à siéger au conseil d'administration de la CBC (1936-1942) et la seule femme de la délégation canadienne à la Société des Nations en 1938. L'intensité de sa vie publique ne l'empêcha pas d'élever cinq enfants et de publier 17 livres.

Nellie McClung

MANITOU
Une plaque rappelle la mémoire de Nellie McClung, femme de lettres, politicienne et réformiste, née en Ontario en 1873. Elle mena de virulentes campagnes en faveur de la prohibition et des droits des femmes. Ses conférences et ses ouvrages contribuèrent à donner le droit de vote aux femmes. Elle mourut en Colombie-Britannique en 1953.

Au cœur des grandes plaines, un désert de collines sablonneuses

Centre-sud du Manitoba

À 30 km au sud de la Transcanadienne s'étend le « désert » des collines de sable de Carberry, une région sauvage de forêts de conifères et de feuillus, de plaines herbeuses et de douces collines qui encerclent les dunes Bald Head.

Cette région désertique est unique au Manitoba et il est peu d'endroits aussi arides au Canada. Les colons ayant vainement tenté d'y faire de l'agriculture, la Couronne reprit possession des terres en 1895. Par la suite, on y découpa la réserve forestière provinciale

Le serpent à groin et le scinque, les hôtes des dunes

Le scinque du nord de la Prairie est un lézard que l'on ne trouve au Canada que dans le parc provincial Spruce Woods et dans la forêt provinciale voisine. Les scinques sont de petites créatures vives et timides qui passent l'hiver dans des trous profonds. En été, ils s'aventurent rarement à découvert et on ne peut guère voir que leurs traces sur le sable des collines Bald Head dans les collines de sable de Carberry, au sud de Carberry. Les scinques du nord de la Prairie vivent très loin du principal territoire de l'espèce puisque celui-ci s'étend du Texas au Dakota du Nord.

Les collines de sable abritent un autre habitant curieux, le serpent à groin, ainsi nommé à cause de son museau aplati dont il se sert pour déterrer les crapauds. Menacé, ce serpent inoffensif siffle furieusement et, si le stratagème ne réussit pas, fait le mort. On entend souvent dans les collines la sérénade nocturne de leur troisième hôte, le coyote, particulièrement en juin, lorsque les jeunes se font la voix.

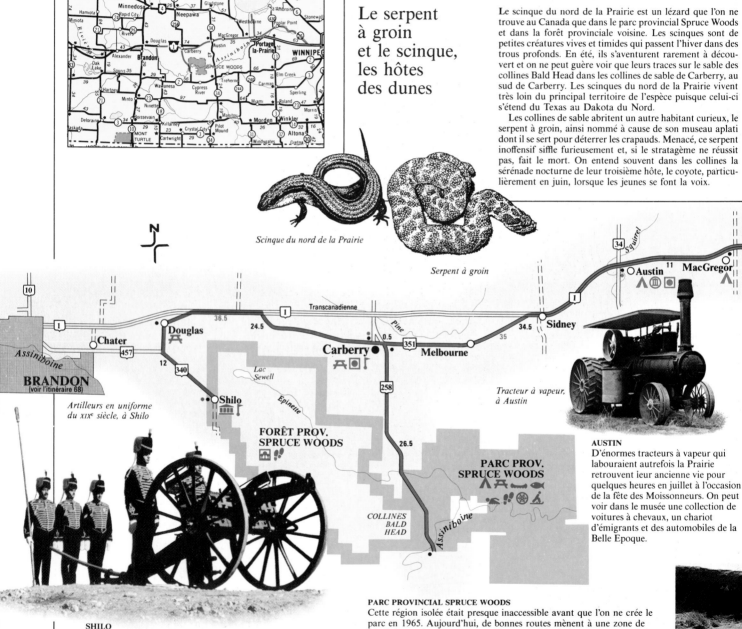

Scinque du nord de la Prairie

Serpent à groin

Tracteur à vapeur, à Austin

Artilleurs en uniforme du XIXᵉ siècle, à Shilo

AUSTIN
D'énormes tracteurs à vapeur qui labouraient autrefois la Prairie retrouvent leur ancienne vie pour quelques heures en juillet à l'occasion de la fête des Moissonneurs. On peut voir dans le musée une collection de voitures à chevaux, un chariot d'émigrants et des automobiles de la Belle Epoque.

SHILO
Un canon de six livres, peut-être utilisé par les colons de Selkirk à l'époque du massacre de Seven Oaks, en 1816, se trouve parmi les 60 pièces exposées au musée d'Artillerie de la base des forces canadiennes à Shilo. On peut y voir aussi l'affût de canon sur lequel fut transportée la dépouille de la reine Victoria en 1901.

PARC PROVINCIAL SPRUCE WOODS
Cette région isolée était presque inaccessible avant que l'on ne crée le parc en 1965. Aujourd'hui, de bonnes routes mènent à une zone de récréation qui est l'une des meilleures du Manitoba avec un terrain de camping comprenant 45 emplacements aménagés et 76 autres réservés au camping sauvage. Trois sentiers d'exploration de la nature parcourent la région : Bald Head Hills qui serpente dans le parc et dans la forêt provinciale Spruce Woods, Isputinaw qui s'élève sur les hauteurs dominant la vallée de l'Assiniboine, et Marsh Lake, en bordure de ce lac en fer à cheval. Le parc possède aussi des pistes de motoneige, de raquette et de ski de fond.

| 0 | 2 | 4 | 6 | 8 | 10 Milles |
| 0 | 4 | 8 | 12 | 16 Kilomètres |

Spruce Woods qui est bordée à l'est par le parc provincial du même nom.

Le sol de la plaine centrale du Manitoba, entre Carberry et Winnipeg, n'est pas partout aussi ingrat. Les riches terres agricoles y sont nombreuses et l'extrémité sud du lac Manitoba, le marais de Delta, est l'un des plus grands territoires de nidification des oiseaux aquatiques en Amérique du Nord.

Les collines de sable de Carberry ont été formées par les énormes quantités de sable, de gravier et de limon que déposa, il y a quelque 12 000 ans, un immense cours d'eau, large de 1 km. Celui-ci se jetait dans l'ancien lac Agassiz, à la limite méridionale d'une calotte glaciaire en récession. L'Assiniboine, un ruisseau comparé à ce qu'elle était autrefois, longe l'extrémité sud des collines. En 1738, l'explorateur français Pierre de La Vérendrye construisit un fort au bord de l'Assiniboine, sur l'emplacement de ce qui est aujourd'hui Portage-la-Prairie.

La colonisation de la région commença lentement au cours des années 1870 mais elle s'accéléra une dizaine d'années plus tard lorsque le Canadien Pacifique relia Portage-la-Prairie à Brandon. Les collines de sable ne se prêtant ni à l'agriculture ni à l'élevage sont pratiquement demeurées aujourd'hui dans l'état où les avait connues La Vérendrye, puis Thompson Seton, un naturaliste du gouvernement manitobain qui les explora au cours des années 1880 et 1890. C'est dans ces collines que se déroule l'histoire qu'il conte dans *The Trail of a Sandhill Stag*, publié en 1899.

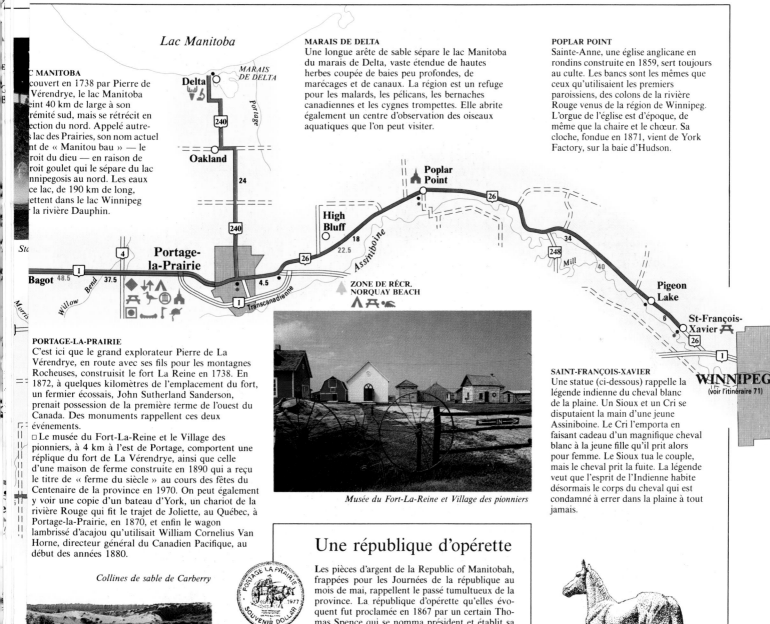

Lac Manitoba

C MANITOBA
couvert en 1738 par Pierre de Vérendrye, le lac Manitoba eint 40 km de large à son rémité sud, mais se rétrécit en ection du nord. Appelé autre-s lac des Prairies, son nom actuel nt de « Manitou bau » — le roit du dieu — en raison de roit goulet qui le sépare du lac nnipegosis au nord. Les eaux ce lac, de 190 km de long, ettent dans le lac Winnipeg la rivière Dauphin.

MARAIS DE DELTA
Une longue arête de sable sépare le lac Manitoba du marais de Delta, vaste étendue de hautes herbes coupée de baies peu profondes, de marécages et de canaux. La région est un refuge pour les malards, les pélicans, les bernaches canadiennes et les cygnes trompettes. Elle abrite également un centre d'observation des oiseaux aquatiques que l'on peut visiter.

POPLAR POINT
Sainte-Anne, une église anglicane en rondins construite en 1859, sert toujours au culte. Les bancs sont les mêmes que ceux qu'utilisaient les premiers paroissiens, des colons de la rivière Rouge venus de la région de Winnipeg. L'orgue de l'église est d'époque, de même que la chaire et le chœur. Sa cloche, fondue en 1871, vient de York Factory, sur la baie d'Hudson.

PORTAGE-LA-PRAIRIE
C'est ici que le grand explorateur Pierre de La Vérendrye, en route avec ses fils pour les montagnes Rocheuses, construisit le fort La Reine en 1738. En 1872, à quelques kilomètres de l'emplacement du fort, un fermier écossais, John Sutherland Sanderson, prenait possession de la première terme de l'ouest du Canada. Des monuments rappellent ces deux événements.

□ Le musée du Fort-La-Reine et le Village des pionniers, à 4 km à l'est de Portage, comportent une réplique du fort de La Vérendrye, ainsi que celle d'une maison de ferme construite en 1890 qui a reçu le titre de « ferme du siècle » au cours des fêtes du Centenaire de la province en 1970. On peut également y voir une copie d'un bateau d'York, un chariot de la rivière Rouge qui fit le trajet de Joliette, au Québec, à Portage-la-Prairie, en 1870, et enfin le wagon lambrissé d'acajou qu'utilisait William Cornelius Van Horne, directeur général du Canadien Pacifique, au début des années 1880.

Collines de sable de Carberry

Musée du Fort-La-Reine et Village des pionniers

SAINT-FRANÇOIS-XAVIER
Une statue (ci-dessous) rappelle la légende indienne du cheval blanc de la plaine. Un Sioux et un Cri se disputaient la main d'une jeune Assiniboine. Le Cri l'emporta en faisant cadeau d'un magnifique cheval blanc à la jeune fille qu'il prit alors pour femme. Le Sioux tua le couple, mais le cheval prit la fuite. La légende veut que l'esprit de l'Indienne habite désormais le corps du cheval qui est condamné à errer dans la plaine à tout jamais.

Une république d'opérette

Les pièces d'argent de la Republic of Manitobah, frappées pour les Journées de la république au mois de mai, rappellent le passé tumultueux de la province. La république d'opérette qu'elles évoquent fut proclamée en 1867 par un certain Thomas Spence qui se nomma président et établit sa capitale à Portage-la-Prairie. Un cordonnier du nom de McPherson refusa de payer ses impôts, prétextant que Spence et son conseil utilisaient les deniers publics pour s'acheter de l'alcool. Spence le fit arrêter pour trahison. Après quelques péripéties, McPherson fut libéré, ce qui marqua pratiquement la fin de la république. Bien plus tard, le British Colonial Office décréta l'entreprise tout à fait illégale.

Une dentelle de lacs, de rivières et de chutes, le triomphe de l'eau

Nord-ouest de l'Ontario

La région de la rivière à la Pluie offre au pêcheurs l'occasion d'effectuer des pri ses de rêve. Dorés, touladis, brochets, corégo nes et maskinongés y sont tous plus énorme les uns que les autres.

Constellé d'îles, l'immense lac des Bois re cueille les trois quarts des eaux de la rivière la Pluie pour les déverser dans la Winnipe; qui se jette à son tour dans le lac du mêm nom. Ces vastes nappes d'eau tempèrent le climat et les conifères ici cèdent la place au ormes et aux peupliers.

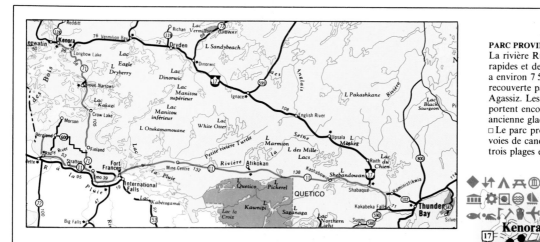

PARC PROVINCIAL RUSHING RIVER
La rivière Rushing s'élance en une série de rapides et de chutes dans ce parc de 160 ha. Il y a environ 7 500 ans, toute cette région était recouverte par les eaux de l'ancien lac glaciaire Agassiz. Les rochers précambriens du parc portent encore de nombreuses traces de cette ancienne glaciation.
□ Le parc provincial Rushing River offre des voies de canotage, des sentiers de randonnée, trois plages et 200 emplacements de camping.

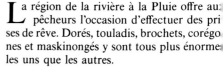

Régates du lac des Bois, près de Kenora

KENORA
Cette ville papetière, située au bord du lac des Bois, est un centre touristique très fréquenté par les pêcheurs et les chasseurs.
□ L'île Coney possède une plage et des terrains de pique-nique. Le bateau *Argyle II* y fait escale.
□ Au début du mois d'août, des voiliers canadiens, américains et anglais participent aux Régates du lac des Bois, une course de sept jours pendant laquelle les naviga-teurs font le tour du lac.
□ La chapelle du fort Saint-Charles abrite une réplique du fort construit en 1732 par Pierre de La Vérendrye.
□ Dans le parc Memorial, le musée du Lac-des-Bois présente des souvenirs de l'époque des pionniers et une importante collection de spécimens géologiques de la région.

LAC DES BOIS
Ce lac, semé de 14 632 îles, étend ses eaux en Ontario, au Manitoba et au Minnesota. Peu soucieux de la beauté du paysage, les premiers hommes blancs n'étaient attirés que par les splendides fourrures qu'on pouvait s'y procurer.

Les premiers occupants, les Indiens Cris, Ojibways et Sioux nous ont laissé, dans une vingtaine de sites, des peintures et des dessins gravés sur la pierre.

La population permanente du lac des Bois, environ 21 000 personnes, double avec l'arrivée des touristes en été. Mais ce pays est encore celui des Indiens. Environ 2 000 autochtones y vivent dans une dizaine de réserves. Bon nombre d'entre eux s'offrent à guider les chasseurs dans la région.

EMO
Cette petite ville agricole et touristique organise à la mi-août une foire régionale durant laquelle on peut voir des courses de trot attelé, un pow-wow ojibway et des expositions de bétail.
□ Des objets du temps des pionniers sont exposés au Rainy River District Women's Institute Museum qui est ouvert en semaine et le dimanche, de la mi-mai à la fin de septembre.

Grand brochet

FORT FRANCES
Cette ville papetière, reliée par un pont à International Falls, au Minnesota, est à la porte d'une grande région touristique, bien connue des pêcheurs et des chasseurs.
□ Dans le parc Pithers Point, à l'est de la ville, un belvédère et un musée dominent la rivière à la Pluie.
□ En juillet, Fort Frances organise un grand festival, Fun in the Sun, au cours duquel concours de roulage de billes, courses de canots, tournois de baseball, épreuves de plongée sous-marine et de natation se succèdent.

| 0 | 8 | 16 | 24 | 32 | 40 Milles |
| 0 | 16 | 32 | 48 | 64 Kilomètres |

Le lac des Bois, la rivière à la Pluie et le chapelet de lacs et de cours d'eau qui jalonnent la frontière canado-américaine jouèrent un rôle capital pour la traite des fourrures dans le Nord-Ouest entre 1780 et 1840. De nos jours, la voie frontière de canotage pour le commerce des fourrures (Boundary Waters Fur Trade) qui relie Kenora à Thunder Bay, sur le lac Supérieur, rappelle l'époque légendaire des voyageurs.

Sur une partie de son cours, la voie frontière de canotage pour le commerce des fourrures longe la limite méridionale du parc provincial du Quetico. Ce parc, situé près de la limite méridionale du Bouclier canadien, occupe une situation privilégiée. C'est un territoire sauvage, ponctué de croupes et d'arêtes précambriennes entre lesquelles s'étire un extraordinaire labyrinthe de lacs. Les futaies de pins rouges et blancs qui s'y dressent sont vieilles d'environ deux siècles. La seule route du parc mène au terrain de camping Dawson Trail, près de l'endroit où la limite nord-est du parc rejoint la route transcanadienne.

A l'est du Quetico, dans le parc provincial de Kakabeka Falls, la Kaministikwia se précipite en grondant dans une gorge encaissée après avoir fait un bond de 33 m à la chute Kakabeka. En dessous de la chute se trouve la grotte des Vents, où les rafales, en s'y engouffrant, produisent des sons étranges que les Indiens croyaient être proférés par les esprits. Les rives de schiste qui dominent les chutes renferment des fossiles qui datent de plus de deux milliards d'années et qui sont parmi les plus anciens du monde.

SIOUX NARROWS
Parmi les dizaines de peintures indiennes que l'on peut voir sur des rochers de la région, on remarque un canot et un fort ; peut-être s'agit-il du canot de Pierre de la Vérendrye et du fort qu'il aurait construit sur l'île du Massacre.
□ Des orignaux, des cerfs, des ours, des loups et de nombreux petits mammifères dont des visons sillonnent le parc provincial de Sioux Narrows, aménagé sur l'île Long Point.
□ Les soirs d'été, des membres costumés du club Pow-wow de Whitefish Bay exécutent des danses traditionnelles au village indien de Sioux Narrows.

CHUTE KAKABEKA
La chute Kakabeka, le « Niagara du Nord », un saut de 33 m de la rivière Kaministikwia, est le centre d'attraction du parc provincial de Kakabeka Falls, à 22 km à l'ouest de Thunder Bay. Ce parc de 387 ha possède des installations de camping et de pique-nique, ainsi qu'une plage.
□ Au-dessous de la chute, d'énormes murailles noires enserrent les rapides et le vent s'y engouffre en produisant d'étranges sons dans l'étroite entrée de la grotte des Vents.

Vison

NESTOR FALLS
Une épaisse forêt de trembles, de cèdres et de peupliers baumiers donne une allure sauvage au parc provincial de Caliper Lake. On y verra aussi quelques rares futaies de pins rouges et blancs, des essences acclimatées ici par des bûcherons du Québec.

ATIKOKAN
Au nord d'Atikokan, on exploite des mines de fer dans le fond du lac Steep Rock, qui fut asséché au cours de la seconde guerre mondiale pour donner accès à ses gisements. D'un belvédère, les visiteurs peuvent voir des mines à ciel ouvert, l'usine de bouletage et les installations de la compagnie Caland Ore. La société Steep Rock Iron Mines Ltd. organise des visites guidées.

Hépatique à lobes ronds

Chute Kakabeka

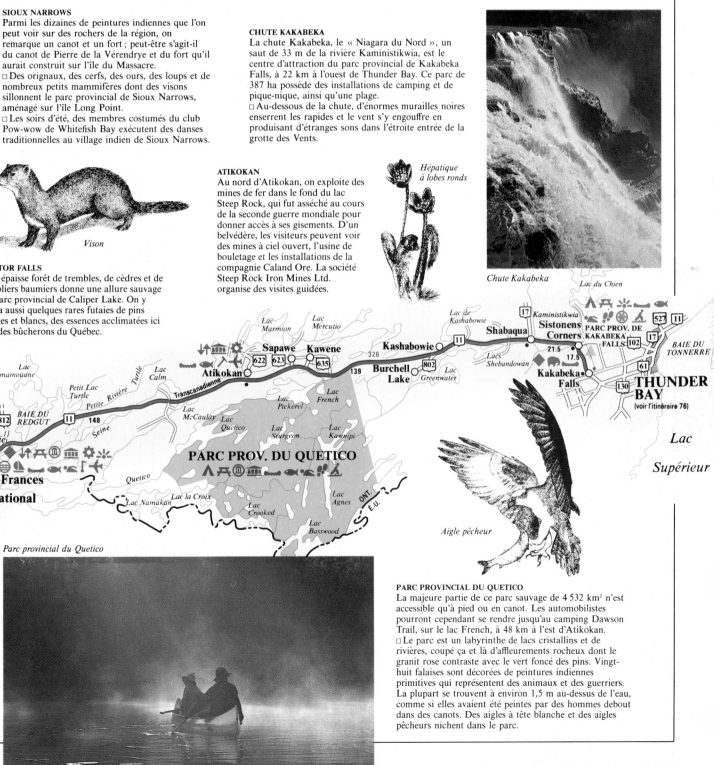

Parc provincial du Quetico

Aigle pêcheur

PARC PROVINCIAL DU QUETICO
La majeure partie de ce parc sauvage de 4 532 km² n'est accessible qu'à pied ou en canot. Les automobilistes pourront cependant se rendre jusqu'au camping Dawson Trail, sur le lac French, à 48 km à l'est d'Atikokan.
□ Le parc est un labyrinthe de lacs cristallins et de rivières, coupé çà et là d'affleurements rocheux dont le granit rose contraste avec le vert foncé des pins. Vingt-huit falaises sont décorées de peintures indiennes primitives qui représentent des animaux et des guerriers. La plupart se trouvent à environ 1,5 m au-dessus de l'eau, comme si elles avaient été peintes par des hommes debout dans des canots. Des aigles à tête blanche et des aigles pêcheurs nichent dans le parc.

Un géant endormi
dans le plus grand lac du monde

Rive nord du lac Supérieur

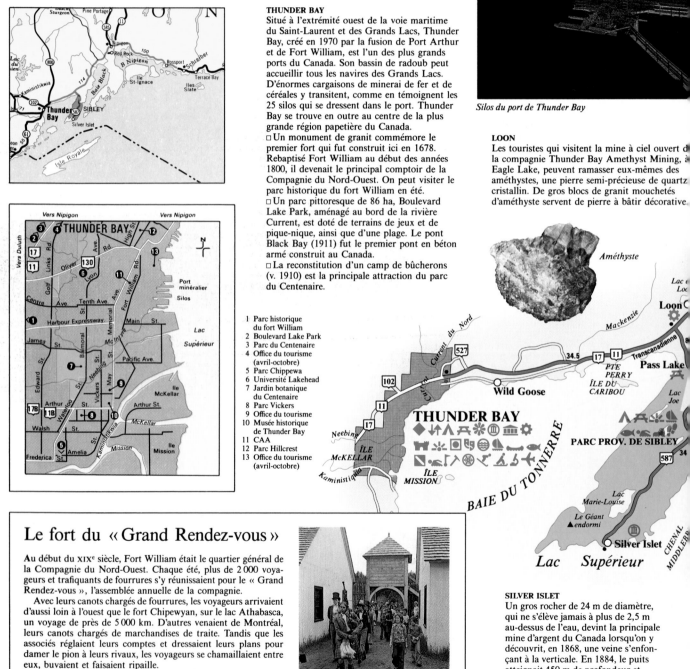

Silos du port de Thunder Bay

THUNDER BAY

Situé à l'extrémité ouest de la voie maritime du Saint-Laurent et des Grands Lacs, Thunder Bay, créé en 1970 par la fusion de Port Arthur et de Fort William, est l'un des plus grands ports du Canada. Son bassin de radoub peut accueillir tous les navires des Grands Lacs. D'énormes cargaisons de minerai de fer et de céréales y transitent, comme en témoignent les 25 silos qui se dressent dans le port. Thunder Bay se trouve en outre au centre de la plus grande région papetière du Canada.
□ Un monument de granit commémore le premier fort qui fut construit ici en 1678. Rebaptisé Fort William au début des années 1800, il devenait le principal comptoir de la Compagnie du Nord-Ouest. On peut visiter le parc historique du fort William en été.
□ Un parc pittoresque de 86 ha, Boulevard Lake Park, aménagé au bord de la rivière Current, est doté de terrains de jeux et de pique-nique, ainsi que d'une plage. Le pont Black Bay (1911) fut le premier pont en béton armé construit au Canada.
□ La reconstitution d'un camp de bûcherons (v. 1910) est la principale attraction du parc du Centenaire.

1 Parc historique du fort William
2 Boulevard Lake Park
3 Parc du Centenaire
4 Office du tourisme (avril-octobre)
5 Parc Chippewa
6 Université Lakehead
7 Jardin botanique du Centenaire
8 Parc Vickers
9 Office du tourisme
10 Musée historique de Thunder Bay
11 CAA
12 Parc Hillcrest
13 Office du tourisme (avril-octobre)

LOON

Les touristes qui visitent la mine à ciel ouvert de la compagnie Thunder Bay Amethyst Mining, à Eagle Lake, peuvent ramasser eux-mêmes des améthystes, une pierre semi-précieuse de quartz cristallin. De gros blocs de granit mouchetés d'améthyste servent de pierre à bâtir décorative.

Améthyste

SILVER ISLET

Un gros rocher de 24 m de diamètre, qui ne s'élève jamais à plus de 2,5 m au-dessus de l'eau, devint la principale mine d'argent du Canada lorsqu'on y découvrit, en 1868, une veine s'enfonçant à la verticale. En 1884, le puits atteignait 450 m de profondeur et il fallut fermer la mine que les eaux du lac commençaient à inonder. Elle avait rapporté $3 millions de minerai.

Le fort du « Grand Rendez-vous »

Au début du XIXe siècle, Fort William était le quartier général de la Compagnie du Nord-Ouest. Chaque été, plus de 2 000 voyageurs et trafiquants de fourrures s'y réunissaient pour le « Grand Rendez-vous », l'assemblée annuelle de la compagnie.
   Avec leurs canots chargés de fourrures, les voyageurs arrivaient d'aussi loin à l'ouest que le fort Chipewyan, sur le lac Athabasca, un voyage de près de 5 000 km. D'autres venaient de Montréal, leurs canots chargés de marchandises de traite. Tandis que les associés réglaient leurs comptes et dressaient leurs plans pour damer le pion à leurs rivaux, les voyageurs se chamaillaient entre eux, buvaient et faisaient ripaille.
   Le fort William a été reconstruit dans l'état où il se trouvait en 1816. Les 42 bâtiments qu'entoure sa palissade comprennent des magasins, des ateliers d'artisans, une prison et la maison du conseil où les associés traitaient leurs affaires.

Visite du parc du fort William, au son de la cornemuse

0 2 4 6 8 10 Milles
0 4 8 12 16 Kilomètres

Des falaises hautes de plusieurs centaines de mètres, un gigantesque promontoire granitique semblable à un géant endormi, un canyon profond perdu dans un décor sauvage, une nature triomphante qui offre un refuge privilégié à une faune abondante... les cinq parcs provinciaux de la plus belle des rives du lac Supérieur offrent des curiosités naturelles d'un grand attrait.

L'austère et beau Bouclier canadien qui occupe près de la moitié du Canada s'enfonce ici dans le lac Supérieur. Les rivières qui le dévalent serpentent au travers d'un labyrinthe de lacs, de forêts épaisses et d'énormes affleurements rocheux avant de se jeter dans le plus grand lac d'eau douce du monde. Aux environs du lac Supérieur, un grand nombre d'entre elles se précipitent du haut de précipices à pic ou de plateaux entaillés de gradins, comme aux chutes Rainbow et Middle.

Les plus hautes falaises de l'Ontario (1 287 m) s'élèvent dans le parc provincial de Sibley où repose le Géant endormi, une colline basse, longue de 11 km et haute de 305 m, qui évoque la silhouette d'un homme couché à terre. Ce parc de 243 km² occupe la majeure partie de la péninsule de Sibley, à l'exception de Silver Islet, une bourgade centenaire où fut découvert en 1868 un important gisement de minerai d'argent.

Au nord-est du parc de Sibley, des plantes arctiques poussent au fond du canyon de Ouimet. Cette gorge béante de 5 km de long fut creusée, il y a des millions d'années, par un glacier, à moins qu'il ne s'agisse d'une énorme faille de la croûte terrestre.

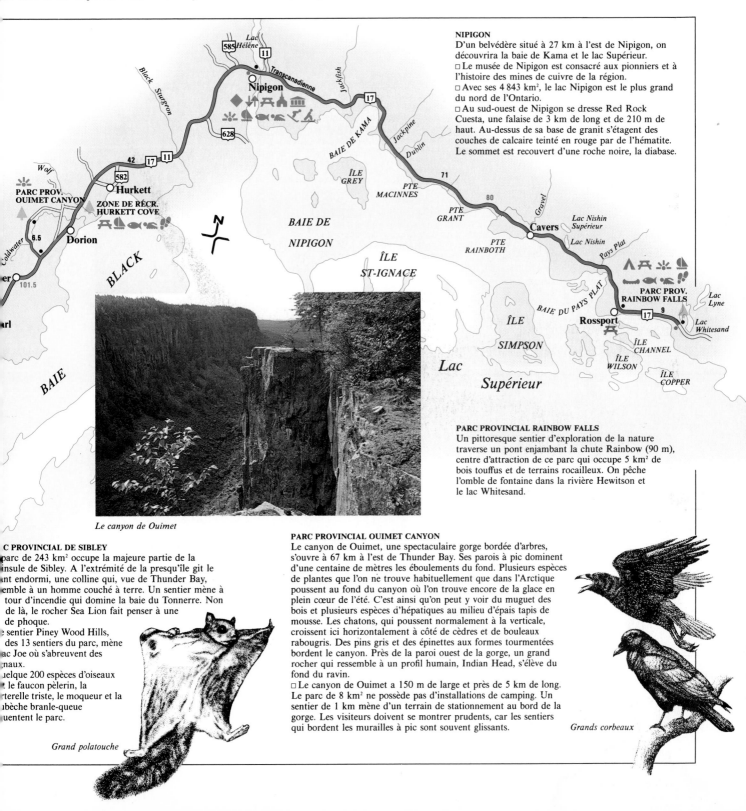

Le canyon de Ouimet

NIPIGON

D'un belvédère situé à 27 km à l'est de Nipigon, on découvrira la baie de Kama et le lac Supérieur.
□ Le musée de Nipigon est consacré aux pionniers et à l'histoire des mines de cuivre de la région.
□ Avec ses 4 843 km², le lac Nipigon est le plus grand du nord de l'Ontario.
□ Au sud-ouest de Nipigon se dresse Red Rock Cuesta, une falaise de 3 km de long et de 210 m de haut. Au-dessus de sa base de granit s'étagent des couches de calcaire teinté en rouge par de l'hématite. Le sommet est recouvert d'une roche noire, la diabase.

PARC PROVINCIAL RAINBOW FALLS

Un pittoresque sentier d'exploration de la nature traverse un pont enjambant la chute Rainbow (90 m), centre d'attraction de ce parc qui occupe 5 km² de bois touffus et de terrains rocailleux. On pêche l'omble de fontaine dans la rivière Hewitson et le lac Whitesand.

PARC PROVINCIAL DE SIBLEY

...parc de 243 km² occupe la majeure partie de la ...insule de Sibley. À l'extrémité de la presqu'île git le ...nt endormi, une colline qui, vue de Thunder Bay, ...emble à un homme couché à terre. Un sentier mène à ...tour d'incendie qui domine la baie du Tonnerre. Non ...de là, le rocher Sea Lion fait penser à une ...de phoque.

...e sentier Piney Wood Hills, ...des 13 sentiers du parc, mène ...ac Joe où s'abreuvent des ...naux.

...elque 200 espèces d'oiseaux ...e le faucon pèlerin, la ...terelle triste, le moqueur et la ...bèche branle-queue ...uentent le parc.

Grand polatouche

PARC PROVINCIAL OUIMET CANYON

Le canyon de Ouimet, une spectaculaire gorge bordée d'arbres, s'ouvre à 67 km à l'est de Thunder Bay. Ses parois à pic dominent d'une centaine de mètres les éboulements du fond. Plusieurs espèces de plantes que l'on ne trouve habituellement que dans l'Arctique poussent au fond du canyon où l'on trouve encore de la glace en plein cœur de l'été. C'est ainsi qu'on peut y voir du muguet des bois et plusieurs espèces d'hépatiques au milieu d'épais tapis de mousse. Les chatons, qui poussent normalement à la verticale, croissent ici horizontalement à côté de cèdres et de bouleaux rabougris. Des pins gris et des épinettes aux formes tourmentées bordent le canyon. Près de la paroi ouest de la gorge, un grand rocher qui ressemble à un profil humain, Indian Head, s'élève du fond du ravin.
□ Le canyon de Ouimet a 150 m de large et près de 5 km de long. Le parc de 8 km² ne possède pas d'installations de camping. Un sentier de 1 km mène d'un terrain de stationnement au bord de la gorge. Les visiteurs doivent se montrer prudents, car les sentiers qui bordent les murailles à pic sont souvent glissants.

Grands corbeaux

L'incessant ressac des vagues sur les plus vieux rochers du monde

Rive est du lac Supérieur

La Transcanadienne, entre Sault-Sainte-Marie et Wawa, traverse certaines des plus anciennes formations rocheuses de la croûte terrestre. Constituées il y a un ou deux milliards d'années, elles font partie du Bouclier canadien, un ensemble de collines aux croupes arrondies par l'érosion qui occupent les deux tiers de l'Ontario. Le sous-sol renferme la majeure partie des ressources minières de la province, tandis que les forêts de cette région fournissent la plus grande part du bois produit par l'Ontario.

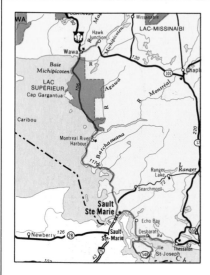

WAWA

La route circulaire de Surluga, à environ 1 km à l'est de Wawa, serpente pendant 10 km au milieu de pittoresques champs aurifères. La petite route de terre mène à neuf mines abandonnées. De 1897 à 1903, Wawa fut le théâtre d'une véritable ruée vers l'or et les prospecteurs découvrirent plusieurs millions de dollars de pépites.
□ A un carrefour, au sud de la ville, se dresse une sculpture d'acier de 9 m qui représente une oie sauvage — *wawa* en ojibway. Une autre statue semblable, plus petite et faite de ciment, se trouve à Fort Friendship (à 8 km au sud) où l'on a reconstitué un poste de traite qui se trouvait autrefois en bordure de la Michipicoten.
□ A Michipicoten, les croix de bois d'un cimetière ojibway dominent la Magpie.

HAWK JUNCTION

Un embranchement du chemin de fer Algoma Central relie Wawa et Michipicoten à la ligne principale. Les automobilistes peuvent laisser leurs voitures à la gare de Hawk Junction et prendre le train pour s'enfoncer au cœur de l'Algoma.
□ Une voie de canotage (72 km de lacs et de rivières avec quelques portages) part de Hawk Junction ou de Michipicoten River.

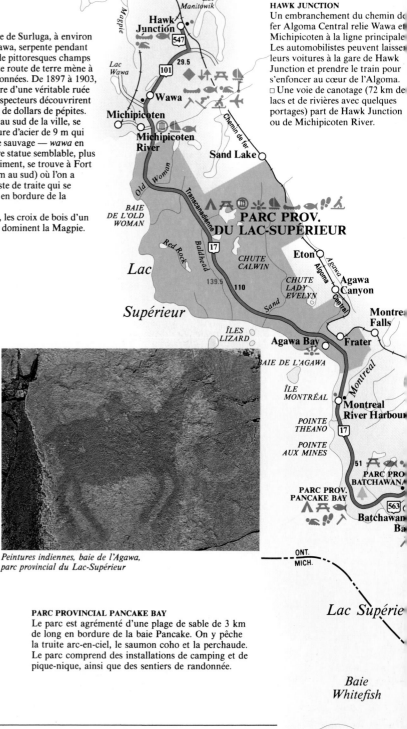

PARC PROVINCIAL DU LAC-SUPÉRIEUR

Les tremblements de terre, les volcans et les glaciers ont modelé ce parc de 1 554 km². Du haut des collines qui dominent le lac Supérieur, on découvre une splendide vue sur ses plages, ses flèches de sable, ses îles, ses rives rocheuses et ses forêts impénétrables. Les terrasses de la rive, parfois hautes de plus de 60 m, marquent l'emplacement d'anciennes plages qui suivirent les mouvements de l'écorce terrestre.
□ Plusieurs voies de canotage s'enfoncent dans cette région accidentée. Celle de la rivière Sand, qui passe par les chutes Calwin et Lady Evelyn, subit une dénivellation de plus de 180 m en 57 km.
□ Des naturalistes organisent des visites guidées du parc. L'une d'elles mène en bas d'une falaise de la baie de l'Agawa où l'on peut voir des peintures indiennes vieilles de plus de 200 ans.
□ Les truites mouchetées et arc-en-ciel abondent dans certains lacs et rivières du parc. Les orignaux, les loups et les ours noirs hantent la forêt.
□ Les oiseaux du nord, par exemple le pic à dos noir et la mésange à tête brune, se partagent les forêts de feuillus et les forêts boréales avec des espèces méridionales comme le goglu et le tangara écarlate. On a recensé plus de 160 espèces d'oiseaux dans le parc.

Peintures indiennes, baie de l'Agawa, parc provincial du Lac-Supérieur

Rat musqué

PARC PROVINCIAL PANCAKE BAY

Le parc est agrémenté d'une plage de sable de 3 km de long en bordure de la baie Pancake. On y pêche la truite arc-en-ciel, le saumon coho et la perchaude. Le parc comprend des installations de camping et de pique-nique, ainsi que des sentiers de randonnée.

0	4	8	12	16	20 Milles
0	8	16	24	32 Kilomètres	

Avant que la Transcanadienne n'atteigne Wawa en 1960, les seuls moyens de transport étaient le train, l'hydravion ou le canot et d'immenses étendues restent encore vierges aujourd'hui dans l'état même où les explorateurs les découvrirent il y a 250 ans.

Les montagnes austères, les rivières rugissantes, les baies et les petits lacs jonchés de rochers donnent à la rive est du lac Supérieur un cachet unique. De grosses vagues viennent battre un rivage qu'adoucissent, çà et là, de belles plages de sable blanc lovées autour de petites criques abritées. A l'automne, la forêt de feuillus qui borde le lac sur près de 145 km au nord et à l'est de Sault-Sainte-Marie chatoie de toutes ses couleurs.

De mai à la mi-octobre, le train Algoma Central fait un voyage aller et retour de neuf heures entre Sault-Sainte-Marie et le canyon de l'Agawa, en plein cœur de cette région sauvage. Un arrêt de deux heures au parc du canyon de l'Agawa permet aux visiteurs de pique-niquer, d'explorer le canyon et d'admirer la chute Bridal Veil.

Le « train des neiges », dans le canyon de l'Agawa

BAIE DE L'AGAWA

Il y a plus de deux siècles, un chef ojibway, qui avait traversé le lac Supérieur après une bataille, laissa plusieurs peintures sur une falaise de la baie de l'Agawa, en témoignage de sa victoire. En 1851, Henry Schoolcraft, un agent indien de Sault Ste. Marie, au Michigan, découvrit les peintures et en donna une description précise, mais il oublia d'en indiquer l'emplacement. C'est en 1958 que Selwyn Dewdney, un chercheur canadien, entreprit de les retrouver. Après 14 mois de recherches, il les découvrit finalement dans la baie de l'Agawa.

CANYON DE L'AGAWA

Le chemin de fer Algoma Central fait le service entre Sault-Sainte-Marie et ce pittoresque canyon, du mois de mai à la mi-octobre. Les passagers disposent de deux heures pour explorer le canyon, pêcher, pique-niquer et admirer les chutes Bridal Veil et Black Beaver. Un « train des neiges » fait également le service en fin de semaine entre décembre et avril.

Le pont International, à Sault-Sainte-Marie

Maison Ermatinger, à Sault-Sainte-Marie

SAULT-SAINTE-MARIE

Seul Hamilton produit plus d'acier que cette ville au Canada. Son canal est l'un des plus actifs de la voie maritime du Saint-Laurent. L'écluse qui s'y trouve ainsi que celles du cours américain de la rivière Sainte-Marie voient passer plus de 100 millions de tonnes de marchandises tous les ans, surtout du grain et du minerai de fer.
□ Des viviers à truite, que l'on peut visiter, permettent d'ensemencer les lacs et les rivières de la région.
□ La Maison Ermatinger, bâtisse de pierre de style georgien construite en 1814, a été tour à tour résidence privée, hôtel, bureau de poste et tribunal. Site historique national, elle abrite aujourd'hui un musée.
□ Aux Services aériens de l'Ontario, quartier général de la plus grande escadrille du monde (45 appareils) d'avions de lutte contre les incendies de forêts, les visiteurs peuvent voir plusieurs avions-citernes.
□ Le pont International, long de 3 km, relie la ville à sa jumelle américaine, au Michigan.

THESSALON

Au nord de cette ville forestière s'étend une vaste région touristique.
□ Dans le parc Lakeside, une plaque rappelle la capture, en 1814, de deux goélettes américaines, *Tigress* et *Scorpion*.

ÎLE SAINT-JOSEPH

Le parc historique national du Fort-Saint-Joseph renferme les ruines d'un poste militaire construit en 1796. A l'extrême ouest du Haut-Canada, c'était un poste de traite important. Le centre d'interprétation contient des objets découverts par des archéologues et relate l'histoire du fort. Le parc est ouvert de la mi-mai à la fin octobre.
□ Au musée de l'Ile-Saint-Joseph, on peut voir des objets de l'époque des pionniers dans une église, une grange, une école et une cabane de rondins restaurées.
□ L'île Saint-Joseph, longue de 30 km et large de 24, se trouve au milieu du chenal qui relie les lacs Huron et Supérieur. Ses terres agricoles, ses épaisses forêts et ses criques abritées lui donnent un cachet particulier. Les Ojibways l'appelaient *Anipich*, « l'endroit des grands arbres ».

Le domaine de Gitchi-Manitou, le bon esprit des Indiens

Ile Manitoulin

L'île Manitoulin, la plus grande île du monde en eau douce, s'étend sur quel que 160 km de long et 60 km de large. Elle offre 1 600 km environ de rives pittoresques dont une grande partie fait face au lac Huron et à la baie Georgienne, le reste baignant dans le chenal du Nord qui sépare l'île de la terre ferme.

Un réseau de ponts et de digues relie l'île Manitoulin à la ville d'Espanola, sur le continent. Pendant la belle saison, un traversier, qui peut contenir 220 voitures, assure un ser-

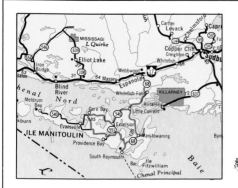

Musée historique Western Manitoulin, à Gore Bay

GORE BAY

Le belvédère East Bluff permet de découvrir les collines environnantes et les eaux limpides de la baie Gore ainsi que du chenal du Nord.
□ Le musée historique Western Manitoulin est aménagé dans un ancien palais de justice qui servait aussi de prison. On peut encore y voir des cellules, quelques meubles d'époque, ainsi que des vestiges d'un ancien village indien, Sheguiandah, des objets fabriqués par des pionniers et une collection de pièces qui proviennent sans doute du *Griffon* de La Salle. (Le bateau aurait sombré lors d'une tempête dans les eaux du détroit de Mississagi, à l'extrémité ouest de l'île Manitoulin, en 1679.)
□ Gore Bay, une petite ville paisible aux grandes rues bordées d'arbres, de coquettes pelouses et de jolies maisons, est le centre administratif de l'île.

BIRCH ISLAND

Dans la Petite Ile Cloche, le rocher Dreamer offre une belle vue sur le chenal du Nord, la baie aux Iles et les monts La Cloche. Les adolescents indiens venaient jeûner ici pendant quelques jours avant de passer à l'âge adulte. Un « esprit gardien » qui les guiderait toute leur vie leur apparaissait en rêve.
□ Un monument de pierre rappelle la visite que le président Franklin D. Roosevelt effectua ici en 1943.

KAGAWONG

Presque au centre de l'île Manitoulin, le lac Kagawong se déverse dans le lac Huron par la rivière Kagawong que vient couper une chute, Bridal Veil. Des installations de pique-nique, des sentiers d'exploration de la nature et un belvédère sont aménagés à cet endroit.
□ L'église anglicane St. John est ornée d'une chaire façonnée dans l'étrave d'un vieux bateau.

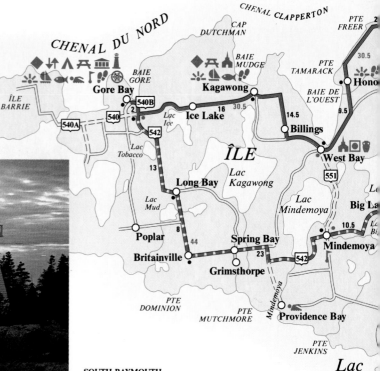

Le phare de South Baymouth

SOUTH BAYMOUTH

Du printemps à l'automne, le traversier *Chi-Cheeman* (grand canot) fait la navette entre l'île Manitoulin et Tobermory, à l'extrémité de la péninsule de Bruce.
□ Le musée Little Red Schoolhouse, aménagé dans une école d'époque, présente une collection de manuels scolaires, de pupitres et d'outils anciens.
□ Au nord du village, on peut visiter une station de recherches sur les pêches. On trouvera des installations de camping au parc commémoratif John Budd.

vice régulier entre South Baymouth, au sud de l'île, et la péninsule de Bruce. Quelque 800 km de routes épousent les rivages de l'île, serpentent entre des lacs aux eaux limpides et longent des ruisseaux cristallins coupés de gracieuses chutes.

On pêche l'achigan à petite bouche, le grand brochet, le maskinongé, le doré et l'omble de fontaine dans un grand nombre des 108 lacs qui comptent de nombreuses plages de sable fin. Little Current est un centre touristique bien connu des plaisanciers et des plongeurs qui viennent ici explorer les nombreuses épaves englouties sous les eaux du lac Huron et du chenal du Nord.

L'influence des Indiens Outaouais et Ojibways est toujours vivace dans l'île Manitoulin qui était pour eux le sanctuaire et de Gitchi-Manitou, l'esprit bienveillant, et de son ennemi Matchi-Manitou. Les archéologues y ont découvert de nombreux vestiges d'habitations indiennes, dont certaines sont vieilles de quelque 12 000 ans. De nos jours, les Indiens de la région fabriquent des objets d'artisanat qu'ils vendent aux visiteurs. Ces objets sont aussi exposés lors du Festival des arts et artisanats indiens de West Bay, à la fin du mois de juillet. Au début du mois d'août, la réserve indienne de l'île, l'une des plus grandes de l'Ontario avec ses 466 km², est le lieu d'une importante cérémonie traditionnelle qui dure plusieurs jours.

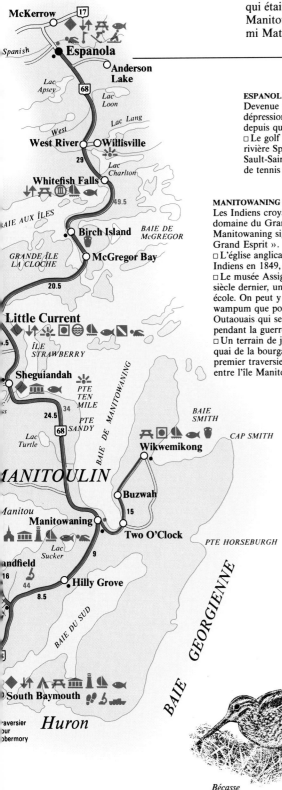

ESPANOLA
Devenue une ville fantôme pendant la grande dépression, Espanola connaît un regain d'activité depuis qu'une papeterie s'y est installée en 1945.
□ Le golf à neuf trous d'Espanola, au bord de la rivière Spanish, est le seul entre Sudbury et Sault-Sainte-Marie. La ville est dotée de courts de tennis et d'une piscine olympique.

MANITOWANING
Les Indiens croyaient que cette région était le domaine du Grand Esprit, Gitchi-Manitou. Manitowaning signifie, en effet, « le repaire du Grand Esprit ».
□ L'église anglicane St. Paul, construite par les Indiens en 1849, est la plus ancienne de l'île.
□ Le musée Assiginack comprend une prison du siècle dernier, une étable, une forge et une petite école. On peut y voir notamment une ceinture wampum que portait le chef Assiginack, un Outaouais qui se rangea au côté des Britanniques pendant la guerre de 1812.
□ Un terrain de jeu et une plage se trouvent près du quai de la bourgade où est mouillé le *Norisle*, premier traversier à transborder des automobiles entre l'île Manitoulin et Tobermory.

LITTLE CURRENT
A Sheguiandah, à 10 km au sud, le musée Little Current-Howland comprend trois maisons de rondins, une grange à deux étages et une forge. On peut y voir des objets indiens et des instruments de l'époque des pionniers. Le parc qui entoure le musée est pourvu d'installations de pique-nique.
□ Des concours hippiques, des expositions d'artisanat, des danses et une foire sont les principales attractions du festival Haweater de Little Current qui a lieu au début d'août. En septembre se déroule une vente aux enchères de bétail, l'une des plus importantes d'Amérique du Nord.
□ Sur la Maison R.H. Ripley, une plaque rappelle que la Compagnie de la Baie d'Hudson tenta de fonder ici un poste en 1856. Il fallut l'abandonner à cause de l'hostilité des Indiens et des missionnaires. La Maison Ripley a été construite sur les fondations mêmes du poste.
□ Près de Little Current, on peut voir les vestiges d'une mission jésuite (1648-1650) dirigée par le père Joseph Poncet, premier habitant européen de l'île.

Oiseau-tonnerre, peinture de Francis Kagige

WIKWEMIKONG
Dix-huit tribus provenant de six nations indiennes d'Amérique du Nord s'y rassemblent au début du mois d'août pour un powwow, cérémonie traditionnelle de chants et de danses. Les visiteurs peuvent acheter des objets indiens pendant l'été au centre d'artisanat de Wikwemikong, dans la réserve indienne de l'île Manitoulin.
□ Une trentaine de tableaux de l'artiste indien Francis Kagige ornent les murs d'une école primaire de Wikwemikong. L'école est ouverte au public en été.

Bécasse

L'enfer des fonderies, la quiétude de la forêt

Rive nord-est de la baie Georgienne

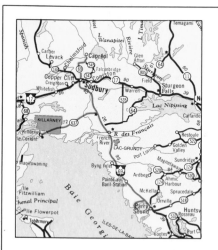

Locomotive à vapeur, à Capreol

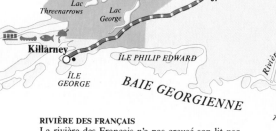

Le « Big Nickel », à Sudbury

CAPREOL

Les touristes qui visitent cette ville du bassin de Sudbury peuvent voir les ordinateurs du réseau de marchandises du CN en pleine activité.
□ Un fourgon de queue, une draisine et une locomotive à vapeur sont exposés dans le parc Prescott, de même qu'un fragment de 12 t d'une énorme météorite qui s'écrasa près d'ici en 1911 ou 1912.
□ On pêche le doré et le grand brochet dans les lacs Burwash, Ferris et Takko, ainsi que dans les rivières Groundhog et Vermilion.

PARC PROVINCIAL DE KILLARNEY

Ce parc sauvage occupe 345 km² sur la rive nord de la baie Georgienne. Situé dans la partie méridionale du bouclier Précambrien, on y trouve des formations rocheuses qui datent de plus de deux milliards d'années. Dans une petite vallée se dressent d'énormes érables à sucre et des merisiers bicentenaires qui ont échappé à la hache des bûcherons.
□ Les eaux des lacs du parc sont si limpides qu'à certains endroits l'on peut voir leur fond jusqu'à 30 m de profondeur.
□ Le sentier Silver Peak (32 km) serpente au milieu des monts La Cloche jusqu'à Silver Peak, une éminence de 536 m qui est le point culminant du parc. Le camping du lac George est situé en bordure d'une plage.

RIVIÈRE DES FRANÇAIS

La rivière des Français n'a pas creusé son lit par érosion. Elle suit un réseau de fissures et de failles naturelles sur les 120 km de son cours entre le lac Nipissing et la baie Georgienne. La rivière se divise en de multiples bras qui forment tantôt des anses paisibles, tantôt des rapides et des chutes. On peut voir des marmites de géants près du barrage de la Chaudière. Des peintures indiennes ornent des affleurements de granit près de la pointe Keso. La pêche au doré, au maskinongé, au bar-perche et au grand brochet est excellente dans cette rivière.

POINTE AU BARIL

A la fin du siècle dernier, une lanterne fichée sur un tonneau guidait les bateaux de pêche vers ce port abrité, d'où son nom de Pointe au Baril. Un phare de bois, toujours en service, a remplacé la vieille balise en 1889.
□ Le parc provincial Sturgeon Bay (80 ha), l'un des rares endroits de l'Ontario que fréquente le serpent massasauga, se trouve à 6 km au nord-ouest de Pointe au Baril. Menacé de disparition, le massasauga est le seul serpent venimeux de l'est du Canada.

PARC PROVINCIAL KILLBEAR POINT

Ce parc de 12 km² possède 4 km de plage et 6 km de sentiers de randonnée. Trois promontoires rocheux offrent une vue saisissante d'une partie de l'archipel des Trente Mille Iles. Certaines îles ne sont que des amas de cailloux, sans aucune végétation ; d'autres sont couvertes de bois et atteignent jusqu'à 8 km de long.

Parc provincial de Killarney

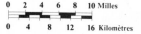

0 2 4 6 8 10 Milles

0 4 8 12 16 Kilomètres

Des crassiers de la ville industrielle de Sudbury aux bois sauvages du parc provincial de Killarney, des eaux tumultueuses de la rivière des Français à la paisible beauté des Trente Mille Iles, cette région, « le pays de l'arc-en-ciel », étonne par ses contrastes.

Plus d'un tiers des revenus miniers de l'Ontario, $1,6 milliard chaque année, proviennent du nickel et du cuivre extraits dans le bassin de Sudbury. Mais la ville paie la rançon de cette manne : un taux de pollution élevé et une réputation, sans doute injustifiée, de *no man's land* désolé. Elle est pourtant entourée de nombreux parcs, de forêts et de lacs.

Des glaciers et des millions d'années d'érosion ont formé les monts La Cloche, des collines basses aux croupes arrondies, autrefois aussi imposantes que les Rocheuses. Le quartzite blanc des collines, qui s'enfoncent dans le parc provincial de Killarney, tranche brutalement ici sur le granit rose et gris de la rive nord de la baie Georgienne.

Les eaux vives de la rivière des Français, bien connue des pêcheurs au doré et au grand brochet, font partie de la route de la traite des fourrures qui reliait autrefois Montréal au lac Supérieur. En été, des centaines de canoéistes n'hésitent pas à affronter les eaux turbulentes de la rivière.

Les Trente Mille Iles jalonnent la côte est de la baie Georgienne. En prenant le bateau à Parry Sound, on peut effectuer une excursion de trois heures qui se déroule à travers le plus grand archipel du monde en eau douce.

Coulées de laitier, à Sudbury

SUDBURY

Le parc Bell, aménagé au bord du lac Ramsey — l'un des quatre lacs de Sudbury —, dispose d'un amphithéâtre de 2 600 places où sont organisés des concerts et des expositions d'art et d'artisanat en été. Une plaque décrit la formation du bassin de Sudbury, une dépression de 56 km sur 27 qui aurait été causée par la chute d'une météorite géante. D'énormes dépôts de nickel et de 15 autres éléments sont exploités en bordure du bassin par l'International Nickel et la Falconbridge Nickel Mines. Ces deux entreprises font visiter leurs mines et leurs fonderies. A Copper Cliff, à 6 km à l'ouest de Sudbury, la fonderie Inco possède la plus haute cheminée du monde (380 m).

□ De la route 144, à l'ouest de Sudbury, on peut voir les traînées incandescentes des coulées de laitier qui descendent les flancs d'énormes crassiers illuminer le ciel en pleine nuit.

□ On peut visiter la maquette d'une mine souterraine au parc Numismatique. « Big Nickel », une énorme pièce de cinq cents, haute de 9 m, se dresse dans le parc.

L'exploitation d'une mine

Dans les mines souterraines, un puits principal donne accès à différents étages de tunnels. Les mineurs descendent dans une cage d'ascenseur (1) jusqu'à un étage donné, puis suivent un travers-banc ou tunnel transversal (2) qui mène aux chambres d'excavation du minerai. D'énormes ventilateurs (4) chassent l'air vicié de la mine par des puits d'aérage (3).

Le forage et le dynamitage se font dans le chantier (5), une grande chambre située à l'extrémité du travers-banc. Les méthodes d'exploitation sont très nombreuses. L'une des plus courantes, l'abattage par chambre remblayée, consiste à forer des trous dans la veine de minerai avec des foreuses à air comprimé. Les trous sont bourrés d'explosifs qui provoquent l'éboulement d'un banc de la chambre. Le minerai est enlevé, puis la cavité remblayée.

Des trains de berlines à voie étroite ou des engins sur pneus (6) transportent le minerai jusqu'à une cheminée (7) par laquelle il est déversé dans une trémie de chargement (8). Puis il tombe dans un concasseur (9) où les gros blocs sont brisés pour faciliter le transport. Le minerai concassé descend ensuite un plan incliné (10), puis est remonté à la surface par un monte-charge (11).

La maquette de mine souterraine du parc Numismatique de Sudbury comporte plus de 150 m de tunnels qui débouchent dans des chambres d'excavation. Les méthodes d'exploitation sont expliquées aux visiteurs. On peut également voir la salle des compresseurs qui actionnent les machines pneumatiques.

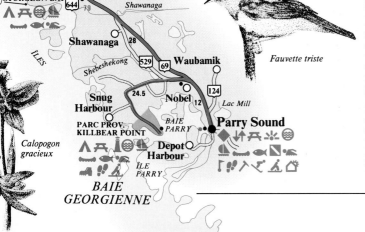

Fauvette triste

Calopogon gracieux

PARRY SOUND

De la mi-juin à la mi-septembre, l'*Island Queen*, une vedette de croisière de 30 m, fait le tour des Trente Mille Iles.

□ Dix volées de marches escaladent en zigzag une tour d'incendie de 24 m, perchée sur une colline qui domine la ville. Du sommet, à 76 m au-dessus de la baie Georgienne, on découvre une splendide vue de la baie, de la forêt et des innombrables lacs de la région.

□ Au marché de Parry Sound, une plaque rappelle que le bateau à roues *Waubuno* se perdit corps et biens près d'ici, lors d'une tempête de neige en 1879. Il avait 24 personnes à son bord.

□ Reptile House, à 16 km au sud de la ville, est le plus grand vivarium public du Canada. On peut y voir des alligators, des lézards et des serpents, dont le venimeux massasauga.

□ On pêche la truite arc-en-ciel, l'omble de fontaine, le moulac, le bar-perche et le doré dans les eaux de la région.

BAIE GEORGIENNE

Les anciennes places fortes des rives de la baie Georgienne

Rive sud-est de la baie Georgienne

Semée de charmantes stations balnéaires, de coquets ports de plaisance et de stations de ski, la rive sud-est de la baie Georgienne est également riche en souvenirs du passé. Deux sites historiques — Sainte-Marie au pays des Hurons et la base navale de Penetanguishene — nous ramènent aux débuts de l'histoire du Canada.

Sainte-Marie au pays des Hurons, le premier établissement européen en Ontario, a été reconstruite à côté de la rivière Wye, à l'est de Midland. C'est de ce poste fortifié, où vécu-

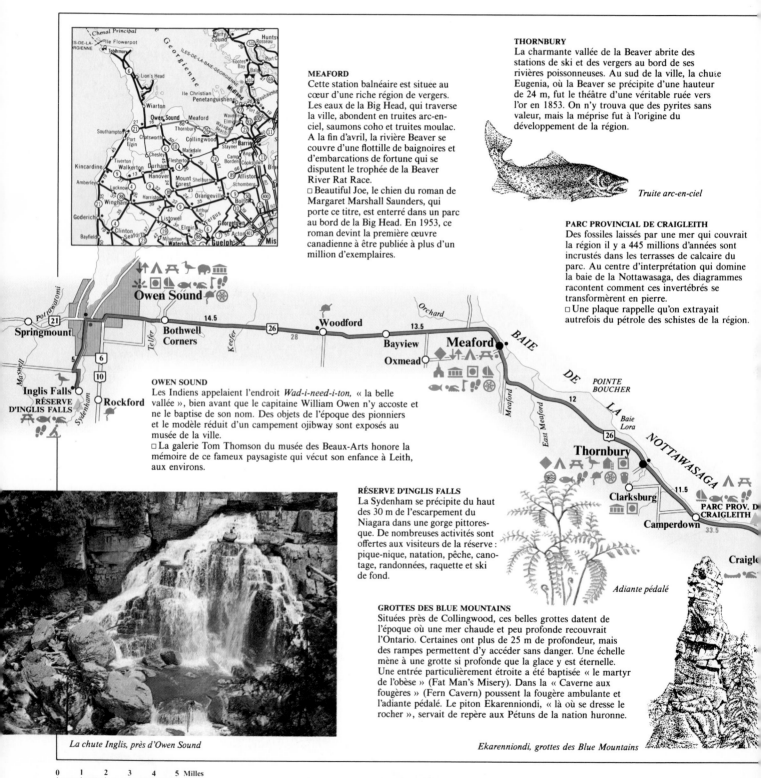

MEAFORD
Cette station balnéaire est située au cœur d'une riche région de vergers. Les eaux de la Big Head, qui traverse la ville, abondent en truites arc-en-ciel, saumons coho et truites moulac. A la fin d'avril, la rivière Beaver se couvre d'une flottille de baignoires et d'embarcations de fortune qui se disputent le trophée de la Beaver River Rat Race.
□ Beautiful Joe, le chien du roman de Margaret Marshall Saunders, qui porte ce titre, est enterré dans un parc au bord de la Big Head. En 1953, ce roman devint la première œuvre canadienne à être publiée à plus d'un million d'exemplaires.

THORNBURY
La charmante vallée de la Beaver abrite des stations de ski et des vergers au bord de ses rivières poissonneuses. Au sud de la ville, la chute Eugenia, où la Beaver se précipite d'une hauteur de 24 m, fut le théâtre d'une véritable ruée vers l'or en 1853. On n'y trouva que des pyrites sans valeur, mais la méprise fut à l'origine du développement de la région.

Truite arc-en-ciel

PARC PROVINCIAL DE CRAIGLEITH
Des fossiles laissés par une mer qui couvrait la région il y a 445 millions d'années sont incrustés dans les terrasses de calcaire du parc. Au centre d'interprétation qui domine la baie de la Nottawasaga, des diagrammes racontent comment ces invertébrés se transformèrent en pierre.
□ Une plaque rappelle qu'on extrayait autrefois du pétrole des schistes de la région.

OWEN SOUND
Les Indiens appelaient l'endroit *Wad-i-need-i-ton*, « la belle vallée », bien avant que le capitaine William Owen n'y accoste et ne le baptise de son nom. Des objets de l'époque des pionniers et le modèle réduit d'un campement ojibway sont exposés au musée de la ville.
□ La galerie Tom Thomson du musée des Beaux-Arts honore la mémoire de ce fameux paysagiste qui vécut son enfance à Leith, aux environs.

RÉSERVE D'INGLIS FALLS
La Sydenham se précipite du haut des 30 m de l'escarpement du Niagara dans une gorge pittoresque. De nombreuses activités sont offertes aux visiteurs de la réserve : pique-nique, natation, pêche, canotage, randonnées, raquette et ski de fond.

GROTTES DES BLUE MOUNTAINS
Situées près de Collingwood, ces belles grottes datent de l'époque où une mer chaude et peu profonde recouvrait l'Ontario. Certaines ont plus de 25 m de profondeur, mais des rampes permettent d'y accéder sans danger. Une échelle mène à une grotte si profonde que la glace y est éternelle. Une entrée particulièrement étroite a été baptisée « le martyr de l'obèse » (Fat Man's Misery). Dans la « Caverne aux fougères » (Fern Cavern) poussent la fougère ambulante et l'adiante pédalé. Le piton Ekarenniondi, « là où se dresse le rocher », servait de repère aux Pétuns de la nation huronne.

Adiante pédalé

La chute Inglis, près d'Owen Sound

Ekarenniondi, grottes des Blue Mountains

0 1 2 3 4 5 Milles
0 2 4 6 8 Kilomètres

rent saint Jean de Brébeuf et cinq autres saints martyrs, que les jésuites français tentèrent d'évangéliser la Huronie de 1639 à 1649.

Les guerres indiennes mirent un terme aux efforts des jésuites. Sainte-Marie ne fut jamais attaquée, mais elle devint complètement isolée au milieu des villages hurons désertés et d'une population iroquoise toujours plus hostile. Craignant un affrontement, les jésuites abandonnèrent finalement leur mission et rentrèrent à Québec. Pendant 300 ans, Sainte-Marie au pays des Hurons, première

percée audacieuse à l'intérieur du Canada, ne fut qu'un souvenir. Sa reconstruction récente rend hommage à la foi et à l'héroïsme de ses fondateurs.

A Penetanguishene, à 5 km au nord de Midland, se trouve une ancienne base de la Royal Navy. Mi-chantier naval, mi-garnison, la base fut construite par les Anglais après la

guerre de 1812 et elle resta en activité jusqu'au milieu du XIXᵉ siècle. Dans le même temps, Penetanguishene grandit autour d'elle et devint un village animé de trafiquants de fourrures anglais et français. Aujourd'hui, restaurée et reconstruite, cette base navale témoigne de l'époque où la Grande-Bretagne régnait en maître sur les Grands Lacs.

Un avant-poste isolé et les cabanes des Hurons

Sainte-Marie au pays des Hurons a été méticuleusement reconstituée au cours des années 60. On pénètre dans la mission en passant par une galerie ornée de fresques de C. W. Jefferys qui relatent l'histoire de la Huronie. Les visiteurs peuvent ensuite voir un film montrant la vie en Nouvelle-France au XVIIᵉ siècle. A l'intérieur de la palissade se dressent des maisons d'habitation, un hôpital, une forge, une cuisine et des écuries. La tombe de saint Jean de Brébeuf se trouve dans la chapelle. On peut aussi y voir l'église Saint-Joseph, la plus vieille du Canada. Le sanctuaire des Martyrs, édifié en souvenir des jésuites, domine le site historique.

Dans le parc Little Lake, on a reconstitué un de ces villages hurons qui attirèrent les missionnaires dans la région. Des racines, du blé d'Inde et des herbes sont accrochés aux murs des cabanes bordées de couchettes.

Sainte-Marie au pays des Hurons, avec le sanctuaire des Martyrs à l'arrière-plan

Cabane huronne, à Midland

PENETANGUISHENE
Un grand nombre des habitants de Penetanguishene descendent des trafiquants de fourrures et des pionniers français et anglais qui s'installèrent près de la base de la Royal Navy entre 1814 et 1856. Le seul bâtiment qui subsiste de la caserne, le quartier des officiers, est aujourd'hui un musée. St. James-on-the-Lines, église de garnison construite en 1836-1838, est toujours consacrée au culte. Ses bancs de bois portent encore des inscriptions de l'époque.

Poterie des Blue Mountains, à Collingwood

MIDLAND
On a reconstitué un village huron du XVIIᵉ siècle à côté du musée de la Huronie dans le parc Little Lake de Midland. Le musée renferme des objets indiens et des maquettes des navires qui sillonnaient les Grands Lacs.
□ La réserve de la faune Wye Marsh peut être visitée.

WASAGA BEACH
Wasaga Beach, 14 km de sable tassé au bord de la baie Georgienne, serait la plage d'eau douce la plus longue et la plus sûre du monde.

COLLINGWOOD
L'un des grands centres de la navigation sur les Grands Lacs pendant près d'un siècle, Collingwood est aujourd'hui une ville touristique prospère. Les touristes peuvent visiter les poteries des Blue Mountains.

PARC PROVINCIAL DE WASAGA BEACH
Le musée Upper Lakes se trouve dans une île formée au milieu de la Nottawasaga par du limon et du sable amassés autour de la coque du *Nancy*, une goélette coulée pendant la guerre de 1812. On peut assister à un spectacle « son et lumière » sur l'histoire de la *Nancy*.
□ Des dunes en forme de fer à cheval, vieilles de 2 500 ans, sont préservées dans ce parc. On y trouve des plantes rares au Canada comme la goodyérie rampante et le cypripède tête-de-bélier. L'endroit est bien aménagé : natation surveillée, terrains de pique-nique, pistes de motoneige et de ski.

Figure de proue, musée Upper Lakes, à Wasaga Beach

Sous un vent incessant, les eaux claires d'une côte escarpée

Péninsule de Bruce

La péninsule de Bruce, pittoresque et sauvage triangle de terre qui s'avance dans le lac Huron, appartient à l'escarpement du Niagara, une arête rocheuse qui s'incurve vers le nord-ouest depuis la rive sud du lac Ontario jusqu'à l'île Manitoulin.

Sa rive orientale, du côté de la baie Georgienne, est une longue suite de falaises modelées par les anciens glaciers et rongées par le vent et l'eau. Des grottes, des hauts-fonds et des formations rocheuses tourmentées ponctuent le rivage.

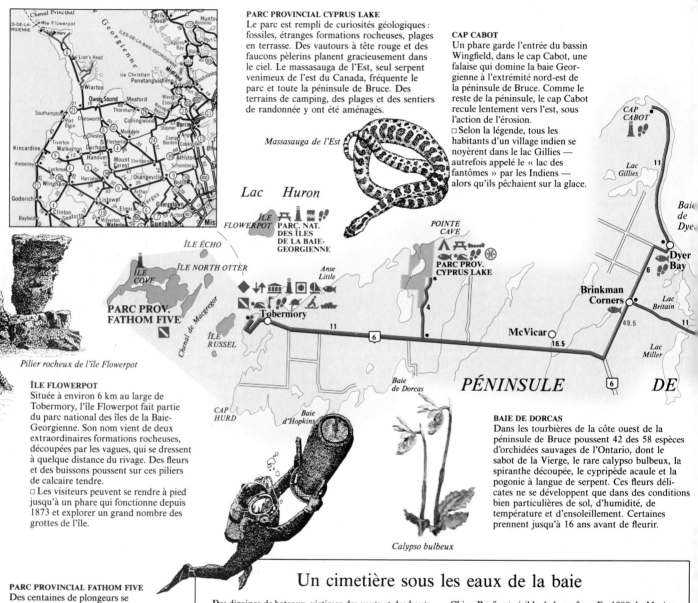

Pilier rocheux de l'île Flowerpot

PARC PROVINCIAL CYPRUS LAKE
Le parc est rempli de curiosités géologiques : fossiles, étranges formations rocheuses, plages en terrasse. Des vautours à tête rouge et des faucons pèlerins planent gracieusement dans le ciel. Le massasauga de l'Est, seul serpent venimeux de l'est du Canada, fréquente le parc et toute la péninsule de Bruce. Des terrains de camping, des plages et des sentiers de randonnée y ont été aménagés.

Massasauga de l'Est

CAP CABOT
Un phare garde l'entrée du bassin Wingfield, dans le cap Cabot, une falaise qui domine la baie Georgienne à l'extrémité nord-est de la péninsule de Bruce. Comme le reste de la péninsule, le cap Cabot recule lentement vers l'est, sous l'action de l'érosion.
□ Selon la légende, tous les habitants d'un village indien se noyèrent dans le lac Gillies — autrefois appelé le « lac des fantômes » par les Indiens — alors qu'ils pêchaient sur la glace.

ÎLE FLOWERPOT
Située à environ 6 km au large de Tobermory, l'île Flowerpot fait partie du parc national des îles de la Baie-Georgienne. Son nom vient de deux extraordinaires formations rocheuses, découpées par les vagues, qui se dressent à quelque distance du rivage. Des fleurs et des buissons poussent sur ces piliers de calcaire tendre.
□ Les visiteurs peuvent se rendre à pied jusqu'à un phare qui fonctionne depuis 1873 et explorer un grand nombre des grottes de l'île.

BAIE DE DORCAS
Dans les tourbières de la côte ouest de la péninsule de Bruce poussent 42 des 58 espèces d'orchidées sauvages de l'Ontario, dont le sabot de la Vierge, le rare calypso bulbeux, la spiranthe découpée, le cypripède acaule et la pogonie à langue de serpent. Ces fleurs délicates ne se développent que dans des conditions bien particulières de sol, d'humidité, de température et d'ensoleillement. Certaines prennent jusqu'à 16 ans avant de fleurir.

Calypso bulbeux

PARC PROVINCIAL FATHOM FIVE
Des centaines de plongeurs se réunissent dans le premier parc sous-marin du Canada où se trouvent les épaves de 25 bateaux, navires à voiles ou remorqueurs. Dix-neuf ont déjà été fouillées et identifiées. Les cartes du centre d'interprétation permettent de localiser les épaves qui sont parfois visibles de la surface, cependant. Le parc comportera bientôt des terrains de camping et de pique-nique.

Un cimetière sous les eaux de la baie

Des dizaines de bateaux, victimes des vents et des hauts-fonds, gisent sous les eaux transparentes de la baie Georgienne. Plus de 70 épaves de goélettes à coques de bois, de remorqueurs et de vapeurs ont été dénombrées près de la péninsule de Bruce.

Le *Sweepstakes,* une goélette qui fit naufrage en 1896, et le *City of Grand Rapids,* qui coula après un incendie en 1907, sont faciles à localiser. Ils reposent, par 3 à 9 m de fond, dans le port de Tobermory.

La coque du *China,* une goélette qui se fracassa en 1883 sur les écueils de ce que l'on appelle aujourd'hui le

China Reef, est visible de la surface. En 1900, le *Marion L. Breck* fit naufrage au sud-ouest de Bears Rump, mais le gardien du phare de l'île Flowerpot secourut son équipage. Le capitaine John O'Grady, de la goélette *Philo Scoville,* eut moins de chance. Il fut écrasé entre son vaisseau et les rochers au cours d'une tempête, durant l'hiver de 1889.

En 1901, le vapeur *Wetmore* et les goélettes *King* et *Brunette* qu'il remorquait sombrèrent. On peut encore voir la chaudière du *Wetmore* affleurer à la surface lorsque les eaux sont basses.

0 1 2 3 4 5 Milles
0 2 4 6 8 Kilomètres

Du haut des falaises, adossées à un arrière-pays de petits lacs et de bois épais, surtout au nord, on découvre une splendide vue sur les îles de la baie et les villages qui se blottissent au fond de criques abritées.

La côte occidentale de la péninsule qui s'enfonce dans le lac Huron présente un visage différent. Elle se caractérise par une série de marécages peuplés de cèdres et coupés de canaux peu profonds, tandis que des dunes et des crêtes rabotées par les glaciers s'étendent parallèlement à la rive.

La péninsule, émaillée de fleurs sauvages rares, de fougères et d'orchidées, constitue une sorte de rocaille géante, unique en Amérique du Nord. Les ours, les cerfs, les gélinottes et les coyotes fréquentent les boisés au-dessus desquels l'on voit parfois planer des aigles. Des sentiers de randonnée, dont un tronçon de 145 km du fameux sentier de Bruce, mènent au cœur d'une nature triomphante qui offre aux visiteurs des forêts, des ravins, des grottes et de petites baies bordées de plages encore vierges.

Les fascinantes eaux cristallines de la péninsule cachent pourtant de mauvais récifs que viennent battre de furieuses tempêtes ; des dizaines d'épaves gisent d'ailleurs au fond de la baie Georgienne et dans la partie est du lac Huron.

Un traversier relie Tobermory, à l'extrémité nord de la péninsule, à South Baymouth, dans l'île Manitoulin. D'autres bateaux, dont le port d'attache est aussi Tobermory, conduisent les touristes à l'île Flowerpot et au parc provincial Fathom Five.

Un sentier de randonnée qui mène jusqu'aux nuages

Long de 700 km, le sentier de Bruce suit l'escarpement du Niagara entre Queenston, dans le sud de l'Ontario, et Tobermory, à l'extrémité de la péninsule de Bruce. Il serpente au milieu des épais bois de cèdres et de bouleaux de la péninsule, passe à côté de grottes et de falaises abruptes avant de plonger en direction des pittoresques villages de la côte. Les nuages enveloppent souvent les excursionnistes au cap Cabot, l'une des régions les plus élevées de l'Ontario.

Sur la péninsule de Bruce, les points d'accès au sentier sont Tobermory, Dyer Bay, le cap Cabot, Hope Bay, Lion's Head, Cape Croker et Wiarton. Près de la pointe Halfway Rock, un tronçon de 2 km constitue un agréable but de promenade.

Une magnifique mais difficile excursion permet de parcourir en trois jours les 50 km qui séparent la baie de Dunk du cap Cabot. Munissez-vous de gourdes car les eaux claires de la baie Georgienne, que l'on voit tout le long du sentier de Bruce, sont souvent hors de portée.

CAP CROKER
Les Indiens Ojibways ont fait un parc de la magnifique réserve indienne du cap. Les visiteurs campent sur des falaises boisées qui dominent la baie Sydney ou au bord de l'eau. Des sentiers d'exploration de la nature et un tronçon de 24 km du sentier de Bruce sillonnent le parc qui compte plusieurs grottes et une plage de sable. Près de l'entrée du parc, un magasin offre aux visiteurs des objets d'artisanat indien. Certaines parties d'un phare reconstruit en 1905 datent d'un phare du début du XIXe siècle qui guidait les navires au milieu des récifs du cap.

Falaises de calcaire, péninsule de Bruce

WIARTON
Une alevinière provinciale y élève trois millions de poissons tous les ans (coho, saumon et truite). Les visiteurs peuvent voir les œufs sur les plateaux d'incubation ainsi que les jeunes alevins. Grâce à l'alevinière, la pêche à la truite arc-en-ciel est excellente dans la baie de Colpoys. Le grand brochet fréquente les lacs Mountain, Miller et Isaac. La truite moulac (une espèce hybride créée par des biologistes canadiens) abonde dans les eaux de Lion's Head. On pêche l'achigan, la perchaude et le brochet dans le lac Huron. L'achigan vit également dans les lacs de l'intérieur.

LION'S HEAD
L'érosion a creusé de profondes grottes dans les parois à pic des falaises et sculpté d'étranges formations de rochers près de Lion's Head. Sur la rive sud de la baie de Colpoys, un étroit sentier jonché de rochers mène à cinq grottes. Les deux ouvertures de la plus grande, la grotte de Bruce, ressemblent à une paire d'yeux fixes.

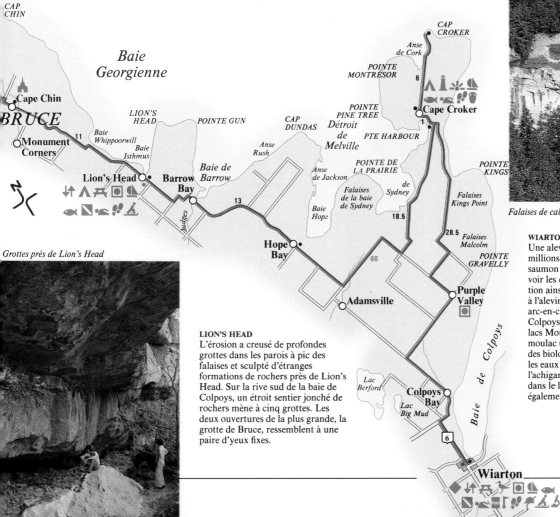

Grottes près de Lion's Head

Le pays où d'un coup de talon l'on découvrait l'or et l'argent

Nord-est de l'Ontario

En 1903, deux hommes qui marquaient des arbres dans la forêt voisine de Cobalt, à environ 130 km au sud de Kirkland Lake, découvrirent un gisement de sulfure qui brillait au soleil. Ils prélevèrent des échantillons du minerai qu'ils envoyèrent à Montréal. A l'analyse, on s'aperçut que leur teneur en argent était très élevée. La nouvelle s'étant répandue, des milliers de prospecteurs accoururent alors dans cette région qui était encore sauvage et Cobalt commença à pousser comme un champignon.

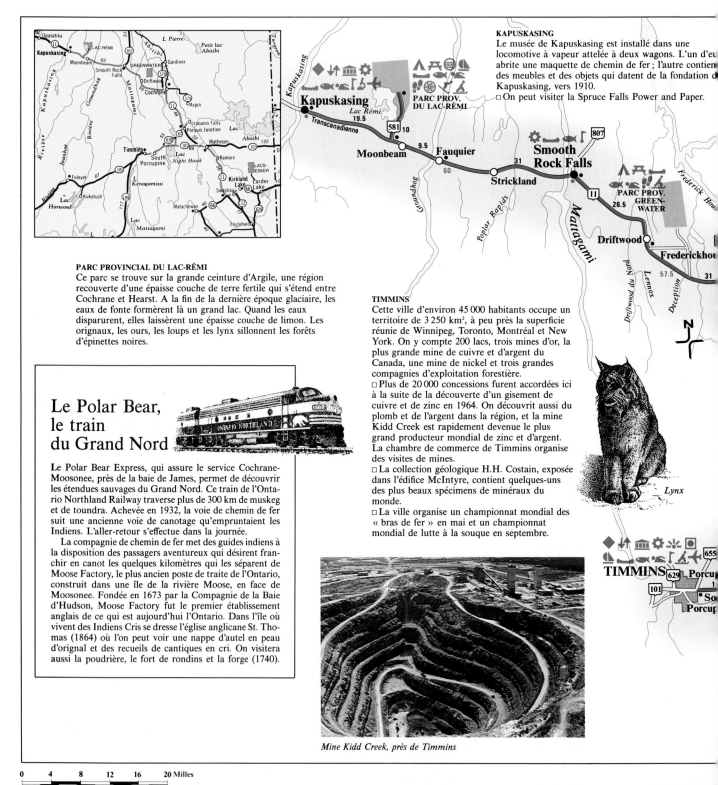

KAPUSKASING

Le musée de Kapuskasing est installé dans une locomotive à vapeur attelée à deux wagons. L'un d'eu abrite une maquette de chemin de fer ; l'autre contien des meubles et des objets qui datent de la fondation d Kapuskasing, vers 1910.
□ On peut visiter la Spruce Falls Power and Paper.

PARC PROVINCIAL DU LAC-RÉMI

Ce parc se trouve sur la grande ceinture d'Argile, une région recouverte d'une épaisse couche de terre fertile qui s'étend entre Cochrane et Hearst. A la fin de la dernière époque glaciaire, les eaux de fonte formèrent là un grand lac. Quand les eaux disparurent, elles laissèrent une épaisse couche de limon. Les orignaux, les ours, les loups et les lynx sillonnent les forêts d'épinettes noires.

TIMMINS

Cette ville d'environ 45 000 habitants occupe un territoire de 3 250 km², à peu près la superficie réunie de Winnipeg, Toronto, Montréal et New York. On y compte 200 lacs, trois mines d'or, la plus grande mine de cuivre et d'argent du Canada, une mine de nickel et trois grandes compagnies d'exploitation forestière.
□ Plus de 20 000 concessions furent accordées ici à la suite de la découverte d'un gisement de cuivre et de zinc en 1964. On découvrit aussi du plomb et de l'argent dans la région, et la mine Kidd Creek est rapidement devenue le plus grand producteur mondial de zinc et d'argent. La chambre de commerce de Timmins organise des visites de mines.
□ La collection géologique H.H. Costain, exposée dans l'édifice McIntyre, contient quelques-uns des plus beaux spécimens de minéraux du monde.
□ La ville organise un championnat mondial des « bras de fer » en mai et un championnat mondial de lutte à la souque en septembre.

Le Polar Bear, le train du Grand Nord

Le Polar Bear Express, qui assure le service Cochrane-Moosonee, près de la baie de James, permet de découvrir les étendues sauvages du Grand Nord. Ce train de l'Ontario Northland Railway traverse plus de 300 km de muskeg et de toundra. Achevée en 1932, la voie de chemin de fer suit une ancienne voie de canotage qu'empruntaient les Indiens. L'aller-retour s'effectue dans la journée.

La compagnie de chemin de fer met des guides indiens à la disposition des passagers aventureux qui désirent franchir en canot les quelques kilomètres qui les séparent de Moose Factory, le plus ancien poste de traite de l'Ontario, construit dans une île de la rivière Moose, en face de Moosonee. Fondée en 1673 par la Compagnie de la Baie d'Hudson, Moose Factory fut le premier établissement anglais de ce qui est aujourd'hui l'Ontario. Dans l'île où vivent des Indiens Cris se dresse l'église anglicane St. Thomas (1864) où l'on peut voir une nappe d'autel en peau d'orignal et des recueils de cantiques en cri. On visitera aussi la poudrière, le fort de rondins et la forge (1740).

Lynx

Mine Kidd Creek, près de Timmins

Quelques prospecteurs, plus heureux que d'autres, découvrirent de riches gisements d'argent et d'or. En 1903, Harry Preston tomba littéralement sur un « escalier pavé d'or » en glissant sur une touffe de mousse. Le quartz moucheté de paillettes jaunes que le talon de sa botte mit à jour devint plus tard la légendaire Dome Mine. Quant à la concession de Kirkland Lake accordée en 1912 à Harry Oakes, elle donna naissance à la fameuse Lake Shore Mine, l'une des plus grandes mines d'or de l'Ontario.

Mais tous n'étaient pas aussi chanceux. Alexander McIntyre, un Ecossais à la gorge sèche et sans un sous vaillant, divisa sa concession en huit lots qu'il vendit pour la modique somme de $25 pièce. Plus tard, la mine McIntyre Porcupine, qui portait son nom mais ne lui appartenait plus, allait produire $230 millions d'or.

Jusqu'au tournant du siècle, tout transport s'effectuait par les lacs et les rivières de la région. Puis, le chemin de fer fit son apparition, suivant les riches gisements de Timmins, Porcupine, Cobalt et Kirkland Lake pour atteindre, aujourd'hui, Moosonee, près de la baie de James.

Les rivières sont maintenant coupées de barrages, les forêts ont été abattues et les montagnes éventrées par les mines. Mais la région compte encore d'innombrables lacs paisibles et de vastes forêts vierges.

COCHRANE
Le Polar Bear Express de l'Ontario Northland Transportation Commission assure le service entre Cochrane et Moosonee, sur la baie de James, un trajet de 300 km au milieu de la toundra et du muskeg.
□ Au nord-ouest de Cochrane se trouve le parc provincial Greenwater dont les 26 lacs aux eaux d'un vert éclatant offrent l'une des meilleures pêches à la truite de l'Ontario.

Statue de l'ours polaire, à Cochrane

IROQUOIS FALLS
Les visiteurs peuvent faire une excursion de 95 km dans les bois exploités par la Compagnie de papier Abitibi. Au cours du voyage de sept heures, des guides expliquent les techniques modernes d'abattage et de sylviculture. D'énormes engins mécaniques abattent les arbres, les ébranchent, les empilent et les transportent à l'usine de la compagnie où ils sont transformés en pâte à papier, puis en papier journal. La visite s'achève par un repas offert dans un camp de bûcherons.

MATHESON
Le « grand incendie de 1916 » dévasta la région, détruisant plus de 2 000 km² de forêts, ainsi que les villages de Porquis Junction, Iroquois Falls et Matheson. Ce désastre fit 223 victimes.
□ Des objets de l'époque des pionniers, des instruments aratoires et d'anciens outils de mineurs sont exposés au musée Black River-Matheson. On peut y voir aussi l'intérieur d'une vieille école.

Le roi de Kirkland Lake

L'un des principaux personnages de l'histoire des mines en Ontario fut aussi la victime d'un crime qui défraya longtemps la chronique. Américain de naissance, Harry Oakes était un prospecteur qui avait cherché fortune dans les camps miniers d'Australie, d'Afrique du Sud, du Colorado et du Yukon avant d'arriver dans le pays sauvage de Kirkland Lake, vers 1911, en quête d'or. Un an plus tard, sa seconde concession donna naissance à la fameuse mine Lake Shore, l'une des 12 mines qui jalonnent le « mille de l'Or » de Kirkland Lake.

Oakes épousa une Australienne, fit construire un manoir de 37 pièces à Niagara Falls et quitta le Canada pour les Bahamas vers le milieu des années 30, poursuivi par le fisc. En 1943, il était assassiné dans sa maison de Nassau. Son gendre fut accusé du meurtre, mais acquitté. L'affaire n'a jamais été tirée au clair.

Lac Kenogami, près de Kirkland Lake

PARC PROVINCIAL KETTLE LAKES
Le sentier Kettle (2 km) longe un certain nombre des lacs du parc qui occupent d'anciennes marmites de géants (kettles). Alimentés par des sources, ces lacs, généralement circulaires, s'étendent au fond de dépressions qui furent formées à la fin de la dernière époque glaciaire.
Les plus grands de ces lacs sont alevinés chaque année avec des ombles de fontaine et des truites arc-en-ciel.

Garrot commun

KIRKLAND LAKE
Durant des siècles, la région aujourd'hui occupée par le parc provincial Esker Lakes faisait partie du territoire de chasse des Ojibways. En 1912, Harry Oakes obtint une concession qui devint plus tard la fameuse mine Lake Shore, l'une des 12 qui jalonnent le « mille de l'Or » de Kirkland Lake. Peu après, des routes et un chemin de fer furent construits, la forêt fut défrichée et la ville minière de Kirkland Lake se développa rapidement. De nos jours, seule la mine Macassa produit encore de l'or. On peut la visiter, de même que la mine de fer Adams. Le Museum of Northern History contient des objets de l'époque des pionniers.

Abitibi
574
Tunis
72
Nellie Lake
578
67
Iroquois Falls
10.5
577
quis Junction
11
rbers Bay 24.5
naught
67
Val-Gagné
P. PROV. KETTLE LAKES
32 16
101
101
16 Shillington
Matheson
803
16
572
Lac Night Hawk
Ranmore
11
Drillwood
Black
Transcanadienne
Bourkes
72.5
570
40.5
Sesekinika
Lac de Sesekinika
Kirkland Lake
Swastika
8.5
568
66
Chaput Hughes
Lac Kenogami
7.5
112
Kenogami Lake
11
47.5

Forêts, lacs et rivières d'un pays sauvage et solitaire

Nord-est de l'Ontario

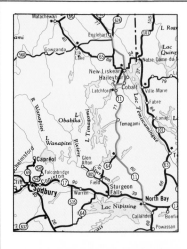

High Falls, parc provincial Kap-Kig-Iwan, près d'Englehart

NEW LISKEARD
A l'ouest de la ville, un belvédère offre une splendide vue sur la campagne vallonnée et les collines boisées du Bouclier canadien. Une bande de riches terres agricoles s'étire sur 56 km entre New Liskeard et Englehart.
□ Au début de septembre, la Foire d'automne présente des expositions d'animaux, de fleurs et d'objets d'artisanat.

HAILEYBURY
Le campus d'Haileybury du Northern College of Applied Arts and Technology accueille 200 étudiants en géologie et en technologie minière. Les autres campus du collège se trouvent à Timmins et à Kirkland Lake.
□ Le parc du Centenaire est doté d'installations de camping en bordure d'une plage du lac Témiscamingue. On pêchera là le doré, le grand brochet et l'esturgeon.

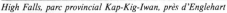

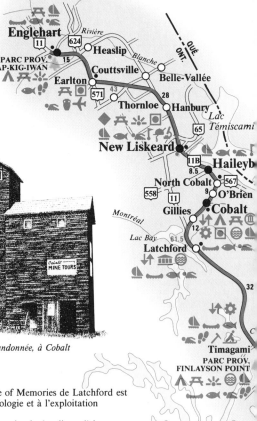

Concours de marteau-perforateur, au Festival de Cobalt

COBALT
On raconte que c'est en lançant un marteau à un renard que Fred LaRose découvrit le plus riche filon d'argent du monde. La concession que celui-ci vendit pour $30 000 seulement allait produire des dizaines de kilogrammes d'argent par tonne de minerai (un gisement est considéré riche lorsque sa teneur atteint 4,5 kg d'argent par tonne). En 1908, avec 50 mines en exploitation, la population de Cobalt — « la ville de l'argent » — atteignait 30 000 habitants. Mais la grande dépression entraîna la fermeture de toutes les mines. Quatre rouvrirent leurs portes au cours des années 50.
□ Un bloc d'argent de 567 kg rappelle cette glorieuse époque. Il fait partie de la collection d'argent natif du Northern Ontario Mining Museum, évaluée à $250 000.
□ Le Festival des mineurs de Cobalt bat son plein pendant dix jours, au début du mois d'août : concours de mineurs et de violoneux, défilés, danses et spectacles ethniques s'y succèdent.
□ Un monument marque l'emplacement de la maison de William Henry Drummond, un médecin qui écrivit en anglais des poèmes d'inspiration canadienne-française.

Mine abandonnée, à Cobalt

LATCHFORD
Le musée House of Memories de Latchford est consacré à la géologie et à l'exploitation forestière.
□ La plus grande usine hydraulique d'air comprimé au monde se trouve à côté d'un barrage où la rivière Montréal s'élargit pour former le lac Bay. Une canalisation achemine l'air comprimé vers les mines de Cobalt.

Musée House of Memories, à Latchford

TIMAGAMI
A la fin de juillet, le Timagami Water Carnival comprend des courses de canot des épreuves de natation, une course en baignoires et un concours de pêche.
□ En été, on peut visiter l'usine de pâte à papier W. Milne & Sons et la mine de fer à ciel ouvert Sherman.
□ Dans le parc provincial Finlayson Poin une plaque rappelle la mémoire de Grey Owl qui vécut ici de 1906 à 1910. Dans l' Bear, l'une des 1 200 îles du Lac Timaga se dressent deux bâtiments d'un poste de CBH fondé en 1870.

0   4   8   12   16   20 Milles
0   8   16   24   32 Kilomètres

Cette région sauvage, située à moins de 500 km de Toronto, est, selon les mots du naturaliste Grey Owl, « un grand pays solitaire de forêts, de lacs et de rivières, battu par les orignaux, les cerfs, les ours et les loups », même si l'exploitation forestière, les mines et le tourisme y ont stimulé la croissance de villes comme North Bay.

Les amateurs de plein air viennent ici au printemps et en été pour pêcher ou se baigner, à l'automne pour chasser le canard, la perdrix, l'orignal et le cerf, en hiver pour pêcher sur la glace, faire du ski ou explorer les bois en motoneige.

Semé d'îles, le lac Nipissing (775 km²), qui est réputé pour sa pêche au doré, offre des baies abritées et d'immenses plages. Les eaux profondes et froides du lac Timagami regorgent d'énormes touladis. Parmi les 40 espèces de poissons qui fréquentent les autres lacs et les rivières des environs, on notera en particulier le grand brochet, le maskinongé, l'esturgeon, le grand corégone, l'omble de fontaine et la truite arc-en-ciel.

La région offre de nombreuses attractions : une foire d'automne à New Liskeard, un festival des mineurs en été à Cobalt, un carnaval d'hiver à North Bay... A Cobalt, en outre, les touristes visiteront une mine et verront la plus grande exposition du monde d'argent natif. Les musées de Marten River sont consacrés à la trappe et à l'abattage du bois. A North Bay, enfin, les vacanciers pourront assister à une vente aux enchères de fourrures, se baigner dans le lac Nipissing ou l'explorer à bord du *Chief Commanda II*.

LEHART

...nombreux lacs et rivières des environs de [l]e ville dédiée à l'exploitation forestière [offre]nt une excellente pêche à l'omble de [ch]aine, au doré et au grand brochet.
...[Ma]levinière Hills Lake produit tous les ans [envir]on trois millions d'ombles de fontaine et de [tou]ladis. Les visiteurs peuvent voir comment les [pois]sons sont incubés et élevés.
...[Bâ]ti dans les splendides gorges de la rivière [M]ehart, le parc provincial Kap-Kig-Iwan, [«]grande chute » en ojibway, possède cinq [chut]es dont la plus haute mesure 21 m. On peut [péch]er dans la rivière, mais ses eaux sont trop [froi]des pour s'y baigner. Trois sentiers d'explo[rati]on de la nature sillonnent les 317 ha du parc.

MARTEN RIVER
Au musée Northern Ontario Trapper, on peut voir une cabane de trappeurs, des pièges, une hutte de castors et une collection de fourrures. Un spectacle audio-visuel raconte l'histoire de la trappe dans le nord de l'Ontario.
□ Au parc provincial de Marten River, un musée consacré à l'exploitation forestière présente de vieilles machines, notamment le « frein Barenger », un dispositif qui servait à ralentir la descente des troncs à flanc de colline.
□ Dans ce parc de 428 ha, un sentier d'exploration de la nature passe devant des pins blancs tricentenaires.
□ On pêche le bar-perche, le doré et le grand brochet dans la rivière Marten.

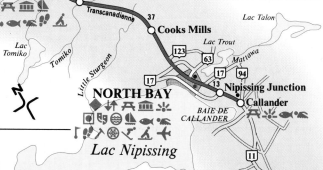
Martre d'Amérique

Marten River
Lac Kaotisinimigo
99
Lac Marten
PARC PROV. MARTEN RIVER
23.5
Tilden Lake
Transcanadienne 37
Cooks Mills
Lac Tomiko
Tomiko
Little Sturgeon
123
63
Lac Talon
Lac Trout
Mattawa
17 94
17
NORTH BAY
13 Nipissing Junction
Callander
BAIE DE CALLANDER
11
Lac Nipissing

Les célèbres quintuplées de Callander

Les quintuplées Dionne et leur médecin, le docteur A. R. Dafoe (1938)

Les quintuplées Dionne sont nées, deux mois avant terme, dans une ferme de Callander, le 28 mai 1934. Leur naissance était déjà exceptionnelle. Leur survie fut un miracle. De toute l'histoire de la médecine, on ne connaissait que deux autres cas de quintuplés identiques, et aucun quintuplé n'avait jamais dépassé l'âge de quelques semaines.

Yvonne, Annette, Marie, Emilie et Cécile firent bientôt la une de tous les journaux d'Amérique du Nord. Deux impresarios de Chicago persuadèrent leur père de signer un contrat pour présenter les bébés lors d'une grande exposition qui devait se tenir à Chicago. Le public protesta et le gouvernement de l'Ontario retira la garde des bébés à leurs parents pour les confier à un conseil de tutelle. On les installa dans un hôpital construit spécialement pour l'occasion et, en 1936, on ouvrit une galerie d'observation publique pour que les visiteurs puissent voir jouer les enfants. En dix ans, près de trois millions de curieux vinrent ainsi voir les quintuplées.

En 1943, le père eut finalement gain de cause devant les tribunaux et la famille réunie s'installa dans une maison que lui fournit le gouvernement de l'Ontario.

NORTH BAY
La plus grande vente aux enchères de peaux d'animaux sauvages qui a lieu ici cinq fois par an, en décembre, janvier, mars, avril et juin, attire des acheteurs venus d'une dizaine de pays. Ceux-ci se disputent pour près de $3 millions de peaux de castors, de martres et de rats musqués. Les enchères, organisées par l'Association des trappeurs de l'Ontario, sont ouvertes au public.
□ En février, les quatre journées du Carnaval d'hiver de North Bay comprennent des courses de motoneiges et de traîneaux, des compétitions de patinage artistique et un concours de pêche sur la glace.
□ De mai à septembre, le *Chief Commanda II*, un navire à double coque qui transporte 300 passagers, suit la route qu'empruntaient les voyageurs sur le lac Nipissing jusqu'à la rivière des Français.
□ North Bay possède six plages publiques sur le lac Nipissing et le lac Trout. On pêche le doré dans le lac Nipissing et la ouananiche dans le lac Trout.
□ La maison des Dionne, à 10 km au sud de North Bay, se trouvait autrefois à Callander.

Lac Trout, à North Bay

LAC NIPISSING
L'abondance des animaux à fourrure et l'existence d'un passage vers l'ouest attirèrent ici les explorateurs Etienne Brûlé et Samuel de Champlain au début du XVIIᵉ siècle. Une plaque marque l'emplacement du portage historique La Vase, entre la rivière Mattawa et le lac Nipissing.
□ Le lac, long de 80 km, atteint 56 km de large par endroits. Il est réputé pour sa pêche au doré. En hiver, des « villages » de cabanes de pêcheurs sont installés sur la glace.

Les portes de l'enfer et la grotte du monstre

Cours supérieur de l'Outaouais

L'Outaouais, près de Mattawa

MATTAWA

Les canoéistes peuvent s'attaquer aux eaux tumultueuses de la Mattawa dans le parc provincial Mattawa River. A la porte de l'Enfer, une saillie d'une falaise de 30 m de haut évoque une tête d'Indien. Des sentiers de randonnée mènent au centre du parc.
□ A Mattawa, le monument de la pointe des Explorateurs rappelle que les voyageurs partis de Montréal pour les Grands Lacs passaient par ici.

Souvenirs des explorateurs sur les rives de la Mattawa

Pendant plus de deux siècles, les explorateurs, les missionnaires et les traiteurs de fourrures empruntèrent le cours de l'Outaouais et de la Mattawa pour gagner le lac Nipissing, puis la rivière des Français et la baie Georgienne. Etienne Brûlé fut le premier homme blanc à suivre cette route, en 1611, suivi plus tard de Champlain, des missionnaires jésuites, qui évangélisèrent la Huronie, de Radisson et Groseilliers, de La Vérendrye et d'Alexander Mackenzie. Au bord de la Mattawa, dans le parc provincial Samuel-de-Champlain, on peut voir la reconstitution d'un « canot du maître », une grande embarcation faite d'écorce de bouleau et de racines d'épinette qui servait au transport des marchandises. Dans le musée du parc, un spectacle audio-visuel raconte l'épopée des voyageurs.

Réplique d'un Canot du maître, parc provincial Samuel-de-Champlain

Chouette rayée

PARC PROVINCIAL DRIFTWOOD

Depuis qu'un barrage construit sur l'Outaouais au cours des années 40 a inondé la forêt, les visiteurs trouveront ici de nombreux morceaux de bois aux formes très décoratives, polis par les eaux. Du haut d'un belvédère, ils pourront aussi découvrir une splendide vue de la vallée de l'Outaouais et des Laurentides.
Des chouettes rayées, des martins-pêcheurs, des geais, des buses et des canards noirs fréquentent le parc dont les lacs et les cours d'eau abondent en ombles de fontaine et en truites arc-en-ciel.

ROLPHTON

D'un poste d'observation, on peut voir la première centrale nucléaire construite au Canada (1957).
□ La centrale Des Joachims (360 000 kW) est la plus grande centrale hydro-électrique de l'Outaouais.
□ Le musée et centre d'artisanat Peter A. Nichol contient une collection de morceaux de bois aux formes étranges, polis par les eaux du lac Holden.

EGANVILLE

Des guides font visiter les grottes qui s'enfoncent dans les murailles de la gorge de la Bonnechère. Ces grottes, qui se trouvent à 10 km à l'est d'Eganville, furent creusées par l'eau dans le calcaire. Leurs parois renferment des fossiles d'animaux qui habitaient une mer tropicale, il y a 500 millions d'années.
□ Des cerfs de Virginie, des ours noirs et des gélinottes huppées fréquentent la forêt sauvage de la vallée de la Bonnechère.

L'Outaouais et la Mattawa faisaient partie du grand réseau de voies navigables qu'empruntèrent pendant près de deux siècles les explorateurs, les missionnaires et les traiteurs de fourrures en route vers l'ouest. De nos jours, les voyageurs peuvent suivre leurs traces sur la route 17.

L'Outaouais, qui constitue plus de la moitié des 1 120 km de la frontière Ontario-Québec, sépare les riches terres agricoles, qui s'étendent au sud des immenses forêts vallonnées, des Laurentides, au nord.

Près de la centrale atomique de Chalk River s'étend la pointe au Baptême, une longue avancée sablonneuse. Les voyageurs de la Compagnie du Nord-Ouest qui allaient à Fort Williams s'y arrêtaient pour initier les recrues qui devaient ensuite offrir une tournée d'eau-de-vie aux anciens.

La Mattawa traverse une des parties les plus sauvages de cette région. Par endroits, elle se fraie un chemin entre d'immenses murailles de granit qui prennent parfois l'allure de châteaux forts fantomatiques.

La moitié des 72 km du cours de la rivière Mattawa se trouve dans le parc provincial Mattawa River où ses eaux vives se précipitent dans un lieu-dit la porte de l'Enfer. Près du portage de la Cave, toujours dans le parc, s'ouvre une gorge aux parois à pic qu'assombrit le feuillage des cèdres, des épinettes et des pins. Ce passage menaçant enflamma l'imagination des voyageurs. Certains juraient même qu'un monstre sanguinaire vivait dans l'ombre d'une profonde caverne, sur la rive nord de la Mattawa.

DEEP RIVER
La ville fut créée en 1945 pour héberger les employés du centre de recherches nucléaires de Chalk River.
□ A Ryan's Campsite, à 6 km à l'ouest, plus de 300 spécimens d'animaux sont exposés dans un musée. Les visiteurs peuvent se promener en diligence dans ce terrain de camping de 28 ha.

INSTITUT FORESTIER NATIONAL DE PETAWAWA
La plus ancienne station de recherches forestières du Canada étudie la biologie végétale et l'écologie de la forêt. Cet établissement de 98 km², fondé en 1918, comprend une pépinière, un herbarium et des serres.
□ Un sentier d'interprétation de la nature et un circuit automobile permettent aux visiteurs de se familiariser avec les techniques de la sylviculture, de l'étude des sols et de la géologie. Des présentations audio-visuelles sont également données dans un centre d'interprétation. Le quatre-temps, une variété de cornouiller dont les feuilles ressemblent à des pétales blancs, émaille les forêts de la station.

CHALK RIVER
La petite ville est aujourd'hui le principal centre de l'énergie nucléaire au Canada.

Le centre de recherches nucléaires de Chalk River, rattaché à la Société de l'énergie atomique du Canada, une société de la Couronne, est doté de cinq réacteurs. Le ZEEP (Zero Energy Experimental Pile), qui est entré en service le 5 septembre 1945, fut le premier réacteur nucléaire du Canada, ainsi que le premier du monde hors des Etats-Unis.

Les visites (du 1er juin au 15 septembre) commencent au centre d'information où des films et des diagrammes expliquent les principes de l'énergie atomique. Puis, les visiteurs se rendent en autobus à l'un des réacteurs expérimentaux : le NRX qui a été mis en service en 1947 ou le NRU qui date de 1957. Ces deux réacteurs produisent des radio-isotopes utilisés en recherche médicale.

Les autres installations, dont certaines peuvent être visitées moyennant un préavis d'au moins 24 heures, comprennent un accélérateur de particules et des puits pour la manipulation à distance des substances radioactives.

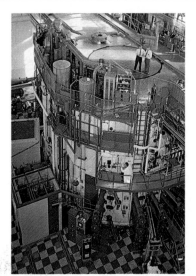
Centre de recherches nucléaires de Chalk River

PEMBROKE
Au musée Champlain Trail, on peut voir des souvenirs de la grande époque de l'exploitation forestière de la vallée de l'Outaouais, notamment la maquette d'un train de bois, une poulie qui servait à haler les troncs au milieu des rapides et des fers utilisés pour marquer les arbres. Les autres bâtiments du musée comprennent une cabane de rondins (1872), un fumoir et un four à pain. On remarquera aussi un arrache-souches et une chèvre qu'on employait pour soulever les grosses pierres.
□ Le parc Pansy Patch Memorial, aménagé sur une île de la rivière Muskrat, est peuplé de noyers noirs, de noyers des Carpathes, de mélèzes, de noyers tendres et de chênes, essences qui sont toutes étrangères à la région.

RENFREW
Le musée McDougall Mill, installé dans un moulin (1855), possède une collection d'objets du siècle dernier qui proviennent des fermes laitières de la vallée de l'Outaouais. Le musée se trouve dans le parc O'Brien, sur les rives de la Bonnechère. En été, un orchestre y donne des concerts en plein air.
□ Le parc Champlain Storyland (16 ha) présente 200 personnages de contes dans une trentaine de tableaux. Un musée consacré à la faune possède une collection d'environ 150 spécimens empaillés. Un sentier mène au sommet d'une éminence d'où l'on découvre la vallée de l'Outaouais.

Quatre-temps

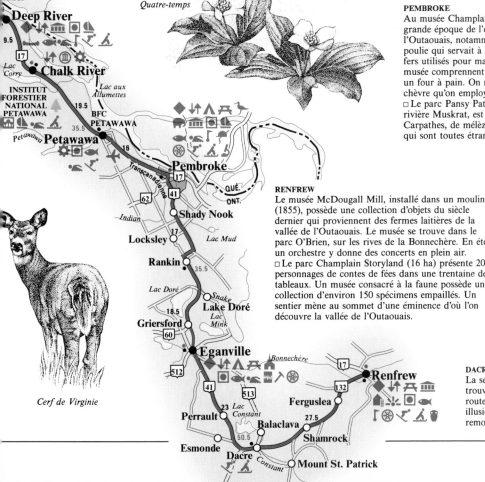

Cerf de Virginie

Musée McDougall Mill, à Renfrew

DACRE
La seule « côte magnétique » de l'Ontario se trouve à environ 1 km au sud du carrefour des routes 132 et 41. Les visiteurs, victimes d'une illusion d'optique, croient voir les automobiles remonter une descente au point mort.

En un étroit passage, toute la diversité des Grands Lacs

Sud-ouest de l'Ontario

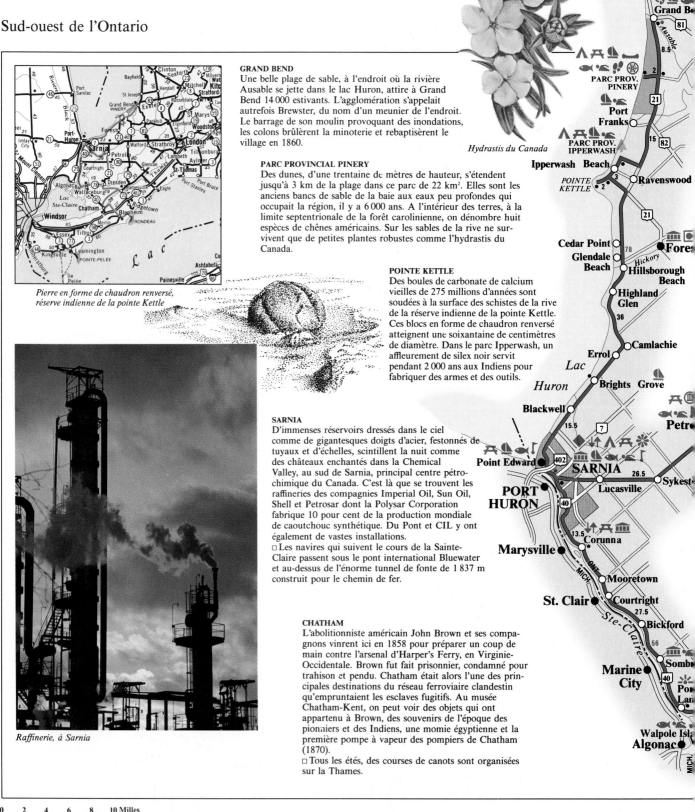

Pierre en forme de chaudron renversé, réserve indienne de la pointe Kettle

Hydrastis du Canada

GRAND BEND

Une belle plage de sable, à l'endroit où la rivière Ausable se jette dans le lac Huron, attire à Grand Bend 14 000 estivants. L'agglomération s'appelait autrefois Brewster, du nom d'un meunier de l'endroit. Le barrage de son moulin provoquant des inondations, les colons brûlèrent la minoterie et rebaptisèrent le village en 1860.

PARC PROVINCIAL PINERY

Des dunes, d'une trentaine de mètres de hauteur, s'étendent jusqu'à 3 km de la plage dans ce parc de 22 km². Elles sont les anciens bancs de sable de la baie aux eaux peu profondes qui occupait la région, il y a 6 000 ans. A l'intérieur des terres, à la limite septentrionale de la forêt carolinienne, on dénombre huit espèces de chênes américains. Sur les sables de la rive ne survivent que de petites plantes robustes comme l'hydrastis du Canada.

POINTE KETTLE

Des boules de carbonate de calcium vieilles de 275 millions d'années sont soudées à la surface des schistes de la rive de la réserve indienne de la pointe Kettle. Ces blocs en forme de chaudron renversé atteignent une soixantaine de centimètres de diamètre. Dans le parc Ipperwash, un affleurement de silex noir servit pendant 2 000 ans aux Indiens pour fabriquer des armes et des outils.

SARNIA

D'immenses réservoirs dressés dans le ciel comme de gigantesques doigts d'acier, festonnés de tuyaux et d'échelles, scintillent la nuit comme des châteaux enchantés dans la Chemical Valley, au sud de Sarnia, principal centre pétrochimique du Canada. C'est là que se trouvent les raffineries des compagnies Imperial Oil, Sun Oil, Shell et Petrosar dont la Polysar Corporation fabrique 10 pour cent de la production mondiale de caoutchouc synthétique. Du Pont et CIL y ont également de vastes installations.
□ Les navires qui suivent le cours de la Sainte-Claire passent sous le pont international Bluewater et au-dessus de l'énorme tunnel de fonte de 1 837 m construit pour le chemin de fer.

CHATHAM

L'abolitionniste américain John Brown et ses compagnons vinrent ici en 1858 pour préparer un coup de main contre l'arsenal d'Harper's Ferry, en Virginie-Occidentale. Brown fut fait prisonnier, condamné pour trahison et pendu. Chatham était alors l'une des principales destinations du réseau ferroviaire clandestin qu'empruntaient les esclaves fugitifs. Au musée Chatham-Kent, on peut voir des objets qui ont appartenu à Brown, des souvenirs de l'époque des pionniers et des Indiens, une momie égyptienne et la première pompe à vapeur des pompiers de Chatham (1870).
□ Tous les étés, des courses de canots sont organisées sur la Thames.

Raffinerie, à Sarnia

| 0 | 2 | 4 | 6 | 8 | 10 Milles |
| 0 | 4 | 8 | 12 | 16 Kilomètres |

La région qui sépare les plages sablonneuses du lac Huron et du lac Erié est une riche terre agricole, prolongement septentrional de l'ancienne forêt carolinienne. Dans ce passage, où survivent de nombreux souvenirs de l'histoire du Canada, trois magnifiques parcs provinciaux — Pinery et Ipperwash sur le lac Huron, Rondeau sur le lac Erié — côtoient l'une des plus grandes régions industrielles du Canada, Chemical Valley.

Zone touristique et industrielle (on y fora des puits de pétrole et on y installa des usines de caoutchouc synthétique) depuis plus d'un siècle, cette région du sud-ouest de l'Ontario garde encore son caractère pastoral d'autrefois. A quelques kilomètres à peine des boîtes de nuit de Grand Bend, s'étendent en effet de vastes forêts que fréquentent les cerfs de Virginie.

Ce passage fut de tout temps une terre d'accueil. Les loyalistes y bâtirent des villages après la guerre d'Indépendance américaine. Des Indiens y trouvèrent refuge et y fondèrent, en 1792, Moraviantown, à 8 km à l'est de Thamesville. C'est là aussi, près de Moraviantown, que fut tué Tecumseh, le chef shawnee, au cours d'un combat contre les envahisseurs américains, lors de la guerre de 1812. Les esclaves fugitifs se réfugièrent également dans cette région avant la guerre civile américaine et c'est à Chatham et Dresden qu'ils arrivaient autrefois par « le chemin de fer clandestin ». A Dresden, on peut d'ailleurs voir la maison de Josiah Henson, l'esclave fugitif qui servit de modèle à l'auteur de *La Case de l'Oncle Tom.*

Musée de la Case-de-l'Oncle-Tom, à Dresden

DRESDEN
La maison du révérend Josiah Henson, qui servit de modèle à Harriet Beecher Stowe pour le héros de *La Case de l'Oncle Tom*, est l'un des sept bâtiments du musée de la Case-de-l'Oncle-Tom. Henson, un esclave né au Maryland en 1789, fut ordonné pasteur de l'Eglise épiscopale méthodiste en 1828. Il se réfugia dans le Haut-Canada avec sa femme et ses quatre enfants deux ans plus tard. Avec un groupe d'abolitionnistes, il acheta plusieurs propriétés dans la région en 1841 et fonda l'Institut britannique américain qui était à la fois un refuge et une école technique pour les esclaves fugitifs. La maison d'Henson, construite peu après, contient encore quelques-uns de ses meubles. On peut également voir une maison qui servait de dortoir aux esclaves nouvellement arrivés, ainsi que l'église où prêchait le pasteur.

Souvenirs des jours glorieux d'Oil Springs et de Pétrolia

Le premier puits de pétrole commercial de l'Amérique du Nord a été reconstitué à côté du musée du Pétrole du Canada, près d'Oil Springs. Le puits fut creusé en 1857 par James Miller Williams, qui construisit la première raffinerie de pétrole du Canada la même année. Non loin se trouve Pétrolia qui connut des années de gloire aux alentours de 1890. La ville comptait alors sept hôtels, neuf raffineries et la première bourse de pétrole au monde. Mais les gisements s'épuisèrent et la ville s'éteignit en 1900. Quelques bâtiments rappellent cette époque glorieuse : l'hôpital Englehard Memorial, ancienne demeure de Jake Englehard, l'un des fondateurs de l'Imperial Oil, et la mairie de briques blanches qui abritait une salle de spectacle dédiée à l'opéra.

THAMESVILLE
Une route de gravier de 6 km, à l'est de la ville, mène à Fairfield, un village fondé en 1792 par des missionnaires moraviens et des Indiens Delawares. Pillé pendant la guerre de 1812, le village fut reconstruit de l'autre côté de la Thames en 1815. L'église de la Mission remonte à 1848. Le musée de Fairfield, aménagé sur le site de 1792, relate l'histoire du village.

Eglise de la Mission, près de Thamesville

PARC PROVINCIAL DE RONDEAU
Ce parc luxuriant abrite une faune et une flore exceptionnelles. Tulipiers de Virginie, noyers tendres, lauriers-sassafras, chênes noirs et chênes châtaigniers ne se retrouvent généralement que beaucoup plus au sud. On y voit aussi le scinque à bandes, le seul lézard de l'Ontario, le serpent à groin et la tortue à carapace molle. Le parc est constitué d'une forêt dense, d'un grand marais, d'une baie aux eaux tempérées et peu profondes et d'une plage de sable de 8 km. La forêt dont le sol est tapissé d'adiantes pédalés est un fouillis de vignes vierges grimpantes. C'est le principal territoire de nidification au Canada du moucherolle vert et de la fauvette orangée.

Fauvette orangée

Une forêt d'usines au pays des vergers

Sud-ouest de l'Ontario

Jeux d'eau, Festival international de la liberté, à Windsor

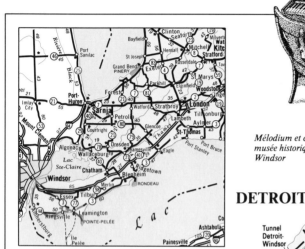

Mélodium et chaise en bois de rose, musée historique Hiram Walker, Windsor

Chaîne de montage, à Windsor

WINDSOR

Le poste frontière de Windsor est le plus fréquenté d[u] Canada. Près de 30 millions de personnes y arrivent tous les ans de Detroit, par un tunnel creusé sous la rivière ou en empruntant le pont Ambassadeur, le pl[us] long pont suspendu international du monde.
□ Le Festival international de la liberté — une semai[ne] de défilés, de concerts, de pique-niques, de compétiti[ons] sportives et de feux d'artifice organisée par les deux villes — coïncide avec la fête du Canada (1er juillet) [et] celle de l'Indépendance des Etats-Unis (4 juillet).
□ On peut visiter les distilleries Hiram Walker et les usines automobiles Ford, Chrysler et General Motor[s.]
□ Le musée historique Hiram Walker, une maison georgienne construite en 1811 par le colonel Françoi[s] Bâby, est la plus vieille maison de brique à l'est de Niagara. Elle servit de quartier général aux envahisse[urs] américains en 1812 et la bataille de Windsor se déro[ula] à ses portes en 1838.
□ La galerie d'Art de Windsor occupe l'ancien entrep[ôt] d'une brasserie, en bordure du lac. Sa collection permanente comprend des estampes et des sculptures inuit, un bronze de Marc-Aurèle de Foy Suzor-Côté des œuvres d'Emily Carr, de Cornelius Krieghoff, d'Arthur Lismer et de David Milne.

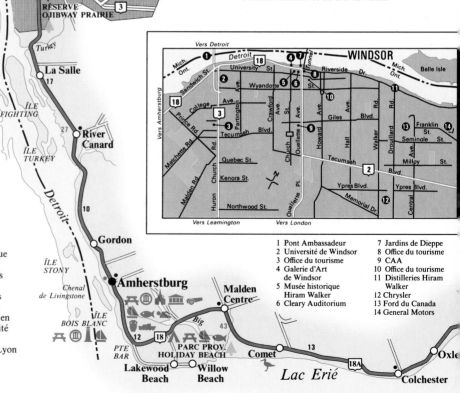

1 Pont Ambassadeur
2 Université de Windsor
3 Office du tourisme
4 Galerie d'Art de Windsor
5 Musée historique Hiram Walker
6 Cleary Auditorium
7 Jardins de Dieppe
8 Office du tourisme
9 CAA
10 Office du tourisme
11 Distilleries Hiram Walker
12 Chrysler
13 Ford du Canada
14 General Motors

AMHERSTBURG

Peu d'endroits ont eu l'importance stratégique du fort Malden qui est aujourd'hui un parc historique national. Construit par les Anglais en 1796, le fort servit de base militaire au cours de la guerre de 1812. Les Britanniques l'abandonnèrent lorsque les Américains remportèrent la bataille du lac Erié en 1813. Ils en reprirent possession en 1815 en vertu du traité de Gand. Le fort résista ensuite à quatre assauts menés par les partisans de William Lyon Mackenzie au cours de la rébellion de 1837.

0 1 2 3 4 5 Milles
0 2 4 6 8 Kilomètres

Le comté d'Essex, qui est l'un des principaux centres industriels du Canada — Windsor produit tous les ans $2,5 milliards de produits manufacturés — demeure pourtant une région rurale, une vaste péninsule de vergers et de terres agricoles, lieu favori des naturalistes, des ornithologues et tout simplement des estivants.

Bornée par le lac Sainte-Claire au nord et le lac Erié au sud, la région bénéficie du climat le plus tempéré de tout l'est du Canada. C'est ici que poussent 90 pour cent des concombres, des tomates et des fleurs cultivés en serres au Canada.

C'est en 1749 que des fermiers du Québec fondèrent le premier établissement agricole permanent de l'Ontario, à l'emplacement de Windsor dont certaines rues suivent encore l'ancien tracé des clôtures.

Windsor est aujourd'hui le troisième centre industriel de l'Ontario. La ville compte d'importantes industries chimiques, pharmaceutiques et textiles, et on y exploite des mines de sel. Ses usines fabriquent environ 25 pour cent de la production canadienne de véhicules et de pièces automobiles.

En bordure du lac, les parcs Centennial et Dieppe offrent une belle vue sur Detroit dont les habitants passent souvent la frontière pour assister aux courses de chevaux de Windsor ou se distraire dans ses boîtes de nuit. En juillet, les deux villes organisent le Festival international de la liberté et une immense foule se masse des deux côtés de la rivière pour admirer un spectaculaire feu d'artifice.

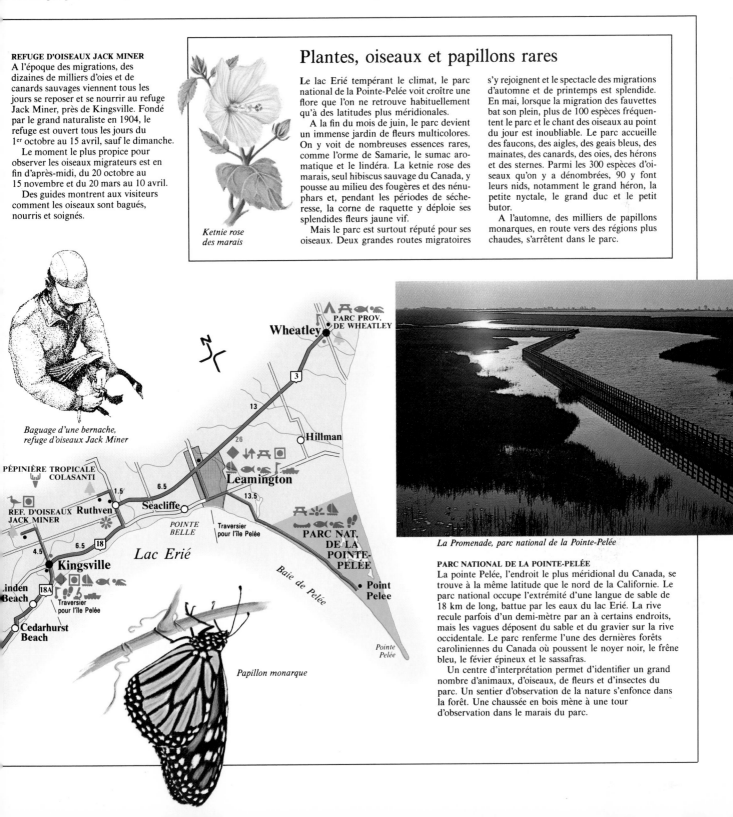

REFUGE D'OISEAUX JACK MINER
A l'époque des migrations, des dizaines de milliers d'oies et de canards sauvages viennent tous les jours se reposer et se nourrir au refuge Jack Miner, près de Kingsville. Fondé par le grand naturaliste en 1904, le refuge est ouvert tous les jours du 1er octobre au 15 avril, sauf le dimanche.

Le moment le plus propice pour observer les oiseaux migrateurs est en fin d'après-midi, du 20 octobre au 15 novembre et du 20 mars au 10 avril.

Des guides montrent aux visiteurs comment les oiseaux sont bagués, nourris et soignés.

Ketnie rose des marais

Plantes, oiseaux et papillons rares

Le lac Erié tempérant le climat, le parc national de la Pointe-Pelée voit croître une flore que l'on ne retrouve habituellement qu'à des latitudes plus méridionales.

A la fin du mois de juin, le parc devient un immense jardin de fleurs multicolores. On y voit de nombreuses essences rares, comme l'orme de Samarie, le sumac aromatique et le lindéra. La ketnie rose des marais, seul hibiscus sauvage du Canada, y pousse au milieu des fougères et des nénuphars et, pendant les périodes de sécheresse, la corne de raquette y déploie ses splendides fleurs jaune vif.

Mais le parc est surtout réputé pour ses oiseaux. Deux grandes routes migratoires s'y rejoignent et le spectacle des migrations d'automne et de printemps est splendide. En mai, lorsque la migration des fauvettes bat son plein, plus de 100 espèces fréquentent le parc et le chant des oiseaux au point du jour est inoubliable. Le parc accueille des faucons, des aigles, des geais bleus, des mainates, des canards, des oies, des hérons et des sternes. Parmi les 300 espèces d'oiseaux qu'on y a dénombrées, 90 y font leurs nids, notamment le grand héron, la petite nyctale, le grand duc et le petit butor.

A l'automne, des milliers de papillons monarques, en route vers des régions plus chaudes, s'arrêtent dans le parc.

Baguage d'une bernache, refuge d'oiseaux Jack Miner

Wheatley
PARC PROV. DE WHEATLEY

PÉPINIÈRE TROPICALE COLASANTI

Hillman

Leamington

REF. D'OISEAUX JACK MINER   Ruthven   Séacliffe

POINTE BELLE

Traversier pour l'île Pelée

PARC NAT. DE LA POINTE-PELÉE

Lac Erié

Kingsville

Linden Beach   Traversier pour l'île Pelée

Cedarhurst Beach

Baie de Pelée

Point Pelee

Pointe Pelée

Papillon monarque

La Promenade, parc national de la Pointe-Pelée

PARC NATIONAL DE LA POINTE-PELÉE
La pointe Pelée, l'endroit le plus méridional du Canada, se trouve à la même latitude que le nord de la Californie. Le parc national occupe l'extrémité d'une langue de sable de 18 km de long, battue par les eaux du lac Erié. La rive recule parfois d'un demi-mètre par an à certains endroits, mais les vagues déposent du sable et du gravier sur la rive occidentale. Le parc renferme l'une des dernières forêts caroliniennes du Canada où poussent le noyer noir, le frêne bleu, le févier épineux et le sassafras.

Un centre d'interprétation permet d'identifier un grand nombre d'animaux, d'oiseaux, de fleurs et d'insectes du parc. Un sentier d'observation de la nature s'enfonce dans la forêt. Une chaussée en bois mène à une tour d'observation dans le marais du parc.

Un festival d'été
de renommée mondiale

Sud-ouest de l'Ontario

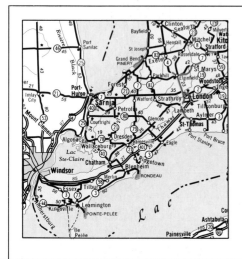

A lors qu'il visitait la vallée de la Thames, en 1792, le lieutenant-gouverneur John Graves Simcoe donna le nom de « New London » à une petite bourgade de la région, espérant la voir consacrée capitale du Haut-Canada ; mais, un an plus tard, York — le futur Toronto — était choisi comme capitale. La ville de London n'en devint pas moins un centre industriel et commercial prospère dont certaines rues, Pall Mall et Piccadilly, par exemple, portent des noms qui évoquent la capitale britannique.

LUCAN
Dans un coin ombragé du cimetière Saint-Patrick, une pierre de granit rappelle le massacre, le 4 février 1880, de cinq membres de la famille Donnelly. La tuerie mit fin à une querelle qui avait commencé en Irlande au cours des années 1840 pour faire rage ensuite au Canada pendant 40 ans jusqu'à ce qu'une bande d'hommes armés abattent James, Johannah, John, Thomas et Bridget Donnelly. Les six hommes accusés de ces meurtres furent acquittés.

LONDON
La onzième ville du Canada est au centre d'une riche région agricole. Les légumes frais du marché de Covent Garden attirent des milliers d'acheteurs. En septembre a lieu la foire Western, la plus ancienne foire d'automne de l'Ontario (1868). La ville compte un musée des beaux-arts, un orchestre symphonique, une troupe de théâtre et une université.
□ La Maison Eldon (1834), le palais de justice de Middlesex County (1831), la cathédrale Saint-Paul (1846) et un pâté de maisons victoriennes restaurées, Ridout Street Restoration, sont parmi les plus anciens édifices de la ville.
□ L'histoire de London revit au Village des pionniers de Fanshawe grâce à la reconstitution d'un village du XIXᵉ siècle, édifié avant l'avènement du chemin de fer.
□ Le parc Springbank, au bord de la Thames, comporte un refuge d'oiseaux, des jardins floraux et un jardin destiné aux enfants, agrémenté de reproductions d'animaux et de personnages de contes de fées.
□ De nombreux reptiles, oiseaux et orchidées rares vivent dans la tourbière du Sifton Botanical Bog.

ST. MARYS
Le musée du district de St. Marys domine la ville. Il est aménagé dans une maison (1850) construite en pierre de taille, comme le sont de nombreux autres édifices de la ville.
□ Dans le parc du Centenaire, la plus grande piscine d l'Ontario, 457 m sur 91, occupe une ancienne carrière

London, vue de la Thames

ST. THOMAS
Cette élégante petite ville semble sortir tout droit de l'époque victorienne, avec les tours de l'hôtel de ville et la ruche gothique des jardins du musée des Pionniers du comté d'Elgin. Le musée contient des objets personnels du colonel Thomas Talbot qui avait fait de la ville sa « capitale ».
□ Au parc Pinnafore, on peut voir de beaux jardins, une réserve d'animaux sauvages et un chemin de fer miniature.

Ruche gothique,
musée des Pionniers du comté d'Elgin

FALAISE HAWK
A la fin de septembre, il passe parfois ici plus de 20 000 petites buses par jour. Entre août et décembre, on y voit aussi des engoulevents, des faucons pèlerins, des aigles à tête blanche, des huards et des bernaches canadiennes. Au début d'octobre, les geais bleus y passent parfois au rythme de 500 à la minute.

Petite buse

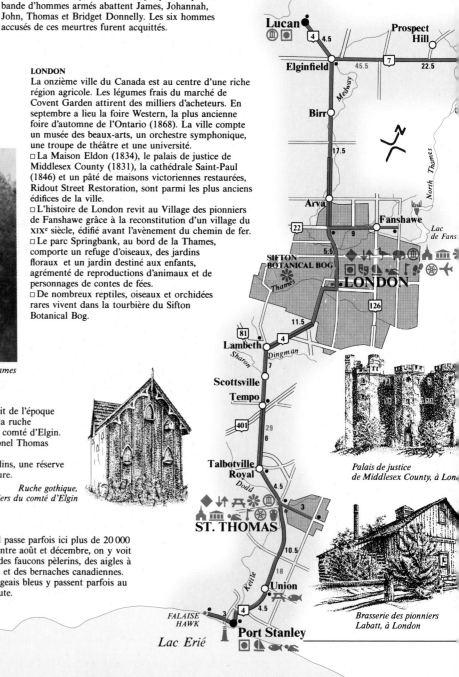

Palais de justice
de Middlesex County, à Lon

Brasserie des pionniers
Labatt, à London

Lac Erié

0   2   4   6   8   10 Milles
0   4   8   12   16 Kilomètres

C'est le secrétaire du lieutenant-gouverneur, le colonel Thomas Talbot, qui, en 1803, donna forme au rêve de Simcoe en achetant un vaste territoire au nord du lac Erié. Mauvais coucheur et buveur invétéré, Talbot était cependant un excellent administrateur. Ainsi, il donna naissance au meilleur réseau routier du Haut-Canada en obligeant tous ses colons à défricher une route en bordure de leurs terres, s'ils voulaient obtenir leurs titres de propriété. Talbot, toutefois, se conduisait comme un véritable despote et on dut le démettre de ses fonctions au cours des années 1830.

Le « baron du lac Erié » a cependant laissé une marque indélébile et un bon nombre des petites villes de la région, notamment St. Thomas, la « capitale de Talbot », naquirent de ses efforts. Quant au palais de justice de London, dont l'aspect évoque une forteresse, il est inspiré du château Malahide, la demeure ancestrale des Talbot en Irlande.

A peu près à la même époque, d'autres colons courageux s'installaient au nord de London. Fiers de leurs origines et pénétrés des œuvres de Shakespeare, ils nommèrent une des villes qu'ils créèrent Stratford et sa rivière Avon.

Plus d'un siècle plus tard, le rêve de ces pionniers qui voulaient implanter dans le Nouveau Monde ce que l'Ancien avait de meilleur se réalisa. C'est le 13 juillet 1953, en effet, que fut inauguré le premier festival de Stratford. Cette grande manifestation annuelle consacrée au dramaturge anglais a, depuis, acquis une réputation mondiale.

SHAKESPEARE
Sebastian Fryfogel, un immigrant suisse, fut le premier colon de la région. Arrivé avec les ouvriers du chemin de fer en 1828, il construisit une auberge de rondins pour les colons. De 1844 à 1845, Fryfogel bâtit une autre auberge, cette fois en brique. Ce gracieux édifice, orné de peintures murales, se trouve à 2,5 km à l'est de Shakespeare. C'est aujourd'hui un musée.

Auberge Fryfogel, à Shakespeare

STRATFORD
Son festival annuel de théâtre attire des visiteurs et des artistes du monde entier. Les parcs et les jardins de la ville offrent un splendide cadre à cette grande manifestation artistique. La ville compte aussi un musée d'art moderne et l'une des plus belles collections d'antiquités du Canada.
□ Le musée de l'école de Brocksden, à l'est de Stratford, recrée l'atmosphère d'une école rurale du début du XIXᵉ siècle.

De Shakespeare au cinéma, à l'opéra et au jazz

C'est au début des années 50 que le journaliste Tom Patterson eut l'idée d'organiser dans sa ville natale de Stratford un festival d'été consacré à Shakespeare. Il s'associa avec le producteur anglais Sir Tyrone Guthrie et les deux hommes décidèrent bientôt de tenter l'expérience ; ils louèrent une tente de cirque et organisèrent le premier festival.

Le 13 juillet 1953, Sir Alec Guinness jouait le rôle de Richard III devant une salle comble. Ainsi commença ce festival de six semaines qui s'est, depuis, acquis une réputation internationale.

En 1957, la tente fut remplacée par l'actuel théâtre d'été qui peut accueillir 2 258 personnes. La scène s'avance dans la salle, permettant ainsi aux spectateurs de suivre le jeu des acteurs dans ses moindres détails.

Le complexe comporte également deux salles plus petites, l'Avon Theater et le Third Stage. Le répertoire du festival comprend maintenant d'autres dramaturges, notamment Tchekhov, Molière et Brecht. On y représente aussi les œuvres d'auteurs canadiens, comme celles de James Reaney qui est d'ailleurs né à Stratford.

Les seize concerts classiques qui marquèrent la première saison ont incité les organisateurs à mettre sur pied un vaste programme d'opéras, de comédies musicales, d'œuvres classiques, de jazz et de concerts pop. Des expositions de peinture et un festival de cinéma viennent encore s'ajouter à cette palette. Le festival, qui se déroule de juin à octobre, attire plus de 500 000 spectateurs, soit 20 fois la population de la ville.

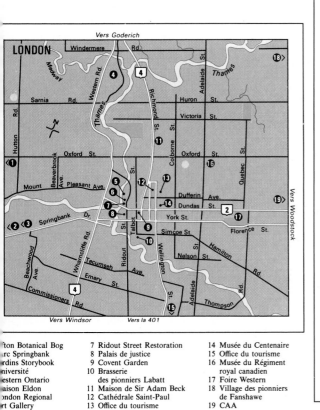

La scène du théâtre du Festival, à Stratford

...ton Botanical Bog	7 Ridout Street Restoration	14 Musée du Centenaire
...rc Springbank	8 Palais de justice	15 Office du tourisme
...rdins Storybook	9 Covent Garden	16 Musée du Régiment
...niversité	10 Brasserie	royal canadien
...estern Ontario	des pionniers Labatt	17 Foire Western
...aison Eldon	11 Maison de Sir Adam Beck	18 Village des pionniers
...ondon Regional	12 Cathédrale Saint-Paul	de Fanshawe
...rt Gallery	13 Office du tourisme	19 CAA

Au pays des mennonites, là où le temps s'est arrêté

Centre-sud de l'Ontario

Occupées par des passagers vêtus de couleurs sombres, les voitures à chevaux qui circulent encore dans la région rappellent aux visiteurs que les environs de Kitchener et de Waterloo furent colonisés par les adeptes d'une secte religieuse, les mennonites.

La plupart des mennonites refusent toujours les apports du progrès. Ils n'ont pas d'automobile et ils n'utilisent ni l'électricité, ni le téléphone, ni même les tracteurs. Ils n'acceptent pas non plus de recevoir d'allocations familiales ni de pensions de vieillesse.

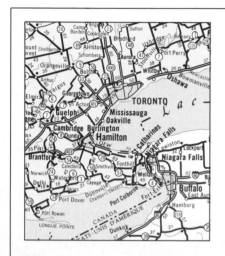

Voiture à cheval mennonite, région de Waterloo

ELMIRA

Au printemps, la grand-rue de cette ville se transforme en mail où les visiteurs achètent des crêpes, du sirop d'érable, des saucisses, de la choucroute, des pâtés, des gâteaux et des beignets aux pommes pendant le festival annuel du sirop d'érable qui attire près de 30 000 personnes. Des artisans tissent, filent la laine et font du crochet en plein air.

□ Le marché du comté de Waterloo, qui a lieu toutes les semaines, compte une soixantaine de comptoirs tenus pour la plupart par des mennonites. On y vend des pâtisseries, des fromages et des objets d'artisanat.

PARC HISTORIQUE NATIONAL WOODSIDE

Une allée bordée d'arbres mène à Woodside, la maison où le Premier ministre Mackenzie King passa son enfance. Cette belle demeure victorienne fut construite en 1853 et louée par le père de Mackenzie King de 1886 à 1893.

Confortablement meublée, on pourrait la croire encore habitée. On y voit notamment une belle table à dessus de marbre, une cuisinière ancienne, un lit de cuivre, un piano à queue et du mobilier de style victorien.

Une exposition est consacrée à la famille et à la vie publique de Mackenzie King. Des projections de diapositives et de films sont également offertes aux visiteurs.

1 Village des pionniers de Doon
2 Ecole des Beaux-Arts de Doon
3 Marché de Kitchener
4 Tour commémorative des Pionniers
5 Jardins Rockway
6 Université de Waterloo
7 Parc de Waterloo
8 Université Wilfrid-Laurier

Oktoberfest, à Kitchener

KITCHENER

Avec sa ville jumelle, Waterloo, Kitchener forme l'un des principaux complexes industriels du Canada. La ville fut fondée en 1799 par des mennonites venus de Pennsylvanie. Avec l'arrivée de colons allemands en 1833, le village prit le nom de Berlin. On le débaptisa plus tard, alors que la première guerre mondiale faisait rage.

□ Le célèbre marché de Kitchener anime la ville tous les samedis matin. On y trouve des saucisses, des fromages et des spécialités mennonites comme la tarte à la mélasse.

□ La grande fête annuelle est l'*Oktoberfest*, neuf jours de réjouissances à l'allemande et de danses au son des fanfares.

□ Au Village des pionniers de Doon, reconstitution d'un village de 1860, on peut voir un chariot qui amena des colons de Pennsylvanie en 1807, ainsi que la première voiture de série construite au Canada, la Leroy (1899).

□ La tour commémorative des Pionniers, qui domine la rivière Grand, rend hommage aux colons mennonites.

Tour commémorative des Pionniers, à Kitchener

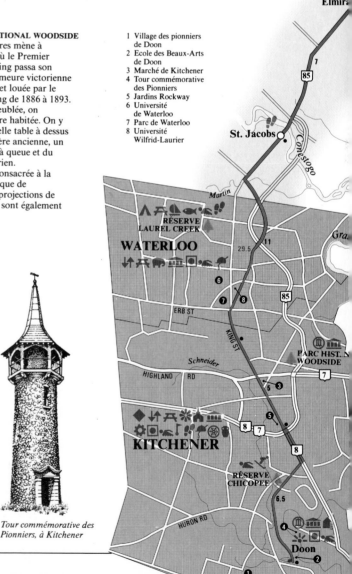

Ils se refusent enfin à voter, à se porter candidat à une élection ou à occuper une charge publique et à servir sous les drapeaux.

Les mennonites parlent le Pennsylvania Dutch, un mélange d'allemand et d'anglais. Ce dialecte leur vient de leurs ancêtres qui se réfugièrent d'abord de Suisse en Allemagne vers le milieu du XVIe siècle, puis, 100 ans plus tard, en Pennsylvanie. En 1784, après la révolution américaine, un premier groupe de mennonites s'installa au Canada, au nord de la ville de Waterloo.

Les hommes d'une autre secte mennonite, les Amish, qui arrivèrent d'Europe après 1822, portent des vêtements sans boutons, sans cols ni poches, afin de respecter une tradition qui veut que leurs costumes soient aussi différents que possible des uniformes militaires. Quant aux femmes, elles ne portent aucun bijou, pas même une alliance. La plupart des maisons des Amish sont si austères qu'elles n'ont pas l'eau courante et qu'on n'y trouve ni rideaux, ni tableaux, ni même de papiers peints.

Les mennonites commencent cependant, par la force des choses, à faire quelques concessions au XXe siècle : leurs cabriolets sont maintenant équipés de réflecteurs triangulaires, comme l'exige la loi. Quelques-uns conduisent des automobiles noires, sans aucune garniture de chrome, et font même installer le téléphone pour traiter leurs affaires, mais dans leurs granges et non dans leurs maisons.

ELORA
La rivière Grand s'enfonce dans la réserve de la gorge d'Elora, dévale la chute de la Cascade, puis se divise de part et d'autre d'un rocher, Islet Rock, perché au milieu d'une autre chute. Elle traverse ensuite Hole-in-the-Rock, une grotte qui mène au fond de la gorge, puis une faille, Hidden Valley.
□ Rue Elora's Mill, un musée et des boutiques occupent des bâtiments restaurés du début du siècle. Le moulin de Drimmies, sur la rivière Grand, est aujourd'hui une auberge de campagne.

Moulin de Drimmies, à Elora

Carrière d'Elora

Pont couvert, à West Montrose

WEST MONTROSE
C'est dans ce petit village situé au bord de la rivière Grand que se trouve le dernier des sept ponts couverts que comptait l'Ontario au début du siècle. Construit en 1881, il était éclairé avec des lampes à l'huile de houille jusqu'à ce qu'on y installe l'électricité en 1950. Ce vestige du passé est devenu un site historique quand on a dévié la grand-route en 1955.

FERGUS
Cette ville, fondée par Adam Fergusson et James Webster, comprend de nombreux bâtiments à l'architecture simple et rectangulaire qu'affectionnaient les premiers colons écossais.
□ En août, les fêtes écossaises de Fergus attirent de nombreux visiteurs qui assistent à des défilés de cornemuses, à des concours de tambours, à des tours de force et des jeux d'adresse, ainsi qu'aux fameuses danses de l'épée. En septembre, Fergus accueille la plus ancienne foire d'automne de l'Ontario.

Bec-scie couronné, parc Kortright, à Guelph

WATERLOO
La plus ancienne école de la région de Waterloo, une maisonnette de rondins construite en 1820, se trouve dans le parc de Waterloo qui compte également un lac, une piscine, un petit zoo, des terrains de pique-nique et de jeux. Des fanfares s'y produisent le dimanche en été.
□ L'université de Waterloo abrite la plus grande école d'ingénieurs du Canada, ainsi que des collèges affiliés aux églises unie, anglicane, mennonite et catholique. La collection de tableaux de l'université comprend une belle œuvre de William Kurelek, *Haying in Ontario*, ainsi que des peintures, des sculptures, des céramiques et des tapisseries d'une vingtaine de pays.

GUELPH
La ville possède d'élégantes maisons de pierre de taille comme la mairie, un bel exemple d'architecture classique.
□ La maison natale de John McCrae, l'auteur du poème *In Flanders Fields* (1915), contient des souvenirs de l'écrivain.
□ Environ 2 000 oiseaux aquatiques fréquentent le parc Kortright.
□ On peut visiter le campus boisé de l'université de Guelph, de réputation internationale.

Sur la route du tabac, le souvenir d'un grand chef indien

Centre-sud de l'Ontario

Les terres sablonneuses, plates et bien drainées du comté de Norfolk, près de Simcoe, produisent plus de 40 pour cent du tabac canadien. Après la récolte, qui commence à la mi-août, les feuilles de tabac sont mises à sécher dans les longs abris rouges ou verts que l'on voit partout dans la région.

Les visiteurs s'étonnent souvent de découvrir tant d'imposantes fermes et de si belles maisons dans cette région. Mais cette prospérité fut durement acquise. A l'arrivée des premiers colons, l'endroit était couvert de

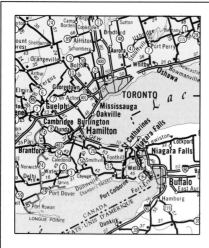

Jeux Can-Amera, à Cambridge

CAMBRIDGE
Cette ville, née de la fusion de Galt, d'Hespeler et de Preston, tient son nom de Cambridge Mills, un village fondé au début du XIXᵉ siècle.
□ Près de 2 000 athlètes amateurs participent tous les ans aux Jeux Can-Amera qui ont lieu tantôt à Cambridge, tantôt à Saginaw, au Michigan.
□ En juin, le Festival du textile attire des touristes qui peuvent visiter des filatures et assister à des défilés de mode. Des visites des établissements Artex Woollens et Dominion Woollens and Worsteds sont organisées toute l'année.
□ Fin juin, Cambridge organise un festival international au cours duquel se produisent différents groupes ethniques.
□ Le parc Churchill comprend des terrains de camping et le parc Riverside des courts de tennis, des terrains de pique-nique et un zoo.
□ A l'est de Cambridge, on pratiquera la natation, la pêche, la voile, la raquette et le ski de fond dans le parc Shade's Mills.

Des oiseaux bagués et sept millions de plants

L'aigle à tête blanche, le pluvier siffleur et la bernache canadienne nichent à la pointe Long, un étroit croissant de dunes et de marécages qui s'avance dans le lac Erié. On y dénombre plus de 270 espèces d'oiseaux chanteurs, d'oiseaux de rives et d'oiseaux aquatiques.

Le personnel de l'observatoire ornithologique de Long Point, une station de recherches permanente aménagée dans la réserve Backus, à 3 km au nord de Port Rowan, bague les oiseaux et marque les papillons pour étudier leurs migrations saisonnières. Les naturalistes amateurs sont invités à participer à ces activités. Dans la réserve, on peut aussi voir Backhouse, le plus vieux moulin à eau (1798) de l'Ontario.

On peut visiter la station forestière St. Williams, la première pépinière de l'Ontario, qui produit plus de sept millions de jeunes arbres tous les ans.

PARIS
L'église de Paris Plains (1845) est un bel exemple de construction en galets, une technique rarement utilisée au Canada. Un autre bâtiment ancien, le Penmarvian, fut construit en 1845-1848 dans le style néo-grec par Hiram « King » Capron, le fondateur de la ville. Il fit exploiter les gisements de gypse de l'endroit pour fabriquer du plâtre de Paris qui donna son nom à la ville.

Pied de tabac

Eglise de Paris Plains

SIMCOE
Le musée Eva Brook Donly contient des lampes et des instruments aratoires de l'époque des pionniers, ainsi que des tableaux d'artistes du comté de Norfolk.
□ Un monument rappelle la mémoire de John Graves Simcoe, premier lieutenant-gouverneur du Haut-Canada.

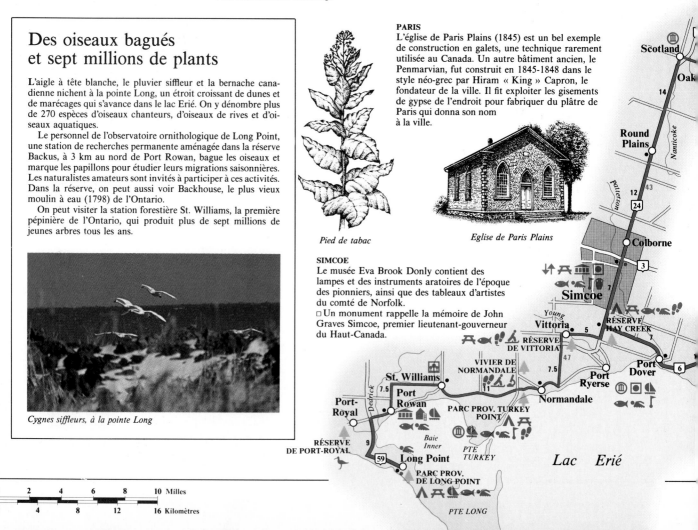

Cygnes siffleurs, à la pointe Long

grandes futaies de pins blancs et rouges qui furent abattus pour donner des terres agricoles. Les colons cultivèrent alors des céréales, des légumes et des fruits. Mais, privée des profondes racines des arbres qui la retenaient, la terre, trop légère pour supporter toutes ces cultures, se dégrada rapidement sous l'effet de l'érosion. Les champs se transformèrent en tertres de sable que poussait le vent, et de nombreuses fermes durent être abandonnées. Ce n'est que vers 1920, lorsque des agriculteurs commencèrent à cultiver le tabac, que la région devint l'une des plus riches de l'Ontario.

Au nord du comté de Norfolk se trouve Brantford. La ville tient son nom de Joseph Brant, un chef agnier, et sa renommée du fameux inventeur Alexander Graham Bell, qui y conçut l'idée du téléphone. Brant mena ici les Indiens des Six Nations en 1784, lorsque leur fidélité à la Couronne britannique pendant la guerre d'Indépendance américaine leur fit perdre leurs territoires dans l'État de New York.

RÉSERVE F.W.R. DICKSON
Cette réserve sauvage de prés, de marécages, de tamaracs et de forêts marque la limite septentrionale de l'aire du sassafras. Un sentier d'exploration de la nature mène au marais et près de plusieurs gîtes de renards dans la forêt. Des mangeoires attirent des cardinaux, des pics et des juncos.

Le premier coup de téléphone de M. Bell

Appareil téléphonique, domaine Bell

C'est au cours de l'été 1874, alors qu'il rendait visite à ses parents à Tutela Heights, près de Brantford, qu'Alexander Graham Bell conçut l'idée du téléphone. Pendant deux ans, Bell travailla à la construction de son premier appareil. C'est le 3 août 1876 qu'il en fit l'essai au bureau de la Dominion Telegraph Company, à Mount Pleasant, et qu'il entendit enfin la voix de son oncle David, à Brantford, qui récitait le fameux « *To be or not to be* », de Shakespeare. C'était la première communication téléphonique intelligible échangée d'un bâtiment à un autre. Une semaine plus tard avait lieu la première conversation « interurbaine », de Brantford à Paris, une distance de 13 km.

La Bell Telephone Company of Canada vit bientôt le jour et comptait quatre abonnés en 1877. Le cinquième fut le Premier ministre Alexander Mackenzie qui fit installer une ligne téléphonique entre son bureau et la résidence du gouverneur général. Complaisamment, la compagnie antidata la demande du Premier ministre pour en faire officiellement le premier abonné.

Chapelle des Agniers, à Brantford

Domaine Bell, à Brantford

OHSWEKEN
Au mois d'août, les Iroquois font revivre leur histoire dans un théâtre en plein air de la réserve des Six Nations. Le traité de Haldimand de 1784, qui fixait les limites de la réserve des Six Nations, est exposé dans la maison du conseil (1864).
□ Une plaque évoque le souvenir de John Brant, fils de Joseph Brant, qui fut le premier Indien élu à l'Assemblée législative du Haut-Canada (en 1832).
□ A Chiefswood, maison natale de la poétesse indienne Pauline Johnson, on peut voir la table de travail de l'auteur et plusieurs manuscrits originaux.

BRANTFORD
Dans le parc Victoria, un monument rappelle la mémoire de Joseph Brant, le chef agnier qui donna son nom à la ville. Dans le parc Lorne, un cadran solaire marque l'endroit où ses compagnons prirent possession des terres que leur donna la Couronne britannique en 1784.
□ Dans West Street, un monument rappelle l'invention du téléphone par Alexander Graham Bell, à Tutela Heights. Le domaine Bell, qui domine la rivière Grand, contient des copies des premiers téléphones et un grand nombre de meubles qui appartinrent à sa famille. Le premier central téléphonique du Canada (1877), aménagé dans la maison du révérend Thomas Henderson, se trouve sur la propriété.
□ La chapelle des Agniers est la première église protestante qui fut construite dans ce qui est aujourd'hui l'Ontario (1785). La tombe de Brant se trouve à côté de la chapelle.
□ Le musée de la Société historique de Brant contient une collection d'objets indiens, d'armes anciennes et de meubles d'époque.
□ Les Highland Games (cornemuses, danses écossaises et jeux traditionnels d'adresse) ont lieu à Brantford en juillet.

Monument de Joseph Brant, parc Victoria, à Brantford

NANTICOKE
Une centrale électrique (la plus grande centrale thermique à charbon du monde), les hauts fourneaux d'une aciérie gigantesque et un énorme lotissement provincial feront peut-être de cette ville de 19 000 habitants, au bord du lac Érié, l'un des principaux centres industriels du Canada.

La capitale de l'acier, entre vignes et vergers

Péninsule du Niagara

Hamilton, la capitale de l'acier au Canada, a su échapper aux maux qui affligent la plupart des villes industrielles. Ses vieilles demeures et ses trottoirs pavés soigneusement préservés, d'audacieux édifices modernes, comme le centre culturel Hamilton Place, témoignent d'un rare souci de la qualité de la vie pour un grand centre urbain.

Les espaces verts concourent eux aussi à créer un cadre de vie harmonieux. Ainsi, la région de Hamilton compte à elle seule 45 parcs, dont les Jardins botaniques royaux et

CHATEAU DUNDURN
Le château Dundurn évoque l'atmosphère élégante dans laquelle vivait Sir Allan Napier MacNab, avocat, promoteur, financier et politicien, qui le fit construire en 1832-1834.

Parmi les 35 pièces ouvertes au public dans ce musée qui relate l'histoire de Hamilton, on remarquera une bibliothèque lambrissée de noyer noir, une salle à manger meublée d'une immense table d'acajou où 20 convives pouvaient prendre place et un chandelier orné de 720 larmes de cristal.

Château Dundurn, à Hamilton

HAMILTON
Cette ville industrielle est la capitale canadienne de l'acier. Son port dont le pont Skyway enjambe l'entrée fourmille de navires marchands. On peut visiter deux aciéries et un grand nombre des 500 autres usines de la ville.

□ On présente des pièces de théâtre et des concerts au vaste centre culturel de Hamilton Place. La galerie d'Art de Hamilton accorde une place importante aux artistes canadiens. On y verra notamment des tableaux de William Kurelek, Cornelius Krieghoff et Marc-Aurèle de Foy Suzor-Côté.

□ Whitehern, une belle maison de pierre construite au cours des années 1840, est ouverte au public. A Hess Village, à quelques rues à l'ouest, d'anciens hôtels particuliers abritent des boutiques, des galeries et des restaurants.

□ L'université McMaster est célèbre pour son réacteur nucléaire et sa collection complète des manuscrits du philosophe anglais Bertrand Russell.

TEMPLE DE LA RENOMMÉE DU FOOTBALL CANADIEN
On trouvera dans ce temple les bustes des plus grands joueurs de football, un ordinateur qui répond aux questions qui lui sont posées sur les records de la Ligue canadienne de football et une salle de cinéma où l'on présente des films de la coupe Grey. Un grand vitrail illustre les quatre étapes de l'évolution du sport — 1900, 1920, 1950 et l'époque actuelle. Le temple qui se trouve à Plaza City Hall, à Hamilton, est ouvert toute l'année.

Aciérie, à Hamilton

Vitrail, Temple de la renommée du football canadien

JARDINS BOTANIQUES ROYAUX
Les Jardins botaniques royaux sont disséminés dans la ville de Hamilton et aux environs. On y organise des conférences et des visites guidées. Ce vaste domaine comprend la Rocaille, au nord-est de Hamilton, le Jardin du printemps, à Burlington, avec ses floralies d'iris, de lys et de pivoines en juin, ainsi que la réserve naturelle des Cootes Paradise. D'innombrables sentiers d'exploration de la nature sillonnent les jardins.

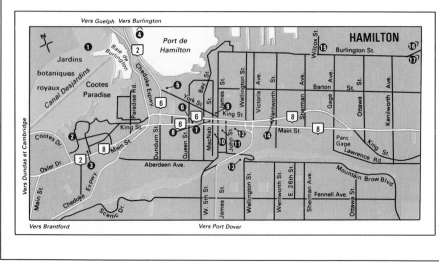

1 Jardins botaniques royaux	6 Hess Village
2 Université McMaster	7 Temple de la renommée
3 Galerie d'Art de	du football canadien
Hamilton	8 Hamilton Place
4 Office du tourisme	9 Marché de Hamilton
(en été seulement)	10 Whitehern
5 Château Dundurn	11 Palais de justice
12 Office du tourisme	
13 Parc Sam Lawrence	
14 CAA	
15 Steel Company of C	
16 Pont Burlington	
Skyway	
17 Canal de Burlington	

0 1 2 3 4 5 Milles

0 2 4 6 8 Kilomètres

le parc Sam Lawrence, d'où l'on découvre les aciéries de la ville, le port, le pont Burlington Skyway et le lac Ontario.

A l'est de Hamilton s'étend la péninsule du Niagara, la principale région fruitière et vinicole du Canada. La majeure partie du vin canadien provient des raisins qui poussent sur le riche sol de cette région au climat tempéré. C'est en mai, à l'époque de la floraison des cerisiers, des pêchers et des pommiers, que le paysage revêt toute sa splendeur.

La région a été colonisée par des loyalistes, des mennonites, des quakers, des huguenots et par au moins 20 autres groupes religieux ou ethniques qui suivirent leurs traces. La diversité de cet héritage culturel revit tous les ans au printemps à St. Catharines, avec le Festival des arts folkloriques. Cette manifestation d'une semaine marque l'ouverture de la saison des fêtes, des marchés en plein air et des foires de campagne qui s'achèvera par le Festival du vin et son pittoresque défilé au cours du mois de septembre.

Phare de Port Dalhousie, près de St. Catharines

STONEY CREEK
Le parc Battlefield Memorial commémore la bataille au cours de laquelle, le 6 juin 1813, 700 soldats britanniques en battirent 2 000 américains. Le musée, meublé dans le style des années 1790, relate ce fait d'armes. Il a été aménagé dans la maison dont les Américains avaient fait leur quartier général.

VINELAND
Un centre ornithologique fondé près de Vineland en 1969, Owl Rehabilitation Center, s'occupe de soigner les oiseaux malades ou blessés. On peut visiter le centre en en faisant la demande au préalable.
□ Au printemps, la Niagara Peninsula Conservation Authority organise des démonstrations des techniques, anciennes et modernes, de fabrication du sucre d'érable.

Monument du Champ de bataille, à Stoney Creek

Harfang des neiges

ST. CATHARINES
Un grand nombre des 124 000 habitants de cette ville vivent des industries fruitières et vinicoles.
□ Au Musée historique de St. Catharines, on peut voir de vieux instruments aratoires, des barattes et de la porcelaine ancienne du Canada.
□ Une plaque du parc Centennial Gardens décrit la construction du premier canal Welland (1824-1829) entre Port Dalhousie (aujourd'hui un quartier de St. Catharines) et Port Colborne.
□ Le musée Mountain Mills, aux chutes De Cew, est aménagé dans un vieux moulin de 1872. Plus à l'est se trouve la Maison De Cew, but ultime de la célèbre aventure de Laura Secord pendant la guerre de 1812.
□ Les régates royales de Henley ont lieu ici en juillet.

Lac Ontario

STONEY CREEK
33.5 Fruitland
RÉSERVE DEVIL'S PUNCH BOWL
Winona
RÉSERVE FIFTY POINT
QEW
RÉSERVE BEAMER MEMORIAL
Grimsby
Grimsby Beach
Forty Mile
8.5
8.5
Beamsville
7
31
Vineland
2.5
Jordan
13
Sixteen Mile
Twenty Mile
RÉSERVE BALL'S FALLS
Port Dalhousie
Étang Martindale
ST. CATHARINES
QEW
406
Twelve Mile
Canal Welland
55

Porte de la taverne Marlatt, Stone Shop Museum, à Grimsby

JORDAN
Le Jordan Historical Museum of the Twenty réunit les maisons Vintage (v. 1840) et Jacob Fry (1815), une école de pierre (1859) et un cimetière dont les stèles marquent les tombes de colons mennonites. On y verra un énorme pressoir à cidre de l'époque des pionniers, adaptation de ceux d'Europe. Actionnée par une vis de 3 m de haut, façonnée dans une pièce de noyer noir, la presse exerçait une pression de 18 tonnes.

GRIMSBY
Un atelier construit vers 1800 et utilisé par des forgerons canadiens, anglais et américains pendant la guerre de 1812 abrite le musée Stone Shop. On a enchâssé dans le bâtiment la belle porte de la taverne Marlatt (1855-1873). Ses collections comprennent une courtepointe qui remporta un premier prix à la Foire mondiale de Chicago en 1893, ainsi qu'une chaise Windsor qui appartenait à l'un des premiers colons, le colonel Robert Nelles.

Pressoir à fruits, Jordan Historical Museum of the Twenty

Un concours de foulage du raisin

En septembre, pendant dix jours, St. Catharines célèbre le Festival du raisin au cours duquel se déroulent, entre autres manifestations, un concours de foulage du raisin, qui oppose les maires des localités de la région, et le couronnement de la « famille royale » qui présidera aux destinées du festival.
□ Environ 90 pour cent du raisin canadien provient de la péninsule du Niagara. Jusque vers le milieu des années 40, la production locale ne pouvait servir qu'à la fabrication du sherry et du porto, mais de nouveaux plants ont donné aux vins de l'Ontario un parfum plus subtil. On peut demander à visiter les établissements des vins Barnes, le plus ancien chais du Canada (1873), et des vins Jordan, tous deux à St. Catharines, ainsi que le cellier des vins Andrés, à Winona.

Une chute dont les eaux « êcument & boüillonnent »

Péninsule du Niagara

Un « grand & prodigieux Saut ! » C'est en ces termes que Jean-Louis Hennepin, missionnaire et explorateur belge, décrivait les chutes du Niagara en 1678. Il fut le premier à donner une description des deux spectaculaires cataractes du Niagara, le Fer à Cheval de la chute canadienne (670 m de

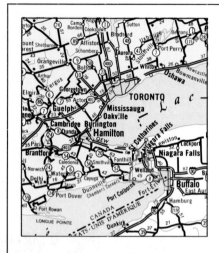

Une chaîne de monuments et de musées qui évoquent la guerre de 1812

La péninsule du Niagara, prise et reprise au cours de la guerre de 1812, compte de nombreux souvenirs historiques.

Ce trophée militaire (à droite) orne un des angles du monument dédié au major général Sir Isaac Brock, à Queenston. Il commandait les troupes canadiennes lorsqu'il fut tué lors de la bataille de Queenston Heights en 1812. A Queenston, la maison de Laura Secord, qui parcourut une trentaine de kilomètres à pied pour prévenir les Canadiens d'une attaque américaine, est aujourd'hui un musée.

La Maison McFarland (1800), à Niagara-on-the-Lake, servit d'hôpital aux soldats des deux camps. Le fort George (1796-1799), pris par les Américains en 1813, a été restauré.

Le vieux fort Erié, place forte prise par les Américains en 1814, a lui aussi été restauré.

CANAL WELLAND

Le canal Welland, long de 43 km, qui relie Port Weller, sur le lac Ontario, à Port Colborne, sur le lac Erié, traverse la péninsule du Niagara, à 21 km à l'ouest des chutes. Ses huit écluses, d'une dénivellation totale de 100 m, peuvent accueillir des bateaux de 22 m de long.

Les navires franchissent une dénivellation de 57 m à Thorold : 43 m au moyen de trois écluses-ascenseurs jumelées, puis 14 m dans une écluse simple, à 500 m de là. Les écluses jumelées fonctionnent simultanément : alors que les navires qui s'avancent vers l'ouest remontent la dénivellation, ceux qui vont dans l'autre sens la descendent de l'autre côté.

Le chenal de détournement, percé en 1973, contourne cinq ponts levants et un pont tournant au cœur de la ville. Sous le chenal passent le tunnel Townline (trois voies de chemin de fer et une route à deux voies), ainsi que celui d'East Main Street.

Le premier canal Welland fut construit entre 1824 et 1829. Le tracé actuel date de 1913-1932.

PORT COLBORNE

C'est là que se trouve la plus grande écluse du canal Welland, l'écluse n° 8, de 421 m de long, l'une des plus longues du monde.

□ Port Colborne possède également une raffinerie de nickel, un port, des plages de sable et deux minoteries que l'on peut visiter.

□ Au Historical and Marine Museum, on peut voir des objets indiens, une école de bois (1812), des souvenirs des chantiers navals d'autrefois et des objets de verrerie fabriqués dans la région.

Canal Welland

Goéland à bec cerclé

ÎLE NAVY

Quartier général du gouvernement provisoire de William Lyon Macken en 1837-1838, l'île Navy fait aujourd'hui partie des parcs du Niagara. D mouettes de Bonaparte, des goélands bec cerclé, des goélands argentés et u vingtaine d'espèces de canards viven dans cette île inhabitée du Niagara.

(légendes de la carte :)

Lac Ontario

Etang Martindale

ST. CATHARIN
(voir l'itinéraire 90)

QEW

406

Thorold

Thorold South

58

Turners Corners
20

Allanburg
18

Black Horse Corner

WELLAND
31.5

13.5

Welland Junction
Port Colborne
58
140

3

PTE SUGAR LOAF
Baie Gravelly

Gasline
10.5

PTE PINE CREST

Sherkston

6.5
Ridgeway

Crystal Beach

Lac

PTE ABINO

Erié

TORONTO
Niagara Falls
Buffalo

0 1 2 3 4 5 Milles
0 2 4 6 8 Kilomètres

large, 54 m de haut) et la chute américaine (305 m de large, 56 m de haut).

La chute que découvrit Hennepin s'est depuis bien assagie, car une partie de ses eaux a été détournée vers des centrales hydro-électriques.

Des millions de touristes visitent les chutes tous les ans depuis le début du XIXᵉ siècle. Les chutes attirèrent également des casse-cou qui tentèrent de les franchir dans des barriques, des ballons de caoutchouc ou des bateaux. Le plus célèbre fut un funambule français, Blondin, qui, en 1859, traversa la gorge du Niagara sur une corde. Les exploits qu'accomplirent ces aventuriers valurent à certains une gloire éphémère, mais d'autres trouvèrent la mort en tentant de « dompter » les chutes.

La loi, qui mit fin à ces prouesses en 1912, visait surtout à empêcher les spéculateurs et les profiteurs de s'emparer de ce merveilleux site naturel. L'Ontario, d'ailleurs, y avait déjà créé le parc des chutes de la Reine-Victoria, le premier parc provincial du Canada, en 1887. Aujourd'hui, la Commission des parcs du Niagara possède tous les terrains qui bordent la rivière, ainsi que la promenade du Niagara. Le long de cette route, le visiteur verra revivre le passé à Fort-Erié, Chippawa, Queenston et Niagara-on-the-Lake.

Hôtel Prince-de-Galles, à Niagara-on-the-Lake

Eglise presbytérienne St. Andrew, à Niagara-on-the-Lake

NIAGARA-ON-THE-LAKE

Niagara-on-the-Lake est une des villes du début du XIXᵉ siècle les mieux préservées en Amérique du Nord.
□ L'église presbytérienne St. Andrew est un bel exemple d'architecture religieuse néo-grecque. Dans un musée consacré à la pharmacologie, Niagara Apothecary, on peut voir l'enseigne traditionnelle des apothicaires, un mortier d'or.
□ En été, le Shaw Festival présente des pièces de George Bernard Shaw, de Noel Coward et d'autres auteurs.
□ Des souvenirs de Laura Secord et de John Graves Simcoe sont exposés au musée de la Société historique de Niagara.

NIAGARA FALLS

De petits bateaux, les *Maid of the Mist,* emmènent les touristes jusqu'au pied de la chute du Fer à Cheval. Un téléphérique franchit 548 m à 37 m au-dessus des eaux du tourbillon.
□ La tour Skylon, au Centre international Niagara, est surmontée d'un restaurant rotatif. L'observatoire perché au sommet du Centre Panasonic est doté de vitres teintées et de posemètres encastrés à l'intention des photographes.
□ On peut visiter les 37 pièces de Oak Hall, l'ancienne demeure de Sir Harry Oakes, le magnat des mines canadiennes.

PARC NIAGARA GLEN

Niagara Glen, en aval du pont Whirlpool Rapids, est une gorge jonchée de pierres aux formes étranges et creusée de marmites de géants. Des espèces rares de fougères, de fleurs et d'arbres, notamment le tulipier de Virginie, poussent ici.
□ Non loin, l'école d'horticulture de la Commission des parcs du Niagara offre une collection unique de fleurs canadiennes.

Feuilles et fleur du tulipier de Virginie

Le téléphérique des chutes du Niagara

Une cataracte en recul

Il y a 12 500 ans environ, quand prit fin la période glaciaire, les lacs réapparurent. Il en fut ainsi du lac Erié qui se déversait à l'origine dans le bassin du Mississippi.

A mesure que les glaciers reculaient, le lac trouva un autre passage, au nord, et ses eaux se jetèrent par le cours du Niagara dans le lac Iroquois, l'ancêtre du lac Ontario. Les chutes du Niagara naquirent le jour où les eaux franchirent l'escarpement d'une soixantaine de mètres qui séparait les deux lacs. Aussitôt débuta le lent recul de la chute, qui atteint 1,2 m par an. Aujourd'hui, elle se trouve à 11 km au sud de son emplacement d'origine, à Queenston.

Cette régression s'explique par la composition des couches sédimentaires de l'escarpement : des schistes et des calcaires tendres recouverts par la dolomite et le calcaire dur des couches supérieures. Le schiste de la base est rapidement érodé, tandis que les couches supérieures forment une saillie en surplomb qui finit par s'effondrer sous son propre poids.

Dans un doux paysage, de riantes demeures et de coquettes fermes

Centre de l'Ontario

Cette région rurale du centre de l'Ontario est celle des petites villes et des gros bourgs empreints de la nostalgie du passé. C'est le pays des villages de pionniers, des plaques commémoratives, des musées et des résidences imposantes.

De belles demeures restaurées s'alignent le long des rues des gros bourgs établis au bord des rivières. Les coquettes maisons de ferme, toujours fraîchement repeintes, sont aussi pimpantes qu'à leurs premiers jours ; et les

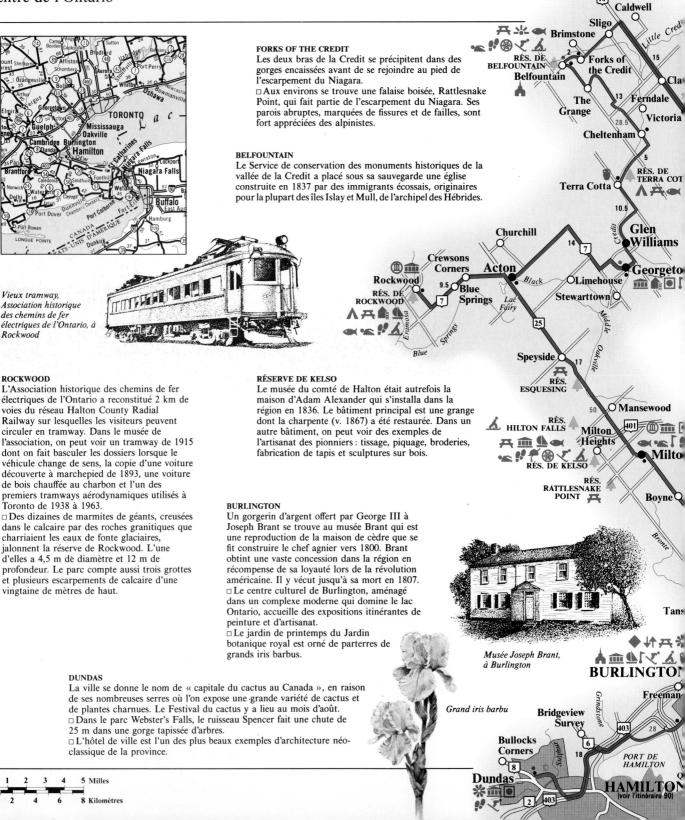

Vieux tramway, Association historique des chemins de fer électriques de l'Ontario, à Rockwood

FORKS OF THE CREDIT
Les deux bras de la Credit se précipitent dans des gorges encaissées avant de se rejoindre au pied de l'escarpement du Niagara.
□ Aux environs se trouve une falaise boisée, Rattlesnake Point, qui fait partie de l'escarpement du Niagara. Ses parois abruptes, marquées de fissures et de failles, sont fort appréciées des alpinistes.

BELFOUNTAIN
Le Service de conservation des monuments historiques de la vallée de la Credit a placé sous sa sauvegarde une église construite en 1837 par des immigrants écossais, originaires pour la plupart des îles Islay et Mull, de l'archipel des Hébrides.

ROCKWOOD
L'Association historique des chemins de fer électriques de l'Ontario a reconstitué 2 km de voies du réseau Halton County Radial Railway sur lesquelles les visiteurs peuvent circuler en tramway. Dans le musée de l'association, on peut voir un tramway de 1915 dont on fait basculer les dossiers lorsque le véhicule change de sens, la copie d'une voiture découverte à marchepied de 1893, une voiture de bois chauffée au charbon et l'un des premiers tramways aérodynamiques utilisés à Toronto de 1938 à 1963.
□ Des dizaines de marmites de géants, creusées dans le calcaire par des roches granitiques que charriaient les eaux de fonte glaciaires, jalonnent la réserve de Rockwood. L'une d'elles a 4,5 m de diamètre et 12 m de profondeur. Le parc compte aussi trois grottes et plusieurs escarpements de calcaire d'une vingtaine de mètres de haut.

RÉSERVE DE KELSO
Le musée du comté de Halton était autrefois la maison d'Adam Alexander qui s'installa dans la région en 1836. Le bâtiment principal est une grange dont la charpente (v. 1867) a été restaurée. Dans un autre bâtiment, on peut voir des exemples de l'artisanat des pionniers : tissage, piquage, broderies, fabrication de tapis et sculptures sur bois.

BURLINGTON
Un gorgerin d'argent offert par George III à Joseph Brant se trouve au musée Brant qui est une reproduction de la maison de cèdre que se fit construire le chef agnier vers 1800. Brant obtint une vaste concession dans la région en récompense de sa loyauté lors de la révolution américaine. Il y vécut jusqu'à sa mort en 1807.
□ Le centre culturel de Burlington, aménagé dans un complexe moderne qui domine le lac Ontario, accueille des expositions itinérantes de peinture et d'artisanat.
□ Le jardin de printemps du Jardin botanique royal est orné de parterres de grands iris barbus.

Musée Joseph Brant, à Burlington

Grand iris barbu

DUNDAS
La ville se donne le nom de « capitale du cactus au Canada », en raison de ses nombreuses serres où l'on expose une grande variété de cactus et de plantes charnues. Le Festival du cactus y a lieu au mois d'août.
□ Dans le parc Webster's Falls, le ruisseau Spencer fait une chute de 25 m dans une gorge tapissée d'arbres.
□ L'hôtel de ville est l'un des plus beaux exemples d'architecture néo-classique de la province.

| 0 | 1 | 2 | 3 | 4 | 5 Milles |
| 0 | 2 | 4 | 6 | 8 Kilomètres |

clôtures de cèdre, construites il y a un siècle par les premiers colons, serpentent encore au bord des routes et au travers des champs où paissent des troupeaux de vaches holsteins.

La vallée de la Credit est un doux paysage de pâturages ondulés, de failles crayeuses et de bois épais que traversent des torrents. Les vieux barrages qui enjambent les rivières amenaient autrefois l'eau aux scieries, aux minoteries et, plus tard, aux centrales électriques. C'est ici que, pour la première fois en Ontario, en 1883, on installa l'électricité dans une ferme, un progrès qui allait révolutionner tout un mode de vie.

Les amateurs du temps passé ont cependant préservé le caractère de la vallée de la Credit. Les magasins généraux, les greniers à foin, les forges et les auberges d'autrefois sont devenus des magasins d'antiquités, des studios d'artistes, des galeries d'art ou des restaurants. Le Village des pionniers de Black Creek nous replonge dans la vie campagnarde du siècle dernier. Les galeries de pierre et de bois grossièrement équarri de la Collection canadienne McMichael, à Kleinburg, exposent les œuvres des artistes du Groupe des Sept, dont un bon nombre vécurent dans les environs. Ici, dans cette région rurale du sud de l'Ontario, se trouvent harmonieusement conjugués les richesses du présent et les trésors du passé.

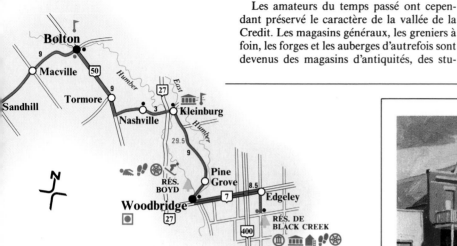

Moulin, Village des pionniers de Black Creek

RÉSERVE BLACK CREEK
Les quatre bâtiments de bois de la ferme de Daniel Stong, le centre du Village des pionniers de Black Creek, se dressent toujours à l'endroit où ils furent construits.

Le village compte encore un magasin général, un moulin, un atelier de tisserand et une cordonnerie, ainsi que plusieurs autres bâtiments d'époque.

La Maison Burwick (1844), meublée dans le style local du temps, renferme d'anciens tapis et tapisseries. Le musée de la grange de Dalziel, une énorme grange construite en porte à faux (1809), abrite la plus vaste collection canadienne de jouets du XIXe siècle.

Des figurants fabriquent des chandelles, barattent le beurre, cardent la laine, confectionnent des tapis au crochet et cuisent du pain comme on le faisait avant 1867.

Kleinburg (1929), de A. J. Casson

Un foyer pour le Groupe des Sept

La Collection canadienne de McMichael, à Kleinburg, est l'une des plus importantes collections de toiles du Groupe des Sept. Cinq des fondateurs du groupe sont enterrés dans la petite ville. Formé en 1920, le groupe se composait de Frank Carmichael, Lawren Harris, A. Y. Jackson, Frank Johnston, Arthur Lismer, J. E. H. Mac-Donald et F. H. Varley. Tom Thomson, qui se noya dans le parc Algonquin en 1917, eut une influence déterminante sur le groupe. Les toiles de ces artistes et de ceux qui se joignirent à eux par la suite sont exposées à Kleinburg.

Robert et Signe McMichael commencèrent leur collection dans une maison de six pièces qu'ils appelaient Tapawingo (mot indien qui signifie « lieu de joie »). En 1965, les McMichael firent don de leur collection à la province de l'Ontario. Le musée possède aussi des objets d'art indien et esquimau. On peut y voir le studio de Tom Thomson.

Musée de l'ancienne poste, à Oakville

OAKVILLE
Plus de deux douzaines de bâtiments du « Vieux Oakville » datent du XIXe siècle. Le Musée de l'ancienne poste (1835) et la Maison Thomas (1829) ont été restaurés et sont ouverts aux visiteurs. Les autres bâtiments, dont la plupart portent des plaques de la Société historique d'Oakville, comprennent un poste de douanes (1855), l'église St. Andrew (1840), la grange en pierre de Romain et MacDougald (1854) et l'église Saint-Jude (1883).

PARC PROVINCIAL BRONTE CREEK
Le parc occupe 689 ha de terres agricoles en bordure du ravin Bronte Creek, profond de 38 m.
□ La ferme Spruce Lane qui date du début du siècle nous replonge dans la vie d'une famille de pionniers. Les jeunes visiteurs peuvent jouer avec les animaux ou dans la cour de la ferme, au milieu des balles de foin.
□ Un nouveau centre récréatif accueille les amateurs de tennis, de natation et de toboggan.

Merle bleu à poitrine rouge

De hautes tours de verre, d'innombrables souvenirs du passé

Lorsque John Graves Simcoe, premier lieutenant-gouverneur du Haut-Canada, fonda la ville de York en 1793, il la croyait à l'abri des attaques ennemies. Mais les Américains prirent la bourgade pendant la guerre de 1812 et rasèrent plusieurs bâtiments. York fut reconstruit, prit le nom de Toronto en 1834 et prospéra à mesure que les fermiers colonisaient les environs.

Au milieu du XIXe siècle, Toronto comptait 30 000 habitants, *tories* pour la plupart, et 24 églises, presque toutes protestantes. Jusqu'à la seconde guerre mondiale, la ville demeura un bastion anglo-saxon. « Le conservatisme exacerbé de Toronto est effrayant », écrivait Charles Dickens en 1851. Mais l'immigration de l'après-guerre transforma la puritaine cité en une ville cosmopolite.

L'expansion de Toronto, amorcée au début des années 60, est l'une des plus rapides du monde. Devenue aujourd'hui le centre commercial et industriel du Canada, la capitale de l'Ontario a également une des bourses les plus animées du monde.

Mais les souvenirs d'un passé plus paisible n'ont pas disparu. De nombreux témoignages d'un riche héritage architectural — les imposants hôtels particuliers de Kingsway, les maisons victoriennes de Yorkville, les édifices de style néo-gothique de l'université de Toronto, par exemple — s'étalent encore dans toute la ville.

Malgré sa croissance rapide, Toronto a su préserver ses espaces verts naturels et en aménager d'autres. La ville est sillonnée de nombreux ravins presque sauvages où coulent des rivières et dans les parcs, les pancartes des pelouses portent une inscription insolite : « Prière de marcher sur le gazon ».

Ancien hôtel de ville (23)
Une tour de 90 m domine l'ancien hôtel de ville (1891-1899) construit en grès et en granit.

Casa Loma (37)
Le plus grand château d'Amérique du Nord fut construit en 1911-1914 par Sir Henry Pellatt, un industriel. Cette « folie » de 98 pièces est un labyrinthe de passages secrets et d'escaliers dérobés. Un tunnel de 240 m mène aux écuries qui sont décorées de panneaux de marbre.

Cathédrale St. James (28)
La cathédrale anglicane date de 1853. Sa flèche de 97 m, la plus haute du Canada, ne fut achevée qu'en 1874.

Cathédrale Saint-Michel (22)
Une flèche de 78 m surmonte le clocher de cette cathédrale gothique (1848). Dessiné par William Thomas, le monument est orné d'énormes vitraux ; celui du chœur est l'œuvre de l'artiste français Etienne Thévenot. La cathédrale possède une copie de la *Pieta* de Michel-Ange.

Symbole du dynamisme de Toronto, la Royal Bank Plaza (en haut) domine de ses 41 étages le quartier financier de Bay Street. Casa Loma (ci-dessus) évoque un passé plus serein. Toronto (à gauche) a bien changé depuis l'époque où un petit poste de traite s'élevait en bordure du lac au XVIIIe siècle.

Centre Eaton (21)
Situé à côté de l'église de la Sainte-Trinité (1847), le complexe abrite des magasins, des bureaux, une colonnade surmontée d'une verrière et deux des plus grands magasins à rayons du Canada.

Centre O'Keefe (25)
Dans cette salle, la plus grande du Canada, 3 200 spectateurs peuvent assister à des représentations théâtrales, à des concerts, à des opéras ou à des spectacles de ballet. Gracieuse construction de pierre calcaire, de granite et de verre, le centre abrite les Ballets nationaux du Canada et la Compagnie canadienne d'opéra.

Centre St. Lawrence (24)
On y donne des pièces de théâtre et on tient des débats publics, sur des questions d'intérêt local, dans l'auditorium.

Centre des Sciences de l'Ontario (39)
Ce musée invite les visiteurs à manipuler les appareils scientifiques mis à leur disposition. On y verra un simulateur de vaisseau spatial, un ordinateur qui joue au « tic-tac-toe » et une énorme balançoire.

L'Expo de Toronto, les flonflons de la musique et une foule en liesse

Le vertige des manèges

A la fin de l'été, pendant trois semaines, la plus grande exposition annuelle du monde, qui se tient tous les ans depuis 1879, l'Exposition canadienne nationale (1), attire près de trois millions de visiteurs. On y présente un choix varié de spectacles, de compétitions sportives et de floralies. On y voit aussi des expositions consacrées aux sciences, à l'éducation ou à la mode, une foire agricole où les éleveurs présentent leurs plus beaux animaux, des expositions canines et des concours hippiques. Attirés par des ours en peluche et des ballons géants, les badauds tentent leur chance aux innombrables stands qui s'étalent sur 2 km de long.

Le Temple de la renommée du hockey, ouvert toute l'année, expose des maillots de joueurs de la LNH, les rondelles et les bâtons grâce auxquels furent marqués les buts les plus mémorables, des photos de joueurs célèbres, ainsi que les principaux trophées de la LNH. Le même édifice abrite le Temple de la renommée des sports du Canada.

Champ de courses Woodbine (32)
La plus ancienne course de chevaux du continent, Queen's Plate, s'y déroule chaque année depuis 1860.

Collection d'automobiles de la fondation Craven (36)
Parmi les 78 automobiles de la collection, on remarque une Sears Highwheeler de 1906, une Stanley Steamer de 1917 et une splendide Rolls Royce de 1933.

Fort York (4)
Véritable musée vivant, le fort York (1793) est animé par des figurants en costumes d'époque. Des femmes cuisent le pain, barattent le beurre et cardent la laine ; un forgeron travaille les métaux et on verra fabriquer toutes sortes d'objets usuels selon les techniques anciennes. On assistera aussi au défilé des gardes en tunique rouge au son des fifres et des tambours, tandis que crépitent les mousquets.

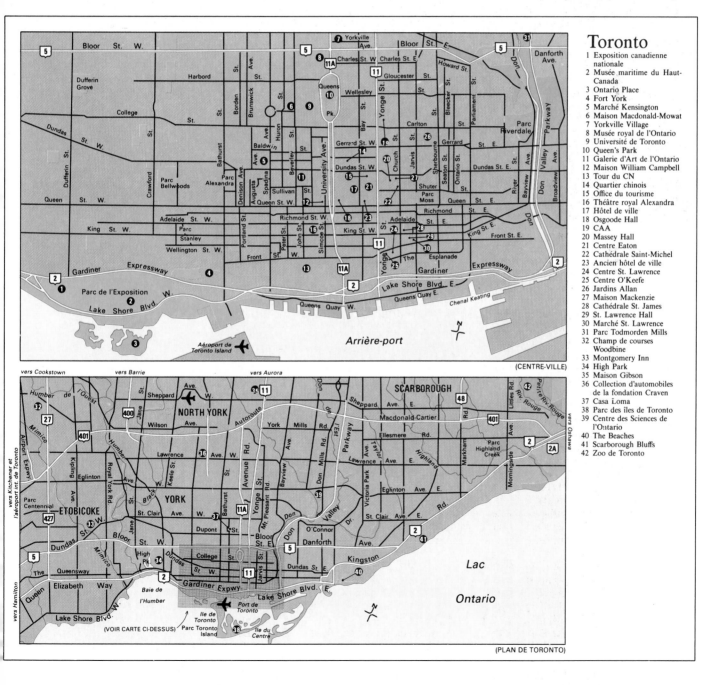

Toronto

1 Exposition canadienne nationale
2 Musée maritime du Haut-Canada
3 Ontario Place
4 Fort York
5 Marché Kensington
6 Maison Macdonald-Mowat
7 Yorkville Village
8 Musée royal de l'Ontario
9 Université de Toronto
10 Queen's Park
11 Galerie d'Art de l'Ontario
12 Maison William Campbell
13 Tour du CN
14 Quartier chinois
15 Office du tourisme
16 Théâtre royal Alexandra
17 Hôtel de ville
18 Osgoode Hall
19 CAA
20 Massey Hall
21 Centre Eaton
22 Cathédrale Saint-Michel
23 Ancien hôtel de ville
24 Centre St. Lawrence
25 Centre O'Keefe
26 Jardins Allan
27 Maison Mackenzie
28 Cathédrale St. James
29 St. Lawrence Hall
30 Marché St. Lawrence
31 Parc Todmorden Mills
32 Champ de courses Woodbine
33 Montgomery Inn
34 High Park
35 Maison Gibson
36 Collection d'automobiles de la fondation Craven
37 Casa Loma
38 Parc des îles de Toronto
39 Centre des Sciences de l'Ontario
40 The Beaches
41 Scarborough Bluffs
42 Zoo de Toronto

Galerie d'Art de l'Ontario (11)
Ce musée est le deuxième en importance du Canada après la Galerie nationale d'Ottawa. On peut y voir l'*Elévation de la croix*, de Rubens, et *The Harvest Waggon*, de Gainsborough. La collection canadienne comprend des tableaux de Krieghoff, Kane, Borduas, Carr, Thomson et du Groupe des Sept. On y admirera également des œuvres de Picasso, Renoir, Monet, Delacroix et Degas. La salle des sculptures présente des œuvres de Picasso et d'Henry Moore. Une partie des collections est exposée à La Grange, une demeure bâtie en 1817-1820.

High Park (34)
De nombreux sentiers serpentent entre les rocailles, les parterres de fleurs, le petit zoo et l'étang Grenadier. La plus grande partie du parc fut léguée à la ville par John Howard, l'un des premiers architectes et ingénieurs de Toronto. Sa maison, Colborne Lodge, qui date de 1836, abrite un musée où l'on peut voir des cartes, des documents et des objets d'époque.

Hôtel de ville (17)
Les deux tours jumelles de 20 et 27 étages du nouvel hôtel de ville (1965) sont à l'image du modernisme de Toronto ; elles enserrent la « soucoupe volante » à trois niveaux des salles de réunion du conseil municipal. On peut visiter ces élégantes structures de verre et de béton.

Jardins Allan (26)
Une statue du poète Robert Burns, œuvre du sculpteur écossais T. W. Stevenson, se dresse au milieu de parterres de fleurs, de fontaines

On vend de tout au marché Kensington (à droite), depuis les pâtisseries roumaines jusqu'à des lapins, des oies et des pigeons vivants. Ontario Place (ci-dessous) est un immense parc d'amusement de 38 ha, aménagé sur des îles artificielles ; l'énorme écran du Cinésphère est haut de six étages.

et de serres remplies de plantes tropicales dans ce jardin botanique de 5 ha.

Maison Gibson (35)
Cette maison georgienne de brique rouge, construite en 1849 par David Gibson, l'un des rebelles de 1837, a été restaurée dans l'esprit de l'époque.

Maison Macdonald-Mowat (6)
Cette maison de brique (1872) fut habitée par Sir John A. Macdonald et, plus tard, par Sir Oliver Mowat, Premier ministre de l'Ontario (1872-1896).

Maison Mackenzie (27)
Cette maison en pierre de deux étages était celle de William Lyon Mackenzie, premier maire de Toronto (1835) et chef de la rébellion du Haut-Canada en 1837. Elle lui fut offerte par ses partisans en 1859.

Maison William Campbell (12)
La demeure georgienne (1822) de Sir William Campbell, qui fut juge en chef du Haut-Canada de 1825 à 1829, a été restaurée et remeublée.

Marché Kensington (5)
Ce pittoresque marché à l'européenne se tient en pleine rue. On y trouve de nombreux restaurants de tous les pays.

Marché St. Lawrence (30)
Ce marché public occupe le carrefour des rues Front et Jarvis depuis plus de 170 ans.

Massey Hall (20)
Construit en 1894, Massey Hall est le siège de l'orchestre symphonique de Toronto. Une nouvelle salle sera inaugurée au cours des années 80.

Montgomery Inn (33)
Cette auberge de pierre (1832) est un exemple d'architecture georgienne loyaliste.

Musée maritime du Haut-Canada (2)
Le musée est aménagé dans l'ancien quartier des officiers de la caserne Stanley (1841). Le remorqueur *Ned Hanlan* (1932) y est exposé en cale sèche.

Musée royal de l'Ontario (8)
Ce musée, le plus grand du Canada, possède l'une des plus belles collections de pièces archéologiques et d'art chinois du monde occidental. On y verra aussi des squelettes de dinosaures, des meubles de la cour du roi Louis XIV, une remarquable collection d'armures, des masques de Nouvelle-Guinée, un mât totémique haut de six étages et des millions d'objets qui furent recueillis dans toutes les parties du monde.

La tour des records

La plus haute montée en ascenseur du monde (477 m), le plus long escalier (2 570 marches), la plus haute structure autonome avec ses 553,33 m (5 cm de plus en été à cause de la dilatation), la tour du CN est la tour des records.

Achevée en 1975, cette tour de $52 millions (13) est un important relais de télécommunications et le monument le plus spectaculaire de Toronto. Des milliers de tonnes de béton armé ont servi à ériger cette immense colonne triangulaire qui a été conçue pour résister à tous les risques imaginables, vent, glace, incendie, tremble-

ment de terre, accidents d'avion, foudre, ce qui en fait la tour la plus sûre du monde, selon les ingénieurs qui l'ont construite.

Quatre ascenseurs mènent les visiteurs aux sept étages du Sky Pod, à 342 m au-dessus du sol, où ils trouvent des plates-formes d'observation intérieures et extérieures, un restaurant rotatif et quatre étages de machines et d'équipement de radiodiffusion. Un cinquième ascenseur va jusqu'au Space Deck (477 m), d'où les visiteurs peuvent apercevoir le mât d'antenne de 100 m de haut qui fut amené en hélicoptère au sommet de la tour.

Le théâtre des Etoiles du planétarium McLaughlin présente aux visiteurs l'immensité du cosmos.

Les collections canadiennes Sigmund Samuel contiennent des pièces d'argenterie et de verrerie, des céramiques, des sculptures, des meubles et des objets d'art ancien.

Ontario Place (3)

De mai à septembre, cette exposition ouvre ses portes sur trois îles artificielles aménagées dans le lac Ontario. L'écran du Cinesphère, haut de six étages et large de 24 m, est le plus grand du monde. On donne des concerts au Forum, tandis que les petits s'amusent dans les faux marécages et sur la petite colline du Village des enfants. Le destroyer *Haida* est amarré le long du quai pour la durée de l'exposition.

Osgoode Hall (18)

Cet édifice qui abrite la Cour suprême de l'Ontario a été construit par la Law Society of Upper Canada en 1829-1832.

Parc des îles de Toronto (38)

Des traversiers relient la ville aux 13 îles qui constituent le parc. On y trouvera une réserve d'animaux sauvages, un parc d'amusement, des plages et des étangs.

Les rues élégantes de Yorkville (à droite) font oublier le rythme trépidant de la ville. Les vents et l'eau ont sculpté les vertigineuses falaises de Scarborough (à l'extrême droite). Les deux tours de l'hôtel de ville (ci-dessous, à droite) se dressent devant Nathan Phillips Square où les manifestations artistiques se succèdent toute l'année. La faïence du bas est exposée au Musée royal de l'Ontario. Jour et nuit, Yonge Street (ci-dessous) attire les promeneurs et les touristes.

Parc Todmorden Mills (31)

L'eau bouillonne toujours au sous-sol de la Maison Parshall Terry, construite au-dessus d'un puits artésien en 1794.

Quartier chinois (14)

Des restaurants chinois et des boutiques orientales qui vendent de la soie ou des pièces d'ivoire et de jade se pressent à l'angle des rues Elizabeth et Dundas.

Queen's Park (10)

Ce bâtiment d'inspiration romane qui abrite l'assemblée législative de l'Ontario a été construit en 1886-1892. On y verra les statues de la reine Victoria, de Sir John A. Macdonald et de John Graves Simcoe.

St. Lawrence Hall (29)

Cet édifice de style Renaissance (1850) sert aujourd'hui de plateau de répétition pour le Ballet national du Canada.

Scarborough Bluffs (41)

Vestiges de la dernière époque glaciaire, ces falaises de 90 m se dressent en bordure du lac Ontario.

Théâtre royal Alexandra (16)

Le « Royal Alex » est fréquenté par les Torontois depuis 1907.

The Beaches (40)

Un trottoir de bois longe Kew Beach dans ce quartier de l'est de Toronto qui était autrefois un centre de villégiature situé à l'extérieur de la ville.

Université de Toronto (9)

Fondée en 1827 sous le nom de King's College, l'université compte une centaine de bâtiments répartis dans trois campus.

Yorkville Village (7)

Plusieurs pâtés de maisons victoriennes ont été transformés en galeries d'art, en boutiques et en restaurants.

Zoo de Toronto (42)

Plus de 5 000 animaux vivent dans d'énormes enclos qui recréent leur milieu naturel. Les oiseaux volent librement dans d'immenses volières, tandis que de sombres tunnels abritent les animaux nocturnes. Les visiteurs circulent dans le zoo à bord de petits trains.

Des splendeurs du Muskoka aux rives souriantes du lac Simcoe

Centre de l'Ontario

Tapie entre le lac Simcoe et le lac Couchiching, Orillia est une petite ville où l'auteur canadien Stephen Leacock a campé ses *Sunshine Sketches of a Little Town*. C'est dans le cabinet de travail de sa maison d'été, maintenant transformée en musée, que Leacock écrivit son chef-d'œuvre d'humour. Pour l'auteur, qui a passé son enfance dans cette magnifique région, « rien ne peut se comparer à la beauté souriante des eaux, des rives et des baies du lac Simcoe et de son frère jumeau, le Couchiching ».

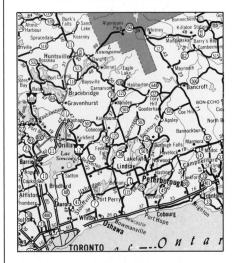

Héros du peuple chinois

Né à Gravenhurst en 1890, Norman Bethune interrompit ses études de médecine en 1914 pour servir en Europe. Lors de la guerre civile d'Espagne, il créa un service de transfusion sanguine pour les armées républicaines. En 1938, Bethune se joignit aux communistes chinois qui se battaient contre les Japonais et les Chinois nationalistes. Il fonda des hôpitaux, organisa des unités médicales et forma des médecins. S'étant coupé au doigt au cours d'une opération, il mourut de septicémie à Wupaishan où il fut enterré. Bethune est devenu un héros national de la Chine communiste et sa dépouille a été transférée dans la tombe des martyrs de Chine. Les Chinois ont donné son nom à des écoles et des hôpitaux. Son portrait a paru sur des affiches et des timbres chinois (à droite).

ORILLIA
Cette ville touristique et industrielle servit de modèle à Stephen Leacock qui en fit la Mariposa de ses *Sunshine Sketches of a Little Town*. Un musée consacré à Stephen Leacock (1869-1944), économiste, historien et humoriste, a été installé dans la maison d'été que l'écrivain possédait ici.
□ Le monument de Champlain, haut de 12 m, est considéré comme l'un des plus beaux bronzes du Canada.
□ Dans l'église anglicane St. James (1857) se trouve un monument à la mémoire de William Yellowhead, chef ojibway qui combattit avec les Anglais.
□ Au cours du carnaval d'hiver, en février, on peut assister à un concours de pêche sous la glace, à des spectacles de patinage artistique et à des courses de chevaux.

BARRIE
En août, la ville organise des expositions d'artisanat, des régates et des spectacles de théâtre à l'occasion d'une grande fête, Kempenfest.
□ A 8 km au nord de Barrie se trouvent le musée et les archives de Simcoe. On y verra des objets d'artisanat indien, des souvenirs de la guerre de 1812 et la reconstitution d'une rue du XIXᵉ siècle avec un magasin général, une boutique de jouets et un salon funéraire. Derrière le musée se dressent un des rares moulins à vent de l'Ontario et une maison de rondins (1834), meublée dans le style des pionniers. Les granges renferment des outils de forgeron et de tonnelier, ainsi qu'une collection de traîneaux et de voitures à chevaux.

Stephen Leacock

GRAVENHURST
Une plaque apposée à l'extérieur du presbytère de l'église Trinity United Church rappelle que Norman Bethune, médecin connu dans le monde entier pour ses réalisations en Espagne et en Chine, naquit ici.
□ La maison de Bethune a été restaurée et est aujourd'hui ouverte au public. Au deuxième étage, une exposition relate la vie du célèbre médecin.
□ A 16 km au nord-ouest, le musée historique Woodwinds comprend une cabane de rondins meublée dans le style de l'époque des pionniers, une église de bois rond et des collections consacrées à l'agriculture, à la chasse, à la trappe et à la navigation.
□ On peut effectuer une croisière de trois heures et demie sur le lac Muskoka à bord du *Lady Muskoka*, qui passe au large des îles Rankin et Christmas avant de faire escale à Port Carling.

PARC PROVINCIAL ARROWHEAD
En été, des naturalistes donnent des conférences sur la flore et la faune du parc qui abrite des cerfs, des orignaux et des plantes rares à cette latitude comme la lobélie du cardinal. On peut aussi y voir des chutes et des barrages, construits par des castors.

Fort heureusement, la région est restée aussi pittoresque qu'elle l'était du temps de Leacock, il y a plus de 50 ans.

Passé Orillia, les terres agricoles du sud de l'Ontario cèdent la place aux pins et au granite du Muskoka. Le bois et les terres bon marché attirèrent les colons dans cette région que la rumeur voulait riche en gisements aurifères. Mais l'effroyable route du Muskoka brisait les voyageurs les plus endurcis. A son extrémité nord se trouvait le petit village de McCabe's Bay (aujourd'hui

Gravenhurst), sur le lac Muskoka. De là, des vapeurs emmenaient les passagers et leurs bagages. Le dernier de ces navires, le *Segwun*, est aujourd'hui un musée flottant à Gravenhurst.

Aujourd'hui, il faut prendre la route 11 pour se rendre à Gravenhurst, Bracebridge et Huntsville, portes des lacs et des bois du Muskoka, une région réputée pour la beauté de ses forêts où se joue une extraordinaire symphonie d'ors, de rouges et de jaunes en automne.

HUNTSVILLE
Cette ville touristique est située à l'entrée de la pittoresque région du lac des Baies (160 km de rives). A 6 km au sud, l'église Madill fut construite en 1872-1873 par des méthodistes wesleyens. L'oratoire de bois de pièce ne sert plus aujourd'hui qu'au service commémoratif annuel de l'Eglise Unie.
□Cinq maisons, un magasin et une école, restaurés et meublés dans le style des pionniers, entourent le musée Muskoka, au Village des pionniers du Muskoka.
□A 9 km à l'est, un remonte-pente mène au mont Peninsula d'où l'on découvre le splendide paysage des lacs et des forêts du Muskoka.
□Le monument commémoratif Dyer, au nord-est de Huntsville, fut érigé par un homme d'affaires de Detroit en souvenir de sa femme. La tour de 13 m s'élève au-dessus d'une terrasse entourée d'un jardin et d'un parc qui dominent la rivière East.

BRACEBRIDGE
Cette ancienne ville d'exploitation forestière organise un concours international de curling en février et un festival des arts et des artisanats en juillet.
□Les deux génératrices de la centrale, installées en 1898, alimentent toujours la ville en électricité.
□St. Peter's on the Rock, une église construite en madriers équarris à la hache, se trouve près de Bracebridge.

Eglise Madill, à Huntsville

Le secret des feuilles

Sous la couche supérieure d'une feuille, composée de la cuticule et de l'épiderme, se trouvent les chloroplastes qui contiennent la chlorophylle grâce à laquelle la plante transforme l'énergie du soleil en nourriture. Les chloroplastes reposent sur des cellules spongieuses où se mélangent du gaz carbonique (qui pénètre dans la feuille par les stomates), de l'eau et des éléments nutritifs (qui y entrent par les veines). Lorsque le soleil frappe les chloroplastes, la chlorophylle déclenche une réaction (la photosynthèse) au cours de laquelle les éléments nutritifs et le gaz carbonique se combinent pour produire du sucre qui alimente l'arbre. Avec le froid, la production de chlorophylle se ralentit, des pigments jaunes et orange sous-jacents apparaissent et le sucre produit de nouveaux pigments rouges. Ces pigments se combinent les uns aux autres et donnent sa couleur au feuillage.

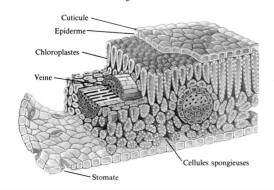

Feuillage d'automne dans le Muskoka

Source d'une œuvre magistrale, le parc des amoureux de la nature

Centre de l'Ontario

La danse du soleil sur l'eau d'un lac, le jeu de l'ombre et de la lumière entre les pins, l'imposante masse des profondes forêts sauvages, le sombre moutonnement des collines sous un ciel d'orage... autant de sujets qui inspirèrent le peintre Tom Thomson, autant de spectacles qui raviront le promeneur, dans le parc Algonquin.

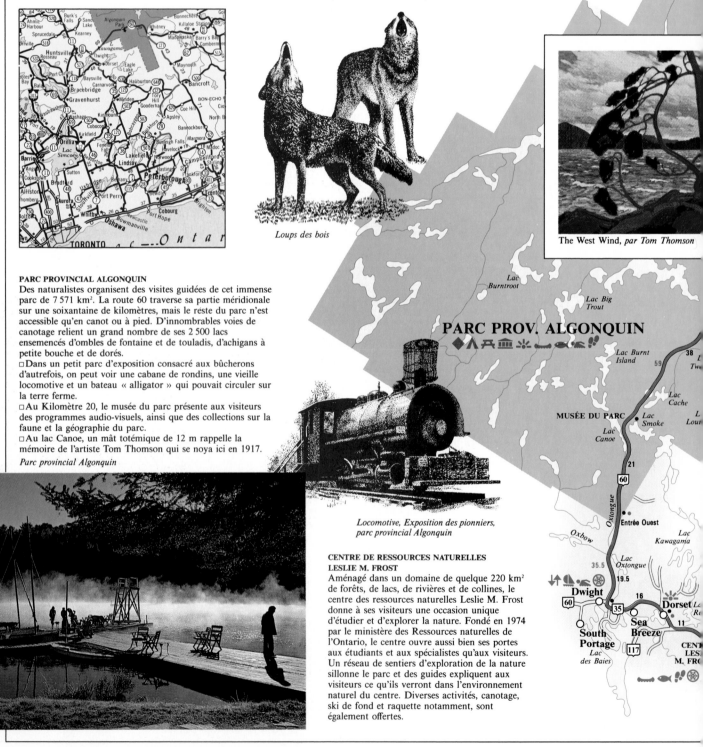

Loups des bois

The West Wind, *par Tom Thomson*

PARC PROVINCIAL ALGONQUIN
Des naturalistes organisent des visites guidées de cet immense parc de 7 571 km². La route 60 traverse sa partie méridionale sur une soixantaine de kilomètres, mais le reste du parc n'est accessible qu'en canot ou à pied. D'innombrables voies de canotage relient un grand nombre de ses 2 500 lacs ensemencés d'ombles de fontaine et de touladis, d'achigans à petite bouche et de dorés.
☐ Dans un petit parc d'exposition consacré aux bûcherons d'autrefois, on peut voir une cabane de rondins, une vieille locomotive et un bateau « alligator » qui pouvait circuler sur la terre ferme.
☐ Au Kilomètre 20, le musée du parc présente aux visiteurs des programmes audio-visuels, ainsi que des collections sur la faune et la géographie du parc.
☐ Au lac Canoe, un mât totémique de 12 m rappelle la mémoire de l'artiste Tom Thomson qui se noya ici en 1917.

Parc provincial Algonquin

Locomotive, Exposition des pionniers, parc provincial Algonquin

CENTRE DE RESSOURCES NATURELLES LESLIE M. FROST
Aménagé dans un domaine de quelque 220 km² de forêts, de lacs, de rivières et de collines, le centre des ressources naturelles Leslie M. Frost donne à ses visiteurs une occasion unique d'étudier et d'explorer la nature. Fondé en 1974 par le ministère des Ressources naturelles de l'Ontario, le centre ouvre aussi bien ses portes aux étudiants et aux spécialistes qu'aux visiteurs. Un réseau de sentiers d'exploration de la nature sillonne le parc et des guides expliquent aux visiteurs ce qu'ils verront dans l'environnement naturel du centre. Diverses activités, canotage, ski de fond et raquette notamment, sont également offertes.

PARC PROV. ALGONQUIN

MUSÉE DU PARC

Entrée Ouest

Dwight

Dorset

South Portage

Sea Breeze

0 2 4 6 8 10 Milles
0 4 8 12 16 Kilomètres

Il y a un siècle, la région n'était accessible qu'en canot. Aujourd'hui, les touristes la visitent en voiture ou en avion, campent sur des terrains bien aménagés ou s'élancent sur ses innombrables voies de canotage. Le parc Algonquin est le plus ancien parc provincial de l'Ontario (1893) et l'un des plus grands du Canada.

Pendant près de 4 000 ans, les Indiens habitèrent la région sans l'altérer. En 60 ans, les compagnies forestières la transformèrent à tout jamais. Les premiers bûcherons arrivèrent d'Ottawa vers 1840, attirés par les grands pins rouges, blancs et gris qui y poussaient. Mais les émondes qu'ils laissaient derrière eux alimentèrent des incendies de forêt qui dévastèrent la contrée.

De nos jours, quelque 750 000 arbres sont abattus chaque année, mais on en replante à peu près le double. Les routes forestières s'éloignent des rives des cours d'eau et, en été, il est interdit aux bûcherons de travailler près des voies de canotage ou de transporter les billes de bois à la nuit tombée.

Le soir venu, le hurlement du loup des bois s'élève dans le ciel. Chassés sans merci partout ailleurs au Canada, les loups parcourent en toute liberté le parc provincial Algonquin. En août, des guides emmènent les visiteurs au cœur de la forêt pour écouter les loups des bois qui lancent leur cri dans le profond silence de la nuit.

L'énigme du lac Canoe

Le peintre canadien Tom Thomson vécut ses dernières années dans la solitude du parc Algonquin. Ses plus belles œuvres, des paysages qui influencèrent le Groupe des Sept, datent de cette époque. Deux splendides toiles de la dernière année de sa vie, *The West Wind* (à gauche) et *The Jack Pine*, sont parmi les plus fréquemment reproduites.

Thomson avait à peine 39 ans lorsqu'il mourut mystérieusement sur le lac Canoe, au cours de l'été 1917. Thomson serait parti pêcher sur le lac. On retrouva son embarcation un ou deux jours après sa disparition, puis son cadavre, six jours plus tard. Le peintre avait une profonde blessure à une tempe et la cheville prise dans une ligne de pêche. Le coroner conclut à une noyade accidentelle. Selon certains, Thomson se serait servi de la ligne pour soutenir sa cheville foulée, puis aurait glissé et heurté sa tête avant de tomber par-dessus bord. Pour d'autres, il se serait suicidé après avoir appris qu'une jeune fille attendait un enfant de lui.

BANCROFT

Au mois d'août, des collections d'améthystes d'Afrique, d'opales d'Australie et de pierres semi-précieuses de la région sont exposées au Rockhound Gemboree. Cette manifestation de cinq jours, la plus importante du genre au Canada, attire des centaines de collectionneurs et des milliers de touristes dans ce village de la vallée de la Madawaska. Fondé en 1963, le Gemboree offre des excursions sur le terrain (on trouve près d'une centaine de minéraux différents aux environs), des visites de mines abandonnées et des démonstrations de taille des pierres, sans compter une foire, les danses carrées et les grillades de maïs.
□ Des objets de l'époque des pionniers sont exposés dans le Musée historique de Bancroft.
□ La chasse et la pêche sont excellentes aux environs de Bancroft, paradis des ornithologues amateurs et des photographes.

Musée historique de Bancroft

PARC PROVINCIAL SILENT LAKE

Ce parc de 12 km² possède 167 emplacements de camping, équipés d'une table de pique-nique et d'un foyer. L'érable à sucre, la pruche, le pin blanc et l'épinette blanche dominent la forêt voisine où l'on trouve des castors, des rats musqués, des loutres, des renards roux, des ours noirs et des cerfs.
□ La pêche est bonne dans les eaux du lac Silent qui regorgent de touladis et d'achigans à petite et à grande bouche. (Les embarcations à moteur sont interdites sur le lac.)
□ Les visiteurs peuvent explorer à pied le parc provincial Silent Lake.

Expédition géologique, près de Bancroft

PARC PROVINCIAL DE LAKE ST. PETER

Ce parc de 26 ha, où sont aménagés un port de plaisance et un terrain de pique-nique, offre de nombreuses attractions : randonnées, canotage, pêche, natation.
□ Juste à l'ouest du bureau d'administration du parc commence un sentier de 4 km qui mène au sommet d'une montagne.

PARC PROVINCIAL PETROGLYPHS

Les pétroglyphes que l'on trouve dans ce parc auraient été gravés par des Indiens Algonquins il y a 500 à 1 000 ans. Ces silhouettes esquissées sur une muraille de calcaire de 30 m sur 50 représentent plus de 900 animaux, êtres humains et symboles mythologiques. Tous les étés, de jeunes anthropologues font visiter le site et commentent les pétroglyphes.
□ Un sentier de 5 km mène à l'endroit où le ruisseau Eels se précipite d'une hauteur de 25 m en plusieurs cataractes.

Pétroglyphes, parc provincial Petroglyphs

Au « pays des eaux vives et des terres d'abondance »

Centre de l'Ontario

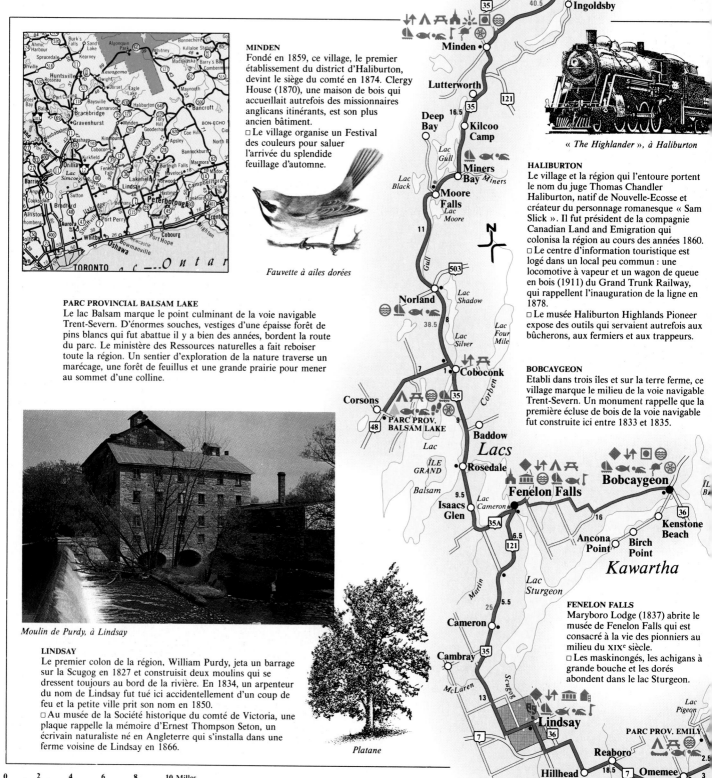

MINDEN

Fondé en 1859, ce village, le premier établissement du district d'Haliburton, devint le siège du comté en 1874. Clergy House (1870), une maison de bois qui accueillait autrefois des missionnaires anglicans itinérants, est son plus ancien bâtiment.
□ Le village organise un Festival des couleurs pour saluer l'arrivée du splendide feuillage d'automne.

Fauvette à ailes dorées

PARC PROVINCIAL BALSAM LAKE

Le lac Balsam marque le point culminant de la voie navigable Trent-Severn. D'énormes souches, vestiges d'une épaisse forêt de pins blancs qui fut abattue il y a bien des années, bordent la route du parc. Le ministère des Ressources naturelles a fait reboiser toute la région. Un sentier d'exploration de la nature traverse un marécage, une forêt de feuillus et une grande prairie pour mener au sommet d'une colline.

Moulin de Purdy, à Lindsay

LINDSAY

Le premier colon de la région, William Purdy, jeta un barrage sur la Scugog en 1827 et construisit deux moulins qui se dressent toujours au bord de la rivière. En 1834, un arpenteur du nom de Lindsay fut tué ici accidentellement d'un coup de feu et la petite ville prit son nom en 1850.
□ Au musée de la Société historique du comté de Victoria, une plaque rappelle la mémoire d'Ernest Thompson Seton, un écrivain naturaliste né en Angleterre qui s'installa dans une ferme voisine de Lindsay en 1866.

Platane

« The Highlander », à Haliburton

HALIBURTON

Le village et la région qui l'entoure portent le nom du juge Thomas Chandler Haliburton, natif de Nouvelle-Ecosse et créateur du personnage romanesque « Sam Slick ». Il fut président de la compagnie Canadian Land and Emigration qui colonisa la région au cours des années 1860.
□ Le centre d'information touristique est logé dans un local peu commun : une locomotive à vapeur et un wagon de queue en bois (1911) du Grand Trunk Railway, qui rappellent l'inauguration de la ligne en 1878.
□ Le musée Haliburton Highlands Pioneer expose des outils qui servaient autrefois aux bûcherons, aux fermiers et aux trappeurs.

BOBCAYGEON

Etabli dans trois îles et sur la terre ferme, ce village marque le milieu de la voie navigable Trent-Severn. Un monument rappelle que la première écluse de bois de la voie navigable fut construite ici entre 1833 et 1835.

FENELON FALLS

Maryboro Lodge (1837) abrite le musée de Fenelon Falls qui est consacré à la vie des pionniers au milieu du XIXe siècle.
□ Les maskinongés, les achigans à grande bouche et les dorés abondent dans le lac Sturgeon.

0 2 4 6 8 10 Milles
0 4 8 12 16 Kilomètres

Des centaines de lacs constellent les forêts de pins, d'épinettes, d'érables, de chênes et de peupliers baumiers des hauteurs d'Haliburton. Sur ces hautes terres nichent deux villages, Minden et Haliburton, qui constituent un refuge idéal pour les vacanciers en quête de paix et de tranquillité.

Depuis les hautes terres d'Haliburton, des rivières descendent au sud vers une chaîne de 14 lacs, les Kawarthas — « eaux vives et terres d'abondance » en langue huronne — qui se déversent l'un dans l'autre jusqu'au lac Ontario. Le chapelet fluvial qu'ils forment sépare le comté d'Haliburton et les terres agricoles des environs de Lindsay et de Peterborough.

Les lacs Kawartha sont reliés par les canaux et les écluses de la voie navigable Trent-Severn qui s'étire sur 380 km entre le lac Ontario et le lac Huron. Cette voie épouse le tracé de l'ancienne route que suivaient les Indiens et les premiers explorateurs. Commencée en 1835, la voie navigable, qui reliait alors les premiers établissements de la région, permettait aux chalands chargés de bois et aux premiers vapeurs de contourner les rapides.

La navigation commerciale sur les lacs Kawartha déclina lorsque l'industrie du bois périclita, puis elle disparut complètement dans les années 30.

Le réseau routier prit alors la relève et rendit cette région plus accessible aux touristes qui sont aujourd'hui nombreux à voguer sur ces eaux que chalands et vapeurs sillonnaient autrefois.

Deux « ladies » arrivent dans le bois

Catharine Parr Traill (à gauche) et Susanna Moodie (à droite) étaient de ces « pionniers de bonne naissance » qui arrivèrent au Canada entre 1815 et 1855. Les deux sœurs, qui étaient nées en Angleterre, s'installèrent dans le Haut-Canada avec leurs maris en 1832. Catharine s'adapta de bon cœur à la vie du canton de Douro, près de Peterborough, et donna de sages conseils aux futurs colons dans *les Forêts du Canada* (1836) et *The Female Emigrant's Guide* (1854).

Susanna était moins enthousiaste. Dans *Roughing It in the Bush* (1852), elle dit s'être sentie comme « un criminel condamné à la prison perpétuelle ». Après avoir survécu à un incendie de forêt et à l'attaque d'un ours, elle écrivit en 1853 un livre plus enjoué, *Life in the Clearings*.

LAKEFIELD
La tombe du major Samuel Strickland, le fondateur de Lakefield, se trouve dans le cimetière de l'église du village (1853). Le major défricha des champs en plein bois et raconta ses aventures dans *Twenty-seven Years in Canada West*. Ses sœurs, Susanna Moodie et Catharine Parr Traill, ont, elles aussi, écrit des livres où elles nous racontent leur épopée.

Bateaux de plaisance à l'écluse-ascenseur de Peterborough

Écluse-ascenseur de Peterborough

PETERBOROUGH
Situé sur la voie navigable Trent-Severn, Peterborough, la « reine des Kawarthas », est une moderne cité qui compte maintenant 60 000 habitants.

□ La Maison Hutchison, bâtie en 1837 pour le premier médecin de la ville, et la Maison Grover-Nicholls (1847), un bel exemple d'architecture néo-classique, rare en Ontario, sont parmi les plus anciens édifices de Peterborough. Elles offrent un contraste frappant avec les lignes modernes de l'université Trent.

□ L'écluse-ascenseur de Peterborough (l'écluse n° 21 de la voie navigable Trent-Severn) est la plus grande écluse hydraulique du monde. L'*Examiner* de Peterborough disait de ce monstre de béton et d'acier que c'était « la huitième merveille du monde » lorsqu'on l'inaugura en juillet 1904.

□ Le musée du Centenaire de Peterborough possède une collection d'armures, de médailles militaires et d'uniformes qui vont de la bataille de Waterloo à la guerre de Corée, des archives photographiques qui couvrent un siècle d'histoire locale, des traîneaux et des voitures à cheval du XIXe siècle.

Maison Hutchison, à Peterborough

Maison Grover-Nicholls, à Peterborough

Université Trent, à Peterborough

Lác Katchewanooka

Lac Buckhorn

Chemung

Otonabee

Lakefield

28

507

15.5

ZONE DE CONS. CHEMUNG LAKE

28

7B

17.5

7

Trent

Canal

Meade

PETERBOROUGH

Moulins à eau et demeures aristocratiques

Centre de l'Ontario

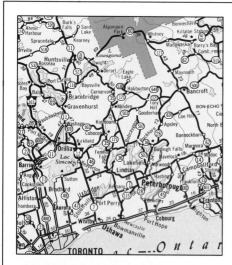

RÉSERVE NATURELLE WARSAW CAVES
La rivière Indian a creusé dans le calcaire d'innombrables marmites de géants et des passages souterrains où s'enfoncent des ruisseaux. Les parois des grottes renferment des fossiles de poissons, de plantes et de mollusques préhistoriques. A la surface, les pierres prises dans les tourbillons ont creusé des centaines de marmites de géants. En été, une chute de 4 m de haut se tarit et la rivière disparaît dans les profondeurs du sol.

LAC RICE
Ce lac de 40 km de long doit son nom au riz sauvage qui pousse en abondance le long des rives. Cette plante très appréciée des gourmets est une importante source de revenus pour les Indiens de la région. Le lac Rice se trouve sur la route qu'emprunta Champlain en 1615 pour attaquer les Iroquois avec ses alliés hurons, près de l'actuelle ville de Syracuse, dans l'Etat de New York.

Salle du tribunal de Victoria Hall, à Cobourg

COBOURG
De somptueuses résidences d'été construites au XIXe siècle ornent ce réputé centre touristique. La maison natale de Marie Dressler, une vedette du cinéma muet, a été restaurée dans le style des années 1830 et abrite un restaurant.
□ Dans la réserve naturelle de Cobourg, une plaque rappelle la mémoire de James Cockburn, un avocat de Cobourg qui représenta le Haut-Canada à la conférence de Québec en 1864 et fut l'un des Pères de la Confédération, puis le premier président de la Chambre des Communes.
□ Victoria College (1836) fait aujourd'hui partie de l'université de Toronto et est rattaché à l'hôpital de Cobourg.
□ Victoria Hall (1860), l'un des plus beaux hôtels de ville de la province, fut inauguré par le prince de Galles. La salle du tribunal est une réplique de l'Old Bailey de Londres.

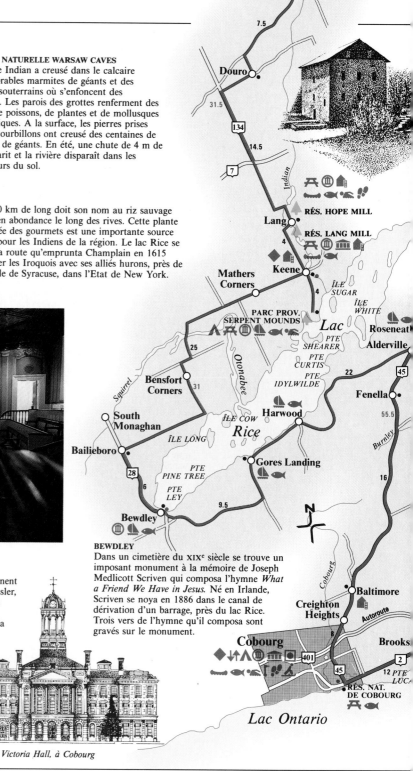

BEWDLEY
Dans un cimetière du XIXe siècle se trouve un imposant monument à la mémoire de Joseph Medlicott Scriven qui composa l'hymne *What a Friend We Have in Jesus*. Né en Irlande, Scriven se noya en 1886 dans le canal de dérivation d'un barrage, près du lac Rice. Trois vers de l'hymne qu'il composa sont gravés sur le monument.

Victoria Hall, à Cobourg

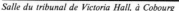

0 1 2 3 4 5 Milles

0 2 4 6 8 Kilomètres

De tous les bâtiments que nous ont laissés les pionniers, bien peu sont aussi romantiques que les moulins à eau. Près de Keene, deux beaux moulins anciens se dressent au bord de la rivière Indian. Le moulin Lang, qui fait partie de Century Village, fut construit en 1846 pour moudre la farine des fermiers des environs. En amont, au moulin à scie Hope, on façonnait les madriers qui servaient ensuite à construire les granges et les maisons de toute la région.

A Keene, les champs doucement ondulés descendent jusqu'aux anses et aux marécages du lac Rice. Au XIXᵉ siècle, les petits villages du lac étaient reliés par des vapeurs qui transportaient les colons jusqu'aux lacs Kawartha et aux hauteurs d'Haliburton. Devenus des ports de plaisance, ils attirent aujourd'hui les amateurs de bateaux et de pêche.

Au sud du lac Rice s'étend la ville de Cobourg dont le majestueux hôtel de ville, inauguré en 1860, rappelle l'importance qu'avait cette agglomération au XIXᵉ siècle, alors qu'elle était un grand port sur le lac Ontario. Entre Cobourg et Trenton, la route 2 fait partie de l'itinéraire Heritage Highway, la route historique qui reliait autrefois le Haut et le Bas-Canada. La construction de l'autoroute Macdonald-Cartier, à quelques kilomètres au nord, a permis de préserver le cachet de cette région. Le voyageur découvre avec ravissement ses paysages tranquilles et ses charmantes maisons qui se dressent fièrement en bordure de la route.

Le moulin de Lang (ci-contre) et la forge de Century Village (ci-dessus)

RÉSERVE NATURELLE LANG MILL
Le moulin de Lang (1846), construit au bord de la rivière Indian, était le plus moderne de son époque. C'est ici que les premières bottes de blé Red Fife, une ancienne variété qui vit le jour à Peterborough, furent moulues. On peut y voir des machines à nettoyer le grain, une trémie et des ustensiles de meunier.
□ Les bâtiments de Century Village comprennent une forge, une scierie, une fabrique de bardeaux, une église de bois, des maisons de rondins et un magasin général.

Ossements et colliers de coquillages des tertres funéraires du lac Rice

Les tertres funéraires les mieux conservés du Canada renferment les restes d'Indiens qui habitaient cette région il y a 2 000 ans. Le plus grand (7 m de haut et 2 m de large) serpente pendant 60 m sur une falaise qui domine le lac Rice. Il est entouré de huit tertres plus petits, en forme d'œuf. Tous recouvrent des fosses communes où les Indiens enterraient leurs morts en grande cérémonie. L'endroit fut visité jusque vers l'année 1000 de notre ère par de petits groupes d'Indiens qui enterraient leurs morts dans des fosses voisines. Les archéologues y ont découvert des colliers de coquillages, des ossements d'animaux, des épieux de cuivre et des becs de huarts. Certains squelettes étaient intacts, d'autres disloqués ou brûlés. On verra ces objets au centre d'interprétation. Une excavation pratiquée dans un tertre est préservée par une plaque de verre.

Fouilles archéologiques, parc provincial Serpent Mounds

TRENTON
Cette jolie ville se trouve à l'extrémité sud de la voie navigable Trent-Severn (380 km) qui relie le lac Ontario à la baie Georgienne. Ce réseau de rivières, de lacs et de canaux qu'empruntaient autrefois les navires marchands ne sert plus aujourd'hui qu'à la navigation de plaisance. Trenton est aux portes mêmes de l'île et de la baie de Quinte.
□ La base aérienne de Trenton, l'une des plus importantes du Canada, se trouve à l'est de la ville. En septembre, une grande manifestation aéronautique y attire des milliers de spectateurs.

GRAFTON
La Maison Barnum, de style néo-classique, fut construite en 1817 par le colonel Eliakim Barnum, un loyaliste originaire du Vermont. Restaurée dans le style du XIXᵉ siècle, elle abrite aujourd'hui un musée. Son élégant manteau de cheminée, ciselé à la main, est remarquable.

Maison Barnum, à Grafton

Trenton
BAIE DE QUINTE
14.5
Smithfield
Cankerville
RÉS. PROCTOR PARK
Lovett
27
Lac Little
Brighton
Gosport
BAIE DE LA PRESQU'ÎLE
12.5
Purdy Corners
Salem
BAIE POPHAM
9
Presqu'île Point
BAIE WELLERS
401
Wicklow
8.5
Colborne
Lakeport
PARC PROV. DE LA PRESQU'ÎLE
24.5
Grafton
Lac Ontario
PTE CHUB

Sterne commune, parc provincial de la Presqu'île

WICKLOW
L'église de Wicklow (1824), la plus ancienne église baptiste de l'Ontario, est un simple bâtiment de bois. La congrégation qu'elle desservait date de 1798.

Maison Proctor, à Brighton

BRIGHTON
Le parc provincial de la Presqu'île, un croissant de terre couvert de marais, de forêts, de prés et de plages qui s'avance dans le lac Ontario, constitue le port naturel de Brighton. Le phare de Presqu'île Point est désaffecté, mais la maison du gardien a été transformée en musée où sont expliquées l'histoire et l'écologie de la région. En été, près de 10 000 sternes et goélands à bec cerclé se posent dans une petite île. On a recensé plus de 225 espèces d'oiseaux dans le parc où 110 d'entre elles font leur nid.

Un lac sur la montagne et le souvenir des loyalistes

Sud-est de l'Ontario

Le comté du Prince-Edouard, plus connu sous le nom d'île de Quinte, s'avance profondément dans le lac Ontario pour former, en fait, une presqu'île.

Avec ses 800 km de rivage, l'île de Quinte est le paradis des vacanciers. Des bateaux de plaisance sillonnent tout l'été ses baies et ses chenaux. Sur sa rive occidentale, les collines de sable d'un blanc éblouissant du parc provincial Sandbanks s'enchâssent entre de belles plages battues par le ressac ; et, sur la rive orientale, des routes sinueuses dominent le

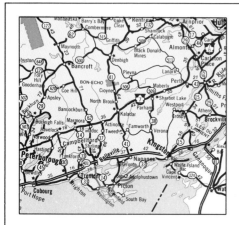

BELLEVILLE
Les premiers colons loyalistes construisirent deux moulins sur la Moira. La petite ville qui grandit bientôt autour d'eux devint si prospère que ses habitants demandèrent à la reine Victoria d'en faire la capitale du Canada.
□ La Maison Glanmore, un bel exemple d'architecture victorienne, abrite aujourd'hui le musée du comté de Hastings. On peut y voir une collection de dispositifs d'éclairage qui va de la lanterne de bateau, de calèche ou de bicyclette aux anciennes chandelles romaines.
□ Sur la pelouse de l'arsenal de Belleville, un monument rappelle la mémoire de Sir Mackenzie Bowell, Premier ministre du Canada de 1894 à 1896.

Musée du comté de Hastings, à Belleville

PARC PROVINCIAL SANDBANKS
Ce parc de terres sablonneuses était autrefois complètement recouvert par les eaux. Avec le temps, le vent et les vagues formèrent un banc de sable en travers de l'embouchure d'une vaste baie du lac Ontario. Des plantes commencèrent à y pousser et consolidèrent cette jetée naturelle. On peut se baigner dans le lac qui est bordé de hautes dunes et d'une plage de sable longue de 8 km.
□ Voisin de Sandbanks, le parc provincial Outlet Beach offre aux visiteurs un sentier d'exploration de la nature qui serpente au milieu des dunes.

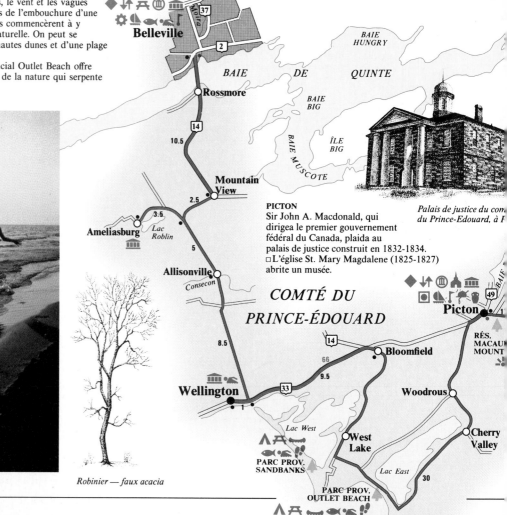

PICTON
Sir John A. Macdonald, qui dirigea le premier gouvernement fédéral du Canada, plaida au palais de justice construit en 1832-1834.
□ L'église St. Mary Magdalene (1825-1827) abrite un musée.

Palais de justice du comté du Prince-Edouard, à P

Parc provincial Sandbanks

Robinier — faux acacia

0 1 2 3 4 5 Milles
0 2 4 6 8 Kilomètres

lac Ontario et mènent au splendide lac On the Mountain, perché à 50 m au-dessus de la baie de Quinte.

Juste en dessous du lac On the Mountain, à Glenora, un traversier fait la navette entre l'île de Quinte et Adolphustown où est érigé un monument à la mémoire des premiers colons de la région — les loyalistes qui quittèrent les Etats-Unis pour se réfugier ici en 1784.

Avec patience et courage, ces colons s'établirent dans la région et y prospérèrent. Leur

Traversier pour Adolphustown

histoire revit dans les musées, les maisons de style georgien et les vieilles églises que la population locale entretient avec amour. D'ailleurs, la fidélité des loyalistes envers la Couronne britannique inspire encore aujourd'hui la devise de l'Ontario : *Ut incepit fidelis sic permanet* (« Loyale elle est née, loyale elle restera »).

La Maison Blanche, à Amherstview

ADOLPHUSTOWN

On peut lire cette citation du Livre de l'Exode sur une plaque qui rappelle l'arrivée d'un petit groupe de loyalistes : « Ote les chaussures de tes pieds car l'endroit que tu foules est terre sacrée ». Dans un cimetière voisin, en hommage aux loyalistes, on a érigé un obélisque et un mur dans lequel sont incrustées d'anciennes pierres tombales du cimetière.
□ Au Musée loyaliste, installé dans une maison de 1877, on trouvera des cartes des premières colonies, les « listes d'appel » des loyalistes qui combattirent sous les drapeaux anglais et une collection de documents, de portraits, d'outils, d'ustensiles et de meubles.
□ Au nord d'Adolphustown, sur les rives de la baie Hay, se trouve la plus ancienne chapelle méthodiste du Haut-Canada, construite en 1792.

AMHERSTVIEW

Construite par William Fairfield en 1793, la Maison Blanche est un splendide exemple d'architecture coloniale. Cinq générations plus tard, elle appartient toujours à la même famille. Rares sont les maisons de cette époque aussi bien conservées.

Mouette de Bonaparte

ÎLE AMHERST

Les oiseaux migrateurs affluent sur les plages et les baies de l'île au printemps et à l'automne. Les oiseaux de rivage font leurs nids sur les plages de gravier de la pointe est. D'avril à octobre, on peut voir des mouettes de Bonaparte à l'extrémité sud-ouest de l'île.
□ Une plaque est apposée sur la maison où vécut le peintre Daniel Fowler. On peut voir ses aquarelles à la Galerie nationale, à Ottawa.

PARC PROVINCIAL
LAKE ON THE MOUNTAIN

Les eaux du lac On the Mountain donnent l'illusion de couler à contrepente. De la rive, on découvre une impressionnante vue de la baie de Quinte, à 50 m en contrebas. Des plongeurs ont élucidé le mystère du lac qui est alimenté par des sources souterraines, au travers de couches de calcaire.

WAUPOOS

Le musée de North Marysburgh est aménagé dans une ancienne maison de colons (v. 1818) dont la cuisine, le salon et les chambres à coucher sont meublés dans le style rural du XIXᵉ siècle. On peut y voir un harmonium (v. 1850), une herse à foin (v. 1824), une poupée Quaker (1842), des courtepointes, des dentelles et des tissages faits à la main.

Les clôtures en zigzag des premiers pionniers

Les premiers fermiers avaient besoin de clôtures « assez hautes pour arrêter un cheval, assez solides pour résister à un taureau et assez serrées pour empêcher les mouffettes de passer ». Ils adoptèrent plusieurs solutions : murettes de pierre, souches posées sur le côté, troncs de jeunes cèdres fendus en deux ; mais la plus populaire était la clôture en zigzag, solide et facile à construire, que l'on voyait partout serpenter dans les campagnes et contourner les obstacles. Les mauvaises herbes poussant dans les coins délaissés, le fermier perdait du terrain, aussi la remplaça-t-on peu à peu par des clôtures droites qui suscitèrent des querelles entre voisins.

Map labels

Amherstview
Bayview
Millhaven — 133
33
13
Bath
Stella
BATTURES D'AMHERST
QUINTE
CHENAL DU NORD
ÎLE AMHERST
ÎLE NUT
PTE INDIAN
Emerald
40.5 — 10.5
BAIE DE
Sandhurst
Conway
BAIE
13
PTE PRINYER
Dorland — 33
Cressy
Lac Ontario
CHENAL ADOLPHUS
33.5
47
THE ROCK
Adolphustown
4
Bongard
Bongard Corners
Glenora
Lac On the Mountain
C PROV. LAKE THE MOUNTAIN
Waupoos East
Waupoos
ÎLE DE WAUPOOS
BAIE HAY
N
BAIE DU PRINCE-ÉDOUARD
BAIE SOUTH

L'ancienne capitale, une ville surgie du passé

Est de l'Ontario

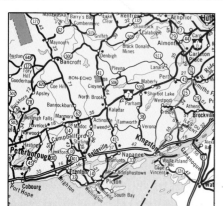

Collège militaire royal, à Kingston

Maison Bellevue, à Kingston

1 Musée du Service des pénitenciers canadiens
2 CAA
3 Parc historique national de la Maison-Bellevue
4 Temple de la renommée du hockey
5 Université Queen
6 Musée de la redoute Murney
7 Cathédrale Sainte-Marie
8 Cathédrale Saint-Georges
9 Hôtel de ville
10 Office du tourisme
11 Fort Frontenac
12 Musée des Communications et de l'Electronique des forces canadiennes
13 Fort Henry
14 Office du tourisme (en été seulement)
15 Musée du Collège militaire royal
16 Stone Frigate

Grande salle de l'hôtel de ville de Kingston

Sir John A. Macdonald

KINGSTON

Lorsque Kingston était la capitale du Canada, dans les anné[es] 1840, on commença à construire un hôtel de ville dans l'esp[oir] qu'il abriterait un jour le Parlement. Mais Montréal, entre-temps, devint à son tour capitale, et l'assemblée législative n'utilisa jamais l'édifice de Kingston.

□Sir John A. Macdonald, Premier ministre du Canada, habi[ta] la Maison Bellevue, une villa de style toscan.

□A l'angle des rues Brock et Clergy, le cottage Elizabeth est typique de l'architecture néo-gothique qui connut une grande vogue vers le milieu du XIXe siècle.

□Au fort Henry, construit entre 1832 et 1836, les visiteurs assistent à des démonstrations d'exercices d'infanterie du siè[cle] dernier. Meublé dans le style du début du XIXe siècle, le fort possède d'importantes collections militaires.

□Au Temple de la renommée du hockey, on verra des patins [et] des bâtons datant des origines de ce sport.

□La redoute Murney, construite entre 1846 et 1851, abrite u[n] musée consacré à la vie des soldats et des pionniers.

□Les fers et les instruments de torture que l'on verra au mus[ée] du Service des pénitenciers canadiens évoquent la rigueur de[s] conditions de détention dans les prisons d'autrefois.

□L'université Queen, l'une des plus réputées du Canada, a ét[é] fondée en 1841.

□Le Collège militaire royal (1876) est le plus ancien du Canada.

□Le musée des Communications et de l'Electronique des for[ces] canadiennes possède une collection qui va des débuts du téléphone à l'époque des satellites.

Cottage Elizabeth, à Kingston

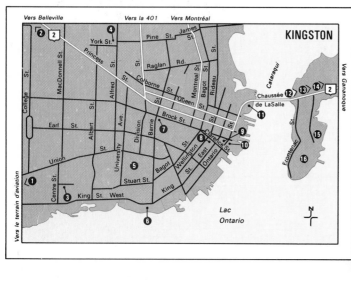

Tour à tour village indien, forteresse française, citadelle britannique et même, de 1841 à 1844, capitale du Canada, Kingston est une ville surgie intacte du passé. L'histoire revit dans les édifices de grès de la vieille ville, dans ses monuments et ses musées, ainsi qu'à l'ombre des fortifications du fort Henry où ont lieu chaque jour des manœuvres militaires semblables à celles qui se déroulaient au XIXe siècle.

Frontenac, gouverneur de la Nouvelle-France, y construisit un fort de bois en 1673.

L'explorateur Cavelier de La Salle, nommé commandant du fort, remplaça la palissade par des bastions de pierre et donna à l'endroit le nom de fort Frontenac. Ce fut un comptoir et un poste militaire français jusqu'à ce que les Britanniques s'en emparent en 1758.

Après la révolution américaine, en 1784, la place fut occupée par 1 500 loyalistes qui l'appelèrent Kingston en l'honneur de George III. Durant la guerre de 1812, Kingston devint la principale base navale du Haut-Canada et un important centre politique.

Le canal Rideau, construit pour l'armée entre 1826 et 1832, accentua pour un temps l'importance stratégique et commerciale de la ville de Kingston. Sur une trentaine de kilomètres au nord de l'agglomération, le canal suit le cours de la Cataraqui et traverse une série de lacs semés de petites îles rocailleuses. Le canal constitue aujourd'hui un attrayant site touristique. De nombreuses embarcations le sillonnent et l'on peut pique-niquer à proximité de ses vieilles écluses que l'on actionne encore à la main.

...ice de tir par la garde du fort Henry

Buse à épaulettes rousses

SMITHS FALLS

Cette ville marque le milieu du canal Rideau.

□ Smiths Falls célèbre les journées des colons en juillet : visite des écluses, projection de films sur la construction du canal Rideau, arrivée d'un bateau à bord duquel se trouve un acteur qui joue le rôle du lieutenant-colonel By, le constructeur du canal.

□ La compagnie Hershey Chocolat du Canada organise des visites guidées de ses usines.

Insigne du fort Henry, à Kingston

Écluses du canal Rideau, près de Kingston

Un canal construit pour l'armée

Le canal Rideau serpente pendant près de 200 km au milieu d'un splendide paysage. Construit de 1826 à 1832 sous la direction du lieutenant-colonel By, il reliait Montréal au lac Ontario par la rivière des Outaouais, en contournant la partie du Saint-Laurent où navires et troupes étaient exposés aux attaques des forces américaines. A la fin du XIXe siècle, quand cette menace s'estompa, la vocation militaire du canal perdit de son importance.

De petites industries s'installèrent alors le long du canal et l'utilisèrent pour transporter leurs marchandises, mais ce nouveau rôle assigné à la voie d'eau disparut lui aussi avec la construction des réseaux routiers et ferroviaires. Depuis la seconde guerre mondiale, le canal Rideau s'est acquis la faveur des vacanciers qui sont aujourd'hui nombreux à sillonner ses eaux.

PARC PROVINCIAL CHARLESTON LAKE

Ce parc offre 242 emplacements de camping. On peut y faire du canot et du bateau. La pêche au bar-perche y est excellente. Le sentier des pionniers (l'un des quatre sentiers d'exploration de la nature aménagés dans le parc) mène à des grottes où s'abritaient autrefois des tribus indiennes de la région.

Marguerites jaunes

Les chefs-d'œuvre des maçons du canal Rideau

Est de l'Ontario

Au siècle dernier, les eaux du Mississippi canadien, un affluent peu connu de l'Outaouais, fourmillaient de chalands à fond plat et de trains de bois. De nos jours, seuls quelques moulins restaurés rappellent cette glorieuse époque.

Juste après la guerre de 1812, le gouvernement britannique fit venir dans la région des colons écossais et irlandais. Un grand nombre d'entre eux étaient des soldats démobilisés qui, eu égard à leurs états de service, reçurent de vastes terres. De petits ports et

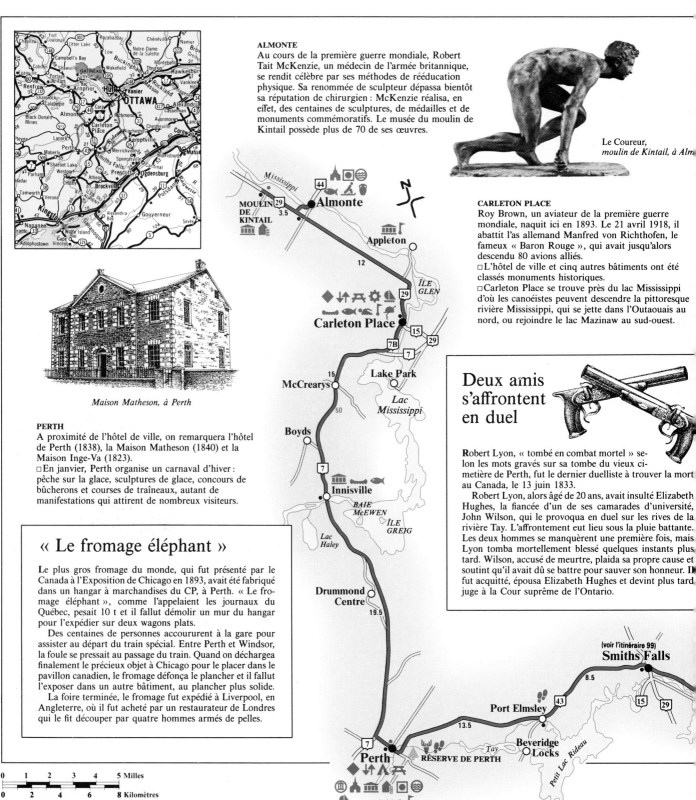

ALMONTE

Au cours de la première guerre mondiale, Robert Tait McKenzie, un médecin de l'armée britannique, se rendit célèbre par ses méthodes de rééducation physique. Sa renommée de sculpteur dépassa bientôt sa réputation de chirurgien : McKenzie réalisa, en effet, des centaines de sculptures, de médailles et de monuments commémoratifs. Le musée du moulin de Kintail possède plus de 70 de ses œuvres.

Le Coureur, moulin de Kintail, à Alm

CARLETON PLACE

Roy Brown, un aviateur de la première guerre mondiale, naquit ici en 1893. Le 21 avril 1918, il abattit l'as allemand Manfred von Richthofen, le fameux « Baron Rouge », qui avait jusqu'alors descendu 80 avions alliés.

□ L'hôtel de ville et cinq autres bâtiments ont été classés monuments historiques.

□ Carleton Place se trouve près du lac Mississippi d'où les canoéistes peuvent descendre la pittoresque rivière Mississippi, qui se jette dans l'Outaouais au nord, ou rejoindre le lac Mazinaw au sud-ouest.

Maison Matheson, à Perth

PERTH

A proximité de l'hôtel de ville, on remarquera l'hôtel de Perth (1838), la Maison Matheson (1840) et la Maison Inge-Va (1823).

□ En janvier, Perth organise un carnaval d'hiver : pêche sur la glace, sculptures de glace, concours de bûcherons et courses de traîneaux, autant de manifestations qui attirent de nombreux visiteurs.

« Le fromage éléphant »

Le plus gros fromage du monde, qui fut présenté par le Canada à l'Exposition de Chicago en 1893, avait été fabriqué dans un hangar à marchandises du CP, à Perth. « Le fromage éléphant », comme l'appelaient les journaux du Québec, pesait 10 t et il fallut démolir un mur du hangar pour l'expédier sur deux wagons plats.

Des centaines de personnes accoururent à la gare pour assister au départ du train spécial. Entre Perth et Windsor, la foule se pressait au passage du train. Quand on déchargea finalement le précieux objet à Chicago pour le placer dans le pavillon canadien, le fromage défonça le plancher et il fallut l'exposer dans un autre bâtiment, au plancher plus solide.

La foire terminée, le fromage fut expédié à Liverpool, en Angleterre, où il fut acheté par un restaurateur de Londres qui le fit découper par quatre hommes armés de pelles.

Deux amis s'affrontent en duel

Robert Lyon, « tombé en combat mortel » selon les mots gravés sur sa tombe du vieux cimetière de Perth, fut le dernier duelliste à trouver la mort au Canada, le 13 juin 1833.

Robert Lyon, alors âgé de 20 ans, avait insulté Elizabeth Hughes, la fiancée d'un de ses camarades d'université, John Wilson, qui le provoqua en duel sur les rives de la rivière Tay. L'affrontement eut lieu sous la pluie battante. Les deux hommes se manquèrent une première fois, mais Lyon tomba mortellement blessé quelques instants plus tard. Wilson, accusé de meurtre, plaida sa propre cause et soutint qu'il avait dû se battre pour sauver son honneur. Il fut acquitté, épousa Elizabeth Hughes et devint plus tard juge à la Cour suprême de l'Ontario.

(voir l'itinéraire 99)

0 1 2 3 4 5 Milles
0 2 4 6 8 Kilomètres

des bourgades de meuniers se développèrent et connurent la prospérité, comme en témoignent les belles maisons de pierre qui ont fait la réputation du pays.

La plupart d'entre elles furent construites par les maîtres maçons qui avaient travaillé au canal Rideau. Le moulin de Watson, une splendide bâtisse de cinq étages, se dresse à l'endroit où l'île Long divise le Rideau en deux bras, à Manotick. Le moulin de Kintail, construit en 1830 avec des pierres des champs multicolores, est également remar-

quable. Un grand nombre de ces moulins et de ces maisons ont été transformés en musées qui nous replongent dans l'atmosphère du siècle dernier.

La meilleure manière d'explorer cette région est sans doute d'emprunter ses voies d'eau. Le Mississippi, qui serpente au milieu du comté historique de Lanark, est coupé de deux chutes à Almonte, un centre touristique très fréquenté en été. La rivière Tay, dont les rives sont constellées de fossiles marins, coule sur un lit de granite rose, tandis que la voie

navigable Rideau s'étire sur près de 200 km entre Ottawa et Kingston.

La région offre d'innombrables attractions aux amateurs de plein air. C'est ainsi qu'on pêche le doré, le maskinongé, le grand brochet et la perchaude dans le parc provincial Rideau River, tandis que la réserve Baxter offre divers programmes à ceux qui veulent mieux connaître la nature. Dans la réserve d'animaux sauvages de Perth, un sentier de 3 km instruira les visiteurs qui s'intéressent à la gestion de la faune.

MANOTICK
L'architecte de la Maison Dickinson, construite en 1868, s'inspira de la maison d'Abraham Lincoln, à Springfield, dans l'Illinois. Autrefois résidence et bureau de Moss Kent Dickinson, un riche propriétaire de vapeurs qui fonda le village de Manotick, l'édifice abrite aujourd'hui la Rideau Valley Conservation Authority. La salle de conférences est meublée en style d'époque.
□ En face de la Maison Dickinson se dressent les trois étages du moulin de Watson, en bordure de la rivière Rideau. L'inauguration du moulin, en 1860, fut marquée par une tragédie : la jeune épouse du meunier tomba dans les rouages et fut tuée sur le coup.

Moulin de Watson, à Manotick

RITTS RAPIDS
…ittoresque village, situé au bord …a rivière Rideau, fut créé à la fin …VIIIe siècle. Stephen Burritt, …des premiers colons, fut député …remier Parlement du Haut-…ada, fondé en 1792 à Niagara-…he-Lake.
…glise anglicane de Burritts …ids remonte à 1831. Sa bible est …sée depuis 1845. Un autre …me, *The Book of Common* …*se*, date de 1830.

KEMPTVILLE
La station forestière G. Howard Ferguson, une vaste pépinière exploitée par le ministre des Ressources naturelles de l'Ontario, se trouve en bordure de la ville. On y élève des plants d'arbres de diverses essences. La production annuelle atteint environ 10 millions d'arbres, surtout des pins rouges, des pins blancs, des pins sylvestres, des pins gris, des peupliers de Caroline, des cèdres blancs et des érables argentés. Pendant la morte saison, à la fin de l'automne et au début du printemps, les pépiniéristes éclaircissent la forêt. Les arbres abattus sont transformés en bois d'œuvre pour l'entretien des bâtiments et servent aussi à fabriquer des caisses d'emballage.
□ Défilés, danses et concours de « boîtes à savon » font partie des manifestations du festival d'été qu'organize Kemptville depuis plus de 120 ans.

Sarcelle à ailes bleues,
refuge d'oiseaux de Merrickville

MERRICKVILLE
Ce petit village fut fondé en 1794 par William Merrick, un constructeur de moulins américain. Merrick construisit une cabane de rondins sur la rive nord de la rivière Rideau et installa son moulin tout à côté. On peut encore voir les maisons de Merrick et de ses trois fils.
□ Le fortin de Merrickville est l'un des quatre ouvrages qui furent édifiés pour défendre le canal Rideau pendant sa construction entre 1826 et 1832. Le fortin abritait une cinquantaine de soldats. C'est aujourd'hui un musée où l'on peut voir des épées et des armes du XIXe siècle, des médailles et divers objets domestiques et agricoles d'autrefois. On visitera également la vieille cave qui servait de poudrière.

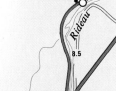

Fortin du canal Rideau, près de Merrickville

Une éclaircie dans la forêt, berceau de la capitale d'un pays

C'est en 1857 que la reine Victoria choisit Ottawa comme capitale du Canada, mettant fin aux aspirations de Montréal, de Québec, de Toronto et de Kingston qui se disputaient cet honneur. L'opposition fut farouche. Goldwin Smith écrivait qu'Ottawa était « un village subarctique, peuplé de bûcherons que l'on avait transformé en arène politique ». Malgré tout, la construction du Parlement commença en 1859 et le statut d'Ottawa fut confirmé par l'Acte de l'Amérique du Nord britannique, en 1867.

Au début du XIXe siècle, le premier colon de la région, Nicholas Sparks, pratiqua une éclaircie dans la forêt pour installer sa ferme près de l'endroit où se trouve aujourd'hui la rue qui porte son nom. Perdue au milieu des bois, sa ferme resta isolée jusqu'en 1826, lorsque le colonel John By et le Corps royal du génie commencèrent à creuser le canal Rideau. Le Canada britannique avait bien failli perdre la guerre de 1812 et le canal permettrait désormais aux navires anglais d'éviter les canons américains sur les eaux du Saint-Laurent.

Lorsque les travaux furent achevés en 1832, une petite ville consacrée au commerce du bois commença à grandir. On lui donna le nom de Bytown. On la rebaptisa en 1855, car le nom d'Ottawa paraissait de meilleur augure pour une ville qui aspirait à devenir la capitale du Canada. Deux ans plus tard, Ottawa voyait son titre confirmé.

De nos jours, la sobre dignité des édifices victoriens se marie à l'élégance altière des constructions modernes que rehaussent parcs, promenades et jardins fleuris. L'aménagement de la région d'Ottawa relève de la Commission de la capitale nationale qui a remodelé tout le centre de la ville. On lui doit, en particulier, la transformation du canal Rideau en une patinoire durant les mois d'hiver (la plus longue du monde avec ses 7 km) et la fermeture de la rue Sparks à la circulation automobile. Siège du gouvernement, Ottawa est aussi la ville des parcs, des fêtes et des arts.

Archives publiques du Canada (10)
Plus de 100 000 ouvrages, peintures, gravures, photographies, manuscrits, enregistrements, cartes et estampes qui relatent l'histoire du Canada y sont exposés.

Basilique Notre-Dame (24)
Au-dessus des stalles du chœur de style gothique se trouvent les statues des prophètes, des évangélistes et des Pères de l'Eglise. La basilique, commencée en 1841, possède deux flèches de 54 m.

Le ruban gelé du canal Rideau (à droite) attire un demi-million de patineurs chaque hiver. Cette patinoire de 7 km de long est jalonnée de six centres d'activités pourvus de toutes les commodités. Flâneurs et touristes se pressent sur les berges du canal en été (ci-dessous).

Belvédère Kitchissippi (1)
Une plaque rappelle la mémoire des voyageurs canadiens qui guidèrent les troupes du colonel Garnet Wolseley au travers des cataractes du Nil en 1884, lors d'une expédition menée pour secourir Gordon à Khartoum.

Centre municipal (8)
Ce complexe comprend un stade de 35 000 places et une salle de 9 300 fauteuils où se déroulent des manifestations sportives et artistiques.

Centre national des arts (19)
Ce moderne complexe, construit sur la rive ouest du canal Rideau, abrite un opéra de 2 300 places, un théâtre de 800 fauteuils, le « Studio », de forme hexagonale, et un salon destiné aux réceptions et aux récitals.

Collection aéronautique nationale (34)
Parmi la centaine d'avions exposés, on remarquera une copie du *Silver Dart,* premier appareil plus lourd que l'air à voler dans l'Empire britannique (1909), et un Sopwith Snipe de la première guerre mondiale. La collection se trouve à l'aéroport Rockcliffe.

Cour suprême (11)
Cet édifice massif abrite les deux cours fédérales, la Cour suprême et les cabinets des juges.

Division « N » de la GRC (33)
On peut assister ici aux répétitions de la fanfare de la GRC et aux séances de dressage de chevaux de la Gendarmerie.

Domaine Billings (7)
La première demeure de Braddish Billings, une petite cabane de rondins (1813), devint la cuisine d'été d'une maison plus vaste qu'il construisit ici en 1828.

Earnscliffe (29)
Cette maison de trois étages (1855), demeure de Sir John A. Macdonald de 1883 à 1891, est aujourd'hui la résidence du Haut-commissaire du Royaume-Uni.

Eglise Saint Andrew (12)
Les bancs de cette église de pierre (1872) sont disposés en demi-cercle autour de la chaire. Le lutrin est un présent de la reine Juliana des Pays-Bas qui fréquenta cette église lors de son séjour à Ottawa, durant la seconde guerre mondiale.

Ferme expérimentale centrale (3)
Au cœur de la ville, une ferme de 480 ha abrite le siège du ministère de l'Agriculture. On peut visiter le domaine en voiture à cheval, au milieu des parterres de fleurs, des jardins d'agrément et du plus ancien arboretum du Canada.

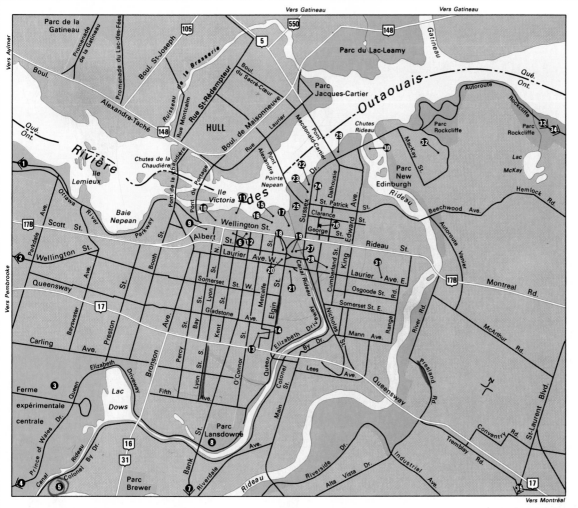

Ottawa

1 Belvédère Kitchissippi
2 CAA
3 Ferme expérimentale centrale
4 Musée des Scouts du Canada
5 Université Carleton
6 Musée national de la poste
7 Domaine Billings
8 Centre municipal
9 Jardin des Provinces
10 Archives publiques du Canada
11 Cour suprême
12 Eglise Saint Andrew
13 Musée national de l'homme
14 Musée national des sciences naturelles
15 Parlement
16 Relève de la garde
17 Musée de Bytown
18 Institut canadien du film
19 Centre national des arts
20 Galerie nationale
21 Musée des Gardes à pied du gouverneur général
22 Monnaie royale canadienne
23 Musée canadien de la guerre
24 Basilique Notre-Dame
25 Parc Major's Hill
26 Marché By Ward
27 Office du tourisme
28 Université d'Ottawa
29 Earnscliffe
30 Hôtel de ville
31 Maison Laurier
32 Rideau Hall
33 Division « N » de la GRC
34 Collection aéronautique nationale
35 Musée national des sciences et de la technologie

La capitale des enfants

A l'assaut d'un char du Musée de la guerre

Ottawa possède plus de musées, de galeries, de parcs et de terrains de jeu que toute autre ville du Canada. Dans toute la ville, les enfants peuvent pique-niquer, faire de la bicyclette, patiner, découvrir à leur guise des souvenirs du passé et, bien sûr, se faire photographier en compagnie d'un *Mountie*.

Des guides leur font découvrir les rouages du gouvernement sur la colline du Parlement, tandis que les nombreux musées nationaux les invitent à de multiples découvertes : le Musée national des sciences et de la technologie avec toutes ses machines que l'on peut faire fonctionner, le Musée national des sciences naturelles et ses énormes dinosaures, le Musée national de l'homme qui raconte l'histoire des premiers Canadiens, des Indiens et des Inuit.

Les trois hangars de la Collection aéronautique évoqueront l'épopée héroïque des pionniers de l'aviation, tandis que les enfants pourront se faufiler dans une tranchée de la première guerre mondiale.

La Maison Laurier (1878), où résidèrent deux premiers ministres, est aujourd'hui un musée.

Galerie nationale (20)
La galerie, fondée en 1880, abrite la plus importante collection d'œuvres d'art du Canada. On y verra des œuvres d'artistes étrangers comme Canaletto, Rubens, Rembrandt, le Greco, Turner, Corot, Degas, Cézanne et Mondrian. Tous les peintres canadiens d'importance y sont représentés. On y verra en particulier les toiles d'Arthur Lismer et de Paul-Emile Borduas, *The Guide's Home, Algonquin* et *Sous le vent de l'île*.

Hôtel de ville (30)
Cet édifice de huit étages (1958) domine la chute Rideau. On y remarquera les cygnes royaux, offerts par la reine Elisabeth à l'occasion du Centenaire, ainsi qu'un escalier suspendu d'aluminium et de marbre blanc.

Institut canadien du film (18)
Les visiteurs de l'institut peuvent assister à des projections de films classiques et contemporains. On peut y voir aussi une collection de photos, de livres et d'affiches de cinéma.

L'institut possède, en outre, une cinémathèque et un service de publication.

Jardin des Provinces (9)
Les drapeaux des provinces flottent au-dessus de plaques de bronze émaillé qui représentent les emblèmes floraux des dix provinces.

Maison Laurier (31)
Cette maison de pierre (1878) est pleine de photos, de documents et de meubles ayant appartenu aux premiers ministres qui y vécurent, Sir Wilfrid Laurier et Mackenzie King. On pourra y voir notamment un prie-dieu (v. 1550) provenant du château de Marie Stuart, reine d'Ecosse, et un fauteuil de chêne

Les tulipes en fleur (à droite) transforment Ottawa en un parterre multicolore. Ses trois millions de fleurs constituent un spectacle des plus impressionnants. Pendant trois quarts d'heure, les Gardes à pied du gouverneur général et les Grenadiers font l'exercice, musique en tête, lors de la relève de la garde, sur la colline du Parlement (ci-dessous). Les blasons des provinces sont sculptés sur les arches de la salle de la Confédération (en bas).

qui aurait servi lors du couronnement de Jacques Ier d'Angleterre.

Marché By Ward (26)
Depuis les années 1830, les fermiers vendent leurs légumes et leurs fruits à ce marché à ciel ouvert.

Monnaie royale canadienne (22)
L'hôtel des Monnaies produit des millions de pièces et de flans destinés à l'étranger. Les visiteurs assistent au laminage, au découpage et à la frappe des pièces et peuvent visiter un petit musée.

Musée de Bytown (17)
Installé dans l'ancienne intendance du colonel By (1827), le musée contient des docu-

Figé dans la pierre, ce lion au regard féroce est l'une des nombreuses sculptures qui ornent la colline du Parlement.

ments qui évoquent l'histoire d'Ottawa et la construction du canal Rideau.

Musée canadien de la guerre (23)
Les collections d'armes, d'équipement, de médailles et de drapeaux du musée relatent l'histoire militaire du Canada.

Musée des Gardes à pied du gouverneur général (21)
On y verra les drapeaux, les trophées, les médailles, les armes et les uniformes du régiment depuis 1872.

Musée national de l'homme (13)
Ce musée utilise toutes les techniques audio-visuelles pour retracer « le grand voyage de l'homme au cours des âges », l'histoire des civilisations indienne et esquimaude, le développement de la nation canadienne et l'évolution des cultures populaires au Canada. Le Musée national de l'homme partage avec le Musée national des sciences naturelles les

Ces soldats de la première guerre mondiale (à gauche) font partie du monument aux morts de la place de la Confédération. A la Monnaie royale canadienne, des pièces de monnaie nouvellement frappées brillent de tout leur éclat (ci-dessus). La Collection aéronautique nationale de l'aéroport Rockcliffe comprend notamment un vieil avion de la poste aérienne qui date des années 20 (ci-dessous, à droite). La foule écoute des concerts dans le jardin du Centre national des arts (ci-dessous, à gauche).

reconstruite après un incendie qui ravagea le Parlement en 1916.

La tour de la Paix (87 m), qui possède un carillon de 53 cloches dont la plus grosse pèse plus de 10 t, domine l'aile centrale. Au sommet de la tour, un feu blanc brille lorsque le Parlement est en session. Au-dessous du carillon se trouve la salle du Souvenir où sont inscrits les noms des Canadiens tombés au champ d'honneur. Gravés dans les murs se trouvent des poèmes de John McCrae, Rudyard Kipling, Victor Hugo, John Bunyan et Laurence Binyon. La salle est pavée de pierres qui proviennent des champs de bataille de France et de Belgique.

L'entrée de l'aile centrale, sous la tour de la Paix, mène à la salle de la Confédération dont les piliers symbolisent la Confédération et les provinces. Le plafond de la Chambre des communes est tapissé de lin d'Irlande, peint à la main. Le fauteuil du président est la réplique de celui qui se trouve à Westminster.

Dans le foyer des Communes, une frise de grès de 36 m de long évoque l'histoire du Canada. La chambre du Sénat, dont le plafond est doré à la feuille d'or, est ornée de fresques qui représentent les champs de bataille de la première guerre mondiale.

Relève de la garde (16)
En été, de nombreux curieux viennent assister à la relève de la garde, tandis que les soldats en tuniques rouges et bonnets à poils évoluent avec une précision étonnante.

Rideau Hall (32)
La résidence du gouverneur général, construite en 1835, est une belle demeure en pierre de taille.

Université Carleton (5)
Quinze mille étudiants fréquentent cette université fondée en 1942. En bordure de la rivière Rideau, ses belles constructions modernes comprennent notamment la tour des Arts, haute de 22 étages. Le pavillon des sciences est orné d'une mosaïque de 3 m sur 50, œuvre de Gerald Trottier.

Université d'Ottawa (28)
C'est la plus ancienne université bilingue du Canada et aussi la plus importante avec ses 18 000 étudiants.

grandes salles du Victoria Memorial Building (1911).

Musée national de la poste (6)
Un wagon postal et la reconstitution d'un bureau de poste au début du siècle font pendant à une importante collection de timbres du monde entier.

Musée national des sciences naturelles (14)
Des spécimens d'animaux et d'oiseaux de toutes les régions du Canada sont exposés dans des reconstitutions de leur habitat naturel. Les collections de fossiles, de minéraux, de plantes et d'animaux illustrent l'histoire naturelle de la terre.

Musée national des sciences et de la technologie (35)
Les visiteurs sont invités à manipuler les objets scientifiques mis à leur disposition. Les collections vont des automobiles anciennes à un générateur Van de Graaff.

Musée des Scouts du Canada (4)
Les collections du musée retracent l'histoire du scoutisme au Canada.

Parc Major's Hill (25)
A midi en semaine et à 10 heures le dimanche, on tire le canon selon une tradition qui remonte à 1869. Deux pierres provenant du pont des Sapeurs qui enjambait le canal Rideau indiquent l'emplacement de la maison du colonel John By.

Parlement (15)
Trois grands édifices de style gothique victorien, construits entre 1859 et 1865, dominent la ville : l'aile centrale (Chambre des communes et Sénat), l'édifice est (cabinets du gouverneur général, du Conseil privé et du Premier ministre, ainsi que la chambre du Conseil des ministres) et l'édifice ouest (bureaux et salles où siègent les commissions). La plus grande partie de ces édifices a été

Des bois sauvages aux portes de la ville

Parc de la Gatineau

A quelques kilomètres à peine du cœur d'Ottawa s'étendent les bois sauvages du parc de la Gatineau, fondé en 1938 et administré par la Commission de la capitale nationale.

Les douces collines qui traversent le parc sont les vestiges d'anciennes montagnes arrondies au cours des siècles par des glaciers. Ceux-ci disparurent il y a environ 12 000 ans, laissant derrière eux un paysage âpre et désolé que recouvre aujourd'hui une végétation riche et variée.

LA PÊCHE

L'été, un train à vapeur longe l'Outaouais, entre Ottawa et La Pêche où la locomotive doit faire demi-tour sur une plaque tournante qu'on pousse à la main. Pendant la manœuvre, les visiteurs peuvent traverser le pont couvert de 88 m qui enjambe la Gatineau.

□ Le moulin McLaren, construction de pierre à trois étages au bord de la rivière Lapêche, date des années 1830.

□ Lester B. Pearson, 19e Premier ministre du Canada, est enterré au cimetière McLaren.

PARC DE LA GATINEAU

Le parc de 356 km² préserve la flore et la faune du Bouclier canadien.

□ Les cris des bernaches canadiennes, les coassements des grenouilles et le babillement des petits oiseaux annoncent le printemps. Les grands hérons volent au-dessus des marais où nagent des rats musqués. Au-dessus du pépiement des carouges à épaulettes et des pinsons des marais s'élèvent les notes claires du moucherolle à flancs olive. Le visiteur découvrira parfois une marque laissée par un ours sur la boue d'un barrage de castor ou verra détaler à l'occasion un cerf, un renard ou s'enfuir une loutre sur les rives d'un cours d'eau.

La riche flore du parc compte une centaine d'espèces de fleurs sauvages. Le sabot de la Vierge et deux plantes insectivores, le rossolis et la sarracénie, poussent dans les bois marécageux.

□ La résidence d'été des premiers ministres du Canada se trouve au lac Mousseau (lac Harrington).

Collines de la Gatineau

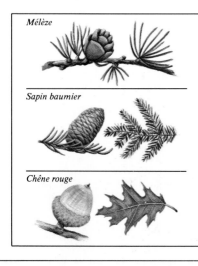

Mélèze

Sapin baumier

Chêne rouge

Des sommets aux basses terres, la renaissance d'une forêt

Des siècles d'exploitation forestière et de défrichage intenses, d'incendies et d'inondations ont laissé leur marque dans les trois forêts du parc de la Gatineau, où la majorité des arbres n'ont pas encore 60 ans. La moitié de ceux-ci poussent en terre peu profonde, sur les sommets et les pentes supérieures. C'est là que l'on trouve les bois durs, le chêne rouge, le bois de fer et le frêne blanc, ainsi que les trembles et le bouleau blanc. Croissent ici aussi des peuplements mixtes de pruches et d'érables rouges et quelques rares bosquets de bois tendres, pins blancs, rouges et noirs.

L'érable à sucre et le hêtre occupent les terres humides à mi-pente, tandis que les sapins baumiers et les épinettes blanches envahissent les terres agricoles abandonnées.

Les rives des cours d'eau et les basses terres humides sont surtout peuplées de bois mixtes — frêne noir et cèdre — et de bois tendres, épinette noire, mélèze et tamarac.

AYLMER

Les collections du Musée canadien du golf, au Kingsway Park Golf and Country Club, contiennent d'anciennes balles de golf, des clubs de bois d'une seule pièce et des *brassies, mashies, spoons* et autres *niblicks* qui précédèrent les bois et les fers numérotés que nous connaissons aujourd'hui. On peut y voir aussi un bois recouvert de cuir qui servit à Willie Park, gagnant du premier British Open en 1860.

□ Parmi les 170 monuments historiques de la région Aylmer-Lucerne, on peut citer Symmes Inn (1832), le British Hotel (1841) et l'hôtel de ville (1851).

□ Le port de plaisance peut accueillir plusieurs centaines d'embarcations.

```
0   1   2   3   4   5 Milles
0     2     4     6     8 Kilomètres
```

Les Indiens s'installèrent dans la vallée de l'Outaouais il y a 4 000 ans, mais il fallut attendre l'époque de la traite des fourrures pour que la présence de l'homme transformât vraiment la région de la Gatineau.

Les colons et les bûcherons commencèrent à arriver au début du XIXᵉ siècle. Mais les terres étaient si pauvres que la plupart des colons allèrent s'installer ailleurs au début du XIXᵉ siècle, l'exploitation forestière continuant cependant à se développer jusque vers les années 20. Quand l'homme envahit à nou-

veau la Gatineau, après le départ des bûcherons, ce fut, cette fois, dans le seul but de jouir de ses bois et de ses collines.

La promenade de la Gatineau relie Hull au belvédère de Champlain. Cette route panoramique de 35 km s'enfonce dans le parc que sillonnent plus de 97 km de sentiers de randonnée qui se transforment en pistes de ski et de raquette en hiver. Quarante-quatre lacs et d'innombrables terrains de pique-nique et de camping accueillent en outre les canoéistes et les pêcheurs.

La Gatineau

LA GATINEAU
Cette rivière qui se jette dans l'Outaouais, près de Hull, a reçu le nom de Nicolas Gatineau, négociant en fourrures et notaire originaire de Trois-Rivières, au Québec. Gatineau explora la rivière en 1650 et s'y serait noyé en 1683. Quatre centrales hydro-électriques jalonnent ce cours d'eau long de 386 km.

LAC-MEACH
En 1911, Lac-Meach devint le centre de recherches de Thomas « Carbide » Willson qui découvrit le procédé de fabrication du carbure de calcium et du gaz acétylène. On peut encore voir les ruines du centre.
□ Une maison de bois, construite ici en 1823 par l'un des premiers colons de la région, Asa Meech, a été restaurée.

La grande époque des bûcherons de la Gatineau

L'exploitation forestière, la principale industrie du Canada pendant une bonne partie du XIXᵉ siècle, fut particulièrement intensive dans la Gatineau où se trouvaient certaines des plus belles forêts de pins blancs dont l'Angleterre avait tant besoin à l'époque.

On abattait les arbres en hiver pour pouvoir faire glisser les troncs sur le sol gelé. Les bûcherons, qui se mettaient à deux pour attaquer les troncs à la hache, équarrissaient ensuite les billes. Des attelages de bœufs tiraient alors les troncs jusqu'au bord de la rivière où on les entassait en attendant le printemps. Avec le dégel, les énormes billes de bois dévalaient la rivière jusqu'à l'Outaouais où l'on formait de grands radeaux qui partaient ensuite jusqu'à Québec. Ce travail harassant était souvent dangereux. Après la paie, en juillet, les bûcherons descendaient en ville « faire la foire ». Plus d'un perdit tout son pécule — parfois $300 — en quelques nuits de beuverie, de débauche et de bagarres.

KINGSMERE
Le Cloître (ci-dessous) est sans doute la pièce maîtresse des ruines que Mackenzie King, Premier ministre de 1921 à 1930 et de 1935 à 1948, rassembla dans son domaine de Kingsmere. La rotonde du Cloître est formée d'une grande fenêtre qui provient de l'ancienne maison que Simon-Napoléon Parent, Premier ministre du Québec de 1900 à 1905, possédait à Ottawa. Les autres pièces de cette originale collection ont été construites avec les pierres des murs d'anciens immeubles d'Ottawa et des édifices du Parlement de Londres.

HULL
La ville fut fondée en 1800, plus de 20 ans avant qu'Ottawa ne commence à grandir de l'autre côté de l'Outaouais. Le premier colon était un certain Philemon Wright, un Américain, qui défricha une terre près de la chute de la Chaudière. Une colonne de pierre, ornée d'un médaillon de bronze portant son effigie, rappelle sa mémoire. La ferme qu'il construisit en 1839 est aujourd'hui un restaurant, La Ferme Columbia.
□ Depuis 1970, le centre de Hull s'est transformé en un quartier très animé où abondent les boutiques et les restaurants.
□ On peut visiter la place du Portage et l'imprimerie du gouvernement où l'on publie l'*Hansard*, le journal des débats parlementaires.
□ La piste des Voyageurs, qui longe la chute de la Chaudière, est un ancien portage qu'empruntèrent les premiers explorateurs.

Patterson
Cascades
Chemin-des-Pins
Burnet
Larrimac
Kirks Ferry
Gleneagle
Lac-Meach
Tenaga
Chelsea
Old Chelsea
Kingsmere
Touraine
Lac Pink
Promenade de la Gatineau
Pointe-Gatineau
GATINEAU
ÎLE KETTLE
Outaouais
HULL
Lucerne
Queensway
AYLMER
Lac Deschênes
Deschênes
PTE ROCHEUSE
OTTAWA
(voir l'itinéraire 101)

Hull

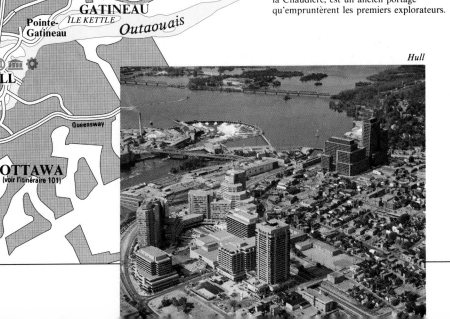

Le délicieux jardin du Grand Esprit des Indiens

Les Mille Iles

Sur les 56 km qui séparent Gananoque de Brockville s'étendent 1 000 îles, les unes couvertes de forêts luxuriantes, les autres dénudées ou semées de rares pins rabougris qui s'y accrochent à grand peine ; 1 000 îles dont les plus vastes abritent de coquets ports de plaisance et de somptueuses villas alors que les plus petites ne sont que de simples rochers ; 1 000 éclats verts disséminés sur le fleuve aux bleus changeants ; 1 000 îles dont les lumières et les feux de camp, la nuit, clignotent entre les arbres et se reflètent dans l'eau.

Le château de Boldt

George Boldt, un Allemand qui arriva en Amérique du Nord à la fin du XIXᵉ siècle, commença sa carrière comme laveur de vaisselle. Mais il ne tarda pas à faire fortune. Boldt contribua à fonder l'hôtel Waldorf-Astoria de New York, acquit plusieurs grandes entreprises et devint millionnaire.

Vers 1890, il acheta une île, la fit remodeler en forme de cœur et commença à y faire construire un château pour l'offrir à sa femme. Mais celle-ci mourut quelque temps plus tard. Le cœur brisé, Boldt fit arrêter les travaux. Il ne revint jamais voir le château de ses rêves sur l'île Hart.

On peut prendre le bateau à Gananoque, Ivy Lea, Kingston ou Rockport pour se rendre dans cette île.

Château de Boldt, dans l'île Heart

Pont international des Mille Iles

GANANOQUE

Ce pittoresque centre touristique constitue le principal accès aux Mille Iles, du côté canadien.

□ Trois pièces du Musée historique de Gananoque (la chambre à coucher, le salon et la cuisine) sont meublées dans le style victorien. On peut y voir une flûte de bois (v. 1750) et un gramophone de 1885.

□ Une plaque relate les exploits de « Pirate » Bill Johnson, un Canadien qui s'était installé dans l'Etat de New York. A partir des Mille Iles, il mena des attaques contre les villages de la rive canadienne et la marine anglaise.

PROMENADE DES MILLE ÎLES
Les arbres qui bordent la promenade de 38 km cachent parfois le Saint-Laurent, mais de nombreux belvédères permettent néanmoins de l'admirer. Surplombant la promenade, près de la baie de Brown, se trouve une étrange dalle de grès gris pâle, longue de 1 km, qui repose sur une couche de granit rougeâtre.

Les plus grandes futaies de pins des corbeaux du Canada continental qui poussent en bordure de cette route se mêlent aux chênes rouges et blancs, entre Rockport et Ivy Lea.

MALLORYTOWN LANDING
Située sur la rive nord du Saint-Laurent, c'est la seule partie du parc national des îles du Saint-Laurent qui soit accessible en voiture.

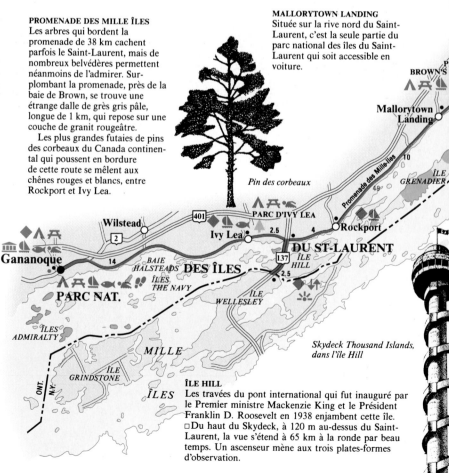

Pin des corbeaux

Skydeck Thousand Islands, dans l'île Hill

ÎLE HILL
Les travées du pont international qui fut inauguré par le Premier ministre Mackenzie King et le Président Franklin D. Roosevelt en 1938 enjambent cette île.

□ Du haut du Skydeck, à 120 m au-dessus du Saint-Laurent, la vue s'étend à 65 km à la ronde par beau temps. Un ascenseur mène aux trois plates-formes d'observation.

0 1 2 3 4 5 Milles
0 2 4 6 8 Kilomètres

Les Indiens appelaient les Mille Iles le « Jardin du Grand Esprit ». Selon la légende, la région était autrefois une grande étendue d'eau dépourvue de toute île sur les bords de laquelle le Grand Esprit aurait créé un paradis afin d'inciter à la paix les belliqueuses tribus indiennes. Celles-ci continuant malgré tout à se battre de plus belle, le dieu remit le paradis dans sa besace et remonta vers les cieux. Mais la besace se déchira et le paradis s'écrasa au milieu des eaux, s'éparpillant en mille morceaux.

Les géologues nous proposent évidemment une explication moins poétique. Il y a près de 900 millions d'années, des montagnes aussi majestueuses que les Rocheuses occupaient le lit actuel du Saint-Laurent. Avec le temps, les rivières et les glaciers les transformèrent en modestes collines, aujourd'hui des îles et des hauts-fonds.

A la fin du XIXᵉ siècle, les îles étaient le refuge des millionnaires qui y bâtirent de splendides demeures en bordure de l'eau pour y passer l'été. De nos jours, la région est sans doute l'une des plus touristiques de tout le Canada. Croisières en bateau, sentiers de randonnée, foires de campagne, natation, ski nautique et des eaux extraordinairement poissonneuses font des Mille Iles un lieu privilégié des vacanciers.

PARC HISTORIQUE NATIONAL DE FORT WELLINGTON

Une tour de pierre de 20 m, vestige d'un moulin à vent (1820), s'élève ici sur une avancée de terre en bordure du Saint-Laurent. Le moulin fut pris en 1838 par le colonel Nils Von Schoultz et des Américains qui soutenaient William Lyon Mackenzie, le rebelle du Haut-Canada.

Fortin, parc historique national de Fort Wellington

PRESCOTT

Un fortin de trois étages construit en 1838 est le principal vestige du parc historique national de Fort Wellington. Le fort lui-même, dont la construction remonte à 1812, servit pendant la rébellion du Haut-Canada en 1837 et la guerre des Patriotes de 1838. Il fut l'un des principaux ouvrages de défense contre les raids des fenians en 1866 et abrita une garnison jusqu'en 1885.
□ Les murs de pierre du fortin sont épais de 1,3 m. Le rez-de-chaussée, qui se compose d'une salle de garde, d'un magasin, d'une armurerie et d'une poudrière, est transformé en musée. On peut y voir des fusils, des pistolets, des épées, un canon et des documents historiques.
□ Prescott compte plusieurs maisons loyalistes, notamment celles de Jones et de Peck, toutes deux de style néo-classique.

MAITLAND

A côté de l'église Bleue (Blue Church), un oratoire de bois construit en 1845 sur l'emplacement de deux anciennes chapelles, se trouve la tombe de Barbara Heck qui implanta le méthodisme en Amérique du Nord. En 1760, elle fonda à New York une société méthodiste et la première église wesleyenne du continent américain, puis elle émigra en Ontario après la révolution américaine où elle créa la première société méthodiste du Haut-Canada.
□ La tour de la Vieille Distillerie faisait partie d'un moulin construit par George Longley en 1828.

L'église Bleue, à Maitland

BROCKVILLE

Fondée en 1784, Brockville fut une des premières agglomérations loyalistes du Haut-Canada. Elle reçut le nom du major général Sir Isaac Brock, le héros de la guerre de 1812.
□ Les rues ombragées de la ville sont bordées de belles maisons anciennes. Le palais de justice de Brockville, construit en 1842, est l'un des plus anciens édifices publics de l'Ontario. On remarquera également l'hôtel Carriage House (1820), l'école Victoria (1855) et la Loge orangiste (1825).
□ Le tunnel ferroviaire de Brockville, le plus ancien du Canada, fut construit entre 1854 et 1860 pour permettre au train de la Brockville and Ottawa Railway d'atteindre le bord du fleuve. Il est resté en service jusqu'en 1954.

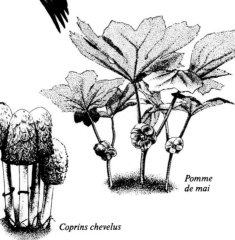

Bec-scie à poitrine rousse

Pomme de mai

Coprins chevelus

Un chapelet d'îles sur les eaux du fleuve

Véritable paradis des amateurs de bateau, le parc national des îles du Saint-Laurent s'étend entre Kingston et Brockville sur une petite bande de terre ferme, 18 îles boisées et 80 îlots rocheux.

Le parc recèle une flore et une faune très riches. Parmi les 800 espèces végétales recensées ici, on peut citer le chêne noir, la pomme de mai, le coprin chevelu, l'airelle à longues étamines que l'on ne retrouve nulle part ailleurs au Canada et l'anémone rue qui atteint ici la limite septentrionale de son territoire. Environ 65 espèces d'oiseaux fréquentent le parc, notamment le cardinal, le troglodyte de Caroline, le dindon sauvage, l'aigle à tête blanche et le bec-scie à poitrine rousse ; on y dénombre aussi 28 espèces de reptiles et d'amphibiens, dont la couleuvre rayée de l'Est et la salamandre bleue.

Les îles, qui souvent portent des noms pittoresques (île du Cœur, île de la Sirène), sont les vestiges d'anciennes montagnes nivelées par des glaciers et des rivières il y a près de 500 millions d'années. Presque toutes sont pourvues d'appontements, de terrains de camping, de puits et de foyers.

Un village d'autrefois sur les rives du Saint-Laurent

Sud-est de l'Ontario

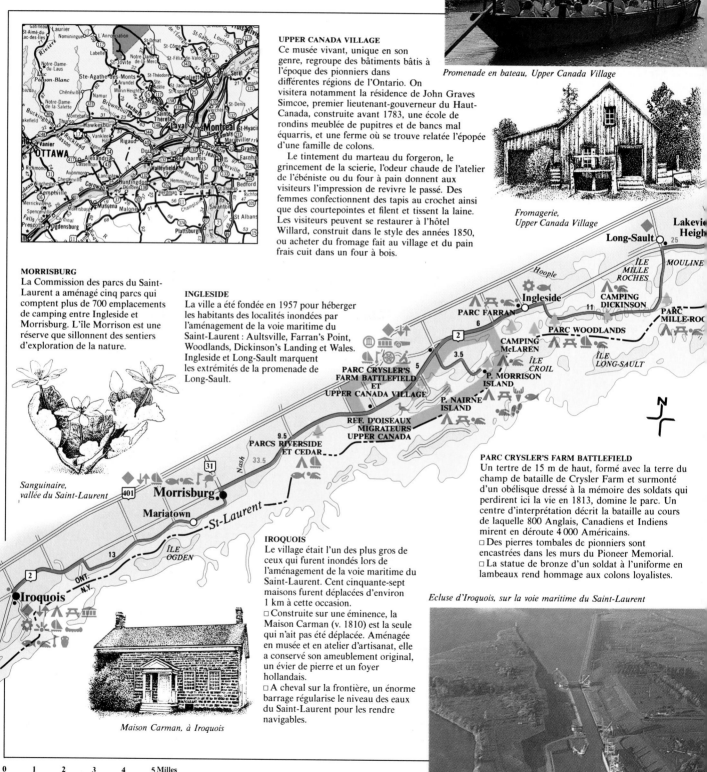

Promenade en bateau, Upper Canada Village

UPPER CANADA VILLAGE

Ce musée vivant, unique en son genre, regroupe des bâtiments bâtis à l'époque des pionniers dans différentes régions de l'Ontario. On visitera notamment la résidence de John Graves Simcoe, premier lieutenant-gouverneur du Haut-Canada, construite avant 1783, une école de rondins meublée de pupitres et de bancs mal équarris, et une ferme où se trouve relatée l'épopée d'une famille de colons.

Le tintement du marteau du forgeron, le grincement de la scierie, l'odeur chaude de l'atelier de l'ébéniste ou du four à pain donnent aux visiteurs l'impression de revivre le passé. Des femmes confectionnent des tapis au crochet ainsi que des courtepointes et filent et tissent la laine. Les visiteurs peuvent se restaurer à l'hôtel Willard, construit dans le style des années 1850, ou acheter du fromage fait au village et du pain frais cuit dans un four à bois.

Fromagerie, Upper Canada Village

MORRISBURG

La Commission des parcs du Saint-Laurent a aménagé cinq parcs qui comptent plus de 700 emplacements de camping entre Ingleside et Morrisburg. L'île Morrison est une réserve que sillonnent des sentiers d'exploration de la nature.

INGLESIDE

La ville a été fondée en 1957 pour héberger les habitants des localités inondées par l'aménagement de la voie maritime du Saint-Laurent : Aultsville, Farran's Point, Woodlands, Dickinson's Landing et Wales. Ingleside et Long-Sault marquent les extrémités de la promenade de Long-Sault.

Sanguinaire, vallée du Saint-Laurent

IROQUOIS

Le village était l'un des plus gros de ceux qui furent inondés lors de l'aménagement de la voie maritime du Saint-Laurent. Cent cinquante-sept maisons furent déplacées d'environ 1 km à cette occasion.
□ Construite sur une éminence, la Maison Carman (v. 1810) est la seule qui n'ait pas été déplacée. Aménagée en musée et en atelier d'artisanat, elle a conservé son ameublement original, un évier de pierre et un foyer hollandais.
□ A cheval sur la frontière, un énorme barrage régularise le niveau des eaux du Saint-Laurent pour les rendre navigables.

Maison Carman, à Iroquois

PARC CRYSLER'S FARM BATTLEFIELD

Un tertre de 15 m de haut, formé avec la terre du champ de bataille de Crysler Farm et surmonté d'un obélisque dressé à la mémoire des soldats qui perdirent ici la vie en 1813, domine le parc. Un centre d'interprétation décrit la bataille au cours de laquelle 800 Anglais, Canadiens et Indiens mirent en déroute 4 000 Américains.
□ Des pierres tombales de pionniers sont encastrées dans les murs du Pioneer Memorial.
□ La statue de bronze d'un soldat à l'uniforme en lambeaux rend hommage aux colons loyalistes.

Ecluse d'Iroquois, sur la voie maritime du Saint-Laurent

A Upper Canada Village, à l'est de Morrisburg, revivent dans un site enchanteur des églises, des tavernes, des échoppes, des fermes et des maisons particulières datant de 1784 à 1867. Toute une équipe d'architectes, d'historiens et d'horticulteurs a méticuleusement reconstitué ici l'atmosphère d'un village d'autrefois.

Un pont, construit en 1840, mène à la grand-rue, en bordure de laquelle s'élèvent des maisons dont les intérieurs reproduisent minutieusement ceux que présentaient les habitations de l'époque. Ainsi les tissus, les peintures et les papiers peints sont semblables à ceux qu'on utilisait avant la Confédération. Les clous et les loquets forgés à la main, les meubles, les ustensiles, les chandelles et les lampes, tout est authentique ou fidèlement reproduit avec les outils et les techniques que l'on employait au XIXᵉ siècle.

Dans le jardin de Crysler Hall fleurissent des lunaires, des roses trémières, des cheveux de Vénus et des pommiers McIntosh (les premiers pommiers McIntosh Red furent d'ailleurs plantés un peu plus au nord, à Dundela). L'imposante demeure qui s'élève au milieu du jardin fut construite par l'un des fils de John Crysler dont la ferme fut le lieu d'un combat qui devait mener à une victoire décisive au cours de la guerre de 1812. Le parc Crysler's Farm Battlefield, situé à côté du village, rappelle l'événement.

A quelques kilomètres à l'est, la promenade de Long-Sault relie une série d'îles qui étaient autrefois des collines avant que les terres ne soient inondées.

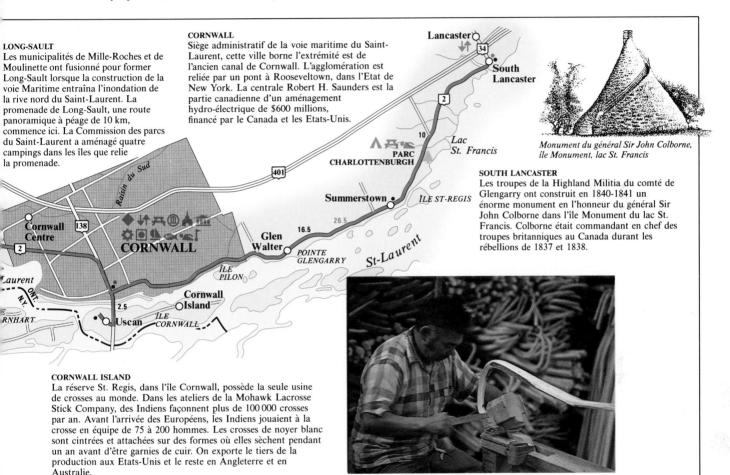

LONG-SAULT
Les municipalités de Mille-Roches et de Moulinette ont fusionné pour former Long-Sault lorsque la construction de la voie Maritime entraîna l'inondation de la rive nord du Saint-Laurent. La promenade de Long-Sault, une route panoramique à péage de 10 km, commence ici. La Commission des parcs du Saint-Laurent a aménagé quatre campings dans les îles que relie la promenade.

CORNWALL
Siège administratif de la voie maritime du Saint-Laurent, cette ville borne l'extrémité est de l'ancien canal de Cornwall. L'agglomération est reliée par un pont à Rooseveltown, dans l'Etat de New York. La centrale Robert H. Saunders est la partie canadienne d'un aménagement hydro-électrique de $600 millions, financé par le Canada et les Etats-Unis.

Monument du général Sir John Colborne, île Monument, lac St. Francis

SOUTH LANCASTER
Les troupes de la Highland Militia du comté de Glengarry ont construit en 1840-1841 un énorme monument en l'honneur du général Sir John Colborne dans l'île Monument du lac St. Francis. Colborne était commandant en chef des troupes britanniques au Canada durant les rébellions de 1837 et 1838.

CORNWALL ISLAND
La réserve St. Regis, dans l'île Cornwall, possède la seule usine de crosses au monde. Dans les ateliers de la Mohawk Lacrosse Stick Company, des Indiens façonnent plus de 100 000 crosses par an. Avant l'arrivée des Européens, les Indiens jouaient à la crosse en équipe de 75 à 200 hommes. Les crosses de noyer blanc sont cintrées et attachées sur des formes où elles sèchent pendant un an avant d'être garnies de cuir. On exporte le tiers de la production aux Etats-Unis et le reste en Angleterre et en Australie.

Fabrique de crosses, à Cornwall Island

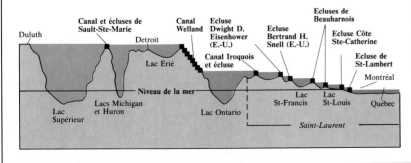

La voie maritime du Saint-Laurent, une porte ouverte sur le cœur de l'Amérique du Nord

Depuis l'ouverture de la voie Maritime en 1959, les navires de haute mer peuvent s'enfoncer jusqu'au cœur de l'Amérique du Nord. Auparavant, la navigation se limitait aux barges qui empruntaient des canaux percés avant 1903 pour contourner les hauts-fonds et les rapides du Saint-Laurent entre Montréal et Prescott. C'est en 1954 que le Canada et les Etats-Unis décidèrent d'aménager cette voie maritime de près de 3 800 km de long.

Il fallut construire sept nouvelles écluses et creuser le lit des anciens canaux. La province de l'Ontario et l'Etat de New York conjuguèrent en outre leurs efforts pour ériger trois énormes barrages hydro-électriques dans la région de Cornwall.

Les navires qui remontent le fleuve, de l'Atlantique au lac Supérieur, franchissent 20 écluses d'une dénivellation totale de 183 m. La circulation de ces gros bateaux, qui transportent des cargaisons trois fois supérieures à celles des plus grandes barges d'autrefois, est réglée par ordinateur. Le grain et le minerai de fer représentent plus de la moitié des marchandises transportées.

Un petit coin d'Ecosse entre le Saint-Laurent et l'Outaouais

Sud-est de l'Ontario

Les premiers Ecossais de l'Ontario, des Highlanders qui venaient de la vallée Mohawk, dans l'Etat de New York, s'installèrent dans le comté de Glengarry en 1784. Deux ans plus tard, 500 paroissiens du révérend Alexander Macdonell, de Glengarry, en Ecosse, les rejoignirent. D'autres les suivirent pendant encore un demi-siècle, dont, en 1802, un groupe de 400 Highlanders qui comprenaient quelque 125 MacMillan!

Les patronymes écossais étaient d'ailleurs le cauchemar des maîtres de poste. On vit

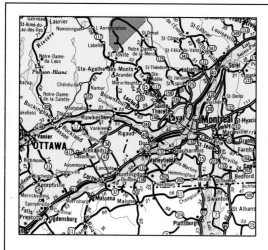

Pasteur et romancier à succès

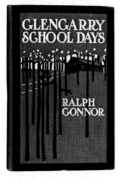

Les différents ouvrages de Ralph Connor furent tirés à quelque cinq millions d'exemplaires! Connor était en réalité le pseudonyme qu'avait adopté Charles William Gordon (1860-1937), un pasteur presbytérien.

La première paroisse de Gordon, près de Banff, en Alberta, dans les Rocheuses, servit de cadre à *Black Rock* (1898). *The Sky Pilot* (1899), traduit en 1978 sous le titre *Pilote du ciel*, de même que *The Man from Glengarry* (1901) et *Glengarry School Days* (1902), tous deux situés dans les bois où l'auteur passa son enfance, parlent des colons de la Prairie. Ces trois ouvrages accrurent sa popularité. Gordon écrivit 25 livres, mais son ministère n'en demeura pas moins sa principale préoccupation. Il fut pasteur d'une église de Winnipeg de 1895 à 1915, puis de 1919 jusqu'à sa mort, après avoir été aumônier militaire pendant la première guerre mondiale.

L'ORIGNAL
La première seigneurie de ce qui est aujourd'hui l'Ontario fut concédée ici en 1674, mais il fallut attendre un siècle pour que la région se développât vraiment.
□ Le plus ancien palais de justice de l'Ontario se trouve à L'Orignal. Le corps de bâtiment, de style néoclassique, fut achevé en 1825.

Palais de justice, à L'Orignal

DUNVEGAN
Trois bâtiments de bois de pièces abritent des souvenirs des pionniers écossais et loyalistes qui s'installèrent dans le comté il y a près de 200 ans. L'auberge des Pionniers de Glengarry (v. 1830) a encore sa buvette, ses boiseries et ses planchers de pin d'origine. Un appentis protège des traîneaux et des chariots du début du XIXe siècle et une grange de rondins (v. 1850) contient une collection d'outils.

Rassemblement de cornemuses, à Maxville

MAXVILLE
Les Glengarry Highland Games, les plus importants jeux écossais de toute l'Amérique du Nord, ont lieu dans cette ville depuis 1948. Organisés au début du mois d'août, ils comprennent des jeux traditionnels, ainsi que des concours de cornemuse et de tambour.
□ C'est dans cette région du sud-est de l'Ontario que se déroule l'action de deux romans de Ralph Connor, *The Man from Glengarry* et *Glengarry School Days*. Connor, de son vrai nom Gordon, naquit à St. Elmo, au nord de Maxville, en 1860. Il mourut en 1937 et fut enterré près de l'église de son village.

ST. ANDREWS
Le plus vieil oratoire de pierre de l'Ontario est l'ancienne église St. Andrew (1801), qui est maintenant transformée en salle paroissiale. Dans le cimetière de la nouvelle église St. Andrew (1860) se trouve la tombe de Simon Fraser, l'explorateur qui donna son nom au fleuve.

Démonstration de force et d'adresse aux Jeux écossais de Maxville

Eglise St. Andrew (1801), à St. Andrews West

Dunvegan
9.5
Scotch
417
Athol
St. Elmo
2.5
Maxville
Dominionville

0 1 2 3 4 5 Milles
0 2 4 6 8 Kilomètres

même un demi-millier de Macdonald recevoir leur courrier au bureau d'Alexandria. La ville de Maxville a peut-être été ainsi nommée parce que nombre de ses habitants portaient un nom commençant par « Mac ».

Ces colons défrichèrent les riches pâturages de cette région de production laitière, mais beaucoup partirent dans le Grand Nord et l'Ouest pour le compte de la Compagnie du Nord-Ouest. Ils furent remplacés par des fermiers du Québec, si bien que la moitié de la population est aujourd'hui francophone.

Les pionniers de Glengarry se sont illustrés dans tous les domaines. Ils réussirent aussi bien dans les milieux de l'enseignement et de la politique que dans ceux de l'industrie et du commerce. Quant à leur glorieuse tradition militaire, qui remonte au Glengarry Light Infantry de la guerre de 1812, elle vit toujours chez les Dundas, Stormont et Glengarry Highlanders. La musique, la danse et les jeux traditionnels écossais se perpétuent avec les Glengarry Highland Games qui ont lieu tous les ans à Maxville.

Planeur, à Hawkesbury

HAWKESBURY
Portés par les courants ascendants, les planeurs du Club de vol à voile d'Hawkesbury évoluent gracieusement au-dessus de cette agglomération située à quelques kilomètres du Québec.
□ Un pont enjambe l'Outaouais pour relier Hawkesbury à Grenville, au Québec. Fondé en 1798 et érigé en municipalité en 1896, Hawkesbury doit son nom à Charles Jenkinson, baron Hawkesbury et comte de Liverpool. La plupart des habitants de la ville sont d'origine française.
□ La première scierie et le premier moulin à farine d'Hawkesbury furent construits par Thomas Mears qui lança également l'*Union,* le premier vapeur de l'Outaouais.

Alaistair Mhor, prêtre et patriote

Mgr Alexander Macdonell, connu sous le nom d'Alaistair Mhor (le grand Alexandre) pour le distinguer d'un homonyme, protégea les colons de Glengarry et se fit souvent leur porte-parole. Le père Macdonell avait 42 ans en 1804 lorsqu'il conduisit au Canada les soldats d'un régiment écossais catholique qu'il avait organisé, les Glengarry Fencibles. Le régiment qu'il fonda par la suite au Canada, le Glengarry Light Infantry, livra 14 batailles au cours de la guerre de 1812.

Après la guerre, Macdonell transforma sa maison en séminaire. Il devint le premier évêque catholique du Haut-Canada en 1820, puis membre du Conseil législatif en 1831. Il est mort en 1840 en Ecosse.

ST. RAPHAELS
Fin juin, le solstice d'été est marqué par trois journées de concerts de musique classique au milieu des ruines de l'église St. Raphael (1821).
□ Un monument rappelle la mémoire de Mgr Alexander Macdonell, premier évêque catholique du Haut-Canada et fondateur du régiment Glengarry Light Infantry.
□ Une plaque marque l'endroit où naquit John Sandfield Macdonald, co-Premier ministre du Canada en 1862-1864 et Premier ministre de l'Ontario de 1867 à 1871.

MARTINTOWN
Avec le dégel du printemps, la Raisin, dont les eaux montent alors de plus de 2 m, se transforme en un torrent impétueux sur lequel se disputent des courses de canots.
□ Un moulin de pierre des champs, construit au début du siècle, est souvent croqué par des artistes de la région.

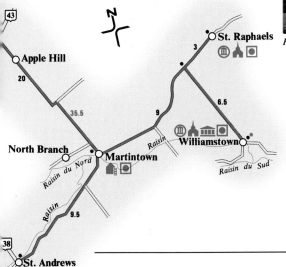

Ruines de l'église St. Raphael

WILLIAMSTOWN
La Foire de Williamstown, la plus ancienne foire rurale du Canada, a lieu au début de septembre. Elle fut inaugurée en 1810 par Sir John Johnson, chef d'un groupe de loyalistes de l'Etat de New York qui arrivèrent ici en 1784. La localité compte plusieurs demeures intéressantes, notamment le manoir coiffé d'un toit rouge de Johnson (v. 1790), la maison de bois du révérend John Bethune, fondateur de la première paroisse presbytérienne de l'Ontario en 1787, et Fraserfield (v. 1812), une grande demeure de pierre de 23 pièces.
□ Le Nor'Westers and Loyalist Museum occupe un bâtiment georgien de brique rouge (1862).

Manoir de Sir John Johnson, à Williamstown

Le lac des adieux
aux voyageurs aventureux

Lac Saint-Louis

A la fin du XVIIIe siècle et au début du XIXe, c'est à Lachine que s'embarquaient les voyageurs de la Compagnie du Nord-Ouest qui partaient vers les lointaines forêts. Le rassemblement se faisait en amont des mauvais rapides de Lachine, près de l'actuelle promenade du Père-Marquette. Les voyageurs, leurs canots chargés à ras bords, chantaient pour se donner du cœur et scander leurs coups de rames. C'est à Sainte-Anne-de-Bellevue que le poète irlandais Thomas Moore a pu entendre en 1804 le

SAINTE-ANNE-DE-BELLEVUE

On peut y voir la maison de pierre de deux étages (1798) qui fut autrefois la demeure de Simon Fraser, un associé de la Compagnie du Nord-Ouest, parent de l'explorateur du même nom. Elle abrite aujourd'hui un restaurant, le Petit Café. Fraser est enterré dans un cimetière voisin.
□ L'église de Sainte-Anne-de-Bellevue a sans doute été construite sur les fondations d'une chapelle où s'arrêtaient les voyageurs en route pour le nord-ouest. On peut y voir une maquette de bois de l'ancien oratoire qui fut démoli en 1880, année de la construction de l'église actuelle.
□ Le collège Macdonald, faculté d'agriculture de l'université McGill, occupe ici un vaste domaine sillonné par 17 km de sentiers. L'arboretum Morgan renferme 150 essences d'arbres du Canada, 350 variétés de plantes florales et de fleurs sauvages et 100 espèces d'oiseaux.
□ A Senneville, à 2 km au nord, sur la rive du lac des Deux Montagnes, un monument commémore une bataille qui opposa les Français aux Iroquois en 1689.

Moulin à vent du XVIIIe siècle, à Pointe-Claire

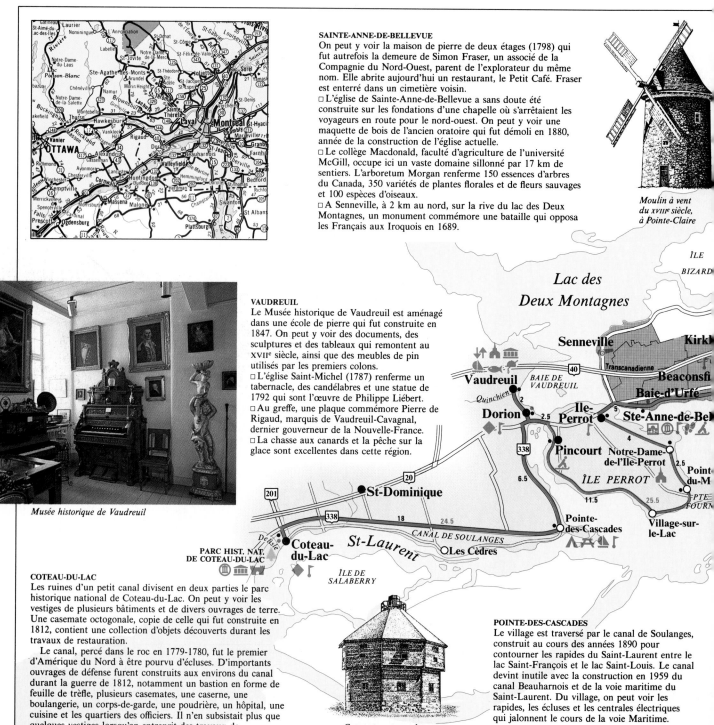

Musée historique de Vaudreuil

VAUDREUIL

Le Musée historique de Vaudreuil est aménagé dans une école de pierre qui fut construite en 1847. On peut y voir des documents, des sculptures et des tableaux qui remontent au XVIIe siècle, ainsi que des meubles de pin utilisés par les premiers colons.
□ L'église Saint-Michel (1787) renferme un tabernacle, des candélabres et une statue de 1792 qui sont l'œuvre de Philippe Liébert.
□ Au greffe, une plaque commémore Pierre de Rigaud, marquis de Vaudreuil-Cavagnal, dernier gouverneur de la Nouvelle-France.
□ La chasse aux canards et la pêche sur la glace sont excellentes dans cette région.

Casemate octogonale de Coteau-du-Lac

COTEAU-DU-LAC

Les ruines d'un petit canal divisent en deux parties le parc historique national de Coteau-du-Lac. On peut y voir les vestiges de plusieurs bâtiments et de divers ouvrages de terre. Une casemate octogonale, copie de celle qui fut construite en 1812, contient une collection d'objets découverts durant les travaux de restauration.

Le canal, percé dans le roc en 1779-1780, fut le premier d'Amérique du Nord à être pourvu d'écluses. D'importants ouvrages de défense furent construits aux environs du canal durant la guerre de 1812, notamment un bastion en forme de feuille de trèfle, plusieurs casemates, une caserne, une boulangerie, un corps-de-garde, une poudrière, un hôpital, une cuisine et les quartiers des officiers. Il n'en subsistait plus que quelques vestiges lorsqu'on entreprit des travaux de restauration en 1965.

POINTE-DES-CASCADES

Le village est traversé par le canal de Soulanges, construit au cours des années 1890 pour contourner les rapides du Saint-Laurent entre le lac Saint-François et le lac Saint-Louis. Le canal devint inutile avec la construction en 1959 du canal Beauharnois et de la voie maritime du Saint-Laurent. Du village, on peut voir les rapides, les écluses et les centrales électriques qui jalonnent le cours de la voie Maritime.

0 1 2 3 4 5 Milles
0 2 4 6 8 Kilomètres

« chant du départ » qui inspira un de ses poèmes, *Canadian Boat Song* :

Doucement tinte la cloche du soir,
Doucement montent nos voix, à la cadence
[de nos rames.
Bientôt les bois de la rive s'estomperont,
Bientôt nous chanterons nos adieux à
[sainte Anne.
Ramez les amis, car les eaux sont vives,
Les rapides grondent tout près, et le soir
[déjà tombe.

Le déclin de la traite des fourrures avait déjà commencé lorsqu'on inaugura le canal de Lachine en 1825. Construit pour contourner les dangereux rapides de Lachine, il devint en fait la porte d'entrée des Grands Lacs et, pendant 130 ans, il vit passer plus de navires que tout autre canal du Canada.

Au cours du XIXe siècle, la descente des rapides de Lachine était le plaisir favori des amateurs de sensations fortes (« le plaisir suprême de la terreur », disait un voyageur de 1854). La Canada Steamship Lines organisait alors des croisières sur le *Rapids' King*, le *Rapids' Prince* et le *Rapids' Queen*. Le dernier navire de passagers à faire le parcours fut le *Rapids' Prince* en 1940. Moins de 20 ans plus tard, la voie maritime du Saint-Laurent assagissait les rapides.

Le canal de Lachine est aujourd'hui désaffecté et seules ses rives sont encore fréquentées par les promeneurs. Au printemps, on ne voit plus que des voiles blanches se refléter sur le lac Saint-Louis qui résonnait autrefois du chant des voyageurs.

POINTE-CLAIRE

Stewart Hall est la reproduction à l'échelle d'un château de l'île de Mull, en Ecosse. Cette résidence, qui abrite aujourd'hui un centre communautaire, est l'une des nombreuses demeures construites ici par de riches Montréalais au tournant du siècle.

Sur la pointe qui a donné son nom à l'agglomération se trouve un moulin à vent du début du XVIIIe siècle. Il servit de refuge aux colons lors des attaques des Indiens.

Le canal de Lachine : la porte des Grands Lacs

Au début du XVIIe siècle, les voyageurs qui, venant du Nord-Ouest, rentraient à Montréal, s'attaquaient aux mauvais rapides de Lachine sur le Saint-Laurent, ou devaient portager pendant 13 km pour les contourner. Bien des coureurs des bois qui se risquèrent sur les eaux vives perdirent leurs canots, leurs précieuses cargaisons et même leur vie.

Dès 1680, on proposa de creuser un chenal pour contourner les rapides. Mais le gouvernement ne s'y intéressait guère et on en abandonna la construction, faute d'argent.

Au cours de la guerre de 1812, on se rendit compte que les bâtiments de guerre anglais devaient pouvoir remonter le fleuve entre Montréal et les Grands Lacs pour défendre le Haut-Canada. La construction du canal de Lachine commença finalement en 1821. Quatre ans plus tard, le canal de 13 km ouvrait le Saint-Laurent à la navigation entre Montréal et les Grands Lacs. Ses sept écluses mesuraient 30 m de long, 6 m de large et 1,5 m de profondeur. La ville de Lachine, l'ancien point de départ des voyageurs qui partaient pour le Nord-Ouest, devint un centre florissant.

La voie maritime du Saint-Laurent remplaça le canal de Lachine en 1959. Aujourd'hui, il n'est plus fréquenté que par les promeneurs. Une piste cyclable suit d'ailleurs ses berges où sont aménagés des terrains de pique-nique.

Le canal de Lachine au XIXe siècle

MONTRÉAL
(voir l'itinéraire 108)

LACHINE

Lac St-Louis

CANAL DE LACHINE

St-Laurent

RAPIDES DE LACHINE

LACHINE

René-Robert Cavelier de La Salle, explorateur et négociant, croyait qu'il pourrait atteindre la Chine en traversant l'Amérique du Nord. Ses détracteurs donnèrent le nom de « La Chine » aux terres qu'il obtint près de Montréal lorsqu'il arriva en Nouvelle-France en 1667. Par la suite, La Salle vendit son domaine pour financer une expédition sur l'Ohio. Un monument de pierre, érigé devant l'hôtel de ville, rappelle sa mémoire.

□ Près du monument de La Salle, des plaques décrivent le massacre de 1689. Le 4 août, quelques heures avant l'aube, Lachine se réveilla aux cris effroyables de 1 500 guerriers iroquois de la région des lacs Finger, dans l'Etat de New York. Les Indiens massacrèrent les habitants, brûlèrent le village, puis se retirèrent sur la rive sud du Saint-Laurent avec 90 prisonniers. La nuit venue, les habitants de Montréal purent voir les feux allumés par les Indiens pour célébrer leur victoire. Quarante-huit prisonniers s'échappèrent, les autres disparurent à tout jamais. Certains auraient été brûlés vifs.

□ Le musée de Lachine est aménagé dans l'un des plus anciens bâtiments du Canada, une maison construite par Charles Le Moyne et Jacques Le Ber vers 1670. On peut y voir une maquette de 6 m de la *Dorchester* (1836), la première locomotive du Canada, et du matériel qu'utilisaient les voyageurs d'autrefois.

Bateaux à patins sur le lac Saint-Louis

ILE-PERROT

A Pointe-du-Moulin se dresse un ancien moulin à vent et une maison qui datent du début du XVIIIe siècle. A l'extrémité nord-est de l'île se trouve le moulin Lotbinière (1778) qui était autrefois à Vaudreuil. Il a été démantelé et reconstruit ici en 1950.

L'église Sainte-Jeanne-Françoise-de-Chantal, à Notre-Dame-de-l'Ile-Perrot, sur la rive nord, date de 1753. A proximité se trouve une chapelle construite avec les pierres de la première chapelle de l'île Perrot (1740).

La « Grande Rivière du Nord » et la traite des fourrures

Vallée du cours inférieur de l'Outaouais

Intérieur de la vieille caserne de Carillon

GRENVILLE
Des colons anglais fondèrent ici un poste de traite en 1809. Un monument de pierre marque l'emplacement de l'ancien canal de Carillon construit presque entièrement à la pelle et à la pioche par les Royal Engineers entre 1819 et 1833. Le canal permettait aux embarcations de remonter d'une seule traite de Montréal à Ottawa. Il fut remplacé en 1963 par l'actuel canal de Carillon.

CARILLON
Près de l'Outaouais, on peut voir le monument érigé à la mémoire d'Adam Dollard des Ormeaux et de ses 16 compagnons massacrés par les Iroquois en 1660.
□ On a préservé les portes, les escaliers et les boiseries originales de la vieille caserne de Carillon, bâtie en 1829 pour les soldats qui gardaient le premier canal de Carillon. Le bâtiment de pierre de quatre étages est aujourd'hui un musée où l'on peut voir des objets de l'époque des Indiens et du régime français.
□ Le canal de Carillon, construit au début des années 60 dans le cadre du projet d'aménagement hydro-électrique de Carillon, comporte une écluse de 20 m de dénivellation, la plus importante du genre au Canada.

PAPINEAUVILLE
Centre agricole et industriel, le village de Papineauville doit son nom au chef des patriotes et à l'inspirateur de la rébellion de 1837, Louis-Joseph Papineau.

Manoir de Papineau, à Montebello

MONTEBELLO
Cette petite ville touristique et agricole tient son nom de l'imposant manoir de pierre construit en 1850 par Louis-Joseph Papineau, chef de la rébellion de 1837 dans le Bas-Canada. Le manoir, transformé en musée, et la chapelle où Papineau est enterré se trouvent dans le domaine de l'hôtel Château Montebello.
□ Papineau fut député à l'Assemblée législative du Bas-Canada de 1808 à 1837 et il en présida longtemps les débats. Il admirait les institutions politiques britanniques, mais il s'opposait à la domination anglaise au Canada. Il se fit le porte-parole des patriotes et des autres groupements de réformistes radicaux. Lorsque les patriotes se rebellèrent en 1837, Papineau partit en exil aux Etats-Unis. Il rentra au Canada en 1844, connut une nouvelle carrière politique, puis se retira à Montebello dix ans plus tard.

La route des voyageurs, la première « transcanadienne »

L'Outaouais était l'une des principales artères du commerce de la fourrure, la première « transcanadienne » que suivaient les Indiens, les missionnaires, les marchands, les trappeurs et les fermiers pour gagner l'intérieur du pays. Depuis l'entrepôt de la Compagnie de la Baie d'Hudson à Lachine, les grands « canots du maître » partaient au début du mois de mai vers les lointains avant-postes du Nord. Les voyageurs passaient leur première nuit au lac des Deux Montagnes. Le lendemain, les embarcations, chargées de 3 t de marchandises et de vivres, franchissaient les 20 km de rapides du Long-Sault. Après être passés devant Carillon et Grenville, les voyageurs apercevaient pour la première fois les collines des Laurentides, à l'orée de ce vaste pays sauvage où ils s'enfonçaient. Aujourd'hui, de bonnes routes longent l'Outaouais et les touristes peuvent admirer à leur tour les paysages que découvraient les voyageurs à bord de leurs canots.

0 1 2 3 4 5 Milles
0 2 4 6 8 Kilomètres

Le premier qui remonta le cours de l'Outaouais, la « Grande Rivière du Nord » des trafiquants de fourrures, fut Etienne Brûlé en 1610. Champlain le suivit en 1613, puis à nouveau en 1615, sur ce qui allait devenir la principale route de la traite des pelleteries au Canada : de l'Outaouais jusqu'à la Matawa, puis par voie de terre jusqu'au lac Nipissing.

Les trafiquants de fourrures en route vers l'ouest s'arrêtaient autrefois à l'extrémité du lac des Deux Montagnes, à l'embouchure de l'Outaouais. Français et Indiens se battirent férocement à cet endroit. A Carillon, des monuments rappellent l'un des combats les plus sanglants qui les opposèrent : la farouche résistance d'Adam Dollard des Ormeaux en 1660. Les hostilités empêchèrent la colonisation de la vallée de l'Outaouais jusqu'au XVIII siècle. L'une des rares seigneuries françaises de la région, La Petite Nation, date du début du XIX siècle. C'est ici que Louis-Joseph Papineau, chef de la rébellion de 1837 dans le Bas-Canada, construisit en 1850 son manoir de Montebello, qui abrite aujourd'hui un musée.

Au début du XIX siècle, le commerce des fourrures céda le pas à l'exploitation forestière. On construisit des canaux et plus tard des voies ferrées pour contourner les dangereux rapides qui coupent l'Outaouais entre Grenville et Carillon. Des loyalistes, des Ecossais et des Américains s'installèrent sur les rives où ils fondèrent des villages qui sont devenus des centres agricoles, industriels et touristiques.

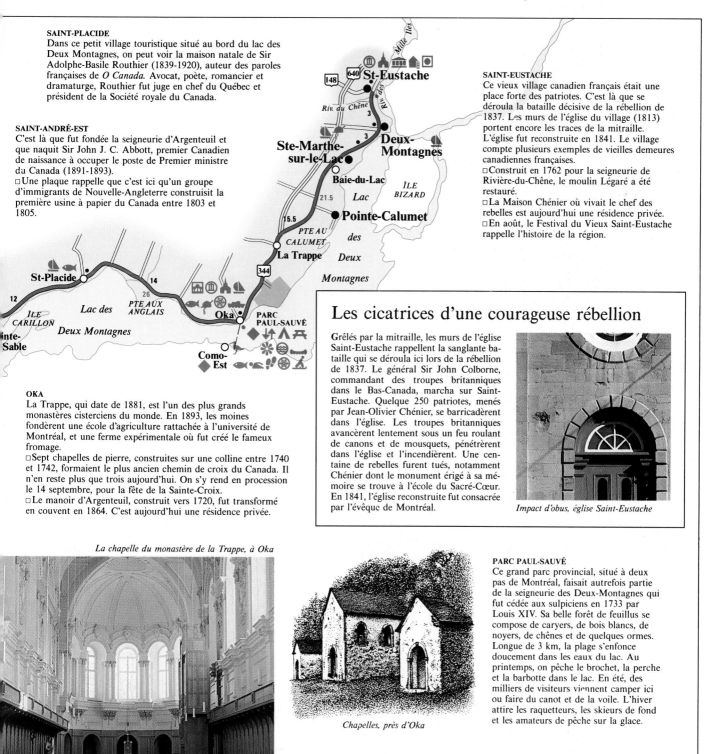

SAINT-PLACIDE
Dans ce petit village touristique situé au bord du lac des Deux Montagnes, on peut voir la maison natale de Sir Adolphe-Basile Routhier (1839-1920), auteur des paroles françaises de *O Canada*. Avocat, poète, romancier et dramaturge, Routhier fut juge en chef du Québec et président de la Société royale du Canada.

SAINT-ANDRÉ-EST
C'est là que fut fondée la seigneurie d'Argenteuil et que naquit Sir John J. C. Abbott, premier Canadien de naissance à occuper le poste de Premier ministre du Canada (1891-1893).
□Une plaque rappelle que c'est ici qu'un groupe d'immigrants de Nouvelle-Angleterre construisit la première usine à papier du Canada entre 1803 et 1805.

SAINT-EUSTACHE
Ce vieux village canadien français était une place forte des patriotes. C'est là que se déroula la bataille décisive de la rébellion de 1837. Les murs de l'église du village (1813) portent encore les traces de la mitraille. L'église fut reconstruite en 1841. Le village compte plusieurs exemples de vieilles demeures canadiennes françaises.
□Construit en 1762 pour la seigneurie de Rivière-du-Chêne, le moulin Légaré a été restauré.
□La Maison Chénier où vivait le chef des rebelles est aujourd'hui une résidence privée.
□En août, le Festival du Vieux Saint-Eustache rappelle l'histoire de la région.

OKA
La Trappe, qui date de 1881, est l'un des plus grands monastères cisterciens du monde. En 1893, les moines fondèrent une école d'agriculture rattachée à l'université de Montréal, et une ferme expérimentale où fut créé le fameux fromage.
□Sept chapelles de pierre, construites sur une colline entre 1740 et 1742, formaient le plus ancien chemin de croix du Canada. Il n'en reste plus que trois aujourd'hui. On s'y rend en procession le 14 septembre, pour la fête de la Sainte-Croix.
□Le manoir d'Argenteuil, construit vers 1720, fut transformé en couvent en 1864. C'est aujourd'hui une résidence privée.

Les cicatrices d'une courageuse rébellion

Grêlés par la mitraille, les murs de l'église Saint-Eustache rappellent la sanglante bataille qui se déroula ici lors de la rébellion de 1837. Le général Sir John Colborne, commandant des troupes britanniques dans le Bas-Canada, marcha sur Saint-Eustache. Quelque 250 patriotes, menés par Jean-Olivier Chénier, se barricadèrent dans l'église. Les troupes britanniques avancèrent lentement sous un feu roulant de canons et de mousquets, pénétrèrent dans l'église et l'incendièrent. Une centaine de rebelles furent tués, notamment Chénier dont le monument érigé à sa mémoire se trouve à l'école du Sacré-Cœur. En 1841, l'église reconstruite fut consacrée par l'évêque de Montréal.

Impact d'obus, église Saint-Eustache

La chapelle du monastère de la Trappe, à Oka

Chapelles, près d'Oka

PARC PAUL-SAUVÉ
Ce grand parc provincial, situé à deux pas de Montréal, faisait autrefois partie de la seigneurie des Deux-Montagnes qui fut cédée aux sulpiciens en 1733 par Louis XIV. Sa belle forêt de feuillus se compose de caryers, de bois blancs, de noyers, de chênes et de quelques ormes. Longue de 3 km, la plage s'enfonce doucement dans les eaux du lac. Au printemps, on pêche le brochet, la perche et la barbotte dans le lac. En été, des milliers de visiteurs viennent camper ici ou faire du canot et de la voile. L'hiver attire les raquetteurs, les skieurs de fond et les amateurs de pêche sur la glace.

Au confluent de deux cultures, la dynamique métropole du Canada

Brasserie Molson (8)
La plus ancienne brasserie toujours en activité du Canada (1786) organise des visites guidées de ses établissements. Une collection d'armes anciennes est exposée dans la salle de réception.

Le château de Ramezay (1705) abritait autrefois le gouvernement de la Nouvelle-France.

Cathédrale Marie-Reine-du-Monde (15)
Cette cathédrale (1875) est calquée sur Saint-Pierre de Rome, mais réduite au quart de la surface de la basilique vaticane.

Chapelle Notre-Dame-de-Bon-Secours (29)
Derrière cette église (1773), surnommée la chapelle des marins, une statue de la Vierge fait face au port de Montréal.

Château de Ramezay (27)
Ce manoir de pierre (1705), qui fut le siège du gouvernement du Canada français jusqu'en 1724, abrite un musée consacré à l'histoire du Québec.

Cité du Havre (4)
En bordure du fleuve, la Cité accueille le Centre international de Radio-Télévision, le musée d'Art contemporain, Habitat 67, la Maison olympique et le théâtre de l'Expo. Le musée expose des œuvres d'artistes québécois comme Paul-Emile Borduas (1905-1960), le fondateur de l'école automatiste. Habitat, conçu par l'architecte Moshe Safdie pour l'Expo 67, regroupe 158 appartements modulaires. Le musée de la Maison olympique possède des photos, des médailles et des trophées d'athlètes canadiens. Le théâtre de l'Expo présente des pièces en français et en anglais.

Complexe Desjardins (23)
Trois immeubles commerciaux et un hôtel enserrent une immense promenade bordée de magasins et de fontaines lumineuses.

Eglise Notre-Dame (25)
Cette église (1829), flanquée de deux tours de 67 m de haut, peut accueillir 7 000 fidèles. La décoration intérieure est l'œuvre d'artistes canadiens français, notamment Ozias Leduc et Victor Bourgeau. Ses vitraux relatent les débuts de Montréal. Une belle collection d'argenterie du XVIIᵉ siècle est exposée dans un musée. A côté, le séminaire des Sulpiciens (1685) est le plus ancien édifice de Montréal.

Galerie Dominion (13)
La plus grande galerie privée de la ville présente deux grandes statues, *Upright Motive No. 5,* d'Henry Moore, et *Jean d'Aire,* d'Auguste Rodin, et plus de 400 sculptures et peintures.

Ville active et complexe qui s'étend sur une île de 50 km de long, au milieu du Saint-Laurent, Montréal présente les traits d'une grande cité nord-américaine, tout en restant profondément enraciné dans la civilisation européenne.

Avec ses 2 800 000 habitants, Montréal regroupe environ 45 pour cent de la population du Québec. Un tiers des Montréalais pourtant ne sont pas d'origine française et cette interpénétration des traditions française et anglo-saxonne à laquelle s'ajoutent de nombreux groupes ethniques donne à la ville son caractère cosmopolite.

Quand Jacques Cartier débarqua sur l'île en 1535, il découvrit un village indien, Hochelaga, situé au pied d'un mont de 232 m qu'il baptisa Monreale, du nom de la ville de Sicile dont le cardinal de Médicis était autrefois l'évêque. Monreale devint bientôt Mont Réal. En 1611, Champlain établit un comptoir dans l'île. En 1642, de Maisonneuve y fonda une mission qu'il nomma Ville-Marie. La petite colonie fortifiée survécut pendant un demi-siècle aux attaques des Iroquois, devint la capitale de la traite des fourrures au cours du XVIIIᵉ siècle, puis, au XIXᵉ siècle, un grand centre commercial, financier et industriel.

La réputation internationale de Montréal a grandi à la mesure des gratte-ciel qui se découpent aujourd'hui sur la toile de fond de la colline de Jacques Cartier. L'Exposition universelle de 1967 et les Jeux olympiques de 1976 ont entraîné la construction d'importantes installations sportives et touristiques ainsi que celle d'un métro ultramoderne.

Le port de Montréal, à l'entrée de la voie maritime du Saint-Laurent, est le plus important de l'est du Canada. Quelque 3 500 navires marchands y font escale chaque année. La ville s'enorgueillit en outre d'accueillir les sièges sociaux d'Air Canada, du Canadien National et du Canadien Pacifique. Elle possède également le plus vaste aéroport du monde, l'aéroport international de Mirabel, à 55 km à l'ouest de la ville.

Montréal est une ville animée d'une vie culturelle intense. Ses grandes maisons d'enseignement comprennent l'université de Montréal, réputée pour ses facultés de médecine et de droit, un campus de l'université du Québec, l'université McGill, renommée pour ses facultés de génie et de médecine, et l'université Concordia, la plus grande du Québec avec ses 25 000 étudiants. Les trois splendides salles de la place des Arts où se produisent orchestres, chanteurs, troupes de ballet et de théâtre, ainsi que de nombreuses autres salles de spectacle, constituent également un foyer culturel de première importance. Quant aux innombrables cafés, bars et discothèques, ils animent la vie nocturne jusqu'aux petites heures du matin.

Ile Sainte-Hélène (9)

L'aquarium de Montréal possède des requins, des tortues de mer et des dauphins savants. Le musée de l'Ile-Sainte-Hélène, aménagé dans l'arsenal d'un fort construit en 1820-1824, contient une collection d'armes militaires du XVIIe siècle et une maquette de Montréal au XVIIIe siècle. Des figurants vêtus d'uniformes d'époque y font l'exercice. L'ancienne poudrière du fort abrite un théâtre.

Terre des Hommes

Jardin botanique (10)

Le troisième jardin botanique du monde (après ceux de Berlin et de Londres) est réputé pour ses collections de cactus et de bégonias. Ses jardins de rocaille et de plantes aquatiques, son arboretum, où l'on compte près de 15 000 essences, et ses nombreuses serres, qui nous font passer du désert à la forêt tropicale, représentent la flore de presque toutes les régions du monde.

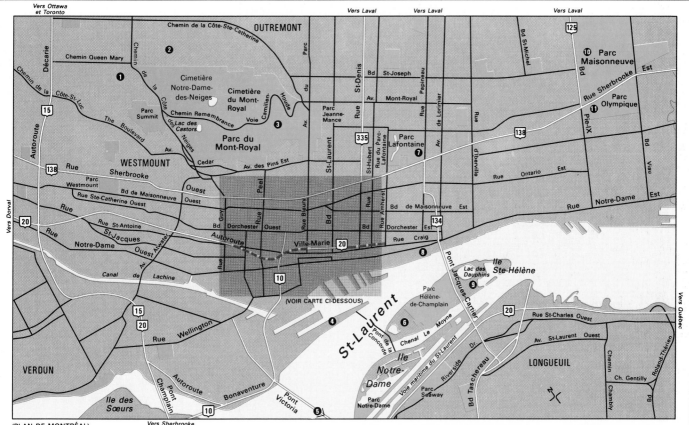

(PLAN DE MONTRÉAL)

Montréal

1 Oratoire Saint-Joseph
2 Université de Montréal
3 Parc du Mont-Royal
4 Cité du Havre
5 Voie maritime du Saint-Laurent
6 Terre des Hommes
7 Parc Lafontaine
8 Brasserie Molson
9 Ile Sainte-Hélène
10 Jardin botanique
11 Parc Olympique
12 Musée des Beaux-Arts

13 Galerie Dominion
14 Office du tourisme
15 Cathédrale Marie-Reine-du-Monde
16 Planétarium Dow
17 Université McGill
18 CAA
19 Place Ville-Marie
20 Place Victoria
21 Place d'Youville
22 Place des Arts
23 Complexe Desjardins
24 Musée de la Banque de Montréal
25 Eglise Notre-Dame
26 Vieux Montréal
27 Château de Ramezay
28 Marché Bonsecours
29 Chapelle Notre-Dame-de-Bon-Secours

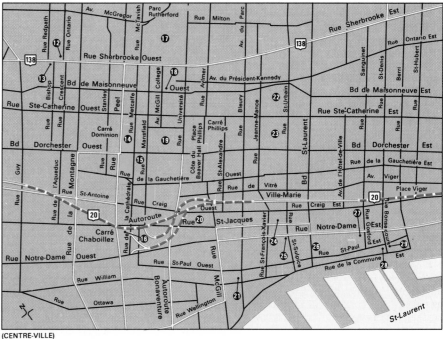

(CENTRE-VILLE)

- - - - Autoroute souterraine

Marché Bonsecours (28)
Cet édifice abrita le Parlement du Canada de 1849 à 1852, l'hôtel de ville jusqu'en 1878, puis fut transformé en marché.

Musée de la Banque de Montréal (24)
La première banque du Canada (1817) possède une collection de pièces de monnaie, de billets de banque, de documents financiers et de cartes de Montréal.

Musée des Beaux-Arts (12)
On remarquera une sculpture d'Henry Moore, *Reclining Figure: Internal and External Forms*, et *La Lampe et les Cerises*, de Pablo Picasso. Le musée possède également des tableaux de maîtres hollandais et anglais, des sculptures du XVIe siècle, des tapisseries européennes, des objets d'art oriental et une collection exceptionnelle de verreries antiques romaines et syriennes. Des galeries sont consacrées aux arts et aux arti-

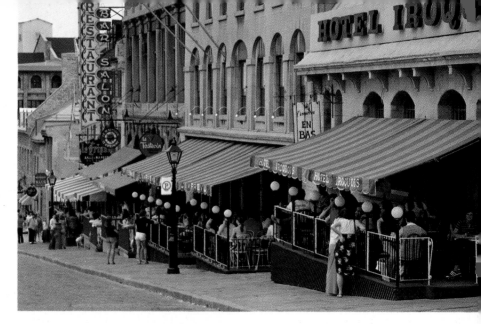

Le passé et le présent se côtoient sur la place Jacques-Cartier (ci-dessus). La silhouette futuriste d'Habitat 67 (à gauche) se dresse en bordure des quais de la Cité du Havre. Les vieilles rues de Montréal sont bordées de pittoresques maisons (ci-dessous) ornées de balcons et d'escaliers en fer forgé. Une splendide ébénisterie décore l'église Notre-Dame (ci-dessous, à gauche), construite en 1829 pour remplacer la première église paroissiale de Montréal. En bordure des allées ombragées du Jardin botanique (en bas) s'étalent de splendides parterres de fleurs.

sanats indiens et inuit, ainsi qu'à la sculpture sur bois et à l'art du meuble. Le musée, construit en 1912 dans le style néo-classique grec, a été rénové en 1973-1976.

Oratoire Saint-Joseph (1)
En 1904, le frère André de la Congrégation de Sainte-Croix construisit une chapelle de bois sur le versant ouest du mont Royal, en l'honneur de saint Joseph. Le frère s'y occupait des malheureux et des malades. Lorsqu'il mourut en 1937, à l'âge de 91 ans, sa réputation était devenue telle qu'un million de personnes défilèrent devant son cercueil. La basilique, qui est la plus grande église du Canada, a été commencée en 1924 et achevée en 1967. Son dôme octogonal est le deuxième du monde, après celui de Saint-Pierre de Rome. La tombe du frère André se trouve dans la crypte de l'oratoire. A flanc de coteau, dans la chapelle primitive, on peut voir la chambre qu'il occupa pendant 38 ans.

Parc Lafontaine (7)
Au jardin des Merveilles, un zoo pour les enfants, plus de 550 petits animaux sont présentés dans des décors dont les thèmes sont tirés de contes d'enfants. Le parc de 32 ha possède deux lacs, où l'on peut faire du ba-

teau ou patiner, selon la saison, ainsi qu'un théâtre de verdure.

Parc du Mont-Royal (3)
Ce parc de 200 ha qui domine Montréal beigne dans le silence des bois. En hiver, le lac des Castors se transforme en patinoire, tandis que skieurs et traîneaux sillonnent les allées. Une croix lumineuse de 30 m de haut rappelle la croix de bois de Maisonneuve. Une ancienne ferme abrite le centre d'Art du Mont-Royal.

Parc Olympique (11)

Le stade Olympique de 55 000 places a été construit pour les Jeux olympiques de 1976. L'immense masse de béton, œuvre de l'architecte français Roger Taillibert, accueille aujourd'hui des manifestations sportives et artistiques, tout comme le vélodrome. On peut visiter le parc Olympique à côté duquel se dressent les deux pyramides du village Olympique.

Place des Arts (22)

L'orchestre symphonique de Montréal se produit dans la salle Wilfrid-Pelletier (3 000 places) où l'on donne également des opéras et des spectacles de ballet. Ce complexe comprend aussi la salle Maisonneuve (1 300 places) et la salle Port-Royal (800 places).

Place Victoria (20)

Une tour de 47 étages abrite la bourse de Montréal. Suspendue au plafond du hall d'entrée, on peut voir la plus haute sculpture de verre du monde. Cette œuvre des souffleurs de verre de Murano, en Italie, comprend 3 000 pièces de verre cubiques ou oblongues.

Place Ville-Marie (19)

Quatre grands immeubles entourent un centre commercial. L'édifice principal, bâti en forme de croix, compte 45 étages ; il abrite la

Stade Olympique

Banque royale du Canada et un millier de bureaux.

Place d'Youville (21)

Les écuries d'Youville, trois entrepôts qui datent du XVIIIe siècle, abritent aujourd'hui des bureaux, des boutiques et un restaurant, en bordure d'une cour intérieure.

Planétarium Dow (16)

Un énorme projecteur Zeiss recrée sur le dôme d'aluminium du planétarium le mouvement des planètes et d'environ 9 000 étoiles. Des projecteurs spéciaux simulent également les pluies de météores, les comètes et les aurores boréales.

Terre des Hommes (6)

Héritage de l'Expo 67, cette exposition propose dans un paysage de pelouses fleuries et de larges avenues des pavillons nationaux et des expositions thématiques.

Université McGill (17)

Fondée en 1821, l'université McGill, l'une des plus grandes du Canada, occupe un domaine de 30 ha en plein cœur de Montréal. Son musée McCord possède des objets de l'époque de la traite des fourrures, des poupées, des porcelaines et de beaux exemples d'art ancien du Québec. Une galerie consacrée au costume présente des vêtements qui datent de 1770. L'immense collection de photographies Notman couvre une période qui s'étend de 1856 à 1934.

Université de Montréal (2)

Depuis sa fondation en 1878, l'université de Montréal n'a cessé de grandir et de s'imposer comme l'une des plus importantes universités de langue française. Ses facultés de médecine et de chirurgie dentaire, ainsi que son école polytechnique ont grandement contribué à sa renommée. Elle s'est appliquée à développer des centres de recherche aussi bien dans les sciences pures que dans les sciences humaines. A tous égards, de la gestion à la recher-

che de pointe, l'enseignement de l'université est orienté vers l'avenir.

Vieux Montréal (26)

Le long des étroites rues pavées de ce quartier de 40 ha, qui était autrefois le centre du commerce de la fourrure, se succèdent des demeures historiques et d'anciens entrepôts. En 1963, le gouvernement du Québec a classé quartier historique tout le Vieux Montréal. Des dizaines de bâtiments rénovés abritent aujourd'hui des restaurants, des musées et des galeries d'art. Le centre du Vieux Montréal est la place Jacques-Cartier, autrefois un marché, bordée de restaurants et d'hôtels. Un monument datant de 1809 commémore l'amiral anglais Nelson. L'hôtel de ville (1926), dans le style de la Renaissance française, rappelle celui de Paris.

Oratoire Saint-Joseph

Voie maritime du Saint-Laurent (5)

Le poste d'observation aménagé au sommet de l'immeuble de l'Administration de la voie maritime domine l'écluse Saint-Lambert où passent chaque année quelque 6 000 navires.

Une ville souterraine, à l'abri de l'hiver

Les hautes tours et les rues animées du centre de Montréal cachent une véritable ville souterraine, un réseau de passages qui relient d'innombrables immeubles, théâtres, restaurants, bars, magasins, hôtels et stations de métro. Un tronçon de la Transcanadienne s'enfonce même au-dessous de la ville.

Ce réseau souterrain occupe plus de 16 ha et, l'hiver venu, bien des Montréalais semblent y hiverner, à l'abri des chutes de neige qui atteignent 240 cm par an et du froid mordant de la mauvaise saison.

De vastes promenades mènent de la place Ville-Marie à la gare Centrale, sous l'hôtel Reine-Elisabeth, et de là, à la place Bonaventure. La place du Canada, le complexe Desjardins (à gauche) et la place Alexis-Nihon abritent également d'autres promenades commerciales.

Montréal est desservi par un métro rapide et silencieux (extrême gauche, en bas). Les rames, montées sur pneus, desservent actuellement 37 stations (d'autres sont en construction), toutes décorées d'une façon différente. Celle de la place des Arts est peut-être la plus saisissante avec son remarquable vitrail (extrême gauche, en haut), œuvre de l'artiste montréalais Frédéric Back.

Un site sauvage à la mesure de l'homme

Les Laurentides

Les Laurentides sont sans doute l'une des régions touristiques les plus fréquentées de l'Amérique du Nord. On y compte une vingtaine de grands centres de sports d'hiver pourvus de plus d'une centaine de remonte-pentes, d'innombrables pistes de ski de fond et d'installations hôtelières.

Au cours du Festival de la neige des Laurentides, les habitants et les visiteurs de Sainte-Agathe-des-Monts arborent des tuques rouges et des ceintures fléchées aux couleurs vives qui redonnent au village son

SAINT-DONAT
De toutes les Laurentides, cette région est sans doute celle qui compte le plus de lacs. Plusieurs sont peuplés de truites mouchetées. Les visiteurs y trouveront facilement des chalets à louer.

VAL-DAVID
De nombreux artistes et artisans québécois qui vivent dans ce pittoresque village exposent leurs œuvres au marché des Artisans, en juillet.
□ Le théâtre de la Butte à Val-David présente des pièces québécoises. Il est aménagé dans ce qui était autrefois la plus vieille boîte à chansons du Québec, la *Butte à Mathieu*.
□ L'aiguille du Condor, un piton de 23 m qui se dresse à côté du mont Condor, est bien connue des alpinistes.

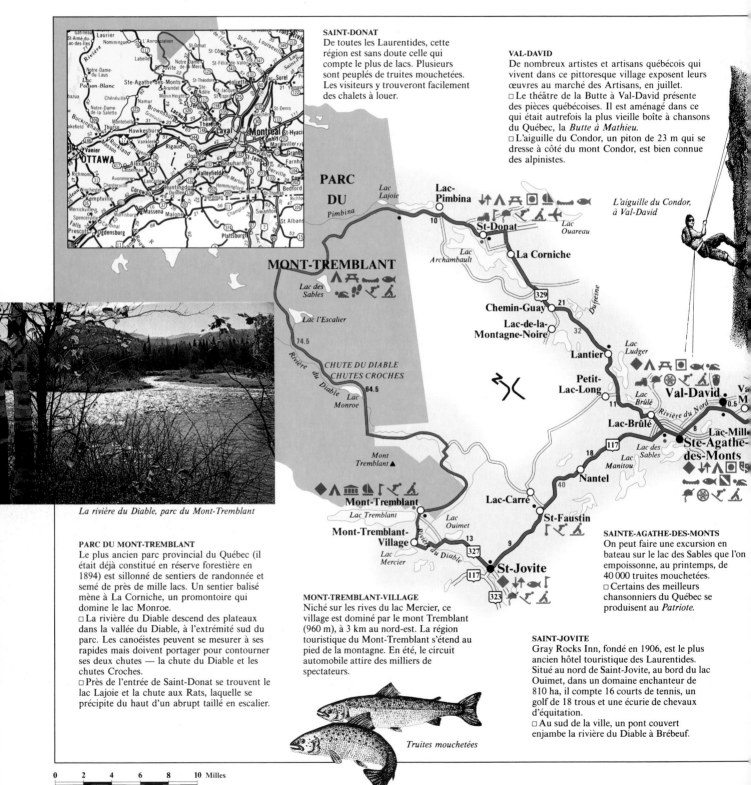

L'aiguille du Condor, à Val-David

La rivière du Diable, parc du Mont-Tremblant

PARC DU MONT-TREMBLANT
Le plus ancien parc provincial du Québec (il était déjà constitué en réserve forestière en 1894) est sillonné de sentiers de randonnée et semé de près de mille lacs. Un sentier balisé mène à La Corniche, un promontoire qui domine le lac Monroe.
□ La rivière du Diable descend des plateaux dans la vallée du Diable, à l'extrémité sud du parc. Les canoéistes peuvent se mesurer à ses rapides mais doivent portager pour contourner ses deux chutes — la chute du Diable et les chutes Croches.
□ Près de l'entrée de Saint-Donat se trouvent le lac Lajoie et la chute aux Rats, laquelle se précipite du haut d'un abrupt taillé en escalier.

MONT-TREMBLANT-VILLAGE
Niché sur les rives du lac Mercier, ce village est dominé par le mont Tremblant (960 m), à 3 km au nord-est. La région touristique du Mont-Tremblant s'étend au pied de la montagne. En été, le circuit automobile attire des milliers de spectateurs.

Truites mouchetées

SAINTE-AGATHE-DES-MONTS
On peut faire une excursion en bateau sur le lac des Sables que l'on empoissonne, au printemps, de 40 000 truites mouchetées.
□ Certains des meilleurs chansonniers du Québec se produisent au *Patriote*.

SAINT-JOVITE
Gray Rocks Inn, fondé en 1906, est le plus ancien hôtel touristique des Laurentides. Situé au nord de Saint-Jovite, au bord du lac Ouimet, dans un domaine enchanteur de 810 ha, il compte 16 courts de tennis, un golf de 18 trous et une écurie de chevaux d'équitation.
□ Au sud de la ville, un pont couvert enjambe la rivière du Diable à Brébeuf.

0   2   4   6   8   10 Milles
0   4   8   12   16 Kilomètres

Ski dans les Laurentides

atmosphère d'antan. Des traîneaux tirés par des chevaux sillonnent les rues bordées de sculptures de glace pendant que se déroulent de nombreuses manifestations sportives : courses d'attelages de chiens, épreuves de patinage, rencontres de hockey et championnats de toboggan.

En été, l'air vif des collines boisées et les eaux cristallines des lacs font le bonheur des vacanciers. De nombreux centres de villégiature leur offrent de multiples attractions : natation, ski nautique, équitation, tennis, golf...

Pendant les soirées fraîches et paisibles, les visiteurs peuvent assister à des spectacles à Sainte-Adèle et à Val-David où les meilleurs chansonniers du Québec se produisent dans l'atmosphère intime et détendue des nombreuses boîtes à chansons.

A quelques kilomètres, la grande nature reprend ses droits au parc du Mont-Tremblant. Nulle route ne mène aux sauvages forêts de sa partie nord ; aussi pêcheurs et amateurs de canot trouvent-ils ici un véritable paradis.

PRÉVOST

Ce paisible village touristique, aussi connu sous le nom de Shawbridge, compte 75 km de pistes de ski de fond. Le fameux skieur de fond Herman « Jack Rabbit » Johannsen organisa des randonnées de 1932 à 1935 sur la piste de la Feuille-d'Érable qui menait de Prévost à Mont-Tremblant, une distance de 96 km, au travers de certains des plus beaux paysages des Laurentides. Une partie de la piste est toujours ouverte au public.
□ C'est ici que fut construit le premier remonte-pente du Canada, en 1932. L'installation, qui fonctionnait avec un moteur d'automobile, était passablement rudimentaire, mais le prix d'une montée n'était que de cinq cents.

SAINT-SAUVEUR-DES-MONTS

Cette station de ski, la plus ancienne des Laurentides, dispose de près de 30 remonte-pentes dans un rayon de 3 km. Le deuxième remonte-pente d'Amérique du Nord fut installé ici en 1934. En hiver, la population du village de 2 000 habitants double presque avec les skieurs.

Le curé Labelle, le défricheur des Laurentides

En 1870, c'est à peine si l'on comptait une douzaine de hameaux au nord de Saint-Jérôme et les colons ne cessaient de quitter le Québec pour aller travailler aux Etats-Unis. En 1891, Mgr Antoine Labelle avait mis un terme à cet exode en fondant une vingtaine de paroisses dans les forêts des Laurentides. Ce chef à la détermination farouche fit venir au Québec des colons européens et persuada le gouvernement de faire passer la ligne de chemin de fer Montréal-Québec par Saint-Jérôme. Le curé Labelle exhorta un jour ainsi ses paroissiens découragés : « Vous qui avez taillé vous-mêmes vos fermes avec une peine infinie dans les bois, restez ! Persévérez ! Dans 50 ans, des étrangers accourront ici en foule et sèmeront l'or à poignées. » Aujourd'hui, Saint-Jérôme est la porte d'entrée de l'une des plus belles régions touristiques du Québec.

SAINT-JÉRÔME

La cathédrale de Saint-Jérôme, la plus grande église des Laurentides, fut construite entre 1897 et 1899. On peut voir un autel portatif massif, un calice d'argent offert par le pape Léon XIII et d'autres souvenirs de Mgr Antoine Labelle. Entre 1870 et 1880, le curé Labelle sillonna les Laurentides à la recherche d'endroits propices à la colonisation. Une statue de bronze du sculpteur canadien Alfred Laliberté rappelle sa mémoire.

SAINTE-ROSE

Ce paisible village rural date de 1845. L'église Sainte-Rose (1856) est l'œuvre de Victor Bourgeau. On peut y voir un bel autel sculpté qui date de la fin du XVIIIe siècle. Près de l'église se trouvent plusieurs maisons anciennes très bien conservées. L'une d'elles abrite un magasin d'antiquités, une autre une boutique d'artisanat.

L'aérogare de l'aéroport international de Mirabel

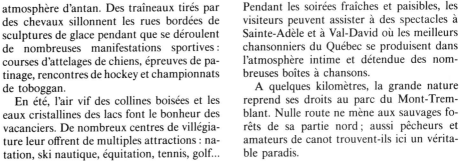

Village de Séraphin, à Sainte-Adèle

SAINTE-ADÈLE

La petite ville construite au bord du lac Rond sur les pentes du mont Sainte-Adèle abrite une colonie d'écrivains, d'artistes et d'artisans.
□ Le village de Séraphin est la reconstitution d'un hameau du milieu du XIXe siècle, inspirée par l'ouvrage de Claude-Henri Grignon, *Un homme et son péché*. Il comprend un bureau de poste, un magasin général, une forge, une école, une église et le cabinet du médecin.

MIRABEL

La municipalité a été créée en 1970 (en réunissant Sainte-Scholastique, Belle-Rivière, Sainte-Monique et 11 autres villages et bourgades) pour aménager le deuxième aéroport international de Montréal.

Mirabel est le deuxième aéroport du monde par sa taille. Il peut acheminer 10 millions de passagers par an (60 millions en l'an 2025). Les passagers n'ont guère qu'une centaine de mètres à parcourir entre les entrées de l'aérogare et les portes d'embarquement. Des véhicules spéciaux font la navette entre les avions et l'aérogare.

Un petit coin du Québec, paisible et pittoresque

Les Laurentides

Au nord-est de Montréal, passé la rivière des Prairies, s'étend une région de villages paisibles, de lacs et de bois pittoresques, qui annonce déjà les Laurentides. La route 138 traverse le comté de l'Assomption, l'un des plus petits du Québec, puis celui de Berthierville, en longeant la rive nord du Saint-Laurent.

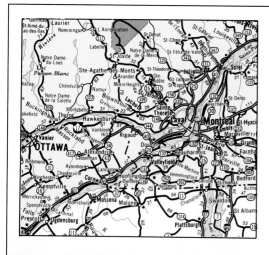

Musée d'Art de Joliette

SAINT-GABRIEL-DE-BRANDON
Ce vieux village, serti dans le splendide paysage des Laurentides, porta d'abord le nom de Mission-du-Lac-Maskinongé jusqu'en 1837, puis celui de Saint-Gabriel-du-Lac-Maskinongé. Ce n'est que trois ans plus tard qu'il prit son nom actuel.
□ Le lac Maskinongé est bien connu des pêcheurs et des amateurs de sports aquatiques.

JOLIETTE
Dans la maison provinciale des frères de Saint-Viateur, construite en 1939 sur le modèle d'une abbaye normande du XIIIᵉ siècle, se trouve une chapelle ornée de vitraux et de sculptures de Marius Plamondon. On y verra aussi des sculptures sur bois de Sylvia Daoust. L'autel de céramique est l'œuvre de Louis Parent.
□ Dessinée par le père Pierre Conefroy, l'église Saint-Paul fut construite en 1803-1804 et décorée par Jean-Chrysostôme Perrault et Amable Charron.
□ Le musée d'Art de Joliette possède des tableaux européens et canadiens, ainsi que des objets d'art sacré qui datent du Moyen Age.
□ Dans une ancienne grange, le théâtre des Prairies présente des pièces en été.
□ Le Club de tir à l'arc de Joliette fut le site des compétitions de tir à l'arc pendant les Jeux Olympiques de 1976.

RAWDON
Le vieux village Canadien comprend une école, une cabane de colons, une forge et un salon de glacier du XIXᵉ siècle. Un pont couvert (1888) enjambe la rivière qui traverse le village.
□ A la chute Dorwin, on peut voir un rocher qui serait la tête d'un sorcier ; il aurait été transformé en pierre après avoir précipité dans les chutes une jeune fille qui le repoussait.

LAURENTIDES
Sir Wilfrid Laurier, septième Premier ministre du Canada, naquit ici en 1841. Le village s'appelait alors Saint-Lin. Sa maison natale, une modeste demeure de brique, est aujourd'hui un monument historique national. La maison est meublée comme elle l'était de son temps. Un gros poêle à bois trône dans la cuisine. A l'étage se trouvent une chambre à coucher et des pièces où l'on filait la laine.

Maison de Wilfrid Laurier, à Laurentides

Tir à l'arc, à Joliette

Un poisson combatif

Les eaux profondes des lacs et des rivières de cette région regorgent de maskinongés, le plus grand poisson d'eau douce du Canada après l'esturgeon. Le maskinongé est un poisson puissant et combatif qui pèse entre 2 et 16 kg, mais plusieurs pêcheurs ont ramené d'énormes spécimens de 45 kg et de 1,80 m de long.

On pêche surtout le maskinongé à la cuiller, mais il faut faire preuve d'une patience infinie. Le pêcheur doit attendre que le poisson soit affamé et prêt à se jeter sur n'importe quoi. On pourra alors en prendre plusieurs en une seule journée.

0   1   2   3   4   5 Milles
0   2   4   6   8 Kilomètres

La route passe par Repentigny où l'architecture audacieuse de la moderne église Notre-Dame-des-Champs contraste avec la simplicité des lignes de l'église paroissiale, construite au XVIIIᵉ siècle. Elle arrive ensuite à Lanoraie, dont les maisons Hétu et Hervieux sont de beaux exemples de l'architecture québécoise du XIXᵉ siècle. A Berthierville, qui est relié par un pont à l'île Dupas, au milieu du Saint-Laurent, on remarquera la chapelle Cuthbert, première église presbytérienne du Bas-Canada.

Ce pays est celui du tabac. On y voit partout des serres, des séchoirs et des haies qui protègent les cultures contre le vent. Près de Berthierville, le tabac pousse sur une bande de terre qui était autrefois un bras marécageux du Saint-Laurent. Les champs de tabac s'étendent jusqu'aux environs de Joliette. Cette région au sol sablonneux, qui compte environ 125 jours sans gelée par an et reçoit suffisamment de pluie pendant la saison de croissance, est l'un des principaux centres de la culture du tabac au Canada.

Au nord de Joliette, la nature change d'aspect. C'est là que commence à s'étendre le paysage boisé et accidenté des Laurentides. Saint-Gabriel-de-Brandon et Rawdon accueillent toute l'année des touristes. Rawdon possède cinq chutes dont la plus spectaculaire est la chute Dorwin, haute de 30 m et large de 15. A Laurentides (autrefois Saint-Lin) se trouve la maison où Sir Wilfrid Laurier passa son enfance. La maisonnette de brique, classée monument historique, est aujourd'hui ouverte au public.

Boulangerie de l'île du Moulin

BERTHIERVILLE
La « petite chapelle des champs », première église presbytérienne du Bas-Canada, fut construite en 1786 par un soldat anglais, James Cuthbert, à la mémoire de sa femme.
□ En face de Berthierville, l'île Dupas est un pâturage communal depuis que, au XVIIIᵉ siècle, le seigneur des lieux, le capitaine Alexandre Berthier, fit don de l'île à ses métayers.

LANORAIE
Entre Lanoraie et Berthierville, une pépinière provinciale abrite près de 35 millions de conifères dans une forêt de 30 ha et sur deux plantations. En semaine, on peut visiter la pépinière et assister à l'extraction des graines de pommes de pin.
□ Les maisons Hétu et Hervieux, qui ont toutes deux été restaurées, constituent de beaux exemples de l'architecture québécoise du début du XIXᵉ siècle.

SAINT-SULPICE
C'est ici que naquit en 1827 le père Albert Lacombe, un missionnaire qui exerça son ministère parmi les Cris et les Pieds-Noirs de l'ouest du Canada. Lorsque la rébellion du Nord-Ouest éclata, en 1885, le père Lacombe dissuada les Pieds-Noirs de prendre les armes.
□ L'église Saint-Sulpice (1832) possède, façonnés dans un tronc d'arbre, des fonts baptismaux et un autel de bois sculpté en 1706.

Séchoirs à tabac, près de Lanoraie

Le tabac, une plante que les Indiens cultivaient déjà

Les Indiens qui cultivaient le tabac le long du Saint-Laurent en donnèrent vite le goût aux premiers colons français du Québec. Malgré l'opposition des autorités de la Nouvelle-France, les colons entreprirent eux aussi de cultiver cette plante. Ils y furent d'ailleurs encouragés, dès 1735, par la France.

Aujourd'hui, on cultive le tabac de façon intensive aux environs de Joliette, de Montcalm et de Lanoraie. La récolte du tabac a pris beaucoup d'importance depuis les années 30, lorsqu'on découvrit que le terrain et le climat de la région favorisaient la croissance de la plante. Le Québec produit aujourd'hui du tabac à pipe, du tabac fin pour les cigares et du tabac blond séché à l'air chaud.

REPENTIGNY
Les lignes audacieuses de l'église Notre-Dame-des-Champs (1963), œuvre de l'architecte Roger D'Astous qui dessina aussi le château Champlain à Montréal, contrastent avec la simplicité de la vieille église paroissiale de Repentigny (1725).

Église Notre-Dame-des-Champs, à Repentigny

Sanctuaire de la Réparation, à Pointe-aux-Trembles

POINTE-AUX-TREMBLES
Cette agglomération fut fondée en 1669. Son nom vient des bosquets de trembles qui y poussaient alors. L'ancien hippodrome Richelieu abrite aujourd'hui un marché aux puces. La ville possède aussi un port de plaisance et un terrain d'aviation. Le sanctuaire de la Réparation comprend une grotte, une chapelle et un musée.

Les fermes et les vergers d'une riante et sereine région

Sud-ouest du Québec

Les vergers paisibles et les vallées fertiles du sud-ouest du Québec offrent un plaisant contraste avec le rythme trépidant de Montréal qui s'étale, tout proche.

Sur la rive sud du Saint-Laurent, le village indien de Caughnawaga évoque l'histoire de la région. A la fin du XVIIe siècle, des jésuites français y fondèrent une mission pour les Indiens convertis au christianisme. A l'époque de la Nouvelle-France, les Indiens de la mission vendaient des fourrures de contrebande aux colons hollandais installés dans ce qui est

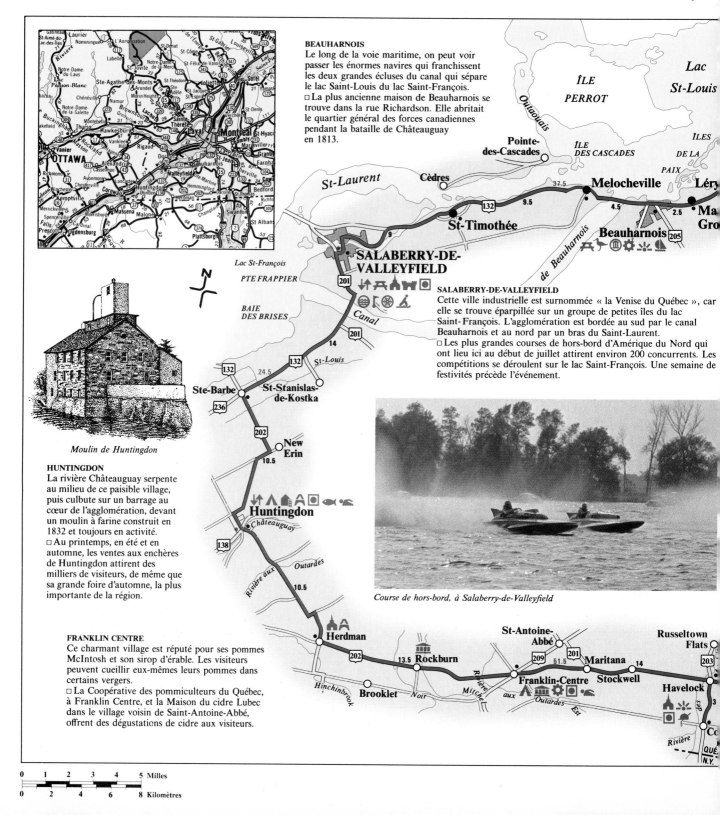

Moulin de Huntingdon

BEAUHARNOIS

Le long de la voie maritime, on peut voir passer les énormes navires qui franchissent les deux grandes écluses du canal qui sépare le lac Saint-Louis du lac Saint-François.
□ La plus ancienne maison de Beauharnois se trouve dans la rue Richardson. Elle abritait le quartier général des forces canadiennes pendant la bataille de Châteauguay en 1813.

SALABERRY-DE-VALLEYFIELD

Cette ville industrielle est surnommée « la Venise du Québec », car elle se trouve éparpillée sur un groupe de petites îles du lac Saint-François. L'agglomération est bordée au sud par le canal Beauharnois et au nord par un bras du Saint-Laurent.
□ Les plus grandes courses de hors-bord d'Amérique du Nord qui ont lieu ici au début de juillet attirent environ 200 concurrents. Les compétitions se déroulent sur le lac Saint-François. Une semaine de festivités précède l'événement.

Course de hors-bord, à Salaberry-de-Valleyfield

HUNTINGDON

La rivière Châteauguay serpente au milieu de ce paisible village, puis culbute sur un barrage au cœur de l'agglomération, devant un moulin à farine construit en 1832 et toujours en activité.
□ Au printemps, en été et en automne, les ventes aux enchères de Huntingdon attirent des milliers de visiteurs, de même que sa grande foire d'automne, la plus importante de la région.

FRANKLIN CENTRE

Ce charmant village est réputé pour ses pommes McIntosh et son sirop d'érable. Les visiteurs peuvent cueillir eux-mêmes leurs pommes dans certains vergers.
□ La Coopérative des pommiculteurs du Québec, à Franklin Centre, et la Maison du cidre Lubec dans le village voisin de Saint-Antoine-Abbé, offrent des dégustations de cidre aux visiteurs.

0 1 2 3 4 5 Milles
0 2 4 6 8 Kilomètres

CAUGHNAWAGA

Une jeune Agnier qui sera sans doute la première sainte indienne d'Amérique du Nord est vénérée dans ce village où elle mourut en 1680. Les reliques de Kateri Tekakwitha reposent dans une tombe de marbre blanc, dans l'église de la mission Saint-François-Xavier (1717). Dans la sacristie de l'église de la mission se trouve un élégant tabernacle qui aurait été fait en France vers 1700. Le presbytère voisin (1717-1718) possède une vieille grammaire iroquoise.

Statue de Kateri Tekakwitha, école Tekakwitha, à Caughnawaga

aujourd'hui l'Etat de New York. De nos jours, les Indiens de Caughnawaga, qui appartiennent à sept tribus, sont passés maîtres dans l'assemblage des immenses charpentes métalliques des gratte-ciel.

Les alluvions déposées par la rivière Châteauguay ont donné naissance à l'industrie laitière la plus intensive du Canada. Les premiers troupeaux de vaches furent importés par Champlain avant 1610 et se multiplièrent rapidement dans le sud-ouest du Québec. Aujourd'hui, d'innombrables troupeaux de va-

ches de race Holstein paissent dans les prés qui bordent de charmantes petites routes sinueuses.

Les traditions de cette région agricole remontent à près de trois siècles. Les sœurs grises de Châteauguay, à la fin du XVIIIᵉ siècle, furent les premières à cultiver ici des pommiers. A la fin de l'hiver, depuis plus d'un siècle, des volutes de fumée s'élèvent au-dessus des cabanes à sucre, en plein cœur des érablières, non loin des champs que l'on cultive depuis le XVIIᵉ siècle.

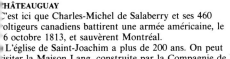

LA PRAIRIE

La Prairie fut l'un des terminus du premier chemin de fer du Canada (l'autre était Saint-Jean). Une plaque rappelle que cette ligne de 25 km fut construite en 1836.
□ L'église de la Nativité, de style baroque italien, date de 1839. Sa chaire fut sculptée par Victor Bourgeau.
□ Un monument rappelle la bataille de 1691, au cours de laquelle les colons français repoussèrent une troupe d'envahisseurs de Nouvelle-Angleterre qui marchaient sur Montréal. On peut encore voir au centre de la ville les ruines d'un fort construit quatre ans plus tôt pour protéger la région contre les attaques des Iroquois.

Eglise Saint-Joachim, à Châteauguay

CHÂTEAUGUAY

C'est ici que Charles-Michel de Salaberry et ses 460 voltigeurs canadiens battirent une armée américaine, le 26 octobre 1813, et sauvèrent Montréal.
□ L'église de Saint-Joachim a plus de 200 ans. On peut visiter la Maison Lang, construite par la Compagnie de la Baie d'Hudson. Le moulin à vent de l'île Saint-Bernard date de 1687.

HEMMINGFORD

Le Parc safari africain possède l'une des plus grandes collections d'animaux sauvages du Canada. Le domaine de 162 ha où s'ébattent des lions, des tigres, des babouins, des éléphants, des girafes et des zèbres, est sillonné d'environ 9 km de routes. (Les voitures décapotables sont interdites et les visiteurs ne doivent pas sortir de leurs voitures.)
□ Le parc possède un rare spécimen de rhinocéros camus, plus connu sous le nom de « rhinocéros blanc », un animal de 3 t qui est le plus gros de son espèce.

Des mastodontes d'acier et un wagon-école

Au Musée ferroviaire canadien de Saint-Constant, on peut voir une locomotive de 1887 qui fut, 73 ans plus tard, la dernière locomotive à vapeur à tirer un train du Canadien Pacifique, ainsi qu'une puissante locomotive de 1937, semblable à celle qui établit le record mondial de vitesse des locomotives à vapeur (202 km/h).

Le musée possède aussi de nombreux tramways montréalais, notamment le premier tram électrique (1892). On y verra des wagons-lits, des wagons-citernes, des wagons de marchandises et même une voiture qui servit autrefois d'école mobile dans le nord de l'Ontario. Sur les terrains du musée se trouvent une plaque tournante, un réservoir d'eau, une rotonde et une gare de campagne des années 1880.

La *John Molson* (à droite), semblable à la locomotive qu'utilisa le premier chemin de fer canadien en 1836, sort encore parfois de son hangar.

Rhinocéros blanc,
Parc safari africain, à Hemmingford

Parc safari africain, à Hemmingford

Au bord d'une paisible rivière, l'écho des guerres du temps passé

Vallée du Richelieu

Le Richelieu prend sa source au lac Champlain, sur la frontière qui sépare le Québec du Vermont, puis fait route au nord pour se jeter enfin dans le Saint-Laurent à Sorel après une course de quelque 130 km.

Le cours de la paisible rivière se prête à toutes les formes de navigation et, durant tout l'été, de nombreuses embarcations de plaisance mais aussi des navires marchands qui transportent leurs cargaisons entre Montréal et l'Etat de New York sillonnent continuellement ses eaux.

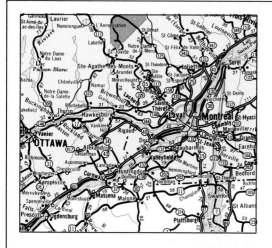

Un chapelet de collines

Huit collines montérégiennes (du latin *Mons regius*, les montagnes royales) coupent l'horizon des plaines du sud-ouest du Québec : Johnson, Brome, Shefford, Yamaska, Rougemont, Saint-Bruno, Saint-Hilaire et le mont Royal à Montréal.

Les géologues pensent que les collines se formèrent il y a environ 120 millions d'années lorsque de la roche en fusion remonta des profondeurs de la terre. La lave se fraya un chemin entre des couches tendres de roches sédimentaires poreuses, jusqu'à proximité de la surface (figure 1), puis se refroidit et se solidifia. Après des millions d'années, l'érosion vint à bout de la roche sédimentaire, mettant à nu les roches ignées plus dures (figure 2). Des vestiges de plages ainsi que des coquilles et des fossiles d'animaux marins indiquent que les collines étaient autrefois partiellement submergées par la mer de Champlain, une étendue d'eau qui couvrit les basses terres du Saint-Laurent à l'époque de la récession glaciaire.

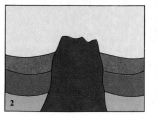

Fort Chambly

CHAMBLY

Le grand fort, construit par les Français, fut abandonné aux Anglais en 1760. Les envahisseurs américains s'en emparèrent en 1775-1776. Il servit ensuite de prison pour les soldats américains au cours de la guerre de 1812 et pour les rebelles durant la rébellion de 1837. Le fort Chambly est aujourd'hui le site d'un parc historique national.
□ Près du fort se trouvent les anciennes écluses du canal de Chambly (v. 1843), qui est toujours utilisé.
□ A Chambly, on peut voir une statue et la tombe de Charles-Michel de Salaberry, commandant des troupes canadiennes qui battirent les Américains à Lacolle et à Châteauguay en 1813.

SAINT-JEAN

Un monument marque l'emplacement du fort Saint-Jean que les troupes américaines assiégèrent pendant 45 jours en 1775.
□ Le musée du Collège militaire royal contient une collection d'armes, d'uniformes et de documents qui proviennent du fort.
□ Le premier chemin de fer canadien fut construit entre Saint-Jean et La Prairie en 1836.

ÎLE AUX NOIX

Un traversier dessert l'île aux Noix, site du parc historique national du fort Lennox.
□ Les Français fortifièrent l'île en 1759. Les Anglais s'en emparèrent l'année suivante et la conservèrent jusqu'à ce qu'une armée américaine s'y installe en 1775. Les Américains abandonnèrent l'île en 1776 après leur échec devant les murs de Québec.
□ Les Anglais construisirent ici un fort en 1783. Après la guerre de 1812, ils renforcèrent la place en prévision d'une éventuelle invasion américaine et la rebaptisèrent Fort Lennox. La caserne, l'intendance, le corps de garde, le quartier des officiers et la cantine ont été restaurés.

Fort Lennox, dans l'île aux Noix

LACOLLE

C'est ici que 260 voltigeurs canadiens, commandés par le major Hanock, forcèrent 4 000 soldats américains à battre en retraite le 13 mai 1814.

0 1 2 3 4 5 Milles
0 2 4 6 8 Kilomètres

C'est en 1609 que Champlain remonta le Richelieu pour mener la première attaque française contre les Iroquois. Le cours d'eau s'appelait alors la « rivière des Iroquois ». Ce n'est qu'en 1642 qu'on la débaptisa pour lui donner son nom actuel, en l'honneur du cardinal de Richelieu.

Au début de la colonisation, le Richelieu servit de route aux colons français et aux Anglais qui ne cessaient de se harceler à l'époque. C'est ainsi qu'en 1760 l'armée anglaise descendit la rivière jusqu'à Montréal.

Les envahisseurs américains suivirent la même voie en 1775. Plus tard, pendant la guerre de 1812, les forces américaines furent à nouveau repoussées à l'endroit où se trouve aujourd'hui le village de Lacolle.

Le mont Saint-Hilaire, l'une des huit collines montérégiennes qui s'étendent entre Montréal et les plateaux des Appalaches au nord des Etats-Unis, s'élève à près de 400 m

au-dessus du Richelieu. Les visiteurs peuvent se rendre en voiture jusqu'au lac Hertel, à flanc de coteau. Un sentier les mènera ensuite au sommet d'où ils découvriront toute une splendide vue sur la vallée du Richelieu, jusqu'au lac Champlain.

SAINT-CHARLES-SUR-RICHELIEU
Le 23 octobre 1837, des rebelles se réunirent à Saint-Charles, plantèrent un arbre de la liberté, proclamèrent la république (la Confédération des Six Comtés) et incitèrent le peuple à se soulever. Un monument de pierre rappelle l'assemblée des patriotes et le soulèvement qui débuta le 21 novembre. Après une sanglante bataille, les troupes du gouvernement écrasèrent les rebelles.

SAINT-OURS
L'agglomération est l'une des nombreuses petites villes de villégiature du Richelieu. On peut y voir un canal qui servit pendant plus d'un siècle et une écluse moderne destinée à sasser un autre canal construit entre 1844 et 1849.

SAINT-DENIS
Le monument des Patriotes commémore le souvenir de 12 hommes tués ici le 23 novembre 1837, au cours de l'un des premiers affrontements de la rébellion du Bas-Canada. Un autre monument marque l'emplacement de la Maison Saint-Germain à l'intérieur de laquelle 300 rebelles se barricadèrent et tinrent tête à 500 soldats britanniques. Pendant la bataille, des enfants donnèrent le change aux soldats accourus pour mater les rebelles en s'armant de bâtons. Les soldats anglais se retirèrent mais revinrent un an plus tard et incendièrent le village.

Monument des Patriotes, à Saint-Denis

MONT SAINT-HILAIRE
Le lac Hertel est entouré par un réseau de sentiers qui font partie du domaine Gault, propriété de l'université McGill. Une partie du domaine — le Centre de conservation de la nature du Mont-Saint-Hilaire — est réservée aux recherches biologiques. Le personnel du centre organise des visites guidées dans le secteur ouvert au public.
□ Dans une petite carrière proche du mont Saint-Hilaire, des géologues ont découvert 20 minéraux que l'on ne retrouve nulle part ailleurs dans le monde. Dans une autre, on peut voir des strates clairement définies de coquillages et de fossiles, dont certaines remonteraient à 50 millions d'années.
□ L'église en pierre des champs de Mont-Saint-Hilaire fut construite en 1837. L'intérieur est de style gothique. On peut y voir 11 fresques, des peintures murales, un chemin de croix et des bas-reliefs d'Osias Leduc. Le presbytère date de 1798. Plusieurs moulins à eau du début du XIXᵉ siècle ont été transformés en maisons d'habitation au pied de la colline. Deux imposants manoirs de pierre, construits vers 1850, s'élèvent au bord de la rivière des Hurons.

Fauvette azurée

Lac Hertel, au mont Saint-Hilaire

Vue aérienne des anciennes terres seigneuriales, Saint-Denis

Une terre de loyaux seigneurs et d'habitants industrieux

Certains fermiers du Québec paient encore leurs fermages en vertu de contrats qui remontent au XVIIᵉ siècle, époque à laquelle Louis XIV distribua les terres fertiles des vallées du Saint-Laurent et du Richelieu à des « personnes de qualité », c'est-à-dire aux seigneurs qui lui prêtaient serment de loyauté. Ces terrains qui étaient morcelés en minces bandes pour donner accès à la rivière devaient être défrichés par des fermiers. Le seigneur était tenu de vivre sur ses terres et d'y construire un manoir, ainsi qu'un moulin à farine pour ses fermiers qui lui versaient environ $35 l'an pour une ferme de 40 ha. Les habitants, qui cultivaient des céréales et des légumes et faisaient de l'élevage, prospéraient ; mais certains seigneurs, qui ne retiraient pas le bénéfice escompté de ces fermages, devaient parfois jeûner pour sauver les apparences.

Les routes tranquilles du « Jardin du Québec »

Cantons de l'Est

Zoo de Granby

GRANBY

Cette ville industrielle est ornée d'une dizaine de fontaines d'origine européenne : une fontaine grecque vieille de 3 200 ans décore le boulevard Leclerc, tandis qu'une fontaine romaine du Ier siècle est le principal ornement du parc Pelletier.
□ Le zoo de Granby, l'un des plus grands du Canada, compte plus de 1 300 animaux appartenant à quelque 300 espèces.
□ Le Musée automobile de Granby possède une limousine Buick de 1931 qui servit pendant 10 ans à Louis Saint-Laurent, une Holsman de 1903, une Réo de 1906, une McLaughlin de 1914 et une Rolls-Royce de 1929.

ROUGEMONT

Dans la grand-rue, un centre d'information donne des explications sur la culture des pommiers et la fabrication du cidre.
□ La Cidrerie du Québec invite les visiteurs à déguster le cidre local.

Routes de campagne et pentes de ski

Les Cantons de l'Est s'étendent entre le Richelieu et la Chaudière, bornés au nord par les plaines du Saint-Laurent et au sud par la frontière américaine. C'est une charmante région rurale dont les lacs pittoresques, les rivières et les montagnes sont fréquentés toute l'année par les touristes. Ses stations de sports d'hiver, celle du mont Orford par exemple, rivalisent avec celles des Laurentides.

Bécasse américaine

BROMONT

La ville a été fondée en 1964 par les neuf frères Desourdy — membres d'une famille d'entrepreneurs bien connue dans la région. Le parc industriel, doté d'un petit aéroport, a attiré de nouvelles industries qui firent prospérer l'agglomération. Avec ses 10 sommets et ses deux lacs, c'est aujourd'hui un centre touristique très réputé.

COWANSVILLE

Les maisons de brique rouge du quartier de Cowansville qui formait autrefois le village de Sweetsburg sont parmi les plus beaux exemples de l'architecture victorienne au Québec. Cowansville (anciennement Nelsonville) et Sweetsburg (autrefois Churchville) sont d'anciens villages loyalistes.

STANBRIDGE EAST

Le Moulin Cornell, un bâtiment de brique de trois étages construit en 1930, fait partie du musée du comté de Missisquoi. Le deuxième étage du moulin est aménagé comme pouvait l'être une maison du XIXe siècle.
□ Près du musée se trouve le magasin de Hodge, une maison de brique de deux étages (1843) qui a été rénovée dans le style d'un magasin général d'autrefois. La plupart des marchandises qu'on peut y voir ont été trouvées telles quelles lorsque le bâtiment fut restauré au début des années 70.

| 0 | 2 | 4 | 6 | 8 | 10 Milles |
| 0 | 4 | 8 | 12 | 16 Kilomètres |

Les Cantons de l'Est, ainsi nommés pour les distinguer des cantons de l'ouest de Montréal (aujourd'hui en Ontario), furent d'abord colonisés par les loyalistes qui s'y réfugièrent au cours des années 1790, après la guerre d'Indépendance américaine. Au début du XIXe siècle, les loyalistes furent suivis par des vagues successives d'immigrants : Américains, Irlandais, Écossais et Anglais. Ce n'est qu'à partir de 1840 que les Canadiens français s'installèrent dans les cantons où ils sont aujourd'hui en majorité.

Le « Jardin du Québec » compte un grand nombre des meilleures fermes d'élevage et de production laitière de la province. L'abondance des légumes a donné naissance aux industries alimentaires de Granby et de Rougemont. L'abbaye bénédictine de Saint-Benoît-du-Lac fabrique deux excellents fromages, l'ermite et le saint-benoît. Le plus grand établissement de culture des champignons du Canada se trouve à Waterloo, tandis qu'on fait l'élevage commercial des canards dans la région du lac Brome.

En été et au début de l'automne, des enfants vendent les produits de leurs fermes en bordure de la route : légumes, sirop d'érable, confitures maison et, bien sûr, des pommes puisque les plus grands vergers de pommiers du Québec se trouvent dans la région. Les premiers furent plantés près de Rougemont au cours des années 1860 par les pères de Saint-Sulpice. Les anciennes variétés, par exemple la Fameuse ou la Snow, ont été remplacées par la Melba, la Lobo, la McIntosh et la Cortland.

WATERLOO
Fondée en 1880 par l'horticulteur Thomas Slack, l'entreprise Slack Mushrooms, qui commença à cultiver des champignons en 1924, est devenue le plus gros producteur de champignons du Canada. Aujourd'hui, la récolte atteint plus de 3 500 t par an.
□ L'agglomération, qui remonte à 1786, fut érigée en municipalité en 1867. Le plus ancien bâtiment de la ville, un magasin de pierre datant de 1829, abrite aujourd'hui un restaurant et une gare routière.

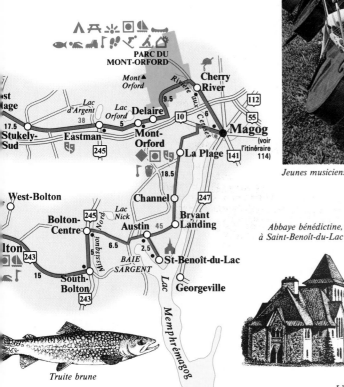

PARC DU MONT-ORFORD
Le centre des Arts d'Orford, foyer des Jeunesses musicales du Canada, occupe un domaine de 90 ha dans ce parc provincial. Fondé en 1951, le centre est ouvert toute l'année. En été, plus de 300 étudiants y suivent des cours de musique et de théâtre. Le festival annuel offre un programme varié de concerts et de récitals publics. On y organise également des expositions d'œuvres d'art en été.
□ Le centre est doté d'une salle de concert de 500 places et d'un pavillon où les visiteurs peuvent se restaurer tout en admirant le mont Orford. Le pavillon *L'Homme et la Musique*, construit pour l'Expo 67 de Montréal, a été transporté ici en 1972. Il abrite des salles de réunion et des galeries d'exposition, ainsi que de grandes salles d'étude.
□ Le mont Orford, l'un des points culminants (738 m) des Cantons de l'Est, est une station de sports d'hiver réputée.

Jeunes musiciens au parc du Mont-Orford

Abbaye bénédictine, à Saint-Benoît-du-Lac

SAINT-BENOÎT-DU-LAC
L'abbaye bénédictine qui domine le lac Memphrémagog est un ensemble saisissant de tours octogonales et carrées, de pignons triangulaires et d'étroites fenêtres en ogive. À l'intérieur, on peut voir des carrelages en galets du pays et de gracieuses arches en mosaïques de brique. Dom Paul Bellot, un moine d'origine française qui arriva au Canada en 1937 où il devint l'un des principaux architectes religieux du Québec, inspira les plans de l'abbaye. Son œuvre la plus célèbre est le dôme de l'oratoire Saint-Joseph à Montréal.
□ Les visiteurs peuvent cueillir des pommes dans le verger de l'abbaye et acheter le fromage que fabriquent les moines. L'ermite s'apparente au roquefort. Le saint-benoît ressemble au gruyère.

L'abbaye bénédictine, à Saint-Benoît-du-Lac

Truite brune

LAC-BROME
La municipalité de Lac-Brome, qui comprend le village de Knowlton, s'étend en bordure du lac. Le musée historique du comté de Brome est aménagé dans un bâtiment de brique blanche, autrefois la Knowlton Academy (1854), première école du village. On peut y voir des objets et des documents de l'époque des pionniers. Une annexe du musée abrite un avion allemand Fokker de la première guerre mondiale. Deux autres édifices, l'école Tibbits Hill (1844) et une caserne de pompiers du siècle dernier, sont rattachés au musée.
□ Au début de septembre, la Foire du comté de Brome bat son plein dans le village de Brome, aux environs.

Petites routes de campagne, foires agricoles et ponts couverts

Cantons de l'Est

Navigation de plaisance, pêche, sports nautiques sur les lacs Memphrémagog et Massawippi ; randonnées pédestres dans les hautes collines boisées qui ceinturent les lacs ; ski de fond, ski alpin, raquette dans des parcs comme celui du Mont-Orford, l'une des principales stations de sports d'hiver du Québec : autant de riches possibilités touristiques et récréatives offertes par la charmante région des Cantons de l'Est.

Les attractions ne manquent pas. Le Festival de Lennoxville, organisé en été au théâtre

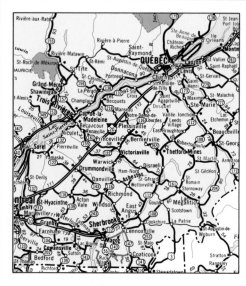

NORTH HATLEY
Une colonie de peintres, de sculpteurs, de potiers et d'écrivains s'est installée dans cette petite ville touristique située au nord du lac Massawippi. Après une soirée au concert, les visiteurs peuvent admirer les œuvres des artistes et des artisans de la localité à La Porcherie (The Piggery).
□ Deux anciennes maisons de North Hatley, Hovey Manor et Hatley Inn, sont aujourd'hui des hôtels.
□ Un peu au sud, à Hatley, les maisons de bardeaux et les deux églises de bois du village datent de 1850.

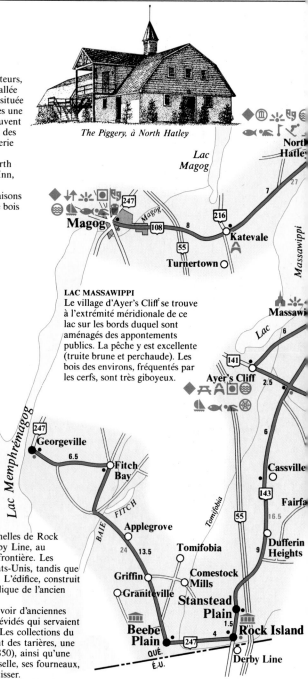

The Piggery, à North Hatley

MAGOG
Fondée en 1799 par des loyalistes, Magog est un centre de villégiature qui offre un intérêt touristique toute l'année. Au nord-ouest se trouve la station de ski du parc du Mont-Orford.
□ Au sud s'étend le lac Memphrémagog — mot indien qui désigne une grande étendue d'eau (le nom de la ville en est une abréviation). Un cinquième de ce lac, long de 52 km, se trouve au Vermont. On peut prendre le bateau à Magog pour faire une excursion sur le lac d'où l'on découvre les croupes bleutées des monts Orford et Owl's Head et des îles Trois Sœurs.
□ A Magog, le lac Memphrémagog se déverse dans la rivière Magog qui elle-même se jette dans le Saint-François à Sherbrooke. Au cours du XIXᵉ siècle, des bateaux marchands venant des Etats-Unis traversaient le lac pour remonter jusqu'au Saint-François.

LAC MASSAWIPPI
Le village d'Ayer's Cliff se trouve à l'extrémité méridionale de ce lac sur les bords duquel sont aménagés des appontements publics. La pêche y est excellente (truite brune et perchaude). Les bois des environs, fréquentés par les cerfs, sont très giboyeux.

Opéra Haskell, à Rock Island

ROCK ISLAND
L'opéra Haskell des villes jumelles de Rock Island, au Québec, et de Derby Line, au Vermont, est à cheval sur la frontière. Les spectateurs sont assis aux Etats-Unis, tandis que la scène se trouve au Canada. L'édifice, construit entre 1901 et 1904, est la réplique de l'ancien opéra de Boston.
□ Au Barn Museum, on peut voir d'anciennes canalisations faites de troncs évidés qui servaient à amener l'eau d'une source. Les collections du musée comprennent également des tarières, une diligence et un traîneau (v. 1850), ainsi qu'une cuisine de colons avec sa vaisselle, ses fourneaux, des barattes et des métiers à tisser.
□ A Beebe Plain, à 5 km à l'ouest, le Musée historique de Stanstead contient une collection d'armes et de souvenirs de la première guerre mondiale.

0 1 2 3 4 5 Milles
0 2 4 6 8 Kilomètres

Université Bishop,
à Lennoxville

du Centenaire de l'université Bishop (650 places), présente un programme de pièces canadiennes. The Piggery (La Porcherie), de North Hatley, et le théâtre du Vieux Clocher, à Magog, donnent des représentations théâtrales et musicales.

Les Cantons de l'Est sont semés de villages et de hameaux où il fait bon flâner et respirer l'atmosphère paisible d'antan. Le visiteur revivra le passé dans les musées de Rock Island, Beebe Plain et Coaticook et, à l'automne, il se rendra dans des foires de campagne, comme celles d'Ayer's Cliff et de Magog qui battent alors leur plein.

Partout, de paisibles routes de terre serpentent au milieu des bois, des prés et des champs labourés. Des ponts couverts enjambent encore des rivières aux environs de Fitch Bay, de Coaticook et de Lennoxville. Au début du siècle, on en comptait plus d'un millier au Québec. Il n'en reste plus aujourd'hui que 80. Ceux que l'on a su préserver ici rappellent au promeneur la douceur de vivre au temps des voitures à cheval.

LENNOXVILLE

La ville fut fondée en 1845 par un évêque anglican, George Jehoshaphat Mountain. Le jardin et les édifices de l'université rappellent ceux de l'université d'Oxford, en Angleterre.
□ En été, le théâtre du Centenaire de l'université Bishop offre un programme de pièces canadiennes, avec le concours des meilleurs acteurs et metteurs en scène du Canada.
□ Le pensionnat de garçons de la ville, Bishop's College School, fut fondé en 1836. Son corps de cadets, qui date de 1861, est l'un des plus anciens du Commonwealth.
□ Le Massawippi, le Coaticook, la rivière au Saumon et l'Ascot se jettent ici dans le Saint-François, aux Petites Fourches.

Les oiseaux des Cantons

Les bois des Cantons de l'Est abritent la sittelle à poitrine rousse et le pic mineur. Ce dernier, un oiseau noir et blanc, le plus petit de son espèce au Canada, niche dans un trou haut perché dans un arbre. De son bec, il martèle inlassablement le tronc des arbres pour y creuser des trous.

La sittelle à poitrine rousse fait fréquemment son nid dans les trous de pic abandonnés qu'elle tapisse de lambeaux d'écorce, d'herbes et de racines. Elle se nourrit de noix et d'insectes qu'elle cherche sur le tronc des arbres en se servant de ses longs doigts aux ongles effilés.

Au début de mai, les premiers orioles de Baltimore font leur apparition dans les Cantons de l'Est. Le mâle arbore d'éclatantes marques orange. La femelle est plus terne. De nombreux autres oiseaux fréquentent la région, notamment le viréo à gorge jaune, le viréo mélodieux, la fauvette à flancs marron, le tangara écarlate et le chardonneret des pins.

Oriole de Baltimore
Sittelle à poitrine rousse
Pic mineur

COMPTON

On peut y voir la maison de bois peinte en blanc où naquit Louis Saint-Laurent, Premier ministre de 1948 à 1957. A côté se trouve le magasin général ouvert par son père en 1879 et tenu par des membres de la famille Saint-Laurent jusqu'à la fin des années 60. Une fondation privée a acheté la maison au début des années 70 pour en faire un site historique. Saint-Laurent est enterré dans le cimetière de la paroisse de Saint-Thomas-d'Aquin.

COATICOOK

La ville tire son nom du mot indien *Koakitchou*, « la rivière du pays des pins ».
□ Dans le parc municipal, un belvédère offre une belle vue de la Coaticook qui s'enfonce dans une gorge que l'on peut explorer en suivant un charmant sentier.
□ On peut visiter la Maison Norton, un bon exemple des demeures que se faisaient construire ici les riches fermiers au début du siècle.
□ Le musée Beaulne, aménagé dans la Maison Norton, renferme des objets de l'époque des pionniers.

WAY'S MILLS

Dans ce petit village agricole du bord de la rivière Niger, la poterie Rozynski offre l'été des cours de poterie d'une durée de deux semaines.
□ Au sud, à Baldwin Mills, une alevinière provinciale élève, entre autres espèces, des truites moulac — hybride de la truite mouchetée et de la truite de lac (touladi). La pêche à la truite (moulac, arc-en-ciel, brune, mouchetée et touladi) est excellente dans le lac Lyster.

Poterie Rozynski, à Way's Mills

Gorge du Coaticook

Le pays de l'amiante, des forêts et des vieilles granges

Cantons de l'Est

La région qui s'étend entre Sherbrooke et Victoriaville est le pays des forêts vallonnées, des fermes d'élevage de vaches laitières, des prés verdoyants, des vieilles granges de bois, des moulins et des ponts couverts qui évoquent le temps passé.

Contrastant avec ce paysage champêtre, d'importants centres industriels se sont développés. Ce sont les villes papetières de Bromptonville et de Windsor, le centre minier d'Asbestos sans oublier Victoriaville, la capitale mondiale des bâtons de hockey.

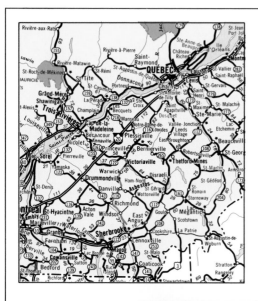

RICHMOND
Un monument rappelle la construction de la première route qui relia les Cantons de l'Est à Québec. La route Craig, une mauvaise piste qui était impraticable la majeure partie de l'année, fut commencée en 1809 sous la direction de Sir James Craig, gouverneur du Bas-Canada, pour encourager les Anglais à s'installer dans les Cantons de l'Est. Aujourd'hui, quelques tronçons de la route Craig ont été revêtus d'asphalte près de Québec, mais la majeure partie du tracé original a été abandonnée.

Moulin restauré, Denison Mills

Sanctuaire du Sacré-Cœur, à Beauvoir

SANCTUAIRE DE BEAUVOIR
Le sanctuaire du Sacré-Cœur, un oratoire de pierre des champs qui domine la rivière Saint-François, se trouve sur la colline de Beauvoir. Il fut construit en 1920, en accomplissement d'un vœu fait par le prêtre de la paroisse, le père J. A. Laporte.

Entre le dimanche de Pâques et la fin du mois d'octobre, plus d'un demi-million de personnes visitent le sanctuaire dont s'occupent aujourd'hui les pères assomptionnistes.

Festival des Cantons de l'Est, à Sherbrooke

1 Université de Sherbrooke
2 Parc Jacques-Cartier
3 Mosaïques florales
4 Mont Bellevue
5 Ilot Mena'Sen et croix lumineuse
6 Eglise St. Peter
7 Palais de Justice
8 Cathédrale Saint-Michel
9 Office du tourisme
10 Pont Aylmer

SHERBROOKE
La ville fut fondée par les loyalistes au cours des années 1790.
□ La rivière Magog cascade en une série de rapides à travers la ville avant de se jeter dans la rivière Saint-François, 45 m plus bas.
□ Tous les ans, plus de 50 000 plantes forment de splendides mosaïques florales dans la ville. Le jardin voisin du palais de Justice en compte près de 15 000 ; la rue King ouest, l'artère principale, est ornée de parterres où 25 000 fleurs dessinent des motifs abstraits.
□ Pendant une semaine, au mois d'août, Sherbrooke organise le Festival des Cantons de l'Est où l'on peut assister à des expositions de bétail et à des courses de chevaux.
□ L'université de Sherbrooke, fondée en 1954, comprend huit facultés et une école supérieure.
□ L'église St. Peter est l'une des plus anciennes églises anglicanes des Cantons de l'Est.

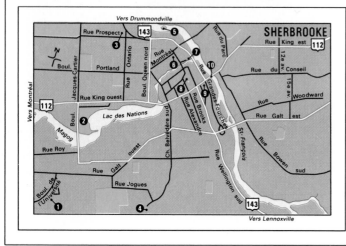

0 1 2 3 4 5 Milles
0 2 4 6 8 Kilomètres

La plus grande agglomération des Cantons de l'Est est Sherbrooke, « la reine de l'Estrie », une jolie ville blottie au milieu des collines, à l'endroit où la rivière Magog se jette dans le Saint-François.

Du mont Bellevue, au sud, le visiteur découvre un splendide panorama de la ville dont le fondateur, Gilbert Hyatt, un loyaliste du Vermont, construisit un moulin en bordure de la rivière Magog en 1794. La bourgade qui grandit autour du moulin fut baptisée du nom de Sir John Sherbrooke,

gouverneur général du Canada de 1816 à 1818. Devenue un grand centre industriel et universitaire, la ville, avec ses 81 000 habitants, qui sont presque tous des Canadiens français bilingues, est la sixième en importance du Québec.

Warwick, au nord de Sherbrooke, se trouve à la porte des Bois-Francs, une pittoresque région de forêts d'érables et de feuillus. Les basses terres fertiles du sud du Saint-Laurent y cèdent le pas aux collines accidentées des Cantons de l'Est.

Arthabaska, au cœur des Bois-Francs, est la ville natale du grand peintre Marc Suzor-Côté. Sir Wilfrid Laurier y résida également longtemps. La maison où il vécut, de 1876 à 1897, abrite aujourd'hui un musée. Située au sud de Warwick, la ville d'Asbestos (amiante en anglais) doit son nom à la fibre minérale que l'on extrait ici dans une immense mine à ciel ouvert, l'une des plus grandes du monde. Vus du sommet de la mine, les énormes engins qui gravissent ses gradins paraissent de minuscules jouets.

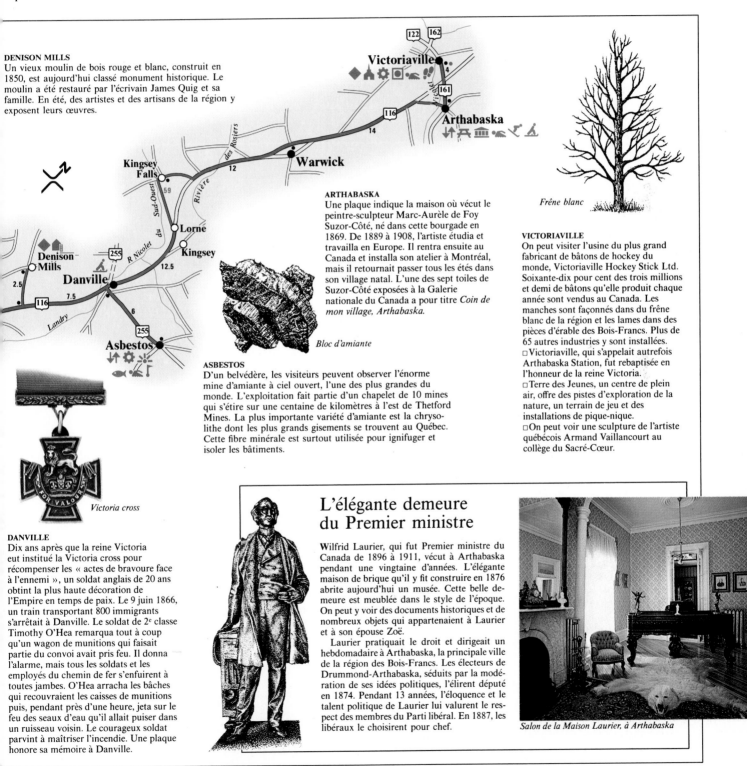

DENISON MILLS
Un vieux moulin de bois rouge et blanc, construit en 1850, est aujourd'hui classé monument historique. Le moulin a été restauré par l'écrivain James Quig et sa famille. En été, des artistes et des artisans de la région y exposent leurs œuvres.

Frêne blanc

ARTHABASKA
Une plaque indique la maison où vécut le peintre-sculpteur Marc-Aurèle de Foy Suzor-Côté, né dans cette bourgade en 1869. De 1889 à 1908, l'artiste étudia et travailla en Europe. Il rentra ensuite au Canada et installa son atelier à Montréal, mais il retournait passer tous les étés dans son village natal. L'une des sept toiles de Suzor-Côté exposées à la Galerie nationale du Canada a pour titre *Coin de mon village, Arthabaska*.

Bloc d'amiante

VICTORIAVILLE
On peut visiter l'usine du plus grand fabricant de bâtons de hockey du monde, Victoriaville Hockey Stick Ltd. Soixante-dix pour cent des trois millions et demi de bâtons qu'elle produit chaque année sont vendus au Canada. Les manches sont façonnés dans du frêne blanc de la région et les lames dans des pièces d'érable des Bois-Francs. Plus de 65 autres industries y sont installées.
□ Victoriaville, qui s'appelait autrefois Arthabaska Station, fut rebaptisée en l'honneur de la reine Victoria.
□ Terre des Jeunes, un centre de plein air, offre des pistes d'exploration de la nature, un terrain de jeu et des installations de pique-nique.
□ On peut voir une sculpture de l'artiste québécois Armand Vaillancourt au collège du Sacré-Cœur.

ASBESTOS
D'un belvédère, les visiteurs peuvent observer l'énorme mine d'amiante à ciel ouvert, l'une des plus grandes du monde. L'exploitation fait partie d'un chapelet de 10 mines qui s'étire sur une centaine de kilomètres à l'est de Thetford Mines. La plus importante variété d'amiante est la chrysolithe dont les plus grands gisements se trouvent au Québec. Cette fibre minérale est surtout utilisée pour ignifuger et isoler les bâtiments.

Victoria cross

DANVILLE
Dix ans après que la reine Victoria eut institué la Victoria cross pour récompenser les « actes de bravoure face à l'ennemi », un soldat anglais de 20 ans obtint la plus haute décoration de l'Empire en temps de paix. Le 9 juin 1866, un train transportant 800 immigrants s'arrêtait à Danville. Le soldat de 2e classe Timothy O'Hea remarqua tout à coup qu'un wagon de munitions qui faisait partie du convoi avait pris feu. Il donna l'alarme, mais tous les soldats et les employés du chemin de fer s'enfuirent à toutes jambes. O'Hea arracha les bâches qui recouvraient les caisses de munitions puis, pendant près d'une heure, jeta sur le feu des seaux d'eau qu'il allait puiser dans un ruisseau voisin. Le courageux soldat parvint à maîtriser l'incendie. Une plaque honore sa mémoire à Danville.

L'élégante demeure du Premier ministre

Wilfrid Laurier, qui fut Premier ministre du Canada de 1896 à 1911, vécut à Arthabaska pendant une vingtaine d'années. L'élégante maison de brique qu'il fit construire en 1876 abrite aujourd'hui un musée. Cette belle demeure est meublée dans le style de l'époque. On peut y voir des documents historiques et de nombreux objets qui appartenaient à Laurier et à son épouse Zoë.

Laurier pratiquait le droit et dirigeait un hebdomadaire à Arthabaska, la principale ville de la région des Bois-Francs. Les électeurs de Drummond-Arthabaska, séduits par la modération de ses idées politiques, l'élirent député en 1874. Pendant 13 années, l'éloquence et le talent politique de Laurier lui valurent le respect des membres du Parti libéral. En 1887, les libéraux le choisirent pour chef.

Salon de la Maison Laurier, à Arthabaska

Les chansons folkloriques
et les cabanes à sucre de la Beauce

Cantons de l'Est

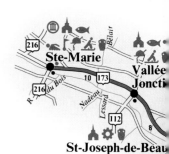

Potier, à Saint-Joseph-de-Beauce

Douces berceuses, chansons à boire et la fameuse *Alouette*

Le grand folkloriste Marius Barbeau, né à Sainte-Marie, en 1883, recueillit, enregistra et transcrivit des milliers de chansons folkloriques canadiennes-françaises.

Barbeau sillonna le Québec, les Maritimes et la Nouvelle-Angleterre à la recherche de ces chansons traditionnelles. Un grand nombre d'entre elles se transmettaient de génération en génération, mais elles n'avaient jamais encore été transcrites sur papier. Pêcheurs, bûcherons, mères de familles, tous les chantaient pour se donner du cœur à l'ouvrage. Il y avait les chants des trafiquants de fourrures, ceux des voyageurs, des coureurs de bois, les chansons des habitants qui défrichèrent les rives du Saint-Laurent, des berceuses et aussi de cocasses chansons à boire. Ces vieilles chansons françaises remontent parfois au XVIᵉ siècle.

L'une des chansons canadiennes les plus connues de la collection de Barbeau est la fameuse *Alouette* que l'on chante encore des deux côtés de l'Atlantique : « Je te plumerai la tête, et le bec, et le nez, et les yeux... »

Marius Barbeau étudia à l'université Laval, puis à Oxford et à la Sorbonne. Il fut anthropologue au Musée national du Canada de 1911 à 1958, écrivit de nombreux ouvrages sur le folklore, les arts et les artisanats des Canadiens français et des Indiens, publia des recueils de légendes et de contes ainsi que deux romans. Il mourut en 1969 à Ottawa.

SAINTE-MARIE
Le sanctuaire de Sainte-Anne-de-Beauce se trouve entre deux maisons historiques. L'une d'elles, construite en 1811, vit naître Elzéar-Alexandre Taschereau (1820-1898), premier cardinal canadien. L'autre fut construite au début du XIXᵉ siècle par le père du cardinal, le juge Jean-Thomas Taschereau.

SAINT-JOSEPH-DE-BEAUCE
On peut visiter l'atelier et la salle d'exposition de la Céramique de Beauce, une coopérative de potiers qui travaillent l'argile de la région.
□ Saint-Joseph-de-Beauce a été ainsi baptisé en l'honneur de Joseph de la Gorgendière à qui fut concédée la seigneurie en 1736. L'église, construite en pierre du pays, date de 1867.

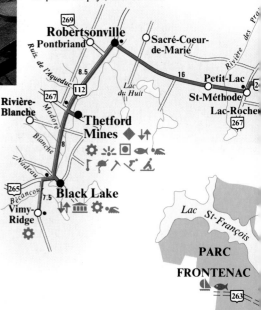

THETFORD MINES
C'est ici que la première mine d'amiante du Québec ouvrit ses portes en 1878. Aujourd'hui, Thetford Mines compte cinq mines à ciel ouvert et deux mines souterraines. Quatre postes d'observation permettent de contempler ce paysage lunaire. D'autres mines sont également exploitées le long d'une ceinture de 100 km qui s'étend à l'ouest, au travers des Cantons de l'Est.
□ A l'hôtel de ville, un monument rappelle Joseph Fecteau qui découvrit le gisement d'amiante en 1876.
□ A la fin du mois d'août, Thetford Mines organise durant quatre jours une exposition d'agriculture et d'artisanat.

Mine d'amiante à ciel ouvert, à Thetford Mines

0   2   4   6   8   10 Milles
0   4   8   12   16 Kilomètres

Pendant l'invasion américaine de l'hiver 1775-1776, le général Benedict Arnold conduisit 1 100 soldats américains le long de la rivière Chaudière, entre le nord du Maine et la ville de Québec. Des plaques retracent son itinéraire à Lac-Mégantic, Saint-Georges et Sainte-Marie. Près de la moitié des envahisseurs périrent dans les forêts et les marécages. Affamés, les survivants dévorèrent du savon, de la graisse et même des mocassins bouillis. Ils arrivèrent finalement à Québec, mais furent repoussés le 31 décembre 1775 par les troupes du gouverneur Guy Carleton.

Les forêts ont depuis été défrichées et les marécages asséchés dans ce qu'on appelle aujourd'hui la Beauce. La rivière Chaudière qui traverse ce pays doucement ondulé est bordée de fermes construites en longueur, car, sous le régime français, les seigneurs divisaient leurs terres en longues bandes pour que chaque métayer ait accès à la rivière. Le plus long pont couvert du Québec (155 m) enjambe la rivière à Notre-Dame-des-Pins. La Chaudière prend sa source dans le lac Mégantic, réputé pour ses ouananiches, une espèce de saumon qui ne vit qu'en eau douce.

Les érables de la région produisent la majeure partie du sirop d'érable canadien. A la fin de l'hiver, parents et amis se réunissent dans les cabanes des érablières pour une bonne « partie de sucre ». Tout le monde danse, chante et s'amuse avant de goûter le délicieux sirop qui annonce l'arrivée du printemps.

NOTRE-DAME-DES-PINS

La coopérative Créativités beauceronnes regroupe environ 80 artistes et artisans qui produisent de la lingerie fine, des lainages, de la poterie, des sculptures sur bois, ainsi que des jouets et des poupées. Les membres de la coopérative cultivent eux-mêmes le lin et élèvent leurs moutons. Au printemps, les visiteurs peuvent assister à la tonte des moutons, puis au cardage et au filage de la laine.

SAINT-GEORGES-OUEST

Une grande statue de bronze de saint Georges, sculptée en 1912 par Louis Jobin, se dresse devant l'église du village.
□ Le parc des Sept-Chutes, ainsi nommé à cause des sept cascades qui se précipitent d'une hauteur de 40 m dans une gorge de la rivière Pozer, se trouve à 3 km au nord.

La tire sur la neige ou le retour des beaux jours

Le sucre d'érable était le seul produit sucré que pouvaient se procurer les premiers colons de la Nouvelle-France. Avant leur arrivée, les Indiens savaient déjà comment fabriquer du sucre et du sirop d'érable. Au printemps, lorsque la sève commençait à monter, ils pratiquaient une incision en diagonale dans le tronc des érables, puis plaçaient un morceau d'écorce à l'extrémité inférieure de l'incision pour canaliser la sève dans une bûche évidée.

Les pionniers commencèrent par s'inspirer de cette technique, puis lui apportèrent quelques améliorations. Le premier document qui nous parle de la fabrication du sucre d'érable date de 1706. On recueillait la sève, puis on la faisait bouillir dans une marmite au-dessus d'un feu de bois. Le sucre d'érable était ensuite mis en pains et gardé en réserve.

Aujourd'hui, la sève est rapidement transformée en sirop et en sucre dans des bacs d'évaporation que l'on met à chauffer sur des fours. Cette technique permet de produire tous les ans quelque 4,5 millions de litres de sirop d'érable au Canada, dont 90 pour cent proviennent du Québec.

De nombreuses familles continuent pourtant à garder de petites quantités de sirop pour se « sucrer le bec » au printemps. Le sirop chaud est versé sur de la neige fraîche où il fige pour former une délicieuse confiserie, la tire.

Le sirop d'érable est un ingrédient important de la cuisine canadienne, notamment au Québec. Les deux recettes les plus connues sont sans doute celles de la tarte au sucre, garnie de sirop d'érable épaissi à la fécule de maïs, et les grands-pères au sirop d'érable, des beignets frits dans le sirop bouillant.

Partie de sucre, à Saint-Benoit-Labre

PARC FRONTENAC

Aménagé en 1976, ce parc de 150 km², en bordure du lac Saint-François, est constellé de lacs et de rivières. De petites maisonnettes meublées qui peuvent accueillir jusqu'à dix adultes sont disséminées dans tout le parc où l'on pêche le doré, la perchaude et l'achigan à petite bouche.

Perdrix européenne

LAC-MÉGANTIC

Une plaque apposée sur l'hôtel de ville rappelle que les soldats du général américain Benedict Arnold bivouaquèrent ici avant d'aller rejoindre le général Richard Montgomery pour attaquer Québec. L'invasion américaine fut repoussée.
□ Une dizaine de pièces de théâtre sont présentées en août au Festival d'art dramatique des étudiants du Québec. Pendant tout l'été, des étudiants apprennent ici les arts du spectacle.

Le berceau des sculpteurs et des artisans du Québec

Rive sud du Saint-Laurent

La rive sud du Saint-Laurent est l'un des berceaux de notre histoire. Jacques Cartier parcourut la région en 1535 et crut un temps que le large fleuve aux eaux bleues le mènerait jusqu'à l'Orient. D'autres Français, explorateurs, missionnaires et coureurs des bois, suivirent ses traces. Epris d'aventure, ces hommes ouvrirent la route de l'Ouest et, dès le début du XVIIIᵉ siècle, ils avaient déjà exploré l'immense continent américain.

A Boucherville, un monument commémore l'œuvre de l'un de ces explorateurs, le

Troglodyte à bec court

LAC SAINT-PIERRE
Les îles de Sorel sont un paradis de pêche et de chasse au canard. Les restaurants y servent la spécialité de la région, la gibelotte de poissons. L'archipel est situé au nord de Sorel, à l'endroit où le fleuve Saint-Laurent s'élargit pour former un lac peu profond, large de 11 km et long de 22, le lac Saint-Pierre.
□ Le lac Saint-Pierre est fréquenté par la gallinule commune, le troglodyte des marais et le troglodyte à bec court. A l'abri des roseaux de ses rives marécageuses viennent s'accoupler des oiseaux de mer, des canards et des bécassines. C'est aussi le seul endroit de la vallée du Saint-Laurent où l'on trouve des tortues ponctuées, une espèce que l'on ne trouve habituellement pas à une telle latitude.

SOREL
Situé sur le Saint-Laurent, à l'embouchure du Richelieu, Sorel est un port intérieur dont les chantiers navals et les grandes industries bourdonnent d'activité.
□ La Maison des Gouverneurs, construite en 1781 par Sir Frederick Haldimand, fut longtemps la résidence d'été des gouverneurs généraux du Canada. Elle abrite aujourd'hui des salles d'exposition et de conférence.
□ A Sainte-Anne-de-Sorel, un service de vedettes offre des excursions dans les îles ou une promenade nocturne jusqu'aux écluses de Saint-Ours, sur le Richelieu.
□ Bernaches, canards et bécassines abondent dans cette région qui est également renommée pour sa pêche à la perchaude.

Gallinule commune

Chantier naval, à Sorel

BOUCHERVILLE
L'église de la Sainte-Famille (1801) a été classée monument historique. Elle contient une importante collection d'objets d'art sacré et de sculptures sur bois, notamment un tabernacle qui est l'œuvre de Gilles Bolvin (v. 1745). Les autels latéraux (1807-1808) sont de Louis Amable Quevillon, et les fonts baptismaux de Nicolas Manny (v. 1880).
□ Boucherville compte d'autres monuments historiques, dont La Chaumière (1741), la plus vieille maison de la ville, et la Maison Lafontaine (1780), où naquit Louis-Hippolyte Lafontaine qui partagea avec Robert Baldwin le poste de Premier ministre de la Province du Canada de 1842 à 1848.

VARENNES
Un immense calvaire de bois domine le Saint-Laurent. La croix du Christ a 24 m de haut ; celles des deux larrons atteignent 23 m. Le calvaire a été sculpté en 1776 par Michel Brisset.
□ Un sanctuaire honore la mémoire de mère Marguerite d'Youville, fondatrice de la congrégation des Sœurs grises.

VERCHÈRES
On peut y admirer la grande statue de bronze de Madeleine de Verchères, l'héroïne de 14 ans qui défendit le fort seigneurial de son père en 1692. Sculptée en 1913 par Philippe Hébert, la statue se trouve sur les lieux de l'affrontement qui opposa la jeune fille aux Iroquois.
□ Verchères est la ville natale de Ludger Duvernay, fondateur de la société Saint-Jean-Baptiste (1834) et de Calixa Lavallée (1841-1919) qui composa la musique de l'hymne national, *O Canada*.
□ A 2 km au nord-est de la ville se dresse un vieux moulin de pierre (v. 1700).

Statue de Madeleine de Verc à Verchères

0 2 4 6 8 10 Milles
0 4 8 12 16 Kilomètres

père Jacques Marquette, un jésuite qui servit d'interprète à Louis Jolliet lorsque ce dernier descendit le Mississippi en 1673. Les archives paroissiales conservent encore le certificat de baptême d'un enfant indien, signé de la main du père Marquette le 20 mai 1668.

L'église de la Sainte-Famille, à Boucherville, possède des œuvres de l'un des plus grands sculpteurs sur bois du Québec, Louis Amable Quevillon (1749-1823). S'inspirant des paysages canadiens pour créer des motifs décoratifs originaux, Quevillon et son contemporain François Baillargé (1739-1819) inaugurèrent un art sacré très particulier. On peut admirer les œuvres de Baillargé à Lotbinière, dans l'église Saint-Louis, l'une des plus richement ornées du Québec.

L'orfèvrerie a également connu son âge d'or au Québec au tournant du XVIIIᵉ siècle. L'église Saint-Edouard de Gentilly, par exemple, abrite d'admirables œuvres de François Ranvoyzé (1739-1819), l'orfèvre le plus talentueux de l'époque.

LES BECQUETS
Ce centre de villégiature offre une splendide perspective qui embrasse le Saint-Laurent jusqu'à Trois-Rivières.
□ Le manoir de Saint-Pierre-les-Becquets (Manoir Baby-Méthot), une résidence privée, date de 1792.

GENTILLY
L'église Saint-Edouard, construite en pierre des champs, date de 1848. Classée monument historique, elle renferme de belles peintures à l'huile et des pièces d'orfèvrerie de François Ranvoyzé et de Laurent Amyot.
□ Un moulin à vent du XVIIIᵉ siècle fonctionne encore aux environs.
□ La centrale nucléaire de l'Hydro-Québec offre des représentations audio-visuelles aux visiteurs.

Eglise Saint-Louis de Lotbinière

LOTBINIÈRE
L'église Saint-Louis, construite en 1818, a été dessinée par l'abbé Jérôme Demers et par François Baillargé. Les sculptures sont d'André Paquet.
□ Une plaque apposée sur une chapelle évoque la mémoire de Léon Pamphile Lemay, poète, écrivain et homme de loi qui naquit ici en 1837.

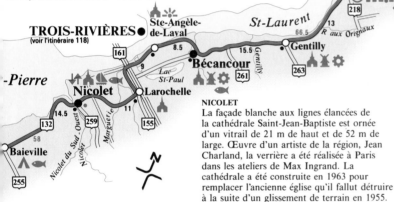

NICOLET
La façade blanche aux lignes élancées de la cathédrale Saint-Jean-Baptiste est ornée d'un vitrail de 21 m de haut et de 52 m de large. Œuvre d'un artiste de la région, Jean Charland, la verrière a été réalisée à Paris dans les ateliers de Max Ingrand. La cathédrale a été construite en 1963 pour remplacer l'ancienne église qu'il fallut détruire à la suite d'un glissement de terrain en 1955.
□ L'institut de police du Québec occupe un ancien séminaire construit entre 1827 et 1830.

PIERREVILLE
On peut demander à visiter les établissements Pierre Thibault Ltée, le plus grand fabricant de pompes à incendie au Canada.
□ On verra dans la réserve indienne d'Odanak un campement traditionnel, une maquette du fort Abénaki d'Odanak au XVIIᵉ siècle, une tente de peaux, des vanneries et une bible en langue abénaki. Les murs intérieurs de la chapelle de pierre (1828) sont recouverts de fer-blanc gravé de fleurs de lis.

Chapelle de pierre de la réserve indienne d'Odanak

Vitrail de la cathédrale Saint-Jean-Baptiste, à Nicolet

Une héroïne de la Nouvelle-France

Madeleine de Verchères, alors âgée de 14 ans, défendit la seigneurie de son père contre une attaque iroquoise en 1692. Selon le récit qu'elle fit trente ans plus tard, elle serait rentrée au fort, poursuivie par une bande de 45 Indiens. Elle aurait alors repoussé les assaillants pendant sept jours avec l'aide de deux soldats, d'un vieillard et de ses deux jeunes frères. En 1699, Madeleine rédigea une autre version de l'événement : après avoir échappé à un Iroquois, elle s'était réfugiée dans le fort et avait tenu les assaillants en respect pendant deux jours, avec l'aide d'un soldat. Quoi qu'il en soit, le courage de Madeleine ne fait pas de doute, surtout lorsque l'on sait qu'en 1722 elle sauva la vie de son mari, Pierre-Thomas de La Pérade, en mettant hors de combat l'un des deux Indiens qui l'assaillaient.

Les forges du Saint-Maurice, la première fonderie du Canada

Mauricie

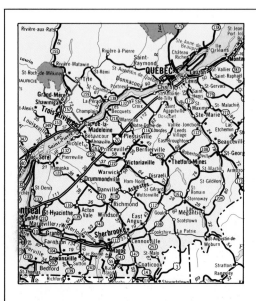

PARC NAT. DE LA MAURICIE

Huart à collier

Lac Wapizagonke, parc national de la Mauricie

PARC NATIONAL DE LA MAURICIE

Ce parc de 544 km², découpé dans les épaisses forêts de la vallée du Saint-Maurice, possède des terrains de camping, des plages et des réserves d'animaux sauvages. Le plus grand de ses 154 lacs, le lac Wapizagonke, s'étire dans une vallée encaissée dont les pentes abruptes furent formées il y a des millions d'années par un gigantesque mouvement de l'écorce terrestre. Le lac est bordé de plages sablonneuses et de petites baies où dévalent des chutes.

□ Une route pittoresque de 69 km divise le parc en deux : d'un côté, le paradis de la faune et de la nature inviolée ; de l'autre, celui des amateurs de camping.

□ Orignaux, ours, castors, loups, lynx, renards et nombre de petits mammifères fréquentent les collines du parc.

SHAWINIGAN

En bordure du Saint-Maurice, le promeneur découvre les chutes grondantes de Shawinigan qui se précipitent d'une hauteur de 45 m. Les eaux rageuses alimentent la ville industrielle de Shawinigan en électricité. La centrale de l'Hydro-Québec (313 000 kW) est ouverte aux visiteurs.

□ La Consolidated Bathurst organise des visites guidées qui permettent d'assister à toutes les étapes de la fabrication du papier.

□ Le Centre culturel de Shawinigan possède des tableaux de Léo Ayotte et de François Déziel, ainsi que des sculptures de Claude Descoteaux. A Shawinigan-Sud, l'église Notre-Dame-de-la-Présentation est décorée de plusieurs toiles d'Osias Leduc.

L'œuvre des maîtres de forges, du pot de fer au soc de charrue

Une imposante cheminée de pierre (à droite), vestige de la première fonderie du Canada, domine le parc historique national des Forges-du-Saint-Maurice (6 ha) où l'on peut encore voir les fondations de la *Grande Maison*, la résidence des maîtres de forges.

La fondation des forges en 1730 marqua le début de l'industrialisation de la Mauricie. Les mines et les forêts des environs fournissaient le minerai de fer et le bois nécessaires à la fabrication d'innombrables outils et ustensiles.

François Poulin de Francheville, seigneur du Saint-Maurice, fit construire les forges après avoir obtenu de Louis XV le droit d'exploiter les mines de fer. En 1741, grâce au concours de maîtres de forges français, la fonderie était devenue la plus importante industrie de la Nouvelle-France. A l'époque de son plein essor, ses hauts fourneaux, entretenus par des équipes de chauffeurs qui se relayaient toutes les six heures, fonctionnaient vingt-quatre heures par jour. Mais la concurrence des forges plus modernes et l'épuisement de la mine la forcèrent à fermer ses portes en 1883.

| 0 | 1 | 2 | 3 | 4 | 5 Milles |
| 0 | 2 | 4 | 6 | 8 Kilomètres |

Pendant plus de trois siècles, le Saint-Laurent constitua l'artère principale du réseau de transport canadien et les principales villes du Québec se développèrent à l'embouchure de ses grands affluents.

Trois-Rivières, la plus vieille ville du Canada après Québec, fut fondée en 1634 au confluent du Saint-Maurice et du Saint-Laurent. Un poste de traite des fourrures y était installé depuis 1610 et le commerce des pelleteries y demeura très actif jusqu'à ce que Montréal le supplante en 1665.

Les Forges du Saint-Maurice, la première fonderie du Canada, furent créées en 1730, au nord de Trois-Rivières. Elles devinrent la plus importante industrie de la Nouvelle-France, mais la concurrence d'usines plus modernes les obligea à fermer en 1883.

En 1852, on construisit un glissoir aux chutes situées en amont de Shawinigan pour flotter les billes de bois des immenses forêts de la vallée du Saint-Maurice jusqu'au Saint-Laurent. En 1854, Trois-Rivières comptait environ 80 scieries. Aujourd'hui, l'industrie

papetière emploie environ le quart des habitants de la ville.

Au nord des grands centres industriels de Trois-Rivières, Shawinigan et Grand-Mère, s'étend la grande forêt des Laurentides. La nature a gardé son caractère sauvage dans le parc national de la Mauricie où la forêt rutile de tous ses feux en automne. On y dénombre 35 espèces de feuillus et 11 de conifères. Au printemps et en été, le parc se couvre de fleurs des champs, asters, verges d'or, violettes et bouquets rouges.

SAINT-TITE
En septembre, le Festival western de Saint-Tite bat son plein pendant 10 jours. Né de l'industrie locale du cuir, le festival attire tous les ans environ 80 000 personnes et offre le spectacle coloré d'une foule vêtue comme aux beaux jours de l'Ouest américain.

GRAND-MÈRE
La ville doit son nom à une formation rocheuse qui, selon les premiers colons, ressemblait au profil d'une vieille femme. En 1916, le fameux rocher fut détaché de son île du Saint-Maurice et transporté dans un parc municipal.
□ Le mobilier ancien de l'auberge de Grand-Mère ornait autrefois une magnifique demeure de l'île d'Anticosti.

Buste de Pierre de La Vérendrye, à Trois-Rivières

TROIS-RIVIÈRES
Fondée le 4 juillet 1634, Trois-Rivières est, après Québec, la plus ancienne ville du Canada. On y trouve encore de très anciennes demeures comme la Maison De Tonnancour (1690) et la Maison De Gannes (1756). De nombreux monuments honorent la mémoire des légendaires explorateurs de l'époque du régime français, dont Pierre de La Vérendrye, natif de Trois-Rivières.
□ En septembre, à la fête du Travail, une course de canots de 200 km dont le départ est donné à La Tuque se termine à Trois-Rivières. En août, la Foire industrielle et agricole, ainsi qu'une course automobile, le Grand Prix Molson, attirent de grandes foules.
□ Le musée d'Archéologie préhistorique de l'université du Québec contient quelque 25 000 outils, armes et poteries préhistoriques.
□ La cathédrale de l'Immaculée-Conception (1854), de style gothique, est ornée de vitraux qui sont l'œuvre de Guido Nincheri.

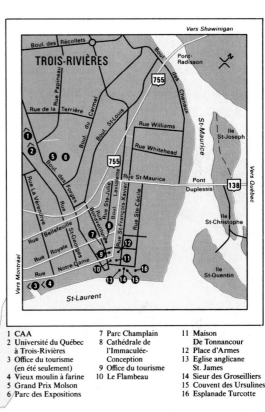

1 CAA
2 Université du Québec à Trois-Rivières
3 Office du tourisme (en été seulement)
4 Vieux moulin à farine
5 Grand Prix Molson
6 Parc des Expositions
7 Parc Champlain
8 Cathédrale de l'Immaculée-Conception
9 Office du tourisme
10 Le Flambeau
11 Maison De Tonnancour
12 Place d'Armes
13 Eglise anglicane St. James
14 Sieur des Groseilliers
15 Couvent des Ursulines
16 Esplanade Turcotte

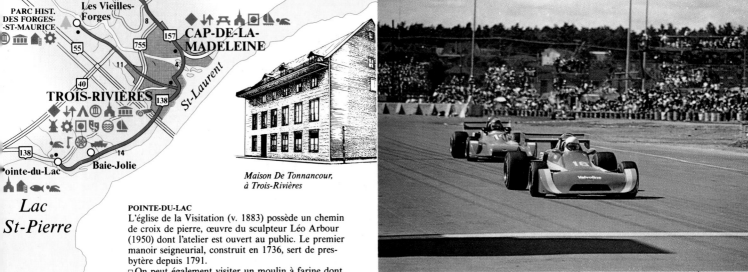

Maison De Tonnancour, à Trois-Rivières

Grand Prix Molson, à Trois-Rivières

POINTE-DU-LAC
L'église de la Visitation (v. 1883) possède un chemin de croix de pierre, œuvre du sculpteur Léo Arbour (1950) dont l'atelier est ouvert au public. Le premier manoir seigneurial, construit en 1736, sert de presbytère depuis 1791.
□ On peut également visiter un moulin à farine dont la construction remonte à 1721.

Lac St-Pierre

Les gracieuses maisons ancestrales d'une voie royale

Rive nord du Saint-Laurent

Sur cette partie de la rive nord du Saint-Laurent, la route 138 suit le tracé de la première voie carrossable du Canada, *le Chemin du Roy,* ouvert en 1734, qui reliait Montréal à Québec. Deschambault était l'un des 30 relais où les voyageurs de l'époque changeaient de chevaux. La nuit tombée, ils se reposaient dans les maisons des habitants dont certaines bordent encore la route. Restaurées avec goût, elles témoignent de l'élégance et de la solidité de ces constructions typiques de l'architecture québécoise.

LA PÉRADE
De décembre à février, la surface gelée de la rivière Sainte-Anne se couvre de cabanes où des milliers de pêcheurs viennent taquiner les petits poissons des chenaux. Un concours rassemble les pêcheurs de la région. Les prises varient entre 200 et 1 000 poissons par jour.
□ On peut voir ici les ruines d'un manoir seigneurial (1676) et plusieurs maisons fort bien conservées : les maisons Gouin (1669), Tremblay (1669), Dorion (1719) et Baribeau (1717).

Petit poisson des chenaux

Cabanes sur la rivière Sainte-Anne, à La Pérade

BATISCAN
C'est ici, en 1609, que Champlain rencontra pour la première fois les Hurons, les futurs alliés des Français.
□ Un petit parc abrite une charmante maison en pierre des champs qui servit au XVIIᵉ siècle de presbytère et de résidence aux jésuites, premiers seigneurs de Batiscan.
□ En été, des courses de canots se déroulent sur la Batiscan. En hiver, on y pêche les petits poissons des chenaux.

CAP-DE-LA-MADELEINE
La Madone du sanctuaire de Notre-Dame-du-Cap est tenue pour miraculeuse depuis qu'en 1888, trois témoins affirmèrent avoir vu ses yeux s'animer.
□ Non loin de la petite chapelle de pierre (1714) qui abrite la Madone se dresse la superbe basilique octogonale de Notre-Dame-du-Cap. Le pont des Chapelets, qui enjambe un petit cours d'eau, rappelle le pont de glace qu'empruntèrent les paroissiens en 1879 pour traverser le Saint-Laurent et transporter les pierres destinées à la construction de leur église.

Basilique de Notre-Dame-du-Cap, au Cap-de-la-Madeleine

CHAMPLAIN
L'église Notre-Dame-de-la-Visitation (1879) possède une lampe de sanctuaire en bois d'érable, peinte en blanc et ornée de dorures, qui provient de l'ancienne église (1710). Elle sert aujourd'hui de fonts baptismaux. La messe est célébrée sur une pierre d'autel qui fut donnée à la paroisse en 1681 par Jean-Baptiste de la Croix de Chevrières de Saint-Vallier, deuxième évêque de Québec.

La Pérade

Batiscan-Station

Batiscan

Champlain

Red Mill

CAP-DE-LA-MADELEINE

Ste-Marthe-du-Cap-de-la-Madeleine

TROIS-RIVIÈRES
(voir l'itinéraire 118)

0 1 2 3 4 5 Milles
0 2 4 6 8 Kilomètres

On reconnaît aisément ces anciennes demeures à leurs imposantes cheminées, à leurs lucarnes à petits carreaux, à leur toit pointu aux pans recourbés en forme de cloche et aux fleurons qui ornent leur faîtage.

Plusieurs vieilles églises de la région doivent leur riche ornementation au talent des plus célèbres artisans de la Nouvelle-France. L'église de Deschambault (dessinée par Thomas Baillargé) renferme une statue de saint Joseph, sculptée par Thomas Berlinguet. Celle de Neuville contient des tableaux d'An-toine Plamondon et des sculptures de François Baillargé. Les clochers d'une petite chapelle de pierre, à Cap-de-la-Madeleine, sont l'œuvre du maître maçon Pierre La-fond. Ils datent de 1714 et seraient les plus anciens du Canada. L'oratoire se dresse à l'emplacement d'une chapelle de bois construite en 1659. Chaque année, depuis 1883, des milliers de pèlerins viennent y visiter le sanctuaire de la Vierge Marie.

Une véritable atmosphère de fête règne à Champlain, Batiscan et La Pérade quand les petits poissons des chenaux remontent le Saint-Laurent vers la mi-décembre et viennent frayer dans la rivière Sainte-Anne. On voit surgir des villages de cabanes du jour au lendemain sur la rivière gelée et les parties de pêche se poursuivent durant tout l'hiver. Les visiteurs pourront louer une cabane équipée d'un bon poêle et de tout ce qu'il faut pour pêcher le poisson dont ils feront de délicieuses fritures.

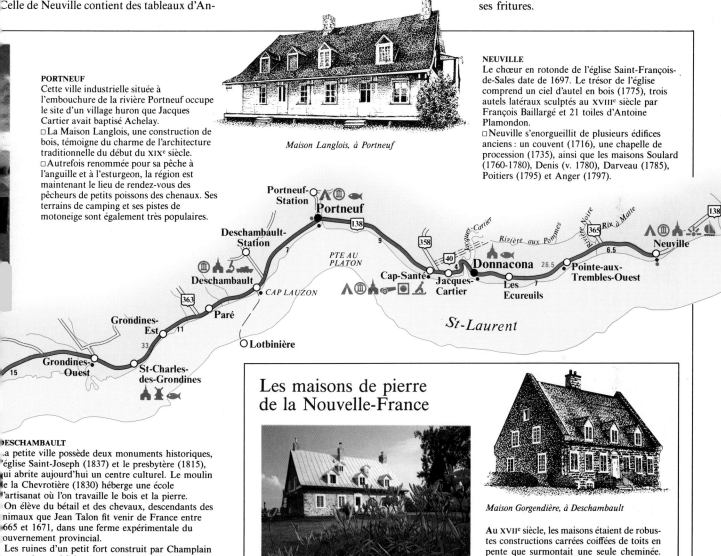

PORTNEUF
Cette ville industrielle située à l'embouchure de la rivière Portneuf occupe le site d'un village huron que Jacques Cartier avait baptisé Achelay.
□ La Maison Langlois, une construction de bois, témoigne du charme de l'architecture traditionnelle du début du XIXᵉ siècle.
□ Autrefois renommée pour sa pêche à l'anguille et à l'esturgeon, la région est maintenant le lieu de rendez-vous des pêcheurs de petits poissons des chenaux. Ses terrains de camping et ses pistes de motoneige sont également très populaires.

Maison Langlois, à Portneuf

NEUVILLE
Le chœur en rotonde de l'église Saint-François-de-Sales date de 1697. Le trésor de l'église comprend un ciel d'autel en bois (1775), trois autels latéraux sculptés au XVIIIᵉ siècle par François Baillargé et 21 toiles d'Antoine Plamondon.
□ Neuville s'enorgueillit de plusieurs édifices anciens : un couvent (1716), une chapelle de procession (1735), ainsi que les maisons Soulard (1760-1780), Denis (v. 1780), Darveau (1785), Poitiers (1795) et Anger (1797).

DESCHAMBAULT
La petite ville possède deux monuments historiques, l'église Saint-Joseph (1837) et le presbytère (1815), qui abrite aujourd'hui un centre culturel. Le moulin de la Chevrotière (1830) héberge une école d'artisanat où l'on travaille le bois et la pierre.
□ On élève du bétail et des chevaux, descendants des animaux que Jean Talon fit venir de France entre 1665 et 1671, dans une ferme expérimentale du gouvernement provincial.
□ Les ruines d'un petit fort construit par Champlain sont toujours visibles dans une île du Saint-Laurent.
□ Un tiers des maisons de Deschambault ont plus d'un siècle.

CAP-SANTÉ
A 5 km à l'est du village, à l'entrée d'un chemin privé, une pierre marque l'endroit où s'élevait le fameux fort Jacques-Cartier, dernier poste français à capituler face aux Anglais. Le fort se rendit le 10 septembre 1760, deux jours après la chute de Montréal.
□ L'église de Cap-Santé a été construite en 1755. L'un des bâtiments de la ferme Morisset date de 1696.
□ Au début d'août a lieu un festival de deux jours qui comprend une exposition d'antiquités, une vente aux enchères, un bal costumé et un récital de poésie.

Les maisons de pierre de la Nouvelle-France

Presbytère jésuite, à Batiscan

Manoir de Neuville

Maison Gorgendière, à Deschambault

Au XVIIᵉ siècle, les maisons étaient de robustes constructions carrées coiffées de toits en pente que surmontait une seule cheminée. Pour mieux soutenir la toiture, les murs étaient légèrement inclinés vers l'intérieur. Le toit était percé de lucarnes pour éclairer les combles que l'on aménageait souvent en chambres à coucher.

La Maison Gorgendière, à Deschambault (v. 1660), offre un exemple typique de ce style d'architecture. Le presbytère jésuite de Batiscan en présente une variante avec ses trois cheminées et son avant-toit évasé. Au XVIIIᵉ siècle, les avant-toits s'allongèrent de plus en plus et reposèrent bientôt sur des poteaux, formant ainsi de vastes vérandas comme celle du manoir de Neuville.

Au XIXᵉ siècle, les maisons s'ornent de toits aux pentes plus raides, de lucarnes à petits carreaux et de deux cheminées comme la Maison Langlois, à Portneuf, l'illustre.

Quand l'histoire s'enracine dans un site grandiose...

Québec est sis sur le cap Diamant, découvert en 1535 par Jacques Cartier. Les tourelles du château Frontenac (construit en 1893-1895) dominent la ville.

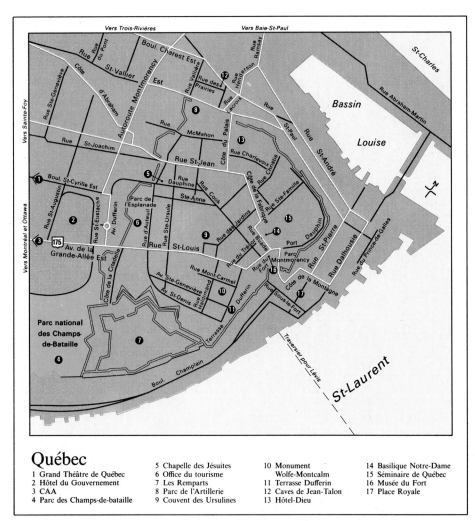

Québec
1 Grand Théâtre de Québec
2 Hôtel du Gouvernement
3 CAA
4 Parc des Champs-de-bataille
5 Chapelle des Jésuites
6 Office du tourisme
7 Les Remparts
8 Parc de l'Artillerie
9 Couvent des Ursulines
10 Monument Wolfe-Montcalm
11 Terrasse Dufferin
12 Caves de Jean-Talon
13 Hôtel-Dieu
14 Basilique Notre-Dame
15 Séminaire de Québec
16 Musée du Fort
17 Place Royale

Couvent des Ursulines (9)
Fondé en 1642 par Madame de La Peltrie et par mère Marie-de-l'Incarnation, le plus ancien couvent du Canada renferme la tombe du général Montcalm. Son musée possède un lit datant de 1686 dont on dit qu'il serait le plus vieux du Canada.

Grand Théâtre de Québec

Grand Théâtre de Québec (1)
Ce complexe récent (1971) accueille l'orchestre symphonique de Québec, le théâtre du Trident et le Club musical de Québec.

Hôtel-Dieu (13)
Fondé en 1637, l'Hôtel-Dieu fut le premier hôpital du Canada. Son musée contient une collection de meubles anciens, de pièces d'argenterie et de tableaux.

Hôtel du Gouvernement (2)
On peut visiter cet élégant édifice de style Renaissance, achevé en 1886, siège du gouvernement de Québec. La façade est ornée de 15 statues de bronze représentant des personnages historiques, œuvres du sculpteur Philippe Hébert. Dans la salle où siège l'Assemblée nationale, un tableau de Charles Huot représente la première assemblée du Parlement du Bas-Canada, en 1792.

Les Remparts (7)
Les promeneurs peuvent suivre les remparts longs de 5,6 km qui entourent Québec, seule ville fortifiée d'Amérique du Nord. Les premiers ouvrages de défense remontent à 1608,

Lorsqu'en 1608 Samuel de Champlain découvrit un rétrécissement du Saint-Laurent dominé par de hautes falaises, il décida d'y fonder la première ville du Canada. Petite bourgade d'abord blottie entre le fleuve et l'escarpement, Québec n'a pas tardé à déborder sur les hauteurs du cap Diamant.

Teintés de gris par le temps, les toits de tuiles et les vieilles pierres donnent à la ville une atmosphère qui rappelle celle des « vieux pays ». Les anciennes maisons de pierre côtoient de vénérables églises et d'innombrables monuments historiques qui jalonnent les étroites rues pavées.

L'histoire orageuse de cette ville six fois assiégée est toujours présente dans ses remparts, ses portes et sa citadelle fièrement campée au sommet du cap Diamant. Quant au site vallonné et battu par les vents des Plaines d'Abraham, il fut en 1759 le théâtre d'une

bataille qui devait décider du sort de la Nouvelle-France et de l'avenir du Canada.

Basilique Notre-Dame (14)
La construction de l'église qui allait desservir la première paroisse du Canada en 1659 fut entreprise en 1647. La façade est l'œuvre de Thomas Baillargé.

Caves de Jean Talon (12)
En 1688, Jean Talon fit construire la première brasserie du Canada, espérant atténuer les méfaits de l'eau-de-vie en incitant les colons à boire de la bière. Les caves, sous la brasserie actuelle, abritent un musée où sont exposés armes et meubles du XVIIᵉ siècle.

Chapelle des Jésuites (5)
Le reliquaire de la chapelle contient les ossements de trois saints martyrs canadiens : Jean de Brébeuf, Charles Garnier et Gabriel Lalemant.

Cette prairie (ci-dessus) fut le théâtre d'un affrontement entre les armées française et anglaise qui allait changer le cours de l'histoire du Canada. Soldats, marchands et ecclésiastiques déambulaient sur la place Royale (à droite) au temps de la Nouvelle-France.

mais les remparts actuels furent édifiés par les Anglais de 1823 à 1832. Les portes de la ville (portes Saint-Louis, Kent et Saint-Jean) ont été reconstituées vers 1880.

Monument Wolfe-Montcalm (10)
Dans le jardin des Gouverneurs se dresse un obélisque sur lequel est gravée une inscription latine que l'on peut traduire ainsi : « Leur courage leur a donné même sort ; l'histoire, même renommée ; la postérité, même monument. »

Musée du Fort (16)
Un spectacle son et lumière qui a pour théâtre une maquette de la ville au XVIIIe siècle (40 m²) fait revivre les six sièges de Québec.

Parc de l'Artillerie (8)
On y verra la redoute Dauphine (commencée en 1712), les Nouvelles Casernes (1749-1754) et la maison du Capitaine (1820).

Parc national des Champs-de-bataille (4)
Ce parc de 95 ha est jalonné de bornes de granite où sont relatées les péripéties de la bataille des Plaines d'Abraham (13 septembre 1759). A l'entrée se dresse la statue du marquis de Montcalm, à l'endroit même où le général français fut mortellement blessé. Le monument de Sainte-Jeanne-d'Arc s'élève à la gloire de tous ceux qui combattirent sur les Plaines d'Abraham et à Sainte-Foy, au printemps suivant.

Le séminaire de Québec (ci-dessus) fut fondé en 1663 par le premier évêque de Québec, François de Laval.

Place Royale (17)
L'architecture de la Nouvelle-France déploie ses splendeurs dans cette place. Sur le site même de « l'Habitation » de Champlain (1608), on a restauré ou reconstruit quelque 80 maisons du XVIIe et du XVIIIe siècle, notamment l'hôtel Chevalier (1725), une maison en pierre des champs où l'on a installé un musée consacré aux meubles québécois traditionnels, la Maison Hazeur (1685), la plus ancienne de la place, et la Maison Fornel où se tient une exposition historique. Les visites guidées partent de la Maison Le Picard (1763) qui abrite un centre d'interprétation. L'église Notre-Dame-des-Victoires (1688) possède un autel en forme de forteresse. En 1928, le gouvernement français fit don à la ville d'un buste de bronze du roi Louis XIV, à qui la place Royale doit son nom.

Séminaire de Québec (15)
Le musée du séminaire possède des tableaux de Plamondon et de Suzor-Coté, des pièces d'orfèvrerie de Ranvoyzé et d'Amiot, ainsi qu'une collection de monnaie de carte (qui eut cours légal en Nouvelle-France de 1658 à 1717 et de 1729 à 1759).

Terrasse Dufferin (11)
Cette promenade, agrémentée de kiosques victoriens, surplombe le Saint-Laurent d'une hauteur de 70 m. Elle s'étend entre la place d'Armes et la Citadelle, où elle est prolongée par la promenade des Gouverneurs, qui grimpe à flanc de falaise jusqu'au parc des Champs-de-bataille.

Défilés, sculptures sur glace et courses de canots

Le célèbre Carnaval de Québec fait oublier les rigueurs de l'hiver. En janvier ou en février, pendant 10 jours, la population de la ville double, tandis que se déroulent tournois de hockey, sports d'hiver et concours de beauté. Dans les rues illuminées et décorées jusqu'au Mardi gras, danses et défilés se succèdent (ci-dessus). Au milieu des parcs et des places surgissent partout de gigantesques sculptures de glace (à gauche). Le Saint-Laurent encombré de glaçons devient le site d'une course de canots unique en son genre. Un joyeux bonhomme de neige, le Bonhomme Carnaval, préside aux festivités.

Le vaisseau amiral de Cartier, à quelques pas des murs de la ville

Environs de Québec

Les banlieues et les villes qui ceinturent Québec offrent de nombreuses attractions aux touristes : un aquarium moderne, un zoo, le campus d'une université et de nombreux monuments historiques aussi anciens que ceux qu'enserrent les remparts de la vieille capitale.

L'élégant faubourg de Sillery est l'un des sites historiques les plus importants du Canada. Devant la Vieille Maison des Jésuites (v. 1700) se trouvent les fondations de la première maison des Jésuites (1637), ainsi que

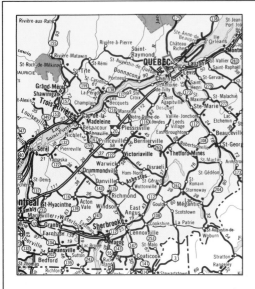

Artisan au travail,
Village-des-Hurons

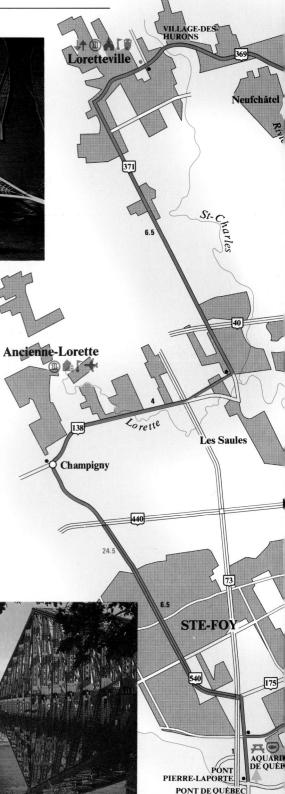

UNIVERSITÉ LAVAL
La plus ancienne université française d'Amérique du Nord (1852) est aujourd'hui située sur un campus moderne, à Sainte-Foy. Environ 12 000 étudiants à plein temps et 3 000 à temps partiel la fréquentent. On peut y voir un jardin botanique, ainsi qu'une fontaine faite de blocs d'amiante. Le pavillon Koninck renferme des collections d'objets inuit et grecs. On verra au musée une collection de pièces de monnaie datant de l'antiquité égyptienne, grecque et romaine. Le pavillon Pouliot est orné d'une peinture murale de Jordi Bonnet. Des visites de groupe peuvent être organisées.

VILLAGE-DES-HURONS
Les touristes qui visitent cette réserve indienne, fondée en 1697, peuvent voir des artisans hurons fabriquer des raquettes, pratiquement comme leurs ancêtres le faisaient il y a trois siècles.
□ La chapelle blanchie à la chaux de Notre-Dame-de-Lorette fut construite en 1730 par François Vincent, un apprenti huron du sculpteur François-Noël Levasseur. On peut y voir une lampe en argent du sanctuaire (1730) de François Ranvoyzé et une Madone de bois de Levasseur. Le chemin de croix est l'œuvre de Médard Bourgault.

AQUARIUM DE QUÉBEC
L'aquarium est installé sur une falaise qui domine le Saint-Laurent. Des esturgeons, des grands brochets, des morues, des anguilles, des saumons et de nombreux poissons tropicaux, quelque 403 espèces en tout, vivent dans 45 bassins d'eau douce et 12 bassins d'eau de mer. Quatre terrariums abritent des serpents, des crocodiles et des tortues. Divers mammifères marins, notamment des phoques, s'ébattent dans cinq bassins extérieurs.

PONT DE QUÉBEC
Ce pont, qui traverse le Saint-Laurent près de Québec, est l'une des prouesses techniques les plus audacieuses de tout le Canada. Mais son histoire est tragique. Les travaux commencèrent en 1899. Un tronçon s'effondra en 1907, causant la mort de 71 ouvriers. Treize autres moururent en 1916 lorsqu'une section de la travée centrale tomba dans le fleuve alors qu'on le mettait en place. Quand le pont fut terminé, sa travée en cantilever était la plus longue du monde (548 m). C'est encore aujourd'hui le plus long pont de ce type en Amérique du Nord. Le pont comporte une voie ferrée, une route et une voie piétonne.
□ Le pont Pierre-Laporte, à côté, est le plus long pont suspendu du Canada (668 m).

Pont de Québec

l'église Saint-Michel (1644), première église de pierre de la Nouvelle-France. Le parc du Bois-de-Coulonge, ancien domaine des lieutenants-gouverneurs du Québec, est un enchantement pour l'œil avec ses parterres de fleurs, ses arbres, ses pelouses et la splendide vue que l'on y découvre sur le Saint-Laurent.

L'université Laval, à Sainte-Foy, compose un intéressant ensemble architectural moderne. Les flèches et les fenêtres en ogive de la chapelle lui donnent l'aspect d'une cathédrale gothique.

La rivière du Berger traverse les jardins luxuriants et les bois du zoo d'Orsainville où paissent des wapitis et des caribous.

Les rues de Charlesbourg, fondé en 1659, rayonnent de la place centrale, comme les branches d'une étoile.

Jacques Cartier passa l'hiver 1535-1536 au bord de la rivière Saint-Charles. Dans un parc historique national, on verra la réplique de son vaisseau, *La Grande Hermine*.

Maison L'Heureux (1684), à Charlesbourg

JARDIN ZOOLOGIQUE DE QUÉBEC

Orsainville

CHARLESBOURG

CHARLESBOURG
Le plan de la ville dressé par l'intendant Jean Talon apparaît toujours clairement trois siècles plus tard. Les rues rayonnent de la place centrale, Trait-Carré, que domine l'église Saint-Charles-Borromée (1825). Talon plaça l'église au centre et l'entoura de fermes en forme de triangle pour que les fermiers puissent se réfugier rapidement dans l'église en cas d'attaque.

PARC HIST. NAT. CARTIER-BRÉBEUF

St-Charles

QUÉBEC

ESTUAIRE DE LA RIVIÈRE ST-CHARLES

BASSIN LOUISE

PARC DES CHAMPS-DE-BATAILLE

BOIS DE COULONGE

UNIVERSITÉ LAVAL

Sillery

MAISON DES JÉSUITES

St-Laurent

ORSAINVILLE
Plus de neuf millions de personnes ont visité le zoo depuis son inauguration en 1931. Il abrite plus de 70 espèces de mammifères, dont des ours polaires, des jaguars et des lamas, ainsi qu'environ 240 espèces d'oiseaux, notamment des condors, des paons et des faisans. La rivière du Berger, qui a été endiguée afin de créer des étangs pour les otaries et les castors, traverse les jardins verdoyants du zoo.

La Grande Hermine, *parc historique national Cartier-Brébeuf*

PARC HISTORIQUE NATIONAL CARTIER-BRÉBEUF
Une reproduction de 24 m de *La Grande Hermine*, le vaisseau amiral de Jacques Cartier, construite en 1966 avec les outils et les techniques du XVIᵉ siècle, est le centre d'attraction du parc. □ On peut aussi y voir une croix de granit haute de 8 m, érigée en 1935 à l'endroit où Cartier dressa une croix de bois quatre siècles plus tôt. Un monument de granit rappelle la mémoire de saint Jean de Brébeuf qui avait construit ici une maison en 1626. Brébeuf, un missionnaire jésuite qui fut torturé et mis à mort par les Iroquois en 1649, a été proclamé le patron du Canada en 1940.

Le Saint-Laurent, vu du Bois de Coulonge

BOIS DE COULONGE
Les visiteurs qui se promènent parmi les pins, les érables et les ormes majestueux du parc découvrent une belle vue du Saint-Laurent et de l'île d'Orléans. On y donne des pièces de théâtre et des concerts dans un théâtre de verdure.

SILLERY
Une maison de pierre construite par les jésuites vers 1700 a été transformée en musée. On peut y voir un spectacle audio-visuel qui relate l'histoire de l'ordre en Amérique du Nord. Les collections du musée comprennent des objets indiens, une girouette (1635) du collège jésuite, des haches forgées au XVIIᵉ siècle, des photographies et des documents historiques, ainsi que des manuscrits des missionnaires Brébeuf, Lalemant et Jogues. A côté se trouvent les fondations d'une mission (1637) où vécurent le premier jésuite d'Amérique du Nord, Enemond Massé, et six des saints martyrs canadiens. Les fondations de Saint-Michel (1644), la première église de pierre du Canada, et des vestiges des fortifications qui entouraient la mission, ont également été mis au jour.

Une île idyllique où s'arrête le temps

Ile d'Orléans

L'île d'Orléans évoque si bien la vie rurale québécoise du XVIIe siècle qu'elle a été classée région historique. Ce n'est qu'en 1935 qu'on mit fin à son isolement de plus de trois siècles en construisant le pont qui la relie à la rive nord. Mais les insulaires demeurent attachés à leurs traditions et fiers des églises, des maisons et des fermes qui rappellent les débuts de la colonie française.

Jacques Cartier, qui avait baptisé l'île « Bacchus » (dieu du vin des Romains) en raison des vignes sauvages qui y poussaient,

SAINTE-PÉTRONILLE
Du village, on a une vue superbe sur la haute ville de Québec, de l'autre côté du fleuve. Des centaines de réfugiés hurons, rescapés des attaques iroquoises à Trois-Rivières, s'installèrent sur l'île au milieu du XVIIe siècle. Les premiers colons français qui s'y établirent choisirent eux aussi la pointe occidentale de l'île.
□ Une plaque commémorative marque l'endroit où furent lancés les deux plus gros navires de bois jamais construits au Canada, le *Columbus*, en 1824, et le *Baron Renfrew*, en 1825.

SAINT-PIERRE-D'ORLÉANS
L'église paroissiale (1720) est de style normand. Les sculptures de l'autel et du chœur (v. 1730) sont de Charles Vézina. En été, on y donne des concerts de musique de chambre.
□ L'été, dans une grange, on présente des pièces, des concerts, des récitals de poésie, ainsi que des expositions de tableaux et de photographies.

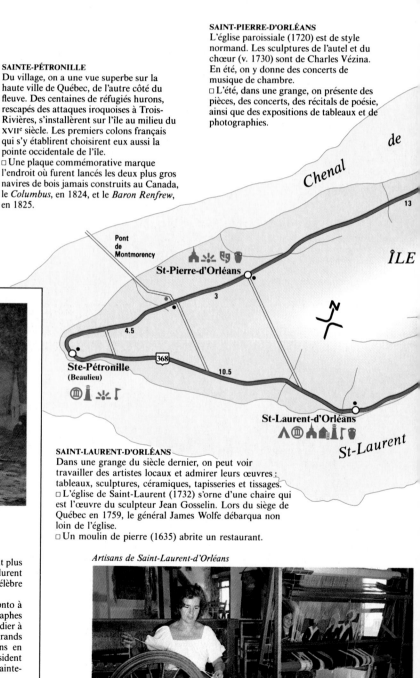

SAINT-LAURENT-D'ORLÉANS
Dans une grange du siècle dernier, on peut voir travailler des artistes locaux et admirer leurs œuvres : tableaux, sculptures, céramiques, tapisseries et tissages.
□ L'église de Saint-Laurent (1732) s'orne d'une chaire qui est l'œuvre du sculpteur Jean Gosselin. Lors du siège de Québec en 1759, le général James Wolfe débarqua non loin de l'église.
□ Un moulin de pierre (1635) abrite un restaurant.

Artisans de Saint-Laurent-d'Orléans

Evening, Ile d'Orléans, *par Horatio Walker*

Le peintre de l'île

Horatio Walker exerça son art dans l'île d'Orléans pendant plus de 50 ans. En 1907, ses scènes de la vie rurale de l'île lui valurent une renommée internationale et Walker devint le plus célèbre peintre canadien de l'époque.
Né à Listowel, en Ontario, en 1858, il se rendit à Toronto à l'âge de 15 ans pour travailler dans le studio des photographes Notman et Fraser. Quelques années plus tard, il partit étudier à New York, puis voyagea en Europe pour visiter les grands musées. Walker s'installa finalement dans l'île d'Orléans en 1883. Elu président du Canadian Art Club en 1915 et président de l'Académie royale canadienne en 1925, il mourut à Sainte-Pétronille en 1938.

L'Âtre, restaurant à Sainte-Famille

lui donna ensuite le nom du duc d'Orléans, fils de François Ier.

Le peuplement de l'île commença en 1648. En 1712, l'île comptait cinq paroisses prospères. Elle en possède six aujourd'hui dont les églises de pierre sont de pures merveilles. La plus belle de toutes est sans doute l'église de la Sainte-Famille (1734), ornée de magnifiques sculptures sur bois et de trois clochers.

De vieilles granges et de robustes maisons en pierre des champs, coiffées de toits en pente de style normand, abritent aujourd'hui des restaurants, des galeries d'art et des salles de théâtre. Dans les fermes qui occupent de longues bandes étroites de terre face au fleuve, on cultive surtout des légumes ; mais l'île est aussi réputée pour ses fraises, ses pommes et ses prunes.

Près de Saint-Pierre, les visiteurs découvrent une vue superbe de la rive nord et de la chute Montmorency. Au nord de Saint-François se dessinent, au loin, les profils du cap Tourmente et des Laurentides.

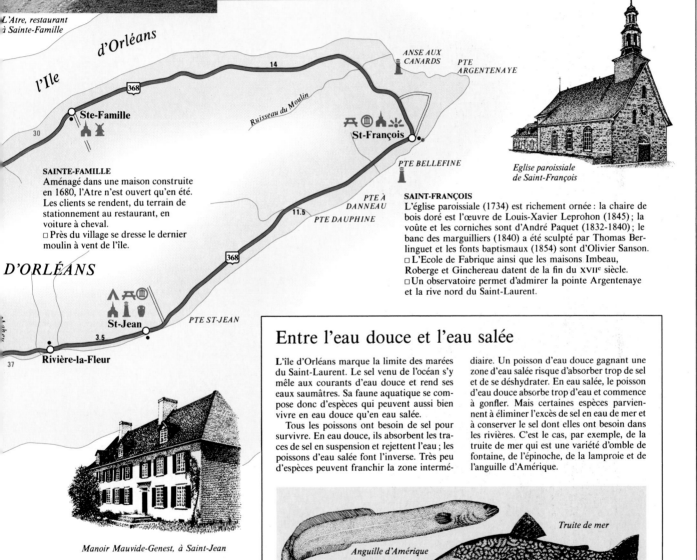

SAINTE-FAMILLE
Aménagé dans une maison construite en 1680, l'Âtre n'est ouvert qu'en été. Les clients se rendent, du terrain de stationnement au restaurant, en voiture à cheval.
□ Près du village se dresse le dernier moulin à vent de l'île.

Eglise paroissiale de Saint-François

SAINT-FRANÇOIS
L'église paroissiale (1734) est richement ornée : la chaire de bois doré est l'œuvre de Louis-Xavier Leprohon (1845) ; la voûte et les corniches sont d'André Paquet (1832-1840) ; le banc des marguilliers (1840) a été sculpté par Thomas Berlinguet et les fonts baptismaux (1854) sont d'Olivier Sanson.
□ L'Ecole de Fabrique ainsi que les maisons Imbeau, Roberge et Ginchereau datent de la fin du XVIIe siècle.
□ Un observatoire permet d'admirer la pointe Argentenaye et la rive nord du Saint-Laurent.

Manoir Mauvide-Genest, à Saint-Jean

SAINT-JEAN
Le manoir Mauvide-Genest (1734) porte encore la trace des boulets de canon tirés par les Anglais lors du siège de Québec en 1759. Il fut construit par le premier médecin de l'île, Jean Mauvide, qui y vécut près de 50 ans jusqu'à sa mort en 1782. Le manoir, meublé dans le style de l'époque, est une résidence privée, mais on peut le visiter en été.
□ Une boutique d'artisanat occupe une maison de pierre datant de 1708.
□ L'église paroissiale (1734) est ornée de tableaux d'Antoine Plamondon. La maison Dubuc fut construite vers 1750.

Entre l'eau douce et l'eau salée

L'île d'Orléans marque la limite des marées du Saint-Laurent. Le sel venu de l'océan s'y mêle aux courants d'eau douce et rend ses eaux saumâtres. Sa faune aquatique se compose donc d'espèces qui peuvent aussi bien vivre en eau douce qu'en eau salée.

Tous les poissons ont besoin de sel pour survivre. En eau douce, ils absorbent les traces de sel en suspension et rejettent l'eau ; les poissons d'eau salée font l'inverse. Très peu d'espèces peuvent franchir la zone intermédiaire. Un poisson d'eau douce gagnant une zone d'eau salée risque d'absorber trop de sel et de se déshydrater. En eau salée, le poisson d'eau douce absorbe trop d'eau et commence à gonfler. Mais certaines espèces parviennent à éliminer l'excès de sel en eau de mer et à conserver le sel dont elles ont besoin dans les rivières. C'est le cas, par exemple, de la truite de mer qui est une variété d'omble de fontaine, de l'épinoche, de la lamproie et de l'anguille d'Amérique.

Anguille d'Amérique

Truite de mer

Epinoche

Lamproie

Les battures de la côte de Beaupré et l'un des hauts lieux de la foi

Rive nord du Saint-Laurent

Le fameux sanctuaire de Sainte-Anne-de-Beaupré, que plus d'un million de personnes visitent chaque année, se trouve sur la côte de Beaupré, une large plaine qui s'étend sur la rive nord du Saint-Laurent, entre Québec et Cap-Tourmente.

En 1658, un ouvrier qui souffrait d'un tour de reins aurait été guéri par l'intercession de sainte Anne, alors qu'il travaillait à la construction de la première chapelle du village. En 1665, Marie de l'Incarnation, fondatrice du couvent des Ursulines de Québec, écrivait

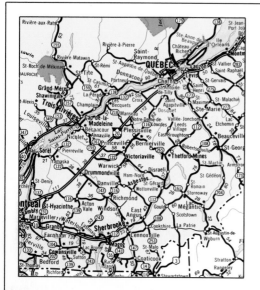

La bonne odeur de pain frais des fours d'antan

Les fours Turgeon, deux anciens fours construits en bordure de la route, à Château-Richer, servent encore. Ces fours extérieurs, autrefois très communs, étaient souvent partagés par plusieurs familles qui y cuisaient leurs pains, leurs fèves et leurs tourtières. Chauffés au bois, ils étaient habituellement faits de terre ou d'argile bien tassée, ou encore de pierre ou de brique. De petits toits de bois les protégeaient des intempéries.

On peut voir aussi d'anciens caveaux à légumes en maçonnerie, incrustés dans les pentes abruptes du côté nord de la route qui traverse Château-Richer et L'Ange-Gardien.

Four extérieur, à Château-Richer

MONTMORENCY
Un pont suspendu domine la chute Montmorency. Champlain nomma ainsi en 1603 cette chute de 84 m de haut, soit 30 m de plus que les chutes du Niagara. Des plates-formes d'observation sont aménagées au sommet et au pied de la chute.
□ Le manoir Montmorency, l'ancienne Kent House, fut construit en 1781 par Sir Frederick Haldimand, gouverneur général du Canada entre 1778 et 1786.
□ Près de l'église de Montmorency, une plaque rappelle la bataille de 1759 au cours de laquelle les défenseurs de Québec repoussèrent les troupes britanniques du général James Wolfe.

Chute Montmorency

Le manoir Montmorency

BEAUPORT
L'agglomération, qui date de 1634, fut la première paroisse de la côte de Beaupré. Une partie de la maison d'Aimé Marcoux remonte à 1655. La Maison Cléophas a environ 300 ans. Une plaque indique la maison natale du lieutenant-colonel Charles-Michel de Salaberry qui arrêta les Américains en 1813, lors de la bataille de Châteauguay, près de Montréal.

L'ANGE-GARDIEN
Une partie de la Maison La Berge, qui est aujourd'hui encore une résidence privée, remonterait aux années 1670. Un monument marque l'emplacement de la Maison Trudelle où fut célébrée la première messe du village en 1664.

```
0    .5   1   1.5   2    2.5 Milles
0    1    2    3    4 Kilomètres
```

à son fils : « A sept lieues d'ici se trouve l'église de Sainte-Anne, où les paralytiques marchent, les aveugles voient et les malades, quel que soit leur mal, sont guéris. »

Avant même la construction du sanctuaire de Sainte-Anne, des fermiers s'étaient déjà installés sur la côte de Beaupré. On verra, en suivant la route 360, des maisons blanchies à la chaux qui remontent au XVIIIe siècle, de vieilles chapelles de procession, d'anciens fours à pain et des caveaux à légumes construits en pierre.

Le visiteur admirera au passage la chute Montmorency, la plus haute de l'est du Canada, dont les embruns, en hiver, forment un cône de glace de plus de 30 m. Au XIXe siècle, de joyeux fêtards dévalaient le cône en toboggan et chassaient les froidures de l'hiver au whisky et « autres eaux-de-vie », servis dans un bar creusé à même la glace. Après un crochet vers la réputée station de ski du mont Sainte-Anne, l'excursion se terminera au cap Tourmente où des milliers d'oies se réunissent au printemps et à l'automne.

SAINTE-ANNE-DE-BEAUPRÉ
Un sanctuaire consacré à sainte Anne attire les pèlerins depuis trois siècles, particulièrement au cours de la semaine qui précède le 26 juillet, fête de la sainte.
□ Le sanctuaire comporte quatre édifices. La basilique, construction massive de style gothique et roman, abrite une statue de sainte Anne et ce qu'on croit être un doigt, un poignet et un avant-bras de la sainte. La chapelle commémorative est ornée d'un autel sculpté par Charles Vézina en 1702 et d'une chaire de Thomas Baillargé (1807). Dans la Scala Santa se trouvent 28 marches qui évoquent celles que dut gravir le Christ pour comparaître devant Ponce Pilate. A l'Historial, musée et galerie d'art, 20 tableaux de cire relatent la vie de sainte Anne.

Ski de fond, au parc du Mont-Sainte-Anne

Ratons laveurs

Basilique de Sainte-Anne-de-Beaupré

̄ATEAU-RICHER
maisons Côté, Caughon, ̄ard et Gravel sont presque si anciennes que cette ̄omération fondée en 1640. ̄n été, les habitants vendent ̄sirop d'érable, des légumes et ̄pain, cuit dans des fours à ̄cienne, au bord de la route.

PARC DU MONT-STE-ANNE

▲ Mont Ste-Anne

PARC DU MONT-SAINTE-ANNE
Avec ses 28 pistes de descente et ses 150 km de pistes de ski de fond, le parc est l'un des principaux centres de sports d'hiver du Canada. Un téléphérique mène les skieurs au sommet du mont Sainte-Anne (800 m) en 13 minutes. Cerfs et ratons laveurs hantent le parc.

SAINT-JOACHIM
La Petite Ferme, autrefois le manoir seigneurial de Mgr François de Laval, se trouve sur l'emplacement d'une ferme qu'exploita Samuel de Champlain en 1626. L'édifice abrite un centre d'information sur la réserve naturelle du Cap-Tourmente.
□ L'église paroissiale de Saint-Joachim (1779) est ornée de sculptures sur bois de François et Thomas Baillargé.

CHUTES STE-ANNE

360   138

Beaupré
4.5

Cap-Tourmente

St-Joachim

Ste-Anne-de-Beaupré-Ouest
10.5

Ste-Anne-de-Beaupré

RÉSERVE NATURELLE NAT. DU CAP-TOURMENTE

22

360   138

Sault-à-la-Puce

Château-Richer

St-Laurent

ÎLE D'ORLÉANS

Oies blanches, réserve naturelle nationale du Cap-Tourmente

La Petite Ferme, à Saint-Joachim

RÉSERVE NATURELLE NATIONALE DU CAP-TOURMENTE
Un sentier mène à une falaise d'où les visiteurs peuvent observer les ébats de quelque 100 000 oies blanches sur le Saint-Laurent, pendant six semaines, au printemps et en automne. Les oies font escale au cap Tourmente lors des migrations qui les conduisent à leurs territoires de nidification de l'île de Baffin et dans les régions où elles passent l'hiver, la Virginie et la Caroline du Nord. Vingt-deux autres espèces d'oiseaux, notamment la bernache canadienne, fréquentent également le refuge. Un centre d'information donne des explications sur l'oie blanche et divers oiseaux chanteurs de la région. Des naturalistes font visiter le refuge.

Au pied des Laurentides,
une rive charmante et sauvage

Rive nord du Saint-Laurent

De Baie-Saint-Paul à Baie-Sainte-Catherine, le comté de Charlevoix déploie ses splendeurs. Ses côtes, son paysage accidenté, ses profondes vallées, ses rivières poissonneuses et ses fermes pittoresques attirent de nombreux touristes et inspirent depuis longtemps les artistes.

Ainsi, les rues étroites et les maisons en pierre des champs de Baie-Saint-Paul au tournant du siècle revivent sur les toiles de Clarence Gagnon. Mais aujourd'hui encore, le vert cru des champs de la vallée de la ri-

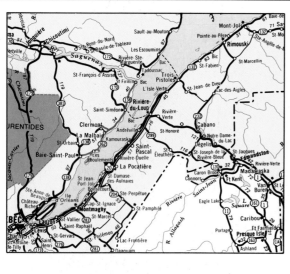

Baie-Saint-Paul

La Maison Croche, île aux Coudres

ÎLE AUX COUDRES
Le temps semble s'être arrêté à l'île aux Coudres. Avec ses fermes aux murs de pierre de 1 m d'épaisseur, ses moulins à vent à l'allure indolente, son rythme de vie paisible, la Nouvelle-France du XVIIIe siècle semble revivre dans cette île. Longue de 11 km et large de 3, elle est desservie par un traversier qui la relie à Saint-Joseph-de-la-Rive, sur la rive nord.
□ C'est Jacques Cartier qui baptisa l'île, lorsqu'il y débarqua le 7 septembre 1535, alors que les coudriers y poussaient encore en abondance. A Saint-Bernard-sur-Mer, une croix de granit rappelle l'endroit où fut célébrée la première messe en sol canadien.
□ L'île possède plusieurs monuments historiques, notamment la Maison Bouchard (1654), le Moulin Desgagné (1777) et deux chapelles de procession (1806 et 1836). A La Baleine, le musée de la Maison Leclerc (1780) est ouvert au public tout l'été.
□ Toujours à La Baleine, le touriste ne manquera pas de visiter une curiosité architecturale, la Maison Croche, qui fut construite en 1963.
□ Les marécages qui s'étendent entre Saint-Bernard et La Baleine sont fertiles en plantes de toutes sortes. Les insulaires y exploitent des tourbières.

BAIE-SAINT-PAUL
Blottie entre deux promontoires, à l'embouchure de la rivière du Gouffre et face à l'île aux Coudres, Baie-Saint-Paul est le lieu de prédilection des plus célèbres artistes canadiens. Après Québec et Montréal, le cadre grandiose de Baie-Saint-Paul est le sujet le plus souvent représenté dans les tableaux de la Galerie nationale du Canada. Tous les ans, des centaines de visiteurs viennent peindre et photographier ses champs fertiles, ses vieilles fermes et ses maisons pittoresques qui se découpent sur la toile de fond des Laurentides.
□ Le Moulin Michel Perron et le Moulin La Rémy, qui datent du régime français, sont toujours en activité. Le Moulin César (1722) renferme une galerie d'art et une boutique de meubles anciens.
□ La région est idéale pour le ski de randonnée, la pêche à l'omble chevalier et à la truite mouchetée et la chasse à l'orignal, à l'ours, au lièvre et à la perdrix. On y trouve aussi une plage, un terrain de camping, un port de plaisance et un terrain de golf.

Omble chevalier

LES ÉBOULEMENTS
Le village doit son nom au tremblement de terre de 1663 qui aurait été si violent qu'une montagne de la rive se serait effondrée dans le fleuve, formant une île.
□ Du haut du phare du cap aux Oies on voit souvent passer des bélugas, une espèce de baleine.
□ L'église Notre-Dame-de-l'Assomption contient des fragments d'un retable finement ciselé datant de 1775.

Moulin à vent, île aux Coudres

0 1 2 3 4 5 Milles
0 2 4 6 8 Kilomètres

vière du Gouffre et le paysage sauvage et montagneux des Laurentides, qui se découpent derrière la ville et la baie, ne cessent de séduire les peintres et les photographes.

Commandant l'entrée de la baie, la paisible île aux Coudres est l'un des berceaux de la Nouvelle-France. En 1535, Jacques Cartier et ses compagnons y entendirent la première messe célébrée en sol canadien et le passé reste immédiatement sensible dans les vieilles pierres des moulins à vent et des chapelles qui se dressent dans les vergers.

La Malbaie fut sans doute l'un des premiers centres touristiques du continent. Dès la fin des années 1760, des soldats écossais venaient y taquiner le poisson. Aujourd'hui, la ville est dominée par les tours du manoir Richelieu, d'où l'on découvre à peine la mince ligne bleutée de la rive sud.

A partir de Saint-Siméon, d'impressionnantes falaises de granite plongent à pic vers le fleuve. La route 138 s'enfonce dans les terres, escalade les Laurentides et longe des lacs qui surgissent soudain des forêts.

Un tremblement de terre qui déplaça les montagnes

En 1663, d'effroyables tremblements de terre secouèrent la Nouvelle-France. Une ursuline de Québec nous parle d'une « horrible confusion de meubles renversés, de pierres qui tombent, de planchers qui cèdent et de murs qui s'ouvrent ». Affolés, les Indiens crurent « les rivières pleines d'eau-de-feu et les forêts devenues ivres ».

L'épicentre de la première secousse, l'une des plus violentes qu'ait jamais connues l'Amérique du Nord, se trouvait près de l'embouchure du Saguenay. Au cours des sept mois suivants, trente-deux autres secousses bouleversèrent le paysage ; des chutes d'eau disparurent, des forêts entières s'abattirent comme des châteaux de cartes, des crevasses s'ouvrirent et tout un pan de montagne s'effondra dans le Saint-Laurent, près des Eboulements.

De nombreux colons crurent que le tremblement de terre était un signe de Dieu. Nuit et jour, les prêtres entendirent leurs confessions. Les trafiquants de fourrures sans scrupules mirent leurs affaires en ordre. La traite de l'eau-de-vie fut interdite. Mais, quand la terre cessa enfin de trembler, on constata qu'il n'y avait eu ni morts ni blessés !

BAIE-SAINTE-CATHERINE
L'autel de l'église paroissiale repose sur un tronc de cèdre doré.
□ D'un quai taillé à même la pierre, un traversier fait la navette avec Tadoussac, sur l'autre rive du Saguenay (passage gratuit). Le paysage découvert de la rivière est superbe.

SAINT-SIMÉON
Au nord-ouest de Saint-Siméon s'étend la réserve provinciale Les Palissades où des chutes, des lacs glaciaires et des falaises déchiquetées dominent d'une hauteur de 244 m la vallée de la rivière Noire. Durant le festival de l'éperlan, à la fin de juillet, les habitants vendent du poisson frais.

PORT-AU-PERSIL
A marée basse, un îlot rocheux domine le petit port de ce village qu'arrose une cascade. Tous les ans, des milliers de touristes visitent ce charmant hameau.
L'hôtel local possède une belle collection des premières œuvres du peintre québécois Jean-Paul Lemieux.

LA MALBAIE
En 1608, Champlain eut le malheur de jeter l'ancre à marée haute non loin d'ici. Au matin, son navire s'était échoué et il appela l'endroit la *male baie*.
□ Un musée honore la mémoire de la romancière canadienne Laure Conan (née Félicité Angers), auteur de *L'Oublié* et d'*Angéline de Montbrun*. Elle est née à La Malbaie en 1845.

POINTE-AU-PIC
L'un des plus vieux hôtels du Québec, le manoir Richelieu (v. 1910), est perché sur une falaise de 213 m qui domine le village dont les vieilles résidences d'été n'ont rien perdu de leur charme.
□ C'est dans le cimetière de l'église protestante de La Malbaie qu'a été inhumé William Hume Blake, avocat et écrivain, auteur de *Brown Waters* et premier traducteur de *Maria Chapdelaine*.

Vacher

Port-au-Persil

Une tradition artisanale séculaire et un chapelet d'îles aux oiseaux

Rive sud du Saint-Laurent

De Lévis à Rimouski la route gravit les côtes de la rive sud du Saint-Laurent. Elle surplombe des baies et des criques, souvent bordées de plages sablonneuses, et permet de découvrir tout un chapelet d'îles, refuges de nuées d'oiseaux, sur la toile de fond bleutée des Laurentides.

L'île aux Grues, les îles de Kamouraska, l'île du Bic et Les Pèlerins, notamment, abritent des centaines de milliers d'oiseaux de mer et de rivage. La Grosse Ile, au XIXᵉ siècle, abrita un poste de quarantaine pour les

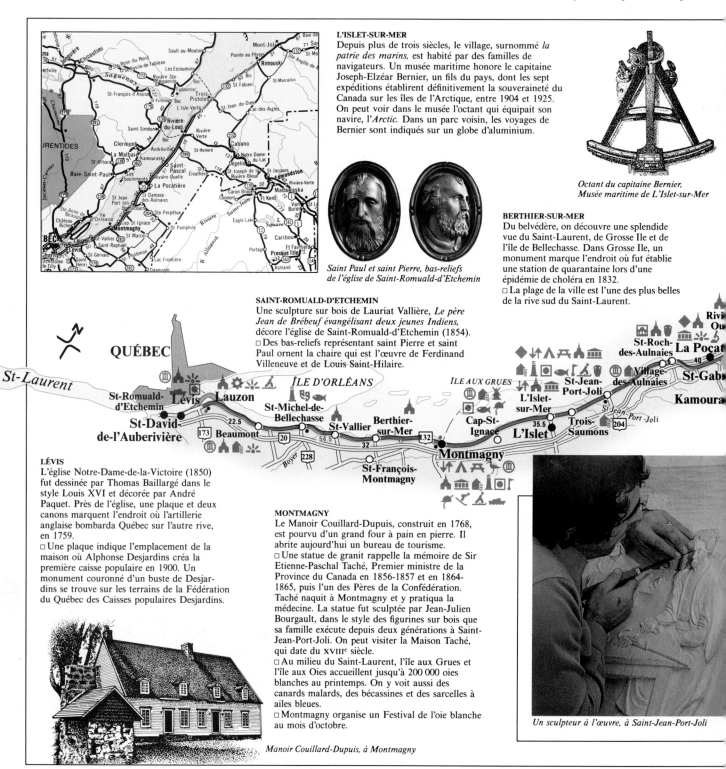

L'ISLET-SUR-MER

Depuis plus de trois siècles, le village, surnommé *la patrie des marins,* est habité par des familles de navigateurs. Un musée maritime honore le capitaine Joseph-Elzéar Bernier, un fils du pays, dont les sept expéditions établirent définitivement la souveraineté du Canada sur les îles de l'Arctique, entre 1904 et 1925. On peut voir dans le musée l'octant qui équipait son navire, l'*Arctic.* Dans un parc voisin, les voyages de Bernier sont indiqués sur un globe d'aluminium.

Octant du capitaine Bernier,
Musée maritime de L'Islet-sur-Mer

Saint Paul et saint Pierre, bas-reliefs
de l'église de Saint-Romuald-d'Etchemin

BERTHIER-SUR-MER

Du belvédère, on découvre une splendide vue du Saint-Laurent, de Grosse Ile et de l'île de Bellechasse. Dans Grosse Ile, un monument marque l'endroit où fut établie une station de quarantaine lors d'une épidémie de choléra en 1832.
□ La plage de la ville est l'une des plus belles de la rive sud du Saint-Laurent.

SAINT-ROMUALD-D'ETCHEMIN

Une sculpture sur bois de Lauriat Vallière, *Le père Jean de Brébeuf évangélisant deux jeunes Indiens,* décore l'église de Saint-Romuald-d'Etchemin (1854).
□ Des bas-reliefs représentant saint Pierre et saint Paul ornent la chaire qui est l'œuvre de Ferdinand Villeneuve et de Louis Saint-Hilaire.

LÉVIS

L'église Notre-Dame-de-la-Victoire (1850) fut dessinée par Thomas Baillargé dans le style Louis XVI et décorée par André Paquet. Près de l'église, une plaque et deux canons marquent l'endroit où l'artillerie anglaise bombarda Québec sur l'autre rive, en 1759.
□ Une plaque indique l'emplacement de la maison où Alphonse Desjardins créa la première caisse populaire en 1900. Un monument couronné d'un buste de Desjardins se trouve sur les terrains de la Fédération du Québec des Caisses populaires Desjardins.

MONTMAGNY

Le Manoir Couillard-Dupuis, construit en 1768, est pourvu d'un grand four à pain en pierre. Il abrite aujourd'hui un bureau de tourisme.
□ Une statue de granit rappelle la mémoire de Sir Etienne-Paschal Taché, Premier ministre de la Province du Canada en 1856-1857 et en 1864-1865, puis l'un des Pères de la Confédération. Taché naquit à Montmagny et y pratiqua la médecine. La statue fut sculptée par Jean-Julien Bourgault, dans le style des figurines sur bois que sa famille exécute depuis deux générations à Saint-Jean-Port-Joli. On peut visiter la Maison Taché, qui date du XVIIIᵉ siècle.
□ Au milieu du Saint-Laurent, l'île aux Grues et l'île aux Oies accueillent jusqu'à 200 000 oies blanches au printemps. On y voit aussi des canards malards, des bécassines et des sarcelles à ailes bleues.
□ Montmagny organise un Festival de l'oie blanche au mois d'octobre.

Manoir Couillard-Dupuis, à Montmagny

Un sculpteur à l'œuvre, à Saint-Jean-Port-Joli

| 0 | 4 | 8 | 12 | 16 | 20 Milles |
| 0 | 8 | 16 | 24 | 32 Kilomètres |

Presque circulaire, le lac occupe une [...] glaciaire, elle-même prolongée par la la[...] glaciaire qui creusa le lit de l'actuel Sa[...]nay. De nombreuses rivières des Laure[...] se déversent dans le lac : la Péribonca [...] km), la Métabetchouane (142 km), la [...]mouchouane (178 km) et la Mista[...] (286 km). Leurs eaux tumultueuses s[...]sent dans le vaste bassin du lac, puis se [...]pitent à nouveau dans deux goulets cr[...] dans le roc du Bouclier canadien pour s[...] verser enfin dans le bouillonnant Sag[...]

Anguillerie, à Kamouraska

KAMOURASKA

Les pêcheurs de la région plantent des pieux dans le Saint-Laurent pour former des barrages où ils attrapent des anguilles qui sont ensuite exportées en Europe.

□ L'une des plus grandes colonies de bihoreaux à couronne noire d'Amérique du Nord vit sur les corniches des îles de Kamouraska.

□ La Maison L'Anglais, construite en 1725, est l'une des plus belles anciennes demeures de Kamouraska.

PÉRIBONKA

La Maison Bouchard, où vivait l'écrivain français Louis Hémon lorsqu'il écrivit *Maria Chapdelaine* en 1912, a été transformée en musée. On peut y voir le rouet d'Eva Bouchard qui lui inspira le personnage de la célèbre héroïne.

□ Né en France, Louis Hémon vint au Canada en 1911 et travailla comme garçon de ferme à Péribonka. La vie simple et le courage tranquille des fermiers lui inspirèrent son roman. Il mourut dans un accident de chemin de fer à Chapleau en Ontario, au cours de l'été 1913.

□ La Péribonca, principal tributaire du lac Saint-Jean, atteint presque 1 km de large à son embouchure. Trois barrages hydro-électriques en régularisent le débit. Péribonka est un mot indien qui signifie « la rivière au lit sablonneux ».

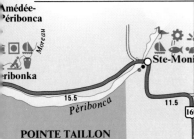

SAINT-JEAN-PORT-JOLI

La ville est la capitale de la sculpture sur bois au Québec. Dans les nombreux ateliers ouverts au public, on peut voir des statues grandeur nature de personnages religieux, des statuettes d'oiseaux et d'animaux, des bas-reliefs représentant des paysages du Québec ou des formes abstraites, de magnifiques maquettes de voiliers et des sculptures d'inspiration rustique : un trappeur en raquettes, un bûcheron maniant sa hache, un habitant coiffé de sa tuque...

DESBIENS

Un monument rappelle l'aposto[...] qui fut le premier Européen à [...] 1647. Il y fonda une mission e[...] plus tard, on y établissait un p[...] subsiste plus aujourd'hui qu'un [...]

□ Le village doit son nom à Lo[...] construisit une scierie en 1896.

VAL-JALBERT

Une soixantaine de bâtiments (dont une [...] maisonnettes d'ouvriers) forment la ville [...] Jalbert. Pratiquement abandonné à la fer[...] à papier en 1927, le village est la propri[...] québécois depuis 1960. L'hôtel et l'usine [...] restaurés. Dans l'ancien bureau de poste, [...] visuels relatent l'histoire de la ville. Un s[...] sommet des chutes de Val-Jalbert (64 m)

Une tradition renaît

La plupart des sculptures sur bois de l'église de Saint-Jean-Port-Joli (1779) datent de la fin du XVIIIᵉ siècle et du début du XIXᵉ. Cependant, la splendide chaire, installée en 1937, est l'œuvre des frères Bourgault qui ont fait revivre une tradition remontant aux années 1670, alors que Mgr de Laval encourageait l'enseignement des arts et des métiers. Pendant deux siècles, les sculpteurs sur bois décorèrent les édifices publics, puis leur art subit une éclipse avec l'avènement de la production en série. Mais les fermiers et les marins continuèrent à le pratiquer en guise de passe-temps. C'est ainsi qu'un marin, Médard Bourgault, ouvrit un atelier en 1928 avec ses frères André et Jean-Julien. Parmi leurs œuvres, on peut citer *Evangéline* (exposée dans l'atelier d'André à Saint-Jean-Port-Joli), le *Chemin de croix* de Médard, dans l'église de L'Islet-sur-Mer, et le *Conseil municipal* de Jean-Julien à l'auberge du Faubourg de Saint-Jean-Port-Joli.

immigrants, et sur l'île aux Basques on peut encore voir les vestiges des fours qu'utilisaient les pêcheurs basques au XVIᵉ siècle pour faire fondre la graisse de baleine et en extraire de l'huile.

La plupart des sculpteurs sur bois qui ont contribué à la renommée de la région habitent Saint-Jean-Port-Joli. Ces artistes tirent leur inspiration d'une tradition tricentenaire et leurs œuvres délicates se retrouvent dans les églises, les musées et les édifices publics de la rive sud du fleuve.

ÎLE DU BIC

Jusqu'à 8 000 eiders nichent ici dans les îles. Des phoques se réchauffent au soleil sur les récifs et les rochers du rivage.

□ L'île du Massacre est accessible à marée basse. On peut y voir la grotte où se cachèrent 200 Micmacs avant d'être massacrés par les Iroquois, en 1533.

RIMOUSKI

Les spacieuses galeries du Musée régional de Rimouski, qu'on a aménagé dans une ancienne église, abritent des œuvres d'artistes de l'est du Québec : Antoine Plamondon, Charles Huot, Rodolphe Duguay et Frédéric Taylor. On peut aussi y voir un chemin de croix de Médard Bourgault qui s'attacha à faire revivre l'ancien art de la sculpture sur bois dans la province.

TROIS-PISTOLES

Sur l'île aux Basques, en face de Trois-Pistoles, on peut voir les vestiges de trois fours de pierre que les Basques utilisaient pour extraire l'huile de baleine. Un monument élevé sur l'île rappelle que les Basques vinrent chasser la baleine à l'embouchure du Saguenay dès le XVIᵉ siècle.

□ L'île aux Basques et les deux îles Razade sont des refuges d'oiseaux où l'on verra des cormorans à aigrettes.

□ Les œuvres des artisans de Trois-Pistoles — tissage, tricot, peinture et poterie — sont exposées à la Maison du Notaire.

Jeunes cormorans à aigrettes

RIVIÈRE-DU-LOUP

Le parc de la Croix-Lumineuse domine la ville, le Saint-Laurent et cinq îles qu'on appelle Les Pèlerins. Les îles sont fréquentées par des milliers d'oiseaux de mer et de rivage, notamment par les guillemots noirs et les grands hérons. La plus grande colonie de cormorans à aigrettes du Canada niche dans l'île Grand Pèlerin.

□ Au centre de la ville, une plaque indique la maison où naquit Mgr Alexandre-Antonin Taché en 1823. Le missionnaire partit pour la région de la rivière Rouge en 1845 et devint évêque de Saint-Boniface, au Manitoba, en 1853. Favorable à la cause des Métis, Taché contribua à rétablir l'ordre après la rébellion de la Rivière-Rouge en 1870.

La maison de Louis Fréchette, premier poète canadien-français couronné par l'Académie française, existe toujours à Lévis. A l'Islet-sur-Mer, un monument et un musée rappellent la mémoire d'un explorateur de l'Arctique, Joseph-Elzéar Bernier. A Montmagny, on peut visiter la résidence de Sir Etienne-Paschal Taché, l'un des Pères de la Confédération. Une plaque indique à Rivière-du-Loup la maison natale de Mgr Alexandre-Antonin Taché, évêque de Saint-Boniface qui est aujourd'hui un quartier de Winnipeg.

Le Saint-Laurent, près de Rivière-du-Loup

127 Larouche/Petit-Saguenay, Qué. (156,5 km)

La rivière où se marient
l'eau douce et la mer

Le Saguenay

Pendant des siècles, le majestueux Saguenay fut la seule voie d'accès aux fourrures et aux riches forêts de la région du lac Saint-Jean. De nos jours, la pittoresque route 170 qui mène à Chicoutimi et à Jonquière, deux villes en plein essor, suit la rive sud du Saguenay, offrant au voyageur le paysage grandiose de ses berges escarpées.

Autrefois, la grande rivière dévalait de rapide en rapide et de chute en chute les 56 km qui séparent le lac Saint-Jean de Chicoutimi. Au terme de cette descente, elle avait subi

JONQUIÈRE

En 1975, les villes de Jonquière, Kénogami et Arvida fusionnèrent pour former un centre industriel de près de 55 000 habitants. L'usine d'aluminium fondée à Arvida en 1926 est la troisième du monde en importance. A Jonquière, le pont qui enjambe le Saguenay est le premier au monde à avoir été entièrement construit en aluminium.

□ L'institut des Arts du Saguenay possède des œuvres de Guytay (Guy Tremblay), Gatien Moisan, René Bergeron, Gilles Hébert, Clément Leclerc et John Hugh Barrett.

□ L'église Notre-Dame-de-Fatima est en forme de tente indienne. Les deux parois du cône, légèrement décalées, sont jointes par un haut vitrail de style moderne, œuvre de l'artiste Jean-Guy Barbeau, de Chicoutimi.

Eglise Notre-Dame-de-Fatima,
à Jonquière

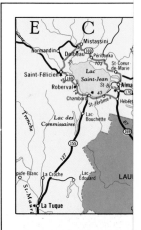

SAINT-FÉLICIEN

Le Jardin zoologique
l'île du Jardin, dans l
la Chamouchouane d
et de chutes, traversée
une reconstitution d'u
et d'un camp de bûch

□ Les Régates interna
à la fin de juin ou au
Chamouchouane. Ell
festivités : danses, cou
compétitions de ski n
rivière s'y succède.

□ L'entrée principale
superficie de 11 025 k
grand parc, on pourra
Chamouchouane se p

□ L'église de pierre de
et son architecture or

LAROUCHE

Ce village agricole et industriel a vu le jour en 1921 lorsqu'une scierie ouvrit ses portes aux environs. L'église Saint-Gérard-Majella, construite en 1960, allie une architecture moderne à des lignes traditionnelles. Le toit, qui atteint son point le plus élevé à la verticale de l'autel, est supporté par des murs de béton blancs qui décrivent quatre arcs de cercle, formant ainsi la croix traditionnelle.

CHICOUTIMI

La ville, située sur une hauteur de la rive sud du Saguenay, marque le terme de la navigation pour les navires de haute mer.

□ Chicoutimi commença à se développer en 1842 lorsque Peter McLeod construisit une scierie sur la rivière du Moulin. Plusieurs objets qui lui appartinrent sont exposés au musée du Saguenay.

□ Juste avant le Carême, Chicoutimi célèbre pendant huit jours son fameux Carnaval-souvenir. Des compétitions de lutte à la corde et de fendeurs de bois, des courses de raquette et un défilé aux flambeaux animent la ville, tandis que de nombreux Chicoutimiens s'habillent en costumes d'époque.

□ De Chicoutimi, on peut s'embarquer pour des croisières sur le Saguenay : l'une à destination des caps Trinité et Eternité (8 heures), l'autre pour Sainte-Rose-du-Nord (4 heures).

Montre de Peter McLeod,
musée du Saguenay,
Chicoutimi

Carnaval-souvenir de Chicoutimi

une dénivellation de plus de 90 m. Mais des barrages hydro-électriques sont maintenant venus assagir le tumultueux cours d'eau.

Entre Chicoutimi — port intérieur et principale ville de la région — et le Saint-Laurent, le Saguenay est en réalité un fjord, un bras de mer profondément enfoncé dans les terres, vestige de l'époque glaciaire. Son eau,

comme celle des fjords norvégiens, est salée sur la majeure partie de son cours. En effet, les eaux salées venues du Saint-Laurent se glissent sous les eaux douces que déverse le lac Saint-Jean. Le Saguenay devient là un cours d'eau à double niveau comportant une nappe supérieure relativement chaude et peu salée, et une nappe inférieure glaciale et presque aussi salée que l'eau de mer.

Les rives, flanquées de rochers nus, couleur de cendre, portent une végétation clairsemée, un bosquet de bouleaux ici et là, une

épinette solitaire, un peuplier aux lignes élancées, et enserrent une eau si profonde (240 m en moyenne) qu'elle en est presque noire.

Près de L'Anse-Saint-Jean, un sentier escalade le cap Trinité qui domine la rivière de près de 500 m, offrant une splendide vue sur celle-ci. Au-delà des falaises sévères qui bordent le Saguenay s'étendent les forêts des Laurentides — un pays de vieilles montagnes, berceau de quelque 1 500 lacs et 700 rivières — dont les ondulations semblent se dérouler à l'infini.

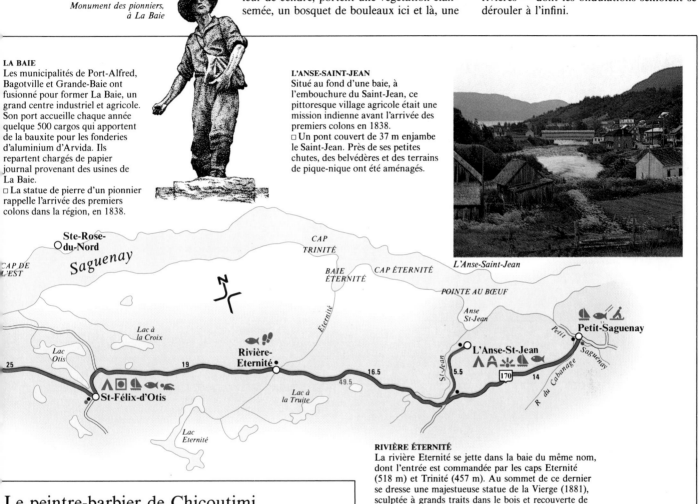

Monument des pionniers, à La Baie

LA BAIE
Les municipalités de Port-Alfred, Bagotville et Grande-Baie ont fusionné pour former La Baie, un grand centre industriel et agricole. Son port accueille chaque année quelque 500 cargos qui apportent de la bauxite pour les fonderies d'aluminium d'Arvida. Ils repartent chargés de papier journal provenant des usines de La Baie.
□ La statue de pierre d'un pionnier rappelle l'arrivée des premiers colons dans la région, en 1838.

L'ANSE-SAINT-JEAN
Situé au fond d'une baie, à l'embouchure du Saint-Jean, ce pittoresque village agricole était une mission indienne avant l'arrivée des premiers colons en 1838.
□ Un pont couvert de 37 m enjambe le Saint-Jean. Près de ses petites chutes, des belvédères et des terrains de pique-nique ont été aménagés.

L'Anse-Saint-Jean

RIVIÈRE ÉTERNITÉ
La rivière Éternité se jette dans la baie du même nom, dont l'entrée est commandée par les caps Éternité (518 m) et Trinité (457 m). Au sommet de ce dernier se dresse une majestueuse statue de la Vierge (1881), sculptée à grands traits dans le bois et recouverte de plomb par Louis Jobin.

Le peintre-barbier de Chicoutimi

En 1957, Arthur Villeneuve, qui tenait une boutique de barbier à Chicoutimi depuis 31 ans, décida de devenir artiste peintre. Il s'attaqua bientôt aux murs et aux plafonds de sa maison, et n'eut de cesse qu'il ne les ait entièrement recouverts. Sa femme dut même lui interdire de peindre la cuisinière et le réfrigérateur. Elle avoua plus tard avoir pensé à recouvrir ses œuvres de peinture blanche!

Ses voisins le prenaient pour un fou, mais loin de se décourager, Villeneuve continua à peindre pendant deux ans, puis ouvrit sa maison au public. La ville de Chicoutimi s'étalait de chambre en chambre, le Saguenay coulait à flots le long de l'escalier et les visiteurs sortaient médusés par le talent de Villeneuve. Lorsque les murs lui manquèrent, Villeneuve s'attaqua à la toile et ses tableaux naïfs commencèrent à se vendre. En 1972, une exposition au musée des Beaux-Arts de Montréal acheva de consacrer le talent du peintre-barbier aux yeux du monde des arts.

Le train de la parenté, par Arthur Villeneuve

Pinson de Le Conte

PETIT-SAGUENAY
En 1848, William Price acheta une scierie, fit construire un entrepôt et des bureaux, et fonda ainsi la fameuse entreprise de pâte et papier qui porte son nom.
□ Le village est niché au creux d'une vallée encaissée où coule le Petit Saguenay. Une échelle permet aux saumons de franchir deux chutes qui barrent la rivière.
□ De juin à la fin d'août, on peut pêcher la truite mouchetée dans une réserve du gouvernement provincial.

Splendeur du paysage et richesses naturelles

La côte Nord

Avant les années 30, la côte Nord ne comptait que quelques villages de pêcheurs reliés entre eux par de mauvaises routes et dont le seul contact avec le monde extérieur se faisait par l'intermédiaire des caboteurs qui la sillonnaient. Mais l'exploitation des forêts, des ressources hydro-électriques et des riches mines de fer a changé l'aspect de la région.

L'industrie du papier fut la première à s'implanter ici, au début des années 30. Vingt ans plus tard, les prospecteurs découvraient les mines de fer de Schefferville, au Québec,

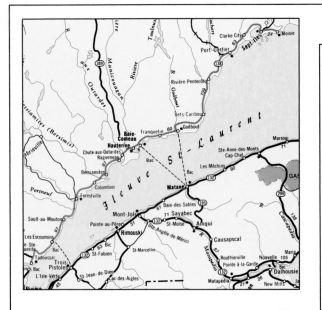

A l'affût des baleines

Il n'est pas rare de voir des bandes de baleines à l'embouchure du Saguenay : l'eau y est peu profonde et forme un bassin d'alimentation idéal pour le béluga, un cétacé que l'on appelait autrefois la « baleine du Saint-Laurent ». Le béluga est attiré dans ces parages par les crevettes et les capelans dont il se nourrit et l'on croit que ses petits naissent près de la baie Sainte-Marguerite. Le béluga était très prisé autrefois pour son huile. On ne le chasse plus aujourd'hui, si ce n'est pour en envoyer quelques spécimens dans les jardins zoologiques.

D'autres cétacés, comme le rorqual commun, le rorqual à bosse et le rorqual bleu, fréquentent aussi l'endroit.

On organise des excursions sur le fleuve à Tadoussac et les passagers des vedettes de croisière du Saguenay aperçoivent parfois quelques bélugas au large.

Vedettes de croisière, à Tadoussac

Les dunes de Tadoussac

TADOUSSAC
En été, les skieurs dévalent une dune de 112 m de haut à laquelle on accède par un escalier de bois de 550 marches.
□ La lumière du phare situé à 8 km de la rive du Saint-Laurent est visible à 48 km à la ronde.
□ La chapelle de bois de Tadoussac (1747) est la plus vieille d'Amérique du Nord. Sa cloche provient de l'ancienne église des jésuites (1641) qui occupait le même emplacement.
□ La maison fortifiée de Pierre Chauvin (1600), premier poste de traite au Canada, a été reconstituée à l'embouchure du Saguenay.

CHUTE-AUX-OUTARDES
L'eau du barrage de la rivière aux Outardes est amenée par une canalisation de pin de Colombie-Britannique de 1,6 km de long à une centrale électrique de Baie-Comeau qui alimente une usine de pâte à papier. L'Hydro-Québec a construit deux autres barrages en amont dans le cadre du projet d'aménagement des 483 km de la rivière aux Outardes.
□ A Pointe-aux-Outardes, à l'extrémité de la presqu'île de Manicouagan, un pont couvert de 31 m de long enjambe la rivière.

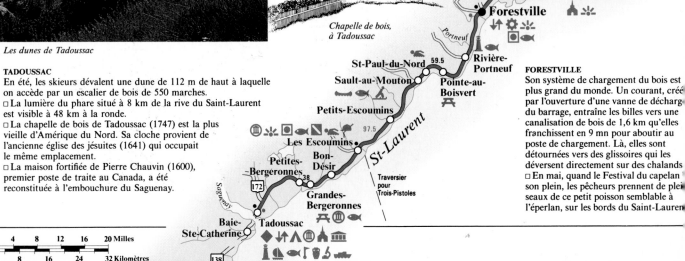

Chapelle de bois, à Tadoussac

FORESTVILLE
Son système de chargement du bois est plus grand du monde. Un courant, créé par l'ouverture d'une vanne de décharg du barrage, entraîne les billes vers une canalisation de bois de 1,6 km qu'elles franchissent en 9 mn pour aboutir au poste de chargement. Là, elles sont détournées vers des glissoires qui les déversent directement sur des chalands.
□ En mai, quand le Festival du capelan son plein, les pêcheurs prennent de plei seaux de ce petit poisson semblable à l'éperlan, sur les bords du Saint-Lauren

et de Wabush, au Labrador, et le chemin de fer vint bientôt les relier aux ports naturels de la côte Nord. L'économie locale en fut bouleversée. Sept-Îles, qui n'était qu'un village de pêcheurs de 1 500 habitants en 1950, est aujourd'hui devenu la plaque tournante d'un important réseau de transport et un centre administratif de 31 000 habitants.

Au cours des années 60, barrages et centrales hydro-électriques vinrent assagir le cours des rivières Betsiamites, Manicouagan, Toulnustouc et celui de la rivière aux Outardes.

Le barrage de Labrieville, sur la Betsiamites, à 90 km au nord-ouest de Forestville, forme un réservoir de 770 km². Celui de Manic 5, sur la Manicouagan (à 210 km au nord de Baie-Comeau), est l'un des plus grands au monde avec ses 214 m de hauteur. De nombreuses industries fortes consommatrices d'énergie, comme les usines d'aluminium, se sont installées près des centrales. Une bonne partie de la région n'en demeure pas moins sauvage et reste le domaine des amateurs de pêche et de canotage.

Statue de Robert R. McCormick, à Baie-Comeau

…E-COMEAU

…dustrialisation de la côte Nord s'est amorcée en 1936 …que Robert R. McCormick, propriétaire d'un journal de …cago, y fit construire une usine à papier journal pour …enter ses ateliers d'imprimerie aux Etats-Unis. Un …ument honore la mémoire de McCormick à Baie-…eau. La ville prit son essor à partir de 1950, lorsqu'on y …struisit une usine d'aluminium et des silos, ainsi que des …ages sur la rivière aux Outardes et la Manicouagan. … été, on peut visiter le barrage Daniel-Johnson (Manic 5), … à 210 km au nord de Baie-Comeau, sur la Manicouagan.

POINTE-AUX-ANGLAIS

Lors de la construction de l'église de Saint-Paul-de-Pointe-aux-Anglais, en 1962, quelque 120 paroissiens firent la navette entre une plage du golfe et le chantier, portant chacun 40 pierres sur ce trajet de 5 km. L'église possède un chemin de croix en noyer plaqué de tilleul, sculpté en bas-relief par Médard Bourgault. Le crucifix de chêne est également son œuvre.

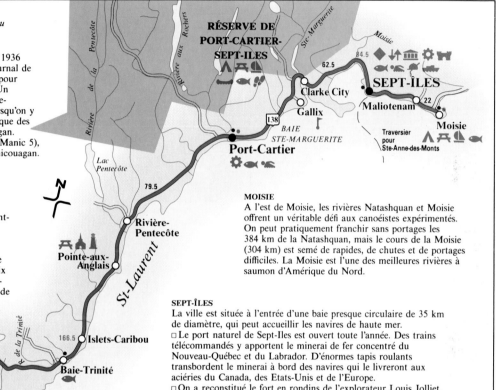

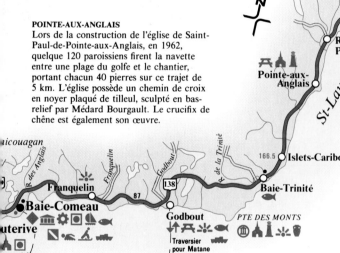

MOISIE

A l'est de Moisie, les rivières Natashquan et Moisie offrent un véritable défi aux canoéistes expérimentés. On peut pratiquement franchir sans portages les 384 km de la Natashquan, mais le cours de la Moisie (304 km) est semé de rapides, de chutes et de portages difficiles. La Moisie est l'une des meilleures rivières à saumon d'Amérique du Nord.

SEPT-ÎLES

□ La ville est située à l'entrée d'une baie presque circulaire de 35 km de diamètre, qui peut accueillir les navires de haute mer.

□ Le port naturel de Sept-Iles est ouvert toute l'année. Des trains télécommandés y apportent le minerai de fer concentré du Nouveau-Québec et du Labrador. D'énormes tapis roulants transbordent le minerai à bord des navires qui le livreront aux aciéries du Canada, des Etats-Unis et de l'Europe.

□ On a reconstitué le fort en rondins de l'explorateur Louis Jolliet, construit en 1661 et incendié par les troupes anglaises en 1692. Il comprend une tour de guet de 27 m, deux corps de bâtiment, une chapelle, une poudrière, un magasin et une étable.

Du minerai de fer pour le monde entier

Le sol rougeâtre du Labrador et du Nouveau-Québec produit tous les ans des millions de tonnes de minerai de fer qui alimentent les hauts fourneaux du Canada, des Etats-Unis, de l'Europe et du Japon.

La découverte du minerai de fer de la rivière Moisie remonte à 1866, mais le Canada n'exploita pratiquement pas ces richesses jusqu'en 1939. Avec la guerre, la mine Helen, dans la région de Michipicoten, en Ontario, commença à produire la majeure partie du fer canadien. En 1944, on ouvrait la mine à ciel ouvert de Steep Rock, en Ontario, puis en 1954, les riches mines du Labrador et du Nouveau-Québec.

Aujourd'hui, le minerai concentré de Schefferville, de Wabush et de Labrador City est transporté par chemin de fer jusqu'aux ports de Sept-Iles (à droite) et de Port-Cartier où des usines de bouletage traitent une bonne partie du minerai avant de l'expédier.

A Sept-Iles, on peut assister au chargement du minerai concentré et des boulettes de fer.

Le refuge du caribou et de la flore arctique

Gaspésie

La Gaspésie est riche en contrastes : les petits villages de pêcheurs et les fermes paisibles qui témoignent de l'empreinte profonde de l'homme sur la nature y côtoient une montagne sauvage et austère. La région ne fut tirée de son isolement qu'en 1929, lorsqu'on construisit la route 132 autour de la péninsule, mais elle a su conserver le charme de ses traditions.

Le parc de Métis se compose de beaux jardins qui faisaient autrefois partie du domaine de George Stephen, premier président du Ca-

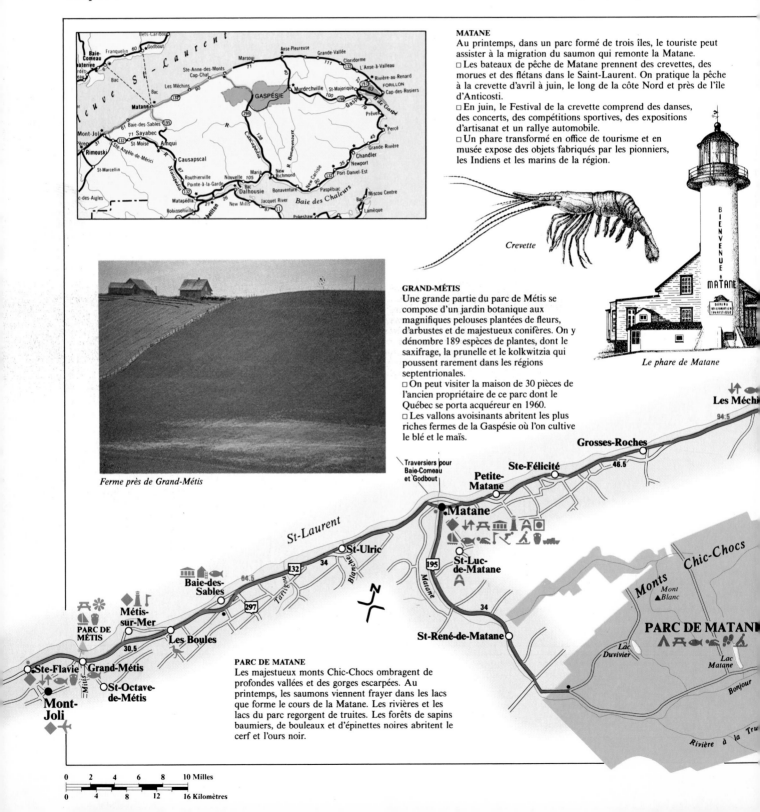

Ferme près de Grand-Métis

MATANE

Au printemps, dans un parc formé de trois îles, le touriste peut assister à la migration du saumon qui remonte la Matane.

□ Les bateaux de pêche de Matane prennent des crevettes, des morues et des flétans dans le Saint-Laurent. On pratique la pêche à la crevette d'avril à juin, le long de la côte Nord et près de l'île d'Anticosti.

□ En juin, le Festival de la crevette comprend des danses, des concerts, des compétitions sportives, des expositions d'artisanat et un rallye automobile.

□ Un phare transformé en office de tourisme et en musée expose des objets fabriqués par les pionniers, les Indiens et les marins de la région.

Crevette

Le phare de Matane

GRAND-MÉTIS

Une grande partie du parc de Métis se compose d'un jardin botanique aux magnifiques pelouses plantées de fleurs, d'arbustes et de majestueux conifères. On y dénombre 189 espèces de plantes, dont le saxifrage, la prunelle et le kolkwitzia qui poussent rarement dans les régions septentrionales.

□ On peut visiter la maison de 30 pièces de l'ancien propriétaire de ce parc dont le Québec se porta acquéreur en 1960.

□ Les vallons avoisinants abritent les plus riches fermes de la Gaspésie où l'on cultive le blé et le maïs.

PARC DE MATANE

Les majestueux monts Chic-Chocs ombragent de profondes vallées et des gorges escarpées. Au printemps, les saumons viennent frayer dans les lacs que forme le cours de la Matane. Les rivières et les lacs du parc regorgent de truites. Les forêts de sapins baumiers, de bouleaux et d'épinettes noires abritent le cerf et l'ours noir.

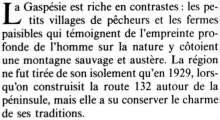

0 2 4 6 8 10 Milles
0 4 8 12 16 Kilomètres

nadien Pacifique. Celui-ci venait souvent ici pêcher le saumon. En 1910, sa nièce, Elsie Reford, hérita du domaine et y fit dessiner les jardins. Métis-sur-Mer, le village voisin, est sans doute le lieu de villégiature le plus ancien de l'endroit. On y admirera de splendides plages et un grand nombre de ces belles villas que l'on construisait au début du siècle.

A l'intérieur des terres s'étendent les monts Chic-Chocs, la plus haute chaîne de l'Est canadien. Leur point culminant est le mont Jacques-Cartier (1 268 m) d'où l'on aperçoit le Saint-Laurent, à 25 km de distance. Une vingtaine de monts dépassent 1 000 m et certains sont couverts de neige jusqu'en juillet. Le sommet du mont Albert est un plateau semé de lacs, où poussent des mousses, des lichens et des arbustes chétifs caractéristiques de la zone arctique.

Les rivières et les lacs du parc de Matane regorgent de saumons et de truites. Ses forêts d'épinettes noires abritent l'une des plus grandes hardes d'orignaux du Québec.

Le parc de la Gaspésie est presque entièrement sauvage. Une espèce presque éteinte, le caribou des bois, y a élu domicile.

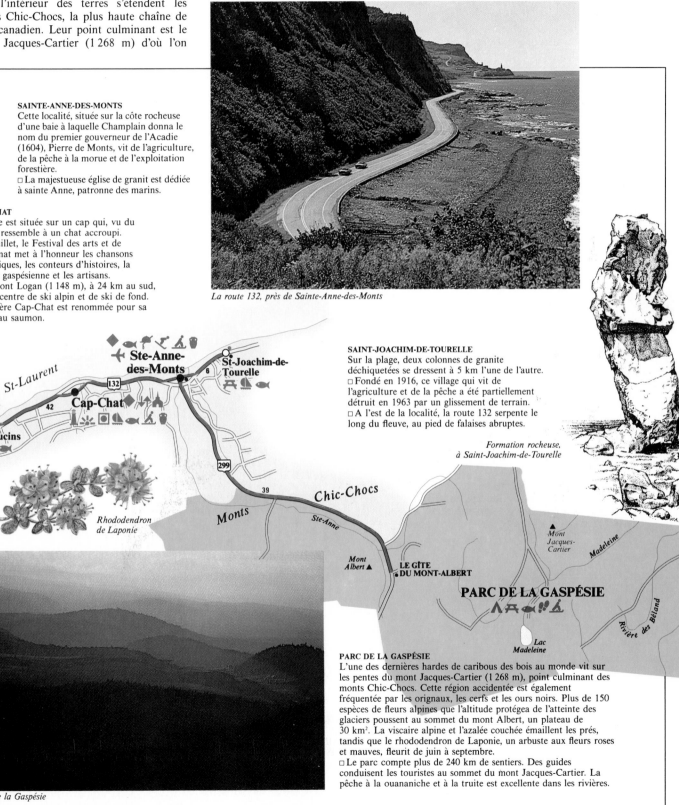

SAINTE-ANNE-DES-MONTS
Cette localité, située sur la côte rocheuse d'une baie à laquelle Champlain donna le nom du premier gouverneur de l'Acadie (1604), Pierre de Monts, vit de l'agriculture, de la pêche à la morue et de l'exploitation forestière.
□ La majestueuse église de granit est dédiée à sainte Anne, patronne des marins.

CAP-CHAT
La ville est située sur un cap qui, vu du fleuve, ressemble à un chat accroupi.
□ En juillet, le Festival des arts et de l'artisanat met à l'honneur les chansons folkloriques, les conteurs d'histoires, la cuisine gaspésienne et les artisans.
□ Le mont Logan (1 148 m), à 24 km au sud, est un centre de ski alpin et de ski de fond.
□ La rivière Cap-Chat est renommée pour sa pêche au saumon.

La route 132, près de Sainte-Anne-des-Monts

Rhododendron de Laponie

SAINT-JOACHIM-DE-TOURELLE
Sur la plage, deux colonnes de granite déchiquetées se dressent à 5 km l'une de l'autre.
□ Fondé en 1916, ce village qui vit de l'agriculture et de la pêche a été partiellement détruit en 1963 par un glissement de terrain.
□ A l'est de la localité, la route 132 serpente le long du fleuve, au pied de falaises abruptes.

Formation rocheuse, à Saint-Joachim-de-Tourelle

PARC DE LA GASPÉSIE
L'une des dernières hardes de caribous des bois au monde vit sur les pentes du mont Jacques-Cartier (1 268 m), point culminant des monts Chic-Chocs. Cette région accidentée est également fréquentée par les orignaux, les cerfs et les ours noirs. Plus de 150 espèces de fleurs alpines que l'altitude protégea de l'atteinte des glaciers poussent au sommet du mont Albert, un plateau de 30 km². La viscaire alpine et l'azalée couchée émaillent les prés, tandis que le rhododendron de Laponie, un arbuste aux fleurs roses et mauves, fleurit de juin à septembre.
□ Le parc compte plus de 240 km de sentiers. Des guides conduisent les touristes au sommet du mont Jacques-Cartier. La pêche à la ouananiche et à la truite est excellente dans les rivières.

Parc de la Gaspésie

Gaspeg...,
l'endroit « où finit la terre »

Côte nord de la Gaspésie

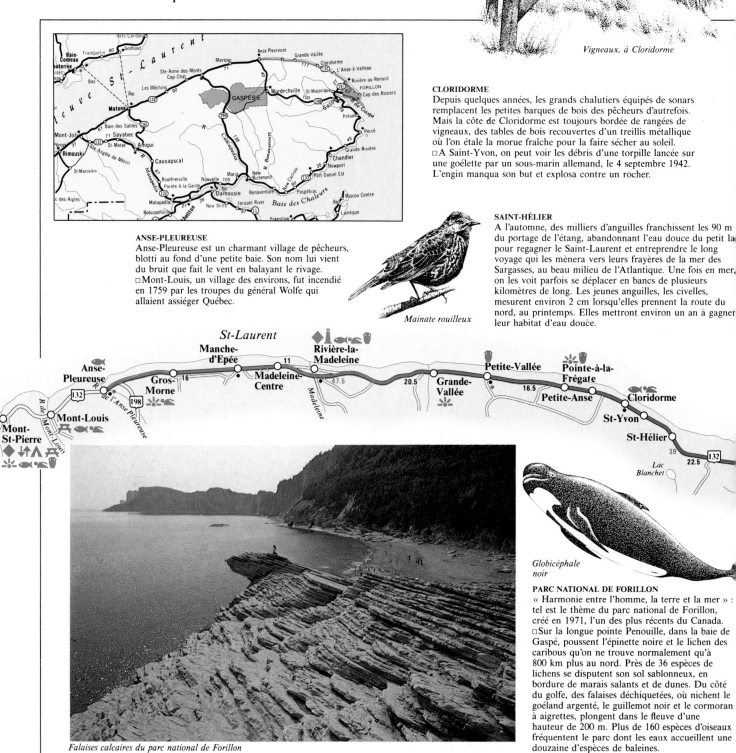

Vigneaux, à Cloridorme

CLORIDORME
Depuis quelques années, les grands chalutiers équipés de sonars remplacent les petites barques de bois des pêcheurs d'autrefois. Mais la côte de Cloridorme est toujours bordée de rangées de vigneaux, des tables de bois recouvertes d'un treillis métallique où l'on étale la morue fraîche pour la faire sécher au soleil.
□ A Saint-Yvon, on peut voir les débris d'une torpille lancée sur une goélette par un sous-marin allemand, le 4 septembre 1942. L'engin manqua son but et explosa contre un rocher.

ANSE-PLEUREUSE
Anse-Pleureuse est un charmant village de pêcheurs, blotti au fond d'une petite baie. Son nom lui vient du bruit que fait le vent en balayant le rivage.
□ Mont-Louis, un village des environs, fut incendié en 1759 par les troupes du général Wolfe qui allaient assiéger Québec.

Mainate rouilleux

SAINT-HÉLIER
A l'automne, des milliers d'anguilles franchissent les 90 m du portage de l'étang, abandonnant l'eau douce du petit lac pour regagner le Saint-Laurent et entreprendre le long voyage qui les mènera vers leurs frayères de la mer des Sargasses, au beau milieu de l'Atlantique. Une fois en mer, on les voit parfois se déplacer en bancs de plusieurs kilomètres de long. Les jeunes anguilles, les civelles, mesurent environ 2 cm lorsqu'elles prennent la route du nord, au printemps. Elles mettront environ un an à gagner leur habitat d'eau douce.

Globicéphale noir

PARC NATIONAL DE FORILLON
« Harmonie entre l'homme, la terre et la mer » : tel est le thème du parc national de Forillon, créé en 1971, l'un des plus récents du Canada.
□ Sur la longue pointe Penouille, dans la baie de Gaspé, poussent l'épinette noire et le lichen des caribous qu'on ne trouve normalement qu'à 800 km plus au nord. Près de 36 espèces de lichens se disputent son sol sablonneux, en bordure de marais salants et de dunes. Du côté du golfe, des falaises déchiquetées, où nichent le goéland argenté, le guillemot noir et le cormoran à aigrettes, plongent dans le fleuve d'une hauteur de 200 m. Plus de 160 espèces d'oiseaux fréquentent le parc dont les eaux accueillent une douzaine d'espèces de baleines.

Falaises calcaires du parc national de Forillon

La côte nord-est de la Gaspésie offre un splendide paysage de falaises calcaires, de plages de galets, d'anses, de cours d'eau, d'épaisses forêts à flanc de montagne et de petits villages nichés au creux de baies abritées. Les bateaux de pêche s'y pressent le long des quais, tandis qu'en bordure de la mer les morues, vidées et salées, sèchent sur des chevalets de bois, les vigneaux.

La Gaspésie tire son nom du mot indien *Gaspeg,* « là où finit la terre ». La grandeur sauvage du paysage gaspésien se révèle dans le parc national de Forillon, à l'extrémité des Appalaches, une chaîne de montagnes qui s'étend jusqu'au sud-est des Etats-Unis. Le parc a l'aspect d'une dalle massive de rocher qui émerge doucement de la mer. Sur la côte est, le vent et le ressac ont sculpté des escarpements de 200 m de haut, alors que les promontoires rocheux de la baie de Gaspé cachent de petites anses et des plages. Plusieurs espèces alpines dont la présence intrigue encore les botanistes poussent sur les falaises. Au pied de celles-ci, protégées des embruns, s'étendent de longues plages sablonneuses. A quelques centaines de mètres du rivage se dresse une épaisse forêt de conifères sillonnée de petits sentiers.

Les oiseaux fréquentent la péninsule par milliers. Certaines espèces arctiques hivernent dans le parc, d'autres ne font qu'y passer. L'été venu, des colonies de phoques et de globicéphales noirs viennent s'ébattre au large. Ce paysage grandiose et austère où les migrations ponctuent les saisons laisse une impression inoubliable d'éternité.

Forillon : à mi-chemin entre la terre et l'océan

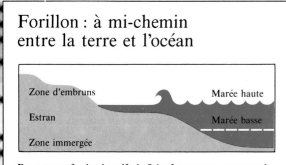

- Zone d'embruns
- Estran
- Zone immergée
- Marée haute
- Marée basse

Des eaux profondes du golfe du Saint-Laurent aux sommets du parc de Forillon, la faune et la flore sont intimement liées au phénomène des marées. Le littoral déchiqueté, hérissé de rochers, abrite trois milieux différents qui illustrent le passage de la vie marine à la vie terrestre : la zone d'embruns, formée de rochers élevés, l'estran, submergé à marée haute et découvert à marée basse, et enfin la zone immergée qui n'est découverte qu'aux plus basses eaux.

En se retirant, la mer laisse d'innombrables bassins derrière elle, véritables microcosmes de l'océan où vivent des milliers d'espèces animales et de plantes aquatiques, chacune adaptée aux rigueurs de son milieu.

ZONE D'EMBRUNS
Seules les grandes marées de printemps submergent cette zone. Les espèces animales qui ont besoin d'eau de mer la tirent des embruns. Le bigorneau se nourrit de minuscules algues bleu-vert qu'il détache du roc à l'aide de sa langue dont les milliers de denticules abrasives peuvent même user la pierre.

Bigorneau

ESTRAN
L'estran est submergé à peu près la moitié du temps. Plantes et animaux absorbent suffisamment d'eau à marée haute pour subvenir à leurs besoins lorsque la mer redescend. Mais ils doivent pouvoir résister au flux et au reflux. Les bernacles, par exemple, sécrètent une substance adhésive qui les fixe en un point pour toute leur vie.

Bernacle

ZONE IMMERGÉE
Comme ils passent presque toute leur vie sous la surface de l'eau, les animaux et les plantes de la zone immergée sont mal adaptés à la vie sur la terre ferme. L'étoile de mer se nourrit de mollusques bivalves dont elle ouvre la coquille à l'aide des centaines de ventouses qui garnissent ses bras.

Etoile de mer

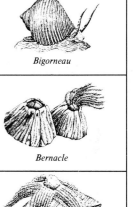

RIVIÈRE-AU-RENARD
Nombre de ses habitants descendent de marins irlandais qui firent naufrage au large de Cap-des-Rosiers, en 1856.
□ Un chemin de croix, peint par les artistes hongroises Edith et Isabella Piczek, orne l'église Saint-Martin-de-la-Rivière-au-Renard. De style moderne, avec ses autels de marbre et ses murs de granit rose, l'église est l'œuvre de Dom Bellot.

CAP-DES-ROSIERS
Cap-des-Rosiers doit son nom aux églantiers que Champlain y remarqua. Le cap est le point de démarcation entre le fleuve et le golfe du Saint-Laurent.
□ Le phare de Cap-des-Rosiers, achevé en 1858, est le plus haut (33 m) des nombreux phares qui balisent les côtes traîtresses du fleuve. Avant l'invention de la télégraphie sans fil, au début du siècle, les navires signalaient leur passage à l'aide de pavillons. On télégraphiait alors à Québec pour annoncer leur arrivée. Tout récemment encore, un canon de neuf livres tirait toutes les heures par temps de neige ou de brouillard.

'Anse-à-Valleau
Pointe-Jaune
Echouerie
17.5
Petit-Cap
Petite-Rivière-au-Renard
Rivière-au-Renard
197
Rivière au Renard
54.5
20 L'Anse-au-Griffon
Portage-Griffon
Jersey Cove
PARC NAT. DE FORILLON
Cap-des-Rosiers
(voir l'itinéraire 131)
Penouille
132 17
Gaspé
Cap-aux-Os
GOLFE DU ST-LAURENT
BAIE DE GASPÉ

Eglantier

Cap-des-Rosiers

Percé, Bonaventure
et des paysages enchanteurs

Côte sud de la Gaspésie

A l'extrémité de la Gaspésie, le littoral déchiqueté présente des formations de calcaire et de schiste qui furent déplacées, plissées et pressées les unes sur les autres par de puissants mouvements de l'écorce terrestre. A quelques encablures de la côte, comme un énorme navire, le rocher Percé dresse sa silhouette massive à 86 m au-dessus de la mer. C'est au large de Percé que mouillèrent les trois navires de Jacques Cartier en 1534, lorsque l'explorateur prit possession de ce pays au nom du roi de France.

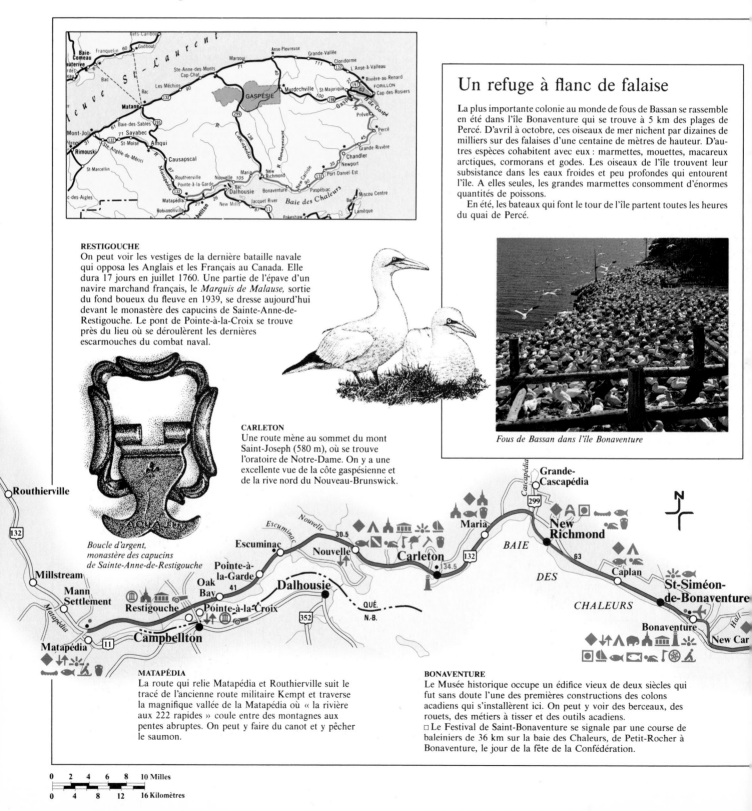

Un refuge à flanc de falaise

La plus importante colonie au monde de fous de Bassan se rassemble en été dans l'île Bonaventure qui se trouve à 5 km des plages de Percé. D'avril à octobre, ces oiseaux de mer nichent par dizaines de milliers sur des falaises d'une centaine de mètres de hauteur. D'autres espèces cohabitent avec eux : marmettes, mouettes, macareux arctiques, cormorans et godes. Les oiseaux de l'île trouvent leur subsistance dans les eaux froides et peu profondes qui entourent l'île. A elles seules, les grandes marmettes consomment d'énormes quantités de poissons.

En été, les bateaux qui font le tour de l'île partent toutes les heures du quai de Percé.

Fous de Bassan dans l'île Bonaventure

RESTIGOUCHE
On peut voir les vestiges de la dernière bataille navale qui opposa les Anglais et les Français au Canada. Elle dura 17 jours en juillet 1760. Une partie de l'épave d'un navire marchand français, le *Marquis de Malause,* sortie du fond boueux du fleuve en 1939, se dresse aujourd'hui devant le monastère des capucins de Sainte-Anne-de-Restigouche. Le pont de Pointe-à-la-Croix se trouve près du lieu où se déroulèrent les dernières escarmouches du combat naval.

Boucle d'argent, monastère des capucins de Sainte-Anne-de-Restigouche

CARLETON
Une route mène au sommet du mont Saint-Joseph (580 m), où se trouve l'oratoire de Notre-Dame. On y a une excellente vue de la côte gaspésienne et de la rive nord du Nouveau-Brunswick.

MATAPÉDIA
La route qui relie Matapédia et Routhierville suit le tracé de l'ancienne route militaire Kempt et traverse la magnifique vallée de la Matapédia où « la rivière aux 222 rapides » coule entre des montagnes aux pentes abruptes. On peut y faire du canot et y pêcher le saumon.

BONAVENTURE
Le Musée historique occupe un édifice vieux de deux siècles qui fut sans doute l'une des premières constructions des colons acadiens qui s'installèrent ici. On peut y voir des berceaux, des rouets, des métiers à tisser et des outils acadiens.
□ Le Festival de Saint-Bonaventure se signale par une course de baleiniers de 36 km sur la baie des Chaleurs, de Petit-Rocher à Bonaventure, le jour de la fête de la Confédération.

0 2 4 6 8   10 Milles
0 4   8   12   16 Kilomètres

On visitera également dans cette région l'un des sites les plus remarquables du Canada : l'île Bonaventure et sa fameuse colonie de fous de Bassan. Du bateau qui fait le tour de l'île, le visiteur découvre les grandes corniches étincelantes du blanc des milliers d'oiseaux qui y nichent. Du plateau qui couronne l'île, il observera de plus près les fous de Bassan qui se battent, se font la cour, construisent leurs nids ou prennent leur vol.

Sur la côte sud de la péninsule, la route longe des baies abritées du vent du large. A la saison du saumon, les pêcheurs envahissent les rives des rivières Dartmouth, York et Saint-Jean ou celles de la Matapédia et de la Cascapédia qui se jettent dans la baie des Chaleurs. Les monts Chic-Chocs, la plus haute chaîne de l'est du Canada, dominent le chapelet de villages de pêcheurs et de centres de villégiature qui s'étire le long de la côte. Des sentiers de randonnée gravissent les pentes boisées des montagnes et débouchent sur de splendides panoramas du golfe du Saint-Laurent et de la baie des Chaleurs.

Pêcheurs de Gaspé

GASPÉ
Une croix de granit de 9 m, érigée en 1934, rappelle la croix de bois que Jacques Cartier fit dresser le 24 juillet 1534 sur la pointe de Penouille, lorsqu'il prit possession de la région au nom du roi de France. Le port de pêche qui grandit à l'embouchure de la rivière York, au fond de la baie de Gaspé, fut détruit en 1758 par les troupes de James Wolfe. A la fin du XVIIIᵉ siècle, de nombreux loyalistes vinrent s'installer dans la région.
□ Une alevinière provinciale, la plus ancienne du Canada (1876), permet d'ensemencer les lacs et les rivières du Québec de près de un million d'alevins de truites et de saumons.
□ Au musée de Gaspé, des expositions relatant l'histoire de la péninsule depuis l'époque des Vikings jusqu'à nos jours. Un spectacle audio-visuel présente le folklore et la musique de la Gaspésie.
□ La cathédrale du Christ-Roi, construite en 1960, est un édifice de bois de style ultramoderne.

Cathédrale du Christ-Roi, à Gaspé

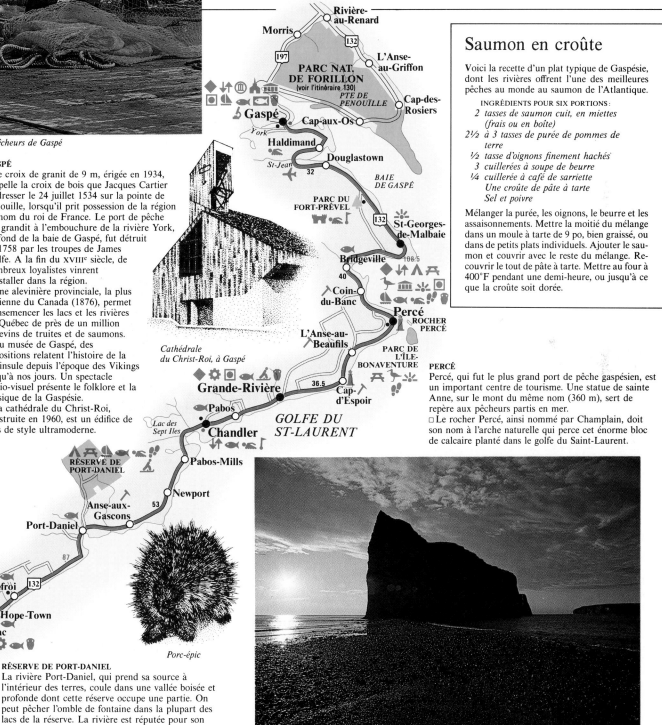
Porc-épic

RÉSERVE DE PORT-DANIEL
La rivière Port-Daniel, qui prend sa source à l'intérieur des terres, coule dans une vallée boisée et profonde dont cette réserve occupe une partie. On peut pêcher l'omble de fontaine dans la plupart des lacs de la réserve. La rivière est réputée pour son saumon de l'Atlantique.

Saumon en croûte
Voici la recette d'un plat typique de Gaspésie, dont les rivières offrent l'une des meilleures pêches au monde au saumon de l'Atlantique.

INGRÉDIENTS POUR SIX PORTIONS :
2 tasses de saumon cuit, en miettes (frais ou en boîte)
2½ à 3 tasses de purée de pommes de terre
½ tasse d'oignons finement hachés
3 cuillerées à soupe de beurre
¼ cuillerée à café de sarriette
Une croûte de pâte à tarte
Sel et poivre

Mélanger la purée, les oignons, le beurre et les assaisonnements. Mettre la moitié du mélange dans un moule à tarte de 9 po, bien graissé, ou dans de petits plats individuels. Ajouter le saumon et couvrir avec le reste du mélange. Recouvrir le tout de pâte à tarte. Mettre au four à 400°F pendant une demi-heure, ou jusqu'à ce que la croûte soit dorée.

PERCÉ
Percé, qui fut le plus grand port de pêche gaspésien, est un important centre de tourisme. Une statue de sainte Anne, sur le mont du même nom (360 m), sert de repère aux pêcheurs partis en mer.
□ Le rocher Percé, ainsi nommé par Champlain, doit son nom à l'arche naturelle qui perce cet énorme bloc de calcaire planté dans le golfe du Saint-Laurent.

Rocher Percé

Rivière-au-Renard
Morris
L'Anse-au-Griffon
PARC NAT, DE FORILLON
(voir l'itinéraire 130)
PTE DE PENOUÏLLE
Cap-des-Rosiers
Gaspé
Cap-aux-Os
York
Haldimand
St-Jean
Douglastown
BAIE DE GASPÉ
PARC DU FORT-PRÉVEL
St-Georges-de-Malbaie
Bridgeville
Coin-du-Banc
Percé
ROCHER PERCÉ
L'Anse-au-Beaufils
PARC DE L'ÎLE-BONAVENTURE
Grande-Rivière
Cap-d'Espoir
Pabos
GOLFE DU ST-LAURENT
Lac des Sept Iles
Chandler
Pabos-Mills
RÉSERVE DE PORT-DANIEL
Newport
Anse-aux-Gascons
Port-Daniel
Godefroi
Hope-Town
ébiac

Plages inondées de soleil, plateaux boisés nimbés de brume

Nord du Nouveau-Brunswick

À la fin du printemps, lorsque le saumon de l'Atlantique envahit les eaux de la Restigouche, les pêcheurs et leurs guides remontent la rivière à bord de longs canots verts. Ils se dirigent vers les bassins abrités et les anses tranquilles où le poisson s'arrête avant de regagner ses frayères. La remonte des saumons se poursuit jusqu'au début du mois de juillet, époque à laquelle le Festival de Campbellton vient clôturer la saison.

En aval, la Restigouche se jette dans la baie des Chaleurs, à Dalhousie. En été, les touris-

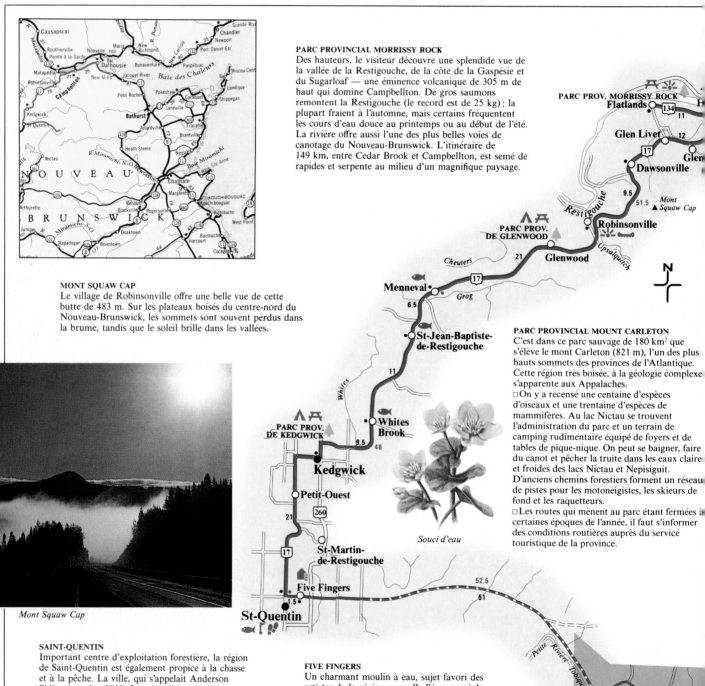

Mont Squaw Cap

PARC PROVINCIAL MORRISSY ROCK
Des hauteurs, le visiteur découvre une splendide vue de la vallée de la Restigouche, de la côte de la Gaspésie et du Sugarloaf — une éminence volcanique de 305 m de haut qui domine Campbellton. De gros saumons remontent la Restigouche (le record est de 25 kg) ; la plupart fraient à l'automne, mais certains fréquentent les cours d'eau douce au printemps ou au début de l'été. La rivière offre aussi l'une des plus belles voies de canotage du Nouveau-Brunswick. L'itinéraire de 149 km, entre Cedar Brook et Campbellton, est semé de rapides et serpente au milieu d'un magnifique paysage.

MONT SQUAW CAP
Le village de Robinsonville offre une belle vue de cette butte de 483 m. Sur les plateaux boisés du centre-nord du Nouveau-Brunswick, les sommets sont souvent perdus dans la brume, tandis que le soleil brille dans les vallées.

PARC PROVINCIAL MOUNT CARLETON
C'est dans ce parc sauvage de 180 km² que s'élève le mont Carleton (821 m), l'un des plus hauts sommets des provinces de l'Atlantique. Cette région très boisée, à la géologie complexe s'apparente aux Appalaches.
□ On y a recensé une centaine d'espèces d'oiseaux et une trentaine d'espèces de mammifères. Au lac Nictau se trouvent l'administration du parc et un terrain de camping rudimentaire équipé de foyers et de tables de pique-nique. On peut se baigner, faire du canot et pêcher la truite dans les eaux claires et froides des lacs Nictau et Nepisiguit.
D'anciens chemins forestiers forment un réseau de pistes pour les motoneigistes, les skieurs de fond et les raquetteurs.
□ Les routes qui mènent au parc étant fermées à certaines époques de l'année, il faut s'informer des conditions routières auprès du service touristique de la province.

Souci d'eau

SAINT-QUENTIN
Important centre d'exploitation forestière, la région de Saint-Quentin est également propice à la chasse et à la pêche. La ville, qui s'appelait Anderson Siding jusqu'en 1919, fut rebaptisée pour commémorer une bataille de la première guerre mondiale.

FIVE FINGERS
Un charmant moulin à eau, sujet favori des artistes de la région, rappelle l'époque où les fermiers apportaient leur grain au meunier. Une route forestière de 48 km mène au parc provincial Mount Carleton, à l'est.

0   2   4   6   8   10 Milles
0   4   8   12   16 Kilomètres

tes viennent profiter des plages de sable de la baie bordée de pins, pêcher la morue et le maquereau au large, faire de la voile, poussés par la brise de l'océan, ou ramasser des palourdes sur les bancs de sable de l'embouchure de la rivière Anguille.

A l'automne, l'arrière-pays se pare d'un magnifique feuillage qui transforme la vaste forêt en une éblouissante tapisserie mouchetée d'or et d'écarlate. Le mont Carleton, l'un des plus hauts sommets des provinces de l'Atlantique, domine le paysage.

Cette région encore très sauvage, où les amateurs de plein air font du camping, du canot, de la marche, de l'escalade ou de la pêche, est aussi un des lieux favoris des photographes, des ornithologues amateurs et des collectionneurs de pierres. L'endroit attire également les chasseurs de grand gibier qui prennent leurs quartiers dans des villages comme Saint-Quentin, Kedgwick ou encore Robinsonville.

Pendant l'hiver, des centaines de skieurs constellent de taches bigarrées et mouvantes les pentes du Sugarloaf, le Pain de Sucre, à la sortie de Campbellton. On a en outre aménagé des patinoires et une piste de toboggan au pied de la colline qui embaume la résine des pins.

Pêche au saumon, chasse au grand gibier, escalade, belles plages tranquilles, navigation de plaisance, le nord du Nouveau-Brunswick offre de nombreuses possibilités touristiques. Isolé, peu fréquenté, il constitue un lieu de séjour idéal où prendre ses vacances en toutes saisons.

DALHOUSIE

Situé à l'embouchure de la Restigouche, ce port de pêche en eau profonde est ouvert toute l'année. Le Musée historique de la région de la baie des Chaleurs est consacré aux pionniers du nord-est du Nouveau-Brunswick et au développement de la pêche, de l'agriculture et de l'industrie dans la région.
□ A New Mills, à 19 km au sud-est, se trouve un bassin où l'on élève d'énormes saumons de l'Atlantique.

Le vaisseau fantôme de la baie des Chaleurs

On raconte qu'un mystérieux bâtiment de guerre hante la baie des Chaleurs, entre Campbellton et Bathurst, par les nuits de tempête. Des témoins affirment avoir vu un grand quatre-mâts en flammes, toutes voiles dehors. Certains prétendent même que des matelots s'affairent dans le gréement. Ceux qui ont tenté de s'approcher du navire disent qu'il s'éloigne à mesure pour finalement disparaître dans le lointain.

Pour certains, le phénomène est simplement causé par la réflexion d'ondes thermiques. D'autres sont convaincus qu'il s'agit du fantôme d'un vaisseau français qui fut incendié et coulé en 1760 lors de la bataille de la Restigouche.

CAMPBELLTON

Campbellton est le quatrième port de mer du Nouveau-Brunswick et le centre commercial de la rive nord de la province. Au début de juillet, le Festival du saumon y attire des milliers de visiteurs qui peuvent participer à des dégustations de saumons et à des concours de pêche au lancer ainsi qu'assister à une foire commerciale et entreprendre des croisières sur la Restigouche.
□ Une éminence volcanique de 305 m de haut, Sugarloaf, domine la ville. C'est le centre d'attraction du parc provincial du même nom où l'on pratique le ski, le patinage et le toboggan.
□ Dans le parc Riverside, un monument rappelle le dernier combat naval de la guerre de Sept Ans, la bataille de la Restigouche (1760), au cours de laquelle une petite escadre française fut coulée par la flotte britannique.

Ski au parc provincial Sugarloaf

Les feuillus et les conifères de la forêt mixte du mont Carleton

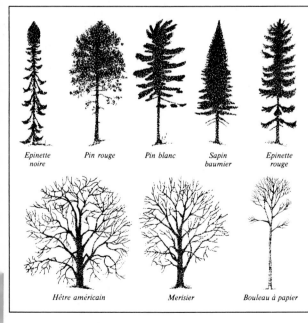

Epinette noire *Pin rouge* *Pin blanc* *Sapin baumier* *Epinette rouge*

Hêtre américain *Merisier* *Bouleau à papier*

Plus de la moitié du parc provincial qui entoure le mont Carleton se compose de hautes terres bien égouttées où les incendies de forêts ont donné naissance à des populations presque pures d'arbres résistants au feu. On y trouve le merisier et le bouleau à papier qui poussent près des lacs et des cours d'eau, le hêtre aux feuilles vert sombre et à l'écorce lisse et argentée et l'érable à sucre dont les feuilles vives, à l'automne, émaillent le paysage.

Sur les terres basses et humides, ce sont des arbres à bois tendre qui ont repoussé : des trembles dont les orignaux mangent les feuilles et les castors l'écorce, ainsi que des conifères ; on notera l'épinette noire qui dépasse rarement 15 m de haut et le pin rouge qui mesure généralement une vingtaine de mètres, mais qui peut atteindre 40 m. Sur les brûlis poussent des culottes de Hollandais, des sanguinaires, du gingembre, des trilles et des orchidacées.

La zone qui n'a pas été touchée par le feu est surtout peuplée de conifères. Le sapin baumier porte des cônes verticaux, contrairement à l'épinette rouge dont les cônes pendants, de forme oblongue, s'ouvrent à l'automne et restent généralement attachés à l'arbre pendant tout l'hiver. Les graines des cônes du pin blanc, qui atteint 30 m de haut et peut vivre 450 ans, tombent en hiver et servent de nourriture aux oiseaux, aux écureuils et aux suisses. Le cornouiller du Canada, la linnée boréale, les courants verts et les fougères couvrent le parterre de la forêt de conifères.

Au printemps, les brillantes taches jaunes du souci d'eau émaillent les marécages et les prés humides, bordés d'aulnes, de harts rouges et de saules. Le nénuphar odorant qui flotte sur les mares et les eaux stagnantes fleurit de juin à septembre. Les poissons et les mammifères mangent ses feuilles et ses graines riches en protéines.

Une côte semée de fermes riantes et de charmants ports de pêche

Péninsule acadienne

Toute la côte de la baie des Chaleurs est empreinte de la joie de vivre des Acadiens, de l'esprit indépendant de ce peuple et de sa volonté de conserver un patrimoine unique.

Près de Caraquet, le Village historique acadien fait revivre la riche histoire de la région. A l'abri de levées de terre, du blé, de l'avoine et du foin poussent sur d'anciens marais. Les maisons et les monuments publics reconstruits reflètent dans leurs moindres détails l'ancienne architecture acadienne. De petites

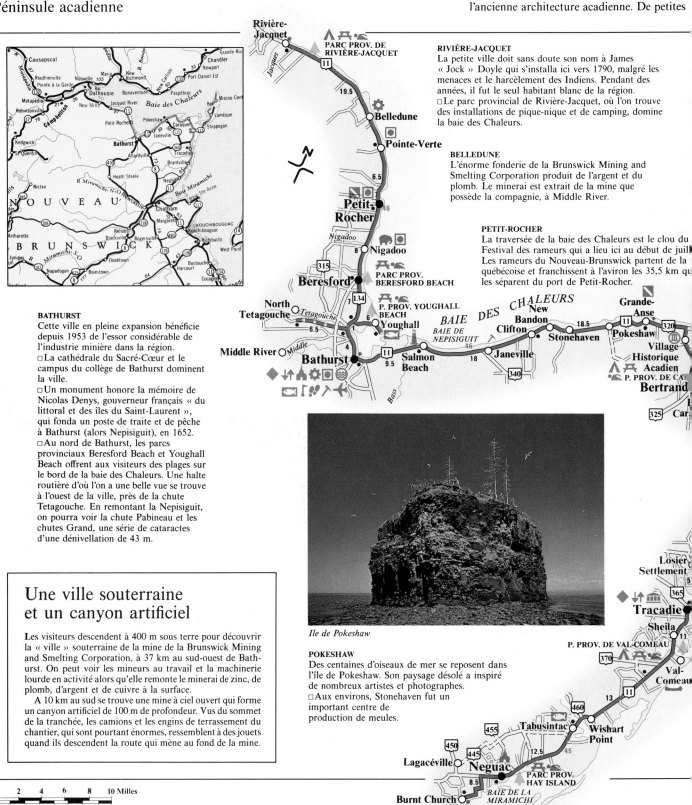

Ile de Pokeshaw

RIVIÈRE-JACQUET
La petite ville doit sans doute son nom à James « Jock » Doyle qui s'installa ici vers 1790, malgré les menaces et le harcèlement des Indiens. Pendant des années, il fut le seul habitant blanc de la région.
□ Le parc provincial de Rivière-Jacquet, où l'on trouve des installations de pique-nique et de camping, domine la baie des Chaleurs.

BELLEDUNE
L'énorme fonderie de la Brunswick Mining and Smelting Corporation produit de l'argent et du plomb. Le minerai est extrait de la mine que possède la compagnie, à Middle River.

PETIT-ROCHER
La traversée de la baie des Chaleurs est le clou du Festival des rameurs qui a lieu ici au début de juil. Les rameurs du Nouveau-Brunswick partent de la québécoise et franchissent à l'aviron les 35,5 km qu les séparent du port de Petit-Rocher.

BATHURST
Cette ville en pleine expansion bénéficie depuis 1953 de l'essor considérable de l'industrie minière dans la région.
□ La cathédrale du Sacré-Cœur et le campus du collège de Bathurst dominent la ville.
□ Un monument honore la mémoire de Nicolas Denys, gouverneur français « du littoral et des îles du Saint-Laurent », qui fonda un poste de traite et de pêche à Bathurst (alors Nepisiguit), en 1652.
□ Au nord de Bathurst, les parcs provinciaux Beresford Beach et Youghall Beach offrent aux visiteurs des plages sur le bord de la baie des Chaleurs. Une halte routière d'où l'on a une belle vue se trouve à l'ouest de la ville, près de la chute Tetagouche. En remontant la Nepisiguit, on pourra voir la chute Pabineau et les chutes Grand, une série de cataractes d'une dénivellation de 43 m.

POKESHAW
Des centaines d'oiseaux de mer se reposent dans l'île de Pokeshaw. Son paysage désolé a inspiré de nombreux artistes et photographes.
□ Aux environs, Stonehaven fut un important centre de production de meules.

Une ville souterraine et un canyon artificiel

Les visiteurs descendent à 400 m sous terre pour découvrir la « ville » souterraine de la mine de la Brunswick Mining and Smelting Corporation, à 37 km au sud-ouest de Bathurst. On peut voir les mineurs au travail et la machinerie lourde en activité alors qu'elle remonte le minerai de zinc, de plomb, d'argent et de cuivre à la surface.

A 10 km au sud se trouve une mine à ciel ouvert qui forme un canyon artificiel de 100 m de profondeur. Vus du sommet de la tranchée, les camions et les engins de terrassement du chantier, qui sont pourtant énormes, ressemblent à des jouets quand ils descendent la route qui mène au fond de la mine.

fermes de rondins, entourées de potagers plantés au cordeau, se dressent au milieu de clairières, en plein cœur d'un bois de bouleaux blancs. Des figurants en costumes d'époque refont les gestes de leurs ancêtres : équarrissage du bois, fabrication des bardeaux, séchage et salage de la morue, filage de la laine, barattage du beurre, fabrication du pain, confection de tapis au crochet. Les visiteurs peuvent faire le tour du village à pied ou dans une carriole tirée par des chevaux ou des bœufs.

Des festivals annuels animent les villes de Pointe-Verte, Nigadoo, Petit-Rocher et Lamèque. A Shippegan et Caraquet, la fameuse bénédiction des bateaux de pêcheurs marque l'ouverture du Festival acadien, à la mi-août. A Caraquet, on visitera le marché des pê-

cheurs, un musée acadien et une chapelle historique vieille de plus de deux siècles.

La côte est semée de fermes, de petits ports de pêche et l'on découvre, au hasard des routes, des fermes abandonnées ou de vieilles coques, émouvants vestiges du temps passé.

CARAQUET

La bénédiction des bateaux de pêche du nord-est du Nouveau-Brunswick, évocation de la bénédiction donnée par le Christ aux pêcheurs de Galilée, marque l'ouverture de la Semaine du Festival acadien qui a lieu ici à la mi-août. Les jours suivants sont consacrés à des manifestations sportives et à des défilés; la nuit résonne des danses entraînantes et des chants acadiens.
□ Les touristes peuvent louer des bateaux pour pêcher le thon, acheter des fruits de mer au marché des pêcheurs ou visiter une conserverie d'opilios (crabes des neiges).
□ On remarquera au Musée acadien un violon apporté de Nouvelle-Ecosse à l'époque de la déportation, en 1755.

GRANDE-ANSE

En août, au cours d'un festival annuel, a lieu le marathon de nage international qui se déroule entre Québec et Grande-Anse.

Un haut lieu des traditions de l'Acadie

Meules de foin   *La Maison Godin, Village historique acadien*

Un village de pionniers acadiens a été reconstitué sur un domaine de 10 km² entre Grande-Anse et Caraquet. Le Village historique acadien regroupe dix maisons d'habitation, une forge, un entrepôt, un magasin général, une petite école, une chapelle et une taverne.

Les hommes, les femmes et les enfants du village vivent comme leurs ancêtres acadiens. Habillés des mêmes vêtements colorés, tout comme autrefois, ils travaillent aux champs qui bordent les rives de la rivière du Nord, soignent le bétail, barattent le beurre, confectionnent des vêtements et fabriquent des meubles ou des bardeaux.

Expulsés des provinces Maritimes par les Anglais en 1755, des milliers d'Acadiens passèrent des années en exil au Massachusetts, en Virginie, en Louisiane et en France. La plupart revinrent s'installer dans les Maritimes et, de 1780 à 1880, construisirent des hameaux sur la côte nord-est du Nouveau-Brunswick.

Certains des bâtiments reconstruits au Village historique acadien viennent d'aussi loin que Fredericton et Edmundston. Le plus ancien est la ferme de Martin (1783), une cabane de rondins au sol de terre battue qui se dressa pendant près de deux siècles à French Village, près de Fredericton.

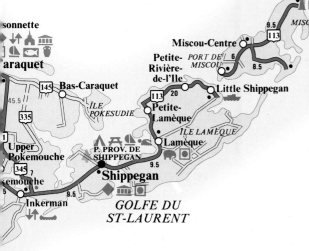

ÎLE MISCOU

L'extrême pointe du Nouveau-Brunswick — une île de 18 km de long sur 13 de large — a peu changé depuis l'époque des premiers colons venus de France et des îles Anglo-Normandes. Des épinettes, rabougries par le vent et les embruns, se dressent sur les plages de sable blanc désertes. En été et en automne, les pêcheurs de l'île emmènent les touristes en haute mer.
□ Un traversier relie l'île à celle de Lamèque et au continent. Le passage est gratuit.

ÎLE-LAMÈQUE

La majeure partie de la tourbe produite dans l'île est exportée aux Etats-Unis où on l'utilise pour amender les sols, comme matériau d'emballage et d'isolation ou comme litière.
□ Le village de Lamèque organise un festival de la tourbe à la fin de juillet.

Opilio

SHIPPEGAN

On y sert de délicieux fruits de mer pendant le Festival de la pêche, en juillet. La ville organise des bals en plein air, des excursions de pêche en haute mer et des visites de conserveries et de tourbières.
□ A l'ouest de la ville, le parc provincial de Shippegan est doté d'installations de camping et de pique-nique.

Quai des pêcheurs, à Shippegan

L'historique vallée d'un fleuve splendide

Cours supérieur du Saint-Jean

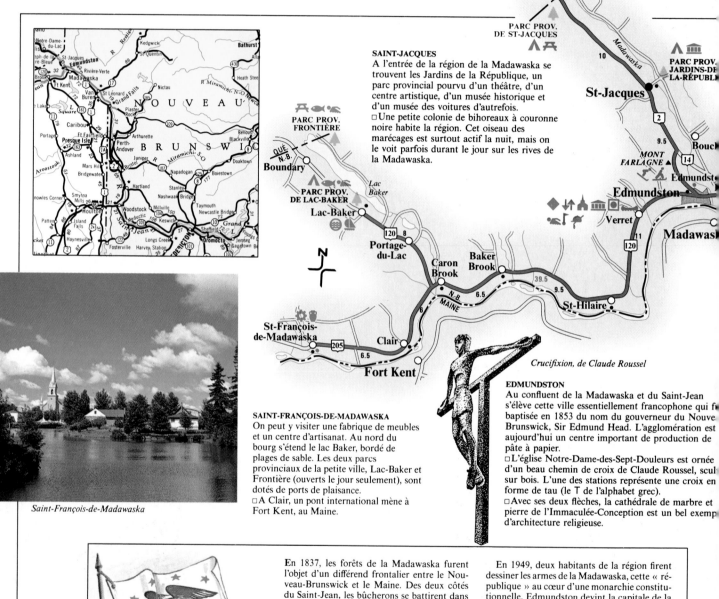

Bihoreau à couronne noire

Crucifixion, de Claude Roussel

Saint-François-de-Madawaska

SAINT-JACQUES
A l'entrée de la région de la Madawaska se trouvent les Jardins de la République, un parc provincial pourvu d'un théâtre, d'un centre artistique, d'un musée historique et d'un musée des voitures d'autrefois.
□ Une petite colonie de bihoreaux à couronne noire habite la région. Cet oiseau des marécages est surtout actif la nuit, mais on le voit parfois durant le jour sur les rives de la Madawaska.

SAINT-FRANÇOIS-DE-MADAWASKA
On peut y visiter une fabrique de meubles et un centre d'artisanat. Au nord du bourg s'étend le lac Baker, bordé de plages de sable. Les deux parcs provinciaux de la petite ville, Lac-Baker et Frontière (ouverts le jour seulement), sont dotés de ports de plaisance.
□ A Clair, un pont international mène à Fort Kent, au Maine.

EDMUNDSTON
Au confluent de la Madawaska et du Saint-Jean s'élève cette ville essentiellement francophone qui fu baptisée en 1853 du nom du gouverneur du Nouve Brunswick, Sir Edmund Head. L'agglomération est aujourd'hui un centre important de production de pâte à papier.
□ L'église Notre-Dame-des-Sept-Douleurs est ornée d'un beau chemin de croix de Claude Roussel, scul sur bois. L'une des stations représente une croix en forme de tau (le T de l'alphabet grec).
□ Avec ses deux flèches, la cathédrale de marbre et pierre de l'Immaculée-Conception est un bel exemp d'architecture religieuse.

Six étoiles et un aigle, les armes de « la République »

En 1837, les forêts de la Madawaska furent l'objet d'un différend frontalier entre le Nouveau-Brunswick et le Maine. Des deux côtés du Saint-Jean, les bûcherons se battirent dans ce qu'on appela ensuite l'Aroostook, ou « la guerre des fèves au lard ». Le conflit fut résolu en 1842 avec le traité Webster-Ashburton, mais ces cinq années de tiraillements entre les gouvernements américain et canadien avaient donné naissance à l'idée d'une république de la Madawaska.

On raconte que ce titre aurait été inventé par un colon qu'irritaient les questions indiscrètes d'un fonctionnaire français. « Je suis citoyen de la république de la Madawaska », lui aurait-il répondu. Le nom resta.

En 1949, deux habitants de la région firent dessiner les armes de la Madawaska, cette « république » au cœur d'une monarchie constitutionnelle. Edmundston devint la capitale de la république dont le maire d'Edmundston est président de droit. L'on fit aussi confectionner un drapeau officiel. L'aigle à tête blanche symbolise l'esprit d'indépendance de la Madawaska ; les six étoiles rouges représentent les différents groupes culturels de la république : les Indiens, les Acadiens, les Canadiens, les Anglais, les Américains et les Irlandais.

Les visiteurs de marque sont élevés au rang de citoyens honoraires et se voient même parfois adresser la parole dans le dialecte de la république, le « brayon ».

0 1 2 3 4 5 Milles
0 2 4 6 8 Kilomètres

Sur quelque 110 km, entre Saint-François-de-Madawaska et Grand-Sault où il se précipite d'une hauteur de 25 m, le Saint-Jean sert de frontière commune au Canada et aux Etats-Unis.

Le fleuve, qui est bordé par la Transcanadienne, serpente ici gracieusement dans une riche région vallonnée au travers des champs et des forêts du comté de Madawaska avant de se précipiter d'une hauteur de 25 m à Grand-Sault, le plus haut escarpement de la province.

Les Malécites constituaient la tribu la plus importante du territoire à l'époque où de Monts et Champlain donnèrent son nom au fleuve, en 1604, le jour de la Saint-Jean. Les Malécites occupent encore la vallée, ainsi que les descendants des premiers colons français et anglais.

Au début du XIXe siècle, la Madawaska était le pays des bûcherons. Aujourd'hui, ils ne sont plus guère qu'un souvenir dans la mémoire d'un peuple épris de danse et de musique et dur au travail.

Les habitants de la Madawaska pratiquent sans effort le bilinguisme et il n'est pas rare de voir les interlocuteurs passer subitement de l'anglais au français au cours d'une même conversation.

Les réjouissances populaires, ici, font le bonheur de tous, anglophones et francophones. L'une des fêtes les plus célèbres et les plus courues de la région, la Foire Brayonne, a lieu à Edmundston : neuf journées de festivités qui prennent fin le premier lundi du mois d'août.

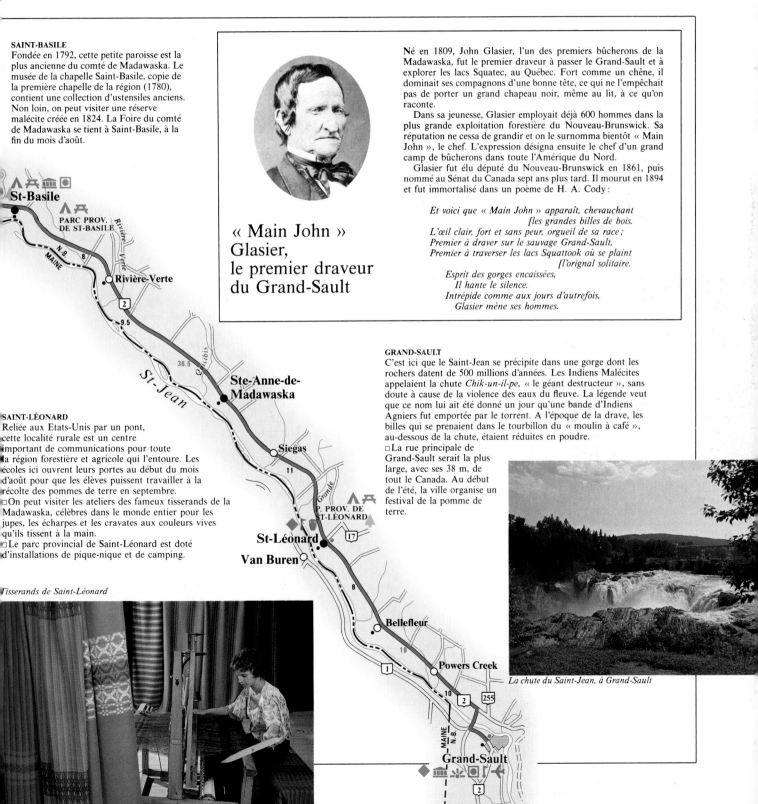

SAINT-BASILE
Fondée en 1792, cette petite paroisse est la plus ancienne du comté de Madawaska. Le musée de la chapelle Saint-Basile, copie de la première chapelle de la région (1780), contient une collection d'ustensiles anciens. Non loin, on peut visiter une réserve malécite créée en 1824. La Foire du comté de Madawaska se tient à Saint-Basile, à la fin du mois d'août.

Né en 1809, John Glasier, l'un des premiers bûcherons de la Madawaska, fut le premier draveur à passer le Grand-Sault et à explorer les lacs Squatec, au Québec. Fort comme un chêne, il dominait ses compagnons d'une bonne tête, ce qui ne l'empêchait pas de porter un grand chapeau noir, même au lit, à ce qu'on raconte.

Dans sa jeunesse, Glasier employait déjà 600 hommes dans la plus grande exploitation forestière du Nouveau-Brunswick. Sa réputation ne cessa de grandir et on le surnomma bientôt « Main John », le chef. L'expression désigna ensuite le chef d'un grand camp de bûcherons dans toute l'Amérique du Nord.

Glasier fut élu député du Nouveau-Brunswick en 1861, puis nommé au Sénat du Canada sept ans plus tard. Il mourut en 1894 et fut immortalisé dans un poème de H. A. Cody :

Et voici que « Main John » apparaît, chevauchant
[les grandes billes de bois.
L'œil clair, fort et sans peur, orgueil de sa race ;
Premier à draver sur le sauvage Grand-Sault,
Premier à traverser les lacs Squattook où se plaint
[l'orignal solitaire.
Esprit des gorges encaissées,
Il hante le silence.
Intrépide comme aux jours d'autrefois,
Glasier mène ses hommes.

« Main John » Glasier, le premier draveur du Grand-Sault

St-Basile

PARC PROV. DE ST-BASILE

Rivière-Verte

Ste-Anne-de-Madawaska

SAINT-LÉONARD
Reliée aux Etats-Unis par un pont, cette localité rurale est un centre important de communications pour toute la région forestière et agricole qui l'entoure. Les écoles ici ouvrent leurs portes au début du mois d'août pour que les élèves puissent travailler à la récolte des pommes de terre en septembre.
□ On peut visiter les ateliers des fameux tisserands de la Madawaska, célèbres dans le monde entier pour les jupes, les écharpes et les cravates aux couleurs vives qu'ils tissent à la main.
□ Le parc provincial de Saint-Léonard est doté d'installations de pique-nique et de camping.

Siegas

P. PROV. DE ST-LÉONARD

St-Léonard

Van Buren

Bellefleur

Powers Creek

Grand-Sault

Tisserands de Saint-Léonard

GRAND-SAULT
C'est ici que le Saint-Jean se précipite dans une gorge dont les rochers datent de 500 millions d'années. Les Indiens Malécites appelaient la chute *Chik-un-il-pe*, « le géant destructeur », sans doute à cause de la violence des eaux du fleuve. La légende veut que ce nom lui ait été donné un jour qu'une bande d'Indiens Agniers fut emportée par le torrent. A l'époque de la drave, les billes qui se prenaient dans le tourbillon du « moulin à café », au-dessous de la chute, étaient réduites en poudre.
□ La rue principale de Grand-Sault serait la plus large, avec ses 38 m, de tout le Canada. Au début de l'été, la ville organise un festival de la pomme de terre.

La chute du Saint-Jean, à Grand-Sault

L'hospitalité légendaire de la vallée du Saint-Jean

Vallée du cours supérieur du Saint-Jean

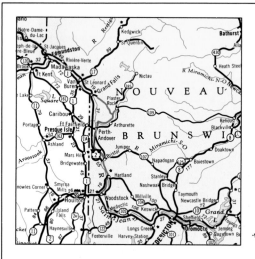

DRUMMOND

Depuis les années 1860, Drummond et ses environs vivent de la culture des pommes de terre. Les premières furent plantées ici par un Irlandais, Barney McLaughlin. De nos jours, la plupart des fermiers de Drummond sont d'origine française. L'année scolaire commence au début du mois d'août et on l'interrompt en septembre pour que les élèves puissent aider à la récolte de pommes de terre qu'on stocke dans des hangars à moitié souterrains afin de les protéger de la gelée.

Hangar à pommes de terre, à Drummond

Délice des gourmets

Les crosses d'évêque, jeunes frondes printanières de la fougère à l'autruche, poussent en grand nombre au Nouveau-Brunswick où on les voit percer sur les terres humides des bois ou en bordure des rivières. On en récolte environ 114 t par an. Les plantes sont emballées et congelées à Florenceville. Passées à l'eau bouillante, les jeunes pousses sont succulentes, comme le savaient bien les Indiens Malécites qui s'en servaient aussi comme remède. La récolte a pris aujourd'hui une ampleur considérable et la plante est presque devenue le symbole de la province. Fredericton organise tous les ans un festival des crosses d'évêque. L'université du Nouveau-Brunswick publie même un magazine littéraire, *The Fiddlehead,* du nom anglais de cette spécialité régionale.

BEECHWOOD

A la centrale hydro-électrique de Beechwood, on peut voir une échelle qui permet aux saumons de l'Atlantique de remonter le barrage de 18 m qui coupe le Saint-Jean.
□ Au nord de Beechwood, le parc provincial de Muniac offre des terrains de pique-nique et de camping à flanc de coteau.

FLORENCEVILLE

On prépare des pommes de terre et des crosses d'évêque dans l'usine McCain Foods Ltd., la plus importante entreprise de produits congelés au Canada.
□ Florenceville, autrefois Buttermilk Creek, a été rebaptisée en l'honneur de l'infirmière Florence Nightingale, une héroïne de la guerre de Crimée.

Soldats de plomb, ancien tribunal du comté de Carleton

UPPER WOODSTOCK

Dans l'ancien tribunal du comté de Carleton (1833), dont on a restauré la salle des audiences et celle des jurés, on peut voir des documents historiques, des costumes, des photographies et des tableaux. Cette élégante bâtisse de bois abrita le premier conseil de comté du Nouveau-Brunswick. Elle fut aussi une halte de diligence et accueillit des foires agricoles ainsi que des réunions politiques. Des gouverneurs y tinrent même audience. Le musée rappelle la mémoire d'Edwin Tappan Adney, auteur, artiste, naturaliste et spécialiste de l'héraldique et des artisanats amérindiens. Le musée possède également une collection de 1 000 soldats de plomb des régiments anglais des XVIIIe et XIXe siècles.

Ancien tribunal du comté de Carleton Upper Woodstock

Les Indiens appelaient le Saint-Jean *Oo-lahs-took,* « le bon fleuve ». Et le Saint-Jean est bon et généreux pour ceux qui cultivent les riches terres de sa vallée. Ce pays paisible et prospère est celui de la pomme de terre dont les champs immenses s'étirent à perte de vue. Elle a donné naissance en outre à une importante industrie alimentaire. On traite ici des milliers de tonnes de pommes de terre chaque année. C'est pourquoi on célèbre la récolte lors de festivals pittoresques comme ceux de Grand Sault et Hartland.

Entre Perth-Andover et Woodstock, la campagne est semée de tentes où des prêcheurs annoncent la bonne parole. Des citations de la Bible affichées sur des panneaux exhortent les passants au repentir. Les fondateurs de Woodstock, « la ville de l'hospitalité », décidèrent que « nul visiteur, connu ou inconnu, ne traversera cette communauté sans en partager l'hospitalité ».

Woodstock ouvre toutes grandes ses portes pendant la semaine Old Home, une grande fête qui se tient en juillet et durant laquelle se déroulent des courses de trot attelé et des compétitions de chevaux de trait. Les visiteurs verront la maison devant laquelle Charles Connell, le maître de poste de la province, alluma en 1860 un feu de joie pour brûler un demi-million de timbres qu'il avait fait imprimer à sa propre effigie.

Au printemps, les voyageurs qui suivent cette route sur laquelle se trouve, à Hartland, le plus long pont couvert du monde, peuvent cueillir et savourer les délicieuses pousses de fougères, les crosses d'évêque.

Danses folkloriques, à New Denmark

NEW DENMARK
Bon nombre des 1 000 habitants de ce village s'habillent en costumes danois pour célébrer, le 19 juin, la fête des fondateurs de la plus grande agglomération danoise du Canada. Les festivités rappellent que 29 immigrants s'installèrent en 1872 au confluent du Saint-Jean et de la Salmon.
□ Le Musée commémoratif renferme notamment de vieux rôles d'impôt, des vêtements d'époque, une robe de mariée et une paire de bottes de l'armée danoise.

PLASTER ROCK
A Plaster Rock, porte des hauts plateaux du nord du Nouveau-Brunswick, les eaux vertes de la Tobique serpentent au milieu de collines de gypse rouge qui ont donné son nom à cette ville de bûcherons et d'agriculteurs. La Tobique, principal affluent du Saint-Jean, offre une voie de canotage de 137 km qui traverse un pays sauvage fréquenté par les ours noirs, les orignaux et les cerfs de Virginie ; elle franchit des passes difficiles avant d'atteindre les eaux paisibles du réservoir de la Tobique. Des guides et des pourvoyeurs offrent leurs services aux chasseurs et aux pêcheurs.

PERTH-ANDOVER
Perth et Andover fusionnèrent en 1966. Fondés en 1851 par des soldats anglais qui reçurent des terres en guise de solde, ce sont d'anciens centres d'exploitation forestière.
□ Le Aroostook Valley Country Club organise des tournois internationaux de golf. Son terrain de 18 trous est à cheval sur le Nouveau-Brunswick et le Maine.

HARTLAND
Croisez les doigts, retenez votre souffle et faites un vœu à l'entrée du plus long pont couvert du monde (391 m) qui enjambe le Saint-Jean à Hartland. Selon la tradition locale, vos souhaits s'accompliront si vous parvenez à franchir les sept travées du pont sans reprendre votre souffle. Construit en 1896, l'ouvrage fut à péage jusqu'en 1904. En amont se trouve le pont Hugh John Flemming, construit en 1955 sur le tracé de la Transcanadienne.

WOODSTOCK
On peut y voir plusieurs belles demeures anciennes, notamment celle de Charles Connell (v. 1820). Connell, maître de poste du Nouveau-Brunswick de 1858 à 1861, remplaça l'effigie de la reine Victoria par la sienne sur des timbres, mais il dut les faire brûler par la suite.
□ Le parc Connell offre de nombreuses attractions : courses de trot attelé, golf, natation et marché en plein air.

La Tobique, à Plaster Rock

Les ponts des amoureux

Venise a son pont des soupirs. Le Canada a ses ponts des amoureux, les ponts couverts qui virent se tisser tant d'idylles mais dont la raison d'être n'avait rien à voir avec la vie sentimentale de nos aïeux.

Un pont de bois découvert ne durait qu'une quinzaine d'années avant que la pourriture n'attaque sa charpente et les larges planches de son tablier. Les chevaux, effrayés par les eaux rugissantes qu'ils pouvaient voir à travers les jointures des planches, prenaient peur et s'emballaient. Recouvert d'un toit soutenu par des murs latéraux, le pont pouvait durer jusqu'à 80 ans. Et les animaux, rassurés par cette construction semblable à leurs écuries, y trottaient sans peur.

Les ponts couverts étaient assez grands pour laisser passer une charrette chargée de foin. En hiver, on répandait de la neige sur le tablier pour faciliter le passage des traîneaux. Les ponts servaient aussi de panneaux d'affichage pour les cirques et les marchands ambulants.

Des milliers de ponts qui existaient au début du siècle, il n'en reste pas même 200 aujourd'hui, la plupart au Québec et au Nouveau-Brunswick. A Hartland, le plus long pont couvert du monde (391 m) enjambe le Saint-Jean. Les culées de bois de cèdre et les piliers remplis de pierres du pont construit en 1899 furent remplacés par des ouvrages de béton en 1920.

Le pont de Hartland

Une ville où passé et présent confondent leurs richesses

Cours inférieur du Saint-Jean

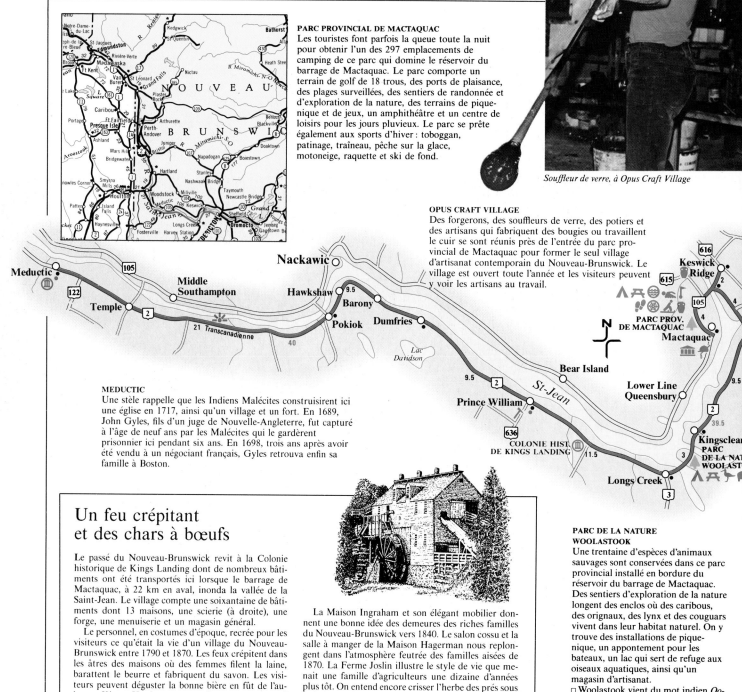

PARC PROVINCIAL DE MACTAQUAC
Les touristes font parfois la queue toute la nuit pour obtenir l'un des 297 emplacements de camping de ce parc qui domine le réservoir du barrage de Mactaquac. Le parc comporte un terrain de golf de 18 trous, des ports de plaisance, des plages surveillées, des sentiers de randonnée et d'exploration de la nature, des terrains de pique-nique et de jeux, un amphithéâtre et un centre de loisirs pour les jours pluvieux. Le parc se prête également aux sports d'hiver : toboggan, patinage, traîneau, pêche sur la glace, motoneige, raquette et ski de fond.

Souffleur de verre, à Opus Craft Village

OPUS CRAFT VILLAGE
Des forgerons, des souffleurs de verre, des potiers et des artisans qui fabriquent des bougies ou travaillent le cuir se sont réunis près de l'entrée du parc provincial de Mactaquac pour former le seul village d'artisanat contemporain du Nouveau-Brunswick. Le village est ouvert toute l'année et les visiteurs peuvent y voir les artisans au travail.

MEDUCTIC
Une stèle rappelle que les Indiens Malécites construisirent ici une église en 1717, ainsi qu'un village et un fort. En 1689, John Gyles, fils d'un juge de Nouvelle-Angleterre, fut capturé à l'âge de neuf ans par les Malécites qui le gardèrent prisonnier ici pendant six ans. En 1698, trois ans après avoir été vendu à un négociant français, Gyles retrouva enfin sa famille à Boston.

Un feu crépitant et des chars à bœufs

Le passé du Nouveau-Brunswick revit à la Colonie historique de Kings Landing dont de nombreux bâtiments ont été transportés ici lorsque le barrage de Mactaquac, à 22 km en aval, inonda la vallée de la Saint-Jean. Le village compte une soixantaine de bâtiments dont 13 maisons, une scierie (à droite), une forge, une menuiserie et un magasin général.

Le personnel, en costumes d'époque, recrée pour les visiteurs ce qu'était la vie d'un village du Nouveau-Brunswick entre 1790 et 1870. Les feux crépitent dans les âtres des maisons où des femmes filent la laine, barattent le beurre et fabriquent du savon. Les visiteurs peuvent déguster la bonne bière en fût de l'auberge Kings Head ou y prendre un repas servi dans le style des années 1850.

La Maison Ingraham et son élégant mobilier donnent une bonne idée des demeures des riches familles du Nouveau-Brunswick vers 1840. Le salon cossu et la salle à manger de la Maison Hagerman nous replongent dans l'atmosphère feutrée des familles aisées de 1870. La Ferme Joslin illustre le style de vie que menait une famille d'agriculteurs une dizaine d'années plus tôt. On entend encore crisser l'herbe des prés sous la lame des faux, tandis que les chars à bœufs et les voitures à chevaux grincent sur les chemins.

PARC DE LA NATURE WOOLASTOOK
Une trentaine d'espèces d'animaux sauvages sont conservées dans ce parc provincial installé en bordure du réservoir du barrage de Mactaquac. Des sentiers d'exploration de la nature longent des enclos où des caribous, des orignaux, des lynx et des couguars vivent dans leur habitat naturel. On y trouve des installations de pique-nique, un appontement pour les bateaux, un lac qui sert de refuge aux oiseaux aquatiques, ainsi qu'un magasin d'artisanat.
□ Woolastook vient du mot indien *Oo-lahs-took*, « la belle rivière ».

De multiples monuments et sites historiques, des centres de villégiature dotés de tous les apports du progrès et d'importantes centrales électriques montrent bien que cette région est aussi fière de son riche passé que confiante dans son avenir.

Fredericton, la capitale du Nouveau-Brunswick, illustre parfaitement la dualité de ce coin de pays, au confluent de l'histoire et du présent. Sous les ormes majestueux, les élégantes demeures et les édifices historiques rappellent l'époque des riches négociants qui bâtirent cette ville au XIXᵉ siècle. Mais la galerie d'art, le théâtre, la patinoire, le gymnase et l'édifice du Centenaire attestent de la modernité de la ville.

Le site de Fredericton n'était qu'un endroit désolé lorsque les loyalistes s'installèrent à la pointe Sainte-Anne en 1783-1784. Ils rebaptisèrent l'endroit en 1785 du nom d'un fils de George III et fondèrent le collège qui donna naissance à l'université du Nouveau-Brunswick, la plus ancienne université provinciale du Canada. La ville compte également le premier observatoire astronomique (1851) et la première école de génie (1854) du pays.

Sur le campus de l'université, une stèle commémorative rappelle la mémoire des poètes Bliss Carman, Sir Charles G. D. Roberts et Francis Joseph Sherman, natifs de la région. Le parc Odell a reçu le nom d'un autre poète, Jonathan Odell, dont la maison de pierre, construite en 1785 et résidence aujourd'hui du doyen anglican de Fredericton, est la plus vieille habitation d'une ville qui sait chérir son passé.

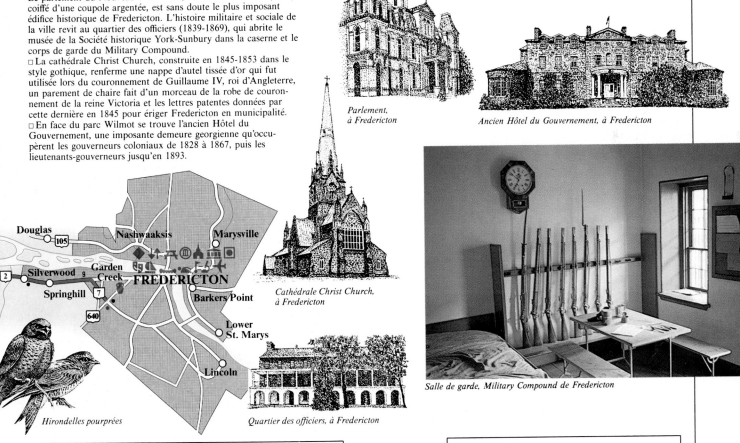

FREDERICTON

Le parlement du Nouveau-Brunswick, un édifice victorien (1880) coiffé d'une coupole argentée, est sans doute le plus imposant édifice historique de Fredericton. L'histoire militaire et sociale de la ville revit au quartier des officiers (1839-1869), qui abrite le musée de la Société historique York-Sunbury dans la caserne et le corps de garde du Military Compound.

□ La cathédrale Christ Church, construite en 1845-1853 dans le style gothique, renferme une nappe d'autel tissée d'or qui fut utilisée lors du couronnement de Guillaume IV, roi d'Angleterre, un parement de chaire fait d'un morceau de la robe de couronnement de la reine Victoria et les lettres patentes données par cette dernière en 1845 pour ériger Fredericton en municipalité.

□ En face du parc Wilmot se trouve l'ancien Hôtel du Gouvernement, une imposante demeure georgienne qu'occupèrent les gouverneurs coloniaux de 1828 à 1867, puis les lieutenants-gouverneurs jusqu'en 1893.

Parlement, à Fredericton

Ancien Hôtel du Gouvernement, à Fredericton

Cathédrale Christ Church, à Fredericton

Salle de garde, Military Compound de Fredericton

Hirondelles pourprées

Quartier des officiers, à Fredericton

Lord Beaverbrook, le bienfaiteur de la ville

Lord Beaverbrook disait que le plus beau tableau de la galerie de Fredericton qui porte son nom était la vue du Saint-Jean qu'on découvre des grandes baies de la salle principale. Mais les visiteurs se pressent aussi devant le splendide *Santiago el Grande,* de Salvador Dali. La galerie, l'un des nombreux dons que fit Lord Beaverbrook à la ville, contient une importante collection de peintres anglais : Reynolds, Gainsborough, Constable, Romney, Turner et Hogarth. On peut y voir aussi plusieurs toiles de Sir Winston Churchill. La collection canadienne se compose de 34 Krieghoff et de diverses œuvres de Tom Thomson, Arthur Lismer, Paul Kane et Emily Carr. Dans la salle Lucile Pillow, on peut voir 130 porcelaines anglaises de la meilleure époque, entre 1743 et 1840. A droite : pichet de porcelaine de Chelsea (1743).

1 Ancien Hôtel du Gouvernement
2 Parc Odell
3 Parc des Expositions
4 Hôtel de ville
5 Military Compound
6 Quartier des officiers
7 Théâtre
8 Galerie d'art Beaverbrook
9 Parlement
10 Parc The Green
11 Cathédrale Christ Church
12 Poets' Corner
13 Université du Nouveau-Brunswick
14 Université Saint-Thomas
15 Centre d'information touristique
16 Office du tourisme (ouvert l'été)
17 Fort Nashwaak (monument)
18 Cimetière des Loyalistes

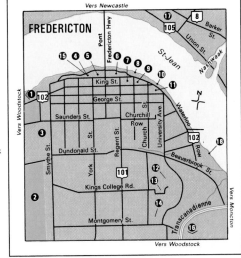

Saumons de rêve et chansons folkloriques

Route Nashwaak-Miramichi

Depuis l'aube, le pêcheur lance patiemment sa ligne dans les eaux de la Miramichi du Sud-Ouest. Soudain, un éclair d'argent fend l'air et la canne du pêcheur se courbe. Le moulinet siffle, tandis que le saumon prend de la ligne, s'élance presque jusqu'à la rive opposée, puis descend le courant.

Le poisson saute hors de l'eau, reste un instant suspendu en l'air, puis retombe dans une gerbe d'éclaboussures. Infatigable, il saute encore et frappe l'eau à plat, dans un bruit de verre brisé. Avec un peu de chance

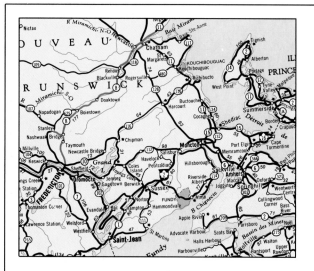

BOIESTOWN

Ce village de bûcherons et de pourvoyeurs se trouve au centre géographique du Nouveau-Brunswick. Les voyageurs partis de Fredericton par la route 8 en direction du nord-est y découvrent pour la première fois la Miramichi du Sud-Ouest, célèbre dans le monde entier pour sa pêche au saumon. Les amateurs de pêche sportive viennent dans la région en avril et mai alors que le saumon de l'Atlantique remonte la rivière, même si sa chair n'est pas encore aussi ferme et délicate que celle du saumon argenté pêché de mai à septembre.

□ Le parc provincial Red Pines offre des installations de pique-nique et de camping sur les rives de la Miramichi du Sud-Ouest. A 13 km au nord-est se trouve le village de McNamee où le seul pont suspendu pour piétons du Nouveau-Brunswick, long de 200 m, enjambe la rivière.

□ A Boiestown, Ludlow, McNamee, Doaktown, Blissfield, Upper Blackville et Blackville, des pourvoyeurs louent des camps de chasse et de pêche.

Pêche au saumon dans la Miramichi du Sud-Ouest

STANLEY

La Foire de Stanley, fondée en 1851, a lieu à la mi-août. C'est la fête des violoneux et des danseurs de danses carrées. Les fermiers de la région, qui, pour la plupart, descendent de colons écossais et gallois, exposent leurs récoltes et leurs plus beaux animaux.

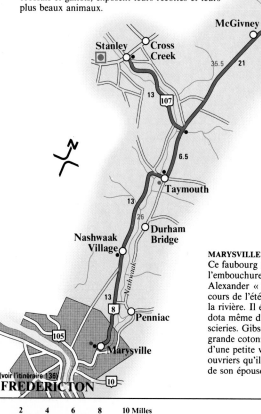

MIRAMICHI DU SUD-OUEST

Cette rivière de 217 km, réputée dans le monde entier pour ses saumons, descend des plateaux boisés du centre du Nouveau-Brunswick jusqu'aux basses terres qui enserrent le détroit de Northumberland et le golfe du Saint-Laurent. La rivière atteint 1 km de large par endroits et jusqu'à 14 m de fond. Newcastle et Chatham se font face au bord de son estuaire.

Miramichi du Sud-Ouest

MARYSVILLE

Ce faubourg de Fredericton, situé près de l'embouchure de la Nashwaak, fut fondé par Alexander « Boss » Gibson, qui y arriva au cours de l'été 1862 et fut le premier à draver sur la rivière. Il édifia un vaste empire forestier qu'il dota même d'un chemin de fer pour relier ses scieries. Gibson fit également construire une grande cotonnerie de brique rouge entourée d'une petite ville de maisonnettes pour ses ouvriers qu'il baptisa Marysville, en l'honneur de son épouse.

(voir l'itinéraire 136)

0   2   4   6   8   10 Milles

0   4   8   12   16 Kilomètres

et de patience, le pêcheur, attiré sur ces rives par le fabuleux saumon de l'Atlantique, sera payé de sa peine.

C'est à Boiestown que les voyageurs qui empruntent la route Nashwaak-Miramichi vers le nord découvrent pour la première fois la Miramichi du Sud-Ouest. La route suit la Nashwaak au nord de Fredericton, puis longe la Miramichi du Sud, traversant les spectaculaires paysages du centre du Nouveau-Brunswick, jusqu'à la mer et aux ports florissants de Newcastle et Chatham.

Les pêcheurs basques et français fréquentèrent la baie de la Miramichi dès le début du XVIe siècle. En 1686, Baptiste Franquelin, un ingénieur cartographe français, dressa la carte de la rivière et de ses nombreux affluents et consigna leurs noms indiens.

Vinrent ensuite les courageux pionniers de la vallée — bûcherons et constructeurs de navires — et, avec eux, leurs chants. Les chansons continuèrent à jouer un rôle important à l'époque des voitures à cheval, quand les voyageurs choisissaient soigneusement

leur répertoire pour rompre la monotonie de la route. De nos jours, les habitants de la région célèbrent leur amour de la musique lors du Festival de la chanson de la Miramichi qui se déroule pendant trois jours à Newcastle, au mois de juin.

Ferme McDonald, à Bartibog Bridge

BLACKVILLE

La région de Blackville est hantée par le légendaire Dungarvon Whooper, le fantôme d'un cuisinier assassiné sur les rives de la Dungarvon dans les années 1860. Après qu'il fut enterré, les gens commencèrent à entendre d'effroyables cris. Selon la tradition, les voyageurs doivent se méfier de l'odeur du lard frit, avec laquelle le Whooper essaie d'attirer son meurtrier.

Buste de Lord Beaverbrook, à Newcastle

CHATHAM

Les archives de la famille Cunard se trouvent au musée d'Histoire naturelle de la Miramichi. Joseph Cunard, membre de la famille qui fonda la célèbre compagnie de navigation, quitta sa ville natale d'Halifax pour s'installer ici en 1820 et s'occuper des banques, aciéries, mines, scieries et compagnies de transport de sa famille. Il fut un temps où pratiquement toute la population de la vallée de la Miramichi dépendait de la famille Cunard. La grande époque de l'empire Cunard à Chatham dura 28 ans.
□ Le parc Middle Island est doté de terrains de pique-nique.
□ Le pont du Centenaire de la Miramichi relie Chatham à Douglastown.
□ La base des forces canadiennes de Chatham est l'une des plus grandes écoles de pilotage du Canada.

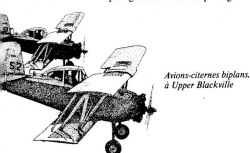

Avions-citernes biplans, à Upper Blackville

UPPER BLACKVILLE

La Direction de la protection forestière du ministère des Ressources naturelles du Nouveau-Brunswick possède ici un terrain d'aviation où sont basés les petits avions qui patrouillent la forêt pour détecter les incendies. Des avions-citernes biplans larguent des produits chimiques extincteurs sur les arbres en feu.

BARTIBOG BRIDGE

Une maison de grès, construite vers 1820 par Alexander McDonald, un soldat écossais qui s'installa ici après avoir combattu avec les MacDonald's Highlanders durant la révolution américaine, domine la baie de la Miramichi. Cette belle maison sera restaurée pour devenir le centre d'attraction d'un parc historique provincial où sera reconstituée une ferme du début du XIXe siècle.

NEWCASTLE

C'est la ville des belles demeures de bois, la plupart construites par les grands exploitants forestiers du siècle dernier, après que l'incendie de la Miramichi eut rasé la presque totalité des 260 maisons de la localité. La ville a vu naître Lord Beaverbrook (1879-1964), industriel, philanthrope et magnat de la presse britannique. Né William Maxwell Aitken, Beaverbrook grandit dans la Old Manse qui abrite aujourd'hui une bibliothèque et un musée, à côté de l'église St. James.

Il fréquenta les bancs de l'école de Newcastle et étudia quelque temps le droit à l'université du Nouveau-Brunswick. Homme d'affaires avisé, il réorganisa de nombreuses entreprises canadiennes avant même d'atteindre la trentaine. En 1910, il quitta le Canada pour l'Angleterre où il joua un rôle actif dans le Cabinet de Lloyd George, pendant la guerre. Anobli en 1917, Aitken choisit le nom de Beaverbrook, en l'honneur d'un petit cours d'eau proche de la maison de son enfance où il aimait pêcher.

En 1917, Beaverbrook acheta le *Daily Express* de Londres, première pierre de l'immense empire qu'il allait se tailler dans la presse britannique. Personnage influent de la vie politique en Grande-Bretagne, il occupa plusieurs postes prestigieux dans le Cabinet de Churchill.

Beaverbrook n'oublia jamais sa province natale. A Town Square, on peut voir un buste de bronze du philanthrope dont les cendres furent déposées dans le piédestal du monument.

Les chansons des marins et des bûcherons

Les gigues acadiennes et les chansons traditionnelles des marins et des bûcherons du Nouveau-Brunswick constituent les principales attractions du Festival de la chanson folklorique de la Miramichi qui se tient à Newcastle à la fin de juin. Ce répertoire comporte aussi des ballades qui commencent par les mots « Bonne nuit ». On les chantait autrefois aux exécutions publiques... Les chants sont interprétés au son des violons, des banjos, des accordéons et des harmonicas.

The Jones Boys, une chansonnette d'un seul couplet, est jouée par le carillon de l'université du Nouveau-Brunswick, à Fredericton, pour marquer l'heure. Une autre chanson représentative, *Le désastre de Baie-Sainte-Anne*, raconte le naufrage au cours duquel trente-cinq pêcheurs se noyèrent le 20 juin 1959.

librement (♩ = 60)

Nous ve-nons d'ap-prend' la nouvel - le D'u-ne ter-ri-ble tra-gé-die

Nous venons d'apprendre la nouvelle
D'une terrible tragédie
Qui s'est passée dessus la mer (e)
Semant le désastre et la mort.

La capitale mondiale du homard et le pays de la « Sagouine »

Sud-est du Nouveau-Brunswick

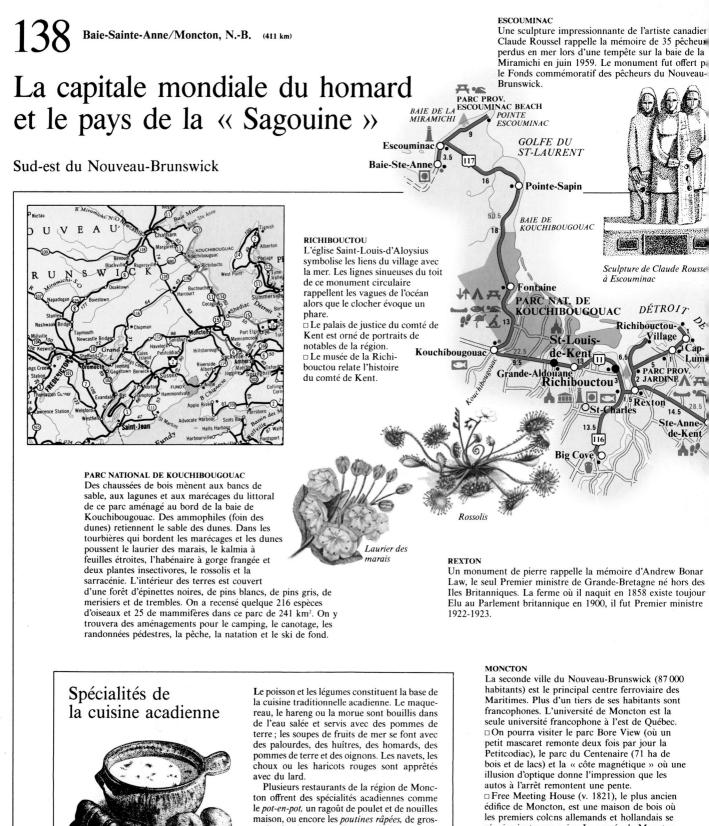

ESCOUMINAC

Une sculpture impressionnante de l'artiste canadien Claude Roussel rappelle la mémoire de 35 pêcheurs perdus en mer lors d'une tempête sur la baie de la Miramichi en juin 1959. Le monument fut offert par le Fonds commémoratif des pêcheurs du Nouveau-Brunswick.

Sculpture de Claude Roussel à Escouminac

RICHIBOUCTOU

L'église Saint-Louis-d'Aloysius symbolise les liens du village avec la mer. Les lignes sinueuses du toit de ce monument circulaire rappellent les vagues de l'océan alors que le clocher évoque un phare.
□ Le palais de justice du comté de Kent est orné de portraits de notables de la région.
□ Le musée de la Richibouctou relate l'histoire du comté de Kent.

Rossolis

Laurier des marais

PARC NATIONAL DE KOUCHIBOUGOUAC

Des chaussées de bois mènent aux bancs de sable, aux lagunes et aux marécages du littoral de ce parc aménagé au bord de la baie de Kouchibougouac. Des ammophiles (foin des dunes) retiennent le sable des dunes. Dans les tourbières qui bordent les marécages et les dunes poussent le laurier des marais, le kalmia à feuilles étroites, l'habénaire à gorge frangée et deux plantes insectivores, le rossolis et la sarracénie. L'intérieur des terres est couvert d'une forêt d'épinettes noires, de pins blancs, de pins gris, de merisiers et de trembles. On a recensé quelque 216 espèces d'oiseaux et 25 de mammifères dans ce parc de 241 km². On y trouvera des aménagements pour le camping, le canotage, les randonnées pédestres, la pêche, la natation et le ski de fond.

REXTON

Un monument de pierre rappelle la mémoire d'Andrew Bonar Law, le seul Premier ministre de Grande-Bretagne né hors des Iles Britanniques. La ferme où il naquit en 1858 existe toujours. Elu au Parlement britannique en 1900, il fut Premier ministre 1922-1923.

Spécialités de la cuisine acadienne

Le poisson et les légumes constituent la base de la cuisine traditionnelle acadienne. Le maquereau, le hareng ou la morue sont bouillis dans de l'eau salée et servis avec des pommes de terre ; les soupes de fruits de mer se font avec des palourdes, des huîtres, des homards, des pommes de terre et des oignons. Les navets, les choux ou les haricots rouges sont apprêtés avec du lard.

Plusieurs restaurants de la région de Moncton offrent des spécialités acadiennes comme le *pot-en-pot*, un ragoût de poulet et de nouilles maison, ou encore les *poutines râpées*, de grosses boules de pommes de terre râpées et de dés de porc salé que l'on fait mijoter dans de l'eau. On les sert assaisonnées de sel et de poivre comme plat principal ou comme dessert avec un peu de mélasse.

MONCTON

La seconde ville du Nouveau-Brunswick (87 000 habitants) est le principal centre ferroviaire des Maritimes. Plus d'un tiers de ses habitants sont francophones. L'université de Moncton est la seule université francophone à l'est de Québec.
□ On pourra visiter le parc Bore View (où un petit mascaret remonte deux fois par jour la Petitcodiac), le parc du Centenaire (71 ha de bois et de lacs) et la « côte magnétique » où une illusion d'optique donne l'impression que les autos à l'arrêt remontent une pente.
□ Free Meeting House (v. 1821), le plus ancien édifice de Moncton, est une maison de bois où les premiers colons allemands et hollandais se réunissaient pour prier. Le musée de Moncton relate l'histoire de la ville, depuis l'époque des Micmacs jusqu'à nos jours. Au Musée acadien, on verra des peintures, des métiers à tisser et des rouets acadiens, une forge et un orgue français de 1614.

Des casiers à homard sur la grève, les cris des mouettes dans le ciel, la cloche du soir dans le lointain, une « berçante » sous un petit porche de bois, autant d'images qui évoquent l'atmosphère de la côte de Northumberland, au sud-est du Nouveau-Brunswick.

Dans le parc national de Kouchibougouac, les petites routes qui mènent vers la mer, les lagunes paisibles, les dunes et les plages du littoral courent sous un couvert d'épinettes, de bouleaux, de trembles et de pins. Au sud du parc, le voyageur découvrira Richibouctou, célèbre pour ses pétoncles, Bouctouche, patrie de la *Sagouine* d'Antonine Maillet, et Shediac, la « capitale mondiale du homard ».

Le terminus de l'un des traversiers qui relient le Nouveau-Brunswick à l'île du Prince-Edouard se trouve à Cap-Tourmentin. De l'autre côté de la péninsule de Chignectou, les ruines du fort Beauséjour dominent les vastes marécages de Tantramar, « le plus grand champ de foin du monde ». En 1755, pendant 13 sombres journées, les maré-cages furent le théâtre d'un violent combat lorsque 270 soldats de l'armée anglaise et 2 000 volontaires de la Nouvelle-Angleterre attaquèrent et prirent Beauséjour.

Non loin de Moncton, plaque tournante des provinces Maritimes, qui allie avec bonheur la réserve britannique à la joie de vivre des Acadiens, deux cités retiennent l'attention : la paisible ville universitaire de Sackville et Dorchester, qui possède certains des plus beaux exemples d'architecture néo-classique de la province.

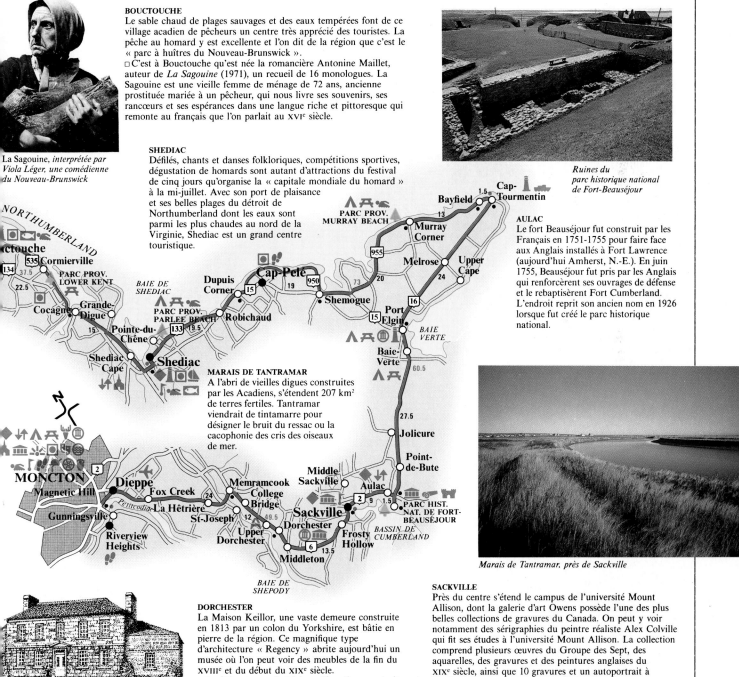

BOUCTOUCHE
Le sable chaud de plages sauvages et des eaux tempérées font de ce village acadien de pêcheurs un centre très apprécié des touristes. La pêche au homard y est excellente et l'on dit de la région que c'est le « parc à huîtres du Nouveau-Brunswick ».
□ C'est à Bouctouche qu'est née la romancière Antonine Maillet, auteur de *La Sagouine* (1971), un recueil de 16 monologues. La Sagouine est une vieille femme de ménage de 72 ans, ancienne prostituée mariée à un pêcheur, qui nous livre ses souvenirs, ses rancœurs et ses espérances dans une langue riche et pittoresque qui remonte au français que l'on parlait au XVIe siècle.

La Sagouine, *interprétée par Viola Léger, une comédienne du Nouveau-Brunswick*

SHEDIAC
Défilés, chants et danses folkloriques, compétitions sportives, dégustation de homards sont autant d'attractions du festival de cinq jours qu'organise la « capitale mondiale du homard » à la mi-juillet. Avec son port de plaisance et ses belles plages du détroit de Northumberland dont les eaux sont parmi les plus chaudes au nord de la Virginie, Shediac est un grand centre touristique.

Ruines du *parc historique national de Fort-Beauséjour*

AULAC
Le fort Beauséjour fut construit par les Français en 1751-1755 pour faire face aux Anglais installés à Fort Lawrence (aujourd'hui Amherst, N.-E.). En juin 1755, Beauséjour fut pris par les Anglais qui renforcèrent ses ouvrages de défense et le rebaptisèrent Fort Cumberland. L'endroit reprit son ancien nom en 1926 lorsque fut créé le parc historique national.

MARAIS DE TANTRAMAR
A l'abri de vieilles digues construites par les Acadiens, s'étendent 207 km² de terres fertiles. Tantramar viendrait de tintamarre pour désigner le bruit du ressac ou la cacophonie des cris des oiseaux de mer.

Marais de Tantramar, *près de Sackville*

Maison Keillor, *à Dorchester*

DORCHESTER
La Maison Keillor, une vaste demeure construite en 1813 par un colon du Yorkshire, est bâtie en pierre de la région. Ce magnifique type d'architecture « Regency » abrite aujourd'hui un musée où l'on peut voir des meubles de la fin du XVIIIe et du début du XIXe siècle.
□ A côté se trouve la Maison Chandler, construite en style néo-classique vers 1831 par Edward Barron Chandler, l'un des Pères de la Confédération. Chandler fut lieutenant-gouverneur du Nouveau-Brunswick de 1878 à 1880.

SACKVILLE
Près du centre s'étend le campus de l'université Mount Allison, dont la galerie d'art Owens possède l'une des plus belles collections de gravures du Canada. On peut y voir notamment des sérigraphies du peintre réaliste Alex Colville qui fit ses études à l'université Mount Allison. La collection comprend plusieurs œuvres du Groupe des Sept, des aquarelles, des gravures et des peintures anglaises du XIXe siècle, ainsi que 10 gravures et un autoportrait à l'huile de l'artiste terre-neuvien Christopher Pratt.
□ Une petite bourrellerie installée sur la Grand-Rue est le seul endroit d'Amérique du Nord où l'on fabrique encore à la main des colliers pour les chevaux.

La frontière de l'amitié entre les belligérants d'autrefois

Sud-ouest du Nouveau-Brunswick

L'esprit des ancêtres loyalistes, diligents, industrieux et conservateurs, imprègne toujours cette route que bordent des bosquets de sapins et d'épinettes, des champs vallonnés et des anses aux eaux paisibles. Menacés et ridiculisés par les vainqueurs de la révolution américaine, les loyalistes de Castine, dans le Maine, se réfugièrent sur cette côte accidentée où la Couronne britannique leur offrit des terres.

Les splendides maisons, les charmantes auberges et d'innombrables édifices histori-

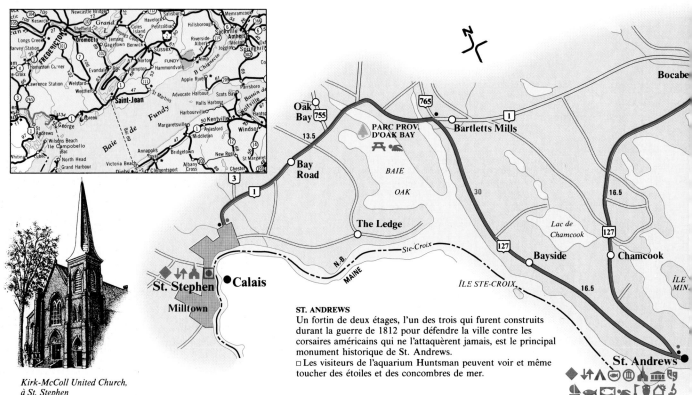

ST. ANDREWS
Un fortin de deux étages, l'un des trois qui furent construits durant la guerre de 1812 pour défendre la ville contre les corsaires américains qui ne l'attaquèrent jamais, est le principal monument historique de St. Andrews.
□ Les visiteurs de l'aquarium Huntsman peuvent voir et même toucher des étoiles et des concombres de mer.

Kirk-McColl United Church, à St. Stephen

ST. STEPHEN
Un pont relie St. Stephen à Calais, dans le Maine, de l'autre côté de la Sainte-Croix. Chaque ville célèbre les fêtes nationales de l'autre et toutes deux utilisent le même service d'eau et d'incendie.
□ L'église Kirk-McColl a été baptisée du nom du révérend Duncan McColl, pasteur méthodiste qui contribua à maintenir la paix entre les deux villes durant la guerre de 1812.
□ St. Stephen fut fondé en 1786. C'était à l'époque un centre de construction navale. De nos jours, la principale industrie de la ville est la confiserie Ganong Bros. Ltd. En 1906, Arthur Ganong qui partait à la pêche eut l'idée d'envelopper des morceaux de chocolat dans une feuille de papier : la tablette de chocolat était née.

Boîte de chocolats Ganong (1920)

Les premiers préfabriqués du Canada

Lorsque les fondateurs de St. Andrews quittèrent Castine, dans le Maine, après la révolution américaine, certains transportèrent avec eux leurs maisons démontées dans des barges. Au numéro 75 de la rue Montague, on peut voir une maison blanche à toit vert qui fut construite à Castine en 1770 et remontée ici en 1783. Parmi les 13 autres maisons du XVIIIᵉ siècle que possède la ville, la mieux conservée (v. 1790) est celle de John Dunn, shérif du comté, à l'angle des rues Adolphus et Queen. Une maison d'un type plus rare, la « boîte à sel » — deux étages à l'avant, un étage à l'arrière — se trouve dans la rue Queen, près de la rue Edward. Elle fut construite en 1785 par le charpentier de marine Joseph Crookshank. Au carrefour des rues Queen et Frederick, la maison Pagan-O'Neill est l'une des plus anciennes de l'agglomération. Chestnut Hall, à l'angle des rues King et Montague, date des années 1810. C'était la maison du colonel Christopher Hatch, commandant de la garnison. Mais le joyau de St. Andrews est sans doute l'église presbytérienne Greenock, construite en 1824 par le capitaine Christopher Scott.

Maison Joseph Crookshank (1785)

Maison Pagan-O'Neill (1784)

Maison John Dunn (1790)

ques rappellent presque à chaque coin de rue l'héritage anglo-américain de St. Andrews.

Les rapports entre les loyalistes et leurs voisins américains restèrent longtemps tendus, comme en témoigne le fortin de bois (v. 1812) qui fait face au parc du Centenaire. Le capitaine Christopher Scott paya même de ses propres deniers les ouvriers qui le construisaient lorsque l'armée coupa les crédits.

Mais les Américains n'attaquèrent jamais St. Andrews. Vers le milieu du XIXᵉ siècle, les anciennes querelles furent enfin oubliées et les vacanciers américains commencèrent à accourir en foule dans ce bastion loyaliste. Shiretown Inn (1881), l'un des plus anciens hôtels de villégiature du Canada, et l'hôtel Algonquin (1888, reconstruit en 1915) rappellent l'époque où la région de St. Andrews accueillait en été les riches habitants de Boston et de New York.

De nos jours, le parc international de l'Ile Campobello, dédié à la mémoire de Franklin D. Roosevelt, symbolise les liens d'amitié qui unissent le Canada et les Etats-Unis.

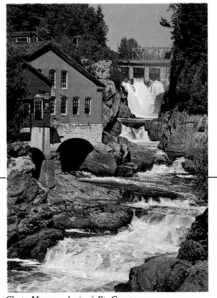

ST. GEORGE
Les pierres tombales du cimetière loyaliste et les affleurements de granite de la région rappellent l'industrie autrefois florissante des tailleurs de pierre.
□ Les saumons de l'Atlantique qui remontent le courant vers leurs frayères utilisent une échelle de béton pour contourner la pittoresque chute Magaguadavic.

Chute Magaguadavic, à St. George

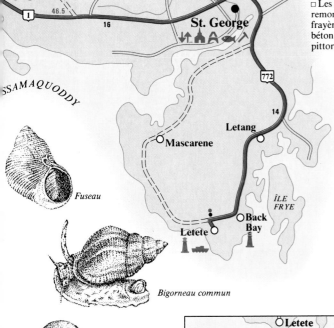

Fuseau

Bigorneau commun

Bourgot

BAIE PASSAMAQUODDY
La baie Passamaquoddy abrite une riche faune marine. A marée basse, on y découvre des bigorneaux, des bernacles, des limules, des « dollars d'argent » et le « coquillage lune » dont la piqûre est vénéneuse. Par temps chaud, on trouve également des bourgots sur les rochers.

On peut aussi ramasser des fuseaux dont les coquilles servaient autrefois de lampes à huile de baleine, ou des palourdes qui s'enfouissent sous la vase. En été, on verra, accrochées aux rochers, des anémones et des étoiles de mer. L'étoile de mer sort son estomac réversible par la bouche pour dévorer les bernacles et les coquillages. Les crabes qui se cachent dans les algues marines menacent les intrus mais attaquent rarement. Des baleines, des marsouins, des phoques, des anguilles et des homards fréquentent également les eaux de la baie.

Parc à homards, dans l'île Deer

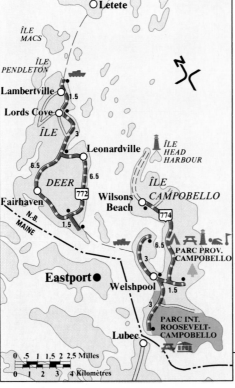

ÎLE DEER
Les trois plus grands parcs à homards du monde se trouvent ici, à Northern Harbour. On y met les homards pris en saison, pour ensuite pouvoir alimenter les gourmets en homards frais pendant toute l'année. L'eau des parcs est constamment renouvelée par les grandes marées de la baie de Fundy.
□ Old Snow, un tourbillon qui peut se comparer au maelstrom norvégien, est particulièrement visible du haut d'un terrain de camping de la pointe Deer Island.

ÎLE CAMPOBELLO
La maison d'été du Président Franklin D. Roosevelt, une maison de style colonial hollandais de 34 pièces, est le centre d'attraction du parc international Roosevelt-Campobello. Le président passa presque tous les étés de sa jeunesse dans cette île jusqu'en 1921, lorsqu'il fut frappé par la poliomyélite. Devenu président, Roosevelt revint dans l'île à trois reprises, au cours des années 30.
□ La bibliothèque Campobello de Welshpool réunit des souvenirs de la famille Owen qui était propriétaire de l'île entre 1767 et 1881.

Statuette de Roosevelt, parc international Roosevelt-Campobello

Une île de conte de fées
et un chapelet de criques sauvages

Sud-ouest du Nouveau-Brunswick

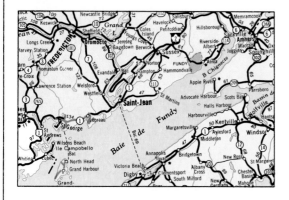

BLACKS HARBOUR
Avec une production annuelle de 125 millions de boîtes de conserve, les conserveries de sardines de Blacks Harbour sont les plus importantes du Commonwealth. Les dix conserveries de la région conditionnent 95 pour cent de la production canadienne de sardines.

Le poisson est pêché à la seine en eau profonde ou dans de grands réservoirs circulaires en bordure de la côte. On enveloppe un banc de sardines avec une seine dont on referme les bords pour former une sorte de bourse où le poisson est aspiré au moyen de gros tuyaux.

LAC UTOPIA
Un monstre venu de l'océan se serait réfugié au fond de ce lac situé à 11 km au nord de St. George. Cette légende n'empêche pas les touristes d'y pêcher, d'y faire du bateau et du ski nautique ou de fréquenter les plages et les installations de camping et de pique-nique aménagées sur ses rives.

Au nord-est du lac se trouve la réserve de la faune Utopia, un domaine provincial qui est ouvert au public sauf pendant la saison de la chasse.

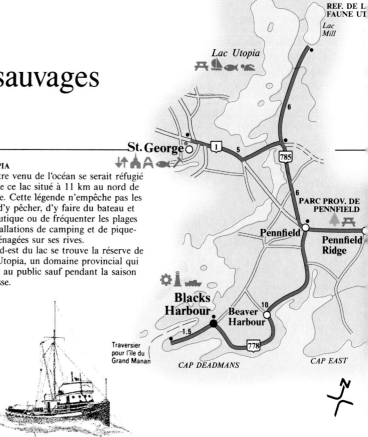

Pêche à la seine, dans la baie de Fundy

ÎLE DU GRAND MANAN
Cette île paisible et pittoresque, la plus grande (142 km²) des îles de la baie de Fundy, est réputée pour ses curiosités géologiques. Ses 2 500 habitants y vivent de la pêche au homard et de la récolte d'une algue rouge comestible *(Rhodymenia palmata).*

Grand Manan est le pays des tranquilles forêts d'épinettes, de sapins baumiers, de bouleaux et de peupliers, le pays des spectaculaires falaises et des sentiers rocailleux émaillés de fleurs des champs. Au large de la côte est s'étend une forêt sous-marine de souches d'arbres.

Grand Manan, c'est aussi l'île des plages solitaires, un endroit où l'on peut observer les baleines ou fouiller les débris de l'océan amenés par les vagues.

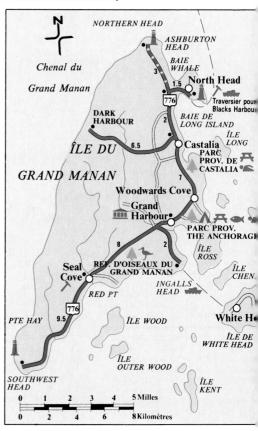

Phare Swallowtail, Pettes Cove, île du Grand Manan

DARK HARBOUR
Tendre ou coriace, rose ou pourpre, la rhodymenia est une algue comestible fort appréciée des gourmets. Celle qui provient de Dark Harbour est considérée comme la meilleure du monde. On la mange grillée à la flamme ou en condiment dans les soupes de fruits de mer et les sauces. Les gens de la région en récoltent jusqu'à 60 kg par personne entre les marées, puis ils la mettent à sécher au soleil pendant cinq heures. La récolte de Dark Harbour (36 t par an) est expédiée dans tout le Canada et aux Etats-Unis.

Rhodymenia palmata

Les criques du littoral, déchiquetées par les puissantes marées de la rive nord de la baie de Fundy, abritent les flottilles des nombreux petits ports de pêche. Les poissons abondent dans les lacs et les cours d'eau de cette région boisée que fréquentent les ours noirs, les orignaux et les cerfs de Virginie. Une rivière impétueuse, le Lepreau, met à l'épreuve les canoéistes expérimentés qui s'attaquent à ses eaux vives.

A St. George, fondé il y a près de 200 ans, le saumon de l'Atlantique remonte une échelle de béton pour rejoindre ses frayères au nord de la rivière Magaguadavic.

Blacks Harbour est le centre de l'industrie de la sardine au Canada. Le supermarché, le stade, l'hôtel et de nombreuses maisons appartiennent aux grandes conserveries de l'agglomération qui, de plus, gèrent tous les services publics.

L'île du Grand Manan est le lieu favori des naturalistes, des géologues, des écrivains et des artistes. Avec ses hautes falaises, ses criques tourmentées, ses phares blancs et ses maisonnettes couvertes de roses, Grand Manan semble sortir tout droit d'un livre d'images pour enfants.

Les touristes peuvent pêcher en mer le hareng, la goberge, l'aiglefin ou le thon rouge avec les pêcheurs de la région, visiter un fumoir à harengs saurs ou chercher le trésor du capitaine Kidd à l'endroit où le ruisseau Money Cove dévale au creux d'un ravin de 244 m, près de Dark Harbour. Au large, les plongeurs expérimentés exploreront de nombreuses épaves.

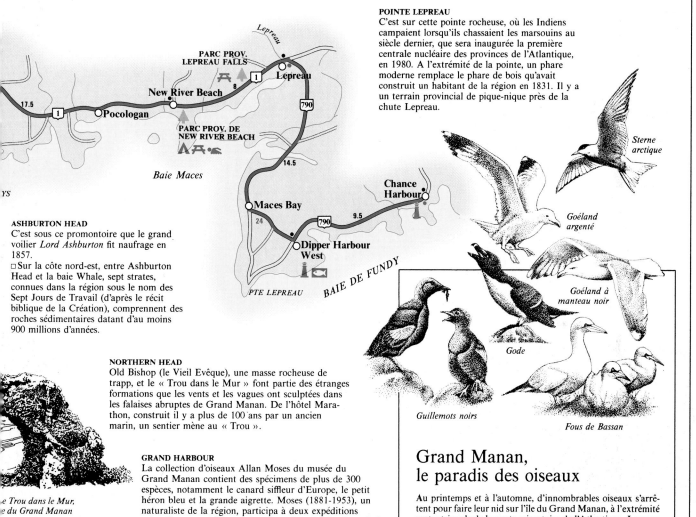

POINTE LEPREAU
C'est sur cette pointe rocheuse, où les Indiens campaient lorsqu'ils chassaient les marsouins au siècle dernier, que sera inaugurée la première centrale nucléaire des provinces de l'Atlantique, en 1980. A l'extrémité de la pointe, un phare moderne remplace le phare de bois qu'avait construit un habitant de la région en 1831. Il y a un terrain provincial de pique-nique près de la chute Lepreau.

Sterne arctique

Goéland argenté

Goéland à manteau noir

Gode

Guillemots noirs

Fous de Bassan

ASHBURTON HEAD
C'est sous ce promontoire que le grand voilier *Lord Ashburton* fit naufrage en 1857.
□ Sur la côte nord-est, entre Ashburton Head et la baie Whale, sept strates, connues dans la région sous le nom des Sept Jours de Travail (d'après le récit biblique de la Création), comprennent des roches sédimentaires datant d'au moins 900 millions d'années.

NORTHERN HEAD
Old Bishop (le Vieil Evêque), une masse rocheuse de trapp, et le « Trou dans le Mur » font partie des étranges formations que les vents et les vagues ont sculptées dans les falaises abruptes de Grand Manan. De l'hôtel Marathon, construit il y a plus de 100 ans par un ancien marin, un sentier mène au « Trou ».

e Trou dans le Mur, e du Grand Manan

GRAND HARBOUR
La collection d'oiseaux Allan Moses du musée du Grand Manan contient des spécimens de plus de 300 espèces, notamment le canard siffleur d'Europe, le petit héron bleu et la grande aigrette. Moses (1881-1953), un naturaliste de la région, participa à deux expéditions scientifiques en Afrique orientale et dans l'Atlantique Sud.

Grand Manan, le paradis des oiseaux

Au printemps et à l'automne, d'innombrables oiseaux s'arrêtent pour faire leur nid sur l'île du Grand Manan, à l'extrémité septentrionale de la route migratoire de l'Atlantique. Lorsque le naturaliste John James Audubon visita l'île en 1833, il fut stupéfait d'y découvrir des dizaines de milliers de goélands et d'oiseaux chanteurs. En bordure de la mer poissonneuse, les hautes falaises protègent les nids des sternes arctiques, des fous de Bassan, des guillemots noirs et des godes contre les prédateurs.

Les naturalistes ont recensé plus de 245 espèces sur les 80 ha de landes humides et de bois de sapins du refuge d'oiseaux du Grand Manan, entre Grand Harbour et Seal Cove. A la saison des amours, les ornithologues y dénombrent plus de 2 000 canards noirs, 1 200 bernaches cravants, 200 garrots et 100 petits garrots. On y voit aussi souvent des oies, des sarcelles, des eiders, des morillons à collier, des becs-scies et des canards pilets.

ED POINT
'île du Grand Manan se compose de eux structures géologiques principales rmées à 700 millions d'années d'inter-alle. L'ouest, sauvage et inhabité, st d'origine volcanique, tandis que partie orientale, plus hospitalière, e compose de roches sédimentaires lus anciennes. A Red Point, sur la ôte sud-est, la roche grise volcanique recouvert les dalles sédimentaires ouges il y a des millions d'années. ntre Dark Harbour et North Head, s collectionneurs peuvent trouver s améthystes, des agates, des jaspes, s silex noirs et des apophyllites.

Hématite spéculaire, île du Grand Manan

Charme et dynamisme
d'un vieux port de mer

Maison loyaliste

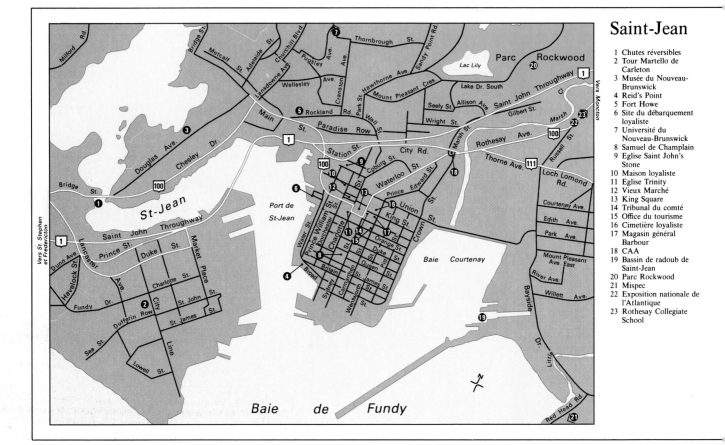

Saint-Jean

1 Chutes réversibles
2 Tour Martello de Carleton
3 Musée du Nouveau-Brunswick
4 Reid's Point
5 Fort Howe
6 Site du débarquement loyaliste
7 Université du Nouveau-Brunswick
8 Samuel de Champlain
9 Eglise Saint John's Stone
10 Maison loyaliste
11 Eglise Trinity
12 Vieux Marché
13 King Square
14 Tribunal du comté
15 Office du tourisme
16 Cimetière loyaliste
17 Magasin général Barbour
18 CAA
19 Bassin de radoub de Saint-Jean
20 Parc Rockwood
21 Mispec
22 Exposition nationale de l'Atlantique
23 Rothesay Collegiate School

Au cœur de la vieille ville, la promenade des Loyalistes nous replonge dans l'histoire de l'une des plus anciennes cités d'Amérique du Nord. Cet itinéraire, long de 5 km, fait découvrir aux visiteurs des maisons des XVIIIe et XIXe siècles, des magasins, des églises, un cimetière et un marché couvert qui bourdonne d'animation depuis plus d'un siècle.

Champlain mouilla son navire dans la baie de Saint-Jean en 1604 et Charles de la Tour y fonda un comptoir fortifié en 1631. La première colonie anglaise permanente remonte à 1762, mais elle ne commença vraiment à se développer qu'avec l'arrivée de milliers de réfugiés loyalistes, venus des Etats-Unis au cours de l'été 1783. Le bois et la construction navale firent la fortune et la célébrité de Saint-Jean au XIXe siècle. Mais la ville fut durement touchée par la disparition des grands voiliers de bois. Elle demeura pourtant un grand port maritime, ouvert toute l'année. D'importants investissements dans les secteurs des mines, des industries et du transport maritime ont donné un nouvel élan à Saint-Jean depuis une vingtaine d'années.

Bassin de radoub de Saint-Jean (19)
Avec ses 350 m de long et ses 38 m de large, ce bassin de radoub est l'un des plus grands du monde.

Chutes réversibles (1)
Deux fois par jour, à l'heure des marées, la mer s'engouffre dans une étroite gorge et remonte le Saint-Jean. Ces marées qui sont parmi les plus hautes du monde se précipitent à contre-courant, dans un furieux tourbillon de mousse et d'embruns.

Tour Martello de Carleton

Caisses de thé, barils de biscuits et vieilles balances évoquent le passé au magasin général Barbour.

Cimetière loyaliste (16)
La plus ancienne pierre tombale du cimetière est celle de Coonradt Hendricks qui mourut le 13 juillet 1784.

Eglise Saint John's Stone (9)
La première construction en pierre de la ville fut achevée en 1825. Les moellons avaient fait le voyage d'Angleterre à fond de cale, pour servir de lest.

Eglise Trinity (11)
En 1776, des loyalistes apportèrent les armes royales qui dominent la grande porte ouest.
Exposition nationale de l'Atlantique (22)
Cette grande foire consacrée à la pêche et à l'élevage a lieu à la fin du mois d'août.
Fort Howe (5)
Ce fortin est la reconstitution d'un ouvrage construit en 1777 pour défendre la ville contre les Indiens et les Américains.
King Square (13)
Une croix commémorative rappelle la fondation du Nouveau-Brunswick, le 16 août 1784.
Magasin général Barbour (17)
Des figurants en costumes d'époque animent ce magasin qui date de 1867.
Maison loyaliste (10)
Les salons doubles de cette ancienne maison d'un riche négociant loyaliste du XIXᵉ siècle

Les odeurs du foin, des algues et du poisson se mêlent au Vieux Marché (ci-dessous). Le vieux cimetière loyaliste (à droite) rappelle la mémoire des colons anglais qui contribuèrent à fonder Saint-Jean (v. 1780).

sont meublés de bergères, d'un harmonium et de tables signées Duncan Phyfe (1818).
Mispec (21)
Un belvédère offre une vue panoramique du premier port pétrolier en eau profonde d'Amérique du Nord, inauguré en 1970.
Musée du Nouveau-Brunswick (3)
On y remarque une importante collection maritime, une collection d'animaux empaillés, la collection iconographique de J. C. Webster consacrée au Canada et des objets du *Marco Polo* qui sombra au large de Cavendish en 1883.

Parc Rockwood (20)
Dans ce grand parc semé de lacs situé près du centre de la ville, on peut faire du bateau, camper ou se promener dans les nombreux sentiers qui le sillonnent. Un petit zoo y a été aménagé pour les enfants.
Reid's Point (4)
Les trois fanaux qui surmontent un mât de fer furent installés en 1848 pour guider les navires qui entraient dans le port.
    Une croix celtique rappelle la mémoire de 2 000 immigrants irlandais qui moururent du choléra en 1847. Six cents furent enterrés dans l'île Partridge.
Rothesay Collegiate School (23)
La seule école privée pour garçons du Nouveau-Brunswick fut fondée dans le faubourg de Rothesay en 1877. A côté se trouve l'école Netherwood (1891), seule école privée de la province pour jeunes filles.
Samuel de Champlain (8)
Un monument rappelle la mémoire de l'explorateur qui baptisa le Saint-Jean le 24 juin 1604, du nom du saint dont c'était la fête.
Site du débarquement loyaliste (6)
Un monument marque l'endroit où débarquèrent les loyalistes en 1783.

Souvenirs du passé dans le vieux Saint-Jean

Au début du mois de mai 1783, sept navires mouillaient dans la baie de Fundy, face à l'embouchure du Saint-Jean. A bord se trouvaient des réfugiés loyalistes qui fuyaient la persécution des rebelles américains, vainqueurs de la guerre d'Indépendance. Aujourd'hui, pendant les Journées loyalistes de Saint-Jean qui se déroulent à la fin du mois de juillet, enfants et adultes s'habillent en costumes du XVIIIᵉ siècle pour commémorer l'arrivée des loyalistes, il y a près de 200 ans. Ces cinq journées de fêtes commencent par une reconstitution du débarquement des premiers loyalistes. Vêtu de velours et coiffé d'une perruque poudrée, le maire de Saint-Jean accueille les voyageurs et leurs guides indiens. On hisse l'Union Jack puis la fête continue avec des défilés, l'élection d'une reine et un grand bal. Dégustation de grillades en plein air arrosées de bière, feux d'artifice et visites en calèche du vieux Saint-Jean complètent les festivités. On sert aussi du thé, un luxe que les colons ne pouvaient s'offrir.

Reconstitution du premier débarquement loyaliste

Des immeubles modernes, des autoroutes et de nouveaux ponts transforment peu à peu le centre de Saint-Jean, en bordure du vieux port.

Tour Martello de Carleton (2)
Ce fortin de forme ronde construit durant la guerre de 1812 offre une splendide vue sur la ville et son port.
Tribunal du comté (14)
Achevé en 1829, l'édifice possède un étonnant escalier de pierre en colimaçon, à trois volutes. L'ancienne prison a été construite à côté dans les années 1830.
Université du Nouveau-Brunswick (7)
Le campus de l'université à Saint-Jean a été fondé en 1964.
Vieux Marché (12)
Construit en 1876, cet édifice échappa l'année suivante à l'incendie qui détruisit plus de la moitié de la ville.

La course sereine
d'un grand fleuve

Vallée du cours inférieur du Saint-Jean

Toujours plus pittoresque à mesure qu'il s'approche de la mer, le Saint-Jean, après avoir coulé vers l'est jusqu'à Oromocto, bifurque au sud. Il s'élargit alors et commence à dérouler ses méandres jusqu'à la ville de Saint-Jean et la baie de Fundy.

En aval d'Oromocto sommeille Gagetown, une charmante bourgade aux rues bordées d'ormes, ceinturée par des bois de cèdres blancs, de pins, d'érables, d'épinettes, de peupliers et de grands chênes qui datent d'avant l'arrivée des premiers loyalistes, au cours des

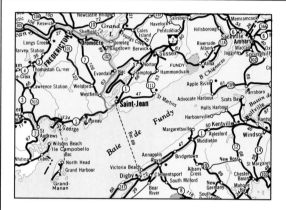

SHEFFIELD
Des puritains venus du Massachussetts construisirent la première église protestante du Nouveau-Brunswick à Maugerville, vers 1775. Treize ans plus tard, à la suite d'un différend, ils transportèrent ici leur église de bois en la traînant pendant 8 km sur la glace du Saint-Jean. Reconstruite en 1840 avec le bois du premier sanctuaire, l'église est toujours ouverte au culte. Un monument datant de 1926 commémore ses fondateurs.

Clajeux

OROMOCTO
La ville se trouve au nord de la base militaire de Gagetown, la troisième en importance de tout le Commonwealth. On peut y visiter un petit musée militaire.
□ Fort Hughes, un fortin britannique construit en 1781 pour protéger les colons contre les coups de main des Indiens Machias et des révolutionnaires américains pendant la guerre de l'Indépendance, a été reconstruit en 1970. On y verra des documents et de nombreux objets d'époque.
□ Au début de juillet, Oromocto célèbre les Journées des pionniers.

Fortin du fort Hugues

MAUGERVILLE
La ville, dont le nom se prononce « Majorville », a été baptisée en l'honneur de Joshua Mauger, un négociant d'Halifax qui aida des colons de la Nouvelle-Angleterre à acheter ici des terres au début des années 1760.
□ Les environs forment le « jardin du Nouveau-Brunswick ». Les alluvions que les crues printanières du Saint-Jean y apportent sont si riches que les fermiers font parfois deux récoltes par an.
□ Un pont moderne d'une seule travée enjambe le Saint-Jean pour relier Maugerville à Burton et Oromocto.

Les tartans traditionnels
des tisserands de Gagetown

Métier à quatre lisses

Les tisserands de Gagetown qui fabriquent de splendides tartans de style traditionnel exercent leur art dans un ancien poste de traite, le plus vieux bâtiment jamais édifié sur les rives du Saint-Jean. Les bardeaux de cèdre de cette petite construction de deux étages sont maintenus par des chevilles de bois, sans aucun clou. On l'appelle tantôt le fortin, car on gardait autrefois des armes et des munitions dans sa cave, tantôt le Loomcrofters Inn — l'auberge des Tisserands — en souvenir des artisans tisserands qui y servaient autrefois des repas.

Les tisserands se regroupent dans une association, les Loomcrofters of Gagetown, qui fut fondée en 1939 dans le cadre d'un programme de formation de la jeunesse. Ils ont depuis tissé des tartans pour des membres de la famille royale et de nombreuses célébrités du monde des arts et de la politique. Plusieurs dizaines d'artisans fabriquent des tartans, des vêtements, des châles et des tentures. Les tartans de Loomcrofter sont dessinés par Patricia Jenkins, la propriétaire de l'entreprise. Ses créations les plus connues sont les tartans des forces aériennes et ceux de la province du Nouveau-Brunswick.

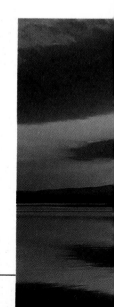

| 0 | | 2 | | 4 | | 6 | | 8 | | 10 Milles |
| 0 | | 4 | | 8 | | | 12 | | | 16 Kilomètres |

Fauvette jaune

années 1780. Des bouquets de muguets et d'orchidées émaillent les bois, mais la fleur la plus répandue dans cette région est le clajeux, un iris sauvage.

Le fleuve indolent est constellé d'un si grand nombre d'îles qu'il est souvent difficile d'en reconnaître le cours principal. Les îlots que l'eau recouvre tous les ans à l'époque de la débâcle servent surtout de pâturages et les maisons y sont rares. Les terres agricoles du cours inférieur du Saint-Jean sont elles aussi inondées au printemps, mais elles sont parmi les plus fertiles du Canada. Elles abritent une faune abondante de cerfs, de rats musqués, d'innombrables canards et d'autres oiseaux aquatiques.

Au sud d'Evandale, le fleuve s'étale et forme un lac de 32 km de long, Long Reach, bordé de pittoresques collines boisées que dévalent des ruisseaux qui regorgent de truites. Quand vient l'automne, les eaux paisibles du fleuve reflètent la splendeur des ors, des rouges et des cuivres des forêts de la péninsule de Kingston, sur la rive est.

WHITES COVE
Une vieille école d'une seule pièce abrite aujourd'hui une boutique où l'on vend des tissages, des poteries, du verre soufflé et d'autres objets d'artisanat.
□ Le parc provincial Lakeside offre de belles plages, ainsi que des terrains de camping et de pique-nique. On y pêche le gaspareau (un poisson qui ressemble au hareng) et le saumon de l'Atlantique.

LOWER JEMSEG
Un monument marque l'emplacement du fort Jemseg qui fut construit par les Anglais en 1659. Il fut pris par les Français en 1670, par les Hollandais en 1674, puis repris par les Français qui le reconstruisirent en 1690, avant de l'abandonner deux ans plus tard.

GAGETOWN
Tilley House est la maison natale de Sir Samuel Leonard Tilley (1818-1896), un pharmacien qui se lança dans la politique et devint l'un des Pères de la Confédération. Aujourd'hui classée monument historique national, la maison a été restaurée et abrite le musée de Queens County. Un salon et une chambre à coucher sont meublés en style victorien. D'autres parties plus anciennes sont de style loyaliste. La maison fut construite en 1786 par le docteur Frederick Stickles, premier médecin à s'établir dans la ville.
□ Les Loomcrofters vendent les tartans qu'ils tissent dans un ancien poste de traite, le plus ancien bâtiment construit sur les rives du Saint-Jean (v. 1760). Quelque 35 artisans tissent chez eux des tartans, des vêtements, des châles, des tentures, des napperons et des coussins de laine.

OAK POINT
Le parc provincial d'Oak Point, aménagé sur une langue de terre qui s'avance au milieu du Saint-Jean, possède des terrains de camping, une plage et un vieux phare.
□ Au milieu du fleuve s'étire l'île des Caton, baptisée du nom d'Isaac et de James Caton, deux Anglais à qui fut donnée l'île en 1760. Des marchands de France avaient tenté d'y fonder une colonie en 1610. Ce furent les premiers colons européens du Nouveau-Brunswick.

LE SAINT-JEAN
Jusque vers les années 1940, le Saint-Jean était la principale artère du Nouveau-Brunswick. Des vapeurs poussifs hoquetaient alors en le remontant. De nos jours, il n'est plus sillonné que par des barques et des chalands, quelques traversiers et des embarcations de plaisance. Le canotage et la voile sont particulièrement populaires près de Gagetown où le cours inférieur du Saint-Jean est jonché d'îles basses. Les parcs provinciaux de Queenstown et d'Oak Point constituent de paisibles haltes au bord du fleuve.

Musée de Queens County, à Gagetown

Cours inférieur du Saint-Jean

Waterborough
Mill Cove
Whites Cove
Jemseg
Lower Jemseg
Gagetown
Elm Hill
Carpenter
Queenstown
Wickham
Hampstead
Evandale
Oak Point
Long Reach
Glenwood
Browns Flat
Holderville
Greenwich Hill
Public Landing
Morrisdale
Crystal Beach
Pamdenec
Westfield
Grand Bay
Renforth
Brookville
Coldbrook
Loch Lomond
Ben Lomond
Red Head
ST-JEAN (voir l'itinéraire 141)
PARC ROCKWOOD COMPLEXE FISHER LAKES
BAIE KENNEBECASIS
GRANDE BAIE
PORT DE ST-JEAN
Lac Ludgate
Lorneville
PARC PROV. D'OAK POINT
P. PROV. DE QUEENSTOWN
RC PROV. KESIDE
Traversier

L'Atlantique, artisan d'une côte finement ouvragée

Sud-est du Nouveau-Brunswick

Sur la côte du sud-est du Nouveau-Brunswick s'enchaîne une théorie de rochers ciselés et de falaises sculptées, œuvre des plus hautes marées du monde. Franchi la violente ligne de rivage, s'étale un paisible arrière-pays de bois et de prés où de charmants ruisseaux à truites courent sous d'anciens ponts couverts.

Le parc national de Fundy a été découpé en bordure de la mer sur un plateau de collines boisées, semé de ruisseaux, de lacs paisibles et de prés fleuris où vivent plus de 215

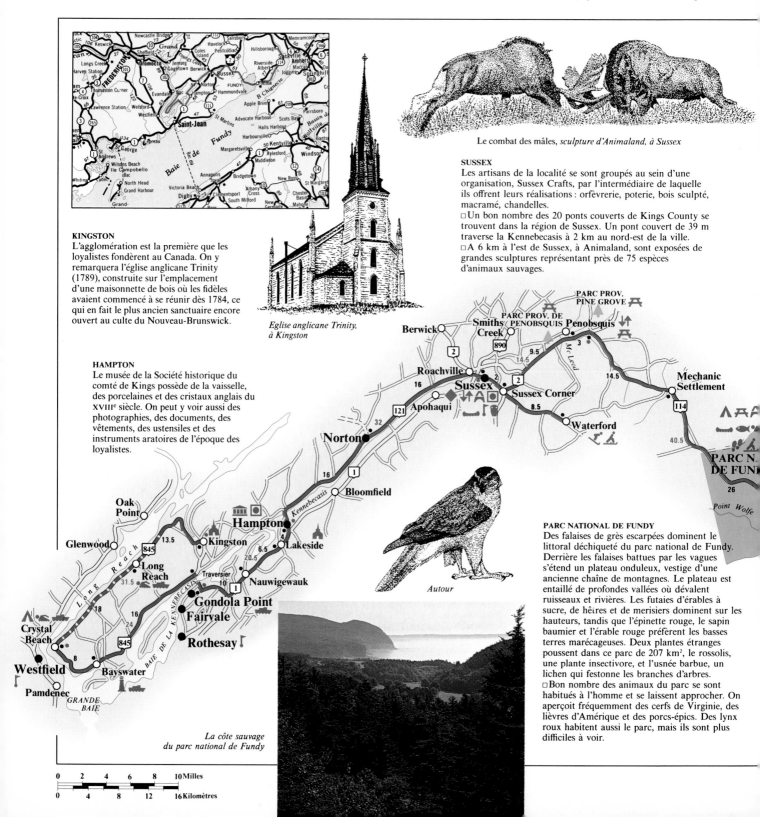

Le combat des mâles, sculpture d'Animaland, à Sussex

KINGSTON

L'agglomération est la première que les loyalistes fondèrent au Canada. On y remarquera l'église anglicane Trinity (1789), construite sur l'emplacement d'une maisonnette de bois où les fidèles avaient commencé à se réunir dès 1784, ce qui en fait le plus ancien sanctuaire encore ouvert au culte du Nouveau-Brunswick.

Eglise anglicane Trinity, à Kingston

HAMPTON

Le musée de la Société historique du comté de Kings possède de la vaisselle, des porcelaines et des cristaux anglais du XVIIIe siècle. On peut y voir aussi des photographies, des documents, des vêtements, des ustensiles et des instruments aratoires de l'époque des loyalistes.

SUSSEX

Les artisans de la localité se sont groupés au sein d'une organisation, Sussex Crafts, par l'intermédiaire de laquelle ils offrent leurs réalisations : orfèvrerie, poterie, bois sculpté, macramé, chandelles.
□ Un bon nombre des 20 ponts couverts de Kings County se trouvent dans la région de Sussex. Un pont couvert de 39 m traverse la Kennebecasis à 2 km au nord-est de la ville.
□ A 6 km à l'est de Sussex, à Animaland, sont exposées de grandes sculptures représentant près de 75 espèces d'animaux sauvages.

Autour

PARC NATIONAL DE FUNDY

Des falaises de grès escarpées dominent le littoral déchiqueté du parc national de Fundy. Derrière les falaises battues par les vagues s'étend un plateau onduleux, vestige d'une ancienne chaîne de montagnes. Le plateau est entaillé de profondes vallées où dévalent ruisseaux et rivières. Les futaies d'érables à sucre, de hêtres et de merisiers dominent sur les hauteurs, tandis que l'épinette rouge, le sapin baumier et l'érable rouge préfèrent les basses terres marécageuses. Deux plantes étranges poussent dans ce parc de 207 km², le rossolis, une plante insectivore, et l'usnée barbue, un lichen qui festonne les branches d'arbres.
□ Bon nombre des animaux du parc se sont habitués à l'homme et se laissent approcher. On aperçoit fréquemment des cerfs de Virginie, des lièvres d'Amérique et des porcs-épics. Des lynx roux habitent aussi le parc, mais ils sont plus difficiles à voir.

La côte sauvage du parc national de Fundy

espèces d'oiseaux. Il offre en outre au promeneur quelque 13 km de falaises de grès entaillées de criques, de goulets et de grottes.

Au milieu d'un bosquet d'épinettes, sur un promontoire qui domine la baie de Fundy, se trouve une école d'art et d'artisanat où les élèves, jeunes et vieux, apprennent le tissage, le tournage du bois et le travail du cuir.

A l'est du parc, sur la plage d'Alma, on trouvera des spécimens de roches rares. Dans une baie abritée, près de Cape Enrage, la mer laisse sur la grève d'innombrables morceaux de bois flotté qui font la joie des collectionneurs. A Hopewell Cape, on pourra visiter un musée aménagé dans une ancienne prison et on admirera des rochers sculptés par les vagues. A Riverside-Albert, les voyageurs pourront s'arrêter pour pique-niquer près du belvédère qui domine le ruisseau Crooked.

A partir de Penobsquis, près du parc aménagé au bord de la Kennebecasis, une jolie route traverse Sussex, Norton et Hampton où d'habiles tisserands fabriquent le tweed de Kings County. A Sussex, on peut acheter de délicats bijoux d'argent et déguster de délicieuses crèmes glacées. A Gondola Point, les visiteurs prendront un traversier qui les emmènera dans la pittoresque presqu'île de Kingston, qui s'allonge entre la Kennebecasis et le Saint-Jean.

Sur la presqu'île, l'itinéraire traverse des hameaux loyalistes qui datent de 1783. On verra ici quelques-unes des plus vieilles églises des provinces Maritimes, dans un cadre paisible et serein qui atteint à la splendeur sous les feux et la lumière de l'automne.

HILLSBOROUGH

Heinrich Steeves avait sept enfants lorsqu'il s'installa ici en 1766. Aujourd'hui, plus de 150 000 de ses descendants vivent aux quatre coins du monde. Tous les ans, au mois de juillet, les Steeves se réunissent à Hillsborough. William H. Steeves (1814-1873), l'un des Pères de la Confédération, est enterré dans le cimetière de Hillsborough.

Monument funéraire de la famille Steeves

HOPEWELL CAPE

Le musée du comté d'Albert occupe une ancienne prison (1846) et un palais de justice (1904). La prison a des murs en pierre de taille de près de 1 m d'épaisseur, des fenêtres à barreaux et une porte bardée de fer. On peut y voir des maquettes, des plans et des photographies de navires, ainsi que les outils qui servaient à construire les grands voiliers d'autrefois. Le musée contient aussi des chandeliers de pionniers et des lampes à huile de baleine.
□ Dans le parc de Hopewell Cape, un monument rappelle la mémoire de Richard Bedford Bennett, seul Premier ministre du Canada (1930-1935) issu du Nouveau-Brunswick. Bennett est né chez son grand-père, près d'ici, et fut élevé à Hopewell Cape.

Ancien palais de justice, à Hopewell Cape

Parc provincial The Rocks à marée basse

RIVERSIDE-ALBERT

Du parc provincial The Lookout, les visiteurs découvrent une vue saisissante du ruisseau Crooked qui serpente au fond d'un ravin encaissé.
□ Aux environs, on pourra voir une imposante école de bois (1905), une grosse bâtisse verte et jaune dont le second étage est doté de glissoires métalliques prévues pour évacuer les élèves en cas d'incendie.
□ Au sud de la ville se trouve le refuge national Shepody qui accueille les oiseaux migrateurs.

CAPE ENRAGE

Un phare marque ce promontoire rocheux de la baie de Chignectou. Sur le côté est du cap, la mer apporte d'innombrables débris au fond d'une baie abritée.
□ A Alma, à 15 km à l'ouest, les collectionneurs de pierres trouveront des spécimens rares près de l'embouchure de la rivière aux Saumons, à marée basse.

Lynx roux

PARC PROVINCIAL THE ROCKS

D'étranges colonnes de roches tendres, semblables à des pots de fleurs démesurés, se dressent près de l'embouchure de la Petitcodiac, à Hopewell Cape. Ces piliers rougeâtres surmontés de sapins baumiers et d'épinettes noires naines sont sculptés depuis des siècles par le gel, les vents et les marées de 35 m d'amplitude qui balaient la baie de Fundy. A marée haute, les « pots de fleurs », qui atteignent 15 m de haut, se transforment en petites îles. A marée basse, les visiteurs du parc peuvent descendre un escalier pour longer la côte et explorer les grottes et les crevasses des falaises. Une sirène annonce la marée montante. On trouvera un restaurant et une boutique de cadeaux au sommet de la falaise, des installations de pique-nique et de camping à proximité, ainsi qu'une plage surveillée.

Un pays qui vit au rythme de la mer et des saisons

Nord-ouest de l'île du Prince-Edouard

On ne chôme pas au printemps dans le nord-ouest de l'île, particulièrement aux alentours de Bloomfield et des autres villages agricoles du comté de Prince où pousse la moitié de la récolte de pommes de terre de la province. Tandis que les fermiers profitent de la courte période des semailles pour labourer et fertiliser la terre rouge, les pêcheurs de Tignish Shore et de Northport s'affairent à préparer leurs agrès et leurs appâts, avant de charger leurs bateaux de casiers à homards et de bouées peintes de couleurs vives.

CAP WOLFE
C'est ici que le général James Wolfe débarqua en 1759 avant de mettre le siège devant Québec. L'année précédente, il commandait une brigade qui avait enlevé la forteresse de Louisbourg.
□ A Howards Cove, on peut voir un gros rocher qui ressemble à un fauteuil de géant.

Récolte de la mousse d'Irlande, à Miminegash

L'île de la « Patate »

La pomme de terre blanche commune, ou pomme de terre irlandaise — introduite par les colons à la fin du XVIIIe siècle — pousse bien dans les terres sablonneuses et sous le climat tempéré de l'île du Prince-Edouard. La moitié de la récolte de l'île de « la Patate » provient du comté de Prince où l'on plante plus de 10 000 ha de pommes de terre au printemps. Parmi les 32 variétés de l'île, la tardive Sebago à la peau roussâtre permet de faire d'excellentes pommes de terre frites. D'autres variétés à la peau lisse et blanche se prêtent mieux à la mise en conserve. Les semences de pommes de terre de l'Ile-du-Prince-Edouard sont utilisées dans 18 pays.

WEST POINT
Des dunes bordent une plage de sable blanc de plus de 2 km de long au parc provincial Cedar Dunes. Un phare de bois, vieux d'un siècle, guide encore les cargos et les pétroliers qui passent au large. Un hélicoptère vient toutes les semaines de Charlottetown pour entretenir l'ampoule électrique du phare.

Le sabot de la Vierge

Le sabot de la Vierge, emblème floral de la province, a donné son nom à une route panoramique (Lady Slipper Drive) qui fait le tour de l'extrémité ouest de l'île. Cette fleur de la famille des orchidées pousse sur les terrains acides à l'ombre des bois. Elle prend parfois plus de 12 ans avant de fleurir et risque de dépérir si l'on cueille ses fleurs.

L'été venu, des milliers de touristes arrivent dans l'île. Ils viennent pêcher, ramasser des coquillages, visiter des musées ou des boutiques d'artisanat et, surtout, profiter du soleil et de la brise saline sur les magnifiques plages. Ils pourront encore découvrir le spectacle coloré des pêcheurs déchargeant leurs prises sur les quais ou celui des grandes foires agricoles comme celle du Festival de la pomme de terre, à O'Leary (près de Bloomfield), ou l'Exposition du comté de Prince, à Alberton. Ils y verront des expositions d'animaux et de denrées agricoles et assisteront à des concours de violoneux et de danses carrées.

L'automne arrive bien vite. Sous un ciel déjà assombri, les fermiers se hâtent de ramasser les dernières pommes de terre avant que la gelée ne les brûle ; et, tard dans la nuit, on verra les phares de leurs tracteurs dessiner d'étranges arabesques dans les champs.

A Howards Cove et dans les autres ports de la côte du détroit de Northumberland, les pêcheurs empilent soigneusement leurs casiers à homards avant d'entreprendre, à la mi-octobre, la récolte de la mousse d'Irlande, détachée par la furie de l'océan.

Les premiers froids apportent avec eux la splendeur des couleurs automnales qui parent champs et boisés. La saison touristique est maintenant terminée et les habitants de l'île entrent dans l'automne, la plus belle des saisons pour eux.

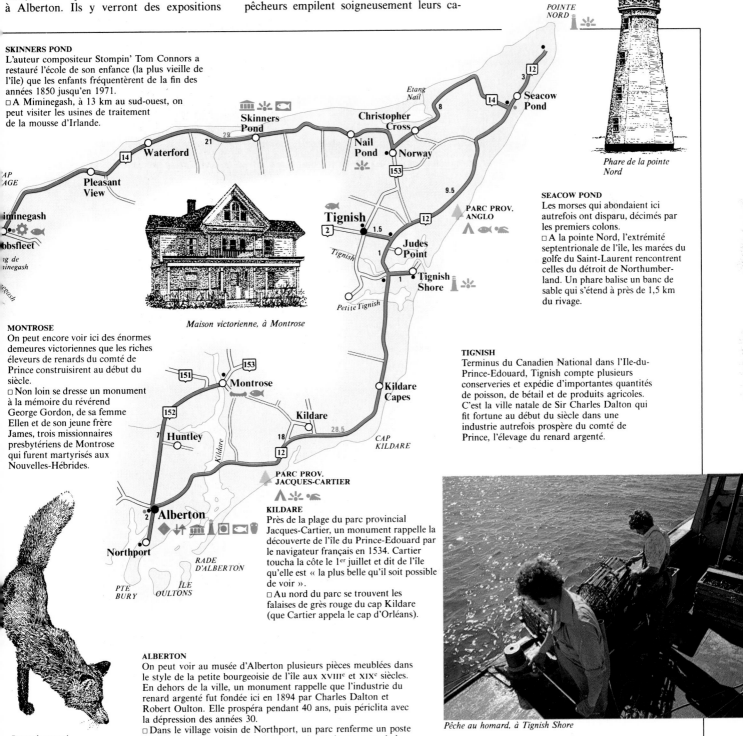

SKINNERS POND
L'auteur compositeur Stompin' Tom Connors a restauré l'école de son enfance (la plus vieille de l'île) que les enfants fréquentèrent de la fin des années 1850 jusqu'en 1971.
□ A Miminegash, à 13 km au sud-ouest, on peut visiter les usines de traitement de la mousse d'Irlande.

MONTROSE
On peut encore voir ici des énormes demeures victoriennes que les riches éleveurs de renards du comté de Prince construisirent au début du siècle.
□ Non loin se dresse un monument à la mémoire du révérend George Gordon, de sa femme Ellen et de son jeune frère James, trois missionnaires presbytériens de Montrose qui furent martyrisés aux Nouvelles-Hébrides.

Maison victorienne, à Montrose

Renard argenté

ALBERTON
On peut voir au musée d'Alberton plusieurs pièces meublées dans le style de la petite bourgeoisie de l'île aux XVIIIe et XIXe siècles. En dehors de la ville, un monument rappelle que l'industrie du renard argenté fut fondée ici en 1894 par Charles Dalton et Robert Oulton. Elle prospéra pendant 40 ans, puis péroclita avec la dépression des années 30.
□ Dans le village voisin de Northport, un parc renferme un poste de sauvetage restauré et la baleinière qui permit aux gens de la localité de sauver l'équipage du *McKean*, perdu lors d'une tempête en novembre 1906.

KILDARE
Près de la plage du parc provincial Jacques-Cartier, un monument rappelle la découverte de l'île du Prince-Edouard par le navigateur français en 1534. Cartier toucha la côte le 1er juillet et dit de l'île qu'elle est « la plus belle qu'il soit possible de voir ».
□ Au nord du parc se trouvent les falaises de grès rouge du cap Kildare (que Cartier appela le cap d'Orléans).

Phare de la pointe Nord

SEACOW POND
Les morses qui abondaient ici autrefois ont disparu, décimés par les premiers colons.
□ A la pointe Nord, l'extrémité septentrionale de l'île, les marées du golfe du Saint-Laurent rencontrent celles du détroit de Northumberland. Un phare balise un banc de sable qui s'étend à près de 1,5 km du rivage.

TIGNISH
Terminus du Canadien National dans l'Ile-du-Prince-Edouard, Tignish compte plusieurs conserveries et expédie d'importantes quantités de poisson, de bétail et de produits agricoles. C'est la ville natale de Sir Charles Dalton qui fit fortune au début du siècle dans une industrie autrefois prospère du comté de Prince, l'élevage du renard argenté.

Pêche au homard, à Tignish Shore

Une terre modelée par les anciens Acadiens

Ouest de l'île du Prince-Edouard

Huître de Malpèque

BIDEFORD

Une station de recherches d'Environnement Canada élève ici chaque année une trentaine de millions de larves d'huîtres de Malpèque. Le petit musée de la station contient des collections d'huîtres et de crustacés.

□ Non loin d'ici, Tyne Valley organise un festival de l'huître au milieu de l'été. Les visiteurs peuvent également déguster des palourdes au son des danses traditionnelles qu'accompagnent les violoneux.

Domaine de James Yeo, parc provincial Green

PORT HILL

Le musée du parc provincial Green relate l'histoire de la construction navires de bois dans l'Ile-du-Prince Edouard. Non loin se trouve la ma restaurée de James Yeo (v. 1864). visiteurs peuvent monter au mirad aménagé sur le toit, d'où l'on déco toute la baie de Malpèque. Sur la p on peut voir une partie d'un ancie chantier naval et la maquette d'un de lancement.

La récolte des huîtres dans la baie de Malpèque

L'ostréiculture dans la baie de Malpèque

Les pionniers de l'Ile-du-Prince-Edouard appréciaient la saveur franche des huîtres de Malpèque bien avant que les gourmets du monde entier n'en fassent leurs délices. En 1917, une maladie fit pratiquement disparaître le mollusque dans la baie, mais l'espèce se rétablit vers 1930 et les ostréiculteurs récoltent aujourd'hui environ cinq millions d'huîtres tous les ans. L'ostréiculture moderne consiste à recueillir des larves d'huîtres, le naissain, puis à les élever dans des baies ou des estuaires peu profonds. Au printemps, lorsque les huîtres adultes commencent à pondre, les pêcheurs déposent dans l'eau des collecteurs artificiels où le naissain pourra se fixer.

Ces collecteurs sont généralement des disques de carton ou de contre-plaqué enduits de ciment que l'on suspend à des fils de fer tendus entre des pieux. A l'automne, les jeunes huîtres sont détachées des collecteurs et mises dans des parcs peu profonds où elles se nourrissent des organismes microscopiques apportés par les marées. Au bout d'environ 18 mois, on ratisse le fond des parcs pour mettre les huîtres dans des bassins d'engraissage, les claires. Les huîtres y restent environ cinq années, pendant lesquelles elles ajoutent une nouvelle couche à leur coquille tous les ans, puis on les récolte et on les laisse reposer quelques jours dans de l'eau de mer stérile.

0 1 2 3 4 5 Milles
0 2 4 6 8 Kilomètres

Il y a deux siècles, les Acadiens s'installèrent dans les basses terres du centre du comté de Prince, à l'ouest de Summerside. Bien que peu peuplée aujourd'hui, cette région reste profondément imprégnée du souvenir de ces courageux pionniers qui surent exploiter avec maîtrise les ressources de la terre et de la mer.

Des églises à deux flèches bordent la rue principale des villages de la côte, comme Egmont Bay et Mont-Carmel, où l'on parle encore le français des pionniers acadiens d'autrefois. La culture, la musique, la danse, la cuisine et l'artisanat de ce peuple revivent au Village des pionniers acadiens de Mont-Carmel, au Musée acadien de Miscouche et au Festival acadien du Village-des-Abrams.

Ces premiers Acadiens connurent une vie pénible. Ils furent souvent victimes de la famine et de la maladie. Puis, lorsque l'île passa sous la domination britannique en 1763, ils se réfugièrent maintes fois dans les bois pour échapper à la persécution des soldats anglais. Pendant les rudes hivers, ils partagèrent leur maigre pitance d'anguilles et de morses avec des colons affamés venus d'Ecosse.

L'histoire troublée des Acadiens est bien différente de celle des constructeurs de navires qui prospérèrent ici au XIXe siècle, à une époque où presque toutes les criques de l'île comptaient un chantier naval. Les navires de l'Ile-du-Prince-Edouard voguèrent sur toutes les mers du monde et firent la fortune de plusieurs familles comme celle de James Yeo dont on peut voir la maison restaurée dans le parc provincial Green.

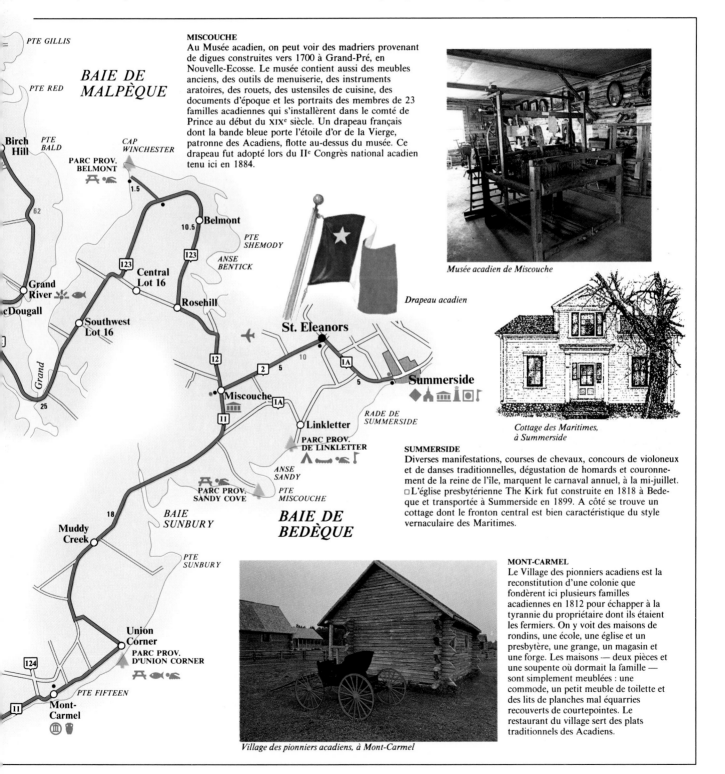

MISCOUCHE
Au Musée acadien, on peut voir des madriers provenant de digues construites vers 1700 à Grand-Pré, en Nouvelle-Ecosse. Le musée contient aussi des meubles anciens, des outils de menuiserie, des instruments aratoires, des rouets, des ustensiles de cuisine, des documents d'époque et les portraits des membres de 23 familles acadiennes qui s'installèrent dans le comté de Prince au début du XIXe siècle. Un drapeau français dont la bande bleue porte l'étoile d'or de la Vierge, patronne des Acadiens, flotte au-dessus du musée. Ce drapeau fut adopté lors du IIe Congrès national acadien tenu ici en 1884.

Musée acadien de Miscouche

Drapeau acadien

Cottage des Maritimes, à Summerside

SUMMERSIDE
Diverses manifestations, courses de chevaux, concours de violoneux et de danses traditionnelles, dégustation de homards et couronnement de la reine de l'île, marquent le carnaval annuel, à la mi-juillet.
□ L'église presbytérienne The Kirk fut construite en 1818 à Bedeque et transportée à Summerside en 1899. A côté se trouve un cottage dont le fronton central est bien caractéristique du style vernaculaire des Maritimes.

MONT-CARMEL
Le Village des pionniers acadiens est la reconstitution d'une colonie que fondèrent ici plusieurs familles acadiennes en 1812 pour échapper à la tyrannie du propriétaire dont ils étaient les fermiers. On y voit des maisons de rondins, une école, une église et un presbytère, une grange, un magasin et une forge. Les maisons — deux pièces et une soupente où dormait la famille — sont simplement meublées : une commode, un petit meuble de toilette et des lits de planches mal équarries recouverts de courtepointes. Le restaurant du village sert des plats traditionnels des Acadiens.

Village des pionniers acadiens, à Mont-Carmel

Map labels:
PTE GILLIS
BAIE DE MALPÈQUE
PTE RED
PTE BALD
Birch Hill
CAP WINCHESTER
PARC PROV. BELMONT
1.5
62
Belmont
10.5
PTE SHEMODY
123
123
ANSE BENTICK
Central Lot 16
Grand River
cDougall
Rosehill
Southwest Lot 16
St. Eleanors
Grand
12
10
1A
25
2 5
1A
5
Summerside
Miscouche
1A
11
Linkletter
RADE DE SUMMERSIDE
PARC PROV. DE LINKLETTER
ANSE SANDY
PARC PROV. SANDY COVE
PTE MISCOUCHE
BAIE SUNBURY
BAIE DE BEDÈQUE
18
Muddy Creek
PTE SUNBURY
Union Corner
PARC PROV. D'UNION CORNER
124
PTE FIFTEEN
11
Mont-Carmel

Sur les plages, les dunes et les falaises, un vent incessant

Centre-nord de l'île du Prince-Edouard

Perdues entre une mer de rêve et une coquette campagne verdoyante, s'étalent les grandes dunes de la côte nord de l'île du Prince-Edouard. Ces dunes pleines de majesté, qui ceignent certaines des plus belles plages de l'Amérique du Nord, évoquent quelque coin de l'immense Sahara transporté comme par magie dans le parc national de l'Ile-du-Prince-Edouard. Ce parc, avec ses 40 km de plages sablonneuses, de dunes mouvantes, de falaises, de marais salants et d'étangs, est l'un des plus petits parcs natio-

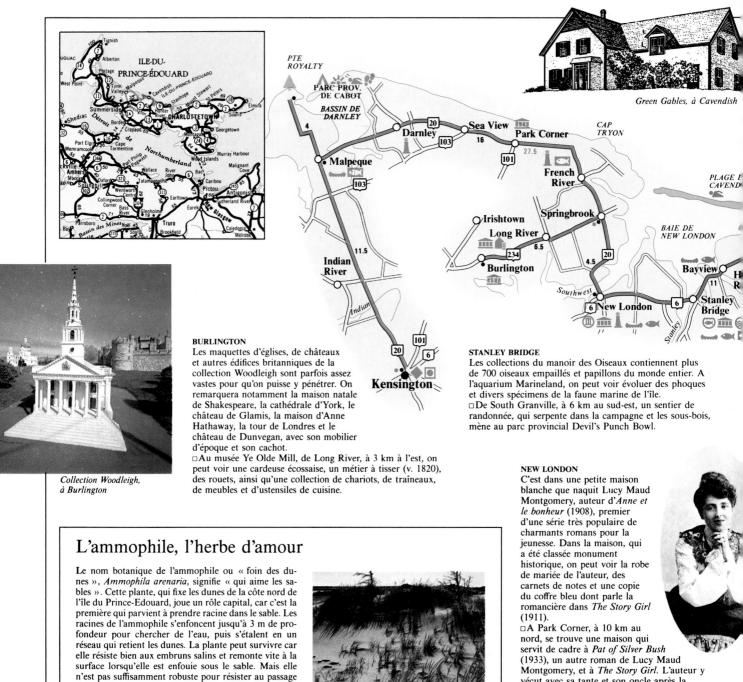

Green Gables, à Cavendish

Collection Woodleigh, à Burlington

BURLINGTON

Les maquettes d'églises, de châteaux et autres édifices britanniques de la collection Woodleigh sont parfois assez vastes pour qu'on puisse y pénétrer. On remarquera notamment la maison natale de Shakespeare, la cathédrale d'York, le château de Glamis, la maison d'Anne Hathaway, la tour de Londres et le château de Dunvegan, avec son mobilier d'époque et son cachot.
□ Au musée Ye Olde Mill, de Long River, à 3 km à l'est, on peut voir une cardeuse écossaise, un métier à tisser (v. 1820), des rouets, ainsi qu'une collection de chariots, de traîneaux, de meubles et d'ustensiles de cuisine.

STANLEY BRIDGE

Les collections du manoir des Oiseaux continennent plus de 700 oiseaux empaillés et papillons du monde entier. A l'aquarium Marineland, on peut voir évoluer des phoques et divers spécimens de la faune marine de l'île.
□ De South Granville, à 6 km au sud-est, un sentier de randonnée, qui serpente dans la campagne et les sous-bois, mène au parc provincial Devil's Punch Bowl.

NEW LONDON

C'est dans une petite maison blanche que naquit Lucy Maud Montgomery, auteur d'*Anne et le bonheur* (1908), premier d'une série très populaire de charmants romans pour la jeunesse. Dans la maison, qui a été classée monument historique, on peut voir la robe de mariée de l'auteur, des carnets de notes et une copie du coffre bleu dont parle la romancière dans *The Story Girl* (1911).
□ A Park Corner, à 10 km au nord, se trouve une maison qui servit de cadre à *Pat of Silver Bush* (1933), un autre roman de Lucy Maud Montgomery, et à *The Story Girl*. L'auteur y vécut avec sa tante et son oncle après la mort de ses parents et c'est là qu'elle épousa, en 1911, Ewan MacDonald, un pasteur presbytérien.

L'ammophile, l'herbe d'amour

Le nom botanique de l'ammophile ou « foin des dunes », *Ammophila arenaria*, signifie « qui aime les sables ». Cette plante, qui fixe les dunes de la côte nord de l'île du Prince-Edouard, joue un rôle capital, car c'est la première qui parvient à prendre racine dans le sable. Les racines de l'ammophile s'enfoncent jusqu'à 3 m de profondeur pour chercher de l'eau, puis s'étalent en un réseau qui retient les dunes. La plante peut survivre car elle résiste bien aux embruns salins et remonte vite à la surface lorsqu'elle est enfouie sous le sable. Mais elle n'est pas suffisamment robuste pour résister au passage de promeneurs trop nombreux. Lorsqu'elle disparaît, le vent creuse souvent de petites dépressions qui se transforment vite en énormes trous. A la longue, les dunes deviennent si instables qu'aucune végétation ne peut plus y pousser.

aux du Canada. Pourtant, il accueille plus d'un million de visiteurs chaque année. Des centaines de milliers de touristes viennent visiter Green Gables, la maison qui inspira l'œuvre de Lucy Maud Montgomery, *Anne et le bonheur*. D'autres, par milliers également, explorent le parc et découvrent l'incroyable complexité des forces naturelles qui façonnèrent et façonnent encore à chaque instant ce pays de dunes.

En bordure de la côte, des bouquets d'épinettes blanches s'accrochent sur le sable,

frappées de plein fouet par le vent et les embruns du large. Leur silhouette étrange et tourmentée, modelée par les éléments, les font paraître plus jeunes qu'elles ne le sont et certaines, vieilles pourtant de 75 ans, atteignent à peine 1 m de haut. A quelques centaines de mètres à l'intérieur des terres, à l'abri des hautes dunes, l'épinette blanche pousse toute droite, annonçant l'orée de la forêt côtière avec son riche tapis de mousse et de fougères d'un vert cru.

Les grandes vagues du large déferlent sans cesse le long du littoral dans une gerbe d'écume qui monte à l'assaut des plages. Sans cesse, le vent balaie les dunes et les bancs de sable, comble les creux, en reforme d'autres, remodelant inlassablement la ligne de la côte.

Falaises de grès du parc national de l'Ile-du-Prince-Edouard

CAVENDISH
Green Gables, la vieille ferme immortalisée par Lucy Maud Montgomery dans *Anne et le bonheur* et dans d'autres romans, est aujourd'hui un musée du parc national de l'Ile-du-Prince-Edouard. Green Gables était la maison des amis de Lucy Maud, David et Margaret MacNeill. Dans ses romans, elle en fit sa propre demeure. Certains des lieux que l'auteur décrit dans ses œuvres se trouvent aux environs du terrain de golf du parc, par exemple le Ruisseau qui babille, le Lac aux eaux de cristal, le Bois hanté et la Promenade des amoureux. L'écrivain, qui mourut en 1942, est enterrée dans le cimetière de Cavendish.

ÎLE RUSTICO
Cette île abrite en été des centaines de grands hérons qui atteignent parfois 2 m d'envergure. Ils construisent des nids haut perchés dans les épinettes et se nourrissent du poisson des marécages et des étangs.

PARC NATIONAL DE L'ÎLE-DU-PRINCE-ÉDOUARD
Bordé par le golfe du Saint-Laurent, ce parc compte certaines des plus belles plages d'Amérique du Nord. Près de Cavendish, le sable est teinté de rose par l'érosion d'une argile rouge. Des falaises de grès rouge, qui atteignent 30 m de haut, s'étendent sur plus de 9 km entre North Rustico Harbour et le cap Orby. Les dunes de la plage Brackley s'élèvent à une vingtaine de mètres de hauteur ; elles sont fréquentées par les renards roux, les visons, les rats musqués et les ratons laveurs. On y dénombre également 210 espèces d'oiseaux, dont la grive à dos olive, le busard des marais et le junco ardoisé.
□ En plus des petites maisons et des terrains de camping mis à la disposition des touristes, le parc comprend un élégant hôtel de villégiature construit en 1895, Dalvay-by-the-Sea.

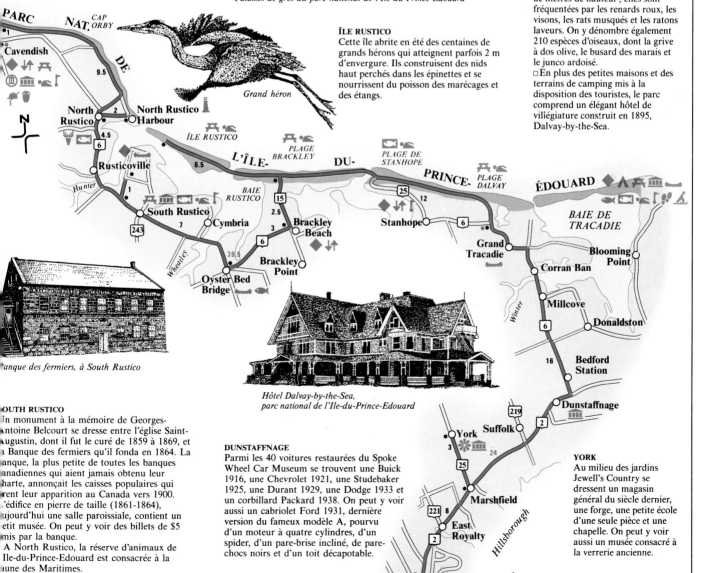

Banque des fermiers, à South Rustico

Hôtel Dalvay-by-the-Sea, parc national de l'Ile-du-Prince-Edouard

SOUTH RUSTICO
Un monument à la mémoire de Georges-Antoine Belcourt se dresse entre l'église Saint-Augustin, dont il fut le curé de 1859 à 1869, et la Banque des fermiers qu'il fonda en 1864. La banque, la plus petite de toutes les banques canadiennes qui aient jamais obtenu leur charte, annonçait les caisses populaires qui firent leur apparition au Canada vers 1900. L'édifice en pierre de taille (1861-1864), aujourd'hui une salle paroissiale, contient un petit musée. On peut y voir des billets de 5 $ émis par la banque.
A North Rustico, la réserve d'animaux de l'Ile-du-Prince-Edouard est consacrée à la faune des Maritimes.

DUNSTAFFNAGE
Parmi les 40 voitures restaurées du Spoke Wheel Car Museum se trouvent une Buick 1916, une Chevrolet 1921, une Studebaker 1925, une Durant 1929, une Dodge 1933 et un corbillard Packard 1938. On peut y voir aussi un cabriolet Ford 1931, dernière version du fameux modèle A, pourvu d'un moteur à quatre cylindres, d'un spider, d'un pare-brise incliné, de pare-chocs noirs et d'un toit décapotable.

YORK
Au milieu des jardins Jewell's Country se dressent un magasin général du siècle dernier, une forge, une petite école d'une seule pièce et une chapelle. On peut y voir aussi un musée consacré à la verrerie ancienne.

CHARLOTTETOWN
(voir l'itinéraire 147)

La paisible capitale où naquit le Canada

Centre-sud de l'île du Prince-Edouard

Charlottetown, berceau de la Confédération, est une ville paisible aux églises majestueuses, aux vastes demeures victoriennes et aux places ombragées qui fait pendant à la douceur de la campagne et au charme des villages de la côte de l'île du Prince-Edouard.

Le principal édifice moderne de la ville est le Centre commémoratif de la Confédération qui fut inauguré par Elisabeth II en 1964. Le complexe abrite un musée, consacré aux beaux-arts canadiens contemporains, et une

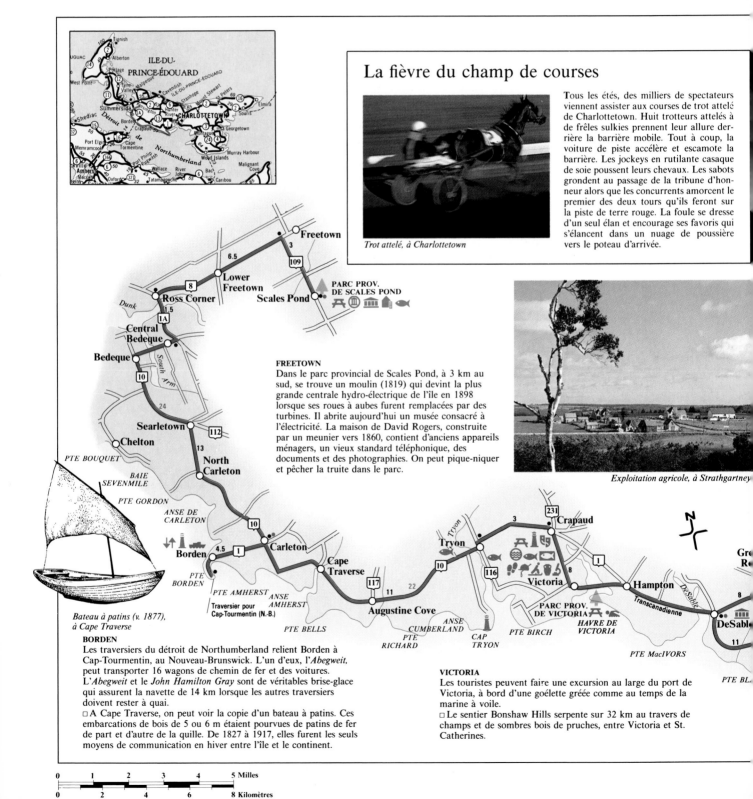

La fièvre du champ de courses

Tous les étés, des milliers de spectateurs viennent assister aux courses de trot attelé de Charlottetown. Huit trotteurs attelés à de frêles sulkies prennent leur allure derrière la barrière mobile. Tout à coup, la voiture de piste accélère et escamote la barrière. Les jockeys en rutilante casaque de soie poussent leurs chevaux. Les sabots grondent au passage de la tribune d'honneur alors que les concurrents amorcent le premier des deux tours qu'ils feront sur la piste de terre rouge. La foule se dresse d'un seul élan et encourage ses favoris qui s'élancent dans un nuage de poussière vers le poteau d'arrivée.

Trot attelé, à Charlottetown

Exploitation agricole, à Strathgartney

FREETOWN
Dans le parc provincial de Scales Pond, à 3 km au sud, se trouve un moulin (1819) qui devint la plus grande centrale hydro-électrique de l'île en 1898 lorsque ses roues à aubes furent remplacées par des turbines. Il abrite aujourd'hui un musée consacré à l'électricité. La maison de David Rogers, construite par un meunier vers 1860, contient d'anciens appareils ménagers, un vieux standard téléphonique, des documents et des photographies. On peut pique-niquer et pêcher la truite dans le parc.

Bateau à patins (v. 1877), à Cape Traverse

BORDEN
Les traversiers du détroit de Northumberland relient Borden à Cap-Tourmentin, au Nouveau-Brunswick. L'un d'eux, l'*Abegweit*, peut transporter 16 wagons de chemin de fer et des voitures. L'*Abegweit* et le *John Hamilton Gray* sont de véritables brise-glace qui assurent la navette de 14 km lorsque les autres traversiers doivent rester à quai.
□ A Cape Traverse, on peut voir la copie d'un bateau à patins. Ces embarcations de bois de 5 ou 6 m étaient pourvues de patins de fer de part et d'autre de la quille. De 1827 à 1917, elles furent les seuls moyens de communication en hiver entre l'île et le continent.

VICTORIA
Les touristes peuvent faire une excursion au large du port de Victoria, à bord d'une goélette gréée comme au temps de la marine à voile.
□ Le sentier Bonshaw Hills serpente sur 32 km au travers de champs et de sombres bois de pruches, entre Victoria et St. Catherines.

0 1 2 3 4 5 Milles
0 2 4 6 8 Kilomètres

galerie d'art, où l'on peut voir plus de 1 500 toiles, notamment des œuvres de grands peintres canadiens tels que Robert Harris et Jean-Paul Lemieux. Le théâtre du complexe (1 000 places) offre, en été, un festival de comédies musicales et des spectacles colorés de danses folkloriques, donnés par la troupe des Feux-Follets.

En face du centre se trouve la Maison provinciale où les Pères de la Confédération se réunirent pour la première fois en 1864. Les fauteuils qu'ils utilisèrent sont toujours alignés autour de la table qui servit à leurs délibérations. Sur une plaque commémorant l'événement, une inscription rappelle que dans les cœurs et les esprits des délégués qui s'assemblèrent en cette salle le 1er septembre 1864 naquit le Dominion du Canada.

Au mois d'août, Charlottetown organise pendant une semaine l'une des foires agricoles les plus renommées du Canada au parc des Expositions, ainsi que des courses de trot attelé. A l'ouest de la ville, on peut pêcher ou faire de la voile dans le détroit de Northumberland, ou encore assister aux représentations du théâtre d'été de Victoria.

Aux environs, les bourgades de Scales Pond, Bonshaw et Strathgartney sont pourvues d'intéressants musées. A Rocky Point, dans le parc historique national de Fort Amherst, se trouve l'emplacement de Port-la-Joie — premier établissement européen de l'île, fondé en 1720 par 300 colons français. Les Anglais s'en emparèrent en 1758 et fondèrent Charlottetown six ans plus tard, de l'autre côté du port.

Maison provinciale, à Charlottetown

CHARLOTTETOWN

Plus petite capitale provinciale du Canada et seule ville de l'île, Charlottetown se donne le nom de berceau du Canada, car c'est là que les Pères de la Confédération se réunirent pour la première fois, en septembre 1864.
□ Le Centre de la Confédération, construit en 1964, commémore les Pères de la Confédération. Le complexe, qui s'étend sur deux pâtés de maisons, se compose d'une salle commémorative, d'un théâtre, d'une galerie d'art, d'un musée et d'une bibliothèque publique.
□ En face du centre se trouve la Maison provinciale, édifice géorgien de trois étages construit en 1843-1847. C'est sous le haut plafond de la salle que l'on appelle aujourd'hui la Chambre de la Confédération que les délégués des colonies britanniques de l'Amérique du Nord signèrent les documents qui conduisirent en 1867 à l'union des provinces actuelles de la Nouvelle-Ecosse, du Nouveau-Brunswick, de l'Ontario et du Québec. La Maison provinciale abrite également l'assemblée législative de l'île.
□ Deux bâtiments dominent le port de Charlottetown et le parc Victoria : la Maison du Gouvernement, un imposant bâtiment blanc de style colonial construit en 1834, résidence du lieutenant-gouverneur de l'île, et Beaconsfield, une demeure victorienne de 1877, siège de la Fondation du patrimoine de l'Ile-du-Prince-Edouard.
□ La basilique St. Dunstan, l'une des plus grandes églises du Canada, se distingue par ses deux flèches gothiques, son majestueux maître-autel et ses belles sculptures italiennes. Les peintures murales de la cathédrale anglicane St. Peter sont l'œuvre du portraitiste canadien Robert Harris.

BONSHAW

Une Mason Steamer de 1898, automobile de cinq chevaux dont le moteur à deux cylindres fonctionnait à l'huile de naphte, constitue la pièce maîtresse du musée Car Life.

A 2 km au nord, on peut visiter la Maison Strathgartney, une demeure de 16 pièces (v. 1847) richement meublée dans le style victorien des pionniers de l'Ile-du-Prince-Edouard. Les granges et la remise du domaine contiennent de vieux instruments agricoles et divers objets domestiques. Le parc provincial de Strathgartney côtoie le domaine.

Maison du Gouvernement, à Charlottetown

Beaconsfield, à Charlottetown

ROCKY POINT

Le parc historique national de Fort Amherst se trouve sur l'emplacement de Port-la-Joie, premier établissement européen de l'île du Prince-Edouard, fondé par les Français en 1720. Seuls subsistent les terrassements du fort construit par les Anglais. Les bois et les prairies du parc dominent la baie Hillsborough et le port de Charlottetown. Le parc comporte un musée et des installations de pique-nique.
□ Non loin du parc, un village micmac du XVIe siècle a été reconstitué. On peut y voir des wigwams d'écorce de bouleau, un canot d'écorce vieux de 200 ans, des instruments qui servaient à la chasse et à la pêche et des objets d'artisanat.

Wigwam d'écorce de bouleau, à Rocky Point

West Royalty

North River

Parkdale

CHARLOTTETOWN

York Point

Cornwall

RADE DE CHARLOTTETOWN

Meadow Bank

Rocky Point

PARC HIST. NAT. DE FORT AMHERST

Churchill Strathgartney

STRATHGARTNEY (P. PROV.)

DE BONSHAW

New Dominion

Fairview

Cumberland

New Argyle

Argyle Shore

PROV. D'ARGYLE

Canoe Cove

Nine Mile Creek

ANSE CANOE

Rice Point

PTE RICE

Elliot West

Le calme enchanteur du « Jardin du Golfe »

Sud-est de l'île du Prince-Edouard

Tout est vert, calme et placide dans le sud-est de l'île, « le Jardin du Golfe ». Sous les rayons du soleil d'été, le paysage se déroule paisiblement, net et bien ordonné comme dans un livre d'images. La région est encore tout empreinte de l'atmosphère qui était celle du Canada au début du siècle : un pays serein, simple et chaleureux.

Les visiteurs revivent ce passé dans un petit hameau restauré du XIXe siècle, Orwell Corner, ou dans les villages éparpillés dans la campagne. A Belfast, par exemple (autrefois

SITE HISTORIQUE ORWELL CORNER

Ce petit hameau construit au croisement de deux routes a été restauré dans le style de la fin du XIXe siècle. On y voit un magasin, un bureau de poste, des granges, une école et une église, ainsi qu'une ferme où une modiste avait aménagé son atelier à l'étage supérieur. Tous les bâtiments de bardeaux furent construits sur les lieux mêmes entre 1864 et 1896. En été, les visiteurs peuvent faire des promenades en charrette ou assister à des soirées musicales.

□ Non loin de là, on peut camper, pêcher la truite et suivre des sentiers d'exploration de la nature dans le parc provincial Sir Andrew Macphail.

Site historique Orwell Corner

MONTAGUE

Parmi les souvenirs de l'Ile-du-Prince-Edouard qui se trouvent au musée Garden of the Gulf, on pourra voir une bible de 1698, des instruments aratoires, des pendules à mécanisme de bois ainsi que lettres écrites par Lucy Maud Montgom

□ A la pointe Brudenell, un monument rappelle la mémoire de Jean-Pierre de Roma qui fonda une colonie française da l'île il y a 250 ans. De Roma avait fait construire des quais, des ponts, des magasins et des logements sur la pointe, mais le sort s'acharna sur la colonie : des colons l'abandonnèrent, les récoltes furen ravagées par des mulots et, en 1745, des maraudeurs de la Nouvelle-Angleterre incendièrent l'établissement. Roma et sa famille se réfugièrent alors à Québec.

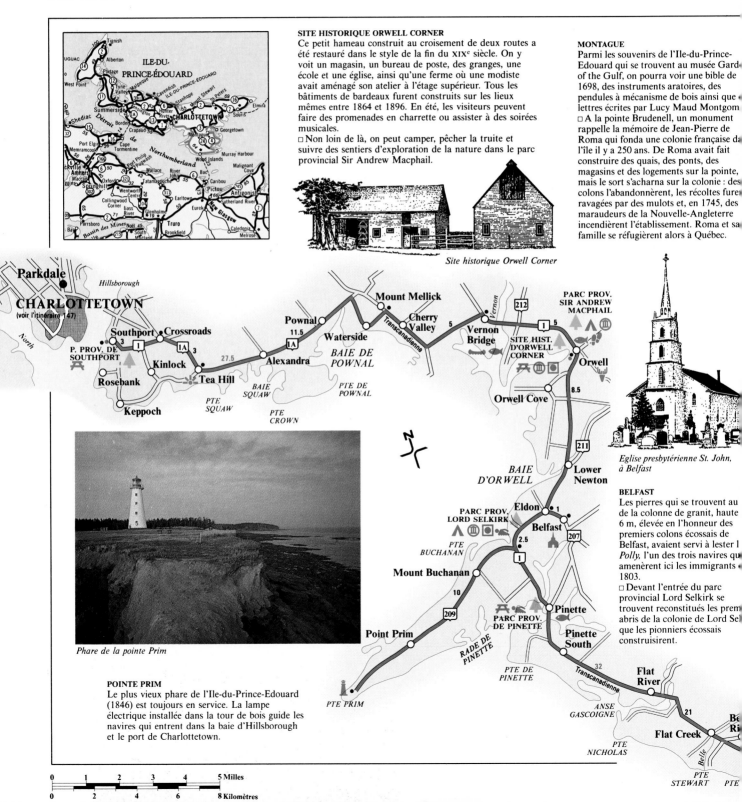

Eglise presbytérienne St. John, à Belfast

BELFAST

Les pierres qui se trouvent au de la colonne de granit, haute 6 m, élevée en l'honneur des premiers colons écossais de Belfast, avaient servi à lester l *Polly,* l'un des trois navires qu amenèrent ici les immigrants 1803.

□ Devant l'entrée du parc provincial Lord Selkirk se trouvent reconstitués les prem abris de la colonie de Lord Sel que les pionniers écossais construisirent.

Phare de la pointe Prim

POINTE PRIM

Le plus vieux phare de l'Ile-du-Prince-Edouard (1846) est toujours en service. La lampe électrique installée dans la tour de bois guide les navires qui entrent dans la baie d'Hillsborough et le port de Charlottetown.

0 1 2 3 4 5 Milles
0 2 4 6 8 Kilomètres

la *belle face,* déformé plus tard par les colons écossais), un monument érigé sur une butte rappelle la mémoire des colons de Selkirk, 800 misérables paysans que Lord Selkirk fit venir de l'île de Skye en 1803. A proximité s'élève l'église que construisirent les colons il y a 150 ans. Ses archives renferment un acte juridique signé par Lord Selkirk, qui faisait don au village des terrains de l'église et du cimetière.

De nombreuses familles de vacanciers viennent passer l'été ou l'automne dans les fermes de cet enchanteur « Jardin du Golfe », de grosses bâtisses de bois accueillantes entourées de vastes granges et de robustes clôtures, sises au milieu des champs couverts de blé doré ou de plants de tabac aux grandes feuilles vertes.

Un littoral foisonnant de vie

Des myriades d'organismes marins vivent en bordure de l'eau, le long des grandes plages de sable de l'île du Prince-Edouard.

L'étoile de mer que l'on trouve généralement dans les flaques laissées par la marée se nourrit de palourdes, de moules et d'huîtres. Elle enserre sa proie dans ses cinq bras puissants pourvus de centaines de petites ventouses, puis écarte les valves de la coquille de sa victime et abaisse son sac digestif pour l'envelopper.

On ramasse surtout les palourdes à marée basse. Elles s'enfoncent alors dans le sable, jusqu'à 30 cm de profondeur, et lancent des jets d'eau quand on s'approche d'elles, ce qui forme de petits trous ronds dans le sable.

Les bernard-l'hermite que l'on voit souvent s'enfuir dans les flaques d'eau élisent domicile dans les coquilles vides de buccins à l'intérieur desquelles se « visse » leur abdomen tordu.

GEORGETOWN

Ce port en eau profonde, l'un des meilleurs de la côte est du Canada, comprend une conserverie de poissons et un chantier naval.

□ Aux environs, les touristes peuvent visiter le centre provincial de villégiature de Brudenell (golf de 18 trous, camping, natation surveillée, canotage, équitation, tennis, chalets). Un sentier d'exploration de la nature longe une tourbière où poussent l'épinette, le laurier des marais, le thé du Labrador et la sphaigne. A la fin des années 1750, des immigrants écossais s'installèrent dans l'île Brudenell qui est reliée à la côte par une digue naturelle. Le monument de pierre élevé dans leur cimetière porte leurs noms.

GASPEREAUX

Le parc provincial de l'île Panmure compte l'une des plus belles plages de sable blanc de l'Ile-du-Prince-Edouard. Les dunes y atteignent parfois 6 m de haut.

□ A la pointe Graham, au sud de Gaspereaux, les touristes peuvent visiter une conserverie de homards.

MURRAY HARBOUR

Le village est le port d'attache d'une flottille de 35 bateaux de pêche qui ramènent des homards, des palourdes et du poisson pour la conserverie locale.

□ A 2 km au sud, le Log Cabin Museum contient des objets anciens : rouets, faïences, lampes, gramophones et une collection de poupées qui remonte à 1850.

□ Près de Gladstone, le parc provincial Fantasyland est orné de statues qui représentent des personnages de livres d'enfants.

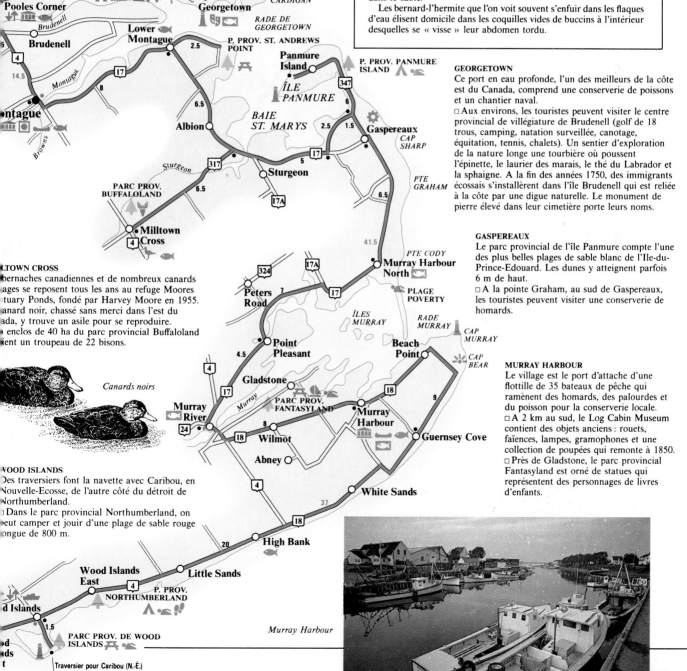

Murray Harbour

Un vieux phare, une arche moderne et des légions de thons rouges

Nord-est de l'île du Prince-Edouard

Les bateaux de pêche aux vives couleurs ne restent jamais longtemps amarrés à quai à Savage Harbour, Morell, Naufrage ou dans les nombreux petits ports qui jalonnent la côte nord de l'Ile-du-Prince-Edouard. Lorsque la saison du homard se termine à la fin de juin, la plupart se dirigent vers les eaux profondes du golfe du Saint-Laurent. Les patrons acceptent souvent de prendre à bord des touristes pour une journée de pêche dans des eaux où abondent le maquereau, l'aiglefin, la morue et le hareng.

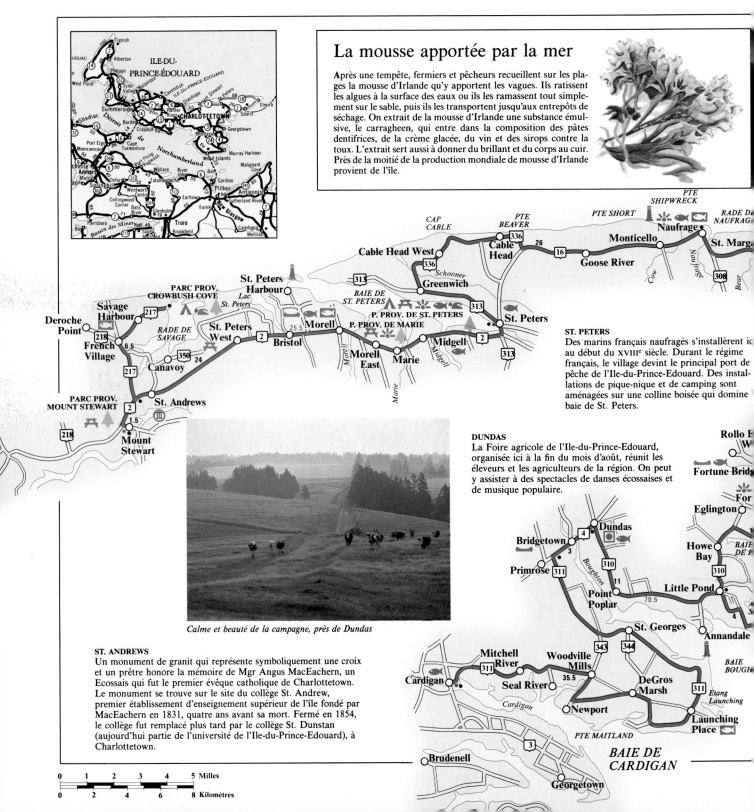

La mousse apportée par la mer

Après une tempête, fermiers et pêcheurs recueillent sur les plages la mousse d'Irlande qu'y apportent les vagues. Ils ratissent les algues à la surface des eaux ou ils les ramassent tout simplement sur le sable, puis ils les transportent jusqu'aux entrepôts de séchage. On extrait de la mousse d'Irlande une substance émulsive, le carragheen, qui entre dans la composition des pâtes dentifrices, de la crème glacée, du vin et des sirops contre la toux. L'extrait sert aussi à donner du brillant et du corps au cuir. Près de la moitié de la production mondiale de mousse d'Irlande provient de l'île.

Calme et beauté de la campagne, près de Dundas

ST. PETERS
Des marins français naufragés s'installèrent ici au début du XVIIIe siècle. Durant le régime français, le village devint le principal port de pêche de l'Ile-du-Prince-Edouard. Des installations de pique-nique et de camping sont aménagées sur une colline boisée qui domine baie de St. Peters.

DUNDAS
La Foire agricole de l'Ile-du-Prince-Edouard, organisée ici à la fin du mois d'août, réunit les éleveurs et les agriculteurs de la région. On peut y assister à des spectacles de danses écossaises et de musique populaire.

ST. ANDREWS
Un monument de granit qui représente symboliquement une croix et un prêtre honore la mémoire de Mgr Angus MacEachern, un Ecossais qui fut le premier évêque catholique de Charlottetown. Le monument se trouve sur le site du collège St. Andrew, premier établissement d'enseignement supérieur de l'île fondé par MacEachern en 1831, quatre ans avant sa mort. Fermé en 1854, le collège fut remplacé plus tard par le collège St. Dunstan (aujourd'hui partie de l'université de l'Ile-du-Prince-Edouard), à Charlottetown.

0 1 2 3 4 5 Milles
0 2 4 6 8 Kilomètres

A la fin de l'été et au début de l'automne, les amateurs de pêche sportive viennent ici tenter leur chance au thon rouge de l'Atlantique. C'est dans les eaux de l'île que l'on a pris les plus grands thons rouges du monde. La bataille avec un thon rouge ne dure parfois que quelques secondes, mais il arrive qu'elle s'éternise et se transforme en épreuve d'endurance. Si la pêche a été bonne, la journée se terminera par la traditionnelle pesée et la séance de photographie de l'heureux vainqueur et de sa prise.

Pêche au thon, à North Lake

La région offre de nombreux autres attraits. A la fin du mois d'août, le centre d'élevage de Dundas organise un concours de labourage à l'occasion de la Foire agricole de l'Ile-du-Prince-Edouard. A la pointe Est, on peut visiter un phare de 1867 et, à la pointe Spry, une maison expérimentale chauffée à l'énergie solaire, l'Arche. Des guides font visiter les magnifiques dunes de Basin Head qui abritent un musée dans lequel on rend hommage à l'esprit fier et indépendant des pêcheurs côtiers de l'île.

NORTH LAKE
Du mois d'août au début d'octobre, les amateurs de pêche sportive du monde entier viennent ici pour se mesurer aux énormes thons rouges de l'Atlantique. Un spécimen de 538 kg, un record mondial à ce jour, a été péché au large de North Lake en 1976. Les touristes peuvent louer des bateaux de pêche hauturière.
□ A 3 km au sud, la petite gare peinte en vert (v. 1911) d'Elmira a été transformée en musée du chemin de fer.

POINTE EST
Il y a des siècles, les Indiens Micmacs appelaient cet endroit Kespemenagek, « le bout de l'île ». De nos jours, le phare de bois de la pointe Est marque l'extrémité est de l'Ile-du-Prince-Edouard. Le phare est ouvert au public. Construit en 1867, c'est l'un des quatre phares de la province où résident des gardiens (les trois autres sont ceux des îles Panmure, Souris et Wood). Tous les autres sont automatiques.

Phare de la pointe Est

La gare d'Elmira

Musée de la pêche de Basin Head

BASIN HEAD
Perché sur une falaise qui domine l'océan Atlantique, le musée de la Pêche de Basin Head est consacré à l'histoire de la pêche côtière dans l'Ile-du-Prince-Edouard. Le musée contient des collections de photographies et de matériel de pêche : cordages, hameçons, filets, claies de séchage, doris. En contrebas, quatre entrepôts à poissons ont été reconstitués. On peut voir sur le quai une vieille conserverie de homards.
□ Le musée organise des visites guidées des dunes où s'accrochent les ammophiles. Des buissons d'airelles poussent dans les creux abrités où les renards chassent les rongeurs. Des goélands argentés, des corneilles et des goélands à manteau noir fréquentent la partie centrale des dunes.

SOURIS
La ville est célèbre pour sa pêche hauturière, son industrie du homard et ses belles plages. Un traversier fait la navette avec Cap-aux-Meules, aux îles de la Madeleine.
□ Le refuge d'oiseaux Black Pond du Service canadien de la faune se trouve à 8 km au nord-est. Les grands hérons, les canards noirs, les sarcelles à ailes bleues et les garrots communs visitent les étangs et la lagune du refuge.

POINTE SPRY
Construite en 1976 par une équipe internationale de chercheurs, avec le concours financier du gouvernement canadien, l'Arche de la pointe Spry est une maison expérimentale qui est chauffée par le soleil et alimentée en électricité par des éoliennes. Le prototype comporte aussi des bassins de pisciculture et des serres où poussent des légumes. L'Arche est ouverte au public le dimanche après-midi.

Les grands voiliers d'autrefois, au large de la « Côte française »

Sud-ouest de la Nouvelle-Ecosse

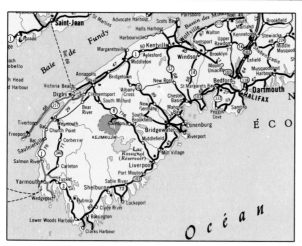

Coucher de soleil sur Sandy Cove

WESTPORT
Au sud de ce village de pêcheurs, des colonnes de rochers s'avancent de plusieurs centaines de mètres dans la mer. A la belle saison, le vert des lichens et le bleu, le blanc et le jaune des fleurs sauvages émaillent les rochers. Les touristes peuvent louer des bateaux pour observer les baleines, ainsi que les nombreuses espèces d'oiseaux qui se rassemblent sur l'île à l'époque des migrations.
□ Le capitaine Joshua Slocum, premier navigateur à faire le tour du monde en solitaire, du mois d'avril 1895 au mois de juin 1898, naquit ici. Slocum partit en mer pour la première fois à l'âge de 16 ans. Il entreprit son tour du monde à 51 ans, à bord d'un petit voilier de moins de 12 m de long, le *Spray*.

YARMOUTH
Une pierre de 180 kg exposée au musée du comté de Yarmouth porte des inscriptions qui auraient pu être faites par des Vikings il y a environ 1 000 ans. Les marines et les maquettes du musée rappellent que Yarmouth était un grand centre de constructions navales à la fin du XIXᵉ siècle. Une carte indique l'emplacement des 20 chantiers que la ville comptait à l'époque.
□ Les 34 voitures du musée des Pompiers de la Nouvelle-Ecosse, dont une pompe Hunneman (1840) et une Silsby à vapeur (1880), constituent la plus grande collection du genre au Canada.
□ En août, l'Exposition de l'ouest de la Nouvelle-Ecosse présente un concours hippique, des expositions d'artisanat et une foire agricole.
□ Le phare de Yarmouth, qui se dresse sur le cap Forchu, est visible d'une cinquantaine de kilomètres à la ronde.
□ « La route des lupins », qui mène de Yarmouth à Hebron, tire son nom des lupins mauves et roses qui égaient la région.

Monument du cimetière de la colline Town Point

CHEBOGUE POINT
Un monument de marbre du cimetière de la colline Town Point représente une femme couchée sur des gerbes de blé. Le monument fut érigé par un médecin canadien, Frederick Webster, à la mémoire de sa femme, Margaret McNaught, qu'il rencontra au cours d'une promenade dans la campagne écossaise. Elle mourut à Yarmouth en 1864, à l'âge de 45 ans. Le monument est la reproduction d'une figurine que Webster avait un jour vue sur un porte-allumettes de porcelaine.

Pompe Amoskeag (1863), musée des Pompiers de Yarmouth

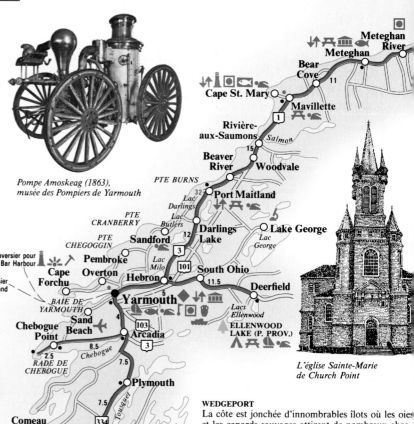

L'église Sainte-Marie de Church Point

WEDGEPORT
La côte est jonchée d'innombrables îlots où les oies et les canards sauvages attirent de nombreux chasseurs. Les eaux du large regorgent de homards. On y pêche également la morue, l'aiglefin, la goberge et le flétan.

| 0 | 2 | 4 | 6 | 8 | 10 Milles |
| 0 | 4 | 8 | 12 | 16 Kilomètres |

Il y a un siècle, les 3 000 voiliers de la Nouvelle-Ecosse formaient l'une des plus grandes flottes marchandes du monde et Yarmouth était le plus riche port de la côte atlantique. De nos jours, des milliers de touristes venus du Maine en traversier arrivent chaque été à Yarmouth pour visiter la « Côte française ». Cette portion du littoral doit son nom aux pittoresques villages acadiens qui ponctuent la baie de Sainte-Marie.

Le district de Nouvelle-Ecosse fut colonisé en 1768 par des Acadiens que les Anglais avaient expulsés 13 ans plus tôt. Le premier à rentrer au pays fut Joseph Dugas qui fit à pied les 500 km séparant la Nouvelle-Angleterre de Church Point. D'autres Acadiens rentrèrent en canot ou à bord de goélettes et fondèrent de petits villages comme Mavilette, Meteghan, Saulnierville, Comeauville, Belliveau Cove et Saint-Bernard. La plupart des 9 000 habitants de ces localités sont d'origine acadienne. A la mi-juillet, un festival acadien se tient tantôt à Church Point, tantôt à Meteghan River.

Plus au nord se trouvent les centres touristiques de Smiths Cove et de Digby. Cette dernière ville est réputée pour sa pêche aux pétoncles et son splendide terrain de golf de 18 trous. A partir de Digby, les touristes peuvent aussi effectuer une excursion d'une journée dans l'île Brier et visiter Westport. C'est dans cette petite île blottie au bord de la baie de Fundy que naquit le capitaine Joshua Slocum, le premier navigateur à faire le tour du monde en solitaire, du mois d'avril 1895 au mois de juin 1898.

SANDY COVE
La pêche à la morue, à la goberge, à l'aiglefin et au flétan fait de Sandy Cove, un pittoresque village situé à 32 km au sud-ouest de Digby, un lieu favori des amateurs de pêche en haute mer. On peut y louer des bateaux de pêche, de même que dans les petits ports de la presqu'île de Digby, dans ceux de Tiverton et Freeport dans l'île Long et à Westport dans l'île Brier.

DIGBY
A proximité des bancs de la baie de Fundy, Digby possède l'une des plus grandes flottilles de bateaux de pêche au pétoncle du monde.
□ Ce centre touristique offre de nombreuses attractions : golf, voile, pêche en haute mer, baignade, équitation... Le gouvernement provincial administre un hôtel, The Pines. Un traversier assure le service entre Digby et Saint-Jean, au Nouveau-Brunswick.

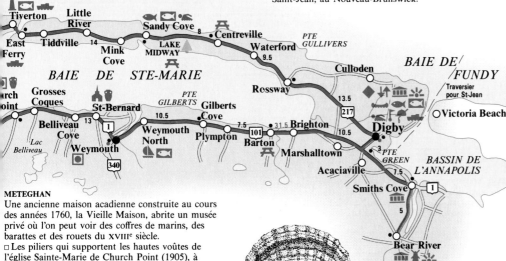

La chaussée des Géants, près de Westport, dans l'île Brier

METEGHAN
Une ancienne maison acadienne construite au cours des années 1760, la Vieille Maison, abrite un musée privé où l'on peut voir des coffres de marins, des barattes et des rouets du XVIIIe siècle.
□ Les piliers qui supportent les hautes voûtes de l'église Sainte-Marie de Church Point (1905), à 18 km au nord, furent taillés dans des troncs d'arbres. La plus grande église de bois du Canada peut accueillir 750 fidèles.
□ Le village de Grosses Coques tire son nom des énormes palourdes de la baie de Sainte-Marie.
□ Le cimetière acadien qui se trouve près de Belliveau Cove fut le premier que les Acadiens établirent en Nouvelle-Ecosse après leur expulsion.
□ L'église de pierre de Saint-Bernard (324 habitants) peut accueillir 1 000 personnes.

Pétoncle de Digby

SMITHS COVE
La chapelle Birch, construite en 1919 avec des madriers grossièrement équarris de bouleaux jaunes, se dresse au milieu d'une clairière.
□ Bear River, à 8 km au sud-est, est réputé pour son carnaval des cerises qui a généralement lieu en juillet. On découvre une belle vue du bassin de l'Annapolis du haut des collines qui dominent la bourgade.

Le port de Wedgeport

L'âge d'or de Yarmouth

La construction navale connut son heure de gloire à Yarmouth pendant la grande époque de la navigation à voile, à la fin du XIXe siècle, alors que des milliers de navires de bois, de tous genres et de tous modèles, étaient lancés dans les innombrables chantiers navals de la Nouvelle-Ecosse. Le Canada se classait alors au quatrième rang des pays constructeurs et armateurs de navires. Les bateaux et les marins de la « Bluenose Fleet » devinrent célèbres dans le monde entier. L'argent coulait à flots dans les caisses des deux banques, des compagnies d'assurances, des fabricants de voiles et des négociants de Yarmouth. Les navires du XIXe siècle arboraient fièrement d'énormes voilures : les voiles carrées (pendues à des vergues horizontales) prenaient bien le vent mais demandaient un important équipage dans le gréement ; les navires à voiles auriques avaient besoin de moins de matelots et se manœuvraient mieux près des côtes.

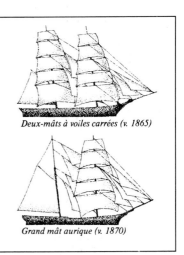

Deux-mâts à voiles carrées (v. 1865)

Grand mât aurique (v. 1870)

Le fort quinze fois assiégé de l'Ordre de Bon-Temps

Sud-ouest de la Nouvelle-Ecosse

L'Habitation de Port-Royal

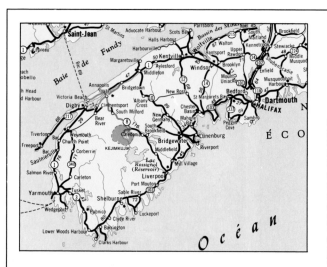

VICTORIA BEACH

Une plaque rappelle le service de courriers à cheval qui acheminait les dépêches d'Angleterre vers les Etats-Unis. Le service fonctionnait encore en 1849, un an après l'ouverture d'une ligne de télégraphe entre New York et Saint-Jean. Les dépêches, amenées à Halifax par les bateaux de la Cunard, partaient pour Victoria Beach, à 232 km à l'ouest, dans les sacs des courriers qui changeaient de chevaux tous les 20 km. Elles traversaient ensuite la baie de Fundy en vapeur jusqu'à Saint-Jean d'où elles allaient à New York. Ce service disparut en 1849, quand Halifax fut relié à Saint-Jean par télégraphe.

PORT-ROYAL

On peut y voir la reconstitution de l'Habitation construite par de Monts, Champlain et Poutrincourt en 1605. Les bâtiments du parc historique national de Port-Royal suivent dans leurs moindres détails les plans dessinés par Champlain. Disposés en carré autour d'une cour, les édifices étaient protégés par une palissade et défendus par une batterie de canons. Les bâtiments comprennent la résidence du gouverneur, une chapelle, une cuisine, une forge et un comptoir de traite.

C'est ici que Champlain fonda en 1606 le premier club d'Amérique du Nord, l'Ordre de Bon-Temps. Chaque membre en était à tour de rôle le grand maître, chargé d'organiser le banquet quotidien. Marc Lescarbot, un avocat de Paris, écrivit et monta ici la première pièce de théâtre en Amérique du Nord, le *Théâtre de Neptune*, en 1606.

CORNWALLIS

Durant la seconde guerre mondiale, Cornwallis abritait la plus grande école navale du Commonwealth. On peut y visiter la base qui sert aujourd'hui à l'instruction des recrues.

□ A Clementsport, à 2,5 km à l'est, se trouve l'église St. Edward (1797), construite par des loyalistes. On y verra des pièces de monnaie, des objets usuels, des recueils de prières et des vases sacrés en argent.

Tangara écarlate

Tortue de Blanding

Une généreuse oasis pour la flore et la faune

Le parc national de Kéjimkujik se trouve dans une région où les étés sont plus longs et plus chauds que dans le reste de la Nouvelle-Ecosse. C'est pourquoi l'on y trouve des plantes et des animaux qui n'existent nulle part ailleurs dans la région. Ainsi, la belle forêt mixte où se dressent d'énormes pruches plusieurs fois centenaires abrite le smilax à feuilles rondes et le café du diable pour les plantes, le tangara écarlate, le moucherolle huppé et la grive des bois pour les oiseaux de même que la tortue de Blanding et le petit polatouche. On a par ailleurs dénombré ici cinq espèces de serpents et de salamandres, trois de tortues et huit de crapauds et de grenouilles, ce qui constitue l'une des populations de reptiles et d'amphibiens les plus variées de l'est du Canada.

Pruche de l'Est

Parc national de Kéjimkujik

PARC NATIONAL DE KÉJIMKUJIK

Ce parc de 380 km² a été inauguré en 1969 pour assurer la préservation de l'une des plus belles forêts de l'intérieur de la Nouvelle-Ecosse. Les lacs constellés d'îles sont entourés de collines basses, modelées par les glaciers. Le meilleur moyen d'explorer le parc est sans doute d'emprunter ses sept voies de canotage. Kéjimkujik possède aussi 100 km de sentiers de randonnée et offre des visites guidées, des expéditions en canot, des conférences et des projections de films sur la nature. Ce grand parc sauvage est également le paradis des raquetteurs et des skieurs de fond.

0 1 2 3 4 5 Milles

0 2 4 6 8 Kilomètres

Le parc historique national de Port-Royal, emplacement de la première colonie française permanente du Nouveau-Monde, domine le large bassin de l'Annapolis. C'est en 1605 que Pierre de Monts et des colons français construisirent leur Habitation à l'abri d'une palissade, dans ce que l'on appelait alors l'Acadie. Pour égayer un peu leur vie, l'explorateur Samuel de Champlain fonda l'Ordre de Bon-Temps, prétexte à de somptueux banquets de viande d'orignal et de canards rôtis, généreusement arrosés de vin, qui précédaient une soirée de danse et de musique. De nos jours, les touristes visitent une réplique de l'Habitation de Port-Royal où l'on peut voir notamment un puits d'époque, des portes de chêne cloutées et une salle pavée où les Indiens venaient troquer leurs peaux de castors.

A quelques kilomètres, sur la rive sud du bassin, s'étend le parc historique national du Fort-Anne, à Annapolis Royal. Les ouvrages de terre que l'on y voit encore, construits par les Français entre 1690 et 1708, furent plus tard renforcés par les Anglais. Le fort, pris et repris à maintes reprises, connut une histoire orageuse et les maisons historiques qui bordent les rues d'Annapolis Royal évoquent ce passé lointain.

La route continue ensuite au nord-est et traverse la verdoyante vallée de l'Annapolis, un verger de 130 km de long dont les terres fertiles furent cultivées par les Acadiens dès 1630. Mais ceux qui aiment la nature sauvage prendront au sud, en direction du parc national de Kéjimkujik.

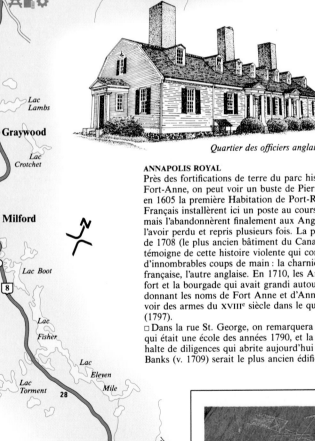

Quartier des officiers anglais du fort Anne

TUPPERVILLE

A Bloody Creek, aux environs, un monument rappelle que 54 soldats anglais d'Annapolis Royal perdirent la vie dans deux embuscades tendues en 1711 et 1757 par des Français et des Indiens.
□ Le colonel James Delancey, le « hors-la-loi du Bronx », qui dirigea plusieurs incursions pro-britanniques dans la région de New York au cours de la révolution américaine, s'installa près d'ici lorsqu'il fut banni des Etats-Unis en 1783.

GRANVILLE FERRY

Le musée North Hills, l'ancienne Maison Amberman (v. 1730), est installé dans l'une des plus anciennes demeures de la Nouvelle-Ecosse. Sa façade et ses pentures en H et en L sont bien caractéristiques des habitations de la Nouvelle-Angleterre au début du XVIIIe siècle. On croyait que ces ferrures, « les pentures du Bon Dieu », avaient le pouvoir d'écarter les esprits malins. Les poutres équarries à la main de la vieille maison ont plus de 9 m de long.

ANNAPOLIS ROYAL

Près des fortifications de terre du parc historique national du Fort-Anne, on peut voir un buste de Pierre de Monts qui fonda en 1605 la première Habitation de Port-Royal. Par la suite, les Français installèrent ici un poste au cours des années 1630, mais l'abandonnèrent finalement aux Anglais en 1710, après l'avoir perdu et repris plusieurs fois. La porte de la poudrière de 1708 (le plus ancien bâtiment du Canada hors du Québec) témoigne de cette histoire violente qui comprit 15 sièges et d'innombrables coups de main : la charnière supérieure est française, l'autre anglaise. En 1710, les Anglais rebaptisèrent le fort et la bourgade qui avait grandi autour de lui en leur donnant les noms de Fort Anne et d'Annapolis Royal. On peut voir des armes du XVIIIe siècle dans le quartier des officiers (1797).
□ Dans la rue St. George, on remarquera la Maison McNamara qui était une école des années 1790, et la taverne O'Dell, une halte de diligences qui abrite aujourd'hui un musée. La Maison Banks (v. 1709) serait le plus ancien édifice de la ville.

Intérieur du quartier des officiers anglais du fort Anne

Pétroglyphes indiens : vestiges de la préhistoire

Les rives du lac Kéjimkujik portent des traces d'une civilisation très ancienne. Le schiste est si tendre que l'on peut le graver avec une pierre dure, un couteau ou un os. Certains de ces pétroglyphes sont l'œuvre d'Indiens et pourraient être antérieurs à l'arrivée des Européens. Ils représentent différents animaux, des pêcheurs et des chasseurs, d'anciens symboles micmacs et un oiseau à quatre pattes entouré d'étoiles (sans doute un dieu indien). Les dessins plus récents dénotent une influence européenne : l'un des personnages, par exemple, ressemble à un cavalier français et l'on peut même voir des bateaux à roues du XIXe siècle (à gauche).

MAP LABELS

Granville Centre
Belleisle
(voir l'itinéraire 152)
Bridgetown
8.5
201
1
Annapolis
Tupper
Bloody
Annapolis Royal
13
Tupperville
23.5
201
Mochelle
Round Hill
Lequille
8
201
2
18
Lac Lambs
Graywood
Lac Crotchet
Milford
Lac Boot
Lac Fisher
Lac Eleven Mile
Lac Torment
28
8
Frozen Ocean
Lac Big Dam
Mersey
Liverpool
PARC NAT. DE KÉJIMKUJIK
9.5
Maitland Bridge
8
Lac Minard
Lac Kéjimkujik
Lac Grafton
N

La vallée des pommiers et un musée vivant dans une ferme

Vallée de l'Annapolis

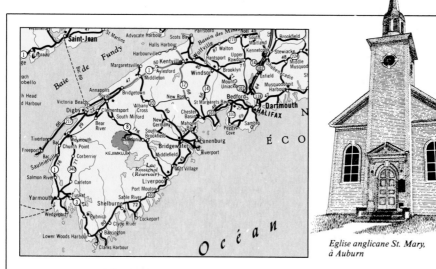

Halls Harbour

Église anglicane St. Mary, à Auburn

Église anglicane St. Mary, à Auburn

HALLS HARBOUR

Ce pittoresque village de pêcheurs domine le bassin des Mines où les marées de la baie de Fundy sont parmi les plus hautes du monde. Il porte le nom d'un pirate qui saccagea le village à deux reprises au début du XIXᵉ siècle. Hall revint une troisième fois en 1813, mais les colons, avertis par un Indien, l'attendaient de pied ferme. Ils battirent les pirates et s'emparèrent d'une cassette de pièces d'or qui se trouvait à bord de leur navire, la *Mary Jane*. Ils l'auraient enterrée au bord de la rive, mais le trésor légendaire n'a jamais été retrouvé.

AUBURN

L'église anglicane St. Mary fut construite en 1790 par des colons loyalistes. Pour faire le plâtre des murs, ils réduisirent en poudre les coquilles des moules dont les réfugiés acadiens s'étaient nourris alors qu'ils se cachaient durant l'hiver 1755-1756 pour échapper à la déportation.
□ A Morden, à 11 km au nord, une grande croix de galets rappelle la mémoire des 250 Acadiens qui passèrent ici l'hiver 1755-1756. Plusieurs moururent. Les survivants prirent la fuite en canot et se rendirent sur la rive nord du bassin des Mines en mars 1756.
□ A l'est d'Auburn, Berwick est le principal centre de pommiculture de la Nouvelle-Écosse.

BRIDGETOWN

De belles maisons anciennes bordent les rues de cette ville, près de l'endroit où l'Annapolis devient navigable. Les Acadiens s'installèrent dans la région au cours des années 1650, suivis par des colons de Nouvelle-Angleterre puis, après 1776, par des réfugiés loyalistes.
□ Perché sur la croupe du mont North, le parc provincial Valleyview offre une splendide vue panoramique de la vallée de l'Annapolis.

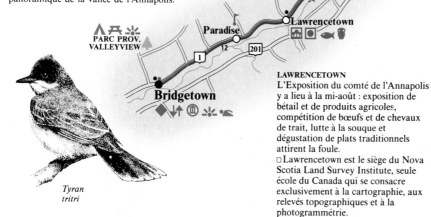

Tyran tritri

GREENWOOD

Ce village a été construit pour héberger les familles des aviateurs de la base aérienne qui effectuent des patrouilles maritimes à long rayon d'action. On peut visiter la base.
□ Aux environs, Kingston organise une foire au début de juillet : manifestations sportives, grillades en plein air, promenades à dos de poneys et spectacles de variétés se succèdent.

MIDDLETON

On peut visiter l'ancienne église anglicane Holy Trinity. Construite en 1788 par des loyalistes de la Nouvelle-Angleterre, elle possède encore ses stalles d'origine à dossiers droits, pourvues de portes numérotées. L'église actuelle (1893) renferme des objets de l'ancienne église : une bible et un recueil de prières (1783), une patène et une burette (1792), ainsi qu'une cloche coulée la même année.
□ En juillet et en août, le marché aux puces de Middleton est l'occasion rêvée pour les coureurs d'aubaines et les amateurs d'antiquités.
□ Près du village côtier de Margaretsville, à 12 km au nord, les touristes peuvent se baigner, canoter ou pêcher dans la baie de Fundy.

LAWRENCETOWN

L'Exposition du comté de l'Annapolis y a lieu à la mi-août : exposition de bétail et de produits agricoles, compétition de bœufs et de chevaux de trait, lutte à la souque et dégustation de plats traditionnels attirent la foule.
□ Lawrencetown est le siège du Nova Scotia Land Survey Institute, seule école du Canada qui se consacre exclusivement à la cartographie, aux relevés topographiques et à la photogrammétrie.

0 1 2 3 4 5 Milles

0 2 4 6 8 Kilomètres

Il y a plus de trois siècles, les premiers colons de la Nouvelle-Ecosse, les Acadiens, cultivaient déjà la fertile vallée de l'Annapolis, l'un des « vergers » les plus connus du Canada. Après leur expulsion en 1755, la région fut colonisée par des habitants de la Nouvelle-Angleterre, puis par des loyalistes qui fuyaient la persécution des révolutionnaires américains. Un grand nombre de leurs descendants vivent toujours dans cette région paisible qui est devenue l'un des principaux producteurs de pommes du Canada.

Entre Bridgetown et Kentville se succèdent de paisibles bourgades, Lawrencetown, Middleton, Aylesford, Berwick et même un village du nom de Paradise. Dans la vallée que les arbres en fleurs embaument à la fin de mai et au début de juin, les oiseaux de mer et les oiseaux des bois cèdent la place aux espèces qui fréquentent les fermes et les vergers comme le colibri à gorge rubis, le tyran tritri et le pinson familier.

La grand-route s'avance parallèlement à la côte de la baie de Fundy et ne s'en écarte jamais de plus de 15 km. Des routes secondaires mènent à de pittoresques hameaux côtiers comme ceux de Hampton, Port George et Margaretsville dont les plages ensoleillées sont battues par les grandes marées de la baie de Fundy.

A Kentville, qui est réputé pour son festival des vergers en fleurs au printemps, une route conduit à un musée vivant de l'agriculture, plus au sud : la ferme de New Ross qui est encore exploitée comme pouvait l'être une ferme au cours du siècle dernier.

Défilé du Festival des vergers en fleurs, à Kentville

KENTVILLE
A la fin de mai ou au début de juin, à l'époque où les vergers sont en fleurs, les villes de la vallée de l'Annapolis organisent un festival annuel à Kentville ou dans une autre agglomération des environs. Le premier festival des vergers en fleurs fut célébré à Kentville en 1932. Chaque ville présente sa candidate à l'élection de la reine du festival et les habitants de plus d'une dizaine de bourgades participent à ces cinq journées de fêtes.
□ La station de recherche du ministère de l'Agriculture du Canada se spécialise dans l'horticulture et l'aviculture. La base Aldershot, autrefois la caserne des Black Watch du Canada (Royal Highland Regiment), sert à l'instruction des soldats de réserve.

FERME DE NEW ROSS
Dans ce musée vivant de l'agriculture, on peut voir des bœufs tirer les charrues, tandis que les moissonneurs coupent le blé à la faux ou à la faucille. La ferme Ross date de 1816, alors que le capitaine William Ross, des Nova Scotia Fencibles, s'occupa d'installer dans la région 172 soldats libérés.
□ La vieille grange de bois (1892) renferme des instruments aratoires qui illustrent les techniques agricoles de 1600 à 1925. On peut y voir des arrache-souches, des charrues et des moissonneuses, ainsi que des batteuses et des vanneuses.
□ Le tonnelier de la ferme fabrique et répare des barils et des tonneaux. D'autres artisans taillent des bardeaux ou ferrent les bœufs devant les visiteurs.
□ Rosebank est une habitation de deux étages que le capitaine Ross construisit en 1817 pour remplacer sa première maison de rondins. Elle possède cinq cheminées. On peut y voir un piano (v. 1820) que quatre soldats apportèrent jusqu'ici de Chester, à 24 km au sud.

Les riches vergers de la vallée de l'Annapolis

Presque tous les vergers de pommiers de la Nouvelle-Ecosse se trouvent dans la vallée de l'Annapolis où la terre est riche et le climat très doux. Les colons de la Nouvelle-Angleterre qui s'installèrent ici en 1760 créèrent les premiers vergers commerciaux du Canada. De nombreux descendants de ces colons s'occupent encore des pommiers de la vallée.

Les variétés les plus communes sont la McIntosh, la Red et la Gold Delicious (de gauche à droite, ci-dessus), ainsi que la Northern Spy. Mais on y récolte aussi la Crimson Beauty, la Melba, la Bough Sweet et la Honeygold. Les variétés les plus fragiles se vendent sur place. Les autres sont exportées, surtout en Grande-Bretagne et aux Etats-Unis. De nombreux établissements font de la compote, du jus, de la gelée et du cidre.

Cottage Rosebank, ferme de New Ross

Map labels

BAIE DE FUNDY
lls Harbour
Vernon Mines 11
359
Centreville
221
7
Aldershot
341
Kentville
Cornwallis
mbridge
Coldbrook 1
7
12
13
aterville
7
101
South Alton
Gaspéreau
Gaspéreau
Lac
Lac Murphy
23
40.5
New Ross Road
Salmontail
12
Aldersville
Lac Salmontail
Lac Wallaback
Gold
Mill Road
Lac Harris
10.5
Lake Ramsay
Lac Ramsay
New Ross

Pinson familier

Le souvenir d'Evangéline et du « grand dérangement »

Centre de la Nouvelle-Ecosse

Les rives du bassin des Mines, près de Blomidon

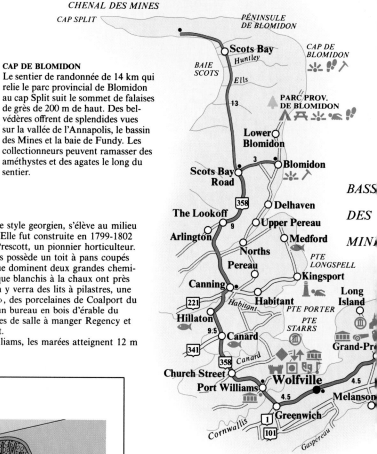

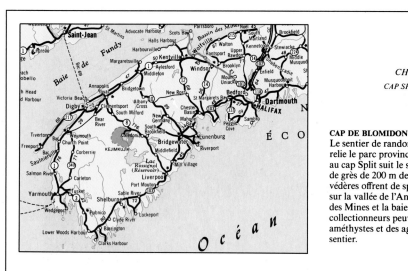

CAP DE BLOMIDON

Le sentier de randonnée de 14 km qui relie le parc provincial de Blomidon au cap Split suit le sommet de falaises de grès de 200 m de haut. Des belvédères offrent de splendides vues sur la vallée de l'Annapolis, le bassin des Mines et la baie de Fundy. Les collectionneurs peuvent ramasser des améthystes et des agates le long du sentier.

POINTE STARRS

La Maison Prescott, de style georgien, s'élève au milieu d'un splendide jardin. Elle fut construite en 1799-1802 par Charles Ramage Prescott, un pionnier horticulteur. Le manoir de 21 pièces possède un toit à pans coupés percé de mansardes que dominent deux grandes cheminées. Les murs de brique blanchis à la chaux ont près de 1 m d'épaisseur. On y verra des lits à pilastres, une horloge « grand-père », des porcelaines de Coalport du début du XIXe siècle, un bureau en bois d'érable du XVIIIe siècle, des chaises de salle à manger Regency et un portrait de Prescott.

□ Non loin, à Port Williams, les marées atteignent 12 m d'amplitude.

Maison Prescott, à la pointe Starrs

Des prés fertiles arrachés à la mer

D'anciennes digues acadiennes bordent encore le bassin des Mines, près de Grand-Pré. Elles furent construites pour arrêter les marées de la baie de Fundy et transformer les marécages de la côte en champs fertiles. Larges de plus de 3 m, elles étaient construites avec des pierres et des branches revêtues d'argile. A la base s'ouvraient des « aboiteaux », canalisations de bois dont les clapets permettaient de régulariser le niveau de l'eau dans les marécages.

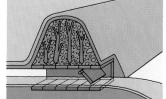

L'aboiteau s'ouvre à marée basse,

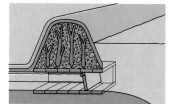

puis se ferme à marée haute

WOLFVILLE

Environ 2 500 étudiants suivent des cours dans les élégants édifices néo-classiques de l'université Acadia, fondée en 1838 par des baptistes de la Nouvelle-Ecosse. La bibliothèque commémorative Vaughan conserve les sermons et le journal du prédicateur Henry Alline qui, de 1775 à 1783, contribua à empêcher la Nouvelle-Ecosse de se rallier à la révolution américaine. L'université organise un Festival international de théâtre à la mi-juillet.

□ Le musée historique de Wolfville possède des meubles de la fin du XVIIIe siècle, époque à laquelle des colons venus de la Nouvelle-Angleterre s'installèrent dans la région après l'expulsion des Acadiens en 1755.

Le drapeau bleu, blanc et rouge de l'Acadie, avec une étoile d'or sur le champ bleu, flotte fièrement sur le parc historique national de Grand-Pré, théâtre principal du « grand dérangement », l'expulsion de 1755. Cette année-là, alors que les passions s'exacerbaient en Amérique du Nord, les Acadiens de la Nouvelle-Ecosse refusèrent de prêter serment d'allégeance à la couronne d'Angleterre, de peur d'être forcés de se battre contre d'autres Français. Des milliers d'Acadiens furent déportés et abandonnés dans les colonies anglaises du Sud. Le récit le plus émouvant de cette triste histoire, *Evangéline*, un poème épique de Longfellow, nous parle d'une jeune fille qui en fait est le fruit de l'imagination de l'écrivain. Pourtant, à l'endroit même où l'expulsion des Acadiens fut annoncée, les visiteurs jettent aujourd'hui des pièces de monnaie dans le « puits d'Evangéline » et contemplent sa statue de bronze, à côté d'une chapelle couverte de lierre.

Trois des plus beaux musées de la Nouvelle-Ecosse se trouvent aux environs. A la pointe Starrs, la Maison Prescott est une remarquable demeure georgienne qu'un pionnier horticulteur construisit en 1799-1802. A Mount Uniacke, les touristes visitent une grande maison du XIXᵉ siècle et, à Windsor, la maison de bois dans laquelle Thomas Chandler Haliburton imagina Sam Slick, le colporteur d'horloges. Son premier ouvrage, *The Clockmaker,* publié en 1836, mettait en scène un « Yankee » au franc-parler qui laissa aux anglophones d'innombrables proverbes pleins de bon sens et d'humour.

GRAND-PRÉ

Les grands saules du parc historique national de Grand-Pré dateraient du XVIIᵉ et du XVIIIᵉ siècle, alors que la bourgade était une grande agglomération acadienne. Dans le parc, une chapelle se dresse sur l'emplacement de l'église dans laquelle les Acadiens apprirent qu'ils allaient être expulsés, en 1755. A côté se trouve la statue de bronze de l'héroïne de Longfellow, *Evangéline*. Le « puits d'Evangéline » a été restauré.
□ Près du parc, un monument rappelle la bataille de Grand-Pré (1747), au cours de laquelle 240 Français et 20 Indiens mirent en fuite 500 soldats de la Nouvelle-Angleterre.
□ L'église des Covenanters, construite par des loyalistes en 1804, possède des stalles carrées et une chaire qui s'élève à mi-hauteur du plafond. Ses planches équarries à la main sont jointes avec des clous à tête carrée.
□ Une plaque indique la maison natale de Sir Robert Borden, Premier ministre durant la guerre de 1914-1918.

Sam Slick, le héros de Haliburton

Evangéline : l'histoire d'un grand poème

C'est en 1847 que le poète américain Henry Wadsworth Longfellow publia *Evangéline, conte d'Acadie*. Avec son fameux premier vers (« c'est l'antique forêt vierge »), le poème épique qui parle de la dispersion du peuple acadien devint l'une de ses œuvres les plus populaires. Des millions de lecteurs connaissent aujourd'hui la triste histoire d'Evangéline, séparée de l'homme qu'elle aimait. L'idée du poème avait germé dans l'esprit d'un pasteur de Boston, Horace L. Conolly, qui avait entendu parler de plusieurs couples d'amoureux acadiens séparés par la déportation. Il proposa d'abord l'histoire à Nathaniel Hawthorne mais ce fut Longfellow qui l'écrivit. Le poète, touché par cette tragique romance, commença à écrire *Evangéline* en 1845, dans sa maison de Cambridge, au Massachusetts, d'après des récits de l'expulsion des Acadiens.

*La statue d'*Evangéline*, parc historique national de Grand-Pré*

WINDSOR

« Clifton », la maison de 15 pièces, construite en 1834-1836 et dans laquelle le juge Thomas Chandler Haliburton écrivit les histoires de Sam Slick, abrite aujourd'hui le musée commémoratif Haliburton. On peut y voir le bureau de Haliburton et une pendule de cheminée semblable à celle que vendait le célèbre colporteur dans l'imagination de son auteur.
□ Un fortin de rondins fendus en deux (1750), le plus ancien du Canada, se dresse au sommet d'une colline qui domine Windsor.
□ L'Exposition du comté de Hants, fondée en 1765 et qui se déroule tous les ans en septembre depuis 1815, est la plus ancienne foire agricole d'Amérique du Nord.

SOUTH RAWDON

Le musée possède une collection d'objets typiques de la vie rurale en Nouvelle-Ecosse au XVIIIᵉ siècle, par exemple des patins dont les lames d'acier sont fichées dans des blocs de bois et une presse qui servait à mettre en forme les chapeaux de paille.

MOUNT UNIACKE

La Maison Uniacke, un élégant manoir de style colonial, possède toujours ses meubles d'époque. Un Irlandais, Richard John Uniacke, construisit la maison en 1813-1815 alors qu'il était procureur général de la Nouvelle-Ecosse. La demeure de deux étages qui comprend huit chambres à coucher devint plus tard la maison d'été de son fils, James Boyle Uniacke, un chef tory qui démissionna du conseil législatif en 1837 pour se rallier au parti de la réforme de Joseph Howe. En 1848, Uniacke devint Premier ministre de la Nouvelle-Ecosse et chef du premier gouvernement responsable.

HANTSPORT

On peut voir des maquettes de navires et une collection maritime au centre municipal de Hantsport, aménagé dans une grande maison de trois étages construite en 1860 par Ezra Churchill, un constructeur de navires.
□ Un monument marque la tombe de William Hall, premier noir et premier marin canadien qui obtint la Victoria cross. Fils d'un esclave de Virginie, il servit dans la Royal Navy pendant la guerre de Crimée et en Inde.

Gros-bec des pins

Avonport Station
Avonport
12
101
32.5
Hantsport
Avon
1
Mount Denson
11.5
Halfway
101
PTE DIMOCK
Falmouth
14
Windsor
St. Croix
215
101
9
Three-Mile Plains
St. Croix
Ellershouse
30
Colline Willow ▲
14.5
Colline Ardoise ▲
Meander
South Rawdon
8.5
Hillsvale
Lac Coekscomb
Lakeland
Lac Pigott
6.5
Lac Lily
Mont Uniacke ▲
Mount Uniacke
Oland
South Uniacke
1
Lac Lewis
101

Des croissants de sable blanc que hantaient autrefois les pirates

Sud-ouest de la Nouvelle-Ecosse

La gueule fichée dans le sol, le vieux canon de corsaire qui marque un coin de rue du village de Milton, au nord de Liverpool, rappelle une époque agitée de l'histoire de la côte sud de la Nouvelle-Ecosse. Les colons venus de Cape Cod qui fondèrent Liverpool au cours des années 1760 passèrent une bonne partie du demi-siècle suivant à protéger leurs maisons, leurs pêcheries et leurs navires contre les coups de main des Français, des Espagnols et des Américains. Pour survivre, ils se battirent courageusement, une

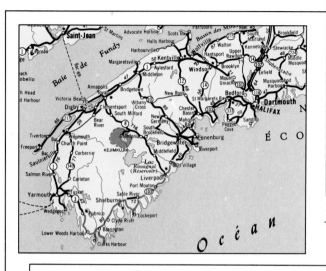

Tapisserie de laine, filature de Barrington

BARRINGTON

La dernière filature de l'est du Canada mue par une chute d'eau, qui fut construite au cours des années 1880, abrite un musée. On peut y voir les machines qui servaient à tordre et à bobiner le fil.
□ Le plus ancien lieu de culte non conformiste du Canada est la Old Meeting House de Barrington, construite en 1765 par des membres d'une secte fondamentaliste venus du Massachussetts. L'édifice servit d'hôtel de ville et de lieu de culte jusque vers 1838. Des marches étroites permettent d'accéder à la chaire (v. 1790). Les poutres du plafond reposent sur des goussets de navires.

Cap de Sable : le cimetière de l'Atlantique

A Centreville, dans l'île du Cap-de-Sable, un bateau de sauvetage (v. 1890) placé devant le musée Archelaus Smith rappelle les équipages qui bravaient la mer démontée pour secourir les naufragés... et récupérer tout ce qui avait de la valeur sur une épave. Dès qu'ils apercevaient un navire en détresse, les sauveteurs lançaient leurs frêles embarcations sur les eaux pour secourir les marins, mais aussi pour s'emparer de leurs biens, s'ils le pouvaient.

Des centaines de navires ont sombré dans les eaux du cap de Sable. Les hauts-fonds qui s'avancent là à plusieurs centaines de mètres éventraient la coque des navires emportés par les puissantes marées

qui s'engouffrent entre les récifs et les îlots. Pendant des siècles, le cap était connu des marins comme l'un des cimetières de l'Atlantique. (Il ne faut pas le confondre avec un autre « cimetière », tout aussi fameux, et dont le nom est très semblable : l'île de Sable, un banc de sables mouvants à plus de 300 km à l'est de Halifax.)

Le pire naufrage se produisit en février 1860, alors que le vapeur *Hungarian,* parti de Portland, dans le Maine, pour l'Angleterre, sombra sur un récif. Ses 125 passagers et 80 membres d'équipage perdirent tous la vie. Mais l'on sauva une bonne partie de sa cargaison, véritable manne pour les habitants de l'île.

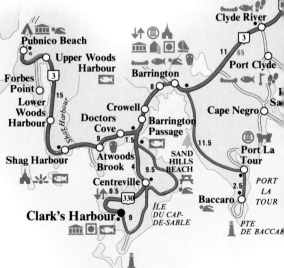

SHAG HARBOUR

La colline de la Chapelle, d'où l'on voit les feux de cinq phares, offre une belle vue des îles de la côte sud de la Nouvelle-Ecosse. On peut louer des bateaux pour se rendre à l'île Seal, à 25 km au large. Le phare fut construit en 1830, sur les instances de deux familles qui s'étaient installées ici pour secourir les marins en détresse. La lanterne fonctionna à l'huile de phoque, puis aux vapeurs de pétrole avant d'être électrifiée.

Ibis blanc

ÎLE DU CAP-DE-SABLE

A Barrington Passage, une digue de 1 200 m mène à l'île du Cap-de-Sable, à l'extrémité méridionale de la Nouvelle-Ecosse.
□ On peut voir des objets provenant d'épaves de navires au musée Archelaus Smith de Centreville.
□ Clark's Harbour est l'endroit où fut lancé un type de bateau, le Cape Island, réputé pour sa stabilité et sa maniabilité dans les eaux peu profondes et par gros temps. Il fut dessiné au début du siècle par Ephraim Atkinson. Ses versions modernes, qui atteignent une douzaine de mètres de long, sont équipées de moteurs et servent surtout à la pêche côtière.

PORT LA TOUR

Aux environs subsistent des vestiges de deux forts du XVIIe siècle. A quelques kilomètres au sud, un monument marque l'emplacement du fort Saint-Louis, construit vers 1627 par le négociant français Charles La Tour. Des vestiges du fort Temple (1658), première place forte anglaise sur la côte du sud-ouest de la Nouvelle-Ecosse, sont visibles au nord-ouest de Port La Tour.

fois dans leur propres rues, plus souvent en haute mer avec leurs navires de course équipés de canons de la Royal Navy.

Au sud de Liverpool, la route traverse White Point et Hunts Point, des centres touristiques bordés de croissants de sable d'un blanc immaculé. Plus loin, Shelburne, un petit centre de constructions navales de 2 700 habitants, fut un temps le lieu le plus peuplé de l'Amérique du Nord britannique, lorsque quelque 10 000 loyalistes s'y réfugièrent après la révolution américaine. La salle où se

rassemblaient ces colons, il y a plus de deux siècles, Old Meeting House, se trouve à Barrington qui possède également l'une des premières filatures du Canada. A Barrington Passage, une digue mène à l'île du Cap-de-Sable, longtemps reconnue parmi les marins comme l'endroit le plus dangereux de la côte atlantique. Dans cette île, on découvre parfois, au milieu de volées de bernaches canadiennes, de canards noirs et de sarcelles à ailes bleues, des oiseaux exotiques comme l'ibis blanc.

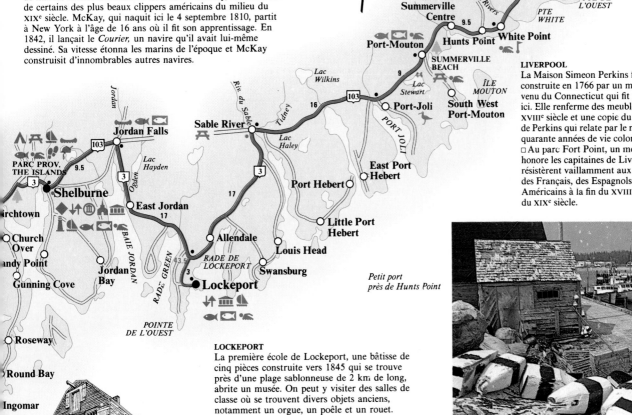

JORDAN FALLS

A Jordan Falls, un monument de galets surmonté d'une ancre de marine honore la mémoire de Donald McKay, constructeur de certains des plus beaux clippers américains du milieu du XIXᵉ siècle. McKay, qui naquit ici le 4 septembre 1810, partit à New York à l'âge de 16 ans où il fit son apprentissage. En 1842, il lançait le *Courier,* un navire qu'il avait lui-même dessiné. Sa vitesse étonna les marins de l'époque et McKay construisit d'innombrables autres navires.

Petit port près de Hunts Point

LIVERPOOL

La Maison Simeon Perkins fut construite en 1766 par un marchand venu du Connecticut qui fit fortune ici. Elle renferme des meubles du XVIIIᵉ siècle et une copie du journal de Perkins qui relate par le menu plus de quarante années de vie coloniale.
□ Au parc Fort Point, un monument honore les capitaines de Liverpool qui résistèrent vaillamment aux incursions des Français, des Espagnols et des Américains à la fin du XVIIIᵉ et au début du XIXᵉ siècle.

LOCKEPORT

La première école de Lockeport, une bâtisse de cinq pièces construite vers 1845 qui se trouve près d'une plage sablonneuse de 2 km de long, abrite un musée. On peut y visiter des salles de classe où se trouvent divers objets anciens, notamment un orgue, un poêle et un rouet.

Maison Ross-Thompson, à Shelburne

SHELBURNE

Ce petit centre de constructions navales de 2 700 habitants connut une brève heure de gloire lorsque 10 000 loyalistes s'y réfugièrent en 1783. En bas de la rue King, un monument marque l'endroit où ils débarquèrent. La Maison Ross-Thompson, construite en 1784, abrite aujourd'hui une annexe du musée de la Nouvelle-Ecosse. L'avant de cette maison de deux étages comprend un magasin rempli de marchandises d'époque.
□ Dans le port, le phare du cap Roseway de l'île McNutt est l'un des plus anciens de la Nouvelle-Ecosse (1788). Le camping, la pêche, le canot, la marche et l'équitation attirent de nombreux vacanciers au parc provincial The Islands.

Les joyeux corsaires de Liverpool

Le Liverpool Packet, *fameux corsaire de la Nouvelle-Ecosse*

Les marins de la Nouvelle-Ecosse se découvrirent une vocation de corsaires entre 1756 et 1815. La Nouvelle-Ecosse dut d'ailleurs se tourner vers cette piraterie légalisée pour protéger son commerce avec les Antilles, menacé par les navires ennemis pendant la révolution américaine, les guerres napoléoniennes et la guerre de 1812.

Plusieurs corsaires de Liverpool devinrent célèbres. Le capitaine Alexander Godfrey par exemple, du brick *Rover,* mit en déroute une escadre espagnole et captura son vaisseau amiral dans la mer des Caraïbes en 1800. Quant au capitaine Joseph Barss, de la goélette *Liverpool Packet,* il captura près de 100 navires américains pendant la guerre de 1812.

Repaires de contrebandiers, trésors cachés et vaisseau fantôme

Sud-ouest de la Nouvelle-Ecosse

Depuis la côte déchiquetée de Prospect, au sud-ouest de Halifax, la « route des Phares » de Nouvelle-Ecosse s'étire le long du littoral où l'on peut encore voir de nombreuses maisons de marins dont le toit est dominé par une plate-forme d'observation, le « balcon des veuves ». Peggy's Cove est l'une des haltes favorites des touristes. Ce petit village de pêcheurs, le plus photographié du Canada, ne compte que 90 habitants environ mais il peut accueillir jusqu'à 1 000 touristes par une belle journée d'été.

BRIDGEWATER

Le centre d'attraction du parc municipal, qui possède également des sentiers de randonnée, un étang et un refuge d'oiseaux, est le musée DesBrisay dont les collections, réunies par le juge Mather Byles DesBrisay, relatant l'histoire du comté de Lunenburg. On peut y voir notamment un berceau micmac en écorce de bouleau, orné de piquants de porc-épic teints et tissés (1841). Les bibles allemandes du musée datent de 1669.
□ Au début d'août, la ville organise l'Exposition de la rive Sud pendant laquelle se déroule un concours international de bêtes de trait.
□ A New Germany, l'église anglicane de St. John in the Wilderness date de 1844.

Le musée vivant des pêcheurs de Lunenburg

D'anciens pêcheurs font visiter un navire historique amarré au quai du musée des Pêcheries de l'Atlantique, annexe du musée de la Nouvelle-Ecosse. Le *Theresa E. Connor*, la dernière des goélettes de Lunenburg, a été transformée en un musée où l'on peut voir des souvenirs de l'époque des grands voiliers hauturiers de Nouvelle-

Goélette Theresa E. Connor

Ecosse. Construite à Lunenburg en 1938, au chantier naval de Smith and Rhuland (tout comme le *Bluenose*, et sa copie que l'on peut voir à Halifax, le *Bluenose II*), la goélette abrite une exposition sur la pêche hauturière, la roue de gouvernail du *Bluenose* et de nombreux trophées. Le musée possède également un ancien navire contrebandier du temps de la prohibition, le *Reo II*, ainsi que le chalutier *Cape North*, tous deux construits à Meteghan, en Nouvelle-Ecosse.

Martin-pêcheur

LA HÈVE

C'est ici, sur une pointe qui domine la rivière La Hève, que fut fondé l'un des premiers établissements du Canada: un monument marque l'emplacement du fort Sainte-Marie-de-Grâce, construit en 1632 par Isaac de Razilly, lieutenant général de l'Acadie. Il fut incendié par des corsaires de Boston en 1705.
□ Les dunes du parc provincial Risser's Beach atteignent 3 m de haut.

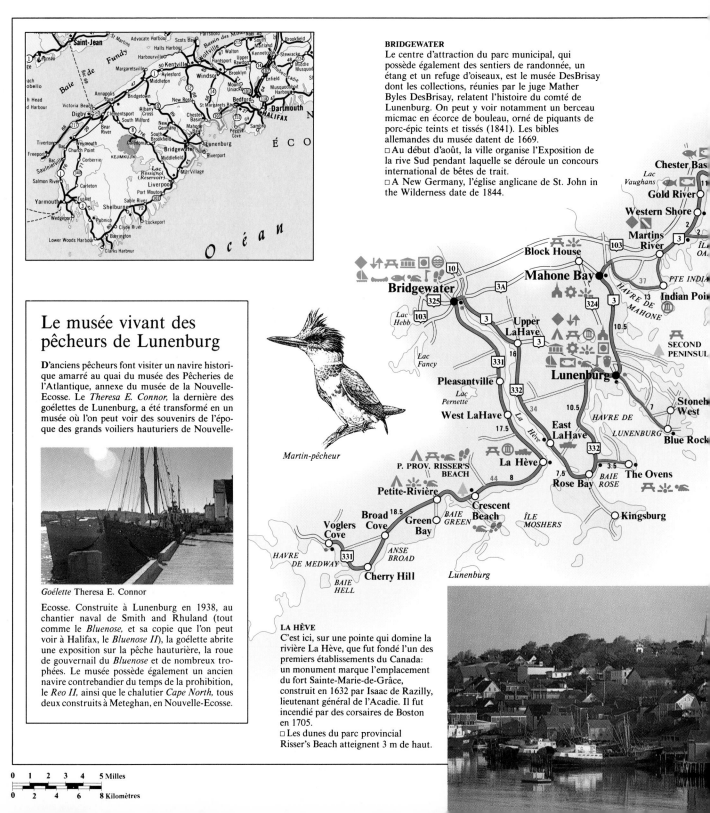

La route épouse ensuite la côte découpée de la baie St. Margarets où les contrebandiers, dans les années 30, à l'époque de la prohibition, chargeaient de pleines cargaisons d'alcool à destination de la Nouvelle-Angleterre. Plus loin s'étend la baie de Mahone où l'on cherche encore le trésor caché par un pirate dans l'île Oak en 1795. C'est dans cette baie parsemée de quelque 350 îles que « réapparaît » dans un brasier de flammes, par nuit noire, le bateau corsaire *Young Teazer* qui sauta en 1813.

A Lunenburg mouillait, il y a un demi-siècle, la plus grande flottille hauturière qui pêchait sur les bancs de Terre-Neuve. Le meilleur de ses navires était la goélette *Bluenose,* dont la silhouette orne les pièces de 10 cents. Ce splendide navire battait à la course les plus rapides voiliers américains dans les années 20 et 30. Lunenburg demeure, aujourd'hui, l'un des ports de pêche les plus prospères de la côte atlantique.

Aux environs se trouve un havre pittoresque, Blue Rocks, où l'on peut voir des séchoirs à poissons construits sur pilotis, au milieu de l'eau. De l'autre côté du port de Lunenburg, on visitera The Ovens (les Fours), un chapelet de grottes et de trous creusés dans les falaises par le ressac.

Un peu à l'intérieur des terres, Bridgewater, la plus grande ville du comté de Lunenburg, se dresse sur les collines boisées qui dominent la rivière La Hève. On y organise en août l'Exposition de la rive Sud, durant laquelle les visiteurs assisteront à un concours international de bêtes de trait.

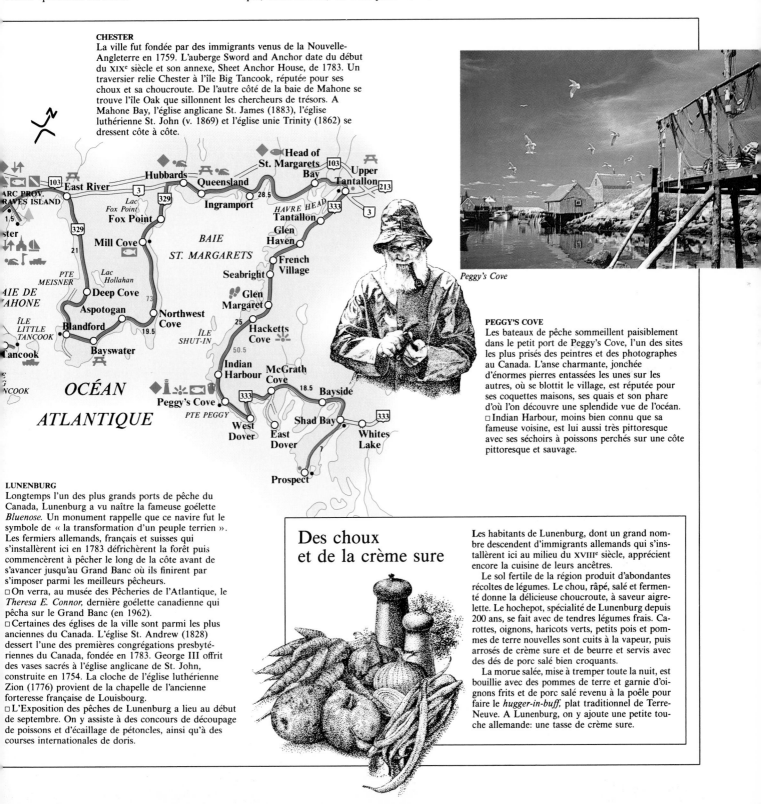

CHESTER
La ville fut fondée par des immigrants venus de la Nouvelle-Angleterre en 1759. L'auberge Sword and Anchor date du début du XIXe siècle et son annexe, Sheet Anchor House, de 1783. Un traversier relie Chester à l'île Big Tancook, réputée pour ses choux et sa choucroute. De l'autre côté de la baie de Mahone se trouve l'île Oak que sillonnent les chercheurs de trésors. A Mahone Bay, l'église anglicane St. James (1883), l'église luthérienne St. John (v. 1869) et l'église unie Trinity (1862) se dressent côte à côte.

Peggy's Cove

PEGGY'S COVE
Les bateaux de pêche sommeillent paisiblement dans le petit port de Peggy's Cove, l'un des sites les plus prisés des peintres et des photographes au Canada. L'anse charmante, jonchée d'énormes pierres entassées les unes sur les autres, où se blottit le village, est réputée pour ses coquettes maisons, ses quais et son phare d'où l'on découvre une splendide vue de l'océan.
□ Indian Harbour, moins bien connu que sa fameuse voisine, est lui aussi très pittoresque avec ses séchoirs à poissons perchés sur une côte pittoresque et sauvage.

LUNENBURG
Longtemps l'un des plus grands ports de pêche du Canada, Lunenburg a vu naître la fameuse goélette *Bluenose.* Un monument rappelle que ce navire fut le symbole de « la transformation d'un peuple terrien ». Les fermiers allemands, français et suisses qui s'installèrent ici en 1783 défrichèrent la forêt puis commencèrent à pêcher le long de la côte avant de s'avancer jusqu'au Grand Banc où ils finirent par s'imposer parmi les meilleurs pêcheurs.
□ On verra, au musée des Pêcheries de l'Atlantique, le *Theresa E. Connor,* dernière goélette canadienne qui pêcha sur le Grand Banc (en 1962).
□ Certaines des églises de la ville sont parmi les plus anciennes du Canada. L'église St. Andrew (1828) dessert l'une des premières congrégations presbytériennes du Canada, fondée en 1783. George III offrit des vases sacrés à l'église anglicane de St. John, construite en 1754. La cloche de l'église luthérienne Zion (1776) provient de la chapelle de l'ancienne forteresse française de Louisbourg.
□ L'Exposition des pêches de Lunenburg a lieu au début de septembre. On y assiste à des concours de découpage de poissons et d'écaillage de pétoncles, ainsi qu'à des courses internationales de doris.

Des choux et de la crème sure

Les habitants de Lunenburg, dont un grand nombre descendent d'immigrants allemands qui s'installèrent ici au milieu du XVIIIe siècle, apprécient encore la cuisine de leurs ancêtres.

Le sol fertile de la région produit d'abondantes récoltes de légumes. Le chou, râpé, salé et fermenté donne la délicieuse choucroute, à saveur aigrelette. Le hochepot, spécialité de Lunenburg depuis 200 ans, se fait avec de tendres légumes frais. Carottes, oignons, haricots verts, petits pois et pommes de terre nouvelles sont cuits à la vapeur, puis arrosés de crème sure et de beurre et servis avec des dés de porc salé bien croquants.

La morue salée, mise à tremper toute la nuit, est bouillie avec des pommes de terre et garnie d'oignons frits et de porc salé revenu à la poêle pour faire le *hugger-in-buff,* plat traditionnel de Terre-Neuve. A Lunenburg, on y ajoute une petite touche allemande: une tasse de crème sure.

Un grand port international, cœur des provinces de l'Atlantique

Halifax, capitale de la Nouvelle-Ecosse et ville depuis toujours ouverte sur l'océan, a su conserver sa vocation maritime originelle tout en devenant le grand centre financier, universitaire, médical et culturel des provinces de l'Atlantique.

Mais cette ville bâtie sur une presqu'île et qui offre trois de ses flancs à la mer, reste peut-être avant tout un port, l'un des plus beaux du monde d'ailleurs, où quelque 3 400 navires accostent chaque année.

Le port extérieur, large de près de 1,5 km, possède 32 postes d'amarrage sur un front de mer de plus de 5 km. La gare maritime aurait été assez grande pour accueillir côte à côte le *Queen Mary* et le *Queen Elizabeth* et son port de conteneurs peut recevoir les plus gros cargos du monde. Quant au port intérieur, le bassin de Bedford, il serait assez grand et profond pour que toutes les marines de guerre du monde y mouillent en même temps. Aucun de ces ports, en outre, n'est pris par les glaces et ils sont particulièrement animés en hiver, lorsque ceux du Saint-Laurent doivent fermer.

Archives publiques de Nouvelle-Ecosse (6)
On peut y voir les presses qu'utilisa Joseph Howe, un ardent défenseur de la liberté de la presse, pour faire imprimer le *Novascotian* de 1827 à 1841.

Base des forces canadiennes Stadacona (4)
Le musée du Commandement maritime se trouve dans la maison de l'Amirauté, autrefois la demeure du commandant britannique de la base navale de Halifax.

Basilique Sainte-Marie (28)
C'est l'une des plus anciennes églises de pierre du Canada (v. 1820). Son clocher de granit est l'un des plus hauts du monde (58 m).

Bibliothèque commémorative du nord de Halifax (25)
La bibliothèque est dédiée aux victimes de l'explosion d'un navire de munitions en 1917. Une sculpture de Jordi Bonet symbolise la catastrophe et la reconstruction de la ville.

Cathédrale All Saints (18)
Elle fut construite en 1907-1910 pour célébrer le 200ᵉ anniversaire du premier service anglican en Nouvelle-Ecosse.

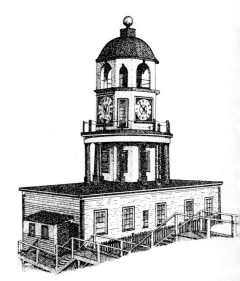

Old Town Clock (ci-dessus) fait partie du paysage de Halifax depuis 1803. La vieille horloge sonne les quarts d'heure, les demies et les heures. Autrefois dominée par le canon de la colline de la Citadelle, la ville est aujourd'hui un bouquet de hautes tours.

Chantiers navals de Halifax (8)
On peut visiter les chantiers où plus de 7 000 navires furent réparés pendant la seconde guerre mondiale. Depuis, on y a construit d'innombrables bateaux.

Chapel Built in a Day (19)
Environ 2 000 personnes construisirent en un seul jour la chapelle de Notre-Dame-des-Sept-Douleurs dans le cimetière de la Sainte-Croix, le 31 août 1843.

Cimetière Fairview (2)
Les tombes numérotées de 125 victimes du naufrage du *Titanic*, en 1912, s'alignent dans ce cimetière où se trouve aussi la fosse commune des 249 victimes anonymes de l'explosion du *Mont-Blanc*, un navire de munitions français. La déflagration, la plus forte d'origine non nucléaire qu'ait connue le monde, fit 1 600 morts, des milliers de blessés et rasa l'extrémité nord de la ville.

Halifax

1 Prince's Lodge
2 Cimetière Fairview
3 Parc Fleming
4 BFC Stadacona
5 Université de King's College
6 Archives publiques de Nouvelle-Ecosse
7 Université Dalhousie
8 Chantiers navals de Halifax
9 Port militaire
10 Old Dutch Church
11 Musée de la Nouvelle-Ecosse
12 Office du tourisme
13 Redoute York
14 Eglise St. George
15 CAA
16 Colline de la Citadelle
17 Jardins publics
18 Cathédrale All Saints
19 Chapel Built in a Day
20 Historic Properties
21 Scotia Square
22 Grand Parade
23 Halifax Metro Centre
24 Eglise St. Paul
25 Bibliothèque commémorative du nord de Halifax
26 Maison de la Province
27 Hôtel du Gouvernement
28 Basilique Sainte-Marie
29 Eglise St. Matthew
30 Maison Henry
31 Edward Cornwallis
32 Parc Point Pleasant

Les Jardins publics (à gauche), inaugurés en 1867, sont une oasis de calme, empreinte de nostalgie, au cœur de la ville animée. On peut visiter le port à bord du Bluenose II (ci-dessous), réplique de la fameuse goélette de pêche qui remporta de nombreuses régates internationales au cours des années 20 et 30. Les rues pavées du quartier Historic Properties (en bas) résonnaient autrefois sous les pas des pirates et des racoleurs de la marine anglaise. Elles attirent aujourd'hui de nombreux touristes.

Colline de la Citadelle (16)
La citadelle, une forteresse massive en forme d'étoile, construite de 1828 à 1856, domine Halifax et son port. Elle renferme des collections militaires et maritimes, un musée consacré aux meubles et aux instruments aratoires, ainsi que la galerie d'Art du Centenaire de la Nouvelle-Ecosse.

Edward Cornwallis (31)
Dans un petit parc, près de l'hôtel Nova Scotian, se trouve une statue du gouverneur Edward Cornwallis qui fonda Halifax en 1749.

Eglise St. George (14)
Cette église anglicane de style byzantin fut construite entre 1800 et 1812, sous la direction du prince Edouard.

Eglise St. Matthew (29)
Construite en 1858 par l'Eglise unie, elle dessert l'une des plus anciennes congrégations protestantes dissidentes du Canada.

Eglise St. Paul (24)
Construite avec du bois transporté de Boston en 1749, c'est le plus ancien édifice de Halifax. L'église fut la cathédrale du loyaliste Charles Inglis, premier évêque anglican de Nouvelle-Ecosse.

Grand Parade (22)
Autrefois champ de manœuvre de la garnison où le crieur de ville proclamait les nouvelles, c'est aujourd'hui le site du monument aux morts de Halifax, œuvre du sculpteur écossais John Massey Rhind.

Halifax Metro Centre (23)
Cette salle de 11 000 places accueille des compétitions sportives, des spectacles et des expositions.

Historic Properties (20)
Sur le front de mer, de nombreux bâtiments restaurés, notamment l'entrepôt des Corsaires où l'on vendait aux enchères les cargaisons capturées par les corsaires du XIXᵉ siècle, abritent aujourd'hui des bureaux, des restaurants et des magasins.

Hôtel du Gouvernement (27)
La résidence du lieutenant-gouverneur de la Nouvelle-Ecosse, construite entre 1800 et 1805, n'est pas ouverte au public.

Jardins publics (17)
Inaugurés en 1867, ces jardins pénétrés du charme du XIXᵉ siècle sont une oasis de calme en plein cœur de la ville moderne.

Maison Henry (30)
La maison de William Alexander Henry (1816-1888), Père de la Confédération et maire de Halifax, a été classée monument historique national.

Maison de la Province (26)
Le tribunal où le journaliste Joseph Howe se défendit avec succès en 1835 contre une accusation de diffamation abrite aujourd'hui la bibliothèque du plus ancien édifice législatif du Canada (1818). Le premier gouvernement responsable du pays, dont Howe fut le secrétaire provincial, se réunit dans cet édifice de grès le 2 février 1848.

Musée de la Nouvelle-Ecosse (11)
Ce musée possède 15 annexes dans toute la province. Le thème du musée principal de Halifax est « l'Homme et son environnement en Nouvelle-Ecosse ».

Old Dutch Church (10)
Cette petite église de 12 m sur 6 fut construite en 1756 par des colons allemands. Ce fut la première église luthérienne du Canada.

Parc Fleming (3)
Le Dingle, comme on appelle populairement le parc Fleming, domine le North West Arm — un goulet d'eau de mer très goûté des amateurs de sports nautiques. Une tour commémorative (1908-1912) rappelle la première assemblée législative du Canada, tenue à Halifax le 2 octobre 1758.

Parc Point Pleasant (32)
Des sentiers ombragés mènent aux ruines de cinq batteries qui datent de 1762. La tour Martello du Prince-de-Galles (1796) a été complètement restaurée. Un monument national honore la mémoire des marins canadiens inconnus qui perdirent la vie pendant les deux guerres mondiales.

Port militaire (9)
Des vaisseaux de guerre fréquentent toujours le plus ancien port militaire d'Amérique du Nord, dont la construction fut entreprise en 1759 sous la direction du capitaine James Cook (visites guidées en autobus seulement).

Prince's Lodge (1)
Une petite rotonde (fermée au public) subsiste d'une villa que le prince Edouard fit construire, en bordure du bassin de Bedford, pour sa maîtresse, Julie de Saint-Laurent.

Redoute York (13)
Aile maritime des ouvrages de défense de Halifax, cette position fortifiée (1793) est un monument historique national.

Scotia Square (21)
Ce complexe du centre-ville possède un hôtel de 305 chambres, des immeubles résidentiels et commerciaux, un marché et plus d'une centaine de magasins et de boutiques.

Université Dalhousie (7)
Fondée en 1818, cette université est réputée pour ses facultés de droit et de médecine. Le centre des Arts possède une galerie dont les collections vont de la poterie pré-colombienne à la peinture abstraite.

Université de King's College (5)
Fondée à Windsor (N.-E.) en 1789, l'université de King's College est la plus ancienne du Commonwealth en dehors des Iles Britanniques. Elle s'est installée à Halifax en 1923.

Les grandes marées
de la patrie des Micmacs

Centre de la Nouvelle-Ecosse

La pittoresque route qui longe la rive nord de la baie de Cobequid et du bassin des Mines où les marées sont parmi les plus fortes au monde fait partie de la piste de Glooscap, le légendaire homme-dieu des Micmacs. La colère de Glooscap déchaînait le tonnerre et la foudre ; sa bonté apportait la douceur de l'été des Indiens. Selon la légende, Glooscap tenait sa cour au sommet du cap Blomidon, de l'autre côté du bassin des Mines, veillant sur cette région qui était le pays des Micmacs avant l'arrivée des Blancs.

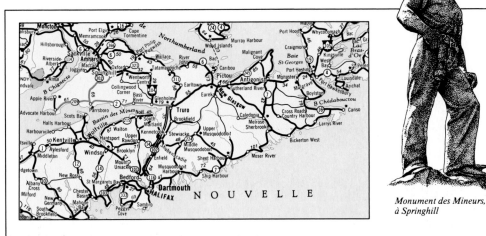

SPRINGHILL
La première mine de charbon de Springhill ouvrit ses portes en 1872. Son puits de 1 220 m était alors le plus profond au Canada. Dans la rue principale, une statue de mineur commémore trois catastrophes minières. En 1891, une explosion tua 125 mineurs ; une autre en emportait 39 autres en 1956 ; deux ans plus tard, un coup de grisou faisait 76 victimes. Lors de cette dernière catastrophe, 12 mineurs furent sauvés après avoir été ensevelis vivants pendant six jours ; sept autres furent secourus deux jours plus tard. La ville compte aujourd'hui deux petites mines qui emploient à peine 150 personnes.

Monument des Mineurs, à Springhill

La Chasse
aux pierres

Améthystes de la région de Parrsboro

Les immenses plages publiques de la région de Parrsboro recèlent des trésors de pierres semi-précieuses : améthystes, agates, zéolithes et jaspes. Au Musée géologique de Parrsboro sont exposés de nombreux spécimens de minéraux ; on y montre également comment tailler, polir et sertir les pierres précieuses.

A la mi-août, la ville est le rendez-vous des collectionneurs pendant les trois jours de la Chasse aux pierres. D'habiles artisans y pratiquent la taille, le polissage et le montage des pierres devant les nombreux curieux qu'attire cette grande vente de bijoux faits à la main.

Le touriste peut aussi explorer les falaises de East Bay, où l'on trouve des fossiles de plantes, de poissons, de lézards et d'amphibiens préhistoriques. En 1902, on y découvrit des empreintes de petits dinosaures datant de 250 millions d'années.

SPENCERS ISLAND
Le brigantin *Mary Celeste,* dont l'histoire figure au nombre des grandes énigmes de la mer, a été construit et lancé à Spencers Island en 1861. En 1872, on le découvrit au beau milieu de l'Atlantique, entre les Açores et Gibraltar : toutes voiles dehors, parfaitement en ordre, mais sans âme qui vive à bord. On ne retrouva jamais l'équipage. Le navire était parti de New York à destination de Gênes, en Italie.
□ A Advocate Harbour se trouve une formation rocheuse connue sous le nom des Trois Sœurs. Selon la légende, Glooscap aurait changé ses trois sœurs en pierre, en guise de châtiment.

PARRSBORO
Lorsque la mer se retire dans le bassin des Mines — un bras de la baie de Fundy — le port de Parrsboro s'assèche complètement. Les plus basses mers descendent de 15 m et découvrent environ 1,5 km de rivage. Les pêcheurs tendent leurs filets entre des poteaux plantés dans le sable. Les poissons s'y prennent à marée haute et il suffit de les ramasser lorsque la marée redescend.
□ Du terrain de golf de Parrsboro, on voit les monts Cobequid se découper à l'arrière-plan, tandis que la côte étire son chapelet de baies, d'îlots et de rochers.
□ Le refuge de la faune de Chignectou, à 17 km, abrite des cerfs, des orignaux et des ours noirs.

A l'ouest de Truro, la piste de Glooscap longe la baie de Cobequid jusqu'à Great Village, où subsistent des vestiges d'anciennes digues acadiennes. Puis la route grimpe jusqu'au village d'Economy, qui domine les cinq îles légendaires de Glooscap : Moose, Diamond, Long, Egg et Pinnacle.

Non loin de Parrsboro, les collectionneurs fouillent le rivage à la recherche de pierres semi-précieuses : améthystes, agates et zéolithes. Les oiseaux de mer nichent dans les marécages qui bordent les plages du littoral.

A Parrsboro, on peut visiter un petit chantier maritime où l'on construit des yachts, observer les pêcheurs au travail, ramasser des palourdes et des coquillages sur la grève ou même chercher de l'or sur les rochers de cette côte qui forme l'un des plus beaux paysages de la Nouvelle-Ecosse. C'est un peu plus à l'ouest, dans le village de Spencers Island, qu'on lança en 1861 la *Mary Celeste,* le fameux navire fantôme. Plus loin, à Advocate Harbour, l'explorateur français Pierre de Monts découvrit du cuivre en juin 1604.

La route bifurque à Parrsboro pour s'enfoncer à l'intérieur des terres et gagner Springhill où l'exploitation des mines de charbon commença dès 1872. Depuis, la ville s'est courageusement relevée de trois catastrophes minières et de deux grands incendies. Des retraités fiers de leur métier et prodigues d'anecdotes font visiter le musée des Mineurs aux touristes. Ce coin d'une remarquable beauté, le royaume de Glooscap, dans les monts Cobequid, n'a guère changé et il reste imprégné des légendes et du folklore indiens.

Les cinq îles du parc provincial de Five Islands

Une petite ville face à son destin

Le musée des Mineurs de Springhill est un hommage rendu au courage des habitants de cette petite ville. On peut y voir des pics et des pelles datant de 1885, ainsi que des scies, des tuyaux à air en caoutchouc et des appareils respiratoires du début du siècle. Des lettres et un journal écrits par les hommes emprisonnés sous terre rappellent les trois accidents tragiques qui frappèrent la mine. Le musée possède aussi une salle de douches où sont exposés des vêtements, des casques et des bottes de mineurs, ainsi qu'une lampisterie renfermant divers modèles de lampes utilisés de 1930 à nos jours. Des mineurs en retraite servent de guides et conduisent les visiteurs dans un puits de mine.

PARC PROVINCIAL DE FIVE ISLANDS
La marée, ici, découvre de vastes plages de sable rouge. Une piste de randonnée serpente au sommet des falaises qui dominent de quelque 45 m le bassin des Mines. Selon la légende micmac, les cinq îles du parc seraient des blocs de pierre que Glooscap jeta un jour à un castor.

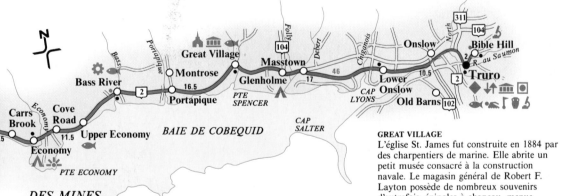

Goglu

Yacht en chantier, à Parrsboro

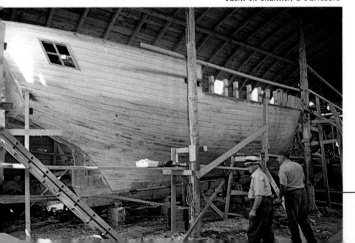

GREAT VILLAGE
L'église St. James fut construite en 1884 par des charpentiers de marine. Elle abrite un petit musée consacré à la construction navale. Le magasin général de Robert F. Layton possède de nombreux souvenirs d'autrefois, épingles à chapeau, menue quincaillerie et même des « purgatifs garantis, capables de guérir tous les maux ».
□ Wenworth Valley, au nord, est le plus ancien centre de ski des Maritimes.

TRURO
Dans le parc Victoria, des trottoirs de bois à flanc de ravin conduisent aux deux chutes pittoresques du ruisseau Lepper. Les collections du musée de la Société historique de Colchester vont de l'océanographie à l'histoire des Micmacs. L'Exposition provinciale de la Nouvelle-Ecosse a lieu à Truro au mois d'août.
□ Deux fois par jour, un mascaret qui atteint parfois 1,5 m remonte la rivière Salmon.
□ A Bible Hill, on peut visiter la ferme expérimentale de l'Ecole d'agriculture de la Nouvelle-Ecosse.
□ Le seul cimetière islamique de l'est du Canada et une mosquée qui peut accueillir 70 fidèles se trouvent aux environs.

Le royaume du bleuet et le déferlement du mascaret

Centre de la Nouvelle-Ecosse

A Amherst, le voyageur est accueilli par des panneaux qui lui souhaitent en gaélique : *Ciad mile failte*, c'est-à-dire « cent mille fois la bienvenue », un accueil chaleureux, bien typique de la Nouvelle-Ecosse.

Pour mieux visiter cette région du nord de la Nouvelle-Ecosse, il faut quitter la route transcanadienne et emprunter la charmante route qui mène de Joggins, la ville des fossiles sur la baie de Chignectou, à Balmoral Mills, connu pour son moulin historique.

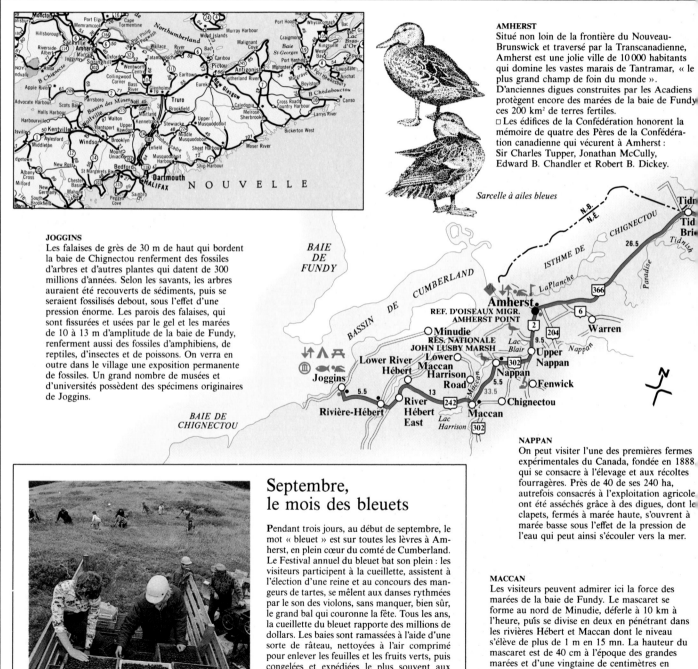

Sarcelle à ailes bleues

AMHERST
Situé non loin de la frontière du Nouveau-Brunswick et traversé par la Transcanadienne, Amherst est une jolie ville de 10 000 habitants qui domine les vastes marais de Tantramar, « le plus grand champ de foin du monde ». D'anciennes digues construites par les Acadiens protègent encore des marées de la baie de Fundy ces 200 km² de terres fertiles.
□ Les édifices de la Confédération honorent la mémoire de quatre des Pères de la Confédération canadienne qui vécurent à Amherst : Sir Charles Tupper, Jonathan McCully, Edward B. Chandler et Robert B. Dickey.

JOGGINS
Les falaises de grès de 30 m de haut qui bordent la baie de Chignectou renferment des fossiles d'arbres et d'autres plantes qui datent de 300 millions d'années. Selon les savants, les arbres auraient été recouverts de sédiments, puis se seraient fossilisés debout, sous l'effet d'une pression énorme. Les parois des falaises, qui sont fissurées et usées par le gel et les marées de 10 à 13 m d'amplitude de la baie de Fundy, renferment aussi des fossiles d'amphibiens, de reptiles, d'insectes et de poissons. On verra en outre dans le village une exposition permanente de fossiles. Un grand nombre de musées et d'universités possèdent des spécimens originaires de Joggins.

NAPPAN
On peut visiter l'une des premières fermes expérimentales du Canada, fondée en 1888 qui se consacre à l'élevage et aux récoltes fourragères. Près de 40 de ses 240 ha, autrefois consacrés à l'exploitation agricole ont été asséchés grâce à des digues, dont le clapets, fermés à marée haute, s'ouvrent à marée basse sous l'effet de la pression de l'eau qui peut ainsi s'écouler vers la mer.

MACCAN
Les visiteurs peuvent admirer ici la force des marées de la baie de Fundy. Le mascaret se forme au nord de Minudie, déferle à 10 km à l'heure, puis se divise en deux en pénétrant dans les rivières Hébert et Maccan dont le niveau s'élève de plus de 1 m en 15 mn. La hauteur du mascaret est de 40 cm à l'époque des grandes marées et d'une vingtaine de centimètres en temps normal. Aux basses eaux, le courant des rivières n'est que légèrement refoulé. On peut admirer ce phénomène du terrain de pique-nique de Lower Maccan qui domine les eaux d'une hauteur de 6 m.

Septembre, le mois des bleuets

Pendant trois jours, au début de septembre, le mot « bleuet » est sur toutes les lèvres à Amherst, en plein cœur du comté de Cumberland. Le Festival annuel du bleuet bat son plein : les visiteurs participent à la cueillette, assistent à l'élection d'une reine et au concours des mangeurs de tartes, se mêlent aux danses rythmées par le son des violons, sans manquer, bien sûr, le grand bal qui couronne la fête. Tous les ans, la cueillette du bleuet rapporte des millions de dollars. Les baies sont ramassées à l'aide d'une sorte de râteau, nettoyées à l'air comprimé pour enlever les feuilles et les fruits verts, puis congelées et expédiées le plus souvent aux Etats-Unis. Elles serviront plus tard à confectionner tartes, petits gâteaux, vins et sirops, mais le véritable amateur les mange nature, arrosées d'un peu de crème.

Cueillette des bleuets dans le comté de Cumberland

La route traverse l'isthme de Chignectou et longe le détroit de Northumberland. Elle passe par Tidnish et par la vieille agglomération française de Tatamagouche.

Les prodigieuses marées de la baie de Fundy, un moulin à blé centenaire qui fonctionne encore, le souvenir d'une géante, « le plus grand champ de foin du monde », les vestiges d'un ambitieux projet ferroviaire, autant d'attractions touristiques qui concourent à l'originalité de la région, tandis que de nombreuses stèles et plaques commémoratives relatent l'histoire orageuse de la période acadienne. Les visiteurs peuvent en outre taquiner la truite, pêcher en haute mer ou pratiquer le golf et la natation.

La fête des Ecossais et le Festival du bleuet en septembre animent la ville de Pugwash. Le marais John Lusby, un parc national de 6,5 km² aux environs d'Amherst, est envahi en mars et avril par quelque 6 000 bernaches canadiennes. Amherst compte également un refuge d'oiseaux migrateurs où viennent se poser d'innombrables canards et sarcelles.

Ponceau de chemin de fer, à Tidnish

TIDNISH

Vers la fin du siècle dernier, on rêvait de construire une voie ferrée de 27 km entre Tidnish et la baie de Fundy, pour transporter sur des wagons des goélettes de 5 000 t et éviter ainsi le détour de 1 000 km autour de la pointe sud de la Nouvelle-Ecosse. On engagea 4 000 hommes pour construire la ligne et les rails commencèrent à s'allonger. Mais il fallut abandonner le projet au bout de cinq ans, faute de fonds. De ce rêve grandiose, il ne reste plus maintenant que le tracé de la voie, toujours visible, quelques ruines et le ponceau de Tidnish.

PUGWASH

Les danseurs des Highlands évoluent au son de la cornemuse lors de l'Assemblée des clans écossais qui a lieu à Pugwash le 1er juillet.
□ De nombreux touristes viennent contempler les cargos et les pétroliers qui encombrent le port de Pugwash, l'un des plus actifs de la Nouvelle-Ecosse. L'agglomération possède aussi un terrain de golf et de belles plages de sable fin. On peut y louer des bateaux pour pêcher en haute mer. Les rivières de la région regorgent de truites et de saumons. La chasse au gibier d'eau est également très populaire à l'automne.

WALLACE

Ce petit village est célèbre pour ses carrières de grès, ouvertes depuis un siècle : les édifices du Parlement d'Ottawa et la maison de la Province, à Halifax, ont été bâtis avec ses pierres. Un monument marque les ruines de la maison où grandit Simon Newcomb (1835-1909), un enfant du pays qui émigra aux Etats-Unis où il devint un célèbre astronome.

Chute Drysdale, près de Balmoral Mills

BALMORAL MILLS

D'innombrables meules de moulins ont été transformées en seuils de portes, en Nouvelle-Ecosse. Mais le moulin centenaire de Balmoral, sur le Matheson, rénové sous la direction du musée de la Nouvelle-Ecosse, a recommencé à tourner comme aux beaux jours d'autrefois. De la mi-mai à la mi-octobre, sa meule originale de 1,5 t y moud encore du blé, de l'orge, de l'avoine et du sarrasin. Le visiteur peut également admirer la chute Drysdale, sur le Baileys, qui plonge d'une hauteur de 7 m.

TATAMAGOUCHE

Anna Swan, la « géante de Nouvelle-Ecosse », mesurait 2,41 m. Au musée Sunrise Trail, on peut voir les immenses vêtements dont elle s'habillait. Née aux environs, à New Annan, en 1846, Anna pesait 8 kg à sa naissance. Elle fit partie pendant des années du grand cirque de P.T. Barnum, avant d'épouser un autre géant du cirque, le capitaine américain Martin Van Buren Bates (2,35 m seulement). Le musée possède également le rôle de l'élection que remporta Charles Tupper en 1867. Le futur Premier ministre du Canada fut élu à main levée. Le scrutin était public : on inscrivait le nom du candidat choisi en regard de chaque nom de la liste des électeurs.

BAIE VERTE

Tidnish Cross Roads

5 Lorneville

6.5 CAP COLDSPRING

64 Northport

CAP BIRCH

Minimikas 14

6 Linden

366

DÉTROIT DE NORTHUMBERLAND

HAVRE DE PUGWASH

Port Howe

Carrington

8.5

Philip 321 Port Philip

Pugwash

Pugwash Junction 16

368

6 Wallace

HAVRE DE WALLACE

Wallace Station 12

Dewar Malagash

Malagash Station

Bayhead

BAIE DE TATAMAGOUCHE

49 7.5 Sandville

Tatamagouche

6 Waldegrave

246 Waugh River

Black 13.5

French Balfron Keble

311

Bayleys The Falls Balmoral Balmoral Mills

Moulin de Balmoral

La fierté et les traditions écossaises dans un cadre qui évoque le vieux pays

Centre de la Nouvelle-Ecosse

Les Ecossais qui s'établirent dans la région à la fin du XVIIIe et au début du XIXe siècle ne tardèrent pas à s'y sentir chez eux. Fuyant les guerres intestines de leur pays natal, ils vinrent par milliers en Nouvelle-Ecosse, alléchés par la promesse d'obtenir gratuitement des terres, et s'enracinèrent vite dans ce pays de douces collines. Même si le touriste trouve bien des noms de lieux français et indiens, les côtes du détroit de Northumberland et de la baie de Saint-Georges sont imprégnées de l'atmosphère de la vieille Ecosse.

PICTOU
Un monument rappelle l'arrivée des colons écossais à bord d'un petit navire, l'*Hector*, en 1773. La statue représente un Ecossais portant kilt et béret, armé d'un fusil et d'une hache. Elle symbolise le courage de ces colons aux prises avec une terre hostile qui établirent la ville.
□ L'académie de Pictou, fondée en 1816, existe toujours. La maison du révérend Thomas McCulloch, premier recteur de l'académie, abrite une exposition consacrée au patrimoine écossais de Pictou.

Monument aux colons écossais, à Pictou

LOCH BROOM
Une petite église presbytérienne construite en 1973 est la réplique exacte de celle qu'avaient érigée des colons écossais en 1787. Les offices ont lieu à trois heures le dimanche en été. On peut visiter l'église en semaine. L'ancienne église de bois rond mesurait 12 m sur 7. Elle aussi n'était ouverte qu'en été, car il était impossible de la chauffer.

STELLARTON
L'histoire de Stellarton et de ses voisines, New Glasgow et Trenton, se confond avec celle du charbon, de l'acier et des premiers chemins de fer.
□ Stellarton exploita sa mine de charbon de 1798 jusqu'à une date toute récente. La veine Foord, avec ses 14 m d'épaisseur, était sans doute la plus épaisse du monde. C'est ici qu'on fit fonctionner la première machine à vapeur du Canada, en 1827, et qu'on coula l'année suivante les premiers rails de fer d'Amérique du Nord.
□ Le musée des Mineurs de Stellarton possède des casques et du matériel qui datent des débuts de l'exploitation des mines de charbon, ainsi que la locomotive *Albion* que la General Mining Association mit en service en 1854. A New Glasgow, le Musée historique du comté de Pictou possède une autre locomotive, la *Samson,* la première à rouler sur des rails d'acier.

Vieilles maisons de Pictou

Les origines de Pictou remontent au 10 juin 1767, lorsque six familles arrivèrent de la Pennsylvanie et du Maryland. Six ans plus tard, le petit navire *Hector* amenait 180 Ecossais (33 familles et 25 célibataires). C'était la première de ces nombreuses vagues d'immigrants écossais qui s'installèrent en Nouvelle-Ecosse. Le village fut appelé successivement Coleraine, New Paisley, Alexandria, Donegal, Southampton et Walmsley, avant de reprendre son nom indien de Pictou en 1790. Le plus vieil édifice de Pictou est le cottage que construisit en 1788 l'un des passagers du *Hector*, John Patterson. Plusieurs constructions de pierre de style écossais présentent un intérêt historique : la maison de Thomas McCulloch (1816) [ci-dessus], la Maison Norway (1813), la maison habitée par Lord Strathcona au cours des années 1880 et un édifice de 1827 qui abrita la Bank of British North America, puis un consulat américain.

MacPHERSONS MILLS
Les larges planches, les poutres équarries à la main, les roues à aubes et les courroies de ce vieux moulin évoquent l'époque prospère où il fonctionnait nuit et jour à la belle saison. Ce fut d'abord une scierie (1861), puis ses trois trains de meules commencèrent à moudre l'avoine, le blé et le sarrasin. Pendant bien des années, le moulin servit aussi de bureau de poste, de boutique de barbier, de magasin général et de salle de réunion. Tout près, on a restauré la Ferme MacPherson, bien caractéristique des habitations rurales du comté au XIXe siècle.

Moulin de MacPhersons

0   2   4   6   8   10 Milles
0   4   8   12   16 Kilomètres

Loch Broom, New Glasgow, MacPhersons Mills, Heatherton et Auld Cove ne peuvent nier leurs origines écossaises. Mais les Ecossais se sont aussi installés dans des localités aux noms indiens comme Pictou, Antigonish, Tracadie et Merigomish, et dans les anciennes colonies acadiennes de Pomquet ou Havre-Boucher. On entend encore parfois parler le gaélique, de moins en moins, il est vrai, tandis que résonnent les accents triomphaux des cornemuses lors des célèbres Jeux des Highlands d'Antigonish.

Ce pays est celui du homard, des splendides paysages marins et des belles plages, des vieilles églises et des simples croyances d'autrefois, des musées de mineurs et des industries modernes. A la campagne et dans des villes comme Pictou, le visiteur découvre d'innombrables maisons, granges, moulins, fonderies et magasins centenaires, minutieusement restaurés, qui rappellent les grandes activités de l'époque : filage et tissage, extraction du charbon, forgeage du fer, construction navale, agriculture et pêche. Deux

locomotives du siècle dernier, la *Samson*, exposée à New Glasgow, et l'*Albion*, au musée des Mineurs de Stellarton, transportaient autrefois le minerai local aux fonderies et forges qui produisaient une incroyable variété d'articles, depuis les bouilloires et les poêles en fonte, jusqu'aux goussets de navires, en passant par les ornements de cimetière. Ce coin charmant de la Nouvelle-Ecosse fait la joie des vacanciers et des amateurs d'histoire qui viennent admirer ses paysages, flâner sur ses plages ou se replonger dans son riche passé.

Danses des Highlands, à Antigonish

Au son de la cornemuse, de grands jeux écossais

Les Jeux écossais d'Antigonish, inaugurés en juillet 1863, sont les plus anciens du Canada. On les appelle les « Canada's Braemar », par analogie avec les célèbres jeux des Highlands, les « Royal Braemar », qui se tiennent en Ecosse. Le « caber » (jeu qui consiste à lancer en l'air le tronc d'un jeune arbre) et le lancement du marteau sont d'origine écossaise. Aujourd'hui, on y a ajouté d'autres épreuves. L'histoire et la tradition écossaises revivent ainsi à Antigonish, au son plaintif des cornemuses.

PROMENADE DE LA CÔTE-NORD (NORTH SHORE DRIVE)
Entre Malignant Cove et Antigonish Harbour, une route panoramique de 40 km longe la côte du détroit de Northumberland et déroule ses lacets dans une campagne boisée et paisible que berce le ressac de la mer. Cette partie de la route Sunrise Trail conduit jusqu'à la pointe du cap George, à l'entrée de la baie de Saint-Georges, après avoir traversé les localités de Georgeville, Livingstone Cove, Ballantynes Cove, Lakevale, Morristown et Crystal Cliffs dont les nombreuses plages invitent les amateurs de natation et de pêche.

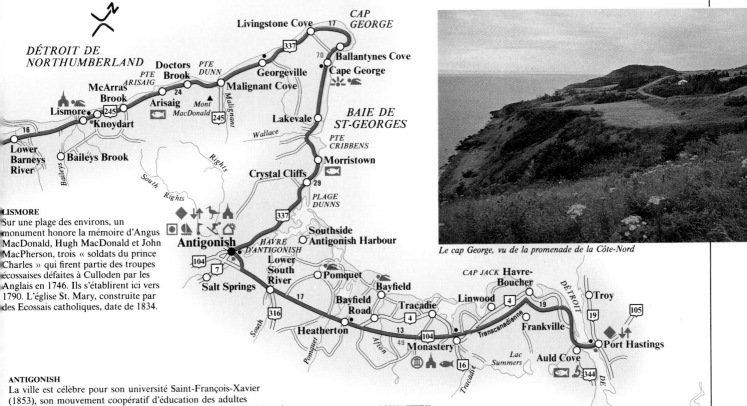
Le cap George, vu de la promenade de la Côte-Nord

LISMORE
Sur une plage des environs, un monument honore la mémoire d'Angus MacDonald, Hugh MacDonald et John MacPherson, trois « soldats du prince Charles » qui firent partie des troupes écossaises défaites à Culloden par les Anglais en 1746. Ils s'établirent ici vers 1790. L'église St. Mary, construite par des Ecossais catholiques, date de 1834.

ANTIGONISH
La ville est célèbre pour son université Saint-François-Xavier (1853), son mouvement coopératif d'éducation des adultes (« Antigonish Movement »), ses jeux des Highlands et son journal au nom singulier, *The Casket* (« le cercueil »), le plus ancien hebdomadaire des Maritimes. A l'époque de sa fondation, en 1852, le mot « casket » signifiait « coffret à bijoux ». A l'université, les murs de la bibliothèque Angus L. Macdonald (surnommée le « Hall of Clans ») sont ornés d'armoiries écossaises. La cathédrale St. Ninian, construite en grès bleu de la région, date des années 1868-1875. Aux environs de la ville se trouvent le circuit automobile Riverside et le centre de ski de Keppoch Mountain.

MONASTERY
Le monastère Saint-Augustin, le premier de l'ordre de Saint-Augustin au Canada (1938), a été construit et occupé par les trappistes qui arrivèrent dans la région en 1825. Les bâtiments originaux ont tous disparu. Derrière l'autel de la chapelle moderne, on peut voir des tableaux et des vitraux qui relatent la vie de saint Augustin et des saints de l'ordre qui porte son nom.

Une imposante demeure du temps des grands voiliers

Centre de la Nouvelle-Ecosse

Au XIXe siècle, les forêts de la Nouvelle-Ecosse fournissaient le bois nécessaire à la construction de milliers de bricks et de goélettes qui valurent aux chantiers navals de la province une réputation internationale. L'un des plus grands navires de bois du Canada, le superbe voilier *William D. Lawrence,* fut construit à deux pas de la demeure de son propriétaire, sur les berges de la Shubenacadie, à Maitland. A l'ombre de ses grands ormes, la maison de W. D. Lawrence est aujourd'hui un musée et un monu-

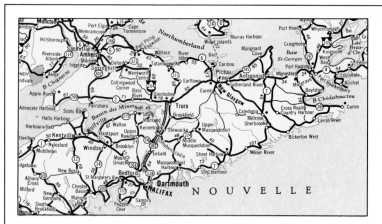

La baie de Cobequid à marée basse, près de Noël

DARTMOUTH
La ville abrite le plus grand centre océanographique du Canada, l'institut océanographique Bedford. Les études qui y sont faites sur les courants, les marées et les glaces sont d'une grande utilité pour la marine marchande, la pêche et la défense nationale.
□ Une maison restaurée (1785) rappelle l'arrivée dans la région des quakers de la Nouvelle-Angleterre.
□ Au cimetière Woodlawn, un monument domine la tombe de Jane et Margaret Meagher (4 et 6 ans), deux sœurs qui périrent en forêt à la suite d'une fugue en 1842. L'histoire de ces deux « enfants des bois » fait aujourd'hui partie du folklore local.
□ L'une des salles du musée Dartmouth Heritage est consacrée au journaliste et politicien Joseph Howe.

Maison des quakers, à Dartmouth

EASTERN PASSAGE
En 1864, un pilote de la région, « Jock » Flemming, réalisa l'un des plus grands exploits de la guerre civile américaine. Pour échapper aux navires de guerre américains postés à l'entrée du port, il parvint à piloter la canonnière *Tallahassee* au travers des eaux traîtresses du détroit.
□ Des pétroliers géants viennent décharger leur cargaison aux quais de la raffinerie Texaco.
□ Les forces aériennes possèdent une base d'avions à réaction à Shearwater, aux environs.

GRAND LAKE
La pêche au bar rayé, à l'omble de fontaine et à la ouananiche est excellente dans les eaux du lac Shubenacadie.
□ Le parc provincial Laurie, près de Grand Lake, offre des terrains de camping et de pique-nique bien aménagés.
□ La localité d'Enfield a vu naître Edward Horne, le prospecteur qui découvrit les mines d'or et de cuivre de Noranda.

WAVERLEY
En 1861, le hameau de Waverley connut sa ruée vers l'or et se transforma en une ville de 2 000 habitants qui doit son nom à un admirateur de *Waverley,* le roman de Walter Scott.
□ Le refuge de la faune de Waverley (170 km²) abrite des ours, des orignaux, des cerfs, des faucons et des aigles à tête blanche. Il faut un permis pour le traverser. On n'y trouve ni pistes ni terrains de camping, mais la pêche y est autorisée.

0   1   2   3   4   5 Milles
0   2   4   6   8 Kilomètres

ment historique. Caractéristique des demeures des capitaines et des armateurs du siècle dernier, la maison évoque la prospérité et l'élégance de l'époque des grands voiliers.

Certains des premiers édifices de Dartmouth furent construits par des quakers de la Nouvelle-Angleterre qui vinrent y fonder une industrie baleinière en 1785, après la révolution américaine. On croit qu'en remaniant le plan original de la ville, ils furent les premiers au Canada à mener à bien un vaste projet de rénovation urbaine.

Les 26 lacs de Dartmouth, bordés d'arbres et de fleurs, sont constellés de bateaux à voile, de hors-bord et de kayaks de compétition. Des régates s'y déroulent tout l'été et le lac Banook est le théâtre d'une grande course de canots de guerre lors des festivités de la Journée de la fondation de Dartmouth.

La ville est reliée à sa jumelle, Halifax, par deux ponts et par le plus ancien service de traversier maritime du Canada puisqu'il fut inauguré en 1752. La traversée permet aux touristes d'admirer de près le port d'Halifax.

NOËL
Les marées du cap de Burntcoat, près de Noël, sont parmi les plus hautes au monde. Elles atteignent parfois 16 m d'amplitude.
□ La légende veut que le capitaine Kidd ait fait remâter ici son vaisseau pirate. On dit qu'il jeta des lingots d'argent aux habitants qui l'avaient secouru, mais ceux-ci refusèrent d'y toucher. Pendant des années, les lingots seraient restés sur la plage.

Grues africaines, parc de la faune de Shubenacadie

Une pièce de la maison de W. D. Lawrence

Maison de W. D. Lawrence, à Maitland

MAITLAND
La maison de William Dawson Lawrence, aujourd'hui musée et monument historique, fut construite vers 1870. Elle donnait à l'époque sur le chantier naval de son propriétaire, à l'embouchure de la Shubenacadie, dans la baie de Cobequid. En 1874, Lawrence y lança le grand trois-mâts qui portait son nom. C'était un superbe navire de bois de 79 m de long, le plus grand jamais construit au Canada. (Le musée en possède une maquette de 2 m de long.) Mais Lawrence s'endetta et dut même hypothéquer son élégante demeure pour réunir les $107 000 que coûta le navire. Bien des gens pensaient que le *William D. Lawrence* ne pourrait tenir la mer, mais son premier voyage de deux ans rapporta suffisamment d'espèces sonnantes et trébuchantes à son propriétaire pour qu'il règle ses dettes.

La maison de W. D. Lawrence possède encore la majeure partie de son mobilier et de sa vaisselle d'époque. On peut y voir des objets qui proviennent des anciens chantiers navals et des marines représentant des navires du XIXe siècle.

SHUBENACADIE
De nombreux animaux sauvages vivent dans un parc provincial de 345 ha, près de Shubenacadie. Orignaux et caribous sillonnent les bois et les prés aménagés en enclos de près de 4 ha. Le parc accueille 70 espèces d'oies et de canards et ses étangs nourrissent des milliers d'oiseaux migrateurs. Lynx, porcs-épics, paons, faisans, grues, dindons sauvages et colins vivent en permanence dans le parc.
□ Une plaque indique l'endroit où l'abbé Le Loutre tint ses quartiers lorsqu'il encouragea les Acadiens et les Indiens à résister aux Anglais en 1738.

Paon, parc de la faune de Shubenacadie

Parc de la faune de Shubenacadie

Un bord de mer pittoresque et accueillant

Sud-est de la Nouvelle-Ecosse

De Lawrencetown à Auld Cove, la route serpente le long de la côte est de la Nouvelle-Ecosse, contourne des baies abritées, traverse de pittoresque villages de pêcheurs et de paisibles forêts où ruisseaux et rivières dessinent leurs lacets d'argent.

L'histoire de la province revit dans les musées, les festivals et les boutiques d'artisanat traditionnel. A Sherbrooke Village, un grand projet de restauration donne un aperçu de la vie villageoise à la fin du siècle dernier. Le visiteur déambule au milieu d'une vingtaine

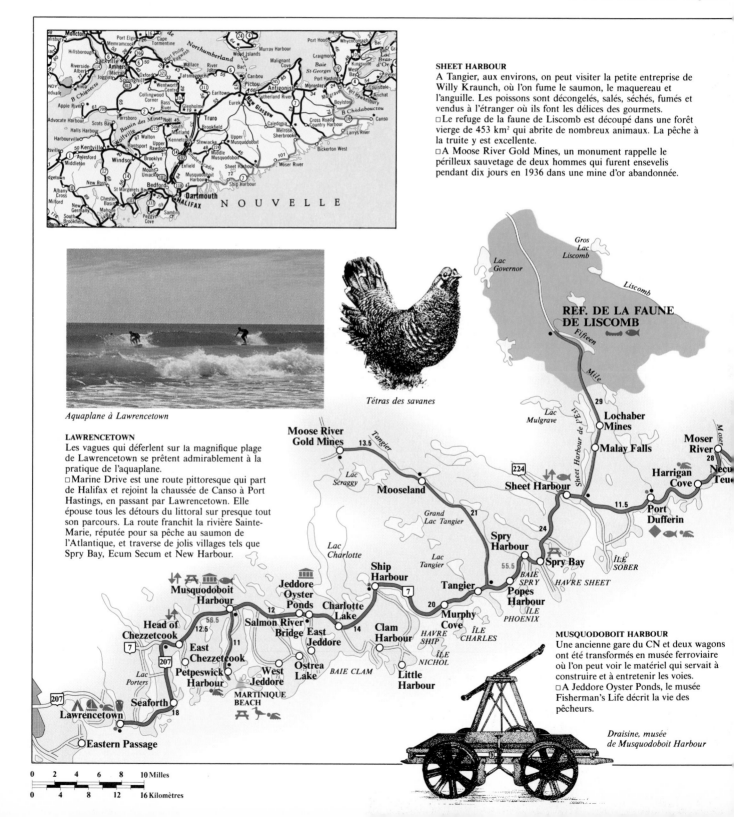

SHEET HARBOUR

A Tangier, aux environs, on peut visiter la petite entreprise de Willy Kraunch, où l'on fume le saumon, le maquereau et l'anguille. Les poissons sont décongelés, salés, séchés, fumés et vendus à l'étranger où ils font les délices des gourmets.
□ Le refuge de la faune de Liscomb est découpé dans une forêt vierge de 453 km² qui abrite de nombreux animaux. La pêche à la truite y est excellente.
□ A Moose River Gold Mines, un monument rappelle le périlleux sauvetage de deux hommes qui furent ensevelis pendant dix jours en 1936 dans une mine d'or abandonnée.

Aquaplane à Lawrencetown

Tétras des savanes

LAWRENCETOWN

Les vagues qui déferlent sur la magnifique plage de Lawrencetown se prêtent admirablement à la pratique de l'aquaplane.
□ Marine Drive est une route pittoresque qui part de Halifax et rejoint la chaussée de Canso à Port Hastings, en passant par Lawrencetown. Elle épouse tous les détours du littoral sur presque tout son parcours. La route franchit la rivière Sainte-Marie, réputée pour sa pêche au saumon de l'Atlantique, et traverse de jolis villages tels que Spry Bay, Ecum Secum et New Harbour.

MUSQUODOBOIT HARBOUR

Une ancienne gare du CN et deux wagons ont été transformés en musée ferroviaire où l'on peut voir le matériel qui servait à construire et à entretenir les voies.
□ A Jeddore Oyster Ponds, le musée Fisherman's Life décrit la vie des pêcheurs.

Draisine, musée de Musquodoboit Harbour

de maisons de pionniers, se voit offrir un menu des années 1880 et découvre les techniques artisanales de l'époque.

Les amateurs de voile, d'aquaplane, de natation et de plongée sous-marine, de même que ceux qui préfèrent les randonnées ou la photo s'en donneront à cœur joie dans cette région où la faune abondante fait également le bonheur des chasseurs et des pêcheurs.

Chaque tournant de la route révèle un village au nom étrange : Musquodoboit (mot indien qui désigne le déferlement d'une vague), Necum Teuch (plage de sable fin, en langue indienne), Sober Island (l'île sobre, ainsi nommée par les arpenteurs d'autrefois qui ne purent s'y procurer d'alcool), et enfin Wine Harbour (port au vin), qui doit son nom au naufrage d'un navire chargé de vin.

GUYSBOROUGH

L'ancien palais de justice (1893) a été transformé en un musée qui relate l'histoire du comté de Guysborough, depuis le milieu du XVIIe siècle lorsque le marchand et marin français Nicolas Denys y construisit un fort. Guysborough fut reconstruit à l'entrée de la baie de Chédabouctou, son site actuel, lorsque le premier village fut détruit par un incendie en 1785.
□ La truite brune de la rivière Guysborough attire ici de nombreux pêcheurs.

MULGRAVE

C'est tout près d'ici qu'un pêcheur de la Nouvelle-Ecosse, Glen Gibson, captura un thon géant de 483 kg en novembre 1970.
□ Au sommet du mont Cape Porcupine, un belvédère domine les superbes paysages du détroit de Canso.

CANSO

Le nom de Canso provient d'un mot indien qui signifie « en face des hautes falaises ». La ville est le port continental le plus proche des grands bancs de pêche de la baie de Chédabouctou. Fondée en 1518, elle subit les assauts des Indiens, fut prise par les Français et attaquée par des corsaires. Un monument relate l'histoire de la ville.

SHERBROOKE

La vieille ville (Sherbrooke Village) a été restaurée et a retrouvé son aspect d'il y a cent ans, alors que son port était prospère et que sa mine d'or bourdonnait d'activité. Les visiteurs qui désirent se faire la main aux techniques artisanales du siècle dernier peuvent carder et filer la laine, tisser sur un vieux métier, coudre des courtepointes ou faire des tapis au crochet. Le village possède une forge, une menuiserie, un magasin général, un palais de justice et une prison, plusieurs maisons, deux églises et une école. On y verra aussi la Grange Jordan qui se trouvait autrefois à 20 km du village. Des guides en costumes d'époque font visiter le hameau.

La scierie de Sherbrooke Village

La forge de Sherbrooke Village

L'espadon, poisson de choix

L'espadon dont la chair est très prisée fréquente la côte est de la Nouvelle-Ecosse. Sa mâchoire supérieure qui se prolonge en forme d'épée représente le tiers de la longueur de son corps. Pour se nourrir, l'espadon darde son épée dans un banc de poissons, puis croise çà et là pour dévorer les lambeaux de chair. Pesant en moyenne 320 kg, ce poisson combatif a déjà transpercé des coques de bois et même des baleines, mais accidentellement. Les pêcheurs qui souhaitent se mesurer à ce splendide animal peuvent louer des embarcations sur la côte sud-est de la Nouvelle-Ecosse.

La route des hautes terres, sur une île ciselée par la mer

Ile du Cap-Breton

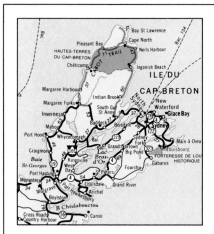

Lone Shieling,
près de Pleasant Bay

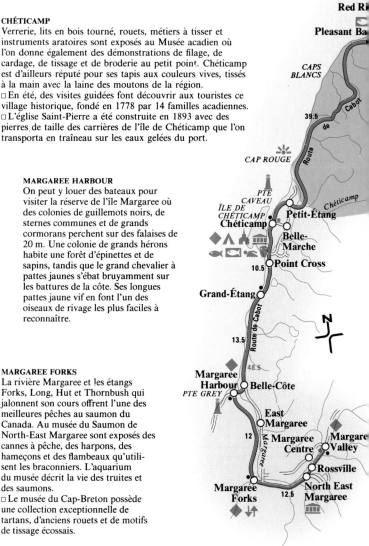

Brodeuses au petit point,
Musée acadien de Chéticamp

Une promenade inoubliable

La route de Cabot est une splendide route à deux voies qui longe les côtes de l'île du Cap-Breton sur 296 km passant des vallons verdoyants et des escarpements de gypse aux promontoires battus par les embruns. Elle doit son nom à l'explorateur Jean Cabot qui serait passé au large de la pointe nord de l'île en 1497. C'est l'une des routes les plus pittoresques du Canada : elle traverse des paysages d'une beauté saisissante, mais c'est en septembre et en octobre, lorsque l'automne y ajoute ses rouges et ses ors, qu'elle offre le spectacle le plus grandiose.

La route part de South Gut St. Anns et longe les rochers arrosés par les embruns de l'Atlantique. Elle oblique au sud-ouest à Cape North pour suivre la rivière Aspy du Nord et regagner les rives du golfe du Saint-Laurent. Le paysage accidenté se renouvelle à chaque tournant de la route qui vire au sud et traverse les petits villages acadiens de Chéticamp, Grand-Etang et Belle-Côte, serpente dans la vallée paisible de la Margaree, puis revient à son point de départ en passant par Baddeck.

La route de Cabot, près de Pleasant Bay

CHÉTICAMP
Verrerie, lits en bois tourné, rouets, métiers à tisser et instruments aratoires sont exposés au Musée acadien où l'on donne également des démonstrations de filage, de cardage, de tissage et de broderie au petit point. Chéticamp est d'ailleurs réputé pour ses tapis aux couleurs vives, tissés à la main avec la laine des moutons de la région.
□ En été, des visites guidées font découvrir aux touristes ce village historique, fondé en 1778 par 14 familles acadiennes.
□ L'église Saint-Pierre a été construite en 1893 avec des pierres de taille des carrières de l'île de Chéticamp que l'on transporta en traîneau sur les eaux gelées du port.

MARGAREE HARBOUR
On peut y louer des bateaux pour visiter la réserve de l'île Margaree où des colonies de guillemots noirs, de sternes communes et de grands cormorans perchent sur des falaises de 20 m. Une colonie de grands hérons habite une forêt d'épinettes et de sapins, tandis que le grand chevalier à pattes jaunes s'ébat bruyamment sur les battures de la côte. Ses longues pattes jaune vif en font l'un des oiseaux de rivage les plus faciles à reconnaître.

MARGAREE FORKS
La rivière Margaree et les étangs Forks, Long, Hut et Thornbush qui jalonnent son cours offrent l'une des meilleures pêches au saumon du Canada. Au musée du Saumon de North-East Margaree sont exposés des cannes à pêche, des harpons, des hameçons et des flambeaux qu'utilisent les braconniers. L'aquarium du musée décrit la vie des truites et des saumons.
□ Le musée du Cap-Breton possède une collection exceptionnelle de tartans, d'anciens rouets et de motifs de tissage écossais.

Alexander Graham Bell écrivit un jour : « J'ai fait le tour du monde. J'ai vu les Rocheuses canadiennes, les Andes et les Hautes-Terres d'Ecosse. Mais rien n'égale la beauté simple du Cap-Breton. »

La spectaculaire route de Cabot, qui fait le tour du nord de l'île, permet de découvrir les paysages dont s'était épris l'inventeur. Elle serpente au pied de promontoires battus par les vagues, s'accroche au bord de falaises qui plongent dans la mer d'une hauteur de 300 m, enjambe de profondes gorges qui entaillent des collines aux croupes usées.

Les insulaires sont très fiers de leur île, mais ils ont parfois la nostalgie de leur ancienne patrie, les Hautes-Terres d'Ecosse. Ainsi, près de Pleasant Bay se dresse Lone Shieling, réplique d'une bergerie occupée autrefois par de pauvres paysans écossais. Sur une plaque, ces quelques vers tirés de *Canadian Boat Song* expriment la nostalgie du vieux pays :

Des prés et des brouillards de l'île,
Les montagnes et l'immensité de la mer
*   [nous séparent.*
Mais le cri du sang est fort, notre cœur
*   [est l'Ecosse*
Et nos rêves toujours nous ramènent
*   [aux Hébrides !*

Ces liens tenaces revivent aussi à St. Anns lors des fêtes écossaises du mois d'août et dans l'école gaélique de la ville où l'on transmet la langue et les traditions des pionniers du XIX⁰ siècle.

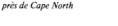

CAPE NORTH
Aux environs de Cabot's Landing se trouve un buste de Jean Cabot. Un sentier mène au sommet du Pain de sucre que l'explorateur aurait aperçu du large en 1497.
□ A Aspy Bay, une plaque rappelle la première liaison par câble entre la Nouvelle-Ecosse et Terre-Neuve (1856).
□ Les collines de la région offrent une splendide vue sur les terres fertiles, les fermes, les bosquets d'ormes et les maisons aux couleurs vives qui bordent la rivière Aspy du Nord, dans la vallée du Sunrise.

Monument de Jean Cabot, près de Cape North

PARC NATIONAL DES HAUTES TERRES DU CAP-BRETON
Le parc couvre presque tout le nord de l'île et forme un plateau de 950 km² qui domine le littoral accidenté de l'Atlantique et du golfe du Saint-Laurent. Au cœur du parc s'étend la lande, mystérieux pays de marécages, d'étangs et de bruyères. Des épinettes tordues par les vents et des plantes subarctiques comme le lichen des caribous ou le kalmia se disputent le maigre sol du plateau. Battus par les embruns, des bouquets de génévrier commun poussent au sommet des promontoires.
□ Près du centre administratif du parc, à Ingonish Beach, un sentier de randonnée part à l'escalade du mont Franey (428 m) d'où l'on a une vue superbe sur la côte et le cap Smoky.
□ L'auberge Keltic Lodge, propriété du gouvernement provincial, est située sur la presqu'île de Middle Head, longue de 3 km.
□ A 3 km au sud-est du poste forestier de Big Intervale rugit la chute Beulach Ban.

Grand chevalier à pattes jaunes

ENGLISHTOWN
Les ouvrages de terre qui sont toujours visibles datent des travaux de fortification que les Français exécutèrent en 1713 pour protéger la colonie de Sainte-Anne, qu'ils rebaptisèrent Port Dauphin. Fondée en 1629, elle fut le premier établissement français de l'île.
□ Le cimetière abrite la tombe du géant du Cap-Breton, Angus McAskill, qui mesurait 2,40 m et pesait plus de 180 kg. Il mourut à St. Anns en 1863, à 38 ans.

ST. ANNS
L'école gaélique, fondée en 1939 pour sauvegarder le patrimoine écossais, offre des cours en été : danses traditionnelles, artisanat écossais, cornemuse et tissage des tartans.
□ Le Musée des pionniers et du géant McAskill se trouve à côté de l'école. Il est consacré aux premiers colons et au fameux géant qui était propriétaire d'un moulin des environs, vers le milieu du siècle dernier. On peut voir sa chaise, son lit et certains de ses vêtements.
□ Des bateaux de croisière passent tout près des îles Bird où viennent nicher le macareux arctique et le gode. Des phoques gris s'y réchauffent souvent au soleil.

Chute Beulach Ban, parc des Hautes Terres du Cap-Breton

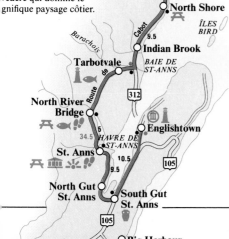

GOLFE DU ST-LAURENT
PTE BLACKROCK
BAIE DE ST-LAURENT
CAP DU NORD
PTE MONEY
Meat Cove
Capstick
Bay St. Lawrence
Mont Sugarloaf 24
Salmon
CABOT'S LANDING
BAIE ASPY
North Harbour
Cape North
Dingwall
PTE WHITE
CAP EGMONT
du Nord
Smelt Brook
17.5
Big Interval
South Harbour
Route de Cabot
Neil's Harbour
Rouge 29
Middle Aspy
Halfway
ANSE BLACK BROOK
68.5
CHUTES BEULACH BAN
Aspy
Black
41.5
16
PARC NAT. ES HAUTES TERRES DU CAP-BRETON
Warren
Lac Warren
Ingonish
8 KELTIC LODGE
Ingonish Beach
Ingonish Ferry
ÎLE DU CAP-BRETON
6.5
CAP SMOKY
P SMOKY
majestueux promontoire de 5 m, souvent voilé par le uillard, est bien visible de xtrémité de la presqu'île de ddle Head, sur l'autre rive de la e d'Ingonish. Un télésiège mène sque au sommet du cap. Un tier de randonnée conduit à un védère qui domine le gnifique paysage côtier.
Mc Leod
Wreck Cove
18.5
42.5
French River
Skir Dhu
Briton Cove
8
North Shore
ÎLES BIRD
Cabot
Barachois
9.5
Indian Brook
Tarbotvale
BAIE DE ST-ANNS
312
North River Bridge
de
Route
5
HAVRE DE ST-ANNS
34.5
Englishtown
St. Anns
10.5
105
9.5
North Gut St. Anns
South Gut St. Anns
105
Big Harbour

« Cent mille fois la bienvenue » chez les Ecossais du Canada

Ile du Cap-Breton

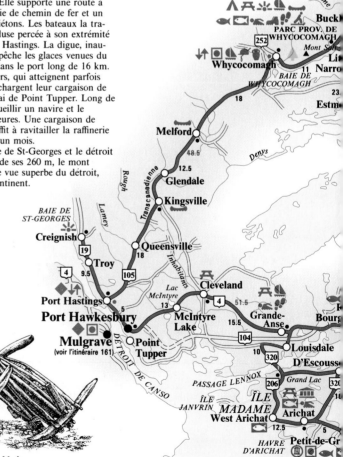

Cornemuseur, à Iona

WHYCOCOMAGH

Au parc provincial de Whycocomagh, plusieurs belvédères s'échelonnent sur le versant sud-ouest du mont Salt (300 m) d'où l'on découvre le magnifique panorama du lac Bras d'Or. Le parc est couvert d'une épaisse forêt de hêtres, d'érables, de pins, d'épinettes et de châtaigniers d'Amérique qui ombragent de nombreux sentiers.
□ Les artisans indiens de la réserve micmac, qui font de la vannerie, de la sérigraphie et de la sculpture sur bois, offrent leurs œuvres dans quatre boutiques d'artisanat.
□ Durant le Festival d'été, en juillet, la ville résonne des danses et de la musique écossaises, tandis que les bûcherons rivalisent de force et d'adresse.

IONA

Le village a son musée des pionniers, son orchestre de cornemuses et son festival d'été où musique et art écossais sont à l'honneur.
□ Le musée des Pionniers se trouve au cœur du Nova Scotia Highland Village où sont reconstitués de nombreux édifices du XIXᵉ siècle, notamment une carderie, un magasin de campagne, une forge et le *Tigh Dubh*, la chaumière des fermiers écossais pauvres.

PORT HASTINGS

L'île du Cap-Breton est reliée au continent par une digue de 1 370 m de long, la chaussée de Canso, la plus haute du monde. La digue s'élève à 66 m au-dessus du fond du détroit de Canso, atteint 243 m de large à sa base et 24 m au sommet. Elle supporte une route à deux voies, une voie de chemin de fer et un passage pour les piétons. Les bateaux la traversent par une écluse percée à son extrémité nord, près de Port Hastings. La digue, inaugurée en 1955, empêche les glaces venues du nord de pénétrer dans le port long de 16 km.
□ Les superpétroliers, qui atteignent parfois 300 m de long, déchargent leur cargaison de pétrole brut au quai de Point Tupper. Long de 600 m, il peut accueillir un navire et le décharger en 24 heures. Une cargaison de 2 350 000 barils suffit à ravitailler la raffinerie locale près d'un mois.
□ Dominant la baie de St-Georges et le détroit de Canso du haut de ses 260 m, le mont Creignish offre une vue superbe du détroit, de la baie et du continent.

Raffinerie de pétrole de Point Tupper, près de Port Hastings

ÎLE MADAME

Colonisée par les Acadiens après la chute de Louisbourg en 1758, l'île Madame est bordée de baies rocheuses et de pittoresques villages de pêcheurs.
□ Lorsque le forgeron Thomas LeNoir quitta les îles de la Madeleine au début du XIXᵉ siècle, Arichat comptait plusieurs chantiers navals prospères. Il s'installa avec sa famille à Petit-de-Grat, aux environs, mit son art au service des chantiers, forma des artisans, et finit par fonder la première école de forgerons de la province. Restaurée en 1967, elle abrite un musée consacré aux fournitures de marine et à la fabrication des ancres.
□ L'église de l'Assomption, un édifice de bois à deux clochers construit en 1837, fut une cathédrale jusqu'à ce que le siège du diocèse soit transféré à Antigonish, en 1886.

Anciennes ancres de bois (killicks), île Madame

Lorsque la chaussée de 1 370 m qui franchit le détroit de Canso fut construite en 1955, un habitant de la Nouvelle-Ecosse écrivit dans un journal que ces travaux serviraient la cause de l'unité canadienne « car désormais, déclarait-il, nous serons *tous* du Cap-Breton ».

Après avoir traversé le détroit, la Transcanadienne contourne les eaux scintillantes du lac Bras d'Or, mer intérieure de 640 km² qui coupe presque l'île en deux. Encerclé de collines, pratiquement inaccessible aux marées, le lac, qui rappelle les fameux lochs écossais, offre cependant d'excellents mouillages, des plages magnifiques et une très bonne pêche. Au sud, il est séparé de la mer par un isthme de moins de 1 km de large, aujourd'hui traversé par le canal St. Peters. Au nord, l'Atlantique bat les deux flancs de l'île Boularderie.

La province, dans cette région, est fière de ses origines écossaises, de la langue gaélique que l'on parle encore, de ses danses traditionnelles, du chant de ses cornemuses, de ses jeux d'adresse et de ses vertus ancestrales : l'épargne et le travail. C'est ici qu'Alexander Graham Bell, natif d'Ecosse, venait passer l'été dans sa demeure de la baie de Baddeck et qu'une dizaine de badauds assistèrent aux premiers débuts de l'aviation canadienne.

Deux petites villes blotties sur les rives du lac Bras d'Or, Iona et Ben Eoin, souhaitent en gaélique, sur de larges panneaux, « cent mille fois la bienvenue » aux visiteurs, tandis que des cornemuseurs en kilt jouent le « Will Ye No Come Back Again ? » (« Ne reviendrez-vous pas un jour ? »)

BADDECK
Baddeck est un centre de villégiature très populaire sur les rives du lac Bras d'Or. Des régates d'une semaine y ont lieu tous les ans en août.
□ Le *Silver Dart,* piloté par J. A. D. McCurdy, fut le premier aéroplane du Commonwealth à prendre son vol. L'exploit eut lieu le 23 février 1909, au-dessus des glaces de la baie.

NORTH SYDNEY
Les grands cormorans montent la garde sur les îles Ciboux et Hertford où nichent des milliers de macareux, de godes et de guillemots. Des vedettes font le tour de ces îles inhabitées en deux heures et demie.
□ La grotte des fées (Fairy Hole) est hérissée de stalactites et de stalagmites. L'entrée, large de 15 m, se rétrécit brusquement pour ne plus former qu'une étroite cheminée.

ST. PETERS
Un monument indique l'emplacement du fort et du poste de traite fondés par Nicholas Denys en 1650. Il n'en reste plus que des monticules de terre. Le musée Nicholas Denys, construit dans le style de l'ancien fort, renferme des objets du temps des pionniers et des Micmacs.
□ La plage de Point Michaud — 3 km de sable blanc — est l'une des plus belles de la Nouvelle-Ecosse. On aperçoit souvent des phoques gris près des îles Basques.
□ Le canal St. Peters, achevé en 1869, coupe à travers l'isthme large de 1 km qui sépare le lac Bras d'Or de l'Atlantique. Avant sa construction, des attelages de bœufs tiraient les vaisseaux sur l'étroite bande de terre. Les cartes d'autrefois appelaient l'endroit « Haulover Isthmus » (l'isthme du halage).

Le génie de *Beinn Breagh*

Le musée du parc historique national Alexander Graham Bell est consacré à l'inventeur du téléphone dont les travaux contribuèrent également au progrès de la médecine, de l'aéronautique, du génie maritime et de la génétique. On peut y voir des répliques des premiers appareils téléphoniques et des échantillons d'inventions moins connues de Bell : une « camisole à vide », précurseur du poumon d'acier, des sondes chirurgicales et un modèle d'hydroglisseur.

Né en Ecosse, Graham Bell visita Baddeck pour la première fois en 1885. Sept ans plus tard, il se fit construire une résidence d'été, *Beinn Breagh* (« la belle montagne », en gaélique) sur un promontoire qui domine la baie. C'est là qu'il effectua une bonne partie de ses recherches et qu'il mourut en 1922. On l'enterra au sommet de sa belle montagne, dans ce cadre splendide qu'il aimait tant et qui lui rappelait son Ecosse natale.

Voilier sur le lac Bras d'Or, près de Baddeck

Louisbourg l'imprenable et les villes de la houille

Ile du Cap-Breton

La forteresse de Louisbourg, qui devait défendre l'entrée du Saint-Laurent et protéger l'empire français du Nouveau Monde, n'est plus qu'une immense ombre grise sur la côte rocheuse du Cap-Breton.

Elle était ceinturée de murs de 9 m de haut et de 3 m d'épaisseur, couronnés de 148 canons. Elle coûta si cher que Louis XV dit un jour qu'il s'attendait à voir ses tours poindre bientôt à l'horizon de Paris. Mais la citadelle, dont on avait entrepris la construction en 1720, ne répondit jamais aux espoirs que l'on

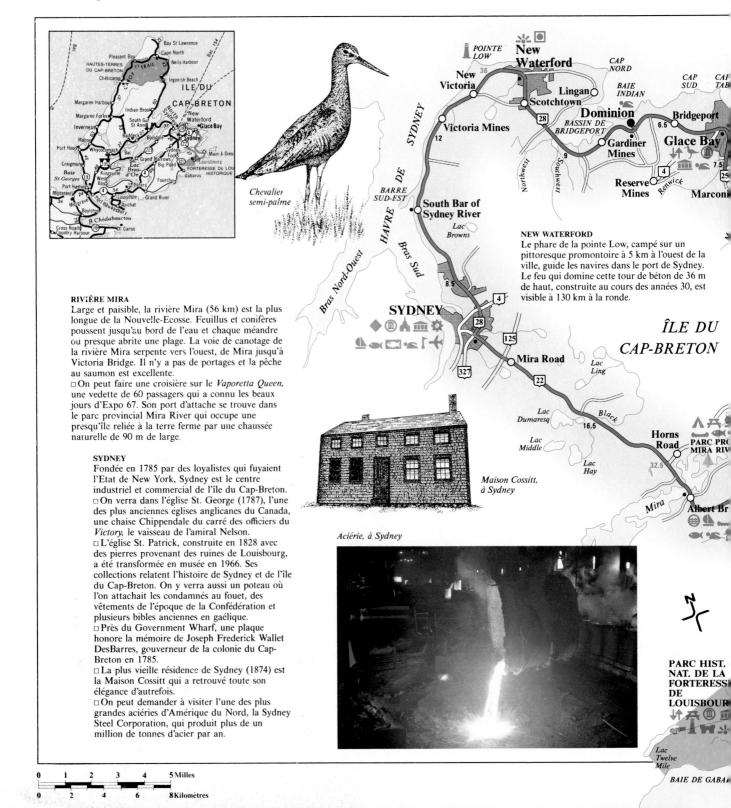

Chevalier semi-palme

NEW WATERFORD
Le phare de la pointe Low, campé sur un pittoresque promontoire à 5 km à l'ouest de la ville, guide les navires dans le port de Sydney. Le feu qui domine cette tour de béton de 36 m de haut, construite au cours des années 30, est visible à 130 km à la ronde.

ÎLE DU CAP-BRETON

RIVIÈRE MIRA
Large et paisible, la rivière Mira (56 km) est la plus longue de la Nouvelle-Ecosse. Feuillus et conifères poussent jusqu'au bord de l'eau et chaque méandre ou presque abrite une plage. La voie de canotage de la rivière Mira serpente vers l'ouest, de Mira jusqu'à Victoria Bridge. Il n'y a pas de portages et la pêche au saumon est excellente.
□ On peut faire une croisière sur le *Vaporetta Queen*, une vedette de 60 passagers qui a connu les beaux jours d'Expo 67. Son port d'attache se trouve dans le parc provincial Mira River qui occupe une presqu'île reliée à la terre ferme par une chaussée naturelle de 90 m de large.

SYDNEY
Fondée en 1785 par des loyalistes qui fuyaient l'Etat de New York, Sydney est le centre industriel et commercial de l'île du Cap-Breton.
□ On verra dans l'église St. George (1787), l'une des plus anciennes églises anglicanes du Canada, une chaise Chippendale du carré des officiers du *Victory*, le vaisseau de l'amiral Nelson.
□ L'église St. Patrick, construite en 1828 avec des pierres provenant des ruines de Louisbourg, a été transformée en musée en 1966. Ses collections relatent l'histoire de Sydney et de l'île du Cap-Breton. On y verra aussi un poteau où l'on attachait les condamnés au fouet, des vêtements de l'époque de la Confédération et plusieurs bibles anciennes en gaélique.
□ Près du Government Wharf, une plaque honore la mémoire de Joseph Frederick Wallet DesBarres, gouverneur de la colonie du Cap-Breton en 1785.
□ La plus vieille résidence de Sydney (1874) est la Maison Cossitt qui a retrouvé toute son élégance d'autrefois.
□ On peut demander à visiter l'une des plus grandes aciéries d'Amérique du Nord, la Sydney Steel Corporation, qui produit plus d'un million de tonnes d'acier par an.

Maison Cossitt, à Sydney

Aciérie, à Sydney

PARC HIST. NAT. DE LA FORTERESSE DE LOUISBOUR

0 1 2 3 4 5 Milles
0 2 4 6 8 Kilomètres

avait mis en elle. En 1745, une armée dépenaillée de 4 000 volontaires yankees, appuyée par trois navires anglais, s'empara de Louisbourg en sept semaines. Elle fut rendue aux Français en 1748 mais, dix ans plus tard, les Anglais la reprirent et n'en laissèrent pas pierre sur pierre.

En utilisant les outils et les méthodes de l'époque pour mieux respecter le réalisme historique, on a reconstitué une partie de ses massives fortifications près de la pointe orientale de l'île. Un cinquième de la zone militaire et de la ville fortifiée est aujourd'hui reconstitué. Bastions de pierre, maisons de bois et casernes font revivre la Nouvelle-France du XVIIIe siècle. Des figurants en costumes d'époque salent le poisson et le mettent à sécher, montent la garde, vendent à la criée, blanchissent le linge, cuisent le pain, fondent des balles de fusil, servent à boire dans les tavernes ou travaillent à la forge.

Malgré sa courte existence, Louisbourg donna un nouvel élan à la colonisation de l'est du Canada. De riches veines de houille grasse, exploitées à l'époque pour les besoins de la garnison, furent découvertes un peu partout dans la partie nord-est de l'île du Cap-Breton. Leur exploitation à grande échelle commença vers 1850 et l'histoire des villes de Sydney, Glace Bay, Dominion, Donkin et New Waterford se confondit avec celle de la houille. Aujourd'hui, ces villes allient l'industrie et le tourisme aux activités d'autrefois, mais elles préservent jalousement leur riche patrimoine, amalgame des traditions française et anglaise.

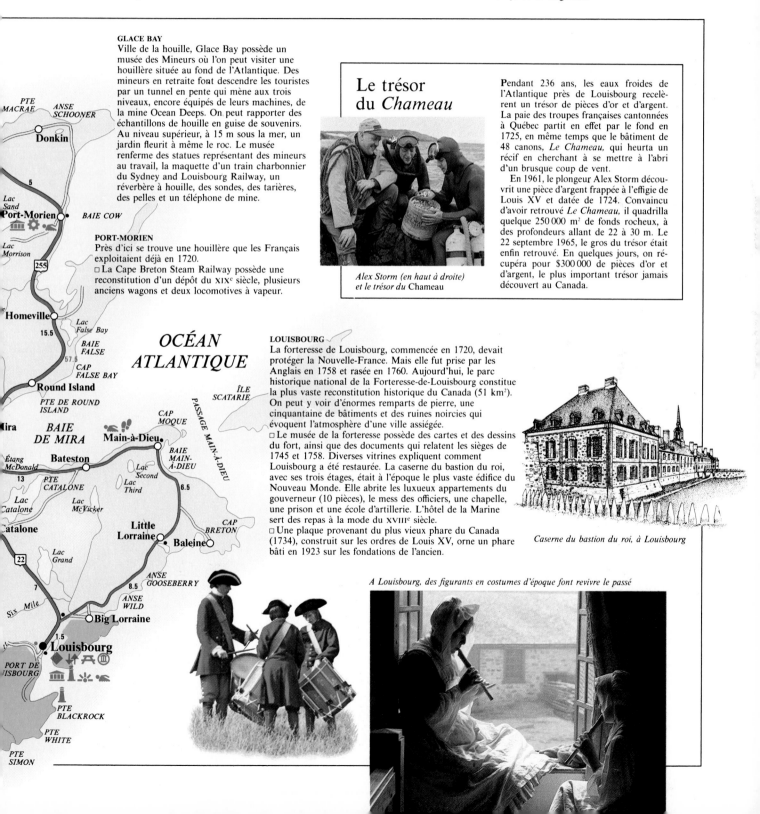

GLACE BAY
Ville de la houille, Glace Bay possède un musée des Mineurs où l'on peut visiter une houillère située au fond de l'Atlantique. Des mineurs en retraite font descendre les touristes par un tunnel en pente qui mène aux trois niveaux, encore équipés de leurs machines, de la mine Ocean Deeps. On peut rapporter des échantillons de houille en guise de souvenirs. Au niveau supérieur, à 15 m sous la mer, un jardin fleurit à même le roc. Le musée renferme des statues représentant des mineurs au travail, la maquette d'un train charbonnier du Sydney and Louisbourg Railway, un réverbère à houille, des sondes, des tarières, des pelles et un téléphone de mine.

PORT-MORIEN
Près d'ici se trouve une houillère que les Français exploitaient déjà en 1720.
□ La Cape Breton Steam Railway possède une reconstitution d'un dépôt du XIXe siècle, plusieurs anciens wagons et deux locomotives à vapeur.

Le trésor du *Chameau*

Pendant 236 ans, les eaux froides de l'Atlantique près de Louisbourg recelèrent un trésor de pièces d'or et d'argent. La paie des troupes françaises cantonnées à Québec partit en effet par le fond en 1725, en même temps que le bâtiment de 48 canons, *Le Chameau,* qui heurta un récif en cherchant à se mettre à l'abri d'un brusque coup de vent.

En 1961, le plongeur Alex Storm découvrit une pièce d'argent frappée à l'effigie de Louis XV et datée de 1724. Convaincu d'avoir retrouvé *Le Chameau,* il quadrilla quelque 250 000 m² de fonds rocheux, à des profondeurs allant de 22 à 30 m. Le 22 septembre 1965, le gros du trésor était enfin retrouvé. En quelques jours, on récupéra pour $300 000 de pièces d'or et d'argent, le plus important trésor jamais découvert au Canada.

Alex Storm (en haut à droite) et le trésor du Chameau

LOUISBOURG
La forteresse de Louisbourg, commencée en 1720, devait protéger la Nouvelle-France. Mais elle fut prise par les Anglais en 1758 et rasée en 1760. Aujourd'hui, le parc historique national de la Forteresse-de-Louisbourg constitue la plus vaste reconstitution historique du Canada (51 km²). On peut y voir d'énormes remparts de pierre, une cinquantaine de bâtiments et des ruines noircies qui évoquent l'atmosphère d'une ville assiégée.
□ Le musée de la forteresse possède des cartes et des dessins du fort, ainsi que des documents qui relatent les sièges de 1745 et 1758. Diverses vitrines expliquent comment Louisbourg a été restaurée. La caserne du bastion du roi, avec ses trois étages, était à l'époque le plus vaste édifice du Nouveau Monde. Elle abrite les luxueux appartements du gouverneur (10 pièces), le mess des officiers, une chapelle, une prison et une école d'artillerie. L'hôtel de la Marine sert des repas à la mode du XVIIIe siècle.
□ Une plaque provenant du plus vieux phare du Canada (1734), construit sur les ordres de Louis XV, orne un phare bâti en 1923 sur les fondations de l'ancien.

Caserne du bastion du roi, à Louisbourg

OCÉAN ATLANTIQUE

A Louisbourg, des figurants en costumes d'époque font revivre le passé

Les rivières à saumons
d'un littoral sauvage et désolé

Sud-ouest de Terre-Neuve

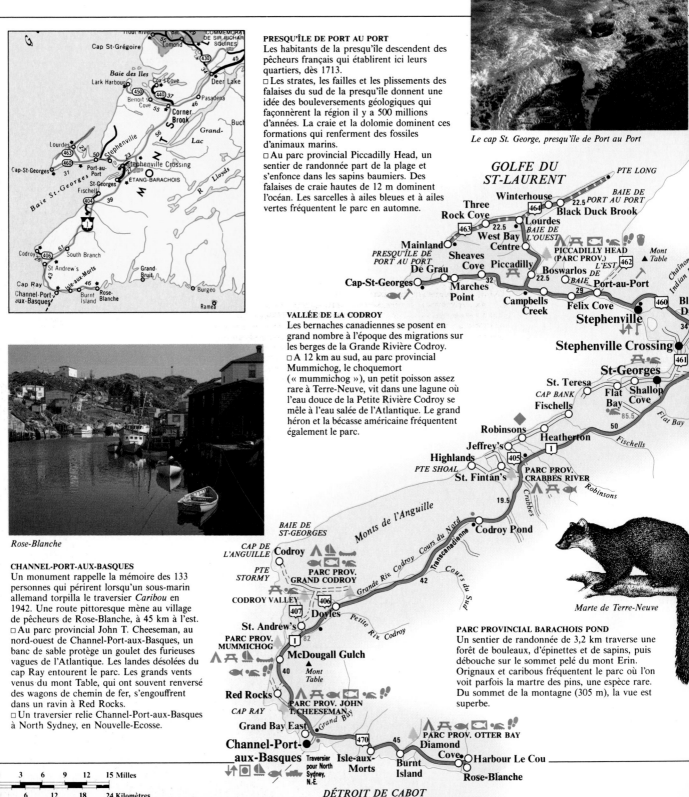

Le cap St. George, presqu'île de Port au Port

Rose-Blanche

Marte de Terre-Neuve

PRESQU'ÎLE DE PORT AU PORT

Les habitants de la presqu'île descendent des pêcheurs français qui établirent ici leurs quartiers, dès 1713.

□ Les strates, les failles et les plissements des falaises du sud de la presqu'île donnent une idée des bouleversements géologiques qui façonnèrent la région il y a 500 millions d'années. La craie et la dolomie dominent ces formations qui renferment des fossiles d'animaux marins.

□ Au parc provincial Piccadilly Head, un sentier de randonnée part de la plage et s'enfonce dans les sapins baumiers. Des falaises de craie hautes de 12 m dominent l'océan. Les sarcelles à ailes bleues et à ailes vertes fréquentent le parc en automne.

VALLÉE DE LA CODROY

Les bernaches canadiennes se posent en grand nombre à l'époque des migrations sur les berges de la Grande Rivière Codroy.

□ A 12 km au sud, au parc provincial Mummichog, le choquemort (« mummichog »), un petit poisson assez rare à Terre-Neuve, vit dans une lagune où l'eau douce de la Petite Rivière Codroy se mêle à l'eau salée de l'Atlantique. Le grand héron et la bécasse américaine fréquentent également le parc.

CHANNEL-PORT-AUX-BASQUES

Un monument rappelle la mémoire des 133 personnes qui périrent lorsqu'un sous-marin allemand torpilla le traversier *Caribou* en 1942. Une route pittoresque mène au village de pêcheurs de Rose-Blanche, à 45 km à l'est.

□ Au parc provincial John T. Cheeseman, au nord-ouest de Channel-Port-aux-Basques, un banc de sable protège un goulet des furieuses vagues de l'Atlantique. Les landes désolées du cap Ray entourent le parc. Les grands vents venus du mont Table, qui ont souvent renversé des wagons de chemin de fer, s'engouffrent dans un ravin à Red Rocks.

□ Un traversier relie Channel-Port-aux-Basques à North Sydney, en Nouvelle-Écosse.

PARC PROVINCIAL BARACHOIS POND

Un sentier de randonnée de 3,2 km traverse une forêt de bouleaux, d'épinettes et de sapins, puis débouche sur le sommet pelé du mont Erin. Orignaux et caribous fréquentent le parc où l'on voit parfois la martre des pins, une espèce rare. Du sommet de la montagne (305 m), la vue est superbe.

0   3   6   9   12   15 Milles

0   6   12   18   24 Kilomètres

Le sud-ouest de Terre-Neuve est une région de côtes désolées, de promontoires battus par les embruns et de montagnes boisées, émaillées de lacs paisibles. A l'est du terminus des traversiers de Channel-Port-aux-Basques s'étend la côte sud de Terre-Neuve, qui est presque déserte et à laquelle aucune route ne mène. Seuls les caboteurs qui vont à Terrenceville, à 400 km à l'est, desservent de petits villages isolés de pêcheurs.

A Channel-Port-aux-Basques, la Transcanadienne file au nord, traverse les landes dé-solées du cap Ray, passe par Red Rocks et McDougall Gulch, puis s'engage dans la vallée de la Codroy, le paradis des amateurs d'oiseaux au printemps et à l'automne. Plus loin, la rivière Crabbes est l'endroit idéal pour taquiner le saumon en juin et au début de juillet. Le parc provincial Barachois Pond offre aux amateurs de randonnée et de photo les splendides paysages que l'on découvre du haut du mont Erin et, peut-être, avec un peu de chance, la vision fugitive d'un orignal ou d'un caribou. A l'ouest, la presqu'île de Port au Port est semée de fermes et de villages de pêcheurs où l'on parle français avec l'accent de Terre-Neuve.

Plus au nord, la riante vallée de l'Humber abrite Corner Brook, la ville du papier. La région qui s'étend à l'ouest de la ville est l'une des plus belles de la province, avec ses hautes falaises à pic qui encadrent le bras de l'Humber et la baie des Iles.

Sarracénie pourpre

PARC COMMÉMORATIF SIR RICHARD SQUIRES
Au temps du frai, on voit les saumons s'engager dans l'échelle qui leur permet de remonter la chute Big de l'Humber. La pêche est excellente aux environs de la chute. Au nord du parc, le cours supérieur de la rivière se faufile entre les parois d'un canyon de 90 m de profondeur. Plus loin en amont, la rivière coupée de lacs et de rapides aux eaux vives est bordée de forêts d'épinettes et de bouleaux à papier. Une voie de canotage part du parc et mène à Corner Brook.

DEER LAKE
La centrale hydro-électrique de la ville alimente l'usine de pâte à papier Bowaters à Corner Brook.
□ Tout au long des 145 km de la voie de canotage formée par les lacs Grand, Sandy et Birchy, les canoteurs découvrent de splendides paysages. Un petit portage la prolonge jusqu'au lac Sheffield, serti dans un écrin de montagnes et d'épaisses forêts.
□ De Deer Lake, des routes mènent à Bonne Bay et au parc national de Gros-Morne, au nord-ouest, puis à l'extrémité de la Grande Péninsule du Nord, à 460 km plus au nord.

CORNER BROOK
Le papier journal a fait de Corner Brook la deuxième ville de Terre-Neuve, avec près de 30 000 habitants. Sur l'une des collines qui dominent la ville, un monument rappelle la mémoire du capitaine James Cook qui fut le premier à dresser une carte détaillée de la côte ouest de Terre-Neuve et à remonter l'Humber jusqu'à Deer Lake en 1767. Du monument, on découvre l'usine de pâte à papier Bowaters dont la production annuelle de plus de 500 000 t en fait l'une des plus importantes au monde. On peut visiter l'usine qui approvisionne en papier les journaux du monde entier.
□ L'édifice du gouvernement est l'un des plus beaux immeubles de la ville. Le Centre culturel et artistique abrite un théâtre, une piscine, une galerie d'art et des salles d'exposition.
□ Corner Brook est à deux pas de la vallée de l'Humber, renommée pour sa chasse au gros gibier et sa pêche. Les parcs sont nombreux ici : dans la ville, le parc Margaret Bowater ; à 24 km au nord-est, le parc de South Brook, et à 13 km au sud-ouest, le parc provincial Blue Ponds où deux lacs au fond calcaire prennent une couleur bleu turquoise.

BAIE DES ÎLES
Le parc provincial Blow Me Down domine la baie. Un escalier de bois escalade un surplomb et mène à un belvédère d'où la vue est splendide. L'île Woods commande l'entrée de la baie que ferme le chapelet des îles Guernsey, Tweed et Pearl. On raconte que les forêts touffues du parc recèlent un trésor enfoui.

Tenace et infatigable, le saumon de l'Atlantique

Favori des sportifs et des gourmets, le saumon de l'Atlantique (ci-dessous) s'est acquis une réputation mondiale bien méritée.

Le saumon de l'Atlantique est l'archétype des poissons migrateurs. Après avoir frayé en eau douce à Terre-Neuve durant les mois d'octobre et de novembre, les adultes gagnent l'océan. A la différence du saumon du Pacifique, ils survivent au frai et peuvent se reproduire plusieurs fois. Les jeunes saumons restent en eau douce pendant deux ou trois ans avant de passer quelques années en mer et de revenir frayer dans leurs rivières natales.

C'est un spectacle fascinant que d'observer les saumons franchir avec agilité chutes et obstacles lorsqu'ils remontent les rivières. A la chute Big, dans le parc Sir Richard Squires, on les voit battre inlassablement de la queue pour se hisser le long de l'échelle qui leur facilite le passage.

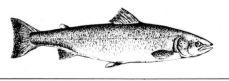

Corner Brook

Le Vinland des Vikings
et les brouillards de Gros-Morne

Nord-ouest de Terre-Neuve

La côte escarpée de la Bonne Baie, dans le parc national de Gros-Morne, s'ouvre sur de longs fjords où viennent plonger les montagnes les plus imposantes de l'est du continent américain. On pourra traverser la baie à bord du traversier qui assure le service entre Woody Point et Norris Point avant de reprendre la route 430 qui longe la côte ouest de la Grande Péninsule du Nord. Dominée par la sombre masse des monts Long Range, la région de Gros-Morne offre 65 km de côtes accidentées, semées de plages et de dunes aux

PARC PROVINCIAL RIVER OF PONDS

On peut faire du camping, de la natation, du canot et pêcher le saumon de l'Atlantique et l'omble de fontaine dans ce parc situé sur les rives d'un lac bordé de plages sablonneuses et d'une forêt de conifères.

□ On y verra une exposition sur les baleines qui réunit des ossements vieux de 7000 ans. Ces os qui furent recueillis aux environs prouvent que cette partie de la côte ouest de Terre-Neuve était autrefois submergée.

Les Arches, au nord du parc national de Gros-Morne

ST. BARBE

De la fin du printemps au mois de novembre, un traversier franchit deux fois par jour les 35 km du détroit de Belle-Isle qui séparent ce village de pêcheurs de Blanc-Sablon, au Québec, tout près du Labrador.

□ On pêche la truite et le saumon au parc provincial Pinware River, sur la côte sud-est du Labrador. A la pointe Amour se trouve un tertre funéraire de 24 m de circonférence, édifié par une peuplade indienne qui vivait ici vers 5500 av. J.-C.

PARC NATIONAL DE GROS-MORNE

Le lièvre arctique, que l'on trouve normalement plus au nord, et le caribou de Terre-Neuve, l'un des plus gros au monde, fréquentent le parc de Gros-Morne. Ses 1 943 km² couvrent la partie la plus spectaculaire des monts Long Range. Le parc doit son nom au mont Gros Morne (806 m), qui domine la région de la Bonne Baie.

□ Au nord de la baie, au pied des montagnes, s'étend une belle plaine côtière de prés et de marécages sillonnée de ruisseaux. Le rivage est parsemé de dunes qui atteignent jusqu'à 12 m de haut. Des rochers escarpés ombragent l'étang Western Brook, l'un des fjords qui furent creusés à la dernière période glaciaire.

□ Au sud de la Bonne Baie s'élèvent les plateaux dénudés de Tablelands dont les blocs erratiques d'un brun ocre sont d'origine volcanique. Un traversier mène de Rocky Harbour, centre administratif du parc, au village de Woody Point, de l'autre côté de la baie.

□ On dénombre plus de 175 espèces d'oiseaux dans la région, dont plusieurs sont menacées : le faucon pèlerin, le gerfaut, l'aigle pêcheur, le courlis corlieu et le pluvier doré d'Amérique.

Rhododendron arctique

Lièvre arctique

0 3 6 9 12 15 Milles
0 6 12 18 24 Kilomètres

Red Paint People, *fresque du parc historique national de Port-au-Choix*

formes changeantes, tandis que l'arrière-pays est occupé par une forêt touffue découpée par des rivières à saumons, d'étroits lacs de montagne et un petit bras de mer.

Au nord de Gros-Morne, deux sites archéologiques nous ramènent aux sources mêmes de l'histoire canadienne. C'est à l'Anse-aux-Meadows que vint s'établir une colonie de Vikings, la seule que l'on connaisse à l'ouest du Groenland. Des Norvégiens débarquèrent sur ces côtes rocheuses vers l'an 1000 de notre ère et fondèrent ce qui fut sans doute la première colonie européenne en Amérique du Nord.

A Port-au-Choix, des squelettes d'une mystérieuse peuplade qui habitait la région il y a 5 000 ans et diverses pièces qui témoignent de leur culture sont exposés dans un centre d'interprétation.

En cours de route, l'automobiliste s'arrêtera à St. Barbe et prendra le traversier du détroit de Belle-Isle pour explorer la côte sud du Labrador. Il s'agit là de l'une des plus belles haltes qu'il puisse faire sur cette côte.

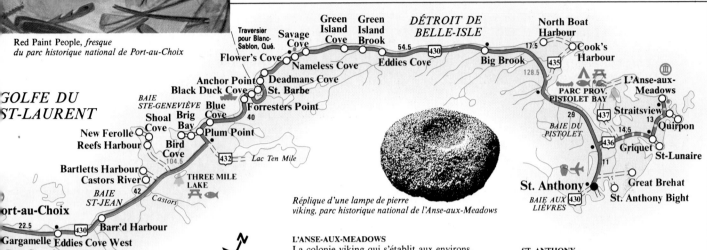

Réplique d'une lampe de pierre viking, parc historique national de l'Anse-aux-Meadows

PORT-AU-CHOIX

Des squelettes d'une ancienne peuplade qui errait du Maine au Labrador il y a 5 000 ans sont exposés au centre d'interprétation du parc historique national de Port-au-Choix. Les tombes qui furent découvertes ici à la fin des années 60 nous ont appris presque tout ce que nous savons de ce peuple. Leurs sépultures étaient peintes à l'ocre rouge et renfermaient de nombreux objets que les morts étaient censés emporter avec eux dans l'au-delà. Leurs armes d'ardoise, d'os et d'ivoire prouvent qu'ils vivaient de la chasse et de la pêche. Poinçons, gouges, haches et outils tranchants indiquent que la sculpture sur bois était bien développée chez eux, tandis que de fines aiguilles d'os montrent qu'ils cousaient leurs vêtements. Le centre possède aussi des objets des Inuit du cap Dorset qui vivaient à Pointe Riche vers l'an 100 av. J.-C.

Le mont Gros Morne et l'étang Ten Mile

L'ANSE-AUX-MEADOWS

La colonie viking qui s'établit aux environs, vers l'an 1000 de notre ère, est sans doute le Vinland des sagas norvégiennes. Les archéologues ont exhumé les vestiges de sept bâtiments, d'une forge et de deux foyers au parc historique national de l'Anse-aux-Meadows. Le site fut découvert par une équipe d'archéologues norvégiens en 1961. Les fouilles ont laissé des tranchées peu profondes qui laissent deviner la disposition originale des lieux. Au centre d'interprétation, on peut voir le pont d'un navire norvégien et un volant de quenouille en pierre de savon, identique à ceux qu'on a retrouvés au Groenland, en Islande, en Norvège et en Suède. Ce volant est sans doute le plus ancien objet d'origine européenne que l'on ait découvert en Amérique du Nord.

ST. ANTHONY

St. Anthony est devenu le rendez-vous des contestataires qui s'opposent à la chasse aux phoques dans le golfe du Saint-Laurent. La ville est aussi le siège de la mission Grenfell qui prodigue des soins médicaux à la population du nord de Terre-Neuve et du Labrador, répartie sur 2 400 km de côtes balayées par les vents. La mission fut fondée en 1893 par Sir Wilfrid Grenfell qui mourut à l'âge de 75 ans et fut inhumé à St. Anthony. Un réseau de cliniques et d'infirmeries desservies par caboteur et par avion poursuit aujourd'hui son œuvre. Des céramiques de Jordi Bonet ornent le foyer de l'hôpital Curtis qui porte le nom de son fondateur, le docteur Charles S. Curtis. Les parkas brodées et les sculptures en pierre de savon sont typiques de l'artisanat de la région.

Les marins norvégiens découvreurs de l'Amérique

Dès le IXe siècle, les Norvégiens entreprirent de grands voyages d'exploration qui les menèrent jusqu'en Islande. En 982, un Islandais du nom d'Erik le Rouge assassina un homme et fut banni pour trois ans. Il passa ses années d'exil à explorer les côtes du Groenland où il fonda deux colonies. De là, de hardis navigateurs poussèrent plus à l'ouest. Un navire dévia de sa route en 986 et arriva en vue d'étranges terres couvertes de forêts, sans doute Terre-Neuve et le Labrador.

Leif Eriksson, fils d'Erik le Rouge, eut vent de la découverte. Alléché par la perspective de trouver du bois non loin du Groenland, il refit cette route vers 995 et débarqua dans un pays fertile qu'il baptisa Vinland. Il y séjourna un an. Les archéologues ont prouvé l'existence d'une colonie norvégienne à l'Anse-aux-Meadows. Mais était-ce le Vinland d'Eriksson ou l'établissement de Norvégiens qui vinrent après lui ? La question n'a sans doute pas fini d'intriguer les historiens et les archéologues.

La « route des Iles »
et des géants de cristal

Centre de Terre-Neuve

A peu près à mi-chemin du tronçon de la Transcanadienne qui traverse Terre-Neuve se trouve Grand Falls, la quatrième ville en importance de la province. Cette agglomération vit le jour en 1909 lorsque Lord

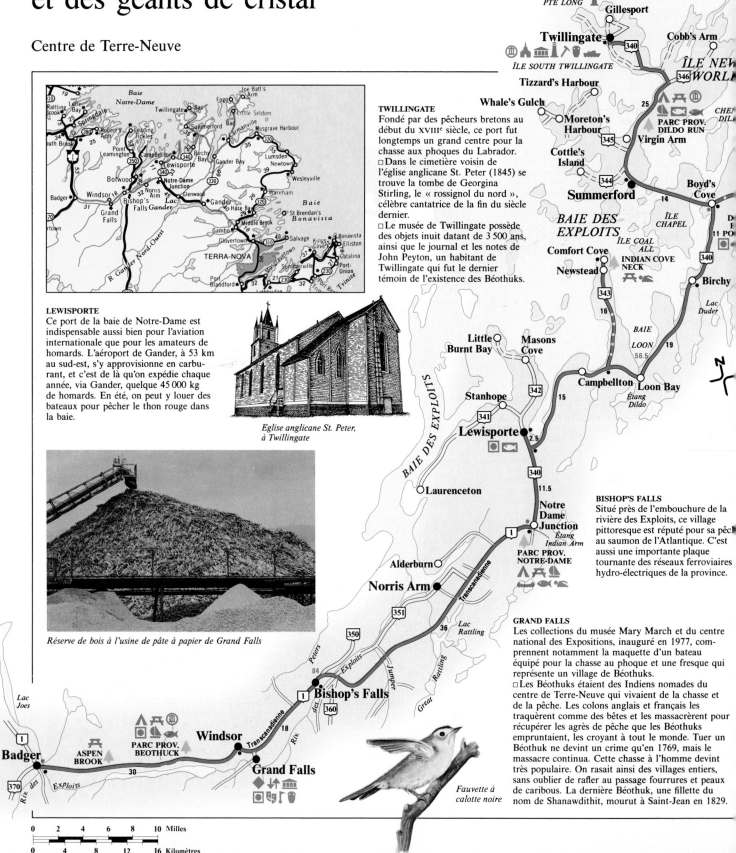

TWILLINGATE

Fondé par des pêcheurs bretons au début du XVIIIe siècle, ce port fut longtemps un grand centre pour la chasse aux phoques du Labrador.
□ Dans le cimetière voisin de l'église anglicane St. Peter (1845) se trouve la tombe de Georgina Stirling, le « rossignol du nord », célèbre cantatrice de la fin du siècle dernier.
□ Le musée de Twillingate possède des objets inuit datant de 3 500 ans, ainsi que le journal et les notes de John Peyton, un habitant de Twillingate qui fut le dernier témoin de l'existence des Béothuks.

LEWISPORTE

Ce port de la baie de Notre-Dame est indispensable aussi bien pour l'aviation internationale que pour les amateurs de homards. L'aéroport de Gander, à 53 km au sud-est, s'y approvisionne en carburant, et c'est de là qu'on expédie chaque année, via Gander, quelque 45 000 kg de homards. En été, on peut y louer des bateaux pour pêcher le thon rouge dans la baie.

Eglise anglicane St. Peter, à Twillingate

Réserve de bois à l'usine de pâte à papier de Grand Falls

BISHOP'S FALLS

Situé près de l'embouchure de la rivière des Exploits, ce village pittoresque est réputé pour sa pêche au saumon de l'Atlantique. C'est aussi une importante plaque tournante des réseaux ferroviaires hydro-électriques de la province.

GRAND FALLS

Les collections du musée Mary March et du centre national des Expositions, inauguré en 1977, comprennent notamment la maquette d'un bateau équipé pour la chasse au phoque et une fresque qui représente un village de Béothuks.
□ Les Béothuks étaient des Indiens nomades du centre de Terre-Neuve qui vivaient de la chasse et de la pêche. Les colons anglais et français les traquèrent comme des bêtes et les massacrèrent pour récupérer les agrès de pêche que les Béothuks empruntaient, les croyant à tout le monde. Tuer un Béothuk ne devint un crime qu'en 1769, mais le massacre continua. Cette chasse à l'homme devint très populaire. On rasait ainsi des villages entiers, sans oublier de rafler au passage fourrures et peaux de caribous. La dernière Béothuk, une fillette du nom de Shanawdithit, mourut à Saint-Jean en 1829.

Fauvette à calotte noire

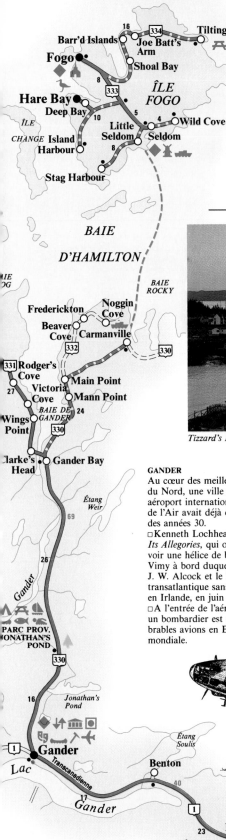

Northcliffe, magnat de la presse anglaise, acheta des forêts dans la région et ouvrit une usine dont la production quotidienne de papier journal dépasse aujourd'hui 1 100 t.

De Grand Falls, les routes 1 et 340 se dirigent vers Lewisporte, un grand centre de la pêche au thon. Plus loin, à Boyd's Cove, commence la « route des Iles », une série de ponts et de chaussées qui franchissent le chenal Dildo et relient les îles de Chapel, New World et South Twillingate à la terre ferme. En juin et juillet, d'énormes icebergs passent au large du phare de la pointe Long, au nord de la ville historique de Twillingate, menaçants lorsqu'ils émergent du brouillard, étincelants comme cristal quand le soleil les frappe.

Plus au sud s'étend la baie de Gander, point de départ des expéditions de chasse et de pêche qui remontent la rivière du même nom. A l'est de la ville de Gander et de son fameux aéroport international, le village de Gambo est le rendez-vous des amateurs de canotage et de camping.

Tizzard's Harbour, dans l'île New World

ÎLE FOGO
Deux fois par jour, un traversier franchit le détroit d'Hamilton entre l'île Fogo et le village de Carmanville. La pêche et la construction navale sont les principales activités économiques de l'île.

Omble-chevalier

GANDER
Au cœur des meilleurs territoires de chasse et de pêche d'Amérique du Nord, une ville de 8 000 habitants s'est développée autour d'un aéroport international, inauguré en 1938. Le ministère britannique de l'Air avait déjà établi ici une base transatlantique dès le milieu des années 30.
□ Kenneth Lochhead est l'auteur d'une fresque de 22 m, *Flight and Its Allegories*, qui orne l'aérogare. Au musée de l'Aviation, on peut voir une hélice de bois à quatre pales du bimoteur biplan Vickers Vimy à bord duquel deux aviateurs britanniques, le capitaine J. W. Alcock et le lieutenant A. W. Brown, firent le premier vol transatlantique sans escale, de Saint-Jean de Terre-Neuve à Clifden, en Irlande, en juin 1919.
□ A l'entrée de l'aéroport, un gigantesque monument représentant un bombardier est dédié aux pilotes qui convoyèrent d'innombrables avions en Europe durant la seconde guerre mondiale.

GANDER BAY
Pour remonter la rivière Gander, les chasseurs d'orignaux et les pêcheurs de saumons ou d'ombles-chevaliers louent des embarcations longues et étroites qui sont typiques de la baie de Gander. Faites de bois d'épinette, de sapin et de mélèze, elles s'inspirent des canots Old Town du Maine et sont équipées de petits moteurs hors-bord.

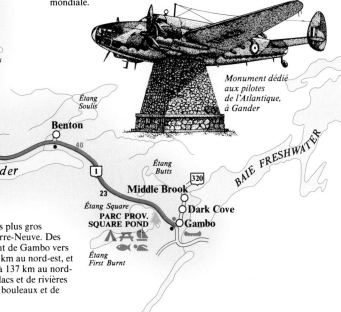

Monument dédié aux pilotes de l'Atlantique, à Gander

Le majestueux défilé des scintillants icebergs

Une visite à Twillingate ne serait pas complète si le visiteur n'allait observer les icebergs que le courant du Labrador entraîne vers le sud jusqu'au milieu de l'été. D'énormes blocs de glace aux formes curieuses, qui atteignent parfois jusqu'à 50 m de haut, dérivent au large de la pointe Long. Certains forment de véritables îles de 2 km de long. D'autres ont à peu près la taille d'une cathédrale ou d'un château fort hérissé de tours, de remparts et de créneaux. Leur couleur varie du bleu foncé au vert pâle.

Icebergs au large des côtes de Terre-Neuve

Le silence des forêts et des lacs, le sourd fracas d'une mer écumante

Centre de Terre-Neuve

Le temps semble s'être arrêté dans les baies abritées, les forêts touffues et les lacs et les rivières du parc national de Terra Nova qui domine la côte accidentée de la baie de Bonavista.

De Glovertown, juste au nord du parc, une route mène à Eastport, Happy Adventure, Sandy Cove et Salvage, à l'extrémité de la presqu'île d'Eastport.

Tous ces villages s'échelonnent le long d'une côte escarpée d'une saisissante beauté que la mer vient souvent battre furieusement.

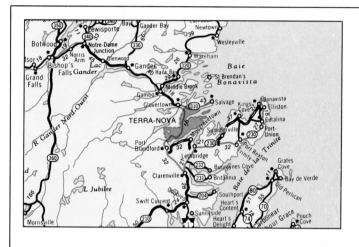

GLOVERTOWN
Les magasins et les commerces de cette bourgade de 2 200 habitants desservent les visiteurs du parc national de Terra Nova. Les petites embarcations de plaisance peuvent naviguer sans danger aux environs, car Glovertown est protégé par un chapelet d'îles qui s'étire sur près de 30 km dans la baie d'Alexander.

EASTPORT
Au début de l'été, le village organise un festival artistique de cinq semaines. On y joue des pièces d'auteurs locaux, tandis que les artisans s'installent sur la plage pour enseigner leur art : macramé, broderie ou travail du cuir. Des musiciens donnent aussi des concerts de musique légère.
□A Happy Adventure et aux environs, les pêcheurs vendent des homards vivants qu'ils prennent dans un vivier. Tout à côté, la plage de Sandy Cove est l'une des plus belles de Terre-Neuve.

Parc national de Terra Nova

Homard

PARC NATIONAL DE TERRA NOVA
Le courant froid du Labrador charrie les icebergs près des côtes de Terra Nova au début de l'été, tandis que les vagues de l'océan viennent se briser au pied des promontoires, s'engouffrer dans les goulets profonds et déferler sur les plages désertes. On voit parfois des baleines à proximité du rivage alors que les phoques du Groenland restent au large. Dauphins et épaulards croisent dans la baie de Bonavista que fréquentent aussi des calmars atteignant parfois 15 m de long. Les plages paisibles sommeillent au pied de collines arrondies, couvertes de forêts touffues semées d'étangs, de ruisseaux et de marécages où poussent une multitude de fleurs des champs et de lichens. Des sentiers serpentent au milieu des marais et des forêts habitées par les orignaux, les ours noirs et les renards.

CLARENVILLE
En été, les touristes sont nombreux à prendre le petit train qui va de Clarenville à Bonavista, sur une ancienne voie d'à peine 1 m de large. Comme d'autres villes de la côte ouest de la baie de Trinity, Clarenville était au milieu du siècle dernier un camp de bûcherons qui approvisionnait en bois les villages de pêcheurs de la côte est, plus aride.
□A Milton, une plaque rappelle l'expédition de William Epps Cormack (1822) qui explora pendant 58 jours l'intérieur de Terre-Neuve dont il étudia la flore, la faune et la géologie. Plus tard, Cormack fonda un institut pour les Béothuks et recueillit chez lui la petite Shanawdithit, dernière survivante de la tribu, qui mourut en 1829.

Cladonie à tête rouge

0   2   4   6   8   10 Milles

0   4   8   12   16 Kilomètres

Le premier bourg, Eastport, est dédié à l'agriculture. Les autres sont de charmants petits ports de mer qui tous méritent qu'on s'y arrête. A Salvage, l'un des plus anciens ports de pêche du Canada, on visitera un petit musée consacré à l'industrie de la pêche d'autrefois et on achètera du saumon ou du capelan fumé. A Happy Adventure, les pêcheurs vendent du homard frais jusqu'à la fin de juillet.

Quant à la plage de Sandy Cove, c'est l'une des plus belles de la province.

De Clarenville, qui n'était à l'origine qu'un camp de bûcherons, on poussera jusqu'au cap Bonavista où Jean Cabot aurait accosté en 1497. En chemin, on pourra s'arrêter à Trinity où siégea le premier tribunal maritime de Terre-Neuve en 1615. Comme beaucoup d'autres vieilles localités de la région, Trinity

fut harcelée par les pirates et prise par les Français au début du XVIIIᵉ siècle. On y voit encore des vestiges de fortifications et des canons qui datent de 1706. La plus ancienne tombe du cimetière de l'église Saint-Paul, construite en 1734, remonte à 1744.

Plus au nord, à l'extrémité est de la baie de Bonavista, se trouve Bonavista, port de pêche bourdonnant d'activité qui fut fondé au XVIIᵉ siècle. A quelques kilomètres au nord de la ville, le grand phare de Bonavista guide les pêcheurs depuis plus d'un siècle.

SALVAGE
Situé à la pointe de la presqu'île d'Eastport, Salvage est le plus ancien village de la province à avoir été habité sans interruption. Pendant près de 300 ans, il ne fut desservi que par bateau jusqu'à ce qu'une route construite après la seconde guerre mondiale le relie au monde extérieur.
□ Une maison centenaire a été restaurée et abrite le musée des Pêcheurs de Salvage où sont exposés des objets de la région. Le plancher de la cuisine est recouvert de voiles de navire, selon une vieille coutume de Terre-Neuve.

Salvage

BONAVISTA
Bonavista (4 200 habitants) est l'une des plus anciennes agglomérations de Terre-Neuve et sans doute la plus grande ville de pêcheries de la province. L'industrie morutière y possède une usine de séchage et des entrepôts frigorifiques. On pêche le thon et l'espadon dans la baie de Bonavista.
□ Une statue de pierre de Jean Cabot se dresse au cap Bonavista où le marin accosta peut-être en 1497. En été, on peut visiter le phare du cap qui est en service depuis 1842.
□ A Spillers Cove, près du cap Bonavista, l'eau a creusé une double grotte que l'on appelle The Dungeon (le Cachot).

BAIE DE BONAVISTA

CAP DE BONAVISTA

Spillars Cove
7.5
Bonavista
CAP L'ARGENT
6.5
Elliston
238
PTE FLOWERS
230
235
17
Little Catalina
CAP NORTH
237
Catalina
Port-Union
CAP SOUTH
Étang Halfway
24.5
PTE DOUGHFIG
BAIE SOUTHERN
PARC PROV. LOCKSTON PATH
Étang Trinity
236
Port Rexton
6.5
BAIE GREEN
English Harbour
235
230
21
2
Southern Bay
Trinity
Étang Blue Gull
BAIE DE LA TRINITÉ
239
71.5
Étang Saddle Back
Trouty

PORT UNION
La ville a été fondée en 1914 par Sir William Coaker qui en fit le siège de son syndicat de pêcheurs. Un buste du chef syndical, mort en 1938, orne sa pierre tombale. Son syndicat fonda un parti politique ainsi que des commerces, des chantiers navals, des entrepôts frigorifiques et des compagnies d'édition, de transport et d'électricité. Mais Coaker ne réalisa jamais son rêve, qui était d'acquérir la maîtrise politique et économique de Terre-Neuve.

Calmars

TRINITY
C'est à Trinity que siégea le premier tribunal maritime de Terre-Neuve, en juin 1615. Une plaque rappelle l'œuvre de John Clinch, premier médecin qui administra le vaccin contre la variole en Amérique du Nord, en 1880. Une autre plaque marque les ruines d'une maison de brique de trois étages, de style georgien, qui fut construite en 1821 par John Bingley Garland, premier président de l'assemblée législative de Terre-Neuve.
□ Des maquettes de navires datant des années 1830, qui servaient de gabarits pour la construction des chalutiers et des navires de chasse au phoque, sont exposées au musée de Trinity.

Eglise Saint-Paul, à Trinity

La pêche à la morue, une industrie quadricentenaire

On pêche la morue dans l'étroit couloir océanique qui longe la côte est de Terre-Neuve et, dans une moindre mesure, sur les Grands Bancs au sud-est de l'île. C'est en juillet et en août, lorsque les morues se massent dans les baies et les goulets pour se nourrir de capelans, que la pêche bat son plein. Les calmars, utilisés comme appâts, fréquentent ces eaux de la mi-juillet à la fin d'octobre.

La pêche à la morue était déjà une industrie importante au XVIᵉ siècle, alors que des bateaux français, anglais, portugais et espagnols sillonnaient les eaux de Terre-Neuve. Les pêcheurs vêtus de cuir se tenaient debout dans des barils, à l'abri de coupe-vent, et ne prenaient qu'un poisson à la fois. Les poissons étaient apprêtés sur le pont, puis entreposés dans la cale entre d'épaisses couches de sel. Les Anglais qui manquaient de sel séchaient les morues à terre, sur des claies semblables à celles qu'on trouve encore dans les ports de Terre-Neuve.

La côte où doris et chalutiers bravent vents et marées

Péninsule d'Avalon

Une étroite bande de roc où ne poussent que des lichens, des sapins et des épinettes rabougris relie la péninsule d'Avalon au reste de Terre-Neuve. Le brouillard y est souvent très épais et la bruine tenace. Mais les paysages grandioses de la baie de Plaisance et de celle de la Trinité resplendissent dès que le soleil perce les nuages.

Dédaignant le mode de vie des « terriens », les pêcheurs de la côte ouest de la péninsule bravent une mer agitée à bord de leurs petites embarcations, pêchant la morue

Langues de morue, ragoûts et poudings

Nombre de mets typiques de Terre-Neuve — biscuits de mer, pois secs, bœuf et poisson salés — composaient l'ordinaire des pêcheurs anglais et irlandais qui fréquentaient l'île il y a quatre siècles.

À Terre-Neuve, le mot poisson est synonyme de morue. Bouillie ou cuite au four, dans les soupes ou en croûte, la morue apparaît dans des centaines de recettes. Le « fish and brewis » est un plat de morue salée bouillie et de biscuits de mer amollis dans l'eau et garnis de bouchées croustillantes de porc salé. La langue de morue frite en tranches est un mets délicat dont le goût rappelle celui des pétoncles. Le « jiggs dinner » est un ragoût de bœuf et de porc salés, garni de pommes de terre, de carottes, de navets et de choux. Parmi les hors-d'œuvre, citons le pouding aux pois, une purée de pois cassés, et le « figged duff », un délicieux pouding à la mélasse et aux raisins.

COME BY CHANCE
Une gigantesque raffinerie de pétrole, ouverte depuis peu, attire les superpétroliers au port de ce paisible village à l'entrée de la baie de Plaisance. Par temps clair, un mirador du village voisin de Sunnyside offre un splendide panorama de la baie de la Trinité à l'est et de la baie de Plaisance à l'ouest, deux des meilleurs sites pour la pêche côtière.
□ Au sud de Come By Chance, au parc provincial Jack's Pond, un cours d'eau déroule ses méandres entre des rives verdoyantes, avant de se précipiter du haut d'une petite chute dans l'étang Jacks. On peut faire du canot et pêcher l'omble de fontaine dans le parc.

Globicéphale noir de l'Atlantique

PLAISANCE
Le parc historique national de Castle Hill renferme les ruines des places fortes d'où les Français partaient attaquer les premiers établissements anglais de Terre-Neuve. Les Français construisirent le fort Royal à Plaisance en 1692 et attaquèrent les Anglais à Saint-Jean et en divers endroits de la péninsule jusqu'en 1713, lorsque la forteresse fut cédée aux Anglais par le traité d'Utrecht. On peut encore voir les ruines des salles de garde, de la caserne, de la poudrière et les fondations d'une casemate anglaise. Un centre d'interprétation relate l'histoire de la ville.
□ En été, un traversier fait la navette entre Argentia et North Sydney.
□ C'est sur un navire de guerre anglais ancré au large d'Argentia que Churchill et Roosevelt signèrent la Charte de l'Atlantique en août 1941.

Colonie de fous de Bassan, refuge d'oiseaux du cap Sainte-Marie

CAP SAINTE-MARIE
Le cap est le refuge d'une grande colonie d'oiseaux de mer. Des milliers de fous de Bassan peuplent les falaises de l'île Bird, hautes de 150 m. Ces gracieux oiseaux blancs ont une envergure de près de 2 m. La marmette commune, la marmette de Brünnich et la mouette tridactyle nichent également en grand nombre sur l'île.

0 2 4 6 8 10 Milles
0 4 8 12 16 Kilomètres

à l'hameçon ou au filet, non loin des grands chalutiers de 10 à 15 hommes d'équipage qui sillonnent les Grands Bancs.

Nombre d'habitants des villages de pêcheurs de la côte sont d'origine irlandaise. Ils ont l'accent chantant de Galway ou du comté de Clare et, comme leurs ancêtres, aiment à conter d'incroyables histoires où le merveilleux se confond à la réalité quotidienne.

Plaisance, ancienne capitale française de Terre-Neuve, jouit d'un site superbe entre deux fjords qui pénètrent à 10 km à l'inté-rieur des terres. A l'arrière-plan, au sommet de collines escarpées, se dressent les ruines des anciens forts qui faisaient de Plaisance une forteresse redoutable.

Au large du cap Sainte-Marie, la demi-coupole de l'île Bird offre un refuge aux mar-mettes, aux mouettes et aux fous de Bassan. Les oiseaux perchent sur les corniches et dans les moindres anfractuosités, se saluent et caquettent, se dérobent des brindilles de leurs nids ou se font la cour dans un va-et-vient incessant entre l'océan et la terre.

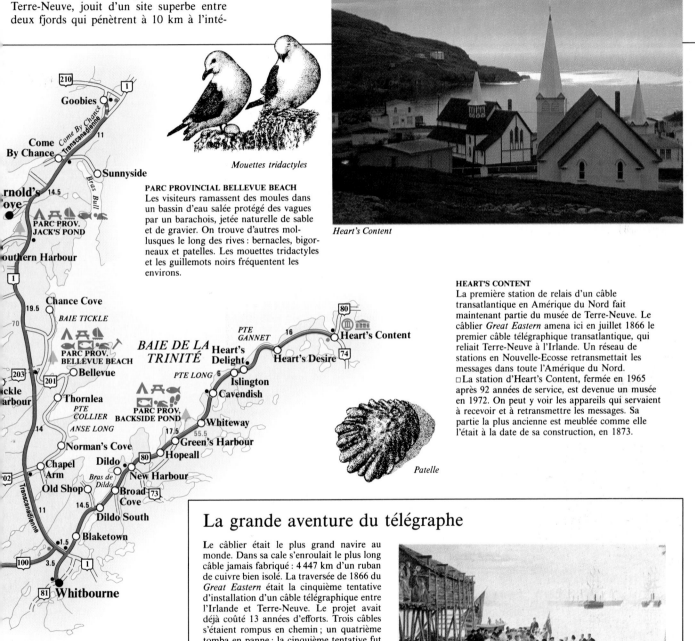

Mouettes tridactyles

PARC PROVINCIAL BELLEVUE BEACH
Les visiteurs ramassent des moules dans un bassin d'eau salée protégé des vagues par un barachois, jetée naturelle de sable et de gravier. On trouve d'autres mollusques le long des rives : bernacles, bigorneaux et patelles. Les mouettes tridactyles et les guillemots noirs fréquentent les environs.

Heart's Content

HEART'S CONTENT
La première station de relais d'un câble transatlantique en Amérique du Nord fait maintenant partie du musée de Terre-Neuve. Le câblier *Great Eastern* amena ici en juillet 1866 le premier câble télégraphique transatlantique, qui reliait Terre-Neuve à l'Irlande. Un réseau de stations en Nouvelle-Ecosse retransmettait les messages dans toute l'Amérique du Nord.
□ La station d'Heart's Content, fermée en 1965 après 92 années de service, est devenue un musée en 1972. On peut y voir les appareils qui servaient à recevoir et à retransmettre les messages. Sa partie la plus ancienne est meublée comme elle l'était à la date de sa construction, en 1873.

Patelle

CHAPEL ARM
L'industrie baleinière était autrefois florissante à Chapel Arm et dans les villages voisins de New Harbour et de Dildo. A bord de leurs doris, les chasseurs rassemblaient les globicéphales noirs de l'Atlantique comme des troupeaux de bétail, puis les massacraient pour vendre leur huile et leur chair en Europe. Depuis, le gouvernement canadien a imposé un moratoire sur la chasse aux globicéphales noirs, en 1973.

La grande aventure du télégraphe

Le câblier était le plus grand navire au monde. Dans sa cale s'enroulait le plus long câble jamais fabriqué : 4 447 km d'un ruban de cuivre bien isolé. La traversée de 1866 du *Great Eastern* était la cinquième tentative d'installation d'un câble télégraphique entre l'Irlande et Terre-Neuve. Le projet avait déjà coûté 13 années d'efforts. Trois câbles s'étaient rompus en chemin ; un quatrième tomba en panne ; la cinquième tentative fut couronnée de succès. Le *Great Eastern* mit deux semaines à traverser l'Atlantique, posant son câble par plus de 3 km de fond. A l'arrivée du navire à Heart's Content (illustrée ci-contre par Rex Woods) le 26 juillet 1866, un message laconique court sur le câble jusqu'en Irlande, de l'autre côté de l'océan : « All right. »

Une île de fer et un chapelet de ports

Péninsule d'Avalon

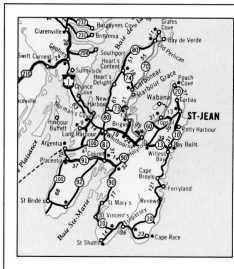

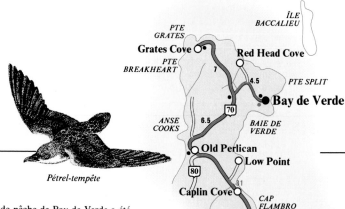

Pétrel-tempête

BAY DE VERDE

Le site du grand port de pêche de Bay de Verde a été dégagé à la dynamite. Les rochers précipités dans la mer par l'explosion servirent à construire une jetée.

□ Des bateaux de louage mènent les visiteurs à l'île Baccalieu où nichent macareux, pétrels-tempêtes, fous de Bassan, goélands, guillemots noirs, mouettes, marmettes et godes. Au début du siècle, des pêcheurs des environs tirèrent du fond d'une anse deux tonnelets remplis de doublons espagnols. On croit qu'il s'agissait du butin d'un navire pirate.

□ Jean Cabot a peut-être gravé son nom sur un rocher près de Grates Cove en 1497. L'inscription, où l'on pouvait lire « Io Caboto » et quelques autres mots, est maintenant effacée.

CARBONEAR

Dans un jardin privé se trouve la tombe d'une princesse irlandaise qui épousa le pirate anglais qui l'avait enlevée au beau milieu de la Manche. L'épitaphe porte ces mots : « Sheila Na Geira, épouse de Gilbert Pike et fille de John Na Geira, roi du comté de Down. » Sheila passa presque toute sa vie à Carbonear et mourut en 1753 à l'âge de 105 ans.

HARBOUR GRACE

Cette ville historique qui domine la baie de la Conception fut fondée vers 1550 et fortifiée par le pirate anglais Peter Easton vers 1610.

□ Le musée de la baie de la Conception occupe un ancien bureau de douane construit il y a cent ans sur le site du fort Easton. Une exposition y relate l'histoire des vols transatlantiques. C'est en effet de Harbour Grace que Wiley Post entreprit son vol autour du monde en 1931 et qu'Amelia Earhart décolla en 1932 lors de son vol en solo qui la mena à Londonderry, en Irlande du Nord.

□ Deux plaques évoquent le révérend Laurence Coughlan qui fonda ici, en 1765, la première mission wesleyenne d'Amérique du Nord, et Sir Thomas Roddick, né à Harbour Grace, médecin militaire du corps expéditionnaire qui mata la rébellion du Nord-Ouest en 1885, président de la British Medical Association, député au parlement fédéral et doyen de la faculté de médecine de l'université McGill à Montréal.

Morutiers à Port-de-Grave, près de Hibbs Cove

HIBBS COVE

La côte ouest de la baie de la Conception, avec ses pittoresques villages de pêcheurs et ses magnifiques paysages côtiers, attire de nombreux artistes et photographes.

□ Les grandes maisons de bois de Hibbs Cove, pressées autour d'un petit port encerclé de rochers, sont typiques des ports de pêche de Terre-Neuve. Le musée des Pêcheurs possède des meubles fabriqués à la main, des outils et des objets de l'époque des premiers colons. La galerie d'art du musée occupe une vieille maison à deux étages. On peut y voir une exposition de dessins d'enfants.

CUPIDS

A la tête de 39 colons anglais, John Guy fonda en 1610 le premier établissement officiel de Terre-Neuve, la « Sea Forest Plantation », mais la colonie se dispersa au bout de 18 ans, ébranlée par les coups de main des pirates et par l'hostilité des pêcheurs.

□ Au XIXᵉ siècle, Brigus était un grand centre de pêche à la morue et de chasse au phoque. C'est là que naquit Robert Abram « Bob » Bartlett, qui commanda les navires des expéditions de Robert Edwin Perry et de Vilhjalmur Stefansson au début du siècle.

ÎLE BACCALIEU

PTE GRATES
Grates Cove
PTE BREAKHEART
Red Head Cove
7
4.5
PTE SPLIT
Bay de Verde
70
ANSE COOKS
6.5
BAIE DE VERDE
Old Perlican
80
Low Point
81
Caplin Cove
CAP FLAMBRO
Lower Island Cove
20
CAP BLUFF
Job's Cove
Burnt Point
Gull Island
Long Beach
Northern Bay
PARC PROV. NORTHERN BAY SANDS
Ochre Pit Cove
CAP DE WESTERN BAY
Western Bay
Adams Cove
23
Blackhead
Small Point
Kingston
36.5
Perry's Cove
Salmon Cove
BAIE DE L
70
8.5
Freshwater
Carbonear
Bristol's Hope
PTE FEATHER
5
Harbour Grace
Upper Island Cove
11
Riverhead
Gullies
Hibbs Cove
Tilton
Bay Roberts
Port-de-Grave
Spaniard's Bay
73
1.5
72
8.5
Bareneed
Cupids
Bri
52.5
2.5
Clarke's Beach
6
60
71
70
South

0 1 2 3 4 5 Milles
0 2 4 6 8 Kilomètres

La route du bord de mer qui épouse les contours de la baie de la Conception traverse de nombreux petits ports de mer et des villages perchés sur des coteaux ou de nautes falaises. Jusqu'à Holyrood, la côte est constituée d'une suite ininterrompue d'anses profondes, semblables à des fjords. Des milliers de grands voiliers en sillonnaient autrefois les eaux, faisant de Terre-Neuve l'une des plus grandes bases maritimes du siècle dernier. Les pâturages, les champs de fourrage et les potagers du littoral s'élèvent à flanc de coteau vers la forêt, mais les maisons font face à la mer d'où naquirent tous ces petits villages.

La côte est de la baie, beaucoup plus rectiligne, est formée de falaises inhospitalières du haut desquelles on découvrira, entre St. Phillips et Portugal Cove, la masse menaçante de l'île Bell. Longtemps surnommé l'Ile de Fer, ce bloc de rocher de 9 km de long et de 3 km de large a abrité pendant un demi-siècle la plus grande mine de fer au monde.

A Pouch Cove, on verra les pêcheurs haler les doris hors de l'eau sur des patins. On y remarquera aussi les claies posées sur des tréteaux où l'on met le poisson à sécher. Autrefois omniprésentes sur la côte de Terre-Neuve, elles sont maintenant plus rares.

Le cap Saint-François est un sombre promontoire entouré de dangereux hauts-fonds et d'îles liserées d'écume. La route escalade le cap d'où la vue sur Bauline et sa baie aux eaux agitées est saisissante. Au sommet d'une colline qui domine le village se trouve une énorme bouilloire de fer qui sert encore à traiter les filets de pêche contre le sel marin.

POUCH COVE
Les premiers colons arrivèrent à Pouch Cove vers 1611. Ils choisirent cet endroit en raison de son port dangereux : les colonies permanentes étaient interdites à Terre-Neuve au XVIIᵉ siècle et les récifs de l'entrée du port dissuadaient les navires qui détruisaient les établissements illégaux de trop s'approcher.
□ Un mauvais chemin de terre de 5 km mène au phare du cap Saint-François où sombrèrent d'innombrables navires.
□ Le robuste chien terre-neuve, que l'on croit originaire de cette partie de la province, a sauvé des centaines de naufragés poussés par les vagues jusqu'au rivage.

Terre-neuve

Eglise de Topsail

La terreur de Harbour Grace

Pendant trois ans, Peter Easton — « l'amiral pirate » — terrorisa la côte est du Canada. Vétéran de la marine anglaise, il se découvrit une vocation de pirate en 1604 et s'installa dans la baie de la Conception vers 1610. Du fort de Harbour Grace (ci-dessus), d'où partaient ses navires, Easton étendit bientôt son empire à tout l'ouest de l'Atlantique Nord.

Il saccageait les villages côtiers, pillait les navires de pêche français et portugais qui fréquentaient les Grands Bancs et s'attaquait aux vaisseaux anglais dans le port de Saint-Jean. En 1612, il partit de Ferryland, au sud de Saint-Jean, pour attaquer la colonie espagnole de Puerto Rico. Ses navires rentrèrent chargés d'or.

En 1613, Easton partit pour la Méditerranée. Il acheta un château en France et devint marquis. A sa mort, il était l'un des hommes les plus riches au monde.

TOPSAIL
Du village, on a une vue magnifique sur la baie de la Conception et les îles Bell, Little Bell et Kellys. Les grands gisements de minerai de fer de l'île Bell furent exploités de 1893 à 1966. L'île Kellys doit son nom à un pirate qui y établit son quartier général il y a trois siècles.
□ A l'embouchure de la rivière Manuels se trouvent d'innombrables fossiles de trilobites, crustacés de l'ère préhistorique qui vivaient au fond d'une mer peu profonde, il y a environ 320 millions d'années.
□ Le cimetière de l'église de Topsail (1870), surnommée « l'église au bord du chemin », date de 1837.

HOLYROOD
La pêche, la voile et des paysages enchanteurs font de Holyrood un centre touristique très populaire. Les cours d'eau des environs regorgent de saumons de l'Atlantique et de truites, et la baie de la Conception est réputée pour ses énormes thons rouges. Les pêcheurs prennent aussi des calmars à l'aide d'hameçons à plusieurs hampes.
□ Près de Holyrood, la Transcanadienne longe le parc provincial Butter Pot. Un belvédère perché au sommet du mont Butter Pot (305 m) offre une belle vue de la baie de la Conception.

Baie de la Conception, entre Topsail et Kelligrews

Un havre historique, des canons silencieux et un rocher imprenable

Blotti au fond de son havre défendu par un rocher majestueux et des canons aujourd'hui silencieux, Saint-Jean, première colonie anglaise, est la capitale de la plus jeune province du Canada. Dans son cadre saisissant, la ville, avec ses maisons de bois aux couleurs vives qui se pressent à flanc de colline derrière le port, semble encore toute proche de son passé tumultueux.

Jean Cabot vint mouiller dans ce port le jour de la Saint-Jean, en 1497, mais il fallut attendre près d'un siècle avant que les premiers colons ne viennent percher leurs maisons sur les rochers des baies de Terre-Neuve. En 1583, Sir Humphrey Gilbert prit officiellement possession de l'île au nom d'Elisabeth Iʳᵉ. Une escadre hollandaise pilla la ville en 1665 et les troupes françaises de Plaisance l'incendièrent par trois fois. Les Anglais s'en emparèrent de nouveau en 1762.

La vieille ville n'a guère changé depuis sa reconstruction après le terrible incendie qui la dévasta en 1892. La ville moderne s'étend derrière des rues qui comptent parmi les plus anciennes de l'Amérique du Nord. Comme pendant les deux grandes guerres où Saint-Jean fut un important relais de l'Atlantique Nord, de nombreux navires battant pavillon étranger fréquentent son port. Dans le tohu-bohu des tavernes du port, les langues de pays lointains se mêlent à l'accent expressif et chaleureux des insulaires.

Alcock et Brown (18)
Une plaque marque l'endroit où le capitaine J. W. Alcock et le lieutenant A. W. Brown entreprirent le 14 juin 1919 le premier vol sans escale au-dessus de l'Atlantique. Ils posèrent leur bimoteur Vickers Vimy à Clifden, en Irlande, 16 heures et demie plus tard.

Baie de Logy (17)
A 5 km au nord-est de Saint-Jean, la baie de Logy abrite le Centre de recherches océanographiques de l'université Memorial.

Basilique Saint-Jean-Baptiste (8)
Les flèches jumelles de la plus grande église de la province se découpent sur le ciel de Saint-Jean depuis 130 ans. Dans le petit musée du couvent des sœurs de la Présentation, à côté de la basilique, se trouve *La Vierge voilée*, une ravissante sculpture de marbre, œuvre du maître italien Giovanni Strazzo.

Cap Spear (5)
Le cap Spear, extrémité orientale du continent nord-américain, se dresse à 10 km au sud-est de Saint-Jean.

Au printemps et en été, les doris et les chalutiers quittent chaque jour au petit matin le port de Saint-Jean pour pêcher la morue.

Cathédrale anglicane (10)
Dessinée par l'architecte anglais Sir Gilbert Scott au début du XIXᵉ siècle, cette cathédrale de style gothique abrite un petit musée d'art sacré.

Centre artistique et culturel (4)
Construit pour le Centenaire, le centre abrite les Archives, un théâtre, des bibliothèques, des ateliers d'art et d'artisanat, une galerie d'art et un musée maritime.

Commissariat

Commissariat (13)
De 1821 à 1870, cette maison de bois à trois étages abrita la résidence et les bureaux de l'officier d'intendance qui s'occupait de la solde et des approvisionnements de la garnison anglaise de Saint-Jean.

Edifice de la Confédération (7)
L'édifice est le siège du gouvernement de Terre-Neuve et de son assemblée législative.

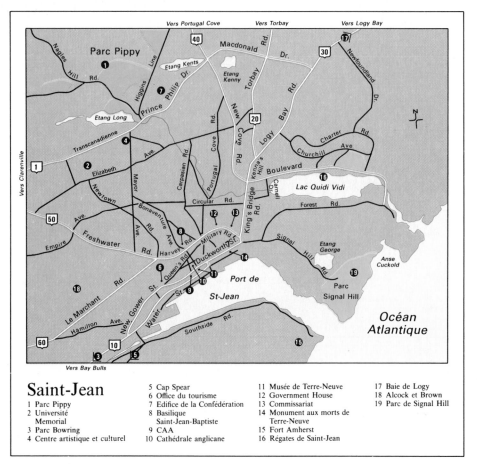

Saint-Jean

La capitale de Terre-Neuve, avec son port animé, son quartier des affaires et son université, est le centre culturel et commercial de l'île. La ville moderne s'étend derrière des rues qui comptent parmi les plus anciennes d'Amérique du Nord (à droite).

Eglise de l'ancienne garnison (ci-dessus). L'anse Cuckold (ci-dessous), vue de la batterie de Quidi Vidi.

Sa tour de onze étages renferme un musée consacré à l'histoire militaire et maritime de Terre-Neuve.

Fort Amherst (15)
Ce fort fut construit en 1763 sur la pointe sud qui commande l'entrée du port. Un phare remplace celui qui fut édifié en 1812. On peut voir là des vestiges de fortifications de la seconde guerre mondiale.

Government House (12)
Construite en 1830, cette maison de style georgien est la résidence officielle du lieutenant-gouverneur.

Monument aux morts de Terre-Neuve (14)
C'est ici, sur la plage King, que Sir Humphrey Gilbert prit possession de Terre-Neuve au nom de l'Angleterre en 1583. Le monument de granit de 7,6 m de haut est couronné d'une statue de la Liberté.

Musée de Terre-Neuve (11)
Une importante collection consacrée aux Béothuks comprend notamment une veste en peau de caribou que portait Shanawdithit, dernière représentante de cette tribu indienne qu'exterminèrent les pêcheurs et les colons européens (elle mourut à Saint-Jean en 1829). Le musée se consacre également aux premiers colons, à la navigation à voile, à la chasse au phoque et à la baleine, à la pêche à la morue, à l'industrie de la pâte à papier.

Parc Bowring (3)
Trois statues ornent le parc : le *Fighting Newfoundlander*, une réplique de la statue de Peter Pan des jardins de Kensington et un grand caribou qui commémore les soldats de Terre-Neuve tués dans la Somme.

Parc Pippy (1)
Cette vaste étendue de bois, de prés et d'étangs comprend des sentiers de randonnée, des pistes cyclables, une ferme pour enfants, ainsi que des terrains de camping, de pique-nique et de golf.

Régates de Saint-Jean (16)
En août, sur le lac Quidi Vidi, des équipes de six rameurs à bord d'embarcations de 16 m de long se disputent une course de 2,6 km qui aurait eu lieu pour la première fois en 1828.

Université Memorial (2)
Fondé en 1925 en mémoire des soldats tués lors de la guerre de 1914-1918, le Memorial College devint une université en 1949.

L'imprenable fort de Saint-Jean

Tour de Cabot, à Signal Hill

Tous les ans, des figurants reconstituent une partie de la bataille de Signal Hill, dernier affrontement entre Anglais et Français en Amérique du Nord (15-18 septembre 1762). Le promontoire de Signal Hill (19), autrefois appelé le « fort imprenable », est un rocher battu des vents qui domine de 152 m l'étroite entrée du port de Saint-Jean. C'est aujourd'hui un parc historique national. La Batterie de la Reine, qui commande l'entrée du goulet, ne fut construite qu'après la bataille de 1762. Dans le goulet, au pied de la batterie, se trouve Chain Rock, un rocher où l'on attachait jusqu'à la fin du XVIIᵉ siècle des chaînes et des barres de bois qui interdisaient l'entrée du port aux navires ennemis. Au sommet du promontoire se dresse la tour de Cabot (à gauche). C'est là que Guglielmo Marconi reçut, le 12 décembre 1901, le premier sans-fil transatlantique, en provenance de Cornwall, en Angleterre.

Au rythme de la mer, la vie rude des terres-neuvas

Presqu'île d'Avalon

Entre Saint-Jean et Cape Race, la côte est semée de milliers d'épaves de navires qui s'écrasèrent au pied de promontoires rocheux ou s'éventrèrent sur des hauts-fonds. Au fond des baies, la marée basse découvre souvent des poutres de bois pourri ou des coques de fer rouillé. Les brouillards et les tempêtes qui furent fatals à ces navires font l'orgueil des habitants de Terre-Neuve et, malgré les dangers de leur métier, bien peu de pêcheurs se résignent à quitter leurs villages pour aller travailler dans les villes.

PARC DE LA NATURE SALMONIER
Un sentier de randonnée de 3 km serpente dans une forêt de sapins baumiers et de bouleaux, longe des marécages où fleurissent orchidées et églantiers et enjambe sur des passerelles de bois des fondrières où poussent la sarracénie pourpre et le rossolis à feuilles rondes. Orignaux, lièvres arctiques, renards, castors et caribous vivent dans des enclos. Le parc abrite aussi la fauvette rayée, la fauvette à croupion jaune, l'aigle pêcheur et l'aigle à tête blanche.

TREPASSEY
C'est de Trepassey que partit le premier vol transatlantique d'ouest en est, en 1919. Des trois hydravions qui tentèrent la traversée, deux firent un amerrissage forcé, mais le troisième atteignit le Portugal, après une escale aux Açores.
□ En 1928, Amelia Earhart partit de Trepassey pour effectuer comme passagère son premier vol transatlantique. L'ivresse de cette traversée la convainquit de faire de l'aviation son métier.
□ Près de St.Vincent's, le bassin d'eau salée de Holyrood abrite de nombreux poissons de mer : bars-perches, chabots, aiglefins et raies. Une plage de 23 km de long le sépare de l'océan.

En pleine mer, le musée flottant de l'Atlantique

« Il faut protéger nos mers », dit un écriteau du *Norma & Gladys*, le musée flottant de Terre-Neuve. Construit en 1945, ce navire de 28 m sillonna les eaux du Labrador jusqu'en 1951. Vers le milieu des années 70, alors qu'il était l'une des dernières goélettes côtières encore en service, on décida de le transformer en un musée consacré à la pêche. Depuis, chaque été, le *Norma & Gladys* porte son message le long de la côte des Maritimes.

Dans la cale du navire, une exposition relate l'histoire des pêcheries de Terre-Neuve et analyse les dangers auxquels elles sont exposées. Pendant des siècles, les Grands Bancs furent fréquentés par des millions de morues. Mais les pêches excessives et la pollution ont sérieusement appauvri cette réserve et les pêcheurs de Terre-Neuve risquent un jour de perdre leur gagne-pain.

CAPE RACE
Aux environs, à la pointe Mistaken, on découvrit en 1968 le plus riche dépôt de fossiles précambriens au monde qui constitue une sorte d'encyclopédie du monde animal d'il y a 500 millions d'années. Parmi les empreintes qui marquent la paroi d'un rocher se trouve celle d'un crustacé de 1 m de long.
□ Des phoques se rassemblent en eau peu profonde, au large du parc provincial Chance Cove.

Pinson fauve

RÉSERVE D'AVALON

St. Catherine's
Mount Carmel — Salmonier — Forest Field
Mitchells Brook — New Bridge
St. Joseph's
Etang Gull
Riverhead 33 / 58.5
HAVRE DE ST. MARY'S
Pointe-La-Haye
Gaskiers — Path End — St. Mary's
PARC PROV. HOLYROOD POND
CAP FALSE
Etang Holyrood
St. Vincent's
St. Stephens
Peter's River
Daniel's Point 51.5
Trepassey 35.5
CAP POWLES
Biscay Bay 16
BAIE BISCAY
Portugal Cove South
ANSE PORTUGAL
PARC PROV. CHANCE COVE
BAIE DES TRÉPASSÉS
OCÉAN ATLANTIQUE
Long Beach 19.5 — Cape Race / CAP RACE
PTE MISTAKEN
Biscay Bay
Chance Cove
Raie

0 2 4 6 8 10 Milles
0 4 8 12 16 Kilomètres

Depuis toujours, chaque matin, à Petty Harbour ou à Renews, les pêcheurs prennent la mer sur leurs doris de bois et vont pêcher la morue à la ligne. Pour conserver le poisson, certains continuent à employer la méthode de leurs ancêtres irlandais : ils étalent les morues salées sur des claies afin de les faire sécher au soleil.

La côte est de Terre-Neuve possède un riche passé historique. Elle vit, en effet, se dérouler de grandes batailles navales, abrita des repaires de pirates et vit naître les premières colonies du Canada. La presqu'île d'Avalon fut ainsi baptisée par le premier Lord Baltimore qui fonda une colonie à Ferryland en 1621. Mais les montagnes, les forêts, les marécages et les terres stériles de l'intérieur ne se prêtaient guère à l'agriculture.

C'est pourquoi la plupart des habitants se tournèrent vers la mer qui récompensa d'ailleurs leur labeur. Chaque jour, au petit matin, les pêcheurs bravent l'eau glacée et le vent du large pour rentrer, le soir venu, leurs bateaux chargés de poissons.

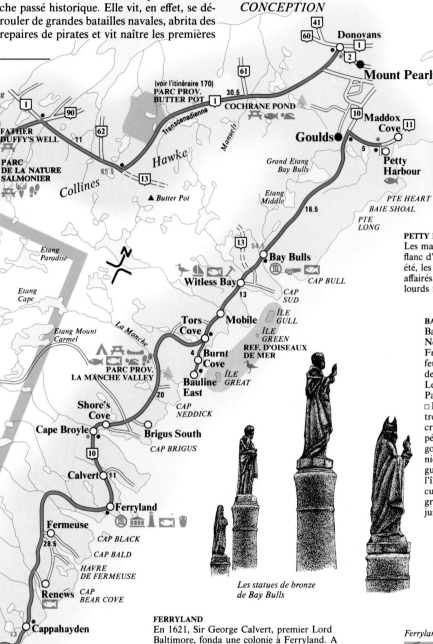

Petty Harbour

PETTY HARBOUR
Les maisons de bois de ce village de pêcheurs s'accrochent au flanc d'une colline qui plonge vers la mer. Au printemps et en été, les petits bateaux de pêche quittent au matin les quais affairés. Les hommes pêchent la morue à la ligne ou relèvent les lourds filets posés la veille en eau profonde.

BAY BULLS
Bay Bulls est l'une des plus anciennes colonies de Terre-Neuve. Elle fut attaquée à maintes reprises par les Français et les Hollandais, et rasée plusieurs fois par le feu. Les quatre canons qui montent la garde à l'entrée de l'église catholique évoquent cette histoire orageuse. Leurs fûts portent des statues de bronze de saint Patrick, saint Paul, saint Joseph et sainte Thérèse.
□ De grandes colonies d'oiseaux de mer nichent dans trois petites îles au large de Witless Bay. L'île Gull est criblée de trous qui servent de nids à quelque 1 250 000 pétrels culs-blancs. Des mouettes tridactyles, des goélands argentés et 200 000 macareux arctiques y nichent aussi. L'île Green accueille des goélands, des guillemots noirs et des marmettes communes, tandis que l'île Great résonne des cris des macareux et des pétrels culs-blancs. Des vedettes font le tour des îles qui grouillent d'oiseaux à la saison des amours, de la mi-juin au début de juillet.

RÉSERVE D'AVALON
Une harde de caribous des bois hante cette région abritée où poussent des épinettes naines et des sapins baumiers. La réserve attire les amateurs de randonnée, de canot, de camping et de pêche à la truite. Les visiteurs doivent se munir d'un permis du ministère du Tourisme, à Saint-Jean.

Les statues de bronze de Bay Bulls

FERRYLAND
En 1621, Sir George Calvert, premier Lord Baltimore, fonda une colonie à Ferryland. A cause des attaques françaises incessantes et de la rigueur du climat, il quitta Terre-Neuve en 1629 et établit sa colonie en Virginie. Plus tard, Sir David Kirke échoua à son tour. Les pêcheurs de morue qu'avaient chassés les colons revinrent alors au village.
□ Au XVIIIe siècle, les habitants de Ferryland fortifièrent l'île du Bois à l'entrée du port pour repousser les escadres françaises. Leurs ouvrages de terre sont toujours visibles.

Ferryland

Armoiries de Sir George Calvert, dans une vieille église de Ferryland

Vers l'Arctique, sur la route de l'avenir

Territoire du Yukon/Territoires du Nord-Ouest

La route de Dempster quitte Dawson et serpente au milieu de sous-bois épais, contournant lacs et fondrières, avant de s'enfoncer dans les vastes étendues désolées de la toundra. La route la plus septentrionale du Canada doit son nom à un inspecteur de la Police montée du Nord-Ouest, W. J. D. Dempster. Cet excellent conducteur de traîneaux à chiens est devenu célèbre à la suite de l'épuisante course de 640 km qui le mena, au cours de l'hiver 1910-1911, de Dawson à Fort McPherson, à travers les monts Ogilvie, pour

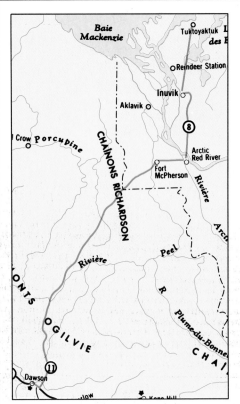

Soleil de minuit (expositions successives)

CERCLE POLAIRE ARCTIQUE
En été, au nord du cercle polaire arctique (kilomètre 406 de la route de Dempster), le soleil semble effleurer le sommet de la terre au lieu de se coucher. Durant les longs hivers, midi ne se signale que par une bande de couleur pâle, en direction du sud.
□ Les aurores boréales, qui déroulent leurs lueurs dansantes dans le ciel, sont causées par l'entrée dans les couches supérieures de l'atmosphère de particules électrisées projetées par les éruptions solaires.

Monts Ogilvie

MONTS OGILVIE
Les lits des rivières, ici, sont creusés dans le roc, sans aucune trace de gravier ou de débris glaciaires. Comme presque tout le nord du Yukon, les monts Ogilvie n'ont pratiquement pas été touchés par les périodes glaciaires.
□ Au kilomètre 196, près de la rivière Ogilvie, se trouve le terrain de camping le plus septentrional du Yukon.

ROCK CREEK
Les eaux claires et froides du cours supérieur du Klondike constituent un excellent habitat pour l'ombre arctique. On le pêche à quelques centaines de mètres au nord du croisement de la route de Dempster et de la route du Klondike, à l'endroit même où les prospecteurs d'or fouillaient le sol.

Renard arctique

MONTS RICHARDSON
Les monts Richardson se composent surtout d'une roche de couleur terne, mais les monts White, qui en font partie, arborent des rochers de dolomie et de calcaire aux teintes claires. Les monts doivent leur nom au chirurgien et naturaliste des expéditions de Franklin, les premières à explorer le Yukon.

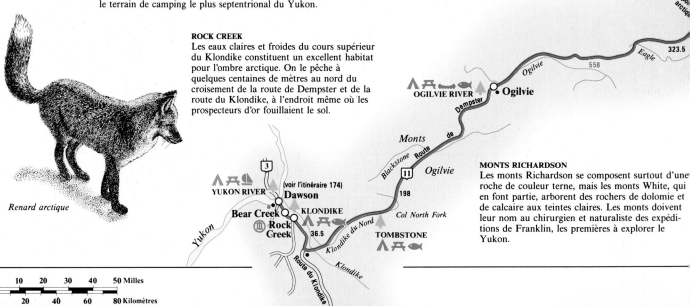

0 10 20 30 40 50 Milles

0 20 40 60 80 Kilomètres

retrouver les traces d'une patrouille disparue, commandée par l'inspecteur F. J. Fitzgerald. Mais les quatre hommes de cette patrouille avaient trouvé la mort sur la piste.

La construction de cette route qui relie les localités isolées du Grand Nord débuta en 1959, grâce aux encouragements du Premier ministre John Diefenbaker. Elle fut officiellement inaugurée au mois d'août 1979. Sur presque tout son tracé, elle repose sur un talus de gravier qui l'isole du pergélisol et des mouvements de terrain au dégel du printemps. Des traversiers assurent le service près de Fort McPherson et de Arctic Red River. Une route d'hiver la prolonge entre Inuvik et Tuktoyaktuk, sur l'océan Arctique.

La route est ouverte toute l'année, mais les services y sont rares après son intersection avec la route du Klondike, à l'est de Dawson. Les automobilistes doivent s'équiper en conséquence, car elle est peu fréquentée et on n'y trouve pas de cabine téléphonique.

Maintenant terminée, la route de Dempster franchit marais et montagnes, forêts et toundra, villages inuit et villes frontières, pour déboucher sur le Grand Nord et la mer de Beaufort où des plates-formes de forage exploitent le pétrole de l'Arctique.

Pingo, à Tuktoyaktuk

Un pingo,
en guise de congélateur

Les pingos, énormes amas de glace en forme de volcans que la poussée du pergélisol fait sortir de la toundra, ne sont pas rares dans le delta du Mackenzie. Une mince couche de mousse et d'herbe protège des rayons du soleil la glace brillante et bleutée.

A Tuktoyaktuk, on verra deux pingos d'environ 30 m de large et 12 m de haut. Les habitants de la ville ont creusé l'un d'eux pour l'utiliser comme congélateur. Des quartiers de caribous, des oies, des canards et des poissons congelés reposent dans une salle de glace qu'éclairent doucement des ampoules électriques.

FORT McPHERSON
Avant l'ouverture du poste de la Compagnie de la Baie d'Hudson en 1848, les Indiens de la région échangeaient leurs peaux à Good Hope, à 320 km de là. En 1852, des Indiens s'installèrent près du fort pour échapper aux inondations de la rivière Peel. Depuis, la localité est un important centre pour les fourrures de visons et de rats musqués.

ARCTIC RED RIVER
Les trafiquants et les explorateurs faisaient du commerce avec les Indiens Loucheux de l'Arctique depuis le XVIIIᵉ siècle, mais le premier contact permanent fut établi lorsqu'une mission catholique s'installa à Arctic Red River en 1868. Un poste de traite s'y joignit bientôt, mais la colonisation est encore toute récente.

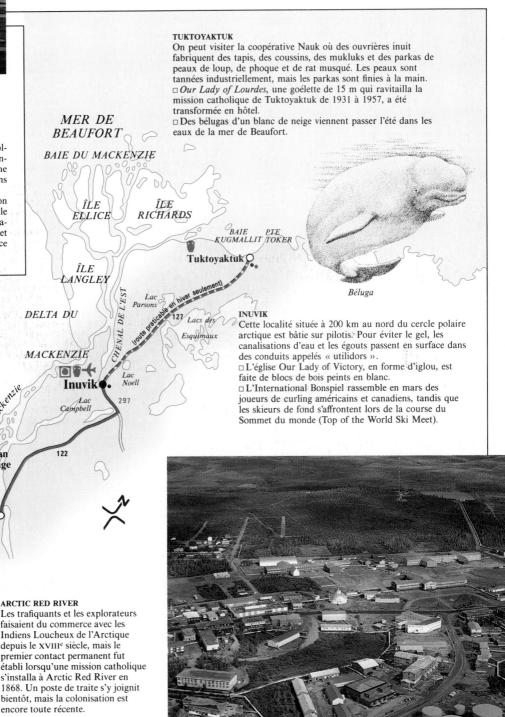

TUKTOYAKTUK
On peut visiter la coopérative Nauk où des ouvrières inuit fabriquent des tapis, des coussins, des mukluks et des parkas de peaux de loup, de phoque et de rat musqué. Les peaux sont tannées industriellement, mais les parkas sont finies à la main.
□ *Our Lady of Lourdes*, une goélette de 15 m qui ravitailla la mission catholique de Tuktoyaktuk de 1931 à 1957, a été transformée en hôtel.
□ Des bélugas d'un blanc de neige viennent passer l'été dans les eaux de la mer de Beaufort.

INUVIK
Cette localité située à 200 km au nord du cercle polaire arctique est bâtie sur pilotis. Pour éviter le gel, les canalisations d'eau et les égouts passent en surface dans des conduits appelés « utilidors ».
□ L'église Our Lady of Victory, en forme d'iglou, est faite de blocs de bois peints en blanc.
□ L'International Bonspiel rassemble en mars des joueurs de curling américains et canadiens, tandis que les skieurs de fond s'affrontent lors de la course du Sommet du monde (Top of the World Ski Meet).

MER DE BEAUFORT

BAIE DU MACKENZIE

ÎLE ELLICE

ÎLE RICHARDS

BAIE KUGMALLIT   PTE TOKER

Tuktoyaktuk

ÎLE LANGLEY

CHENAL DE L'EST

Lac Parsons

DELTA DU

(route praticable en hiver seulement)

121   Lacs des Esquimaux

MACKENZIE

Lac Noell

Inuvik

Lac Campbell

297

Monts Richardson

Stony

Fort McPherson

Indian Village

122

Mackenzie

Vittrekwa

de Dempster

48

Arctic Red River

Peel

T.N.-O.
YUKON

RÉSERVE DE LA FAUNE PEEL RIVER

Martin House

Red

Cercle polaire arctique

YUKON
T.N.-O.

Arctic

Béluga

Inuvik

La ville de l'or
et ses extravagants fantômes

Yukon

Dawson, l'ancienne, porte encore fièrement les marques de sa folle jeunesse, alors qu'on l'appelait « la ville de l'or ». Aujourd'hui, moins de mille personnes y vivent dans la nostalgie d'une gloire passée, au milieu des fantômes des 25 000 coureurs de fortune qui s'y ruèrent au temps de sa belle époque, en 1897 et 1898. Naguère encore, ses trottoirs de bois craquaient sous les pas des extravagants personnages de la ruée vers l'or, Sam Bonifield le Taciturne et Bill Gates le Vif-Argent, Annie Œil-de-verre et Flora

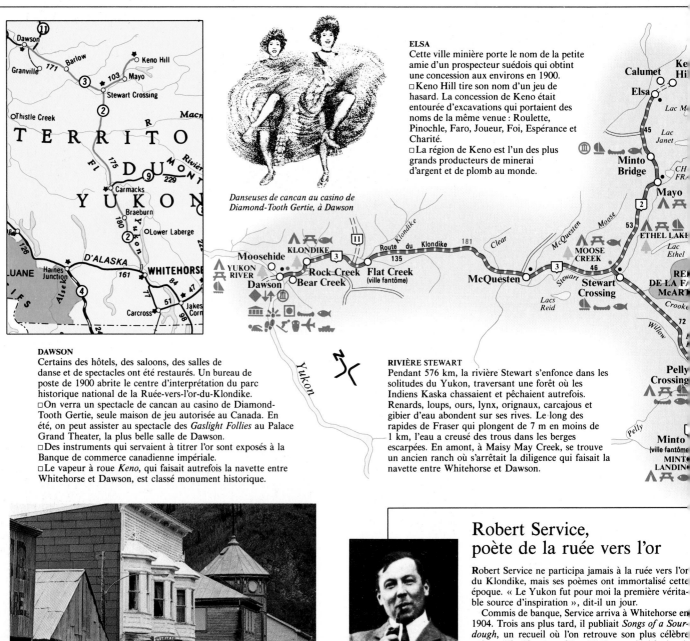

Danseuses de cancan au casino de
Diamond-Tooth Gertie, à Dawson

ELSA
Cette ville minière porte le nom de la petite amie d'un prospecteur suédois qui obtint une concession aux environs en 1900.
□ Keno Hill tire son nom d'un jeu de hasard. La concession de Keno était entourée d'excavations qui portaient des noms de la même venue : Roulette, Pinochle, Faro, Joueur, Foi, Espérance et Charité.
□ La région de Keno est l'un des plus grands producteurs de minerai d'argent et de plomb au monde.

DAWSON
Certains des hôtels, des saloons, des salles de danse et de spectacles ont été restaurés. Un bureau de poste de 1900 abrite le centre d'interprétation du parc historique national de la Ruée-vers-l'or-du-Klondike.
□ On verra un spectacle de cancan au casino de Diamond-Tooth Gertie, seule maison de jeu autorisée au Canada. En été, on peut assister au spectacle des *Gaslight Follies* au Palace Grand Theater, la plus belle salle de Dawson.
□ Des instruments qui servaient à titrer l'or sont exposés à la Banque de commerce canadienne impériale.
□ Le vapeur à roue *Keno*, qui faisait autrefois la navette entre Whitehorse et Dawson, est classé monument historique.

RIVIÈRE STEWART
Pendant 576 km, la rivière Stewart s'enfonce dans les solitudes du Yukon, traversant une forêt où les Indiens Kaska chassaient et pêchaient autrefois. Renards, loups, ours, lynx, orignaux, carcajous et gibier d'eau abondent sur ses rives. Le long des rapides de Fraser qui plongent de 7 m en moins de 1 km, l'eau a creusé des trous dans les berges escarpées. En amont, à Maisy May Creek, se trouve un ancien ranch où s'arrêtait la diligence qui faisait la navette entre Whitehorse et Dawson.

Grand-rue de Dawson

Robert Service,
poète de la ruée vers l'or

Robert Service ne participa jamais à la ruée vers l'or du Klondike, mais ses poèmes ont immortalisé cette époque. « Le Yukon fut pour moi la première véritable source d'inspiration », dit-il un jour.

Commis de banque, Service arriva à Whitehorse en 1904. Trois ans plus tard, il publiait *Songs of a Sourdough*, un recueil où l'on retrouve son plus célèbre poème, *The Shooting of Dan McGrew*, qui lui fut inspiré un samedi soir par les échos d'une fête dans un bar voisin. Deux ans plus tard, Service, établi à Dawson, publiait *Ballads of a Cheechako*. Son succès d'écrivain lui assurant l'indépendance financière, il se retira dans une cabane de rondins pour écrire un roman, *The Trail of '98*. Sa cabane est aujourd'hui un monument historique national.

0 5 10 15 20 25 Milles
0 10 20 30 40 Kilomètres

la Débordante, qui déambulaient devant de bruyantes salles de danse, des saloons aux portes battantes et des casinos où la devise était de ne jamais refuser un verre.

C'est en 1896 qu'on découvrit de l'or au sud-est de Dawson, au bord du ruisseau Bonanza, un affluent du Klondike. La nouvelle se répandit comme une traînée de poudre et déclencha l'année suivante la ruée vers l'or du Klondike: trois années de misère et de cupidité, trois années pendant lesquelles les uns mouraient de faim et les autres jetaient l'argent par les fenêtres. Sur les rives du Yukon, toute une série de villes poussèrent comme des champignons. De 1896 à 1904, l'or tiré des ruisseaux rapporta plus de $100 millions. Mais les gisements s'épuisèrent bientôt et la région commença à se dépeupler. On abandonna les cabanes, les concessions, et même des villes entières.

Whitehorse, au contraire, prospéra. Située sur une boucle du Yukon, au nord de turbulents rapides, la ville est devenue un centre commercial très actif et la capitale du Yukon. Là où autrefois les vapeurs prenaient à leur bord des naïfs qui ne doutaient de rien, les chalands déchargent aujourd'hui machines à laver et téléviseurs.

FLEUVE YUKON
Au nord du lac Laberge, le Yukon s'engouffre dans un chenal sinueux, bordé d'escarpements de sable et de gravier de 90 m de haut. Aux rapides Five Fingers, quatre colonnes de grès hautes de 15 m divisent le fleuve en cinq bras. Près de Carmacks se dresse l'escarpement Eagle's Nest Bluff (210 m), tandis que des murailles de basalte noir hautes de 135 m s'élèvent au nord de Minto. Les canoteurs qui parcourent les 960 km qui séparent le lac Bennett, en Colombie-Britannique, de Dawson peuvent camper dans des îles boisées, sur des bancs de sable et des plages, ou dans de vieilles cabanes abandonnées qui datent souvent de la ruée vers l'or.

Dawson, au bord du Yukon

REFUGE DE LA FAUNE McARTHUR
On a créé ce refuge, uniquement accessible par avion, pour protéger le mouflon de Fannin, une race obtenue par croisement. Le refuge abrite également l'aigle doré, le tétras sombre, le martin-pêcheur et le huart.

PELLY CROSSING
La voie de canotage de la rivière Pelly (400 km) va de Ross River à Fort Selkirk. C'est ici qu'elle croise la route du Klondike. Au nord-ouest du pont de Faro, la rivière se déroule au pied du mont Rose (1 800 m); à 60 km en aval se dressent les monts Tay et Hodder. La rivière dévale trois séries de rapides dans le canyon Granite, long de 6 km et profond de 75 m.

Martin-pêcheur

WHITEHORSE
Capitale et métropole du Yukon (16 000 habitants), Whitehorse a vu le jour en 1898 alors que des milliers de prospecteurs en firent une halte sur la route des champs aurifères du Klondike.
□ Le *Klondike*, dernier vapeur à roue du Yukon, abrite un musée consacré à la navigation fluviale.
□ En février, pour le « Rendez-vous des Sourdough », les habitants s'habillent en costumes d'époque et participent à des courses de raquettes et de traîneaux à chiens.
□ Le *Schwatka* offre des croisières quotidiennes dans le canyon Miles, dont les rapides ont été assagis par un barrage hydroélectrique.

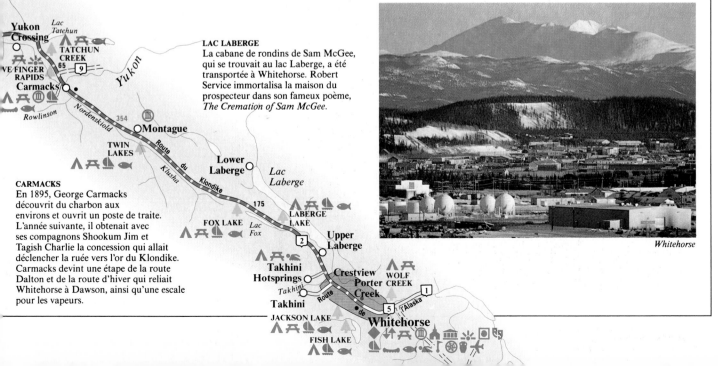

LAC LABERGE
La cabane de rondins de Sam McGee, qui se trouvait au lac Laberge, a été transportée à Whitehorse. Robert Service immortalisa la maison du prospecteur dans son fameux poème, *The Cremation of Sam McGee*.

CARMACKS
En 1895, George Carmacks découvrit du charbon aux environs et ouvrit un poste de traite. L'année suivante, il obtenait avec ses compagnons Shookum Jim et Tagish Charlie la concession qui allait déclencher la ruée vers l'or du Klondike. Carmacks devint une étape de la route Dalton et de la route d'hiver qui reliait Whitehorse à Dawson, ainsi qu'une escale pour les vapeurs.

Whitehorse

Yukon Crossing · Lac Tatchun · TATCHUN CREEK · 65 · 9 · VE FINGER RAPIDS · Carmacks · Rowlinson · Nordenskiold · 354 · Yukon · Montague · TWIN LAKES · Route du Klondike · Klusha · Lower Laberge · Lac Laberge · 175 · FOX LAKE · Lac Fox · LABERGE LAKE · 2 · Upper Laberge · Takhini Hotsprings · Takhini · Crestview Porter Creek · WOLF CREEK · Route de l'Alaska · 1 · 5 · JACKSON LAKE · FISH LAKE · **Whitehorse**

Dans un parc immense,
les plus fières cimes du Canada

Yukon

La flore et la faune du Grand Nord sont préservées parmi les glaces et les rochers qui forment la majeure partie du parc national Kluane. C'est dans cet immense parc, qui couvre près de quatre fois la superficie de l'île du Prince-Edouard, que se dresse le mont Logan, le plus haut sommet du Canada, dans le massif St. Elie, la plus haute chaîne de montagnes du pays.

A l'écart des grandes routes, l'amateur de randonnées découvrira ici de superbes paysages de montagne. Un sentier très populaire

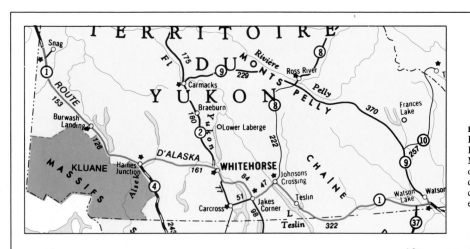

DESTRUCTION BAY
Ce centre touristique doit son nom à la tempête qui détruisit soudain un camp militaire installé aux environs, lors de la construction de la route de l'Alaska.
□ Le musée de la Société historique de Kluane est consacré à la vie des Indiens et des pionniers, ainsi qu'à la flore et à la faune du Grand Nord.

LAC KLUANE
Les 60 km du lac s'insèrent entre les monts Kluane qui font partie du massif St. Elie. Mouflons de Dall, ours bruns, loups et orignaux habitent les forêts de trembles et d'épinettes qui entourent le lac. Bernaches canadiennes, huarts, canards, cygnes siffleurs et cygnes trompettes viennent y passer l'été.

Huart arctique

HAINES JUNCTION
Situé au carrefour de la route de l'Alaska et de la route de Haines, Haines Junction est le centre administratif du parc national de Kluane et le rendez-vous des amateurs de randonnée, d'alpinisme et de chasse aux images.
□ Aux environs, dans la ville fantôme de Silver City, on peut voir un poste de traite, un relais et une caserne de la Police montée du Nord-Ouest.

BEAVER CREEK
Il fallut huit mois de labeur incessant pour construire la route de l'Alaska. On travaillait sept jours par semaine, par des chaleurs tropicales ou des froids sibériens. C'est à Beaver Creek, le 20 octobre 1942, que les équipes parties de l'Alaska et de Whitehorse se rencontrèrent enfin. Deux conducteurs de bulldozers entendirent le vrombissement de leurs moteurs dans le lointain. Ils foncèrent l'un vers l'autre à travers la forêt pour se serrer la main. L'inauguration officielle de la route eut lieu un mois plus tard, au mont Soldier.

Mouflon de Dall, parc national Kluane

PARC NATIONAL KLUANE
Dominant de sa masse imposante le parc national Kluane et le massif St. Elie (dont huit sommets dépassent 4 500 m), le mont Logan (5 951 m) est le point culminant du Canada. Plus de la moitié de la région est couverte de neige et de glace. Le parc compte plus de 2 000 glaciers, dont le glacier Steele que l'on a vu avancer de 800 m en un mois. Un ancien sentier muletier part du pont de la rivière Slims, franchit dunes et bourbiers, puis se perd au pied du glacier Kaskawulsh dont la langue s'étale sur 8 km de large.

Mouflons de Dall, caribous, chèvres de montagnes et ours bruns fréquentent la région — une faune que l'on ne retrouve réunie dans aucun autre parc. Le tétras des savanes, l'aigle à tête blanche, le lagopède des rochers et le cygne siffleur sont au nombre des 170 espèces d'oiseaux qui y habitent.

Les alpinistes et les excursionnistes qui prévoient y passer la nuit doivent en informer les autorités du parc.

Massif St. Elie

Slims

| 0 | 10 | 20 | 30 | 40 | 50 Milles |
| 0 | 20 | 40 | 60 | 80 Kilomètres |

mène du kilomètre 196, à Haines Road, jusqu'au paisible lac St. Elias, dans les montagnes. Pour les excursionnistes expérimentés, le glacier Kaskawulsh offre un véritable défi : une randonnée de 26 km à partir du pont de la rivière Slims, au kilomètre 1704 de la route de l'Alaska. Les deux rivières qui se forment au pied du glacier ont leur embouchure à des centaines de kilomètres l'une de l'autre.

La faune du parc est abondante. Les chèvres de montagnes, les grizzlis et les ours noirs parcourent les prés et les forêts, alors que les orignaux, qui sont parmi les plus gros du continent, fréquentent les bosquets de saules, au bord des rivières. Les caribous géants des montagnes sont plus rares, mais une harde de 125 têtes fait souvent une apparition fugitive près de Burwash Flats.

La nature semble avoir fait ici assaut d'imagination et partout le paysage réserve des surprises : vastes étendues herbeuses du delta de la Slims... hauts sommets glacés, couverts de neiges éternelles... chutes écumantes comme celles du Million Dollar à 1 km à

l'ouest de la route de Haines, où la Takhanne dévale de quelque 60 m de hauteur...

Le lac Kluane baigne le pied du mont Soldier dont le nom rappelle les prouesses des soldats qui construisirent la route de l'Alaska, inaugurée le 20 novembre 1942. Soldats et civils percèrent en huit mois cette route de 2 200 km au milieu d'un pays sauvage, un exploit qui aurait demandé cinq ans en temps normal. Aujourd'hui, la route est l'artère vitale du commerce et du tourisme dans le Grand Nord.

Pemmican et pain frais

Les campeurs apprécient toujours les plats traditionnels des bûcherons et des prospecteurs d'autrefois : pain cuit sur un bon feu de camp (« sourdough », « bannock » et « hardtack ») et viande séchée, le pemmican ou le « jerky » des coureurs des bois.

Le « sourdough » est un mélange spongieux de farine, d'eau et de levure qui sert à faire lever la pâte à pain ou à crêpes. A force de se nourrir de cette pâte aigre, les prospecteurs du Klondike furent surnommés les Sourdoughs.

Le « bannock », mélange de farine, d'eau, de saindoux et de poudre à pâte, est mis à dorer dans un poêlon bien graissé. Le « hardtack » est plus simple à faire encore : c'est une galette de farine et d'eau que l'on fait cuire jusqu'à ce qu'elle devienne « dure et bien sèche ».

Le « jerky » est de la viande maigre de caribou, d'orignal ou de cerf, coupée en lanières que l'on fait sécher au soleil. Le pemmican, une spécialité indienne, s'obtient en déchiquetant des lanières de « jerky » et en les mélangeant avec de la graisse chaude. Tous deux se conservent pendant des mois sans réfrigération.

Lac Teslin

TESLIN
Des collines boisées aux formes arrondies et les pics des monts Big Salmon forment une toile de fond sur laquelle se détachent les eaux claires et profondes du lac Teslin. Le pont de Nisutlun, le plus long de la route de l'Alaska (575 m), traverse ici un des bras du lac.

CHAMPAGNE
Champagne, un ancien poste de la Police montée du Nord-Ouest, sur la route de Dalton, doit son nom à son fondateur, Jack Dalton, qui transporta une caisse de champagne sur la piste accidentée pour la boire ici avec ses amis.

WATSON LAKE
Près de 1 300 panneaux portant des noms de villes lointaines ont été affichés ici depuis 1942, d'abord par les constructeurs de la route puis par les touristes.

CARCROSS
C'est de là que partirent George Carmack, Shookum Jim et Tagish Charlie lorsqu'ils entreprirent le voyage de prospection qui allait déclencher la ruée vers l'or du Klondike. Les tombes de la femme de Carmack, Kate, ainsi que de Tagish Charlie (« Dawson Charlie ») et de Shookum Jim (« James Mason ») se trouvent dans le cimetière de la bourgade. Ces Indiens de la tribu des Tagish devinrent tous riches et vécurent à Carcross.
□Près du dépôt de chemin de fer on peut voir une diligence de la White Pass and Yukon, une locomotive à bois, la *Duchess*, et un ancien vapeur à roue, le *Tutshi*, mis à sec en 1955.

Pépites d'or du Yukon

Les panneaux de Watson Lake

Le « Triangle d'or », une terre d'abondance

Nord-est de la Colombie-Britannique

Le « Triangle d'or », cette région du nord-est de la Colombie-Britannique, plus étendue que la Grande-Bretagne, présente des caractéristiques uniques. Bien que sa plus grande partie soit accidentée et souvent montagneuse, elle constitue le prolongement de la Prairie puisque des milliers de kilomètres carrés sont couverts de champs et ponctués de silos.

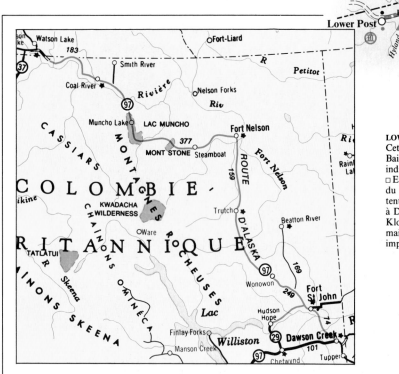

LOWER POST
Cet ancien poste de traite de la Compagnie de la Baie d'Hudson abrite aujourd'hui un pensionnat indien pour enfants.
□ En 1898, un détachement de la Police montée du Nord-Ouest passa à Lower Post alors qu'il tentait d'ouvrir une route pour relier Edmonton à Dawson City et donner accès aux placers du Klondike. Il atteint son but plus d'un an après, mais en vain, car la « Route du Yukon » était impraticable et dut être abandonnée.

RIVIÈRE AUX LIARDS
Avec la rivière de la Paix et l'Athabasca, la rivière aux Liards était l'une des principales routes commerciales de la Compagnie du Nord-Ouest. La rivière arrose le versant est des Rocheuses, traverse la plaine du nord de la Colombie-Britannique et se jette dans le Mackenzie.
□ Le débit des sources thermales de la rivière aux Liards atteint 2 900 L à la minute. L'eau, qui sort de terre à 49°C, soulagerait l'arthrite et les rhumatismes. Au voisinage, on peut voir une variété étonnante de plantes méridionales comme la lobélie, le mimule rose et la fougère à l'autruche.

La route de l'Alaska, une prouesse héroïque

La route de l'Alaska qui relie Dawson Creek à Fairbanks compte 2 436 km, dont 1 900 au Canada. Elle fut construite par une armée de 16 000 Américains et Canadiens, militaires et civils, pour assurer le ravitaillement des bases de l'Alaska pendant la seconde guerre mondiale.

Les travaux se poursuivirent: nuit et jour, sept jours par semaine, tantôt par un froid glacial, tantôt sous une chaleur étouffante. On ne perdit guère de temps à construire d'élégants ouvrages d'art. Si une colline barrait le passage, les ingénieurs faisaient serpenter la route à flanc de coteau plutôt que de percer une tranchée à la dynamite. La route fut achevée en novembre 1942, huit mois seulement après le début des travaux.

La route de l'Alaska, près du lac Muncho

Mimule rose

PARC PROVINCIAL DE MUNCHO LAKE
D'épaisses forêts d'épinettes blanches et de pins lodgepole tapissent la plupart des vallées encaissées du parc.
□ On peut photographier des mouflons, des caribous, des chèvres de montagne et des orignaux dans un endroit où affleurent des dépôts de calcium et de magnésium. Ces animaux sont en effet friands de sels minéraux.
□ Un sentier de 12 km serpente entre de minuscules plantes alpines, des mousses, des lichens et des fleurs sauvages aux couleurs éclatantes en bordure du ruisseau Nonda, près de la limite orientale du parc.

0 10 20 30 40 50 Milles

0 20 40 60 80 Kilomètres

Les ressources de cette partie de la Colombie-Britannique — les fourrures d'abord, puis l'or, le blé et enfin le pétrole — ont toujours suscité de grandes espérances. Alors que Mackenzie la traversait en 1793, l'explorateur s'émerveillait déjà de ses ressources abondantes qui demeurèrent pourtant inexploitées pendant 150 ans. Simon Fraser, qui suivit les pas de Mackenzie au début du XIXe siècle, fonda des postes de traite pour la Compagnie du Nord-Ouest le long des fleuves et des rivières de la région.

Malgré la traite des fourrures, puis la grande ruée vers l'or du Klondike, le « Triangle d'or » demeurait une vaste étendue sauvage de forêts, de prairies et de muskeg. La construction de la route de l'Alaska en 1942, artère vitale de communication avec le sud, entraîna une rapide expansion de la région. Les champs de céréales se multiplièrent le long de la rivière de la Paix ; à Hudson's Hope fut construit le plus grand barrage du Canada et le premier puits de pétrole de la Colombie-Britannique fut foré près de Fort St. John.

Course de traîneaux, à Fort Nelson

FORT NELSON

Un poste de la Compagnie du Nord-Ouest, construit vers 1800, fut détruit en 1813 par les Indiens. En 1865, la Compagnie de la Baie d'Hudson fonda un deuxième poste qui est toujours en activité.
□ Le vieux fort Nelson est aujourd'hui un village indien. Un grand nombre des maisons et des embarcations abandonnées du village sont enfouies au milieu des saules, des bouleaux et des épilobes.
□ En mars ont lieu des courses de raquettes, de traîneaux à chiens et de motoneiges, à l'occasion du Rendez-vous des trappeurs. On pourra également assister à un rodéo, en juin, et à une foire, en août.

FORT ST. JOHN

Le fort Rocky Mountain, construit vers 1797, fut rebaptisé plus tard fort St. John. C'est à partir de cette bourgade qui serait le plus ancien établissement blanc de la Colombie-Britannique qu'Alexander Mackenzie remonta la rivière de la Paix.
□ A une trentaine de kilomètres au sud, on peut voir les fondations d'un fort que les Indiens incendièrent en 1823.
□ Toujours au sud de la ville, au kilomètre 73 de la route de l'Alaska, se trouvent les bâtiments de rondins d'un autre poste de la compagnie, une chapelle catholique aujourd'hui désaffectée (1890), ainsi qu'une caserne et une prison de la Police montée du Nord-Ouest.

Mission, à Fort St. John

TAYLOR

Les raffineries du village purifient des milliards de pieds cubes de gaz naturel et produisent des millions de gallons d'essence.
□ Le musée Peace Island Park contient des meubles et des outils de l'époque des pionniers.
□ Une course de motoneiges (sur gazon) est organisée en mai, de même qu'un championnat mondial de batée (l'écuelle qu'utilisaient les chercheurs d'or pour laver le sable) en septembre.

Mouflon noir de Stone, parc provincial Stone Mountain

PARC PROVINCIAL STONE MOUNTAIN

Des piliers érodés de sable et de gravier, certains hauts de 18 m, se dressent près du col Summit (1 265 m), point culminant de la route de l'Alaska.
□ Les sédiments glaciaires du lac Summit donnent à ses eaux des reflets verts irisés qui contrastent avec le feuillage des bouleaux et des saules de la rive.
□ Un sentier de 6 km mène de la route de l'Alaska au lac Flower Spring, le long de la rivière North Tetsa. On voit parfois des mouflons noirs de Stone et des caribous dans les prés qui bordent le lac.

Carte :
Route de l'Alaska — Fort Nelson 64.5 — KLEDO CREEK — Kledo — Steamboat 84 — Muskwa 261 — Summit Lake — Lac Summitt — PARC PROV. STONE MOUNTAIN — Fort Nelson — Cheves 159.5 — ZONE DE RÉCR. DE PROPHET RIVER — Prophet River — Prophet — 97 — 253 — Trutch — Truch — BUCKINGHORSE RIVER 93.5 — Mason Creek — Sikanni Chief — Chief — Sikanni — Beatton — Pink Mountain — Route de l'Alaska — Blueberry — 66 — Wonowon 143 — Montney 77 — Rose Prairie — CHARLIE LAKE — Halfway — Fort St. John — Baldonnel 10 — Attachie 82 — Taylor — PARC PROV. KISKATINAW 74 — Farrell Creek — Riv. de la Paix — Moberly — Farmington 84 — 97 — 49 — Pouce-Coupé — 29 — Progress — Dawson Creek — 2 ALB. C.B. — BARRAGE W.A.C. BENNETT 15 — Lac Williston — Hudson's Hope

Barrage W.A.C. Bennett

Un immense barrage de terre

Le plus grand lac de la Colombie-Britannique (428 km de long) est le lac artificiel Williston, formé en 1968 sur la rivière de la Paix par le barrage W.A.C. Bennett, l'un des plus grands barrages de terre du monde. D'un belvédère, les visiteurs découvriront le barrage, le lac et les montagnes voisines. On peut visiter la centrale électrique qui se trouve à 150 m sous terre.

Le premier homme blanc qui portagea pour contourner les mauvais rapides du canyon de la rivière de la Paix fut l'explorateur Alexander Mackenzie, en 1793. Les rapides, assagis par le barrage Bennett, disparaîtront lorsqu'un deuxième barrage sera achevé à 22 km en aval.

HUDSON'S HOPE

L'explorateur Simon Fraser fonda ici en 1805 un poste de traite sur la rivière de la Paix. Les fondations du premier établissement, Rocky Mountain Portage, sont encore visibles dans un pré, à côté de l'appontement du traversier.
□ A la grande époque de la traite, l'agglomération était un poste important et le port d'attache des vapeurs qui faisaient le service de la rivière de la Paix. Avec la construction du barrage W.A.C. Bennett, Hudson's Hope a retrouvé sa vitalité d'autrefois.

Des champs féconds
aux portes du Grand Nord

Vallée de la rivière de la Paix

Un moutonnement de collines, un damier de forêts et de plaines, des terres agricoles parmi les plus fertiles au monde ; des lacs cristallins cachés au milieu de bosquets de trembles, des cours d'eau qui serpentent au creux de vallées champêtres, des badlands aux étranges formes ravinées par l'érosion... nous sommes au pays de la rivière de la Paix.

A la fin de l'été, des armées de moissonneuses s'attaquent aux immenses champs qui ondulent sous le vent et se perdent dans la couleur : le brun de l'orge et de l'avoine, le

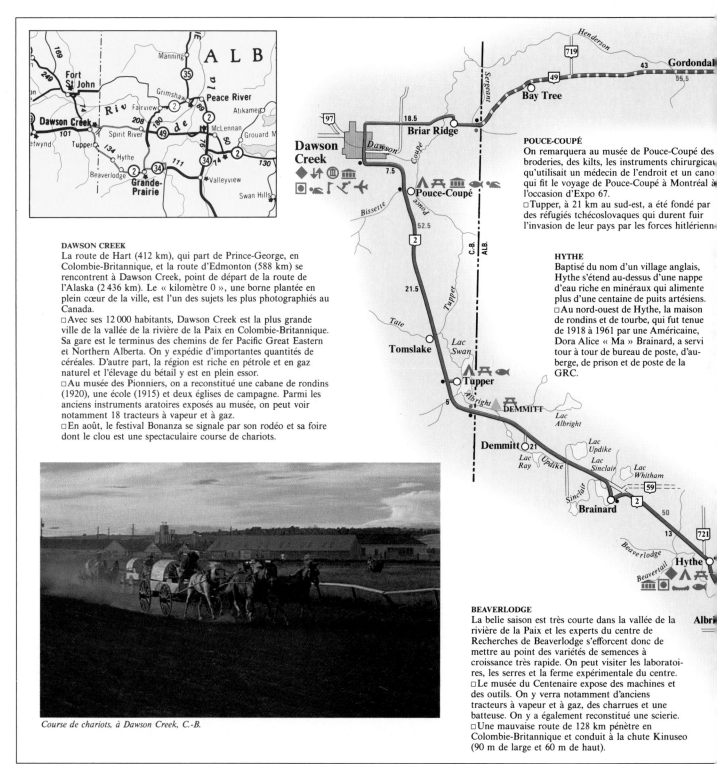

DAWSON CREEK

La route de Hart (412 km), qui part de Prince-George, en Colombie-Britannique, et la route d'Edmonton (588 km) se rencontrent à Dawson Creek, point de départ de la route de l'Alaska (2 436 km). Le « kilomètre 0 », une borne plantée en plein cœur de la ville, est l'un des sujets les plus photographiés au Canada.
□ Avec ses 12 000 habitants, Dawson Creek est la plus grande ville de la vallée de la rivière de la Paix en Colombie-Britannique. Sa gare est le terminus des chemins de fer Pacific Great Eastern et Northern Alberta. On y expédie d'importantes quantités de céréales. D'autre part, la région est riche en pétrole et en gaz naturel et l'élevage du bétail y est en plein essor.
□ Au musée des Pionniers, on a reconstitué une cabane de rondins (1920), une école (1915) et deux églises de campagne. Parmi les anciens instruments aratoires exposés au musée, on peut voir notamment 18 tracteurs à vapeur et à gaz.
□ En août, le festival Bonanza se signale par son rodéo et sa foire dont le clou est une spectaculaire course de chariots.

Course de chariots, à Dawson Creek, C.-B.

POUCE-COUPÉ

On remarquera au musée de Pouce-Coupé des broderies, des kilts, les instruments chirurgicaux qu'utilisait un médecin de l'endroit et un canot qui fit le voyage de Pouce-Coupé à Montréal à l'occasion d'Expo 67.
□ Tupper, à 21 km au sud-est, a été fondé par des réfugiés tchécoslovaques qui durent fuir l'invasion de leur pays par les forces hitlériennes.

HYTHE

Baptisé du nom d'un village anglais, Hythe s'étend au-dessus d'une nappe d'eau riche en minéraux qui alimente plus d'une centaine de puits artésiens.
□ Au nord-ouest de Hythe, la maison de rondins et de tourbe, qui fut tenue de 1918 à 1961 par une Américaine, Dora Alice « Ma » Brainard, a servi tour à tour de bureau de poste, d'auberge, de prison et de poste de la GRC.

BEAVERLODGE

La belle saison est très courte dans la vallée de la rivière de la Paix et les experts du centre de Recherches de Beaverlodge s'efforcent donc de mettre au point des variétés de semences à croissance très rapide. On peut visiter les laboratoires, les serres et la ferme expérimentale du centre.
□ Le musée du Centenaire expose des machines et des outils. On y verra notamment d'anciens tracteurs à vapeur et à gaz, des charrues et une batteuse. On y a également reconstitué une scierie.
□ Une mauvaise route de 128 km pénètre en Colombie-Britannique et conduit à la chute Kinuseo (90 m de large et 60 m de haut).

vert et l'or du blé, le bleu du lin, le jaune du colza et les ocres des champs laissés en jachère.

Cette région a été plusieurs fois recouverte d'eau salée au cours de son histoire et les fermes d'aujourd'hui reposent dans le lit de l'ancien lac Agassiz dont les eaux recouvraient ce pays à l'ère préhistorique. D'ailleurs, l'érosion, en creusant les collines de Kleskun, a mis au jour des empreintes de dinosaures et des fossiles d'espèces aquatiques.

L'histoire du peuplement de la vallée de la rivière de la Paix est courte. A l'exception de quelques Indiens, trappeurs et prospecteurs qui la hantaient, la région resta déserte et sauvage jusqu'à la fin du siècle dernier.

Depuis cette époque, un cordon de fermes s'est établi, plus loin au nord que partout ailleurs au Canada. Les broussailles ont reculé devant la charrue, cédant la place à d'immenses champs de céréales. Les pistes sont devenues des chemins, et les chemins des grand-routes.

Malgré cette prospérité nouvelle, malgré la découverte d'importants gisements de pétrole et de gaz naturel, la vallée de la rivière de la Paix conserve encore l'atmosphère qui régnait à l'époque des pionniers.

Hibou des marais

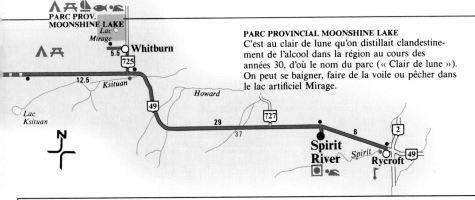

PARC PROVINCIAL MOONSHINE LAKE
C'est au clair de lune qu'on distillait clandestinement de l'alcool dans la région au cours des années 30, d'où le nom du parc (« Clair de lune »). On peut se baigner, faire de la voile ou pêcher dans le lac artificiel Mirage.

RYCROFT
Sur les clôtures et les souches des environs, on voit souvent se percher un oiseau de proie de la taille d'une corneille : le hibou des marais. Contrairement à la plupart des hiboux, c'est un oiseau diurne qui préfère les prairies aux bois. On le voit survoler prés et marais à tire d'aile, puis fondre d'un seul coup sur un rat imprudent.

Une plante méconnue qui sert à lubrifier les navires

Champ de colza

L'une des plus remarquables réussites de la vallée de la rivière de la Paix est la culture d'une plante peu connue mais que l'on voit pousser partout dans la région : le colza. On en commença la culture au cours de la seconde guerre mondiale afin d'en extraire une huile de graissage pour les navires. Aujourd'hui, le colza entre aussi dans la fabrication de nombreux autres produits : huiles alimentaires, graisse végétale, margarine, savon, vernis et encre d'imprimerie.

Les champs de colza produisent ici jusqu'à 366 kg de graines par hectare, avec une teneur en huile de 40 pour cent. Les producteurs de colza ont trouvé de nouveaux débouchés au Japon durant les années 60 et la production a doublé, puis triplé.

GRANDE-PRAIRIE
Grande-Prairie est la plaque tournante des transports et du commerce dans la vallée de la rivière de la Paix en Alberta.
□ La collection d'antiquités du musée des Pionniers de Grande-Prairie comprend un vieux fauteuil de barbier. On peut y voir aussi des animaux empaillés, dont un cygne trompette et un orignal albinos.
□ Les lignes modernes et les murs ocre du Collège régional de Grande-Prairie symbolisent le rythme et les courbes des prairies environnantes. Cinq pavillons se fondent les uns aux autres, reliés par une allée centrale qu'enserrent des murs de brique doucement incurvés.
□ En août, la ville organise une foire agricole et une grande fête (« Frontier Days »).

Collège régional de Grande-Prairie

PARC PROVINCIAL SASKATOON ISLAND
Le parc est l'un des rares endroits où niche le cygne trompette, la plus grande espèce indigène d'oiseau aquatique d'Amérique du Nord. Menacés d'extinction au cours des années 30, ces cygnes sont maintenant au nombre de 4 500 dans tout le continent.
□ Près d'un tiers du parc est couvert d'amélanchiers (« saskatoon »), arbustes sauvages dont le fruit sucré, semblable au bleuet, fait d'excellentes sauces, tartes et confitures.

Cygne trompette

PARC DE KLESKUN HILL
Au nord et à l'ouest s'étendent les collines de Kleskun, vestiges du delta d'une rivière qui se forma à l'ère préhistorique, il y a plus de 70 millions d'années. L'érosion a mis à nu une partie du lit de l'ancienne rivière. Au nord-est, le sol est aride et couvert de cendres volcaniques. De nombreux fossiles de plantes et d'animaux qui racontent l'histoire géologique de la région ont été découverts ici.

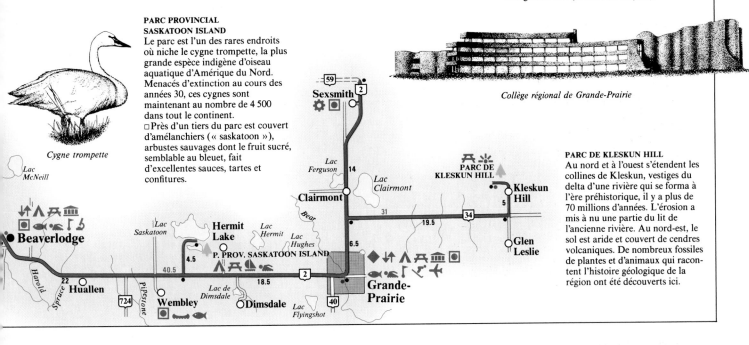

La grande vallée fluviale où vécut Davis « Douze pieds »

Vallée de la rivière de la Paix

La rivière de la Paix, avec ses lacs et ses affluents, forme l'un des plus vastes systèmes fluviaux au monde. La rivière prend sa source dans les Rocheuses, en Colombie-Britannique, coule vers l'est et arrose les plaines du nord de l'Alberta, déroulant ses méandres sur plus de 1 600 km avant de se jeter dans l'Athabasca pour former la rivière des Esclaves, elle-même affluent du Mackenzie qui se jette dans la mer de Beaufort.

La rivière de la Paix est un large cours d'eau qui entaille la prairie jusqu'à une pro-

FAIRVIEW

Une ancienne caserne de la GRC construite en 1928-1929 abrite le musée de Fairview, consacré à la vie des pionniers de la vallée de la rivière de la Paix. On peut y voir des meubles anciens, des instruments aratoires, des manuels scolaires, des bibles et la maquette d'une cuisine du tournant du siècle, avec son seau à charbon et ses vieux ustensiles.

DUNVEGAN

Construite près de Dunvegan en 1883-1885 par Mgr Grouard, l'ancienne chapelle de la mission Saint-Charles fut la première église catholique du nord de l'Alberta. L'église et les bâtiments voisins sont faits de poutres équarries à la main, assemblées à tenons et à mortaises, qui témoignent de la patience et de l'habileté des charpentiers d'autrefois.
□ Alexander Mackenzie fit halte aux environs en 1793, alors qu'il cherchait la route du Pacifique. Un monument marque l'emplacement du fort Dunvegan établi par la Compagnie du Nord-Ouest, peu après le passage de Mackenzie, en 1805.

Course sur la rivière Smoky

Ami de tout le monde, il ne ferma jamais sa porte

La tombe d'Henry Fuller Davis, dit « Douze pieds », se trouve au sommet d'une colline qui domine le confluent de la Smoky et de la rivière de la Paix. On peut y lire cette épitaphe : « Il fut l'ami de tout le monde et ne ferma jamais la porte de sa maison . » A Peace River, une statue représente Davis sous les traits d'un colosse, mais il s'agissait en réalité d'un homme de petite taille.

Davis, découvrant que deux concessions excédaient en largeur les limites permises, réclama la propriété des douze pieds de terre qui les séparaient. Il y découvrit plus de 15 000 en or. Plus tard, il devint explorateur et négociant dans la vallée de la rivière de la Paix, où sa bonté devint proverbiale. Sur son lit de mort, en 1900, il déclara à celui qui lui demandait s'il avait peur : « Je n'ai jamais tué, jamais volé, et ma maison a toujours été ouverte aux voyageurs. Non, je n'ai pas peur de mourir . »

RIVIÈRE SMOKY

Des embarcations qui vont du canot pneumatique aux vedettes de 2 200 CV bravent les rapides, les rochers et les bancs de gravier de la Smoky lors d'une course de 608 km entre Grande-Cache et Peace River. Certains concurrents viennent même de Nouvelle-Zélande pour participer à cette compétition de cinq jours, en juillet.
□ La voie de canotage de la Smoky va de Watino à Peace River (80 km), serpentant entre des falaises de grès de 180 m de haut et des cheminées des fées aux formes étonnantes. Les berges sont couvertes d'épinettes, de bouleaux et de peupliers. Le gibier d'eau abonde et les bancs de sable portent souvent des empreintes d'ours, de coyotes et de cerfs.

0 1 2 3 4 5 Milles
0 2 4 6 8 Kilomètres

fondeur de 300 m, formant une vallée de 3 à 11 km de large. C'est une rivière très ancienne, l'une des rares à avoir survécu aux ravages de la dernière période glaciaire.

En 1793, lors du voyage qui le conduisit au Pacifique, Alexander Mackenzie hiverna dans la vallée de la rivière de la Paix. Trafiquants de fourrures, trappeurs, prospecteurs, missionnaires et fermiers suivirent ses traces. L'abondance de la faune et la richesse de ces bonnes terres noires attirèrent nombre de colons, depuis le trafiquant-trappeur-prospecteur Davis « Douze pieds », au XIXᵉ siècle, jusqu'aux nouveaux fermiers qui descendirent en 1974 du train de Toronto.

La plupart des colons trouvèrent ce pays dur et sauvage, mais quelques-uns eurent le courage de persévérer et la prospérité est venue récompenser leurs efforts. La belle saison est courte, mais la vallée de la rivière de la Paix, avec ses 230 000 km² de terres cultivées, n'en est pas moins devenue un véritable grenier du Canada avec ses fameuses récoltes d'orge, de blé, de lin, de fruits et de légumes.

Trèfle

Peace River

21 · 25.5 · 2 · 1.5 · 686 · 2A · Roma · 684 · RÉS. NAT. PROV. GREEN VALLEY · SITE HIST. DU FORT McLEOD · Route de Shaftesbury · 17 · c. Allisier · Rivière de la Paix · Smoky · Heart · 27.5 · Heart · 683 · Nampa · 62.5 · 2 · 35 · Lac Magloire · 744 · Hunting · Girouxville · Falher · Donnelly · 3 · 1.5 · 49 · 34 · 8 · 5 · 49 · 21 · 2 · Pegavine

PEACE RIVER
Le musée du Centenaire de Peace River possède une reproduction du fort Fork, le poste de traite où Alexander Mackenzie passa l'hiver de 1792-1793 lors de son voyage vers le Pacifique. La cheminée du fort a été reconstruite avec les pierres de l'original. On pourra aussi admirer un outil rare, une presse à fourrures de la Compagnie de la Baie d'Hudson, qui servait à rouler les fourrures en ballots compacts pour les expédier.
□ Une nappe de gaz naturel qui remonta dans le lit de la rivière de la Paix lorsqu'on obtura un vieux puits au cours des années 50, brûle jour et nuit en aval de la ville.
□ Une vedette de 12 passagers fait des excursions de deux jours (60 km) sur la rivière de la Paix.
□ La réserve naturelle provinciale Green Valley possède plusieurs pistes de randonnée. La pêche au grand brochet, au doré et à la laquaiche aux yeux d'or y est excellente.

Confluent de la Smoky et de la rivière de la Paix

ROUTE DE SHAFTESBURY
On a une superbe vue de la vallée de la rivière de la Paix en empruntant la pittoresque route de Shaftesbury, qui longe la rive ouest.
□ Une plaque marque l'emplacement du fort McLeod, un poste de traite de la Compagnie du Nord-Ouest fondé au cours des années 1790 par Alexander McLeod. Le poste fut construit au confluent de la rivière de la Paix et de la Smoky après la fermeture du fort Fork, aux environs.
□ Le cimetière et l'église de rondins de la mission Saint-Augustin (1896) sont conservés sur les terrains de la maison de correction de Peace River.

GIROUXVILLE
Girouxville est l'une des nombreuses villes de la vallée de la rivière de la Paix dont le nom est d'origine canadienne-française, comme Grouard, du nom de Mgr Grouard qui exerça son apostolat auprès des Indiens et encouragea des fermiers du Québec à s'installer dans le nord de l'Alberta.
□ On peut voir au musée de Girouxville plus de 2 000 pièces, notamment des fossiles, des sculptures sur bois, deux meules qui proviennent d'un moulin de 1895, ainsi que les effets personnels de Mgr Grouard. Une reconstitution d'une cabane de trappeur contient des meubles, des outils et des vêtements de pionniers.

FALHER
La ville se targue d'être « la capitale canadienne du miel ». La région compte près de 35 000 ruches qui produisent plus de 2 000 t de miel chaque année. Les vastes champs de trèfle qui bordent la route embaument l'air.
□ La mission Saint-Jean-Baptiste (1914) est une construction de madriers équarris à la main, recouverts de bardeaux de cèdre. Elle a deux étages et sert à la fois d'église et de presbytère.

Abeille

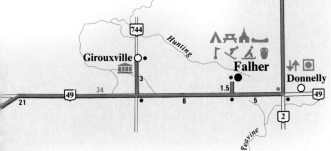

Sur la route du Mackenzie, le plus vaste parc du Canada

Alberta/Territoires du Nord-Ouest

Chute Louise, à Hay River

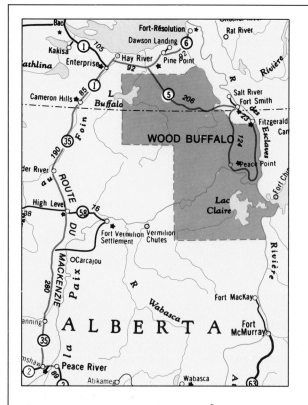

HAY RIVER

Avec ses 4 000 habitants, Hay River est l'une des plus grandes localités des Territoires du Nord-Ouest. C'est aussi le centre de l'industrie de la pêche du Grand Lac des Esclaves. On y pêche tous les ans plus de 270 t de truites et de corégones.
□Près de Hay River, la route du Mackenzie croise la pittoresque chute Alexandra, une cataracte de 90 m de large qui dévale d'une hauteur de 30 m. Un sentier, 3 km plus loin, mène à la chute Louise (14 m) qui s'écrase dans une gorge aux parois abruptes, semée de 5 km de rapides. Au nord-ouest se trouve la chute Lady Evelyn (75 m de large).

HIGH LEVEL

Simple arrêt d'autobus en rase campagne autrefois, High Level se développe maintenant rapidement car elle dessert les 50 puits des champs pétrolifères Rainbow et Zama.
□Le chemin de fer Great Slave Lake (le premier des Territoires du Nord-Ouest) dessert High Level depuis 1963. On l'a surnommé « la ligne des Esquimaux » car de nombreux Inuit y travaillent.
□Aux environs, Fort Vermilion n'était autrefois accessible que par avion ou par bateau. Cet ancien poste de traite, situé au milieu de l'une des plus anciennes régions agricoles de l'Alberta, est aujourd'hui relié par une route à High Level.

L'oiseau le plus rare du continent

La grue blanche d'Amérique, l'un des oiseaux les plus rares du continent nord-américain, n'a sans doute jamais existé en grand nombre. Il y a près d'un siècle, on estimait sa population à 1 500 individus. En 1941, il n'en restait plus que 15. Aujourd'hui, grâce à une loi de protection et à un programme canado-américain qui favorise sa reproduction, on en dénombre une centaine.

Debout, la grue blanche d'Amérique atteint environ 1,5 m. Le noir de ses pattes, de son bec et du bout de ses ailes contraste avec son plumage d'un blanc éblouissant et sa brillante couronne rouge. La grue blanche pousse un cri puissant qui sonne comme un coup de clairon.

On croit que les grues blanches sont monogames. Au printemps, elles pondent leurs œufs au parc national Wood Buffalo, puis elles vont passer l'hiver sur la côte du Texas.

NORTH STAR

La Ferme Charles Plavin (1918), l'une des plus vieilles du nord de l'Alberta, a été restaurée et classée monument historique par le gouvernement provincial. Les bâtiments en madriers équarris à la main, le sauna et les dépendances témoignent de l'habileté et de l'ingéniosité de ce colon originaire de Lettonie. La maison renferme de vieux outils et des instruments aratoires.

GRIMSHAW

C'est à Grimshaw que commence la route du Mackenzie, une suite de voies qui traversent d'immenses forêts et de vastes étendues de muskeg, contournant lacs et marécages où abondent les canards. Elle dessert déjà de vastes régions du Grand Nord et s'allongera sur plus de 2 000 km jusqu'à Tuktoyaktuk, sur la mer de Beaufort, lorsqu'elle sera terminée. En été, la route est généralement bonne, malgré les projections de gravier et les nuages de poussière. Elle est bordée de terrains de camping et dotée de tous les services nécessaires.

0 10 20 30 40 50 Milles

0 20 40 60 80 Kilomètres

A partir de Grimshaw, en Alberta, la route du Mackenzie se dirige vers le nord et traverse 940 km de prairies et de forêts avant d'atteindre Fort Simpson, dans les Territoires du Nord-Ouest. Au nord de Grimshaw, les collines s'estompent et cèdent la place à la plaine alluviale, couverte de bosquets touffus d'épinettes, de peupliers, de pins gris et de tamaracs. De temps à autre, une bourgade blottie en bordure de la route vient couper cette immensité de forêts, de gravier et de poussière. Ces localités vivent de l'exploitation forestière, des mines, de l'agriculture et, depuis peu, du tourisme. Nombre de leurs habitants descendent des Anglais, mennonites, Ukrainiens et Métis qui s'y établirent il y a un siècle.

A Hay River, dans les Territoires du Nord-Ouest, port important et terminus ferroviaire, une route secondaire file à l'est et suit le Grand Lac des Esclaves jusqu'au parc national Wood Buffalo. Presque aussi grand que la Nouvelle-Ecosse, ce parc est l'un des plus vastes du monde. Il fut créé en 1922 pour protéger le dernier troupeau de bisons des bois d'Amérique du Nord. Situé au carrefour de quatre routes migratoires, les oiseaux viennent nombreux s'y reposer et y nicher.

Cette immense étendue verdoyante est ponctuée par endroits d'énormes entonnoirs, causés par l'effondrement du soubassement de roche tendre, et de monticules de sel de 20 m de large et de 1 m de haut que l'on rencontre surtout dans les plaines sillonnées de ruisseaux salins qui bordent la rivière des Esclaves.

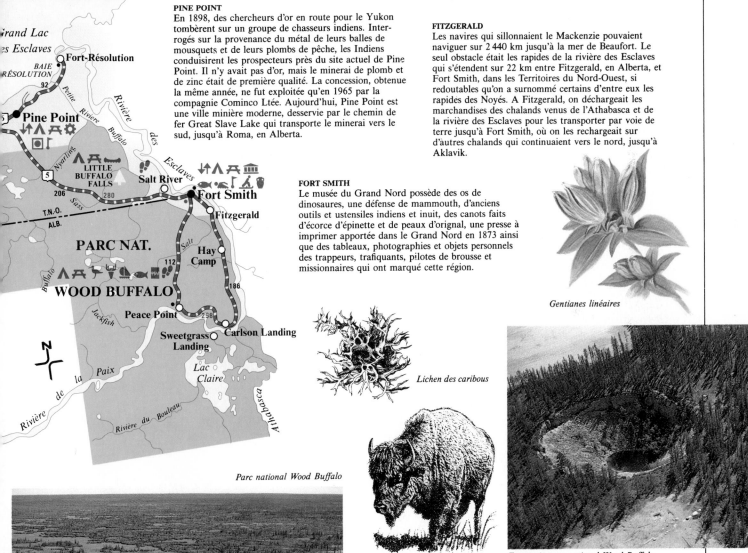

PINE POINT
En 1898, des chercheurs d'or en route pour le Yukon tombèrent sur un groupe de chasseurs indiens. Interrogés sur la provenance du métal de leurs balles de mousquets et de leurs plombs de pêche, les Indiens conduisirent les prospecteurs près du site actuel de Pine Point. Il n'y avait pas d'or, mais le minerai de plomb et de zinc était de première qualité. La concession, obtenue la même année, ne fut exploitée qu'en 1965 par la compagnie Cominco Ltée. Aujourd'hui, Pine Point est une ville minière moderne, desservie par le chemin de fer Great Slave Lake qui transporte le minerai vers le sud, jusqu'à Roma, en Alberta.

FITZGERALD
Les navires qui sillonnaient le Mackenzie pouvaient naviguer sur 2 440 km jusqu'à la mer de Beaufort. Le seul obstacle était les rapides de la rivière des Esclaves qui s'étendent sur 22 km entre Fitzgerald, en Alberta, et Fort Smith, dans les Territoires du Nord-Ouest, si redoutables qu'on a surnommé certains d'entre eux les rapides des Noyés. A Fitzgerald, on déchargeait les marchandises des chalands venus de l'Athabasca et de la rivière des Esclaves pour les transporter par voie de terre jusqu'à Fort Smith, où on les rechargeait sur d'autres chalands qui continuaient vers le nord, jusqu'à Aklavik.

FORT SMITH
Le musée du Grand Nord possède des os de dinosaures, une défense de mammouth, d'anciens outils et ustensiles indiens et inuit, des canots faits d'écorce d'épinette et de peaux d'orignal, une presse à imprimer apportée dans le Grand Nord en 1873 ainsi que des tableaux, photographies et objets personnels des trappeurs, trafiquants, pilotes de brousse et missionnaires qui ont marqué cette région.

Gentianes linéaires

Lichen des caribous

Parc national Wood Buffalo

Bison des bois

Entonnoir, parc national Wood Buffalo

PARC NATIONAL WOOD BUFFALO
Le parc fut créé en 1922 pour protéger le dernier troupeau de bisons des bois du continent (1 500 têtes). Plus tard, on fit venir environ 6 000 bisons des plaines de Wainwright, en Alberta, et le troupeau mixte compte aujourd'hui 6 500 têtes.
□ En été, plus d'un million de canards et d'oies peuplent le delta de l'Athabasca et de la rivière de la Paix. La faune du parc compte aussi des caribous, des orignaux, des ours, des renards et des visons.
□ Dans les vallées verdoyantes des rivières de la Paix et des Esclaves poussent des gentianes linéaires, des asters, des campanules et des grémils blanchâtres.

L'éveil du pays du soleil de minuit

Territoires du Nord-Ouest

Dryade de Hooker

Serpentant dans des forêts verdoyantes, franchissant lacs et fondrières peuplés de canards, longeant des rivières aux eaux vives, la route du Mackenzie mène au cœur de la grande nature.

En pénétrant dans les Territoires du Nord-Ouest, elle se ramifie en un réseau de routes dont l'excellente condition étonne souvent les voyageurs. Sur presque toute sa longueur, la route traverse une plaine boisée de peupliers, d'épinettes, de tamaracs, de pins gris et de framboisiers sauvages, révélant soudain des

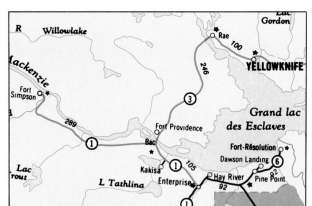

FORT SIMPSON

Après s'être jetée dans le puissant Mackenzie, la rivière aux Liards semble vouloir encore poursuivre sa propre course car à Fort Simpson, en aval du confluent, les eaux du fleuve sont encore chargées des débris que la rivière charrie depuis le Yukon et la Colombie-Britannique.

□Fort Simpson est situé dans une île d'où l'on découvre le Gros Cap, promontoire qui domine de 67 m le confluent des deux cours d'eau. A l'origine, cette localité était un poste de la Compagnie du Nord-Ouest, du nom de Fort of the Forks (1804), mais la Compagnie de la Baie d'Hudson en changea le nom en 1821 en l'honneur de George Simpson, l'un de ses gouverneurs.

□En prenant l'avion à Fort Simpson, on peut accéder au parc national de la Nahanni. Dans cette grande réserve sauvage, la Nahanni du Sud se précipite du haut d'un escarpement de 88 m aux chutes Virginia et s'engouffre dans trois canyons vertigineux.

Pluvier kildir

Le Mackenzie

FORT-PROVIDENCE

En 1860, quand les castors et les martres commencèrent à devenir rares, le village de trappeurs de Fort-Providence se transporta de la baie de Yellowknife à son site actuel.

□Le Service des sites historiques nationaux a consacré à Alexander Mackenzie un rocher de 25 t, haut de 2 m, que l'on tira du Mackenzie.

L'artisanat du Grand Nord

La plupart des Inuit et des Indiens du Grand Nord vivaient autrefois de la chasse, de la pêche et de la traite des fourrures. Aujourd'hui, nombre d'entre eux font partie de coopératives prospères qui fabriquent des objets d'artisanat et les distribuent partout au Canada.

Parkas, gants, mitaines et mukluks sont merveilleusement décorés à la main. D'habiles ouvrières brodent les vêtements avec du coton de couleur vive, d'autres y cousent des perles ou des poils de porc-épic teints. Les mocassins fabriqués par les Indiens de Fort-Providence sont ornés de motifs délicats en poils d'orignal.

Les estampes et les sculptures esquimaudes ont aujourd'hui pris rang de véritables œuvres d'art et elles sont de plus en plus recherchées.

LE MACKENZIE

Le Mackenzie qui traverse trois fuseaux horaires et franchit le cinquième du territoire canadien forme avec ses affluents l'un des plus grands bassins hydrographiques du monde.

Il prend sa source dans les Rocheuses, en Colombie-Britannique, à 4 200 km de son embouchure. Grossi par les eaux de la Parsnip, de la rivière de la Paix, de l'Athabasca et de la rivière des Esclaves, le fleuve ne commence vraiment qu'à l'extrémité nord-ouest du Grand Lac des Esclaves d'où il serpentera jusqu'à l'Arctique.

Lynx du Canada

lacs, des rivières et des ruisseaux qui regorgent d'énormes dorés, de grands brochets et d'ombres arctiques.

En juillet et en août, la température est très douce et le soleil brille pendant une vingtaine d'heures par jour dans les régions méridionales des Territoires. L'été est court, mais le pays du soleil de minuit bourdonne d'activité pendant la belle saison. Des chalands sillonnent en tous sens le Mackenzie et le Grand Lac des Esclaves pour ravitailler les agglomérations isolées et les exploitations pétrolières,

tandis que des visiteurs en mal d'aventure se promènent sur les eaux en canots et en bateaux à moteur.

La diversité du paysage n'est pas la seule source d'étonnement. Les localités nées des anciens postes de traite qui s'échelonnent le long de la route du Mackenzie réservent d'autres surprises. C'est ainsi que la plupart des visiteurs qui arrivent à Yellowknife, la capitale des Territoires, s'attendent à trouver une rude ville minière, mais découvrent, tout au contraire, une cité moderne et animée.

Séchage du poisson, à Rae

RAE
Le fort Rae (1852) prit le nom du médecin et explorateur John Rae. Les Indiens Dogrib s'y installaient à la saison de la chasse et de la pêche. Vers 1902-1906, le camp devint permanent. La localité jumelle d'Edzo a été fondée en 1965.

Tradition et modernisme se mêlent dans les deux villes. On y voit encore de vieilles femmes fumer le poisson, tanner les peaux d'orignal, écorcher les caribous ou broder à la main, tandis que les hommes sont encore trappeurs, chasseurs et pêcheurs.

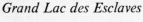

Chiens esquimaux

La fin du chien esquimau ?

A une certaine époque, toutes les familles du Grand Nord avaient au moins une demi-douzaine de chiens de trait. Les races les plus communes sont l'esquimau, le malamute, le samoyède et le sibérien.

Les chasseurs qui devaient voyager pendant des jours à la poursuite des caribous chargeaient leurs traîneaux à ras bords et attelaient les chiens avec des traits de peau de phoque. Un attelage pouvait parcourir 30 km/h, mais un bon trot soutenu donnait en moyenne une vitesse de 8 km/h. Aujourd'hui, les motoneiges sont en passe de supplanter les traîneaux, mais les anciens n'aiment guère ce véhicule car, disent-ils : « Quand on a faim, on peut toujours manger son chien. »

Grand Lac des Esclaves

GRAND LAC DES ESCLAVES
Cinquième lac d'Amérique du Nord (et onzième du monde) pour la superficie, le Grand Lac des Esclaves se trouve dans une région qui fait la transition entre la forêt boréale du Bouclier canadien et l'herbe rase de la toundra arctique.
□ Sur les derniers 400 km de son cours, la rivière Lockhart subit une dénivellation de 200 m, en une série de rapides et de chutes.
□ La voie de canotage du Camsell (480 km) va du Grand Lac des Esclaves au Grand Lac de l'Ours.

YELLOWKNIFE
Capitale et métropole des Territoires du Nord-Ouest, Yellowknife (10 000 habitants) n'est qu'à 500 km au sud du cercle polaire arctique.
□ Les festivités annuelles du Carnaval du caribou se déroulent en mars et comprennent des compétitions de ski, de raquette, de sciage de bois et de construction d'iglous, ainsi qu'une course de 240 km en traîneaux à chiens sur le Grand Lac des Esclaves. La course dure trois jours.
□ Des corbeaux rapaces s'emparent parfois des balles des joueurs de golf qui participent au « Tournoi de minuit », en juin.
□ La piste d'Ingraham est une route secondaire très pittoresque qui s'enfonce dans une région sauvage à l'est de Yellowknife.

Yellowknife

Index

Les numéros d'itinéraires en caractères **gras** renvoient à la source principale de renseignements concernant un sujet donné ; les numéros en caractères romains indiquent que le sujet est cité dans l'itinéraire. Les numéros en *italique* renvoient aux cartes, et ceux qui sont suivis d'un astérisque aux photos et aux illustrations.

Distances en kilomètres entre villes importantes

	CALGARY	CHICOUTIMI-JONQUIÈRE	EDMONTON	HALIFAX	HAMILTON	KITCHENER	LONDON	MONTRÉAL	OSHAWA	OTTAWA	QUÉBEC	REGINA	ST. CATHARINES-NIAGARA	SAINT-JEAN (N.-B.)	SAINT-JEAN (T.-N.)	SASKATOON	SUDBURY	THUNDER BAY	TORONTO	VANCOUVER	VICTORIA	WINDSOR	WINNIPEG
CALGARY		4220	299	4973	3502	3543	3612	3743	3354	3553	4014	764	3571	4664	6344	620	3057	2050	3434	1057	1162	3241	1336
CHICOUTIMI-JONQUIÈRE	4220		4241	977	1083	1124	1198	476	934	666	206	3455	1152	649	2329	3713	1160	2169	1015	5277	5382	1381	2884
EDMONTON	299	4241		5013	3523	3564	3638	3764	3375	3574	4035	785	3592	4704	6384	528	3078	2071	3455	1244	1349	3262	1357
HALIFAX	4973	977	5013		1856	1897	1971	1249	1708	1439	982	4228	1925	309	1989	4485	1935	2942	1788	6050	6154	2153	3656
HAMILTON	3502	1083	3523	1856		61	110	607	148	467	877	2737	69	1547	3227	2995	355	1452	68	4559	4664	319	2166
KITCHENER	3543	1124	3564	1897	61		107	648	189	491	918	2779	130	1588	3268	3036	463	1473	109	4601	4705	290	2208
LONDON	3612	1198	3638	1971	110	107		722	263	583	992	2853	203	1662	3342	3110	547	1545	183	4675	4779	190	2282
MONTRÉAL	3743	476	3764	1249	607	648	722		459	190	270	2979	676	940	2620	3236	686	1693	539	4801	4905	904	2408
OSHAWA	3354	934	3375	1708	148	189	263	459		319	729	2590	217	1399	3079	2847	380	1376	80	4412	4516	449	2019
OTTAWA	3553	666	3574	1439	467	491	583	190	319		460	2789	536	1130	2810	3046	494	1503	399	4611	4715	764	2218
QUÉBEC	4014	206	4035	982	877	918	992	270	729	460		3249	946	673	2353	3507	956	1963	809	5071	5176	1175	2678
REGINA	764	3455	785	4228	2737	2779	2853	2979	2590	2789	3249		2807	3919	5519	257	2280	1286	2670	1822	1926	2477	571
ST. CATHARINES-NIAGARA	3571	1152	3592	1925	69	130	203	676	217	536	946	2807		1616	3296	3064	505	1521	137	4628	4733	388	2235
SAINT-JEAN (N.-B.)	4664	649	4704	309	1547	1588	1662	940	1399	1130	673	3919	1616		1727	4176	1626	2633	1479	5741	5845	1844	3347
SAINT-JEAN (T.-N.)	6344	2329	6384	1989	3227	3268	3342	2620	3079	2810	2353	5519	3296	1727		5856	3306	4313	3159	7421	7525	3524	5027
SASKATOON	620	3713	528	4485	2995	3036	3110	3236	2847	3046	3507	257	3064	4176	5856		2538	1543	2927	1677	1782	2734	829
SUDBURY	3057	1160	3078	1935	355	463	547	686	380	494	956	2280	505	1626	3306	2538		1001	388	4102	4206	735	1722
THUNDER BAY	2050	2169	2071	2942	1452	1473	1545	1693	1376	1503	1963	1286	1521	2633	4313	1543	1001		1384	3108	3212	1289	715
TORONTO	3434	1015	3455	1788	68	109	183	539	80	399	809	2670	137	1479	3159	2927	388	1384		4492	4596	369	2099
VANCOUVER	1057	5277	1244	6050	4559	4601	4675	4801	4412	4611	5071	1822	4628	5741	7421	1677	4102	3108	4492		105	4299	2232
VICTORIA	1162	5382	1349	6154	4664	4705	4779	4905	4516	4715	5176	1926	4733	5845	7525	1782	4206	3212	4596	105		4403	2337
WINDSOR	3241	1381	3262	2153	319	290	190	904	449	764	1175	2477	388	1844	3524	2734	735	1289	369	4299	4403		1905
WINNIPEG	1336	2884	1357	3656	2166	2208	2282	2408	2019	2218	2678	571	2235	3347	5027	829	1722	715	2099	2232	2337	1905	

(100 kilomètres = 62 milles)

Légende des cartes

ROUTES

Itinéraire (en rouge) ....

Routes à plusieurs voies ....

Routes à plusieurs voies
(en construction) ....

Routes principales ....

Routes principales
(revêtement de gravier) ....

Routes secondaires ....

Distance entre deux points .... ● 5 km 5 km ●

Kilométrage total .... ● 10 km ●

VILLES ET LOCALITÉS

De moins de 1 000 habitants .... ○

De plus de 1 000 habitants (repré-
sentées soit par un point noir, soit
par une zone ombrée, selon
l'échelle de la carte) .... ●

De moins de 1 000 habitants .... **Nobel**

De 1 000 à 25 000 .... **Hillsborough**

De 25 000 à 100 000 .... **BRANTFORD**

(A l'exception de Charlottetown,
capitale de l'Ile-du-Prince-Edouard,
qui compte 16 500 habitants.)

De 100 000 à 500 000 .... **REGINA**

500 000 et plus .... **MONTRÉAL**

PARCS

Petits parcs et espaces verts ....

Grands parcs ....

Petit parc dans un grand parc ....

Autres grands espaces verts ....

Autres zones d'intérêt ....

AUTRES SYMBOLES

Traversier ....
(Les traversées qui font partie de
l'itinéraire sont indiquées en rouge)

Voie ferrée ....

Frontières provinciales ....

Frontières internationales ....

SITES

Aéroport (services réguliers) .... ✈

Aquarium ....

Belvédère ....

Centre d'artisanat ....

Centre de recherche, ferme
expérimentale, alevinière ....

Champ de bataille ....

Colonie de vacances ....

Eglise historique ou importante ......

Fort ....

Hôtel ou motel agréé par la CAA ...

Industries, visites guidées ....

Jardin botanique ....

Jardin zoologique ....

Montagne .... ▲

Monuments et sites
historiques ou importants ....

Moulin à eau ....

Moulin à vent ....

Musée, galerie d'art ....

Phare ....

Pont couvert ....

Réserve d'animaux sauvages ....

Réserve forestière,
arboretum, pépinière ....

Réserve d'oiseaux ....

Service de tourisme ....

Terrain de camping ....

Terrain de pique-nique ....

Théâtre ....

Traversier ....

ACTIVITÉS

Alpinisme ....

Canotage ....

Equitation ....

Géologie ....

Golf ....

Manifestations locales (foires, festivals, compétitions sportives, etc.)....

Natation ....

Navigation de plaisance ....

Pêche ....

Pêche en haute mer ....

Plongée sous-marine ....

Randonnée ....

Ski alpin ....

Ski de fond ....

Spéléologie ....

Sports d'hiver (en général) ....

Sports nautiques* ....

*Les sports nautiques comprennent la navi-
gation de plaisance, le canotage, la pêche et la natation. Chacune de ces activités a aussi son
symbole propre qui apparaît avec le symbole
général pour signaler une activité particulièrement remarquable.